Jenny Marx

IHR LEBEN MIT KARL MARX

MARLENE AMBROSI

Jenny Marx

IHR LEBEN MIT KARL MARX

Biografie | Verlag Weyand

Das Titelbild zeigt Jenny und Karl Marx.

Jenny Marx trägt ein grünes Kleid mit einem schwarzen Samtband, an dem vermutlich ihr Verlobungsring von Karl Marx hängt.

Impressum:

www.weyand.de Tel. 0651/9960140

Gestaltung: Sabine König, Jennifer Neukirch

Fotos: Gabriela Böhm, Friedrich-Ebert-Stiftung, Verlag Michael Weyand, Wikipedia.de

Druck und Bindung: cpibooks, Leck

2. Auflage 2015

ISBN: 978-3-942 429-09-2

Die Autorin und der Verlag bedanken sich für Anregungen, Hinweise und Lektorat bei Beatrix Bouvier, Hans-Joachim Kann, Peter Vollmer, Gabriele Belker.

INHALT

Die Frau kommt nicht immer nach dem Mann 9

TEIL I Kindheit und Jugend

Die Familie von Westphalen 11
Die neue Heimat – eine Stadt mit wechselvoller Geschichte 14
Kinderjahre 17
Politische Sozialisation in der Grenzstadt Trier 20
Verliebt, verlobt, getrennt 26
Erste Erfahrungen mit dem Obrigkeitsstaat 36

TEIL II Sieben lange Jahre

Liebe auf den tausendsten Blick 42
Als Verlobte grüßen eine Adlige und ein junger Student 54
Warten in Trier – Selbstfindung in Berlin 57
Auch der Pfaff gab seinen Segen 80

TEIL III Wanderjahre

Paris – Voller Hoffnung in die Zukunft 90
Höchstes Glück und größte Sorgen 93
Eine einmalige Freundschaft 99
Die erste Ausweisung 114
Eine kurze Freundschaft 116
Brüssel 121
„Das kommunistische Manifest“ 130
Revolution in Brüssel 133
Revolution in Deutschen Staaten 137
Der schlimmste Punkt in der Provinz – Trier 1848 141
Die „Neue Rheinische Zeitung“ 143
Die Frau und die Revolution 154
Das Weib im „Kommunistischen Manifest“ 157
Kurzes Intermezzo in Paris 159

TEIL IV England

Ankunft 163
Eine unglückselige Reise 169
Helena Demuth 176
Flüchtlingsdasein 185
Der Kölner Kommunistenprozess 195
Krise folgt auf Krise 201
Unendliches Leid 207
Ein neues Zuhause 213
Ein letztes Mal 224
Der Abwärtstrend setzt sich fort 228
„Herr Vogt“ 242
Knapp dem Tode entronnen 249
Cousine Nettchen und die holländische Verwandtschaft 254
Immer der alte Trott 261
Lassalle 270
Eine etwas andere Adlige 281
Not und Tod 287
Der Tod – ein Retter aus der Not 298
Tiefe Vertrautheit mit Ernestine Liebknecht 308
Rückfall in die Misere 321
Bruder Edgar 326
Das Kapital und „Das Kapital“ 333
Das erste Kind verlässt das Haus 344
Ein Ende der Not? 355

TEIL V Gelobt sei der Kapitalismus

In Engel‘scher Rente 360
Krieg und Kommune 365
Kaum Ruhe 375
Die Endlichkeit rückt näher 382
Die Töchter 394
Das letzte Jahr 412

Resümee 426

Quellen 429

Literaturverzeichnis 461

Personen im Umfeld
von Jenny und Karl Marx 467

Kurzer Lebensumriss
von Jenny von Westphalen/Marx 476

DIE FRAU KOMMT NICHT IMMER NACH DEM MANN

Jenny von Westphalen ist ein wenig bekannter Name. Liest man jedoch die Inschrift „the beloved wife of Karl Marx“ auf ihrem Grabstein, wird der Name zum Begriff. Fast ein halbes Jahrhundert lang gingen die adlige Dame von Westphalen und der bürgerliche Intellektuelle Marx gemeinsam durchs Leben. Auch auf dieses Paar trifft die Volksweisheit zu: „Hinter jedem großen Mann steht eine große Frau!“ Jenny Marx stand im Sinne dieser Worte hinter ihrem Mann, ein Leben lang. Sieben Jahre waren sie verlobt, 38 Jahre verheiratet, und rechnet man die Jahre der Kindheit und der Jugend hinzu, dann haben sich die beiden mehr als sechzig Jahre gekannt. Auf Jennys substantielle Bedeutung für Marx wies Friedrich Engels' Ausruf nach ihrem Tode hin: „Jetzt ist der Mohr auch gestorben!“ Der Mohr, wie Karl Marx in Familie und im Freundeskreis genannt wurde, benötigte sein Leben lang ihre Liebe, ihre Unterstützung für seine große Aufgabe und ihren Glauben an sein Genie. Ohne die Aufopferung seiner Frau wäre sein Leben anders verlaufen; vielleicht hätte er als schrulliger Professor oder als verkrachte Existenz sein Dasein gefristet, sich als Clochard unter den Brücken von Paris dem Alkohol ergeben oder seine Bestimmung in London als sonntäglicher Redner im Hyde-Park gefunden. Nur weil er sich Jennys unerschütterlicher Liebe sicher war, konnte er die Energie aufbringen, seine – und auch ihre – Ziele zu verfolgen.

In der DDR, der Sowjetunion und den anderen kommunistischen Staaten wurde das Andenken an Frau Jenny Marx als treue Gefährtin des großen Vordenkers gewürdigt. Informationen und Tatsachen aus dem Leben des Ehepaares allerdings, die dem marxistischen Wunschbild widersprachen, waren nicht genehm. Das Bild des großen Karl Marx und seiner Familie durfte nicht beschmutzt werden, der Übervater sollte unbefleckt und seine Familie „heilig“ gehalten werden. Man wollte Marx nicht vom Sockel der Verehrung stürzen müssen, indem man über sein nicht immer untadeliges Privatleben berichtete. Seriöse Autoren verzichteten lieber darauf zu publizieren, als dass sie verschweigen oder wider besseres Wissen vertuschten. Hinzu kam, dass in der Realität Gleichheit und Gleichberechtigung von Mann und Frau nicht wie in der Theorie gepriesen umgesetzt wurden. Die Frau an der Seite dieses Mannes fand als eigenständiges Wesen nur wenig Beachtung. Es gab zwar in der ehemaligen DDR Straßen und Einrichtungen, die den Namen „Jenny Marx" trugen, aber dies war eher eine Reminiszenz an die verehrte Ehefrau des „Vaters des Kommunismus", nicht an die Frau an sich.

Die vorgeblich „ideologiefreie" Geschichtsschreibung in der Bundesrepublik Deutschland schenkte Frau Marx lange Zeit wenig Aufmerksamkeit. Sie wurde fast ausschließlich im Zusammenhang mit dem großen „Klassenfeind" oder dem großen „Linken" beurteilt, wiederum nur als Anhängsel von Karl Marx. Damit wird man dieser Frau nicht gerecht. Ihr Schicksal verdient eine eigenständige und differenzierte Betrachtung, denn: Jenny von Westphalen/Marx führte sowohl ein revolutionäres als auch ein höchst traditionell-bürgerliches Leben im 19. Jahrhundert.

TEIL I – KINDHEIT UND JUGEND

Die Familie von Westphalen

Die Familie von Westphalen war kein bedeutendes Adelsgeschlecht; niemand ahnte, dass ihr Name ausgerechnet durch eine geborene Frau von Westphalen weltberühmt werden würde. Diese Frau, Johanna Bertha Julie Jenny von Westphalen, kam, wie dem Taufregister der Marienkirche in Salzwedel zu entnehmen ist, am 12. Februar 1814, einem Freitag, zur Welt. Drei Tage später wurde sie im elterlichen Haus protestantisch getauft. Durch ihre Zugehörigkeit zum Adel, der zu Beginn des 19. Jahrhunderts Gesellschaft und Staat dominierte, war sie privilegiert, auch wenn die Familie von Westphalen nicht reich war und auf der untersten Stufe in der Hierarchie des Adels stand.

Jennys Großvater, Christian Philipp Westphal, war aufgrund seiner Verdienste als Sekretär und Berater des Herzogs von Braunschweig im Mai 1764 von Kaiser Franz I. in den Reichsritterstand erhoben worden. Der „Edle von Westphalen" heiratete Jane (Jean) Withart of Pittarow aus Edinburgh, deren Vorfahren der alten Adelsfamilie Chambpel/Argyll oder Argyle, so Jennys Schreibweise, angehörten. Die Aussteuer der schottischen Braut bestand aus kostbarem Tafelgeschirr, wertvollem Silberbesteck und Tischwäsche, verziert mit dem Monogramm der Herzöge von Argyll.

Das vierte Kind des Paares, Johann Ludwig, Jennys Vater, wurde 1770 in Bornum am Elm im Landkreis Helmstedt geboren. Er absolvierte in Braunschweig das Collegio Carolino und anschließend in Göttingen ein Jurastudium. 1794 kehrte er als Assessor in die Fürstliche Kammer nach Braunschweig zurück und heiratete vier Jahre später Elisabeth Luise Wilhelmine Albertine von Veltheim, genannt Lisette. Um sich ausschließlich seinem neu erworbenen Gut Rondeshagen zu widmen, quittierte er den Staatsdienst, ersuchte aber wenige Jahre später um Wiederaufnahme und wurde 1805 Kammerrat in Blankenburg. Zwei Jahre später trafen ihn zwei schwere Schicksalsschläge. Seine Frau starb im August 1807 mit erst 29 Jahren und ließ ihn mit Ferdinand Otto Wilhelm Henning (23.04.1799–02.07.1876), Anna Elisabeth (Lisette), später verheiratete Krosigk (05.10.1800–01.08.1863), Carl

Geburtshaus von Jenny von Westphalen in Salzwedel

(22.07.1803 – 08.03.1840) und Franziska (07.05.1807 – 16.04.1896) zurück. Der zweite Schicksalsschlag war die Liquidierung des Fürstentums Braunschweig–Wolfenbüttel durch Napoleon I. Um seine Existenz zu sichern, ließ sich Westphalen 1808 im neu errichteten Königreich Westfalen von der französischen Besatzungsmacht zum Generalsekretär des Präfekten in Halberstadt und 1809 zum Unterpräfekten im Distrikt Salzwedel verpflichten. Hier hatte er in einem stattlichen Haus seinen Amts- und Wohnsitz. Seine Mutter führte ihm und den beiden Söhnen den Haushalt, während die Töchter von Verwandten seiner verstorbenen Frau aufgezogen wurden: Lisette von ihrer Patin Frau von Asseburg und Franziska von Luise von Röder. Nach dem Tode seiner Mutter im Juli 1811 heiratete Ludwig von Westphalen am 30. April 1812 die 31-jährige bürgerliche Amalie Julia Caroline Heubel aus Salzwedel, Tochter des Fürstlich-Schwarzburg-Rudolstädtischen Hof-Stallmeisters. Caroline versuchte dem 13-jährigen Ferdinand und dem 9-jährigen Carl eine gute Mutter zu sein. *„Ich habe vier geliebte Kinder von der verstorbenen Frau meines Mannes; die Söhne waren von früher Jugend unter meiner Leitung, und daher meinem Herzen doppelt werth“*[1], versicherte sie 1837 ihrem Vetter Friedrich Perthes. Der junge Carl akzeptierte die zweite Frau an der Seite des Vaters, während der pubertierende Ferdinand seine Vorbehalte hatte.

Es waren unruhige Zeiten zu Beginn des 19. Jahrhunderts, auch in Salzwedel. Nach der Niederlage Napoleons in Russland 1812 soll Unterpräfekt Westphalen zusammen mit anderen Bewohnern Salzwedels eine Abteilung russischer Kosaken, Verbündete der Preußen und Österreicher, als Befreier begrüßt und dadurch seine patriotische Haltung ausgedrückt haben. Dafür sei er hart bestraft worden. Als das französische Militär die Stadt zurückeroberte, sei er verhaftet worden und für kurze Zeit in Festungshaft nach Gifhorn gekommen.[2]

Die Völkerschlacht bei Leipzig im Oktober 1813 beendete die wechselnden Besatzungen und Ludwig von Westphalen wurde Landrat in Salzwedel, nunmehr in preußischen Diensten. Diese Verpflichtung kam ihm sehr gelegen, da seine zweite Frau ihr erstes Kind erwartete. Als die Gutsbesitzer in der Altmark 1815 nach altem preußischem Recht wieder ihren Landrat selbst wählen durften, entschieden sie sich nicht für Westphalen, da sie ihm angeblich seine Tätigkeit in französischen Diensten nachtrugen und ihn als zu liberal empfanden. Die preußische Verwaltung suchte nach anderweitiger Verwendung für den Juristen.

Preußen hatte auf dem Wiener Kongress 1815 die Rheinlande und das ehemalige Kurfürstentum Trier zugesprochen bekommen und brauchte geschulte und nicht zu konservative Beamte für die neue preußische Rheinprovinz. Ludwig von Westphalen schien geeignet und wurde Erster Rat in der königlich-preußischen Provinzialregierung in Bezirk und Stadt Trier. Im Frühsommer 1816 trat Westphalen seine Arbeit in der Grenzstadt an.

Die neue Heimat – eine Stadt mit wechselvoller Geschichte

Der neue Wohnort Trier war die älteste Stadt Deutschlands; im Jahre 17 v. Chr. als Augusta Treverorum unter Kaiser Augustus gegründet, war sie im 3. Jhd. eine der vier Hauptstädte des Römischen Reiches, in der unter anderem Kaiser Konstantin residierte. 80.000 Einwohner zählte sie in ihrer Blütezeit als römische Metropole.

Nach dem Zusammenbruch des Römischen Weltreiches versank Trier nicht in der Bedeutungslosigkeit, sondern behielt sein Ansehen durch seinen Bischofssitz, den ältesten in Deutschland. Der Bischof von Trier gehörte zusammen mit seinen geistlichen Kollegen aus Köln und Mainz zu den sieben einflussreichen Kurfürsten, den Säulen des Reiches, die von 1356 bis 1806 den deutschen (römischen) König wählten, das Oberhaupt des Heiligen Römischen Reiches Deutscher Nation. Um weltliche Macht zu demonstrieren, ließen sich die Kurfürsten Schönborn und Walderdorff im 18. Jahrhundert u.a. nach Plänen von Balthasar Neumann eine repräsentative Residenz erbauen, angegliedert an die ehemalige römische Palastaula – die heutige Konstantinbasilika.

Der Kurfürstliche Staat war feudalistisch geprägt, aber die Bevölkerung Triers verteidigte ihre Stadtrechte. 1785 wurde Kurfürst Clemens Wenzeslaus von Sachsen über den auf Freiheit von staatlicher Vormundschaft und Selbständigkeit gerichteten Geist der Bürgerschaft informiert. Daher verwundert es nicht, dass die Forderungen „Freiheit,

Gleichheit, Brüderlichkeit" der französischen Revolution von 1789 zunächst auf Zustimmung stießen.

Die revolutionären Ereignisse hatten dann allerdings schwerwiegende Folgen für Trier. Im Verlauf des ersten Koalitionskrieges wurde die Stadt am 9. August 1794 von französischen Truppen eingenommen, der Kurstaat aufgelöst. Die Bevölkerung musste demütigende Requisitionen und Kontributionen über sich ergehen lassen, musste ohnmächtig hinnehmen, dass der Universitätsbetrieb eingestellt und die Mehrzahl der Kirchen, Stifte und Klöster säkularisiert wurden. Nach der Auflösung des Kurstaates ließ Napoleon das kurfürstliche Palais zur Kaserne degradieren, und bei dieser Regelung blieb es bis 1918! Im Frieden von Lunéville 1801 wurden vier linksrheinische Departements geschaffen und Trier zur Hauptstadt des Departements de la sarre erhoben. Die Bewohner/innen erhielten die französische Staatsbürgerschaft. Sie arrangierten sich mit den neuen Gegebenheiten und profitierten davon, dass ihre Stadt wirtschaftliches, politisches und kulturelles Zentrum der Region wurde. Die Errichtung einer Porzellanmanufaktur, die allerdings nur zwölf Jahre bestand, die Intensivierung der Tuchfabrikation und der Zugang zum französischen Markt für alle Produkte wie den Moselwein steigerten den Wohlstand und förderten den inneren Frieden. Das für die vier neuen Departements zuständige Appellationsgericht (1803 bis 1819) erhöhte Triers Bedeutung. Die fremden Herren waren nicht beliebt, aber auch nicht so sehr verhasst, weil Napoleons Regime zwar absolut war, aber auch liberale Züge hatte. Nach dem „code civil" war ein jeder, unabhängig von seiner Religion, vor dem Gesetz gleich und konnte sich im Rahmen der Gesetze frei entfalten. Nach Napoleons Niederlage war die Prosperitätsphase beendet und die Bevölkerung musste sich auf eine neue Fremdherrschaft einstellen. Die am 6. Januar 1814 von preußischen Truppen eingenommene Stadt kam nach den Bestimmungen des Wiener Kongresses zum Königreich Preußen. Trier wurde Garnisonsort und Sitz eines Regierungspräsidenten, der im Palais Walderdorff residierte. Die meisten Trierer/innen, darunter Heinrich Marx, begrüßten die Niederlage der Franzosen, was jedoch keine uneingeschränkte Akzeptanz des Preußentums bedeutete. In den gebildeten Kreisen wurde die französische Kultur der preußischen als überlegen erachtet. Man sprach nach wie vor gerne französisch, las, so auch

Heinrich Marx, französische Zeitungen und die Werke Voltaires und Racines und trauerte dem „code civil" nach. Einen Hauch fortschrittlichen Geistes versuchte man zu bewahren, beispielsweise im 1806 gegründeten Trierer Theater, das Schauspiele von Goethe, Schiller, Lessing und Kleist aufführte, und in der seit 1816 existierenden „Casino-Gesellschaft", die für die wohlhabende Oberschicht Vorträge, Theateraufführungen und Bälle veranstaltete.

12.000 Menschen lebten um 1816 in Trier, darunter 200 Juden und 300 Protestanten, zu denen die Familien Marx und Westphalen gehörten. Für die Katholiken der Stadt waren sie andersgläubige Außenseiter, und da die meisten von ihnen Repräsentanten der preußischen Verwaltung oder des Militärs waren, wurden sie doppelt kritisch beäugt.

Die Familie von Westphalen bezog in der Neugasse 389, heute Neustraße 83, ein Haus, das einem wichtigen Amtsträger angemessen war und der Familie genügend Platz bot.

In Trier gehörte Ludwig von Westphalen zu den Honoratioren der Stadt und war mit 1.800 Talern Jahresgehalt der bestbezahlte Justizangestellte. Dies bedeutete allerdings nicht, dass die Familie zu den vermögenden gehörte. Da der Vater keine Einkünfte aus Gütern bezog, basierte die Existenzgrundlage der Familie auf seiner Entlohnung, die besser gewesen wäre, wenn er erfolgreicher Karriere gemacht hätte. Dem war nicht so. Der Beamte soll zwar sehr fleißig und kenntnisreich gewesen sein, aber seine Darstellungen waren zu ausschweifend und umständlich und er soll rechthaberisch agiert haben. Vielleicht war auch Westphalens kritisch-liberale Einstellung, die ihn einst für das Amt prädestiniert hatte, nach Etablierung der preußischen Macht seinem Aufstieg hinderlich. 1824 wurde seine wirtschaftliche Lage mit „kein Vermögen" eingestuft und 1832 hieß es in den Konduitenlisten der Regierung: „Das Vermögen ist sehr unbedeutend". Dennoch kann man sagen, dass Westphalens gut situiert waren.

Es ist nicht bekannt, mit welchen Titeln die Mitglieder der Familie von Westphalen in Trier förmlich angesprochen wurden. Philipp Westphal war in den Reichsritterstand aufgenommen worden. Er konnte sich Ritter oder Edler nennen und vor seinen Nachnamen ein „von" stellen, aber nicht den Titel Baron führen. Dennoch wird Jenny von Westphalen/Marx auch in diesem Buch als „Baronesse" bezeichnet, aus folgenden

Gründen: 1. ihre Tochter Eleanor berichtete Wilhelm Liebknecht, dass ihr Vater nicht müde geworden sei, „uns von dem alten Baron von Westphalen zu erzählen". 2. Auch Enkel Edgar Longuet bezeichnete seine Urgroßmutter als „Baronin von Westphalen". 3. Karl Marx selbst nannte seine Frau nachweislich „Baronesse". So schrieb er ihr 1864: „ ... nimm Dich mit Deinen Baronessekarten in acht", womit Visitenkarten mit dem Aufdruck: „Mme. Jenny Marx née Baronesse von Westphalen" gemeint waren, und 1878 sprach er in einem Brief an Sigismund Schott von der „Ex-Baronesse von Westphalen". Die Mitglieder der Familie von Westphalen werden vermutlich in Trier Baron, Baronin oder Baronesse genannt worden sein und Karl Marx hat diese Benennung übernommen.[3]

Kinderjahre

Die Jahre 1816 bis 1830

Der Umzug von Salzwedel nach Trier tangierte die zweijährige Jenny wenig, da sich ihr unmittelbares Umfeld nicht veränderte. Mutter, Vater, Großvater Heubel und Bruder Carl blieben fest an ihrer Seite, kümmerten sich liebevoll um sie. Ferdinand, der älteste Bruder, begleitete die Familie nicht an die Mosel, sondern studierte nach dem Abitur, das er 1816 noch in Salzwedel ablegte, in Halle, Göttingen und Berlin.

Jenny bekam weitere Geschwister: Am 16. März 1817 wurde Helena Laura Cecilia Charlotte Friederike geboren und am 26. März 1819 Gerhard Julius Oscar Ludwig Edgar. Ansonsten ist wenig bekannt über Jennys erste Lebensjahre. Als Vierjährige litt sie unter „einer Kopfkrankheit", „einem fatalen Ausschlag", der immer wieder ausbrach und mit den Mitteln der Zeit bekämpft wurde. Der Vater beschrieb in einem Brief an die Geheimrätin von Asseburg, bei der seine Tochter Lisette lebte, die Prozedur: *„Bei der armen reizbaren Jenny beschränken wir uns auf das Herausziehen mit der Pincette und auf öfteres Einsalben mit Butter, Schwefel, Lauge und Waschen mit schwarzer Seife."*[4] Kein Wunder, dass sie auf diese Behandlungsmethode äußerst unwirsch reagierte. Wenn man sie nicht solchermaßen quälte, war sie, wie der Vater wiederum Frau von Asseburg berichtete, ein Prachtkind: *„Jenny ist sehr possierlich und macht uns* *viel Spaß; sie singt recht niedlich und spricht … – ein ganz undeutsches Kauderwelsch, was sie nur von der Dienerschaft gelernt haben kann, da sie wegen ihres Ausschlages gar nicht mit anderen Kindern Gemeinschaft hat und fast nicht aus dem Hause kommt.*"[5] Das belastete das kleine Mädchen wenig. Sie war ein glückliches Kind, das im Mittelpunkt der Familie stand und genügend Gesellschaft hatte.

Klein-Jennys fröhliches, unbeschwertes Leben wurde durch eine Krankheit ihrer jüngeren Schwester jäh unterbrochen. Tage, vielleicht auch Wochen lang erlebte sie als Siebenjährige die wachsenden Sorgen um die kleine Schwester, die Hoffnungen und die Hilflosigkeit der Eltern. Am 3. April 1821 starb Laura mit vier Jahren an Stickhusten und schleichendem Fieber. Jenny vermisste ihre Spielkameradin und schloss sich nun noch inniger dem kleinen Bruder Edgar an.

Der Vater widmete ihr gerne seine Zeit, schließlich war sie die einzige Tochter, die bei ihm aufwuchs, deren Größerwerden er erleben durfte. Er vermittelte dem wissbegierigen Kind erste Kenntnisse in Lesen und Schreiben und als „Halbschotte" war er daran interessiert, dass seine Kinder seine Muttersprache lernten.

Ob Jenny eine Schule besuchte, ist unbekannt. Die 1. Evangelische Pfarrschule in Trier kam für das adlige Fräulein nicht in Frage, da nur ein Lehrer für 100 Schülerinnen zuständig gewesen sein soll. Die Erziehungs- und Bildungsanstalt von Mme. de Staël oder das Institut von Thekla Bochkoltz schienen geeigneter, aber vermutlich blieb sie zu Hause, zumal die Schulpflicht nur für Jungen galt. Später durfte sie vielleicht dem Unterricht beiwohnen, der Bruder Edgar von einem Hauslehrer erteilt wurde. Es war nicht ungewöhnlich in Familien von Stand, die Töchter an den Privatstunden für die Jungen teilnehmen zu lassen und häufig lernten die Mädchen besser die Lektionen, waren wissensdurstiger als die jungen Herren, die zukünftigen Herrscher über Familie und Staat.

Jenny wurde laut Kirchenbuch zu Trier am 30. März 1828 in der heutigen Jesuitenkirche konfirmiert. Ihr Konfirmationsspruch lautete: „Ich lebe, aber doch nun nicht ich, sondern Christus lebt in mir". Ein Motto, das man auf ihr späteres Leben übertragen kann, nur atheistisch verfremdet mit Karl Marx als Bezugsperson.

Die Familie von Westphalen verkehrte überwiegend im überschaubaren evangelisch-protestantischen Umfeld, und so war es nicht verwunderlich, dass sich Jenny mit der zwei Jahre jüngeren Sophie Marx anfreundete. Bald hatten beide ihre jüngeren Brüder Karl und Edgar im Schlepptau. Die vier bildeten viele Jahre lang ein Quartett. Jennys und Karls jüngste Tochter Eleanor erzählte später, sich auf Augenzeugenberichte ihrer Tanten Sophia Schmalhausen und Louise Juta berufend, *„daß Mohr ein schrecklicher Tyrann war; er zwang sie, in vollem Galopp den Markusberg in Trier herunter zu kutschieren, und was noch schlimmer war, er bestand darauf, daß sie die Kuchen äßen, welche er mit schmutzigen Händen aus noch schmutzigerem Teig selbst verfertigte. Aber sie ließen sich das alles ohne Widerspruch gefallen, denn Karl erzählte ihnen zur Belohnung so wundervolle Geschichten."*[6] Es fällt schwer zu glauben, dass diese Beschreibung sich auf die vier Jahre ältere Jenny bezieht. Sie war schon als junges Mädchen durchsetzungsfähig, übte Widerspruch und bediente sich überlegener Redensarten. Wenn dies alles nichts nützte, blockte sie ab, wurde bockig – und da ihr Umfeld so vernarrt in sie war, hatte sie es nicht schwer, ihren Willen durchzusetzen. Je älter sie wurde, desto mehr bestach sie durch ihre Schönheit und nahm durch ihren Charme die anderen für sich ein.

Traditionsgemäß war das Leben einer jungen adligen Frau ausschließlich auf Heirat, Kindergebären und Repräsentieren ausgerichtet und entsprechend wurde die Baronesse von Westphalen erzogen und unterrichtet. Lesen, Schreiben, Singen, Klavierspielen, Handarbeiten und Konversation auf Französisch und Englisch waren die Fertigkeiten, in denen man junge Damen von Stand unterwies. Mädchen erhielten keine Ausbildung, um eine Grundlage zum selbständigen Lebensunterhalt zu erlangen; dieser Gedanke war abwegig. Die Existenzsicherung war Aufgabe des Mannes.

Jenny von Westphalen wuchs in einer bildungsbewussten Familie auf. Bruder Ferdinand rühmte noch in seinen Lebenserinnerungen, dass der Vater *„unsre Herzen und Gedanken noch in den späten Abendstunden durch seine köstlichen Vorlesungen"*[7] erfreute. Aus den Werken Homers, Ovids, Shakespeares, Goethes und der Romantiker las man sich gegenseitig vor. Shakespeares Dramen begeisterten Jenny und Karl besonders und sie übertrugen später diese Liebe auf die Töchter; Eleanor konnte schon mit sechs Jahren ganze Passagen aus der „Hausbibel" auswendig aufsagen.

Bruder Edgar und Karl Marx, die seit 1830 das Gymnasium zu Trier besuchten, das heutige Friedrich-Wilhelm-Gymnasium, verbrachten ihre Freizeit gerne mit Ludwig von Westphalen. Da auch Jenny sich für alles Wissenswerte interessierte und klug argumentierte, brachte es der Vater nicht übers Herz, sie aus dem männlichen Kreise zu verbannen. Ein kleiner Trost, denn trotz aller Belesenheit, Kritikfähigkeit und genialer Geistesblitze konnte Jenny von Westphalen aufgrund ihres Frauseins weder gymnasiale noch universitäre Bildung erlangen.

Vater von Westphalen begnügte sich nicht mit geistiger Bildung, sondern lebte nach dem Motto: „mens sana in corpore sano". Ein- bis zweimal täglich badete er – bei angemessenen Temperaturen – in der Mosel. *„Er ermangelte auch nicht, uns, seinen Kindern die Befreundung mit dem kalten Wasser angelegentlich zu empfehlen, und wir, wenigstens Carl, Franzisca und ich … schlossen uns des enthusiastischen Vaters Beispiel möglichst eifrig an. Jeden Morgen um 5 Uhr wanderten wir mit dem Vater hinaus über St. Matthias nach dem ‚Herrenbrünnchen', einem klaren Quell gesunden Wassers, und schlürften der Becher mehrere"*, pries Ferdinand das Vorbild des Vaters. Ferner *„stärkte (man) den Körper durch kalte Waschungen und Nachmittags-Wanderungen über Berg und Thal."*[9] Jenny wird sich diesen Vergnügungen angeschlossen haben.

Politische Sozialisation in der Grenzstadt Trier

Ludwig von Westphalen war dienstbeflissen und loyal, aber er gehörte nicht zum Typus des bornierten, stockkonservativen Staatsbeamten; im Gegenteil, er glaubte, dass es für seinen Staat gut sei, sich nicht der gesellschaftlichen Entwicklung entgegenzustellen, sondern den Bürgern Mitspracherechte zuzugestehen. Hatten nicht die Befreiungskriege gezeigt, wozu Preußen imstande war, wenn die Bevölkerung sich mit ihrem Staat solidarisierte? Das Untertanentum mit der Knute zu zementieren, schien ihm unvernünftig und ein Grund für die Unzufriedenheit zu sein, gerade beim Bürgertum, dem Träger des modernen Gemeinwesens. Mit dieser Einstellung war er vermutlich nicht alleine, aber einflusslos. Der preußische König ließ seinen Herrschaftsanspruch nicht in Frage stellen. Friedrich Wilhelm III. (1770 – 1840), Ehemann der legendären Königin

Elternhaus von Jenny von Westphalen in Trier

Louise, verfolgte eine restaurative Politik mit absolutistischen Tendenzen und verschärfte diese anlässlich der Unruhen im Jahre 1830. Mit Zar Alexander I. und Metternich ging er konform in der Verfolgung aller freiheitlichen Bewegungen.

Die Rheinprovinz und insbesondere deren Regierungsbezirkshauptstadt Trier waren für die preußische Regierung angesichts dieses Herrschaftsverständnisses keine leicht zu regierende Region. Hinzu kam die schlechte wirtschaftliche Lage. Die Befreiungskriege 1813/14 hatten einen hohen Tribut bei der Zivilbevölkerung gefordert. Blüchers Stabschef, der spätere Generalfeldmarschall Gneisenau, berichtete, er habe noch nie so ausgemergelte und ausgehungerte Gestalten gesehen wie in der Trierer Gegend, mit einer Ausnahme, nämlich französische Kriegsgefangene in russischen Lagern. Mit diesen Bildern vor Augen wurde Oberbürgermeister Wilhelm von Haw bei der preußischen Regierung mit der Bitte vorstellig, die wirtschaftliche und finanzielle Misere in seiner Stadt zu mildern. Die von ihm zur Bekämpfung der Armut der „untersten Volksklasse" geforderten 1.500 Taler wurden nicht bewilligt, man stellte lediglich 600 Taler zur Verfügung. Der Oberbürgermeister beschrieb 1830 die Stimmung in seiner Stadt: *„Oft muß man hören, dass die Einwohner als französisch gesinnt, als der preußischen Regierung abgeneigt beschrieben werden und beschuldigt werden. Eine so unvernünftige Beurteilung, die wir von vielen uns ganz fremden Beamten, die das Land nicht kennen, die Denkart der Einwohner nicht verstehen und unter denen manche durch einen perfiden Gegensatz sich geltend zu machen suchen, erlitten haben, ist eine empörende Misshandlung. Wer zu denken, zu vergleichen und zu verurteilen vermag, der weiß, dass in Hinsicht auf die Volksstimmung die Übergänge nicht zu erzwingen und wesentliche Veränderungen nur von der Dauer der Zeit zu erwarten sind. Umgeben von Tumult, Aufruhr und Empörung, hat die Rheinprovinz ungeachtet aller Keime der Unzufriedenheit die öffentliche Ruhe und Ordnung bewahrt. Im Vertrauen auf die Gerechtigkeit und die Einsichten des Königs werden wir eine bessere Zukunft ruhig abwarten. Lindere man den Druck der unerträglich gewordenen Steuern, dann werde ich mich innig freuen, und alle rechtlichen mit mir, beteuern zu können, dass die Rheinländer und namentlich die Trierer mit wahrer Liebe für die Person des Königs Ergebenheit und Anhänglichkeit für die Regierung vereinigen, daß man auf ihre unverbrüchliche Treue und unbeschränkte Zuneigung zählen dürfe."*[10] Falsche Anschuldigungen von Beamten, die unfähig waren, die Situation der Bevölkerung zu verstehen, wurden hier verbrämt angeprangert. Und solange die empörenden, ruinierenden Steuern auf den Einwohnern lasteten, konnte man nicht verlangen, dass der König und mit ihm die Preußen beliebt waren. Die Politik der Herrschenden, getrieben von der Angst vor der eigenen Bevölkerung und einzig auf den Machterhalt einiger Cliquen zielend, wurde von vielen rigoros abgelehnt. Die „Trier'sche Zeitung" setzte sich für Gleichheit, Freiheit, Brüderlichkeit ein und trotz scharfer Zensur war sie für den Oberpräsidenten der Rheinprovinz *„eins der radikalsten Blätter deutscher Sprache."*[11] Über Jahre hinweg unterstützten die Redakteure die kritische Haltung der Bürgerschaft und forderten politische und soziale Reformen ein.

In Trier befürchteten die preußischen Behörden wiederholt Unruhen, denn aus Sicht des Historikers Gemkow gab es *„Vorzeichen ... bereits in Form von Drohungen und Missmut bei den Unterprivilegierten. Der Regierungsbezirk Trier galt hinsichtlich des Lebensstandards der Bewohner als der schlechteste, erbärmlichste im preußischen Hoheitsgebiet. Die seit Jahren zunehmende Not der unteren Schichten, die drückenden Mahl- und Schlachtsteuern, die wachsende Zahl an gerichtlichen Pfändungen und Versteigerungen, an Konkursen und Verpfändungen in der Stadt – bis in die Mittelklasse hinein – machten die Einwohner 1830 empfänglich für revolutionäre Einflüsse. Mannigfache regierungs- und preußenfeindliche Aktivitäten in Trier ließen die Behörden sogar einen politischen Aufstand befürchten."*[12] In solch einer preußischen Behörde war Jennys Vater federführend; neben Hospitälern und Wohltätigkeitsanstalten fielen in sein Ressort Gendarmerie und Gefängnisse. Der liberale, königstreue Beamte hoffte in einem Brief an Friedrich Perthes, den Vetter seiner Frau, auf die „Weisheit und vaterländische Huld" des Königs, *„dass aus der gegenwärtigen Verwirrung der gleichsam aus ihren Angeln gehobenen politischen Welt die wahre Freiheit im unzertrennlichen Bunde mit der Ordnung und Vernunft, gleich einem Phönix aus der Asche hervorgehen werde."*[13] Westphalen hielt es für einen Fehler, die noch von der französischen Verwaltung eingeführte Personal- und Mobiliarsteuer durch eine viermal höhere Klassensteuer zu ersetzen, denn damit werde die Verelendung nur gesteigert. In einem Rechenschaftsbericht von 1829 monierte er, *„daß (es) der mittleren und geringen Klasse der Landbewohner an Arbeitsverdienst und Erwerbsmitteln fehle."*[14] Es bleibe demzufolge nur eine Gruppe von ländlichen Bewohnern übrig, der es gut gehe, nämlich die obere Klasse, die durch einige Großbauern und adlige Großgrundbesitzer repräsentiert werde. Er machte auf „wirklich vorhandenen großen Nothstand“, zunehmende Verarmung und großen Geldmangel, auch bei der Mittelschicht, aufmerksam und verwies auf die äußeren Anzeichen der prekären Lage. Viele Häuser waren trotz schöner Fassaden baufällig und 30 größere Häuser standen nach dem Abzug der Franzosen leer. Es gab keine Wasserleitungen, höchstens einen Hausbrunnen, und das Schmutzwasser wurde in die Straßenrinnen gekippt. Ratten und Ungeziefer und demzufolge Krankheiten und Epidemien blieben nicht aus. 1849 und 1865/66 forderten Cholera-Epidemien viele Todesopfer in Trier.

Die Wirtschaft stagnierte. Man zögerte, in der Grenznähe Industriebetriebe anzusiedeln, denn wozu investieren, wenn man nicht wusste, wann sich die preußische Armee mit französischen Truppen in diesem Gebiet wieder bekriegen würde? Um die Truppen im Bedarfsfall schneller aufmarschieren lassen zu können, wurde 1860 eine Eisenbahnverbindung zwischen Luxemburg, Trier und Saarbrücken gebaut.

Der einstmals schwungvolle Weinhandel lag am Boden und führte zu einer Verelendung der Winzer. Ludwig Gall (1791–1863), Regierungssekretär, Erfinder und Sozialtheoretiker, prangerte das Elend in Trier in seinem 1825 erschienenen Buch „Was könnte helfen?“ an und machte Vorschläge zur Verbesserung. Gall half konkret, indem er 1854 zur Verbesserung des Weines das heute nicht mehr zulässige Verfahren der „Nasszuckerung“ propagierte und damit den Winzern an der Mosel ihre Existenz sichern half. Ludwig von Westphalen wird Gall gekannt haben.

Die Arbeitslosen, Winzer und Tagelöhner aus dem Umland drängten in die Stadt und vergrößerten die Zahl der Armen. 1834 wurde die Straßenbettelei verboten, aber diese Anordnung ließ sich nicht durchsetzen, die Not war zu groß. Das Elend zeigte sich auch daran, dass viele Kinder die Schule nicht besuchen konnten, weil sie nicht in Lumpen im Unterricht erscheinen sollten. Holzdiebstahl und Forst- und Feldfrevel nahmen zu und mit dem Zuzug des Militärs stieg die Prostitution erheblich an [15]. Das Militär, das 10–15% der Bevölkerung ausmachte, war ein besonderer Kostenfaktor, da die Stadt für dessen Verpflegung und Einquartierung zumindest teilweise zuständig war [16]. Von der Bevölkerung gehörten 21% zur Mittelschicht und nur 1% zur Oberschicht. 78% der Stadtbevölkerung vegetierten am Existenzminimum, ein Viertel davon lebte von Fürsorge und Almosen. Von 16.973 Einwohnern (mit Frauen und Kindern) erfüllten 1846 nur 728 Männer über 25 Jahren die Bedingungen für das Zensuswahlrecht, das ein Jahreseinkommen von mindestens 300 Talern vorschrieb. Da sich für den Mittelstand zunehmend eine Verelendung abzeichnete, stieg die Aussicht auf soziale Unruhen in einer breiten Bevölkerungsschicht.

Die Ungerechtigkeit des Systems bereitete Vater Westphalen Sorgen und er verschwieg seine Befürchtungen zu Hause bei der aufgeweckten jungen Jenny, bei Sohn Edgar und dessen Freund Karl im nachmittäglichen Kreise nicht. Jenny hatte den Vater einige Male auf seinen Inspektionsreisen begleitet und wurde dabei auf die bittere Not der Menschen aufmerksam. Das Elend der Landbevölkerung, der Bauern und Winzer, hinterließ bei ihr einen bleibenden Eindruck; ihr „Mitleiden" mit den Unterdrückten, die Tag und Nacht schufteten und dennoch am Existenzminimum dahinvegetierten, war geweckt. Obwohl es nicht schaden konnte, wenn eine zukünftige Herrin wusste, aus welchen Verhältnissen ihre Bediensteten stammten, sie also Gutes tat, wenn sie den elenden Geschöpfen Kost und Logis gab, sollte der Einblick in die Lebensverhältnisse der unteren Klasse keinesfalls zu einer Forderung nach Veränderungen führen. Aber wie sollte Jenny sich systemkonform entwickeln, wenn der eigene Vater mit ihr und den beiden jungen Männern offen über die Missstände in einem Staat sprach, welcher es zuließ, dass ganze Bevölkerungsgruppen darbten? Nur wer Leistungen und Güter produziere, so hieß es in der von ihnen diskutierten Lehre von Henri comte de Saint-Simon (1760–1825), sei für die Gesellschaft von Nutzen und solle angemessen nach Leistung entlohnt werden. Die Verteilung des Sozialprodukts solle gerecht erfolgen, war eine seiner Forderungen. Die Vorstellungen des Vorvaters der wissenschaftlichen Soziologie und des utopischen Sozialismus fielen auf fruchtbaren Boden bei Jenny, Edgar und Karl, die die Kluft zwischen Arm und Reich in der Stadt und der Umgebung täglich beobachten konnten. Bei jedem Gang durch Trier und jeder Wanderung oder Fahrt in die Umgebung konnten sie Armut, Verwahrlosung und Bedürftigkeit registrieren.

Es war nur eine Frage der Zeit, bis die jungen Leute sich als Vertreter des „Jungen Deutschland“ sahen, einer literarischen Bewegung dieser Zeit, die demokratische Freiheitsrechte und soziale Gerechtigkeit einforderte. Dennoch waren die Eltern nicht übermäßig beunruhigt: Vater Westphalen war das Vorbild und er war kein Oppositioneller, kein Antimonarchist, nur ein kritischer, denkender Beobachter. Jennys und Karls Lebenswege schienen vorgezeichnet: Jenny würde einen Mann von Adel heiraten und Kinder bekommen, Karl nach einem Studium seine Fähigkeiten in den Dienst des preußischen Staates stellen und vielleicht die gesellschaftlichen Missstände in Trier und im Rheinland verbessern helfen.

Verliebt, verlobt, getrennt

Die Jahre 1830 und 1831

Jenny von Westphalen stand im Mittelpunkt der Familie. Die junge Frau bezauberte durch ihre Intelligenz und nahm durch ihr Interesse an aktuellen Themen und gesellschaftlichen Problemen für sich ein. Offene Parteinahme für die Armen oder Aufmüpfigen entschuldigte ihr Umfeld mit jugendlicher Unreife. Nur mit dem ältesten Bruder gab es immer wieder Reibereien. Ferdinand machte aus seiner Regierungstreue und seiner Ergebenheit zum preußischen König keinen Hehl und stieß damit auf Unverständnis und Widerspruch bei seiner jüngeren Schwester. Der Karrierejurist, sehr adelsbewusst, zeigte sich zudem den im väterlichen Haushalt lebenden Frauen gegenüber recht überheblich. Die *„Damen benehmen sich ganz artig, jedoch lasse ich mich mit ihnen nicht vertraulich in wichtige Unterhaltung ein, u. setze ihnen in der Regel ein ernstes etwas phlegmatisches Antlitz entgegen“*[17], schrieb er seiner Braut. Stiefmutter Caroline, ihre Schwester Christiane Heubel, die seit 1817 im Westphal'schen Haushalt lebte, und Jenny hätten gerne mit ihm über seine zukünftige Frau, Louise von Florencourt, geplaudert und ihm Einrichtungstipps für seine neue Wohnung in Bitburg gegeben, aber er unterband jegliche Vertraulichkeit. Ferdinand war nicht bereit, sich *„mit diesen gleichgültigen abstoßenden Personen … in Unterhaltungen über das einzulassen, was mir das Liebste und Edelste auf der Erde ist und was wäre es dann auch, wenn sie in Dein Lob u. in mein Glück Deinetwegen mit einstimmten, müsste ich mir ja doch stets sagen, dass* *es nicht aus ihren Herzen kam. So erwiedre ich denn auf ihre Abneigung mit Kälte und Trockenheit.“* [18] Zum Eklat ließ er es wegen des Vaters, dessen angenehmes Wesen allgemein betont wurde, nicht kommen. Ferdinands Mutter, Ludwigs erste Frau, hatte des Vaters Sanftmut, seine seltene Herzensgüte und die immer gleiche Gemütsstimmung gerühmt, und diese Meinung teilte Caroline, die zweite Frau. *„Ein herrlicher Charakter, durch den ich hienieden einen Himmel genieße, alle Stürme des Lebens tragen wir mit Liebe untereinander, denn oft hat freilich das Schicksal unsanft an uns gezerrt, aber wer eine solche Stütze hat wie ich an ihm habe, da sinkt mein Fus nicht“* [19], pries sie ihren Mann bei Vetter Perthes. Ein solcher Mann war ein guter, verständnisvoller, liebevoller Vater, aber Ferdinand wünschte sich von ihm mehr Durchsetzungskraft. In seinen Lebenserinnerungen beklagte er: *„Der edle Vater waltete über dem Ganzen in seiner unzerstörbaren Freundlichkeit und Selbstverleugnung, mit seinem fein gebildeten Geist und angeborenen Takt sich mehr unterordnend und zurückhaltend, als ihm seiner höher angelegten Persönlichkeit zukam. … Doch es lag nun einmal ein hinderndes Etwas, eine unübersteigliche Schwierigkeit im Wege – … vorwiegend in den Eigenthümlichkeiten seiner Gattin, deren Bildungsstandpunct und Begabung so ganz verschieden war von der seinigen. Dies trat denn auch in der Art und Weise der Erziehung der Kinder, sowohl was die leibliche Wartung, als was Zucht und Gehorsam betrifft, immer bemerkbarer hervor. Das leitende Princip der Mutter war, den lieben Kindern ihren Willen lassen! – und sie wurden von ihr, man kann sagen, ihnen in's Angesicht gelobt, selbst, wenn sie dumme Streiche machten und was sich nicht schickte, ward entschuldigt oder – nicht gesehen, vor allem aber Fremden, den Freunden gegenüber, wurden der Kinder vortreffliche Eigenschaften herausgestrichen.“* [20] Eine moderne Erziehung, die Ferdinand nicht gutheißen konnte. Sein gnadenloses Urteil über die in seiner Wahrnehmung leicht proletarisch angehauchte und nicht standesgemäße Stiefmutter verriet ein angespanntes Verhältnis. Wenigstens erinnerte er sich, dass *„etwas dieser Art … wir Älteren schon in Salzwedel erfahren (hatten); was Wunders, dass wir – ich nehme Carl aus – uns am Ende selbst besser und tüchtiger dünkten, als wir waren.“* [21] Das mochte bei ihm zutreffen. Obwohl der Erstgeborene nach dem Tode des Vaters den Kontakt zur Stiefmutter und seinen Halbgeschwistern hielt, leugnete er sie. In seinen Erläuterungen zu den von ihm 1859 herausgebrachten Manuskripten seines Großvaters erwähnte er nicht mit einem Wort die zweite Ehe seines Vaters. Jenny war empört, denn damit unterschlug er nicht nur 30 glückliche Lebensjahre des Vaters, sondern auch ihre und Bruder Edgars Existenz. Auf diese Weise konnte er nach Ansicht Jennys sie *„geschickt um ihr, ihn störendes, Dasein bringen."*[22] Einer der Gründe für sein Verschweigen war, dass er seine Halbschwester Jenny, eine geborene von Westphalen, nicht erwähnen wollte, weil diese inzwischen Frau Marx, die Frau eines Staatsfeindes, geworden war. Es war ihm nicht daran gelegen, dieses Faktum der Öffentlichkeit ohne zwingenden Grund zu unterbreiten.

Jenny wuchs unbeschwert in angenehmen Verhältnissen zu einer jungen Frau von Stand heran. *„Meine älteste Tochter Jenny ... schön an Seel und Körper, sie ist unsere wahre Freude im Leben ..."*[23], schwärmte die Mutter bei ihrem Vetter über die Tochter, ein großes, schlankes Mädchen mit einem hübschen, schmalen Gesicht und ausdrucksvollen Augen, umrahmt von dunklen Haaren. Bald schon wurde die junge Adlige von der Männerwelt umworben, ihre Heiratschancen waren vorzüglich. *„Jenny war ein mit den Reizen der Jugend ausgestattetes, schönes Mädchen, ausdrucksvollen Antlitzes, durch ihren hellen Verstand und energische Charakter-Anlagen die meisten ihrer Altersgenossinnen überragend. Es konnte nicht fehlen, dass sie unter den jungen Männern aller Augen auf sich zog"*[24], schrieb Bruder Ferdinand stolz an seinen Schwiegervater. Sie werde *„fleißig von Curmachern umschwärmt, soll jedoch fortfahren, denselben ihr sangfroid – was in diesem Stücke gut angebracht ist – entgegenzusetzen."*[25] Die Baronesse zeigte nicht die kalte Schulter, als ein Karl von Pannewitz aus Schlesien auftauchte. Die inzwischen zur „Ballkönigin" avancierte Sechzehnjährige verliebte sich in den schneidigen, zackigen Secondeleutnant mit den guten Umgangsformen, und nach kurzer Bekanntschaft hielt dieser bei Vater Ludwig um ihre Hand an und erhielt die Zustimmung. Jenny war selig, turtelte mit dem schmucken Militär und fühlte sich wichtig im Kreise der jungen Damen, die, kaum erwachsen, von einem Manne zur Frau begehrt wurden. Die Verlobung fand (vermutlich) im Frühling 1831 statt. Alles schien den vorbestimmten Weg zu nehmen und die romantische Jenny träumte von Hochzeit.

Laut den preußischen Militärakten gehörte ein Secondeleutnant Karl von Pannewitz (9. März 1803 – 16. Oktober 1856) dem 2. Bataillon des Infanterieregiments Nr. 28 an, das vom 8. Oktober 1830 bis zum 15. Juli 1831 in Trier und bis Mai 1832 im Hochwald stationiert war. Im Hause 462 bezog vom 8. Oktober bis zum 16. Dezember 1830 nachweislich ein von Pannewitz Quartier.

Die Verbindung zwischen der kapriziösen Baronesse und dem Leutnant sorgte bald für Gerede. Louise, inzwischen Ferdinands Frau, mischte eifrig mit. Nachdem sie von Caroline von Westphalen in einem „Triumphbrief" von der Verlobung erfahren hatte, teilte sie im Oktober 1831 ihrer Mutter wichtigtuerisch mit: *„Desto unangenehmer wurden aber wir durch Deine Nachrichten, Jenny's neu geknüpftes Verhältniß betreffend, überrascht. Mir ist es noch ganz unerklärlich, wie die Mutter so schnell von ihrem wahrhaft unvernünftigen Enthusiasmus zurückgekommen ist, u. wie überhaupt die Enttäuschung in so kurzer Zeit so grell hat erfolgen können. Begierig sehen wir nun Alle Euren weiteren Bemerkungen über dieses leider! so bald von seinem ersten schönen Nimbus entkleidete Verhältniß entgegen, u. vor allem wünschen wir Jenny's Empfindungen näher ergründen zu können, indem Ferdinand mit mir der Meinung ist, daß wenn das arme bethörte Mädchen jetzt schon den übereilten Schritt bereut, die Auflösung der Verbindung für alle Theile sehr zu wünschen ist. Wahrlich, Mutter u. Tochter dauren mich Beide sehr!"* [26] Im Familien-, Verwandten- und Bekanntenkreis wurde vermutlich über Probleme zwischen Fräulein von Westphalen und Karl von Pannewitz geklatscht, aber man war noch im Ungewissen, ob es zu einer Aufkündigung der Verlobung kommen würde. Louise zerbrach sich über Dinge den Kopf, die sie eigentlich nichts angingen. Sie bedauerte vor allem ihren Schwiegervater, den „Pylades", denn ihr erschien *„die Mutter, die doch wahrscheinlich die Hauptbeförderin von Jennys Verlobung gewesen ist, um so unverantwortlicher, da es bei wahrer Liebe für ihren ausgezeichneten Mann ihr erstes Streben hätte sein sollen, ihn … zum Verlassen des Geschäftslebens zu überreden, statt daß sie ihn, durch das eitle Befördern jener thörichten Verbindung … noch fest an seine Ketten geschmiedet hat. Oh, möchte doch dieses unpassende Verhältnis aufgelöst werden!"* [27] Nach ihrer und Ferdinands Ansicht hätte Ludwig von Westphalen aus gesundheitlichen Gründen den Dienst quittieren sollen.

Louise bat ihre Eltern, die in Trier lebten, um alle relevanten Informationen, denn der weiteren *„Entwicklung von Jennys merkwürdigem Verhältnisse, sehen wir begierig entgegen."* [28] Von Schwiegermutter Caroline hatte die Neugierige nämlich wenig befriedigende Auskünfte erhalten: *„In der sie betreffenden Hauptsache, äußert sie sich übrigens sehr wenig und dun-*

kel, so dass wir, ohne Eure vorhergegangenen Erläuterungen, von Jennys jetzigem Verhältnisse gar keine richtige Ansicht bekommen hätten.“ [29] Voller heuchlerischer Anteilnahme bat Louise ihre Mutter, Frau von Westphalen zu versichern, *„daß es mir gewiß um Jennys und um ihretwillen sehr leid thäte, dies Verhältniß, von dem sie sich so viel Freude versprochen hätte, so trübe umwölkt zu sehen, dass ich indessen sehr hoffte und wünschte, dass sich diese betrübte Angelegenheit noch auf ein oder die andre Weise zu ihrer Zufriedenheit endigen würde.“*[30] Ihre Doppelzüngigkeit verriet ihr ambivalentes Verhältnis zu ihrer Schwiegermutter. Sie zeigte Adelsdünkel und Arroganz und vergaß, dass ihre Mutter ein gebürtiges Fräulein Wegener war, das sich „hochgeheiratet“ hatte; somit war auch sie wie Jenny halb bürgerlich. Vielleicht förderte Caroline von Westphalen gerade deshalb die Liaison Jennys mit dem adligen Leutnant, damit der Makel wie bei Louise beseitigt werden konnte.

Die Entlobung erfolgte spätestens Ende Oktober 1831 und natürlich suchte Louise nun in den Briefen an ihre Eltern nach den Ursachen. Sie konnte *„noch immer nicht begreifen, was für gewichtige neue Gründe meine Schwiegereltern u. Jenny so schnell gegen diese Verbindung eingenommen haben. Die schlechten pecuniären Aussichten für die Zukunft sind ja die nämlichen geblieben, als sie bei der Schließung dieser Verbindung waren: die Hauptgegengründe müssen jetzt also wohl in der Persönlichkeit des H. v. Pannewitz aufgefunden sein; doch schreibt meine Schwiegermutter, dass sie sich in seinem Charakter zwar nicht geirrt hätten“*[31], aber der „Hauptfehler des H.v.P.“, so hatte Louises Mutter kolportiert, sei dessen *„Mangel an Kenntnis und an Sinn daran!“* [32] Bildungsmangel und Bildungsunlust waren für Louise natürlich „ein großer Übelstand“, *„doch hätten wir nicht geglaubt, daß dieser von Seiten der Mutter u. Jenny's so hoch angeschlagen würde, u. glauben überhaupt nicht, daß dieser neu entdeckte Fehler einen alleinigen gewichtigen Grund zur Auflösung der Verbindung darbieten könnte, wenn nicht bedeutendere Charakter – u. moralische Fehler noch zum Grunde liegen.“* [33] Die Forderung nach Bildung über das übliche Maß hinaus konnte bei der so kritischen Jenny eigentlich kaum überraschen. Louise verbiss sich in das Thema, nahm die Rolle der ungeliebten Caroline von Westphalen und deren Schwester Christiane ins Visier. Zu ihren Eltern: *„Fast möchte ich sagen, dass mir das jetzige Benehmen der beiden ältern Damen gegen den unglücklichen Liebhaber noch weit mehr widersteht als ihr früheres; oder um mich deutlicher auszudrü-*

Im Casino am Kornmarkt in Trier avancierte Jenny von Westphalen zur Ballkönigin

cken, dass die thörichte, eitle Verblendung, die sie früherhin zum Begünstigen und Befördern dieser Verbindung bewog, mir fast noch verzeihlicher erscheint, als ihre jetzige Härte, Ungerechtigkeit u. Indelicatesse in Behandlung dieses Verhältnisses. Ja wenn nicht wirklich, uns sämtlich verschwiegene, bedeutende moralische Fehler, der Abneigung der beiden ältern Damen gegen H.v.P. zum Grunde liegen, so möchte ich behaupten, daß ihrem Verfahren gegen ihn sogar alle Rechtlichkeit fehlt. Wenn aber wirklich moralische Flecken an dem armen Verfolgten durch die spähenden Beobachtungen hätten aufgefunden werden können, so würden sie diesen Makel sicher nicht verschwiegen haben, da ihnen dadurch das leichteste und gerechteste Mittel zu der von ihnen so heiß gewünschten Auflösung der Verbindung in die Hand gegeben würde." [34] Die Stiefschwiegertochter vermutete letztendlich „gekränkte Eitelkeit" bei den Damen: der Leutnant habe ihnen nicht mehr hofiert und sei deshalb in Ungnade gefallen. Louise ergriff Partei: *„Bei aller Oberflächlichkeit und Alltäglichkeit des jungen Mannes, die ich, ohne ihn zu kennen, reichlich suggerire, dauert er mich doch indem er unrechtlich und unpassend behandelt wird. – Ja, der sonst so ruhige Carl meinte in seiner Entrüstung über die ganze Sache, dass, wenn er an H. v. Pannewitz Stelle wäre, er wohl wüsste, welch einen Aufsage-Brief er den sämtlichen Damen zusenden würde."* [35] Sogar Bruder Carl wurde instrumentalisiert, damit Louise sich moralisierend aufspielen konnte. Für sie war zudem *„das Umhertreiben auf Casino-Bällen unter solchen Umständen (...) fast eine öffentliche Blame zu nennen."* [36] Jenny war zwar jung und lebenslustig, aber keine Herumtreiberin. Bruder Ferdinand hoffte auf Einsicht der Schwester nach der gescheiterten Verlobung, *„wenn es ihr bei ihrem sonst verständigen Urtheil nicht bereits gelungen sein sollte. Aber mindestens bleibt immer eine harte sehr empfindliche Lehre zurück."* [37] Er stellte bei seinem Schwiegervater Erwägungen zum Ende der Beziehung an, nämlich *„dass der Mangel an Vermögen auf beiden Seiten ... nicht als ein wesentliches Hinderniß erschienen ist; dagegen zählte ich umso gewisser auf die anderen guten und für die Zukunft noch mehr versprechenden Eigenschaften; sobald hierin aber bei dem Mann nur ein gewöhnlicher Grad anzutreffen war, u. zwar so wie er im Offiziersstande eben vorkommt, – musste ich auch die Sache für ein wahres Unglück ansehen."* [38] Der Bruder begrüßte letztendlich die Trennung von dem doch sehr durchschnittlichen Leutnant. Mit keinem Wort ging er hingegen darauf ein, die Eltern hätten die Verlobung wegen zu naher Verwandtschaft zu der Familie von Pannewitz nicht gut geheißen. Die

Mutter der ersten Frau Ludwigs war eine Friederike Albertine von Pannewitz gewesen, und dies führte in der Literatur zu Überlegungen, ob nicht zu enge familiäre Verbindungen vorlagen. Dies ist im Prinzip für die Kinder aus der zweiten Ehe irrelevant.

Schwägerin Louise ereiferte sich auch Anfang Januar 1832 noch. Während ihre Familie in aller Bescheidenheit Weihnachten gefeiert hatte, missfielen ihr die Festlichkeiten bei ihrer Schwiegerfamilie. An ihre Eltern: *„In Jenny's Gemüth muß aber auch kein Fünkchen Gefühl wohnen, sonst würde sie sich doch schon aus Mitleid mit ihrem unglücklichen ihr so viel Liebe bewiesen habenden Verlobten, gegen solch eine unpassende Feier gewehrt haben. … Wie lange wird es dauren, u. der erste, beste Nachfolger tritt an H. v. Pannewitz Stelle, wenn die etwaigen Bewerber nicht durch die dem Armen widerfahrene Behandlung etwas kopfscheu gemacht sein sollten.“* [39] Was die Schwägerin nicht ahnte, war, dass der „erste, beste Nachfolger“ bereits in unmittelbarer Nähe war. Ausgehend von ihrer begierigen Anteilnahme an Jennys erster Verlobung lässt die Vorstellung schaudern, wie sie sich über die nächste Liaison geäußert hat.

Von den Hauptpersonen liegt keine Äußerung zu dieser Episode vor, und so bleiben nur Mutmaßungen. Für Jenny von Westphalen war des Leutnants engstirnige Geisteshaltung für die Trennung entscheidend gewesen. Der preußische Soldat hatte Gehorsam und Exerzieren gelernt, selbständiges Denken und kritische Auseinandersetzungen waren ihm fremd. Er sah keinen Sinn darin, Bildung und Wissen über das übliche Maß hinaus zu erlangen. Wider Erwarten zeigte sich die Verlobte nicht nur an Handarbeit, sondern auch an Literatur und sozial-politischen Themen interessiert. Die Gründung des Staates Belgien und vor allem die Julirevolution in Frankreich 1830 waren Diskussionsthemen im häuslichen Kreise gewesen und Jenny wollte auch bei Pannewitz zu den brennenden politischen Fragen nicht brav schweigen, wie es von einer jungen Dame von Stand erwartet wurde. Noch schlimmer: Die Braut votierte nicht für das Niederschlagen revolutionärer Aktionen durch das Militär. Ihr Verlobter hingegen zeigte vermutlich keinerlei Verständnis und Sympathie für die Aufrührer. Für ihn war das Eingreifen der Armee eine Selbstverständlichkeit. Er war bereit, die aufmüpfigen Bürger in Trier niederzuschießen und niederzustechen, ganz nach Friedrich Wilhelms IV. späterem Motto: „Gegen Demokraten helfen nur Soldaten“.

Bei näherem Kennenlernen behagte Jenny die Einstellung des Verlobten immer weniger, und ihr Verhalten wurde eine Herausforderung für den elf Jahre älteren Leutnant, der er nicht gewachsen war. Inwieweit es Jenny als chic empfand zu opponieren, mag dahingestellt sein, aber sie fühlte in ihrem Innersten, dass ihrem Leutnant noch etwas fehlte, was sie für unverzichtbar hielt: ein soziales Gewissen, d.h. Empathie mit den Armen und Bedürftigen und Verständnis für die aufgeklärten, mündigen Bürger, die Mitspracherecht in ihrem Staat einforderten und nicht länger Untertanen sein wollten. Das musste keineswegs eine prinzipiell antimonarchische Haltung bedeuten, aber der Soldat Karl von Pannewitz empfand es als zu provozierend, dass das 17-jährige Fräulein eine andere – aus seiner Sicht revolutionäre! – Meinung vertrat. Sie oder er zogen die Konsequenz.

Schwägerin Louise mag durchaus richtig mit ihrer Beobachtung gelegen haben, dass Mutter und Tante in beide Entscheidungen involviert waren. Jennys Wahl des protestantischen, adligen, preußischen Leutnants Pannewitz konnten sie eigentlich nur gutheißen, zumal die Mitgift der Braut bescheiden war. Inwieweit sie zur Entlobung rieten, ist nicht zu belegen.

Die Trennung war letztlich ein guter Schritt. Wäre Jenny mit Karl von Pannewitz in den Stand der Ehe getreten, wäre ihr Leben typisch für eine Adlige verlaufen. Sie hätte in ihren Kreisen verkehrt, hätte standesgemäß repräsentiert und ein materiell abgesichertes Leben geführt – allerdings mit dem Risiko, wie manche Frauen ihrer Zeit aus Mangel an geistiger Anregung zu verkümmern.

Die „harte, empfindliche Lehre“ war schnell abgehakt. Schwägerin Louise meinte nun mitfühlend: *„Da Jenny die Bälle wieder besucht, so nehmen wir denn an, daß auch ihr Trübsinn hoffentlich mehr und mehr weicht.“* [40] Bald träumte die Baronesse wieder von der großen Liebe. Interessante Männer gab es in der Garnisonsstadt einige, und sie würde schon einen passenden Mann aus ihren Kreisen finden. *„Die Betheiligung an den gesellschaftlichen Verhältnissen Triers hatte sich im Hause meiner Eltern einigermaßen gesteigert, indem die Mutter, in lebhaftem Interesse für den Eintritt ihrer Tochter Jenny in die Welt, den gesellschaftlichen Verpflichtungen ihre ganze Aufmerksamkeit zuzuwenden sich gedrungen fühlte, so weit dies irgend mit den beschränkten Einnahmen des Vaters zu vereinigen stand“* [41], bemängelte Ferdinand in seinen Lebenserinnerungen die kostenintensive Heiratspolitik der nach Höherem strebenden Stiefmutter. Caroline zog alle Antipathie auf sich, war der Sündenbock, nicht der gute Vater.

Die Entwicklung der Kinder Ferdinand, Franziska und Lisette aus der ersten und Jenny und Edgar aus der zweiten Ehe von Ludwig von Westphalen, Carl lässt sich nicht eindeutig zuordnen, verlief unterschiedlich. Die Diskrepanz lässt sich besonders gut an Jenny und Ferdinand, den dominierenden Kindern, ausmachen. In ihrem politischen und gesellschaftlichen Denken gab es erhebliche Unterschiede. Ferdinand empfand beispielsweise die bürgerliche zweite Frau des Vaters bereits als Pubertierender als nicht standesgemäß, trotz ihrer Zugehörigkeit durch die Heirat zum Adelsstand. Auch wenn ihm nachgesagt wurde, er sei in jugendlichem Übermut liberal und systemkritisch eingestellt gewesen, war dies bei ihm wie bei so vielen nur eine kurze Phase. Ferdinand internalisierte die Grundsätze seines feudalistisch geprägten Staates, war für Karl Marx ein Aristokrat „comme il faut“. Möglicherweise hätte er anders empfunden, wenn er seine Entwicklungsjahre in Trier verbracht hätte. Seine Schwester Jenny diskutierte zu Hause in aller Offenheit mit dem Vater, Edgar und Karl über die Missstände in Staat und Gesellschaft und dabei war ihr nicht verborgen geblieben, dass der Vater aufgeschlossener für die Anliegen des liberalen Bürgertums war, als er offiziell zugeben durfte. Jenny erlebte, dass auch Nicht-Adlige über Geist und Ausstrahlung verfügten, so Heinrich Marx und sein Sohn Karl. Inwieweit die Mutter ihre bürgerliche Herkunft thematisierte, ist nicht belegt, aber da auch Vater und Schwester Heubel im Haushalt lebten, gab es keine Standesunterschiede in Jennys engstem Umfeld. Es kam der jungen Frau nie in den Sinn, die Mutter geringer zu achten, nur weil sie bürgerlich war. Sie war im Gegensatz zu Ferdinand ohne Vorurteile und Überlegenheitsgefühl anderen Menschen gegenüber.

„Jenny sei ein schwer zu lenkendes Mädchen mit einem Gerechtigkeitsgefühl gewesen, das zu leidenschaftlichen Ausbrüchen führen konnte und einem Wissensdrang, der sie schon als Kind zu den Büchern greifen ließ. Sie habe sich als Vertreterin des ‚Jungen Deutschland‘ auf die Seite der Radikalen gestellt. Es sei so weit gekommen, dass vermieden werden musste, den Bruder Ferdinand und das stolze Mädchen sich begegnen zu lassen. Mit der leidenschaftlichen Überzeu-

gungstreue der Frau, der Jugend und der revolutionären Politikerin habe sie das Hinterwäldlertum der bürgerlichen Welt gegeißelt. Die Stiefschwester Lisette habe zwar anschauungsmäßig auf seiten des Bruders gestanden, menschlich sich jedoch durch die märtyrerhafte Überzeugung, die Reinheit der Leidenschaft und das glühende Herz der Schwester angezogen gefühlt, der um der Gerechtigkeit und Liebe willen das Los der vom Schicksal Betrogenen, der Proletarier, nahe-ging" [42], beschrieb ein Enkel Lisette von Krosigks die Entwicklung Jennys Jahrzehnte später.

1831/32 war Jenny von Westphalen noch nicht revolutionär. Auch wenn sie sich gerne als Unangepasste, Aufgeklärte gab, die Relevanz einer gesellschaftlich korrekten ehelichen Bindung stellte sie nicht in Frage – noch war ein Bruch mit der Konvention für sie undenkbar.

Erste Erfahrungen mit dem Obrigkeitsstaat

Die Jahre 1832 bis 1835

Die 17-jährige Jenny hakte das Abenteuer Ver- und Entlobung ab, ärgerte sich höchstens über das Gerede der Verwandtschaft und der Leute in der Stadt. Aber auch das ging vorbei.

Zu ihrem 18. Geburtstag überraschte der Vater sie mit *„100 Rtr [Reichstaler] zur Reise nach Paris oder in die Schweiz."* [43] Ein schönes Geschenk für die junge Dame. Allerdings gibt es keinen Hinweis, ob und wann die Reise stattfand.

Die junge Baronesse wurde auf die traditionelle Rolle der Hausherrin vorbereitet, wobei das Nähen ihre liebste praktische Tätigkeit wurde. Es blieb ihr nebenbei noch genügend Zeit sich weiterzubilden und mit dem Vater, Edgar und Karl über die sozialen und politischen Missstände zu debattieren, Reformen einzufordern und einen Funken Aufruhr auf deutschem Territorium zu ersehnen. Für einen kurzen Augenblick glomm Hoffnung auf Veränderung auf. Vom 27. bis zum 30. Mai 1832 trafen sich 30.000 Bürger/innen auf dem Hambacher Schloss in der Pfalz; Liberale und Demokraten, unter ihnen zahlreiche Vertreter der 1819 durch die Karlsbader Beschlüsse verbotenen Burschenschaften. Zum ersten Male erschallte in der deutschen Öffentlichkeit der Ruf nach Demokratie und Versammlungs-, Meinungs- und Pressefreiheit.

Redner wie Johann Georg August Wirth, Philipp Jakob Siebenpfeiffer und Ludwig Börne plädierten für die Souveränität des Volkes und die nationale Einheit in bundesstaatlicher Form. Ob Monarchie oder Republik als Staatsform sollte das Volk entscheiden. Derartige Forderungen mussten von der Obrigkeit unterbunden werden. Die Wortführer wurden vehement verfolgt und im Bundestag ein Verbot politischer Vereine und öffentlicher Kundgebungen beschlossen. Das Hambacher Fest sollte eine Episode bleiben. Allerdings waren die Herrschenden vorgewarnt und wurden immer nervöser, auch in Trier. Johann Hugo Wyttenbach, Direktor des Gymnasiums zu Trier, wurde unter staatliche Aufsicht gestellt und systemkritische Lehrer wurden observiert. Das führte zu erregten Debatten und Unmut unter einigen der Eleven dieser Anstalt, zu denen Karl Marx und Edgar von Westphalen gehörten, und auch Jenny nahm regen Anteil.

1834 traf der Arm des Staates erstmals unmittelbar das häusliche Umfeld von Jenny und Karl, nunmehr 20 und 16 Jahre alt. Karls Vater war in den Verdacht geraten, kein staatstreuer Untertan zu sein. Am 12. Januar hatte der Justizrat anlässlich eines Festes zu Ehren der vier Abgeordneten der Stadt Trier und Umgebung nach ihrer Rückkehr vom vierten rheinischen Provinziallandtag in einer Rede verkündet: *„Ein Gefühl vereinigt uns zu dieser Feierlichkeit. Ein Gefühl beseelet in diesem Augenblicke die ehrenwerthen Bürger dieser Stadt: das Gefühl der Dankbarkeit für ihre Stellvertreter, von denen sie die Ueberzeugung haben, dass sie mit Wort und Tat, und Eifer und Muth, für Wahrheit und Recht gekämpft. Doch bevor wir dem Ergusse dieses Gefühls uns ganz überlassen, erfüllen wir eine ebenso angenehme als heilige Bürgerpflicht, indem wir unseren innigsten Dank, unsere heißesten Wünsche unserem gütigen Monarchen bringen, dessen Hochherzigkeit wir die erste Institution einer Volksvertretung verdanken. In der Fülle der Allgewalt hat er aus freiem Willen Ständeversammlungen angeordnet, damit die Wahrheit zu den Stufen seines Thrones gelange. Und wohin möchte die Wahrheit gelangen, wenn nicht dort?“* [44] Trotz gebührender Lobpreisung des obersten Herrn in Berlin missfielen diese in der „Kölnischen Zeitung“ am 23. Januar 1834 veröffentlichten Worte. Carl Albert Christoph Heinrich von Kamptz, als preußischer Justizminister auch mit der obersten Leitung der Justizangelegenheiten in der Rheinprovinz befasst, schaltete sich ein und forderte Strenge; denn dieser Herr, seit dem Wartburgfest 1817 und nach einer Auseinandersetzung mit „Turnvater" Friedrich Ludwig Jahn der „Liberalen-Fresser" genannt, war mit der Justiz im Rheinland nicht uneingeschränkt zufrieden. Die Polizei und die Richter kamen nach seiner Ansicht ihrer Pflicht zwar überwiegend korrekt nach, aber man führe *„die Bewachung und Untersuchung gegen die wegen politischer Umtriebe verdächtigen Personen mit größter Leichtigkeit durch. Vielen werde die Flucht ermöglicht."* [45] Untersuchungsgefangene, so der Justizminister, hätten größte Freiheiten; in der Stadt Trier lasse man sie sogar in der Öffentlichkeit promenieren und Steckbriefe würden nur im Amtsblatt und nicht in den Zeitungen im benachbarten Ausland bekanntgemacht. Den Beschuldigten werde geglaubt, ohne den Wahrheitsgehalt zu ermitteln. Kurz: man verkenne, dass politische Verbrechen für Staat und Gesellschaft gleich gefährlich seien wie „private" Verbrechen und infolgedessen genauso rigoros zu ahnden seien. Jedes Verfahren und jeder Richter werde in Zukunft überprüft, um zu verhindern, dass Richter zu nachsichtig mit politischen Angeklagten, Holzdieben und anderen Rechtsbrechern verfuhren, weil sie bei der Urteilssprechung die Gründe für die Vergehen berücksichtigten – und diese fand mancher Richter in Unterdrückung und Elend. Und in der Tat wurden zu milde Urteile vom Revisions- und Kassationshof in Berlin kassiert[46].

Der Herr Justizminister war nach dem Fest im Casino im Januar 1834 auch voller Empörung darüber, dass *„die Stadt Trier … das erste Beispiel gegeben (hat), dass die durch Subskription zusammengebrachten Mittagsgesellschaften von Privatpersonen sich herausgenommen haben, Verhandlungen einer von des Königs Majestät und nur allerhöchst demselben verantwortlichen Versammlung, ja selbst die Grundsätze und Abstimmungen und das Benehmen einzelner Mitglieder in ebenso unkundiger als unbefugter Weise zu beleuchten und tadeln. Schon halten die große Mehrzahl von Landtagsdeputierten sich nicht für deutsche landständische Landtagsdeputierte, sondern für Repräsentanten des Volkes und werden von dem Publikum in diesem Wahn bestärkt, wenn sie, wie in England, in Tavernen über ihre Verdienste auf dem Landtag, über die Gefahren und Pläne, welche dem Landtag gedroht, und durch sie abgewandt wurden, Reden empfangen und halten und von Gästen die Bürgerkrone erhalten."*[47] Ein derartiges Verhalten konnte nicht geduldet werden. Advokat Heinrich Marx wurde zwar nicht namentlich genannt, da er nur einer von mehreren Rednern vor 160 Versammelten war. Aber sein Mut, mit dem er

Vater Marx

offen seine bürgerlichen Ansichten kundtat, wurde registriert und sein Name auf die Liste der Verdächtigen gesetzt. Die Lage spitzte sich zwölf Tage später zu. *„Er. Hochgeboren halte ich mich für verpflichtet von einem höchst bedauerlichen Vorfalle Anzeige zu machen, welcher sich am Abend des 25 d. Mts. bei Gelegenheit einer zur Feier des Stiftungstages des hiesigen literarischen Casinos, in dem Lokale desselben gegebenen Abendtafel kurz(er) maßen zutrug. Eine Anzahl Mitglieder des Casinos, unter denen namentlich die Herren ... Marx, Justizrath, ... waren, sammelten sich an dem entgegengesetzten Ende des Tisches und stimmten unter Musikbegleitung zuerst Lieder unschuldiger Natur, als „Denkst du daran" und dergleichen mehr an. Hierauf begannen einige von ihnen das bekannte „Was ist des Deutschen Vaterland?" zu singen, welches jedoch bei den ersten Versen durch Zischen unterbrochen wurde, wogegen die Marseillaise, welche nun folgte, eine desto günstigere Aufnahme fand. Dieser Gesang steigerte sich unter wilden Schlägen auf den Tischen bis zur Exaltation, und ganz besonders nahm das Toben bei denjenigen Stellen überhand, aus welchen der revolutionäre Geist entflammt"* [48], denunzierte Freiherr von der Horst neben anderen Bürgern auch Heinrich Marx beim Grafen zu Dohna, dem interimistischen Kommandeur der 16ten Division. Der Gipfel der Unverfrorenheit war, dass, so von der Horst, *„die Marseillaise und die Parisienne ... wohl mehrmals gesungen (wurden) und ein trikolorenes Tuch, den Gefallenen der Julirevolution gewidmet, geküsst worden sei."* [49] Ein solch provokantes Verhalten musste Konsequenzen haben.

In der Familie Marx hatte man größte Angst um den Vater, befürchtete seine Inhaftierung. Karl und auch Jenny und Edgar waren fassungslos, wie schnell ein so seriöser, redlicher, braver Bürger, der sich doch letztendlich immer anpasste aus Angst vor Nachteilen für seine Familie, in den Verdacht kommen konnte, ein Staatsfeind zu sein. Der Vater hatte zum einen doch nur seiner aufgeklärten Haltung in wohlgesetzten Worten Ausdruck verliehen und zum anderen ein wenig gefeiert. Sollte dies ein Verbrechen sein? Oberbürgermeister Haw gelang es nur mit Mühe und vermutlich unter dem Hinweis auf zu hohen Alkoholkonsum und folglich eingeschränkter Zurechnungsfähigkeit, die Angelegenheit gütlich zu klären. In der Familie Marx war man unendlich erleichtert, dass der Vater sich nicht vor einem Gericht rechtfertigen musste.

Ort der Verfehlungen war das Casino gewesen. Dort verkehrten die Oberschicht der Stadt und die hohen Militärs. Die „Casinogesellschaft" wurde im Juli 1834 aufgelöst und einen Monat später durch Wyttenbach, Haw und Heinrich Marx wieder gegründet nach *„Vereinigungsverhandlungen mit einer von Offizieren und Beamten gegen die Casinogesellschaft gegründeten Vereinigung, die sich ‚Erholung' nannte."*[50] Man zeigte Preußentreue, um weiterhin existieren zu dürfen.

Die eigene Erfahrung mit der bedrohlichen Übermacht des Staates brachte das politische Weltbild von Jenny, Karl und Edgar endgültig ins Wanken und sie verurteilten einen Staat, der sein Volk so maßregelte. Wie konnten Eltern und Lehrer, auch wenn sie diesen Missmut teilten, die empörten jungen Menschen von unüberlegten Äußerungen oder Protesten abhalten? Ihre Erregtheit konnte man ihnen als altersbedingtes Phänomen nachsehen und hoffen, dass die jungen Männer durch den Militärdienst auf den rechten Weg gebracht werden würden und der etwas aus dem weiblichen Rahmen fallenden Jenny würde ein gestandener Ehemann die Grillen austreiben.

Die Familie von Westphalen wurde von den Aufregungen in der Casinogesellschaft nicht unmittelbar tangiert, da Vater Ludwig bei der verhängnisvollen Sitzung wohl aus gesundheitlichen Gründen nicht anwesend war – im Nachhinein eine glückliche Fügung. Für die Behörden wäre es nämlich eine elegante Lösung gewesen, den Beamten aufgrund ungebührlichen Benehmens vom Dienst suspendieren zu können. Aus Sicht seiner Vorgesetzten wurde Westphalen den Anforderungen seines Amtes seit längerem nicht mehr gerecht. Der Regierungspräsident von Trier hatte der Staatsregierung in Berlin dessen Pensionierung mit der Begründung vorgeschlagen, *„v. Westphalen habe bei großem Diensteifer und Fleiß wenig geleistet, weil eine ganz übertriebene Weitschweifigkeit ihn bei seiner Tätigkeit davon abgelenkt habe, worauf es eigentlich ankomme. Dem Vernehmen nach sei über ein übertriebenes Abhärtungssystem sein körperlicher Zustand sehr geschwächt. Seine zitternden Hände hinderten ihn beim Schreiben. Er habe jedoch einen sehr lebendigen Geist und sei diensteifrig wie in früheren Jahren. Andererseits habe v. Westphalen keine Ahnung von seiner Unbrauchbarkeit und werde sich daher durch das Ansinnen auf Pensionierung schwer verletzt fühlen."*[51] Zwischenzeitlich besserte sich Westphalens Zustand und man sah von seiner Entlassung ab. Dieser unternahm, wie Sohn Ferdinand sich erinnerte, im Herbst 1834 *„in Begleitung seiner beiden Töchter Franzisca und Jenny, und Carls eine mehrtägige Fußwanderung an der Mosel durch die herr-*

lichsten Gegenden über Berncastel hinaus, begünstigt vom schönsten Wetter.“ [52] Wenig später plädierte Hausarzt Dr. Schleicher für Dienstuntauglichkeit aufgrund eines „heftigen Lungenkatarrhs“. Westphalen reichte seine Pensionierung ein und wurde noch im Dezember 1834 in den Ruhestand verabschiedet.

Ludwig von Westphalen hatte wider Erwarten nicht Karriere gemacht und erst *„bei der Versetzung in den Ruhestand erhielt er den Ehrentitel eines Geheimen Regierungsrates.“*[53] Statt der ursprünglichen Vergütung von 1.800 Talern standen ihm nur noch 1.125 Taler, 5/8 seiner früheren Bezüge zu. Der treue Beamte hoffte vergebens auf das Gnadenachtel, das alleine der König aussprechen konnte. Er bekam zwar noch „einige Zinsen aus der Erbschaft der Schottischen Tanten“, musste jedoch von seiner Pension seinem Bruder Heinrich jährlich 200 Taler für einen vor vielen Jahren erhaltenen Kredit zurückzahlen und Sohn Edgar würde in Kürze 500 Taler im Jahr kosten. Die finanzielle Einbuße belastete den Vater, denn er fühlte sich seinem Stand und seiner Position verpflichtet und meinte, entsprechend repräsentieren zu müssen. Sohn Carl, inzwischen Landgerichtsrat, half die finanzielle Verschlechterung zu mildern, indem er sich 1835 nach Trier versetzen ließ und wieder bei den Eltern Quartier bezog, nach Ansicht seines älteren Bruders *„ein Opfer, welches, beim Zusammenleben mit der Stiefmutter und ihrer Schwester, vermöge der mehrfachen Beschränkungen und Entsagungen, die er sich in seinem blühendsten Lebensalter auferlegen musste, in seiner ganzen drückenden Schwere sich nur zu früh schon entwickelte.“*[54] Von Carls Anwesenheit profitierten auch die jüngeren Geschwister, da sie dreimal pro Woche einer Stunde Privatunterricht in Englisch beiwohnen durften. Jenny las außerdem *„viel Französische Bücher aus einem …neu arrangierten Lesezirkel.“*[55] Englisch und Französisch fließend zu sprechen, erleichterten ihr später das Leben erheblich. Auch im Geschäftsleben wurde die junge Frau aktiv, wie eine Abrechnung zeigt, *„die sich – wie er (der Vater, M.A.) selbst schrieb – auf eine Weinankaufsspekulation seiner Tochter bezog, die am 28. Januar 1835 10 1/3 Fuder Kaseler Wein des Jahres 1834 gekauft hatte. Davon waren 250 Taler aus ihrem und 900 Taler aus seinem Vermögen. Danach schenkte er ihr zwei Staatsschuldscheine im Gesamtwert von 1.000 Talern.“*[56] Das 100 Reichstaler-Geschenk zu ihrem 18. Geburtstag könnte in Jennys geschäftliche Unternehmung geflossen sein.

TEIL II – SIEBEN LANGE JAHRE

Liebe auf den tausendsten Blick
Das Jahr 1836

Jenny von Westphalens Bestimmung war es, zu heiraten und die Zukunft der Familie durch Kinder abzusichern. Aber die Zeit verging und sie lehnte jede Offerte ab, trotz fortgeschrittenen Alters. Kein Heiratskandidat fand ihr Wohlgefallen. Von einem preußischen Militär hielt sie nach ihrer Erfahrung mit Pannewitz wahrscheinlich nicht viel, weil sie annehmen musste, dass ihre politisch-gesellschaftlichen Haltungen konträr zueinander waren. Aber einen tüchtigen, adligen Herrn, in der Verwaltung tätig und liberalen Reformen nicht abgeneigt, hätte sie vielleicht erhören können. An einen, allerdings bürgerlichen Verehrer, Peter Reichensperger, meinte sich Bruder Edgar später erinnern zu können. Der Zentrums-Politiker kam allerdings erst 1844 an das Landgericht Trier, als Jenny schon verheiratet war.

Warum konnte sich die junge Dame nicht entscheiden? Lag ihre Unentschlossenheit darin begründet, dass sie sich immer mehr zu dem klugen, rebellischen Karl Marx hingezogen fühlte und die Verwandtschaft ihrer Seelen und ihre Übereinstimmung im Geiste spürte? Mit ihm zu debattieren war eine Freude, schulte die Dialektik und beide konnten sich an ihren geistigen Höhenflügen begeistern. Der geniale Geist des vier Jahre Jüngeren, seine ironische Überlegenheit, seine Beredsamkeit, sein Temperament und sein unkonventionelles Benehmen, später sprach man von schlechten Manieren, hatten sie zunehmend fasziniert. Als versteckte Liebesbeweise, kleine Zärtlichkeiten hinzukamen, wurde ihr bewusst, dass sie sich auch körperlich zu ihm hingezogen fühlte. Irgendwann gestand der stürmische Junge, dass er sie liebte. Zunächst hielt sie dies für eine Verirrung und Verwirrung der Gefühle, aber bald musste sie sich eingestehen, dass auch bei ihr aus Sympathie Verliebtheit und letztendlich Liebe geworden war. Die Baronesse und Karl Marx beschlossen sich zu verbinden. Aber wie sollte Jenny die Einwilligung der Eltern erhalten? Die Eltern schätzten Karl Marx, aber auch als Schwiegersohn? Der gesellschaftliche Konsens würde erheblich gestört werden, wenn eine Adlige einen Bürgerlichen heiratete. Das war nicht nur ungewöhnlich, das war schockierend, auch für Jennys Eltern. Erst im September 1834 war Ludwig von Westphalen mit Kindern auf eigenen Antrag in das Adelsverzeichnis für das Rheinland aufgenommen worden – und nun wollte die Tochter einen Schritt unternehmen, der zum Verlust ihres Adelstitels und aller damit verbundenen Privilegien führen würde? Eine Abkehr vom Pfad des Standes war schwer vermittelbar, war ein Skandal – außer für die verliebte Jenny. Wie würden die verwandten Adelsfamilien reagieren, die Krosigks, Veltheims, Florencourts und die anderen Westphalens? Die Skala würde von Missbilligung bis zu offener Ablehnung reichen, kaum von Verständnis bis Wohlwollen.

Für Naserümpfen würde neben dem Standesunterschied auch die Jugend des Bräutigams sorgen. In Jennys Kreisen war der Ehemann gewöhnlich erheblich älter als die Frau, hatte einen Beruf und war in der Lage, eine Familie zu ernähren. Das alles traf auf Karl Marx nicht zu, er war noch nicht einmal erwachsen. Hinzu kam der jüdische Hintergrund, obwohl die jüdischen Wurzeln von Marx die Aversion gegen die Verbindung nicht verstärkt haben müssen. Karl Marx hat jeden diesbezüglichen Hinweis vehement bestritten, und es ist auch festzuhalten, dass Juden in der Mitte des 19. Jahrhunderts über ihre Religion definiert wurden, nicht durch ihre Ethnie. Die Religion als Ablehnungsmerkmal spielte nach der Konversion der Familie von Heinrich Marx 1824/25 keine Rolle.

Karl Marx, ein Bürgerlicher, vier Jahre jünger als die adlige Braut, ein Student, ohne Einkommen, ohne Vermögen, war als Ehekandidat unmöglich. Aber die Entscheidung Jenny von Westphalens war unwiderruflich auf Karl Marx gefallen.

Die Familie des Bräutigams war in Trier angesehen. Die Juden hatten in den von Napoleon I. besetzten Gebieten das volle Bürgerrecht erhalten, und diese Zusage sollte ab 1818 auch in Preußen gelten. Sie konnten viele Berufe ergreifen, nicht aber *„Beamte, Richter, Offiziere, Advokat oder Apotheker“*[57] werden. Heinrich (Hirschel, Heschel) Marx, Karls Vater, geboren am 15. April 1777 in Saarlouis, entschloss sich daher zur Namensänderung und Konversion, nachdem Trier preußisch geworden war und er in Preußen nur als Christ ungehindert seinen Beruf als Advokat ausüben konnte. Der Religionswechsel war ein bemerkenswerter Schritt, immerhin kam der Anwalt Dr. Marx aus einer Rabbinerfamilie.

Das Geburtshaus von Karl Marx in Trier

Wann seine Taufe und Aufnahme in die evangelische Gemeinde Triers erfolgte, ist nicht belegt, doch nicht vor Mitte 1819, da sein ältester Sohn Mauritz David am 15. April 1819 noch auf dem jüdischen Friedhof in Trier beerdigt wurde; damit könnte auch Karl Marx nach jüdischem Ritus noch beschnitten worden sein. Die Mutter wagte aus Rücksichtnahme auf ihren Vater, einen Rabbiner, erst nach dessen Tode im September 1825 zu konvertieren. Am 26. August 1824 wurde Karl zusammen mit seinen Geschwistern zu Hause getauft.

Zu der Familie gehörten neben dem verstorbenen Mauritz David und dem am 5. Mai 1818 geborenen Karl noch weitere sieben Kinder. Sophia (13.11.1816) war die Jugendfreundin von Jenny von Westphalen. Mit 26 Jahren heiratete sie den Anwalt Wilhelm Robert Schmalhausen aus Maastricht, mit dem sie vier Kinder hatte. Sie starb im Dezember 1886. Karls jüngerer Bruder Hermann (30.10.1819, als einziges Kind des Ehepaares Marx nicht in Trier, sondern in Nymwegen geboren) erlernte in Amsterdam und Brüssel das Handelsgewerbe. Später lebte er bei seiner Familie in Trier und starb mit 23 Jahren am 14. Oktober 1842. Henriette (28.10.1820) heiratete den Architekten Albert Simons, ließ sich mit ihm im heutigen Oberhausen nieder und starb wenige Monate nach ihrer Vermählung im Jahre 1845. Louise (14.11.1821) wurde im Juni 1853 die Frau des Notariatskandidaten und späteren Verlegers und Buchhändlers Johann Carl Juta und wanderte nach Kapstadt/Südafrika aus, wo sie am 3. Juli 1893 starb. Die ein Jahr jüngere Emilie (24.10.1822) vermählte sich 1859 mit dem Wasserbauaufseher Johann Jakob Conradi. Sie war die einzige, die in Trier blieb und sich um die Mutter kümmerte, mit der sie spätestens ab 1861 in einem Haushalt lebte. Im Oktober 1888 erlag sie einem Herzleiden. Caroline (30.07.1824) starb mit 23 Jahren im Dezember 1847 an Schwindsucht und Eduard (07.04.1826) segnete mit elf Jahren im Dezember 1837 das Zeitliche. Vater Heinrich erlebte nur den Tod seines Erstgeborenen und seines Jüngsten, seine Frau musste zusätzlich den Verlust von Sohn Hermann und der Töchter Henriette und Caroline verkraften.

Eine Ehe zwischen der Baronesse und dem Bürgerlichen war trotz der Freundschaft zwischen den Vätern und den Kindern aus den genannten Gründen aufsehenerregend. Das war auch Jenny bewusst, und sie beschloss abzuwarten. Die Eltern wollten nach ihrem Eindruck nichts sehen und wissen, obwohl sie doch die verliebten Blicke, die heimlichen Zärtlichkeiten hätten wahrnehmen müssen. Jenny schwieg, obwohl es ihr schwerfiel. Fürchtete sie, man würde ihr die Unmöglichkeit der Verbindung vor Augen führen? Sie konnte sich nur auf wenige Frauen berufen, die aus Liebe den Standesverlust in Kauf genommen hatten. Vielleicht war Charlotte Schiller, eine geborene von Lengefeld, ein gutes Beispiel, aber diese hatte immerhin einen schon berühmten Dichter geheiratet, der zu ihrer großen Erleichterung später in den Adelsstand erhoben wurde. Auch Frau Hegel war eine gebürtige Marie von Tucher gewesen; ihr Ehemann, Georg Wilhelm Hegel, war bei ihrer Heirat allerdings schon Schuldirektor.

Jenny stand glücklicherweise keiner geschlossenen Front in der Familie gegenüber. Edgar war eingeweiht und Bruder Carl würde nicht gegen sie intrigieren. Aber Ferdinands Einfluss auf den Vater war nicht gering zu schätzen. Als er später von der Verbindung erfuhr, sprach er sich entschieden gegen die Mesalliance aus. Wenn es in seiner Macht gestanden hätte, hätte er diese Heirat verboten. Auch deshalb zögerte Jenny, ihr Glück offen zu zeigen. Sie kam mit Karl überein, nichts zu übereilen und ihre Liebe auf die Probe zu stellen. Die Gelegenheit ergab sich im Herbst 1835, als der junge Mann das Studium der Rechtswissenschaften an der neu gegründeten Königlich Preußischen Friedrich-Wilhelms-Universität in Bonn aufnahm.

In der kleinen Stadt am Rhein lebten 700 Studenten, und viele organisierten sich nach dem Verbot der Burschenschaften in Landsmannschaften, Karl Marx in der „Trevirania". Der vielseitig interessierte Student besuchte Vorlesungen in Jura und Philosophie, bildete sich in Geschichte und Literatur weiter und war sich nicht sicher, ob er Jurist werden wollte. Sein Vater wusste um die vielfältigen Begabungen des Sohnes und zeigte sich gegenüber anderen Berufszielen durchaus aufgeschlossen, nicht jedoch gegenüber der Dichtkunst, zu der sich Karl zeitweilig berufen fühlte. Heinrich Marx, sehr intelligent, sehr gebildet und sehr belesen, reagierte reserviert: *„Ich sage es Dir unverhohlen, mich freuen innig Deine Anlagen, und ich verspreche mir viel davon, doch es würde mich jammern, Dich als gemeines Poetlein auftreten zu sehen."*[58] Immerhin wurden zwei Gedichte Karls, die „Wilden Lieder", vier Jahre später in der Berliner Wochenzeitschrift „Athenäum“ in der Ausgabe vom 23. Januar 1841 veröffentlicht.

Jenny musste ohne Karl in Trier ausharren, aber sie ging gesellschaftlichen Pflichten und Vergnügungen nach. In Begleitung ihrer Eltern besuchte sie beispielsweise im August 1837 einen Ball, der zu Ehren der preußischen Prinzessin Marie gegeben wurde, und sie war eine begehrte Tanzpartnerin. *„Jenny war zu einer auf einem Maskeradeball in der Erholungsgesellschaft aufzuführenden Quadrille, wozu sich 12 Paare vereinigt hatten, ebenfalls engagirt worden“* [59], erwähnte Bruder Carl in einem Brief an Ferdinand im Februar 1836.

Karl Marx wechselte nach nur einem Studienjahr in Bonn mit der Erlaubnis, vielleicht auch auf Wunsch des Vaters den Studienort. Er entschied sich für Berlin. Ob konkrete Gründe ihn zwangen, ist nicht erwiesen. Vielleicht war es ihm in Bonn zu eng geworden, der Kontakt zu den Kommilitonen aus Trier zu lästig oder der Vater befürchtete einen Verweis, da der Herr Student wegen einer Rauferei und eines Duells mit Säbel unangenehm aufgefallen war. Das war nichts Ungewöhnliches in einem Studentenleben der damaligen Zeit, vor allem, wenn ein temperamentvoller Trierer Student mit einem arrogant auftretenden preußischen Studenten aneinandergeriet. Karls neue Wirkungsstätte, die 1809 auf der Grundlage von Wilhelm von Humboldts berühmter Denkschrift gegründete Berliner Universität, die alma mater berolinensis, hatte einen hervorragenden Ruf. In Berlin ging es geistig freier zu, und diese liberalere Atmosphäre zog Studenten aus allen Teilen des preußischen Staates an, auch Karl Marx. *„An Trinkgelage, an Duelle, an gemeinschaftliche Fahrten usw. ist hier gar nicht zu denken; auf keiner anderen Universität herrscht wohl solch allgemeiner Fleiß, solcher Sinn für etwas Höheres als bloße Studentengeschichten, solches Streben nach Wissenschaft, solche Ruhe und Stille wie hier. Wahre Kneipen sind andere Universitäten gegen das hiesige Arbeitshaus“* [60], rühmte Ludwig Feuerbach die Friedrich-Wilhelms-Universität. Als Edgar von Westphalen im Herbst 1837 unschlüssig war, ob er nach Berlin wechseln sollte, riet Bruder Ferdinand: *„Berlin ist des Vaterlandes stolze Mitte, – am reichsten ausgestattet mit tüchtigen Professoren und wissenschaftlichen Hülfsmitteln, – also für den Hauptzweck andern Universitäten überlegen; aber freilich sehr entfernt …“*[61] Das empfand seine Schwester Jenny auch so und nahm daher den Schritt Karls mit ambivalenten Ge-

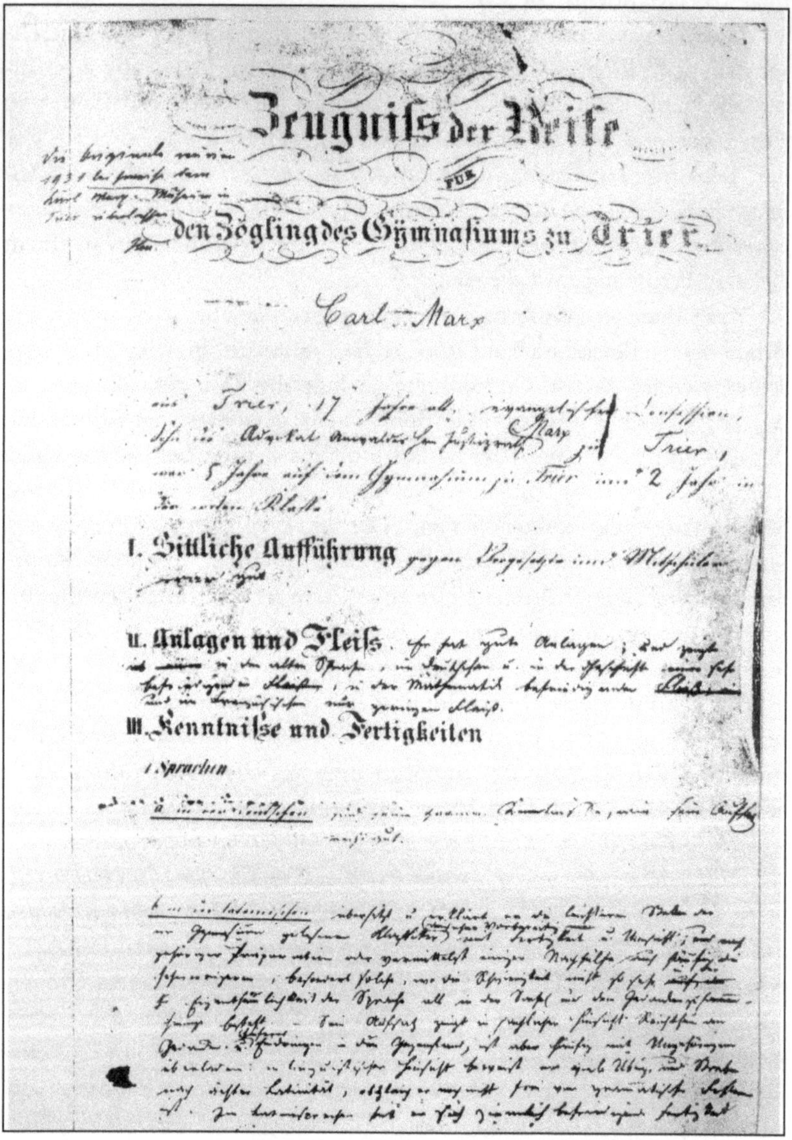
Zeugniß der Reife für den Zögling des Gymnasiums zu Trier

Carl Marx

aus Trier, 17 Jahre alt, … Trier …

I. Sittliche Aufführung

II. Anlagen und Fleiß

III. Kenntnisse und Fertigkeiten

1. Sprachen

Abiturzeugnis von Karl Marx aus dem Jahre 1835

fühlen auf. Sie fand es aufregend, dass er in der preußischen Hauptstadt mit mehr als 300.000 Einwohnern leben wollte, aber ihr Herz wurde schwer, wenn sie an die Entfernung Berlin-Trier dachte. Mehr als 700 Kilometer trennten sie. Musste das wirklich sein?, wird sie sich bisweilen im Stillen gefragt haben. Aber sie hatte keine Einspruchsmöglichkeit und Karl sollte doch vor allem glücklich sein und an der besten Universität sein Studium fortsetzen. Der sehnsüchtige Wunsch mit ihm zusammen nach Berlin zu gehen, war ohne Trauschein unmöglich und eine Heirat mit dem studierenden Habenichts ausgeschlossen. Für Jenny gab es nur einen Trost: Karl liebte sie, hatte sich ihr versprochen und sie vertraute ihm – was blieb ihr auch anderes übrig, gefangen in der weiblichen Abhängigkeit. Die beiden fanden eine Lösung. Bevor Marx im Spätsommer 1836 nach Berlin aufbrach, versprach sich das junge Paar ewige Liebe und Treue und, um seinem Schwur einen Hauch von Legalität zu verleihen, verlobte es sich im Geheimen. Die romantische Jenny wünschte sich zwar ein rauschendes Fest, wollte ihr Glück allen mitteilen, aber sie beugte sich der Realität. Auch die Heimlichkeit hatte ihren Reiz. Es ist anzunehmen, dass Jenny von Westphalen und Karl Marx dennoch feierten, vielleicht in einer lauen Spätsommernacht im Palastgarten, auf dem Markusberg oder im Mondschein an der Mosel bei einer Flasche Champagner, beglückwünscht von ein paar verschwiegenen Freund/innen.

Heinrich Marx gehörte zu den wenigen, die über die heimliche Verlobung der beiden Bescheid wusste, und er hatte sich überreden lassen, Mittelsmann zu sein. Es blieb nicht bei dieser Rolle, sondern der Vater versuchte, seinen Sohn bereits im Dezember auf Jennys schwierige Lage hinzuweisen: *„Wäre ich mächtig genug, um dieses edle Wesen durch kräftiges Eingreifen in mancher Beziehung zu schützen und zu beruhigen, mir wäre kein Opfer zu groß. – Aber ich bin leider in jeder Hinsicht schwach. Sie Bringt Dir ein unschätzbares Opfer – sie beweist eine Selbstverleugnung, die nur von der kalten Vernunft ganz gewürdigt werden kann. Wehe Dir, wenn Du je in Deinem ganzen Leben, dies vergessen könntest! Doch jetzt kannst Du nur selbst wirkend eingreifen … und für Deine Anstrengungen lächelt Dir in der Zukunft ein Glück, welches zu verdienen jede Mühseligkeit ebenet.“* [62]

Auch Schwester Sophie Marx war in die Liebesgeschichte involviert. *„Dein letzter Brief, lieber Karl, hat mir bitt're Thränen erpresst, wie konntest*

Du denken, dass ich versäumen würde, Dir Nachricht von Deiner Jenny zu geben? Ich träume und denke nur an Euch. Jenny liebt Dich; wenn der Unterschied der Jahre ihr Kummer macht, so geschieht's Ihrer Eltern wegen. Sie wird dieselben jetzt nach und nach vorzubereiten suchen; alsdann schreibe Ihnen selber, Du giltst ja viel bei Ihnen. Jenny besucht uns häufig. Gestern war sie noch bei uns, und weinte bei Empfang Deiner Gedichte Thränen der Wonne und des Schmerzes. Unsere Eltern und Geschwister lieben sie sehr, letztere über alle Maßen; vor 10 Uhr darf sie uns nie verlassen, wie gefällt Dir das?" [63], schrieb sie dem Bruder am 28. Dezember 1836. Vergeblich hatte Jenny zum Weihnachtsfest auf ein Geschenk des Verlobten gewartet. Erst nach den Festtagen trafen seine drei Gedichthefte „Das Buch der Liebe" (Band 1 und 2) und „Das Buch der Lieder" für die „teure, ewiggeliebte J. v. W." in Trier ein. Es waren Gedichte und Lieder über Sehnsucht, Verzweiflung, Kampf, Tod und Verderben – und natürlich über Karls Liebe zu Jenny. Eine Kostprobe:

„Menschenstolz"
„Jenny, Darf ich kühne es sagen,
Daß die Seelen liebend wir getauscht,
Daß in eines sie glühend schlagen,
Daß ein Strom durch ihre Wellen rauscht.
Dann werf' ich den Handschuh höhnend
Einer Welt ins breite Angesicht,
Und die Riesenzwergin stürze stöhnend,
Meine Glut erdrückt ihr Trümmer nicht.
Götterähnlich darf ich wandeln,
Siegreich ziehn durch ihr Ruinenreich,
Jedes Wort ist Glut und Handeln,
Meine Brust dem Schöpferbusen gleich." [64]

Besonders wird Jenny das Sonett aus dem „Buch der Lieder" gefallen haben:

„Sieh, ich könnte tausend Bücher füllen,
Und nur „Jenny" schrieb ich stets hinein,
Und doch würden sie Gedanken hüllen,

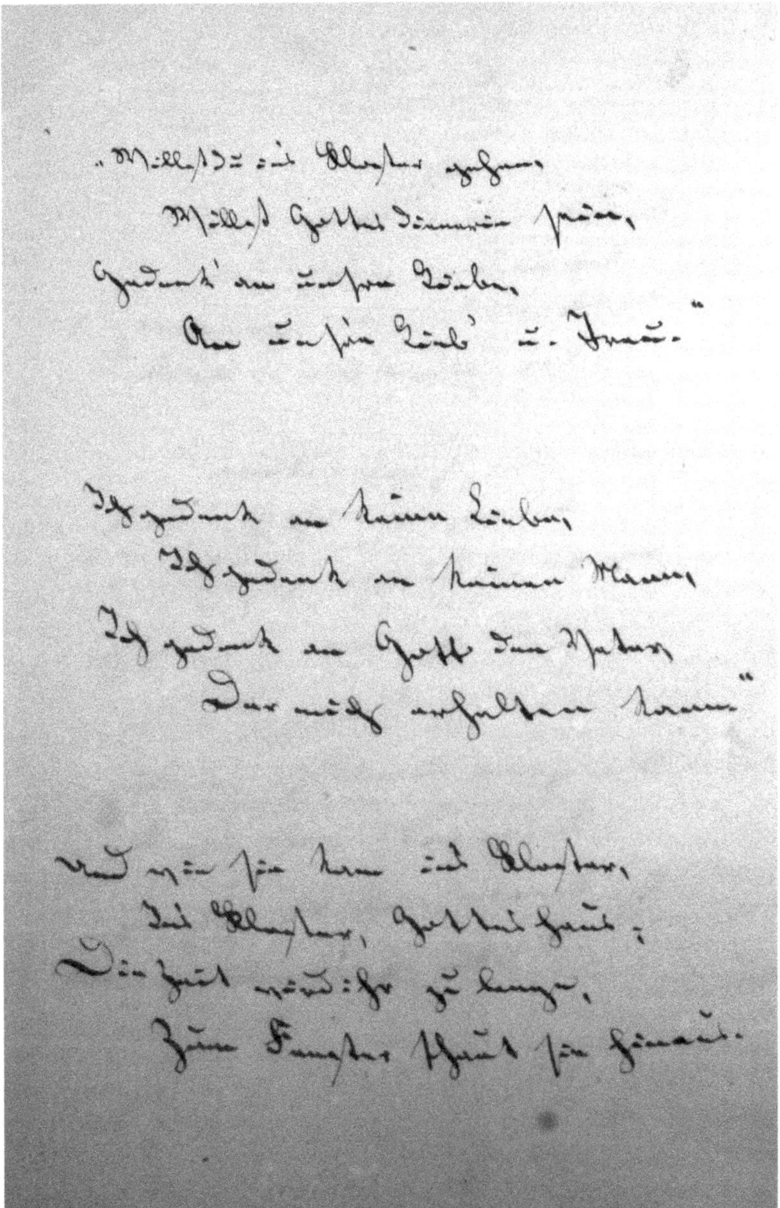
„Willst Du ins Kloster gehen,
Willst Gottes Dienerin sein,
Gedenk' an deinen Lieben,
An deine Lieb' und Treue."

Ich gedenk an keinen Lieben,
Ich gedenk an keinen Mann,
Ich gedenk an Gott den Vater,
Der mich erhalten kann."

Und nun sie kam ins Kloster,
Ins Kloster, Gottes Haus;
Die Zeit ward ihr zu lange,
Zum Fenster schaut sie hinaus.

Handschriftliches Gedicht von Karl Marx

Ew'ge That, unwandelbaren Willen,
Süße Dichtung, zartes Sehnsuchtstillen,
Alle Gluth und Allen Aetherschein,
Alle Götterlust und Wehmuthspein,
All mein Wissen und mein eigen Sein.
In den Sternen kann ich ihn nur lesen,
Aus dem Zephyr tönt er mir zurück,
Aus der Welle Rauscherfülltem Wesen,
Und ich denk' ihn einst in solchen Bann zu schreiben,
Daß Jahrhunderte erschaut sein Blick,
Jenny soll der Liebe Name bleiben."[65]

Karls Gedichte waren keine dichterischen Glanzstücke, aber für Jenny Kleinode, die sie ein Leben lang aufbewahrte.

Vater Heinrich Marx sah die Zukunft des Paares nicht so rosig und schrieb das seinem Sohn im März 1837 auch: *„Ich will und kann meine Schwäche gegen Dich nicht verbergen. Mein Herz schwelgt zuweilen in Gedanken an Dich und Deine Zukunft. Und dennoch zuweilen kann ich mich trauriger, ahnender Furcht erregender Ideen nicht entschlagen; wenn sich wie ein Blitz der Gedanke einschleicht: Ob Dein Herz Deinem Kopfe, Deinen Anlagen entspricht? – Ob es Raum hat für die irdischen aber sanftern Gefühle, die in diesem Jammerthale dem fühlenden Menschen so wesentlich trostreich sind? … Ob Du je, – und das ist meinem Herz nicht der wenigst peinigende Zweifel – je für wahrhaft menschliches – häusliches Glück – empfäng(lich) sein wirst? Ob Du je – und dieser Zweifel ist seit kurzer Zeit mir nicht weniger marternd, – seit ich eine gewisse Person wie mein eigenes Kind liebe – das Glück auf (die) nächste Umgebung zu verbreiten im Stande seyn wirst?"*[66] „Ob Dein Herz Deinem Kopfe entspricht?", fragte der Vater dunkel ahnend und forderte: *„Einen festen Entschluß mußt Du fassen – wenn auch nicht in dem Augenblicke, doch in diesem Jahre, und wenn er gefaßt ist, ihn fest ins Auge fassen und unerschütterlich verfolgen. … Drückend ist es für sie, // daß ihre Eltern nichts wissen, oder wie ich glaube, nichts wissen wollen. Sie kann sich selbst nicht erklären, wie sie, die ganz Verstandmensch zu seyn glaubte, sich so hinreißen ließ. Etwas Menschenscheu mag mit unterlaufen."*[67] Die Verlobte war so unglücklich, fühlte sich so verlassen in Trier, dass Karl vom Vater den dringenden Rat erhielt: *„Ein Brief von Dir, … den aber nicht der phantastische Poet diktiren* *darf, kann Trost bringen. Er muß zwar, wie ich daran übrigens nichts zweifle, voll zarten hingebenden Gefühls und reiner Liebe seyn, aber er muß hell und klar das Verhältniß auffassen, die Aussichten erörtern und beleuchten.“*[68] „Meine Ruh' ist hin, mein Herz ist schwer“, mit Gretchens Worten aus Goethes „Faust I“ ließe sich die Gemütslage der heimlichen Braut beschreiben und nur Karl, der Mann, konnte Heilung bringen. Heinrich Marx forderte: *„Die Gute verdient jede Rücksicht, und ich wiederhole es, ein ganzes Leben voll zarter Liebe vermag nur sie für das was sie schon gelitten, zu entschädigen, und selbst was sie noch leiden wird …“*[69] Nur eine offizielle Erklärung Karls konnte aus seiner Sicht Jennys Seelenfrieden retten, denn *„ich sehe eine auffallende Erscheinung in Jy. Sie, die sich so ganz mit ihrem kindlichen Gemüthe Dir hingiebt, zeigt zuweilen unwillkührlich und gegen ihren eigenen Willen, eine Art von Furcht, von ahnungsschwangerer Furcht, die mir nicht entgeht, und die ich nicht zu erklären weis, und wovon sie jede Spur in meinem Herzen zu vertilgen suchte, sobald ich sie darauf aufmerksam machte – …unglücklicherweise erlaubt meine Erfahrung es nicht, daß ich mich leicht irre führen lasse.“*[70] Heinrich Marx bezog sich vermutlich auf die Ankündigung seines Sohnes, bei seinem nächsten Besuch bei Ludwig von Westphalen um Jennys Hand anzuhalten. Nach seiner Beobachtung schien sich Jenny vor diesem Treffen zu fürchten; denn sie war sich nicht sicher, ob ihr Vater seine Einwilligung geben würde und ein Nein hätte vermutlich die Trennung des Paares bedeutet. Dieses Mal würde sie sehr viel mehr leiden als sechs Jahre zuvor als junge, naive 17-Jährige; jetzt war sie eine erwachsene Frau mit 23 Jahren, schon mehr als reif für die Ehe. Sie hätte sich bei einem Ende der Beziehung vielleicht so sehr in ihren Kummer hineingesteigert, dass Schlimmstes zu befürchten gewesen wäre. Wer hätte sie auffangen können? Die Eltern hätten neben tröstender Zuwendung praktische Überlegungen angestellt, wie man das „ältere Fräulein“ mit bedenklichem Vorleben doch noch an einen Mann bringen konnte. Einmal verlobt und entlobt mit einem preußischen Offizier, ein Verhältnis mit einem vier Jahre jüngeren Studenten – das wäre eine schwere Hypothek gewesen. Die Dame war zwar schön und charmant, aber nicht mehr ganz jung und vielleicht in Liebesdingen zu erfahren. Sie kam zwar aus gutem Hause, aber ihre Mitgift war sehr bescheiden, wenn auch interessant, weil mit dem Wappen der Herzöge von Argyll verziert. Bei näherem Kennenlernen konnte zudem die geistige Aufmüpfigkeit der Dame abschrecken. Bei einem passenden Kandidaten hätte Jenny kaum Widerspruchsmöglichkeiten gehabt und selbst bei geschickter Hinhaltetaktik hätte sie sich letztendlich fügen müssen. Hätte sie sich vehement gegen eine Verheiratung gewehrt, wäre ihr Schicksal das eines alternden Fräuleins im Hause der Eltern gewesen.

Als Verlobte grüßen eine Adlige und ein junger Student

Frühjahr 1837

Jenny von Westphalen zeigte Mut, als sie sich für Karl Marx entschied. Vielleicht gefiel es ihr, der sich so überlegen fühlenden Denkerin, einen gesellschaftlich revolutionären Schritt zu gehen, aber ihre Entscheidung war ausschließlich in ihrer Liebe zu Karl Marx begründet. Um an seiner Seite leben zu können, war sie bereit, gegen alles und alle zu kämpfen. Einwänden bezüglich des Standesunterschiedes und des Verlustes ihrer Standesprivilegien verschloss sie sich. Dieser Mann hatte für sie eine glänzende Zukunft vor sich als Wissenschaftler oder Politiker, an seiner Seite stand ihr die Welt offen. Nur für ihn vollzog sie den radikalen Schnitt: Es war ihre Revolution, die Revolution einer starken, liebenden Frau.

Obwohl sich Jenny nicht zur Trennung von Pannewitz geäußert hat, wird sie den Vergleich angestellt haben: Was hatte Karl Marx, was Pannewitz nicht hatte? Der Leutnant hatte zunächst imponiert durch zackiges Auftreten in schmucker Uniform und gute Manieren. Seine vaterländischen Floskeln hatten sich allerdings mit der Zeit immer schaler angehört. Unerträglich fand Jenny auf die Dauer seine geistige Armut, und verglich sie ihn mit Karl Marx, kam sie zu dem Schluss, dass dieser, obwohl nur halb so alt, über mehr Geist und Argumentationsvermögen verfügte als der Adlige. Der Student Karl war zwar noch ungelenk im gesellschaftlichen Umgang und verhöhnte übertriebene Etikette, aber er war Jenny vertraut seit Kindertagen und wirkte durch seine Gelassenheit beruhigend auf sie. Von ihm fühlte sie sich ernst genommen, er hörte ihr zu, griff ihre Ideen und Argumente auf, machte ihr keine Vorhaltungen, dass politische und soziale Themen ausschließlich Männersache seien. Für ihn war sie kein schmückendes Beiwerk, sondern eine gleichberechtigte Partnerin.

Jenny von Westphalen

Im Frühjahr 1837 reiste Karl Marx nach Trier. Sein Vater feierte am 15. April seinen 60. Geburtstag, und Sohn Karl überreichte persönlich sein Geschenk „Gedichte, meinem Vater zu seinem Geburtstag 1837". Er hatte sich in allen Sparten der Literatur versucht, in Sonetten, Epigrammen, im Trauerspiel und im Roman. Während dieses Aufenthaltes machte der knapp 19-Jährige seine Aufwartung bei Ludwig von Westphalen, vielleicht am 30. April, dem Tage der Silbernen Hochzeit von Jennys Eltern. Mit welchen Worten er um die Hand der Geliebten anhielt, ist nicht überliefert, aber Vater von Westphalen freute sich bei Ferdinand über den *„herrlichen, herrlichen, vierten Sohn"*, den *„bewunderswerthen Sohn"*[71], der seine Tochter glücklich mache. Er schätze sich *„u. uns alle unaussprechlich glücklich ..., daß sie mir und uns allen einen so treflichen, edelen, seltenen Sohn u. Bruder als ihr Eigenthum zu erwerben wusste – ein Kleinod, worauf sie stolz seyn kann und was auch die edlere Welt, nur nie und nimmer die gemeine, kleinstädtische Triersche, worin wir leben, billigen und keineswegs tadeln würde."*[72] Das Kleinliche traf nicht nur auf die Kleinstädter, die einfachen Gemüter zu, sondern auch auf die adlige Verwandtschaft und die eigene Familie. Der Vater hatte für seine *„Person nicht den geringsten Zweifel mehr an der Güte ihrer Wahl, da ich Beide für einander geschaffen erachte, u. daß sie ein sehr, sehr glückliches Ehepaar, wenn auch erst nach 5 ja nach mehr Jahren u. per pot discrimina rerum, die seiner Seits noch zu überwältigen bleiben werden – dem wahren Segen unsres Hauses noch die Krone aufsetzend."*[73] Dass aufgrund dieser Heirat die Familie von Westphalen in die Annalen der Geschichte einging, sie durch Karl Marx die Krone aufgesetzt bekam, lag damals nicht einmal im Bereich des Vorstellbaren. Trotz aller Freudebeteuerung seinem ältesten Sohn gegenüber gab Ludwig von Westphalen mit gemischten Gefühlen seine Einwilligung. Die zukünftigen Schwiegereltern liebten Karl Marx durchaus, kannten seine Begabungen und Fähigkeiten und konnten die Faszination, die dieser junge, gut aussehende Mann mit den dunklen Augen und schwarzen Locken auf ihre Tochter ausübte, nachvollziehen; aber Karls oppositionelle Haltung, seine Kompromisslosigkeit und seine Weigerung, sich anzupassen und sich gegen seine Überzeugung verbiegen zu lassen, war zumindest Ludwig von Westphalen nicht verborgen geblieben. Er wusste um Karls kritische Einstellung, hatte er doch über Jahre hinweg als Mentor diese Entwicklung gewollt-ungewollt gefördert. Belastend war, dass der Bräutigam noch studierte und Bruder Ferdinand von dem „ewigen Studenten" sprach, der keine Ambitionen zeige, sich auf ein Amt im Staatsdienst vorzubereiten, die einzig akzeptable Zukunftsperspektive aus seiner Sicht. Jenny war überglücklich, dass die Eltern ihr Einverständnis gegeben hatten. Endlich konnte sie sich mit ihrem Traummann Karl präsentieren und stolz ihren Verlobungsring zeigen. Ein großes Verlobungsfest wird man nicht gefeiert haben. Die Eltern haben die sehr ungewöhnliche Verbindung vermutlich nicht offiziell verkündet. Das hätten Ferdinand und die in Trier ansässigen Florencourts als höchst unpassend empfunden. *„Ueber ihr Verhältnis erfahre ich von ihr selbst nichts, da ich mit ihr darüber nicht spreche, u. sie auch keine Veranlassung dazu giebt"* [74], brachte Ferdinand die Kommunikation mit seiner jüngeren Halbschwester zu diesem Thema auf den Punkt.

Jenny von Westphalen war erleichtert, dass die Heimlichkeiten ein Ende gefunden hatten, aber die Verlobung hatte an den äußeren Umständen nichts geändert. Karl war noch Student, lebte in Berlin, hatte sich noch nicht auf eine berufliche Richtung festgelegt und ihr blieb nur Warten im väterlichen Hause in Trier.

Warten in Trier – Selbstfindung in Berlin

Die Jahre 1837 bis 1842

Karl Marx hatte größte Schwierigkeiten mit sich selbst und seiner Zukunftsplanung. Nach dem Wechsel an die Universität in Berlin erkannte er, dass er nicht den juristischen Berufsweg einschlagen wollte, aber er zögerte, dies dem Vater mitzuteilen. Heinrich Marx konnte dem Sohn manches vorwerfen, jedoch nicht Faulheit oder Nichtstun. Im Gegenteil: Karl widmete sich so eifrig den Fächern, die er nicht studieren sollte, dass der Vater sich Sorgen um seine Gesundheit machte. *„Ein siecher Gelehrter ist das unglücklichste Wesen auf Erden"* [75], warnte er. Das war nicht das Einzige, was ihm Sorgen bereitete. Er beobachtete bei seinem Sohn einen Charakterzug, den Jenny noch nicht erkannte. Immer deutlicher kristallisierte sich nämlich heraus, dass Karl Marx mit Geld nicht verantwortungsvoll umgehen konnte. *„Soviel sah ich, daß Du Geld brauchst, und deswegen habe ich Dir 50 Thaler geschickt. Das macht mit dem was Du* *mitgenommen immer 160 Thaler. … Lieber Karl, ich wiederhole Dir, daß ich alles recht gerne thue, daß ich aber als Vater von vielen Kindern – und Du weist recht gut, ich bin nicht reich – nicht mehr thun will, als zu Deinem Wohl und Fortkommen nothwendig ist"*[76], ermahnte Heinrich Marx seinen Sohn; denn wie er die Beträge aufbrachte, kümmerte den Sprössling nicht. Im Mai 1836 erhielt der Sohn weitere 100 Taler, im November 50 Taler. Trotz Aufforderung schien er ein Jahr später noch immer keinen Überblick über seine Ausgaben zu haben. *„Als wären wir Goldmännchen, verfügt der Herr Sohn in einem Jahre für beynahe 700 Thaler gegen jede Abrede, gegen alle Gebräuche, während die Reichsten keine 500 ausgeben. Und warum? Ich lasse ihm die Gerechtigkeit widerfahren, daß er kein Prasser, kein Verschwender ist. Aber wie kann ein Mann, der alle 8 oder 14 Tage neue Systeme erfinden, und die alten mühsam erwirkten Arbeiten zerreißen muß, wie kann der, frage ich, sich mit Kleinigkeiten abgeben?"*[77], schrieb der erboste Vater, der es dennoch nicht übers Herz brachte, seinen Sohn mittellos leben zu lassen. Studiosus Karl brauchte doch Geld für Wein, Bier, Tabak und Essen, für Papier, Tinte, Wohnung und Kerzen. Jenny erfuhr von diesen innerfamiliären Problemen wenig, und sie interessierte sich auch nicht für Marx'sche Geldangelegenheiten.

Heinrich Marx war zwar stolz, dass sein Sohn eine so vortreffliche Partie gemacht hatte, aber ihm schwante nicht nur Gutes für die Zukunft des jungen Paares. Er fürchtete, dass Jenny kein leichtes Leben erwarten würde. *„So sehr ich Dich über alles – die Mutter ausgenommen – liebe, so wenig bin ich blind, und noch weniger will ich es seyn. Ich lasse Dir viele Gerechtigkeit widerfahren, aber ich kann mich nicht ganz des Gedankens entschlagen, daß Du nicht frei von Egoismus bist, etwas mehr als zur Selbsterhaltung nöthig. Du wirst und musst nun früh Familienvater werden. Aber weder Ehre noch Reichthum noch Ruf werden die Frau und die Kinder beglücken. Du allein kannst es, Dein besseres Ich, Deine Liebe, Dein zartes Benehmen, das Hintansetzen stürmischer Eigenheiten, heftiger Aufbrausungen kränkelnder Empfindsamkeit etc. etc. etc."*[78], schrieb er besorgt an seinen Sohn.

Jedes Gerücht, jedes Wort konnte von Dritten weitergetragen werden, zu einer atmosphärischen Trübung führen und dann war der Vater der beste Vermittler. *„Daß sie Dir nicht schreibt, ist – ich kann es nicht anderst nennen – kindisch, eigensinnig. Denn daß sie Dich mit der aufopferndsten Liebe umfaßt, läßt sich gar nicht bezweifeln, und sie war nicht weit davon, es* *mit ihrem Tode zu besiegeln. … Du kannst sicher seyn, und ich bin es (und Du weist es, ich bin nicht leichtgläubig) daß ein Fürst nicht imstande, sie Dir abwegig zu machen. Sie hängt Dir mit Leib und Seele an – und Du darfst es nie vergessen –, in ihrem Alter bringt sie Dir ein Opfer, wie gewöhnliche Mädchen es gewiß nicht fähig wären"* [79], beruhigte Heinrich Marx seinen Sohn im August 1837.

Jenny, die bisher so überlegene, selbstbestimmte junge Dame entwickelte einen Hang zu nervöser Aufgeregtheit, jetzt noch euphemistisch Exaltiertheit genannt. Die Familie war ob dieser Veränderung besorgt und schickte sie zusammen mit dem kranken Bruder Carl zur Kur. Von Mitte August bis Mitte September 1837 logierten die Geschwister in Kreuznach im „Goldenen Adler", bevor sie nach einem Abstecher über die aufregende freie Stadt Frankfurt in die Heimat zurückkehrten. Bruder Carl berichtete Ferdinand: *„Jenny hat sich nun nachgerade von den Mühseligkeiten der Reise, die sie doch sehr angegrifen hatte, etwas erholt. Die Reise nach Frankfurt, die fast ununterbrochene Conversation auf derselben, das viele Umherlaufen auf der Messe und die nächtliche Fahrt nach Mainz hatten sie leider so ermüdet, daß sie von der schönen Wasserparthie nach Coblenz wenig genossen hat. Übrigens war sie mit mir der Meinung, dass unsere Gegend bei Trier doch eigentlich von keiner der Rheingegenden, welche wir passierten, übertroffen werde. Dagegen fand sie das Leben dort freilich viel interessanter als hier. Denn uns fehlen die größeren geistigen Genüsse hier, und der unermeßliche Menschen-Wirwarr und all' die schönen Luxus-Gegenstände und Annehmlichkeiten des Lebens, die durch Messe und Fremde dort hingebracht werden. Uns winkt übrigens in dieser Hinsicht auch eine freundlichere Aussicht. Denn am 1. October will die Rheinische-Dampfschiffahrtgesellschaft den Versuch einer Dampfbootfahrt auf der Mosel machen."* [80] Ab 1839 verkehrten Dampfschiffe von Metz nach Trier und ab 1841 bis Koblenz. Die Natur um Trier gefiel Jenny bestens, das Stadtleben in Klein-Trier hingegen empfand sie als langweilig, auch weil Karl nicht an ihrer Seite war.

Student Karl stürzte in eine Selbstfindungskrise, nachdem ihm, wie er dem Vater im November 1837 offenbarte, bewusst geworden war: *„Ich musste Jurisprudenz studieren und fühlte vor allem Drang, mit der Philosophie zu ringen."* [81] Nur von Angesicht zu Angesicht meinte er seinen Gewissenskonflikt dem Vater darlegen zu können: *„Glaube mir, mein theurer, lieber Vater, keine eigennützige Absicht drängt mich, (obgleich ich seelig sein* *würde, Jenny wiederzusehn)...*"[82] Jenny ging ihm nicht aus dem Sinn, nicht einmal die „*Kunst ...(war) so schön, als Jenny.*"[83] „*Grüße gefällig meine süße, herrliche Jenny. Ihr Brief ist schon zwölfmal durchlesen von mir, und stets entdecke ich neue Reize. Es ist in jeder, auch in stilistischer Hinsicht der schönste Brief, den ich von Damen denken kann.*"[84] Jenny lächelte geschmeichelt und glückselig über das Lob und fühlte ihre geistige Brillanz bestätigt.

Karls Probleme wurden durch den Vater und durch die Geliebte verstärkt. Im November 1837 meldete sich der Vater, nachdem er „*mehrere Briefe geschrieben, die manche Auskunft verlangten. Und statt alles dessen ein fragmentarisch abgerissener, und was noch viel schlimmer ist, ein zerrissener Brief——. Offenherzig gesprochen, mein lieber Karl, ich liebe dies moderne Wort nicht, worin sich alle Schwächlinge hüllen, wenn sie mit der Welt hadern, daß sie nicht ohne alle Arbeit und Mühe wohl möblierte Palläste mit Millionen und Equipagen besitzen. Diese Zerrissenheit ist mir eckelhaft, und von Dir erwarte ich sie am allerwenigsten. Welchen Grund kannst Du hierzu haben? Hat Dir nicht seit der Wiege an alles gelächelt? Hat die Natur Dich nicht herrlich begabt? Haben Deine Eltern Dich nicht mit verschwenderischer Liebe umfaßt? Hat es Dir bisher jemals daran gefehlt Deine vernünftigen Wünsche zu befriedigen? Und hast Du nicht // auf die unbegreiflichste Weise das Herz eines Mädchens davongetragen, das Dir Tausende beneiden? Und die erste Widerwärtigkeit, der erste mißlungene Wunsch bringt dennoch Zerrissenheit hervor! Ist das Stärke? Ist das männlicher Karackter?*"[85] Auf diese bitteren Vorhaltungen folgte der nächste Schlag: „*... nur Kinder beschweren sich über das gegebene Wort, wenn sie beginnen das Drückende zu fühlen.*"[86] Das las Karl Marx nicht gerne, gerade weil es stimmte. Mit 20 Jahren hatte er sich aus Liebe an eine vier Jahre ältere Adlige gebunden, für deren Schicksal er nun die Verantwortung übernehmen musste.

Der nächste Brief des Vaters im Dezember gefiel dem Sohne noch weniger. „*Wenn man seine Schwäche kennt, so muß man Maaßregeln dagegen ergreifen. ... Ich will also meine Klagen in Aphorismen aushauchen, denn wirklich Klagen sind es, die ich vorbringe. „1. Welches ist die Aufgabe eines jungen Mannes, dem die Natur unbestritten ungewöhnliches Talent verliehen, besonders*

... b. Wenn er ohne sein Alter und seine Lage zu Rath zu ziehen, eines der edelsten Mädchen an sein Schicksal gekettet, und

Karl Marx

c. Dadurch eine sehr ehrwürdige Familie in die Lage versetzt hat, ein Verhältnis gut zu heisen, was anscheinend und nach dem gewöhnlichen Weltenlauf für dieses geliebte Kind voller Gefahren und trüber Aussichten ist" [87], schrieb der Vater und da er um die bewusste Sprachlosigkeit seines Sohnes bei Kritik wusste, fügte er die Antworten hinzu:

„... b. Ja er mußte bedenken, daß er eine, möglicherweise seine Jahre übersteigende, aber desto heiligere Pflicht übernommen sich selbst dem Wohl eines Mädchens zu opfern, das seinen ausgezeichneten Verdiensten und seiner geselligen Stellung nach ein großes Opfer brachte, wenn sie ihre glänzende Lage und ihre Aussichten für eine schwankende und grauere Zukunft hingab, und sich dem Schicksale eines jüngeren Mannes ankettete. Ihr eine Zukunft zu schaffen ist die einfache // und praktische Auflösung, ihrer würdig, in der wirklichen Welt, nicht im beräucherten Zimmer, bey der dampfenden Oehllampe neben einem verwilderten Gelehrten;

c. Ja er hat eine große Schuld abzutragen, und eine edle Familie fordert großes Vergeltungsrecht für ihre dahingegebenen schönen und durch die trefliche Persönlichkeit ihres Kindes so sehr gegründeten Hoffnungen. Denn wahrlich Tausende von Eltern würden ihre Einwilligung versagt haben. Und in düstern Augenblicken wünscht Dein eigner Vater beynahe, sie hätten es gethan – denn zu sehr liegt mir das Wohl dieses Engelmädchens am Herzen, das ich zwar wie eine Tochter liebe, aber für deren Glück mir eben so sehr bangt." [88] Den Vater trieb das Schicksal seiner zukünftigen Schwiegertochter um, um ihr Glück bangte es ihm – und was machte sein Herr Sohn stattdessen? *„//Das sei Gott geklagt!!! Ordnungslosigkeit, dumpfes Herumschweben in allen Theilen des Wissens, dumpfes Brüten bey der düsteren Oehllampe; Verwildrung im gelehrten Schlafrock und ungekämmter Haare ... auf die schmutzige Stube beschränkt, wo vielleicht in der klassischen Unordnung die Liebesbriefe einer J und die wohlgemeinten und vielleicht mit Thränen geschriebenen Ermahnungen des Vaters zum Fidibus, was übrigens besser wäre als wenn sie durch noch unverantwortlichere Unordnung in die Hände Dritter kämen"* [89], klagte Heinrich Marx. Ein düsteres Szenario aus der Feder des Vaters! Und dabei arbeitete Karl besessen an grundlegenden Neuerungen in Philosophie und Rechtswissenschaften. Der Vater fügte erbarmungslos hinzu: *„Ich will und muß Dir sagen, daß Du Deinen Eltern vielen Verdruß gemacht, und wenig oder keine Freude."* [90] Ein niederschmetterndes Urteil von einem Menschen, der Karl über alles liebte und bedingungslos unterstützte – und die Worte waren nicht Ausdruck einer momentanen Gefühlslage, sondern Ergebnis langer Reflexionen. Dem Vater war die Kritik nach eigenem Bekunden nicht leicht gefallen: *„Es geht mir zwar troz meines Vorsatzes sehr tief, es erdrückt mich beynahe das Gefühl Dir weh zu tun, und schon weht mich wieder meine Schwäche an, aber um mir zu helfen – ganz wörtlich – nehme ich die mir vorgeschriebenen reellen Pillen, verschlucke alles herunter, denn ich will einmal hart seyn und meine Klagen ganz aushauchen. Ich will nicht weich werden, denn ich fühle es daß ich zu nachsichtig war zu wenig mich in Beschwerden ergoß, und dadurch gewissermaßen Dein Mitschuldiger geworden bin."* [91] Ein schonungsloser Brief. So gnadenlos analysiert, so treffend charakterisiert zu werden, muss Karl Marx geschmerzt haben. Und doch sind die Briefe von Heinrich Marx an seinen Sohn ein Zeugnis unendlicher Liebe, verbunden mit harter Kritik und unbestechlichem Blick. Heinrich Marx war sich vermutlich darüber im Klaren, dass niemand und nichts seinen Sohn würde ändern können, nicht einmal die geliebte Frau. Alle, aber auch wirklich alle Befürchtungen des Vaters werden in den nächsten Jahrzehnten eintreten.

Warum ging der Vater so hart mit dem Sohne ins Gericht? *„Die Stimmung, in der ich mich befinde, ist in der That auch nichts weniger als poetisch. Mit einem Husten, der jährig ist, und mein Geschäft mir drückend macht, und mit einer seit kurzem hinzugekommenen Gicht verpaart, finde ich mich selber mehr verstimmt als billig, und ärgere mich meiner Karackterschwäche, und so kannst Du freylich nur erwarten die Schilderungen eines alternden grämlichen Mannes, der sich über die ewigen Täuschungen ärgert, und besonders darüber, daß er seinem eignen Idol einen Spiegel voller Zerrbilder vorhalten muß"* [92], fügte er in seinem Brief vom 9. Dezember 1837 hinzu. Statt dem Vater zu antworten, beklagte sich der Sohn so bitterlich über die Vorhaltungen, dass sich sogar sein zukünftiger Schwiegervater bei Sohn Ferdinand echauffierte über *„das wirkliche Unrecht, was ihm der strenge, ihn durchaus nicht schonende Vater quasi ab irato u. durch eigenes langes Unwohlsein u. das Gefühl einer herannahenden schweren eigenen Krankheit u. durch häusliches großes Leid sehr verstimmt … zugefügt hat – u. wodurch diese nun zugleich wohl auch durch übermenschliche besonders nächtliche Geistesanstrengung dessen nun Gottlob gehobene gefährliche Krankheit erzeugt worden. Er hatte, wie er wähnte, zur Befriedung seines von ihm hoch verehrten, über alles geliebten Vaters, diesem ein opus von 300 enggeschriebenen Bogen über einen höchst trockenen Theil* *der Rechtswissenschaften mitgetheilt, wovon der Vater selbst einräumen mußte, sie zeuge von vielen gründlichen Rechtskenntnissen, tiefem philosophischen Geist, Originalität, scharfem, eindringlichem Urtheile u. sey mit gr(oßer) Klarheit in reinstem fasslichem Style abgefasst, an deren Ende u. im Schluß Resultate der Verfasser aber selbst anerkannt, er habe aus falschen unhaltbaren Prämissen ein völlig unhaltbares, falsches System entwickelt und die Arbeit sey zu verwerfen. Daraus nimmt nun der Vater Anlaß zum schärfsten Tadel seiner unpractischen unerspriesliche Arbeits– und Beschäftigungsweise… dass er auf diesem Wege niemals zu seinem Zwecke kommen und stets leeres Stroh dreschen werde – u. nun folgt nichts als wie strenger herber Tadel auf Tadel.*“[93] Eine schöne Verteidigungsrede für Karl und doch relativierte Westphalen sein barsches Urteil, als er auf die schlimmen Wochen im Hause Marx hinwies. Eduard, der jüngste Sohn, war nach langer Krankheit am 14. Dezember 1837 im Alter von nur 11 Jahren gestorben. Er war, wie Ludwig von Westphalen anfügte, *„von dem Augenblicke an, wo er das Gymnasium besuchte – in eine d(urch)aus räthselhafte Auszehrungskrankheit aus einem blühenden kräftigen Jungen verfallen …, bis der Tod ihn u. die armen Eltern und Geschwister von so großem Leiden befreite.*“[94] Jenny, die das Sterben des kleinen Eduard mit bangem Herzen verfolgt hatte, vernahm nach den Worten ihres Vaters mit Tränen *„das klugrührende Testament des kl(einen) Engels, worin er seine liebe Jenny vorzüglich bedachte!*“[95] Diese Zeilen von Karls jüngerem Bruder sind nicht erhalten.

Zu gleicher Zeit kriselte es in der Beziehung zwischen Jenny und Karl. Mit der Post, die ihm den schonungslosen Brief des Vaters so kurz vor dem Tode des jüngeren Bruders gebracht hatte, war auch ein Brief „von seiner vergötterten Jenny“ angekommen. Dieser war, wie Ludwig von Westphalen meinte, *„in solchem zufällig ähnlichem Tone geschrieben also quasi ein zwischen Vater und Schwiegertochter gegen ihn, der etwas argwöhnischer Natur – in der Liebe wenigstens – zu sein scheint, getriebenes Spiel – so tief gekränkt u. erschüttert hat, dass er in eine sehr gefähr(liche) schwere Nervenkrankheit verfallen war, von der er jedoch Gottlob jetzt wieder – dank sey es seiner eisernen Constitution – völlig genesen ist.*“[96] Ob Jenny in dem nicht überlieferten Brief, aus welchen Gründen auch immer, ihre Verlobung in Frage gestellt und vielleicht sogar mit Trennung gedroht hat, ist nicht zu eruieren, aber ihre Worte zeigten Wirkung. Karl geriet an den Rand eines Zusammenbruchs und ließ sich auf ärztlichen Rat in dem kleinen

Fischerdorf Stralau bei Berlin nieder. Zu seiner Erholung trug die Beseitigung des Missklanges zu Jenny bei. Die Verlobte hoffte, Karl suche nun das klärende Gespräch über Weihnachten, vergebens. Karl ahnte jedoch ihre grenzenlose Enttäuschung und schickte ein wunderbares Trostpflaster: Gedichte aus seiner Feder. *„8 Tage hätte man an diesen reichen Schätzen zu lesen u. sich mit Wonne u. Bewunderung gegen den seltenen Menschen mit wahrer Götterspeise (zu) füllen, denn wahrlich ich … schwamm … – u. Jennys Gefühle waren sicher meinen gleich – in einem Meer von Entzücken“*[97], begeisterte sich Ludwig von Westphalen über Karls Geschenk. Voller Emphase las Jenny den Eltern, Bruder Carl und Tante Christiane am Weihnachtsabend 1837 die Gedichte vor. Die Dichtungen sind (vermutlich) nicht mehr erhalten.

Karl Marx fuhr im Frühjahr 1838 nach Trier, weil nach Aussage von Ludwig von Westphalen Heinrich Marx daniederlag *„an einem schlimmen schwer zu heilenden Gichthusten, den er ganz vernachlässigte, woran er schon über ein Jahr laboriert.“*[98] Wie schlimm es um den starken, schweren Mann stand, erkannte niemand, da sogar der behandelnde Arzt Hoffnung auf Heilung äußerte. Drei Tage nach des Sohnes Abreise, am 10. Mai 1838, starb Heinrich Marx. Tröstlicherweise hinterließ er seiner Witwe und den unmündigen Kindern ein ansehnliches Vermögen. Das Aktivvermögen betrug 22.110 Taler, wovon allerdings 13.100 Taler von Henriette Marx mit in die Ehe gebracht worden waren. Abzüglich der Passiv-Masse konnten ca. 9.000 Taler unter der Mutter und den sieben Kindern verteilt werden. Der Mutter stand die Hälfte zu und nach ihrem Ehevertrag vom 21. November 1814 zudem ein Viertel „eigenthümlich“ und ein Viertel „niesbräuchlich“. Jedes Kind erbte 482 Taler, wie in einer Urkunde vom 23. Juni 1841 festgehalten wurde. Auch Sohn Karl unterschrieb diese Berechnung. Er musste sich keine Sorgen um die weitere Finanzierung seines Studiums machen. *„Lieber Carl, hierbey empfangs du die Summe von 160 thaller welche du zu promowiren brauchst“*[99], beruhigte ihn die Mutter im Oktober 1838. Der Herr Sohn ließ sich Zeit und so zahlte die Mutter vermutlich nicht nur einmal.

Heinrich Marx hatte seit Beginn der Liebesbeziehung manche Differenz abschwächen, manches Missverständnis beseitigen können. Nach seinem Tode prallten Jennys und Karls Meinungsverschiedenheiten aufeinander, wie ein Brief der Braut vom Mai 1838 zeigt. Jenny an Karl:

„Ich war still, mein Herz hörte auf zu schlagen; da Fühltest Du was Du gethan und batest um Verzeihung. Das konntest Du in Augenblicken der höchsten Liebe, was kann ich erwarten, wenn sie einst erkaltet sein wird. Sieh Karl, das ist ein Gedanke der Hölle in sich schließt. Ihn nähren wäre Selbstmord und dazu muß es noch schlimmer kommen. Verzeih, daß ich das geschrieben, aber zuweilen durchzuckt mich noch jetzt der Schmerz. Es war der 3te Mai, dem 7ten reistest Du, am 10ten war Er nicht mehr da. Es war zuviel. Das war Vorgefühl des Todes … das zweite Mal wär es mein Tod.// Karl, daß Du mir sagen konntest, ich sei ein gemeines Mädchen, daß Du es mir in jener Zeit sagen konntest, war nicht recht. Ich bin Dir nicht böse deshalb. Du hast ja vielleicht recht; aber es thut so weh … Weißt Du noch, wie ich im Anfang immer sagte, ja ich habe Dich lieb, wie ich mich nie zu dem Wort lieben entschließen konnte? In dem haben liegt noch ein bischen Freundschaft, Bruderliebe, damit wollte ich es beschönigen. … Dich lieb' ich. Verstehst Du mich, wie ich das meine? Es beleidigt Dich doch nicht? Ich sinne hin und her ob ich in meinem letzten Brief nichts kränkendes gesagt! Ich kanns nicht finden und dann wars auch nicht Absicht; die wars aber auch damals nicht, so wahr ein Gott lebt, aber ich war so beleidigt, so aufgeregt und du weißt ja wie eitel ich bin und Karl verzeih mir nur dies eine Mal noch, verbrenne den Brief und vergiß ihn. … Wenn Du nur wohl bist, einziges, einziges Herzchen.“ [100] Mit „Augenblicken der höchsten Liebe“ waren vermutlich die innigen Gefühle nach der langen Trennung gemeint, nicht mehr. Als „gemeines Mädchen“ bezeichnet zu werden, hatte Jenny tief getroffen und offen gestand sie, nicht die Kraft zu haben, eine solche Situation ein zweites Mal durchzustehen: „es (wär) mein Tod“. Sie übertrieb sicherlich, aber sie fühlte nach dem Tode von Heinrich Marx alles *„so trübe, so unheilverkündend, die ganze Zukunft so dunkel, kein freundliches Bild lächelt mir entgegen, keine einzige frohe Aussicht. … jeder Tag, jeder Augenblick mahnt mich daran, … daß er nicht mehr unter uns ist, der Herrliche, der unsre Liebe gesegnet, daß er keine segnenden, belebenden Sonnenstrahlen mehr in die Dunkelheit der Gegenwart hineinfressen kann, daß er uns für ewig entrissen, für ewig dahin ist.“* [101] Jenny von Westphalen trauerte um einen Menschen, der stets zu ihr gehalten hatte, sogar gegen den eigenen Sohn. Sie ahnte den unermesslichen Verlust, als sie schrieb: *„Er sprach herrliche köstliche Worte, goldne Lehren in mein Herz, sprach zu mir mit einer Liebe einer Herzlichkeit, einer Innigkeit, deren nur ein so reiches Gemüht, wie das seinige, fähig ist. Mein Herz hat sie ihm treu erwidert, diese Liebe, wird sie ihm ewig be-*

wahren! – Es gibt eine Liebe, die unendlich ist, und diese gehört ihm. ... Verzeihe, Karl, diese Ausbrüche des Schmerzes, verzeihe, daß ich so lange bei dem ewig unvergeßlichen, hochheiligen Gegenstande Deiner und unser aller Trauer verweilte. Ich sende Dir hierbei einige Haare von dem Teuren, es ist das letzte, was uns von seiner äußern Hülle übrig geblieben. Kummer und Sorge haben sie gebleicht. Ich habe sie mit meinen Küssen bedeckt, mit meinen Tränen benetzt. Möchten sie Dir ein Talisman durch dieses (L)eben werden.“ [102] Die Haare des Vaters hat Sohn Karl ein Leben lang aufbewahrt.

Die Beziehung Jenny von Westphalens zur Familie Marx änderte sich mit dem Tode Heinrichs. War sie zuvor fast täglich zu Gast in der Simeonstraße gewesen, so ließ sie sich kaum noch blicken. Karls Mutter, die in kürzester Zeit zwei schwere Schicksalsschläge überstehen musste, zeigte sich noch zwei Jahre später sehr verletzt. Niemand aus dem Westphalschen Hause habe ihr Trost gespendet, sondern man habe sich verhalten, als ob man sich nicht kenne. Jede Familie habe ihre Besonderheiten, schrieb Henriette ihrem Sohn, und die der Familie von Westphalen sei die Exaltiertheit, *„kein juste milieu findet da nicht stat – entweder wird man in die himmlischen sfären versetzt oder man muss sich mit dem abgrund begnügen...“* [103] Karl Marx hätte das Verbindungsglied sein können, aber er war in Berlin und entfremdete sich seiner Familie zusehends und Jenny zeigte durch ihren Rückzug ihr Desinteresse nur allzu deutlich.

Zu Hause bemühte man sich, der Braut das Warten zu erleichtern. Jenny begleitete den kranken Bruder Carl in Kurbäder, im Juni 1838 nach Niederbronn im Elsaß und Mitte Juli nach Kreuznach. *„Jenny wird ja nur um des Vergnügens willen die Reise mitmachen, verstehe das, wer mag – besonders nach dem betrübenden Tode des Vaters des C. Marx!“* [104], ereiferte sich Bruder Ferdinand bei seiner Frau, um doch noch eine positive Funktion zu erkennen, nämlich dass *„Carl dann eine Pflegerin bei sich hat, die ihm in schlimmen Fällen beistehen kann.“* [105] Jenny schrieb den Eltern aus Niederbronn: *„Seit gestern im Besitz Deines lieben, lieben Briefes, mein teures Mütterchen, für den ich Dir aus der Fülle meines Herzens den wärmsten Dank sage, eile ich gleich heute in aller Frühe zum Schreibtisch, um Euch, Ihr Lieben, einmal wieder vollständigeren Rapport über unser Leben und Treiben abzustatten.“* [106] Die ehrerbietigen Floskeln wechselten sich mit weltfraulichem Gehabe ab: *„Doch müßt ihr nicht glauben, daß es hier gar keine geistigen Genüsse gäbe, daß man ein bloß materielles Leben führe. Wir haben Bücher*

Handschriftliche Volksliedersammlung von Karl Marx für Jenny von Westphalen von 1839

die Hülle und Fülle, französische…, deutsche…, und was mehr wert ist, – höchst interessante, liebenswürdige Menschen zu unserm täglichen Umgang. Besonders intim bin ich mit der Frau eines Predigers, die jeden Nachmittag zu mir in den Kursaal kommt. Ihr Mann hat kürzlich angefangen, den Jean Paul zu übersetzen. Es ist überhaupt merkwürdig, wieviel man sich hier und in Frankreich mit deutscher Literatur beschäftigt, wieviel Deutsches hier in dem Volk noch überall durchblickt. Denkt Euch, in Straßburg wird in den meisten Kirchen deutsch und nur ausnahmsweise französisch gepredigt. Im Elsaß wird nur deutsch in den untern Volksklassen gesprochen …" [107] Fräulein von Westphalen fühlte sich wohl, angemessen akzeptiert und konnte ihre Kenntnisse über eine andere Grenzregion erweitern. Aber, wo immer sie war, Karl fehlte. *„Daß er hinter mir liegt, der Ort des Jammers, das alte Pfaffennest, mit seiner Miniatur-Menschheit, sagt Dir die Überschrift dieses Blättchens; es soll Dir nun weiter erzählen von unsrer Reise ins Land der Vogesen, meinem innern und äußern Leben in der kleinen, freundlichen Baderesidenz, vorher aber mußt Du stille sein und lauschen, Du teurer Liebling, lausche den trauten Liebesgrüßen, die es Dir bringt, den süßen, zarten Worten der Liebe, die es Dir zulispelt. Teurer Karl, könntest Du jetzt bei mir sein, dürft' ich an Deinem Herzen ruhen, mit Dir vereint hinausschauen ins heitre, freundliche Tal, die anmutigen Wiesengründe, die Berge mit ihren waldigen Höhen! Doch ach, Du weilst so fern, so fern, so unerreichbar; vergebens sucht Dich mein Auge, vergebens breiten sich meine Arme nach Dir aus, vergebens rufe ich sie Dir zu, alle die süßen Namen der zärtlichsten Liebe; den stummen Zeugen Deiner Liebe muß ich sie aufdrücken, alle die heißen Küsse …"* [108], schrieb Jenny am 24. Juni 1838 an Karl voller Sehnsucht. All ihr Denken und Sehnen galt nur dem Verlobten im so fernen Berlin. Wann würde ihr größter Wunsch erfüllt und sie seine Ehefrau werden? Die Entscheidung lag beim Manne. Nach drei Studienjahren war der Zeitpunkt für einen Abschluss mit Doktordiplom noch zu früh, und dies bedeutete warten, warten, warten und jedem Brief entgegenzufiebern.

Karl wusste um ihre Sehnsucht und stellte für Jenny im Winter 1838/39 eine Volksliedersammlung zusammen, insgesamt 80 Lieder in allen deutschen Mundarten, in Spanisch, Griechisch, Lettisch, „gebunden in einem Oktavband von 164 Seiten in einem Rokokoeinband, gelblich-weiß mit goldfarbenem Muster, grünen Girlanden und roten Rosen; in der Mitte eine Vase mit Trauben und Blumen."[109] Die Braut sang die Lieder sicherlich mit Leidenschaft und überlegte, welche Liebesbotschaft sie enthielten und war beseelt über die Liebesbeweise. Ein Jahr verging.

Um die Jahreswende 1839/40, Karl war zur großen Enttäuschung über die Festtage wieder in Berlin geblieben, manövrierte sich das Paar in eine neuerliche Krise. Jenny war angeblich mit einem anderen Mann gesehen worden, der Verlobte hatte darauf mit heftigsten Vorwürfen reagiert und Briefe von Jenny hatten die Missstimmung noch gesteigert. Die Braut hielt die Ungewissheit nicht lange aus und griff zur Feder, um dem genauso unglücklichen Karl ihre Befindlichkeit zu vermitteln.

„Liebes, einziges Liebchen!

Ich war so aufgeregt als ich zuletzt schrieb, und in solchen Augenblicken sehe ich dann alles noch viel schwarzer und schrecklicher als es wirklich.

Verzeih mein einziges Liebchen, daß ich Dich so ängstigen konnte, aber ich war vernichtet durch Deinen Zweifel an meiner Liebe und Treue. Sag Karl wie konntest Du das … niederschreiben, einen Verdacht äußern blos weil ich etwas länger als gewöhnlich geschwiegen … Ach Karl wie wenig kennst Du mich, wie wenig siehst Du meine Lage, und wie wenig fühlst Du, worin mein Gram besteht, an welcher Stelle mein Herz blutet. Die Liebe des Mädchens ist anders als die des Mannes, sie muß auch anders sein. Das Mädchen kann freilich dem Manne nichts anderes geben als Liebe und sich und ihre Person so wie sie ist, ganz ungetheilt und ewig. In gewöhnlichen Verhältnissen muß auch das Mädchen ihre volle Befriedigung in der Liebe des Mannes finden, sie muß alles andre in der Liebe vergessen“ [110], schrieb sie noch ganz aufgelöst. Konnte eine fortschrittliche Frau und für eine solche hielt sie sich doch, die Frau nur auf das Gefühl Liebe und körperliche Hingabe reduzieren? Jenny schien internalisiert zu haben, dass die Erfüllung der Frau durch den Mann erfolgte, – trotz ihrer Betonung der „gewöhnlichen Verhältnisse“. Ihr spezielles Problem war ihre Ungewissheit hinsichtlich Karls wahrer Gefühle und folglich beklagte sie: *„Du achtest mich nicht, Du vertraust mir nicht, und daß ich Deine jetzige schwärmerische Jugendliebe nicht zu erhalten im Stande bin, hab' ich ja von Anfang gewußt, tief empfunden, noch ehe man mir das so kalt und klug und vernünftig auseinandergesetzt hat.“* [111] Was hatte Karl nur geschrieben, dass sie wieder an allem zweifeln musste? Er sollte doch wissen, dass sie anders war als alle anderen Mädchen. Jedenfalls meinte sie: *„Ach Karl, darin liegt eben mein Jammer daß das, was ein jedes*

Ölbild von Jenny von Westphalen im Alter von 25 Jahren (1839)

andre Mädchen mit namenlosen Entzücken erfüllen würde Deine schöne rührende leidenschaftliche Liebe, die unbeschreiblich schönen Aeußerungen darüber, die begeisternden Gebilde Deiner Phantasie, daß dies alles mich nur ängstigen und oft zur Verzweiflung bringt.“ [112] Jenny von Westphalen konnte den Augenblick nicht genießen und im Moment des Glückes musste sie sogleich an dessen Vergänglichkeit denken, trotz aller Liebesschwüre. Seit Jahren wartete sie auf den Geliebten, und sie hatte keine Möglichkeit, die Angelegenheit „Hochzeit“ eigenständig voranzutreiben. Sie konnte nicht aktiv handeln und so wurde ihr die Zeit immer länger. Es blieb nur der Appell an den Verlobten: *„Bedenk nur immer, dass Du daheim ein Liebchen hast, das da hofft und jammert und ganz abhängig von Deinem Schicksal ist.“* [113] Unentwegt dachte sie über sich und Karl nach und so mancher trübe, zweiflerische Gedanke nistete sich in ihrem Kopf ein. Zu Karl: *„Je mehr ich mich der Seligkeit hingeben würde, desto fürchterlicher würde mein Schicksal sein, wenn Deine feurige Liebe aufhören, Du kalt und zurückhaltend werden solltest. Sieh Karl die Sorge um die Fortdauer Deiner Liebe raubt mir allen Genuß, ich kann mich Deiner Liebe nicht so ganz freuen, weil ich mich ihrer nicht mehr versichert glaube, es konnte nichts schrecklicheres für mich kommen als das. Sieh Karl deshalb bin ich nicht ganz so dankbar, ganz so beseligt über Deine Liebe, wie sie es wirklich verdiente, deshalb erinnre ich Dich öfter an äußre Dinge, an das Leben an die Wirklichkeit, statt wie Du es verstehest, mich ganz an der Welt der Liebe an dem Aufgehen in ihr und einem höheren theueren geistigen Eins Seiens mit Dir festzuhalten und alles andre in ihr zu vergessen, Trost und Seligkeit allein in ihr zu finden. Karl könntest Du den Jammer doch fühlen, Du würdest milder gegen mich sein und nicht überall gräßliche Prosa und Gewöhnlichkeit sehen, nicht überall Mangel an wahrer Liebe und Gefühlstiefe erblicken. Ach Karl könnt ich in deiner Liebe sicher ruhn, mein Kopf würde nicht so brennen, mein Herz nicht so stechen und bluten. Könnt ich an Deinem Herzen ewig sicher ruhen, Karl bei Gott meine Seele dachte nicht ans Leben und die kalte Prosa. Aber Engelchen Du achtest mich nicht, vertraust mir nicht und Deine Liebe für die ich alles hingäbe, kann ich nicht frisch und jung erhalten. … Ich fühle so ganz wie recht Du in allem hast, aber denk Dir auch meine Lage, meinen Hang zu trüben Gedanken, denk Dir das alles einmal recht wie es ist und Du wirst nicht mehr so hart gegen mich sein. Könntest Du doch nur ein Bischen mal ein Mädchen sein und dazu noch so ein sonderbares wie ich.“* [114] Mädchen – Seligkeit – hingeben, diese Worte lassen auf einen inneren

Konflikt schließen – oder auf Ansprüche Karls. Bis zu diesem Zeitpunkt hatte die junge Frau dem Verlobten wohl den Beischlaf verweigert, trotz aller Versuchungen bei seinen seltenen Besuchen; zu oft hatte sie von Mädchen gehört, die den Verführungen erlegen und dann von dem Manne, nachdem er sein Vergnügen gehabt hatte, als gefallenes, unmoralisches Mädchen geschmäht und in die Verzweiflung gestoßen wurden. Ein Opfer dieser Doppelmoral wollte Jenny von Westphalen nicht werden.

Beim Niederschreiben all ihres Kummers wurde ihr leichter ums Herz und sie milderte ihre Vorhaltungen und Zweifel ab: *„Doch Karlchen ich muß doch noch einmal ein Bischen ernst mit Dir reden, sag wie konntest du an meiner Treue zweifeln? Ach Karl Dich durch einen andern verdunkeln zu lassen, nicht als ob ich andrer Leute gute vorzügliche Eigenschaften verkannte und Dich für unübertrefflich hielte, aber Karl ich liebe Dich ja so unaussprechlich und sollte an einem andern nur irgend etwas liebenswerth finden. Ach Karlchen ich habe nie gegen Dich gefehlt nie nie und dennoch vertraust Du mir nicht …"* [115] Kein Liebesgeständnis ohne Einschränkung. Jenny gab zu, sich gerne mit Fremden zu unterhalten und bei diesen nicht zu verstummen. Bei ihm, dem so innig Geliebten hingegen *„weiß ich vor Angst kein Wort, da stockt mir das Blut in den Adern und meine Seele bebt."* [116] Das war übertrieben, denn mit ihrem Karl konnte sie stundenlang turteln, reden, lachen – und dennoch war die Ambivalenz ihrer Gefühle erstaunlich.

Karl Marx trieb Jenny zu einem Zeitpunkt an den Rand der Belastbarkeit, als sie seinen Beistand dringend gebraucht hätte. Bei Westphalens herrschte niedergedrückte Stimmung, wie man am 9. März 1840 in der „Trier'schen Zeitung" lesen konnte:

> *„Heute den 8. März 1840 um halb 7 Uhr Morgens, verschied zum bessern himmlischen Leben unser geliebter Sohn und Bruder*
> *Carl Hans Werner von Westphalen*
> *Königlicher Landgerichtsrath hierselbst.*
> *Im noch nicht vollendeten 37. Jahre, nach mehrwöchentlichen Leiden am Nervenfieber. Voll Edelmuth und Selbstaufopferung, von Wahrheitssinn und Gerechtigkeit durchdrungen, war er im Leben unser Stolz, der Menschen liebevoller Freund, der Armen Helfer, und in seinem amtlichen Beruf voll Pflichtgefühl und Milde.*
> *Mit tiefbetrübtem Herzen zeigen wir seinen unersetzlichen Verlust … an."* [117]

Binnen weniger Monate verlor Jenny nach Heinrich Marx einen weiteren Freund, der durch seine ruhige, ausgleichende Art ihr Halt gegeben hatte. Die Geschwister hatten viel miteinander unternommen und bis auf wenige Jahre war der große Bruder immer an ihrer Seite gewesen und hatte sie beschützt. Ob er Jennys Entscheidung für Karl Marx gut befand, ist nicht belegt, aber er wird sie nicht verurteilt haben, denn er kannte den Verlobten sehr gut. Jetzt fühlte sich Jenny in Trier noch einsamer und wünschte sich noch sehnlicher eine Veränderung ihrer Lebensverhältnisse und dies wusste Karl und schuf eine wichtige Voraussetzung für eine gemeinsame Zukunft.

In Berlin gehörte Marx dem „Doktorklub" der Junghegelianer an, die in den von Arnold Ruge gegründeten „Halleschen Jahrbücher für deutsche Wissenschaft und Kunst" ihre Ideen verbreiteten. Ihre Religionskritik führte zu einer radikalen Gesellschaftskritik, die in einer Forderung nach Abschaffung des Staates gipfelte. Diese verbale Aufmüpfigkeit wurde durch den liberalen preußischen Kultusminister von Altenstein noch geduldet, aber 1840 änderte sich die Lage. Friedrich Wilhelm IV., seit Juni König von Preußen, hatte nicht den erhofften liberalen Kurs eingeschlagen und duldete keine Äußerungen wie ‚Gott existiere nicht' und demnach könne der Monarch auch nicht von Gott eingesetzt sein und daher sei der in diesem Staat lebende Mensch dem Monarchen nicht untertan. Derartige subversive Ideen durften nicht publiziert und ihre Verkünder auf keinen Fall an den Universitäten tätig sein. Über radikale Denker wie die Junghegelianer wurde ein Berufsverbot verhängt. Für Karl Marx war demzufolge die Chance vertan, in Berlin Dozent zu werden. Bruno Bauer, inzwischen Privatdozent in Bonn, überredete ihn mit Nachdruck zum Abschließen seiner Promotion, um ihm mit dieser Qualifikation an der Bonner Universität eine Assistenzstelle mit Aussicht auf eine Habilitation zu verschaffen. Bauer kannte Marx vom Doktorenclub in Berlin und war über seine Verlobte bestens informiert. Obwohl beide sich noch nicht persönlich kannten, prognostizierte er bei Marx weitblickend: *„Deine Braut ist fähig, alles mit Dir zu ertragen, und wer weiß, was noch kommen wird."* [118]

Nach der üblichen vierjährigen Studienzeit, die er trotz Krankheit nicht verlängert hatte, exmatrikulierte sich Karl Marx in Berlin und reichte am 6. April 1841 seine Promotion in absentia an der Universität in Jena ein, die dafür bekannt war, dass man an ihr schnell und problemlos den Doktortitel erlangen konnte. Dekan Bachmann von der philosophischen Fakultät urteilte über „Die Differenz der demokritischen und epikureischen Naturphilosophie“: *„Das Specimen zeugt von ebenso viel Geist und Scharfsinn als Belesenheit, weshalb ich den Kandidaten für vorzüglich würdig halte.“* [119] Der Gutachter hatte trotz des Schnellverfahrens die Fähigkeiten des Verfassers erkannt, vorausgesetzt, es handelte sich nicht um ein vorgefertigtes Statement. Karl Marx erhielt in Berlin das am 18. April 1841 in Jena ausgestellte Doktordiplom. Jenny war glücklich über „ihren Herrn Doktor“, und ihr Vater freute sich über Karls Widmung: *„Seinem teuern väterlichen Freunde, dem geheimen Regierungsrathe Herrn Ludwig von Westphalen zu Trier, widmet diese Zeilen als ein Zeichen kindlicher Liebe der Verfasser“* [120] und über Karls Dank: *„Sie, mein väterlicher Freund, waren mir stets ein lebendiges argumentum ad oculos, dass der Idealismus keine Einbildung, sondern eine Wahrheit ist.“* [121]

Die Verlobte glaubte, die Zeit des Wartens nähere sich dem Ende. Die Hoffnung trog. Für Jenny bedeutete dies, weiterhin auf Karl zu warten und ihre Gefühle ihm schriftlich mitzuteilen: *„Was Du aber ein liebes süßes, einziges Herzens Liebchen bist! Und wie Deine Briefe mich beseligen, erheben, mit stillem Jubel erfüllen!“* [122] Um die quälende Wartezeit zu überbrücken, bildete sie sich weiter, lernte Griechisch und monierte, als ihre Anstrengungen nicht gebührend gewürdigt wurden: *„Aber bei all dem vermiß' ich doch eins: Du hättest mich wohl ein bißchen loben können wegen meines Griechischen und meiner Gelehrsamkeit einen kleinen lobenden Artikel widmen können; so seid ihr aber mal, Ihr Herrn Hegelinge – nichts erkennt ihr an, und wenn es das Allervortrefflichste wäre, wenns nicht grade in Eurem Sinne ist.“* [123] Kritische Worte, die sie anderen verübelt hätte; doch ihre Liebe relativierte jede Kritik. Zu Karl: *„Schwarzwildchen wie freu ich mich, daß Du froh bist und daß mein Brief Dich erheitert, und daß Du Dich nach mir sehnst, und daß Du in tapezirten Zimmern wohnst und daß Du in Cöln Champagner getrunken hast und daß es Hegelklubbs giebt und daß Du geträumt hast und daß Du, kurz daß Du mein, mein Liebchen, mein Schwarzwildchen bist.“* [124] Trotz allen Getändels trieb sie die Frage um: „Gelt ich kann Dich doch heirathen?“ Karl beruhigte sie, aber einen konkreten Termin konnte er nicht nennen. Schritt für Schritt, lautete seine Devise. Er hatte Berlin im Mai verlassen, um sich an der Universität Bonn zu habilitieren – ein höchst erfreulicher Schritt für Jenny. Endlich war der Geliebte näher bei ihr. Sechs Wochen verbrachte er im Sommer 1841 in Trier bei der Mutter und drei Monate im Winter 41/42. Wo er unterkam, ist nicht belegt, möglicherweise bei den Eltern der Braut.

Jenny spürte seinen Rückhalt und forderte bei den Eltern mehr Freiheit und Selbstbestimmung ein, mit Erfolg. Die Siebenundzwanzigjährige erhielt die Erlaubnis, ihren Verlobten treffen zu dürfen, und Ende August 1841 konnte ihn Jenny auf einer Reise nach Neuss zu Freunden in Köln in die Arme schließen, unter Aufsicht. Im „Verzeichnis der gestern angekommenen Fremden“, abgedruckt im „Kölnischen Anzeiger“, war neben Frl. v. Westphalen und Marx, Dr. auch ein Herr v. Westphalen, Referen(dar) a(us) Trier vermerkt. Die Eltern waren besorgt und Jenny musste sich bei dem Geliebten über die Mutter ereifern, die sie ermahnt hatte, *„nur äußern und innern Abstand zu beachten, weil ich Dich sonst in Bonn nicht besuchen könnte. Ach, Herzchen, wie mir da alles zentnerschwer auf die Seele fiel! äußerer und innerer Anstand!! – ach, mein Karl, mein süßer einziger Karl!“* [125] Die elterlichen Ermahnungen wurden nicht beachtet, Jenny und Karl schritten zur Tat. Sie verbrachten Stunden der Liebe oder einige Liebesnächte zusammen, endlich ungestört. Jenny befand sich in einem wahren Liebesrausch und stammelte eingedenk des höchsten Glücksgefühls einige Tage später in ihrem Brief aus Neuss: *„Und dennoch Karl ich kann, ich fühle keine Reue, halte ich mir die Augen fest, fest zu und Seh ich dann Dein selig lächelndes Auge – sieh, Karl dann bin ich selbst in diesem Gedanken selig – Dir alles gewesen zu sein – andern nichts mehr zu sein. Ach Karl ich weiß sehr gut was ich gethan und wie ich vor der Welt geächtet wäre, ich weiß das Alles, alles und dennoch bin ich froh und selig und gäb selbst die Erinnerung an jene Stunden um keinen Schatz der Welt dahin. Das ist mein Liebstes und soll es ewig bleiben.“* [126] Von nun an ergriff die sexuelle Leidenschaft die junge Frau mit aller Macht und zog sie zu dem Manne hin, den sie „unaussprechlich, grenzen-, zeit- und maßlos liebt(e)“. Noch war sie nicht am Ziel, ein Horror. Ihr graute: *„Nur wenn ich denke noch so lange von Dir getrennt leben zu müssen, so ganz wieder umringt von Jammer und Elend, dann beb ich zusammen. … Jede selige Stunde durchlebt' ich noch einmal, noch einmal lag ich an Deinem Herzen, liebeberauscht und selig! Und wie Du mich anlächeltest und froh warst. Karl, Karl, wie lieb ich Dich! … Lieber süßer Engel denkst Du denn noch oft an all die Seligkeit, ach, mein* *lieb, lieb Herzchen wie war ich so glücklich, so überselig! Karl Dein Weib zu sein, welch ein Gedanke – vielleicht, o Gott mir schwindelt dabei!"* [127] Das „Vielleicht" verdrängend, beschwor sie ihren Karl umso entschiedener: *„Gelt ich bin aber schon ein bischen viel Dein Fräuchen? Karlchen sag werd's ich noch ganz. Ach, wenn ich an Trier denke, schaudre ich zusammen – meine Eltern wohnen da, meine alten Eltern, die Dich so lieben, ach Karl ich bin recht schlecht und nichts ist mehr gut an mir als meine Liebe zu Dir – die aber ist über alles groß und ewig."* [128] Jenny von Westphalen betrachtete sich von nun an als Karls Frau, moralische Bedenken, dass ein sittsames Mädchen jungfräulich in die Ehe gehen sollte, bedeuteten nichts gegen die Liebe. Und doch stürzten ihre Gedanken für ein paar Sekunden jäh aus der Glückseligkeit in tiefste Resignation: *„Karlchen wenn Du mich jetzt vergäßest – nein nein das kannst Du nicht – kannst es nie. Das Ende Deiner Liebe und das Ende meines Daseins fallen in einen Moment zusammen."* [129] Diese Worte waren keine Drohung, kein Erpressungsversuch, eher eine Liebeserklärung, und doch offenbarten sie innere Unsicherheit. Jenny liebte Karl Marx und wusste, dass ihre Gefühle erwidert wurden, aber eine dunkle Ahnung konnte sie nicht unterdrücken.

Nach den Tagen der Leidenschaft verging die Zeit noch langsamer für die reife Braut. Eine willkommene Abwechslung war die Taufe von Louise und Ferdinands drittem Kind. Nach Stammhalter Ferdinand (1836–1906) und Louise Caroline Wilhelmine Franziska (1839–1928) war Anna Elisabeth Charlotte Jenny von Westphalen am 22. September 1841 in Trier zur Welt gekommen. Jenny wurde als Namensgeberin zugleich Patin, zusammen mit Wilhelm Chassot von Florencourt, dem Bruder Louises. Jenny durfte das Baby in den Armen halten, als es am 8. November um 9 Uhr getauft wurde. Sie genoss das Gefühl, ein Kind in den Armen zu wiegen, und wünschte sich vielleicht, es wäre ihr eigenes Kind. Lange konnte sich Jenny nicht um ihr Patenkind kümmern, Klein-Jenny starb noch im Kindesalter.

Es war das letzte heitere Familienfest, das nächste Zusammentreffen hatte einen traurigen Anlass. Am 3. März 1842 starb Vater Ludwig im Alter von 71 Jahren abends um 6 Uhr nach monatelangem Leiden an Entkräftung. Auch wenn man mit seinem Ableben hatte rechnen müssen, die Trauer war groß. „Die Hinterbliebenen des Verblichenen", offiziell vertreten durch die Söhne Ferdinand und Edgar, ließen die Bürger

Triers wissen: *„Die irdische Hülle des theuern Entschlafenen wird am Sonntag den 6. dieses Monats; Nachmittags 3 Uhr; zur Erde bestattet werden; seine Freunde und Bekannte, die Mitbürger Triers, die ihm so theuer geworden waren und die ihn auf dem letzten Gange zu begleiten wünschen, wollen sich zu jener Stunde im Sterbehause einfinden."*[130] Wie viele kamen, wissen wir nicht, aber einer stand Jenny treu zur Seite, und das war das Wichtigste. Karl Marx hatte mit ihr am Totenbett geweilt, und es war bei der Beerdigung des Vaters tröstlich, den Geliebten um sich zu haben, der sie in den Arm nahm und an dessen Brust sie sich ausweinen durfte. Alle konnten sich vergewissern, dass dieser Mann fest zu ihr stand. Nichts konnte sie trennen, signalisierte die Baronesse ihrem Umfeld. Um seiner Braut beizustehen, verbrachte Marx im Sommer 1842 wieder mehrere Wochen in Trier und laut Fremdenliste der „Trier'schen Zeitung" logierte er im Gasthof „Venedig" in der Brückenstraße, nicht bei seiner Mutter. In Begleitung seiner schönen Braut feierte er im Juli mit seiner Familie die Hochzeit von Schwester Sophie, Jennys Kinderfreundin, mit dem Advokaten-Anwalt Robert Schmalhausen.

Nach dem Tode des Vaters wurde die Situation im Hause Westphalen schwieriger. Die Witwe erhielt ein Drittel oder vier Zehntel der Pension ihres Mannes, eine drastische Einbuße. Jenny und Edgar mussten finanziert werden, und um zu sparen, zog die Mutter mit Tochter und Schwester Ende März aus der großen Wohnung in der Brückergasse 625b in eine kleinere Wohnung in der Brückergasse Nr. 602. Wann die Familie in die Brückergasse 625b gezogen war, lässt sich nicht mit Bestimmtheit sagen. Nur drei Monate später, am 12. Juni, starb ihre 67jährige Schwester Christiane Sophie, deren Ableben von Edgar von Westphalen und Dr. Marx angezeigt wurde. Ihr Tod war vielleicht der letzte Anstoß für eine Übersiedlung nach Kreuznach.

Der Ortswechsel war mit einigen Beschwernissen verbunden. *„Die verwittwete Geh.-Reg.-Räthin von Westphalen sucht bei ihrer Wohnungsverlegung nach Kreuznach eine stille Familie an die Stelle ihres bis zum 1. April k.J. fortlaufenden Mietvertrags"*[131], inserierte die Mutter am 14. Juli 1842, und in einer zweiten Annonce am 23. September gab sie bekannt: *„Mit Wehmuth scheide ich aus dieser Stadt, in welcher mein unvergesslicher Mann und ich uns von den Theuern Einwohnern so vieler Güte und Wohlwollens zu erfreuen hatten. Haben Sie Dank, dass Sie eine lange Reihe von Jahren uns so viele Be-*

weise Ihrer uneigennützigen Freundschaft gaben und erhalten Sie auch in der Ferne meinen Kindern und mir eine freundliche Erinnerung.“ [132]

Der Umzug fand im September statt, in einem Monat, in dem in Trier äußerst aufregende Ereignisse anstanden. Am 18. September 1842 wurde Wilhelm Arnoldi mit Verzögerung zum Bischof geweiht. Drei Jahre zuvor war er ein erstes Mal in das Amt gewählt worden, aber die preußische Regierung hatte ihm die Bestätigung verweigert, weil er wie der Kölner Erzbischof Droste von Vischering ein Gegner ihrer Mischehenpolitik war.

Die Rheinlande waren vor 1815 fast rein katholisch gewesen und erst im Zuge der Eingliederung zu Preußen kamen in größerer Zahl Protestanten, zumeist Armee- und Verwaltungsangehörige, in die Gegend, die Partnerinnen fanden. Nach preußischer Regelung sollten Kinder aus Mischehen nach der Konfession des Vaters erzogen werden. Die katholische Kirche hingegen weigerte sich, diese Ehen einzusegnen, und versuchte die Braut mit Drohungen wie Exkommunikation ihrer Familie dazu zu bewegen, die katholische Erziehung ihrer Kinder durchzusetzen. Einem derartigen Arrangement versagte die Regierung die zivilrechtliche Gültigkeit der Ehe; sie wollte den protestantischen Gläubigen schützen und seine Vorrechte als Familienoberhaupt sichern. Als der Erzbischof von Köln 1837 in Verhandlungen keinerlei Bereitschaft erkennen ließ, von der katholischen Haltung abzugehen, wurde er auf der Festung Minden gefangen gehalten und erst zwei Jahre später freigelassen. Dieses Vorgehen sorgte bei den Katholiken in ganz Deutschland für Empörung und Protest, natürlich auch in Trier. König Friedrich Wilhelm IV. signalisierte Entgegenkommen und bestätigte Arnoldi nach einer zweiten Wahl als Bischof. Bei der feierlichen Inthronisation im Trierer Dom am 18. September war der oberste weltliche Repräsentant nicht anwesend. Friedrich Wilhelm IV. kam erst einen Tag später in seine Garnisonsstadt. Als Zeichen seines königlichen Wohlwollens ließ er den neuen Bischof sogar zu einem Empfang laden.

Anlässlich seines Besuches verlieh der Herrscher besonders verdienstvollen Persönlichkeiten Orden – und zu diesen gehörte Oberregierungsrat Ferdinand von Westphalen. Aus der Hand seines verehrten Königs erhielt er den „rothen Adlerorden dritter Klasse mit der Schleife“ „in der IV. Kategorie“. Ob zu den Gratulanten auch noch

Jenny gehörte? Oder war sie mit ihrer Mutter bereits auf dem Wege nach Kreuznach? Das wäre die eleganteste Lösung für alle gewesen; denn für eine derartige Auszeichnung aus der Hand des allerhöchsten reaktionären Preußen, für Ferdinand und Louise eine unbeschreibliche Ehre, hatte sie vermutlich nur Hohn und Spott übrig.

Auch der Pfaff gab seinen Segen

September 1842 bis Oktober 1843

Mit der Übersiedlung in das heutige Bad Kreuznach entgingen Mutter und Tochter der Leere nach dem Ableben Ludwigs und Christianes und dem lästigen Gerede über die ewige Braut. Edgar nannte als Grund Unannehmlichkeiten mit der Familie Marx, für die es allerdings keine Belege gibt. Sie bezogen zum 1. Oktober 1842 eine kleine Wohnung, die der Gastwirt „Zur Sonne", Valentin Keller, in der Hohen Straße 16, *„der Hauptstraße in der sog. Neustadt, die von Sobernheim nach Bingen führt"* [133], vermietete. Betty Bloem, später Frau Lucas, aus der Hohen Straße 12 bestätigte die Adresse. Im Hause gegenüber war die Kanzlei des Notars Burger, bei dem Heinrich Clemens eine Notariatsausbildung absolvierte, ein ehemaliger Klassenkamerad und Studienkollege von Karl Marx. Ganz fremd war das Umfeld für Jenny nicht. Sie war zweimal mit Bruder Carl zur Kur in dem Ort gewesen.

Jenny freute sich über neue Bekanntschaften, mit einer Ausnahme. Bettina von Arnim weilte Anfang Oktober 1842 zur Kur in der Stadt und soll dort Karl Marx in Beschlag genommen haben. Die beiden kannten sich aus Berlin, und vielleicht war der Student in ihrem Hause zu Soireen geladen gewesen und durfte sich jetzt für die Gastfreundschaft revanchieren. Jenny gefiel das gar nicht. Nur für einige Tage weilte der Geliebte bei ihr und dann vereinnahmte ihn diese Frau, der man nicht zu widersprechen wagte. Nachbarin Betty erinnerte sich, dass sie *„eines Abends rasch und ohne Anklopfen in das Zimmer Jennys getreten und im Halbdunkel eine kleine Gestalt auf dem Sofa kauern sah, die Füße heraufgezogen, die Kniee von den Händen umschlossen, eher ein Bündel als einer menschlichen Gestalt ähnlich und ich begreife heute noch nach mehr als zehn Jahren meine Enttäuschung, als dieses Wesen vom Sofa glitt, um mir als Bettina* *von Arnim vorgestellt zu werden ... Das Ohr hätte sich schließen mögen vor dem Klagen über die Hitze, den einzigen Worten, die ich aus dem gefeierten Munde vernahm, denn alsbald trat Marx ein, und sie bat ihn in so bestimmten Ausdrücken, sie zum Rheingrafenstein zu begleiten, dass er, obschon es 9 Uhr abends und der Fels eine Stunde entfernt lag, mit einem wehmütigen Blick auf seine Braut der ‚Gefeierten' folgte.*"[134] Bettina von Arnim liebte Mondscheinspaziergänge und anregende Gespräche. Über ihren Aufenthalt in Kreuznach notierte sie: „*Manches habe ich hier erlebt was mir wichtig ist. Auch von hier aus lässt sich ein sicherer Blick auf die große Weltbühne werfen, der einen sogar orientirt, wie das moralische Netz was eine untüchtige Politik in sehr verkehrter Ansicht webt sehr bald durch die Tatze des Loewen der sich darinn gefangen fühlt, zerrissen wird.*"[135] Das klang fast prophetisch und deutete vielleicht auch auf einen intensiven Gedankenaustausch mit dem kritischen Karl Marx hin. Bettina war den Ideen der Frühsozialisten gegenüber aufgeschlossen, plädierte jedoch für das Volkskönigtum, nicht für eine Republik. In ihr berühmtes Werk „Dies Buch gehört dem König", das ein Jahr später erschien, mögen Erkenntnisse aus Kreuznach eingeflossen sein.

Jenny wird es ähnlich wie ihrer Nachbarin Betty ergangen sein; sie war enttäuscht von der emanzipierten Frau, die Unabhängigkeit und geistige Freiheit für sich in Anspruch nahm. Sie sah in der Dichterin nur eine launische, alte Frau von 57 Jahren. Bettina von Arnim nervte durch ihre Aufdringlichkeit, störte ihre Zweisamkeit. Die Baronesse hatte doch mit ihrem Verlobten Wichtiges zu besprechen. Nachdem die preußische Regierung ihre restriktive Politik auch im Rheinland durchgesetzt hatte, war Karl Marx' Chance sich zu habilitieren dahin. Liberale Wissenschaftler – von radikalen, sprich demokratischen oder republikanischen ganz zu schweigen – bekamen keine Lehrstühle mehr, wurden von den Universitäten verjagt. Karl Marx musste umdisponieren und entschied sich für die journalistische Arbeit. Rautenberg, Redakteur in Köln bei der „Rheinischen Zeitung", der Marx aus dem Doktorenklub in Berlin kannte, hatte ihn aufgefordert, Artikel für seine Zeitung zu schreiben, und diese hatten überzeugt. Ludolf Camphausen bot Karl Marx zum 15. Oktober 1842 in Köln eine Stelle bei der seit dem 1. Januar 1842 erscheinenden „Rheinischen Zeitung für Politik, Handel und Gewerbe" zu einem Jahresgehalt von 600 Talern an. Marx sagte im Einverständnis mit seiner Braut zu; zum einen entsprach diese liberale, bürgerliche Zeitung seinem Geschmack – noch war er kein Kommunist – und zum anderen brauchte er eine Existenzgrundlage, nachdem er vergebens bei der Mutter darauf gedrungen hatte, sein Erbe vorzeitig ausbezahlt zu bekommen. Die Mutter hatte für die noch unverheirateten Töchter Caroline, Henriette, Louise, Emilie zu sorgen und für Sohn Hermann, – der in diesen Tagen, am 14. Oktober 1842, im Alter von nur 23 Jahren an „Lungensucht“ starb. Da Karl Marx seine Stelle bei der „Rheinischen Zeitung“ in Köln am 15. des Monats antrat, dürfte er bei der Beerdigung des Bruders am 17. Oktober nicht anwesend gewesen sein. Die Verpflichtungen der Mutter interessierten den Sohn wenig. *„Meine Familie legt mir Schwierigkeiten in den Weg, die mich, trotz ihres Wohlstandes, momentan den drückendsten Verhältnissen aussetzen“* [136], schimpfte er bei Arnold Ruge.

Braut Jenny hoffte angesichts der Offerte aus Köln, dass die Heirat in Kürze stattfinden könnte. Doch wieder musste sie sich gedulden; aber sie hatte die Gewissheit, dass Karl es ernst mit seinem Ja-Wort meinte. Das hob ihr Selbstwertgefühl, und sie wurde zunehmend gelöster und selbstbewusster. Zu Karl: *„Obgleich bei der letzten Konferenz der beiden Großmächte über einen gewissen Punkt nichts stipuliert worden, auch kein Vertrag über die Pflicht der Korrespondenzeröffnung geschlossen war, folglich kein äußeres Zwangsmittel existiert, so fühlt sich das kleine Schreiverchen mit seinen schienen Locken im Innersten gedrungen, den Reigen zu eröffnen.“* [137] Natürlich war sie zum ersten Schritt bereit, wie immer, denn sie verzehrte sich vor Leidenschaft. Jenny schrieb: *„Mein lieb, gut, einzig Herzensmännchen. Ich mein', Du wärst noch nie lieber und herziger gewesen, und doch war ich jedes Mal entzückt als Du schiedest und hätte Dich immer wieder zurückhaben mögen, um Dir noch einmal zu sagen, wie lieb, wie ganz lieb ich Dich hab. Aber das letzte Mal ist doch Dein Siegesabgang; ich weiß gar nicht wie lieb Du mir warst im tiefsten Herzen, als ich Dich nicht mehr leiblich sah, und nur Dein einzig treu Bild mir so lebendig vor der Seele stand, in all seiner Engelsmilde und Güte, Liebeshoheit und Geistesglanz. Wärst Du doch jetzt hier mein lieb Karlchen; wie viel Empfänglichkeit für Glück würdest Du in Deinem Wackerchen, Deinem Vifchen antreffen, und solltest Du mit noch so schlechter Tendenz, noch so böswilligen Absichten herausrücken.“* [138] Die „schlechte Tendenz“, die „böswilligen Absichten“ schienen ihr sehr willkommen, und das Gesäusel von Engelsmilde, Güte, Liebeshoheit und Geistesglanz zeigte ihre Verliebtheit. Damit anheim gingen die Bereitschaft: *„überall begleit ich Dich hin, und geh vor Dir, und folg Dir nach“* [139] und der Wunsch: *„Könnt ich Dir die Wege doch all ebnen und glätten und alles wegräumen, was hindernd Dir entgegentreten sollte. Aber das ist nun einmal nicht unser Loos, daß wir auch mit in des Schicksals Räder thatkräftig eingreifen sollten. Wir sind vom Sündenfall // von Madame Eva's Verstoß her, zur Passivität verurtheilt, unser Loos ist das Warten, hoffen, dulden, leiden.“* [140] Trotz aller Ironie: Jenny von Westphalen akzeptierte das gesellschaftlich diktierte Los der Frau. Es ist allerdings davon auszugehen, dass sich Jenny von Westphalen nicht für Karl Marx entschieden hätte, wenn sie auf die Rolle der Hausfrau reduziert worden wäre – und sie vertraute ihm wohl auch, dass er dies später, wenn sie ihm ausgeliefert war, nicht einfordern würde. Und Karl Marx hätte eine ungebildete, zu allem ja-sagende Frau kaum ertragen. Das war aber nicht gleichbedeutend mit einer Forderung nach oder Förderung der Emanzipation der Frau, und für Jenny waren später immer die Pflichten der Mutter, Hausfrau und Privatsekretärin vorrangig. Die von ihr angeführte traditionelle, geschlechtsspezifische Aufgabenteilung nach dem Motto: *„höchstens wird uns der Strickstrumpf, die Nadel, der Schlüssel anvertraut, und was darüber ist vom Übel“* [141] erweiterte sie nur um den winzigen, entscheidenden Punkt, nämlich *„wenn es darauf ankommt den Druckort der Deutschen Jahrbücher zu bestimmen, dann mischt sich ein weiblich Veto mit ein, und spielt unsichtbar ein Hauptröllchen.“* [142] Auf Einfluss und Mitbestimmung wollte Fräulein von Westphalen nicht verzichten. Im Überschwange der Gefühle drohte sie: *„Hast Du Dich auf dem Dampfer gut gehalten oder war wieder eine Madame Hermann am Borde. Du böser Schelm. Ich will Dir das mal vertreiben. Immer auf den Dampfschiffen. Dergl. Irrfahrten laß ich im contrat social, in unserem Heirathsakt gleich mit Interdikt belegen und werden solche Abnormitäten verbaliter bestraft. Ich laß alle Fälle specificiren und mit Bußen belegen und schaff ein zweites hochnothpeinliches Landrechtähnliches Eherecht.“* [143] Fast auftrumpfend sprach die Baronesse von Interdikt und Eherecht, wollte Gleichstellung dokumentieren, und Karl Marx lächelte über dieses Ansinnen, weil es ihn nicht wirklich tangierte. Seine künftige Frau war für ihn – trotz ihres adligen Standes – eine gleichberechtigte Partnerin.

An Weihnachten 1842 legten die Turteltauben den Heiratstermin für den Wonnemonat Mai fest, und die Braut malte sich schon ihr aufregendes Leben an der Seite des einflussreichen Chefredakteurs in Köln aus. Es kam anders als geplant. Mit Bestürzung und Empörung verfolgte Jenny die Pressepolitik der preußischen Regierung. Am 20. Januar 1843 wurde ein Verbot der „Rheinischen Zeitung" zum 1. April verfügt, kein Aprilscherz. Die „Hure am Rhein", wie Friedrich Wilhelm IV. das Blatt nannte, war nicht wie erhofft auf natürlichem Wege wegen Mangels an Lesern eingegangen, im Gegenteil: Zwischen August 1842 und Januar 1843 war ihre Abonnentenzahl von 885 auf 3.400 gestiegen – weil oder obwohl die Tendenz der Zeitung im Verlaufe der letzten Monate unter der Redaktionsleitung des Herrn Dr. Marx immer kritischer geworden war. Seine Berichte über die katastrophale Lage der Winzer im Moselgebiet, für die die preußische Regierung verantwortlich zeichnete, und die Anprangerung des russischen Wirtschaftsprotektionismus hatten Missmut erregt. Zum Verbot der Zeitung führte angeblich ein Artikel, *„der gegen die servile Abhängigkeit Preußens von Russland polemisierte."* [144] Der Zar soll ob der Kritik getobt haben und Friedrich Wilhelm IV., König der jüngsten und kleinsten Großmacht Europas und dynastisch eng mit dem russischen Herrscherhaus verbunden, wurde angehalten zu handeln. Die preußischen Zensoren entzogen der „Rheinischen Zeitung" auf Anweisung von oben die Druckerlaubnis „wegen Zügellosigkeit des Ausdrucks und der Gesinnung". Marx, in die Redaktion zunächst wegen seiner Sachlichkeit und ausgleichenden Kraft aufgenommen, war durch seinen zunehmend schärferen, polemischen Stil zu einem „Totengräber" der Zeitung geworden. Auf Beschluss der Aktionäre, die ihre Zeitung retten wollten, wurde Marx entlassen, aber das Verbot blieb. Karl Marx sah sich als Opfer der staatlichen Willkür und verfolgte von nun an noch entschiedener seinen Weg, von dem ihn nichts und niemand mehr abbringen konnte. Jenny spürte seine Entschlossenheit und warnte ihn: *„Nun mengelierst Du Dich noch gar in die Politik. Das ist ja das Halsbrecherischste."* [145] *„Es ist schlimm, Knechtsdienste selbst für die Freiheit zu verrichten und mit Nadeln statt mit Kolben zu fechten. Ich bin der Heuchelei, der Dummheit, der rohen Autorität und unseres Schmiegens, Biegens, Rückendrehens und Wortklauberei müde gewesen. Also die Regierung hat mich wieder in die Freiheit gesetzt"* [146], brachte Karl Marx seine Befindlichkeit bei Arnold Ruge auf den Punkt und beschloss sein Heimatland zu verlassen, denn *„in Deutschland kann ich nichts mehr gewin-*

nen. Man verfälscht sich hier selbst."[147] Zuvor beabsichtige er, weil er *„ohne alle Romantik … von Kopf bis Fuß und zwar allen Ernstes liebe*"[148], in Kreuznach zu heiraten. Der Schritt war überfällig. *„Ich bin schon über 7 Jahre verlobt und meine Braut hat die härtesten, ihre Gesundheit fast untergrabenden Kämpfe für mich gekämpft, theils mit ihren pietistisch-aristokratischen Verwandten, denen ‚der Herr im Himmel' und der ‚Herr in Berlin' gleiche Cultusobjekte sind, theils mit meiner eignen Familie, in der einige Pfaffen und andre Feinde von mir sich eingenistet haben. Ich und meine Braut // haben daher mehr unnöthige und angreifende Conflikte Jahrelang durchgekämpft, als manch andre, die dreimal älter sind und beständig von ihrer ‚Lebenserfahrung' (Lieblingswort unseres Juste–milieu) sprechen.*"[149] Diese Aussage Ruge gegenüber war übertrieben. Natürlich stieß die Verbindung auf Vorbehalte; die Eltern beider Partner jedoch hatten ihren Segen gegeben.

Jenny von Westphalen wurde nicht die Ehefrau eines Chefredakteurs in Köln, aber das Paar war nicht perspektivlos. Arnold Ruge hatte Marx das Angebot gemacht, die „Deutsch-Französischen Jahrbücher" mitherauszugeben, und es lag nach Recherchen des Historikers Elsner angeblich eine andere Offerte vor: *„Der geheime Oberrevisionsrat J.P.Esser aus Berlin, ein Freund von Heinrich Marx aus Trierer Tagen und von Karl Marx auf Bitten seines Vaters während seines Berliner Studiums aufgesucht, übermittelte Marx das Anerbieten der preußischen Regierung, als Redakteur der ‚Allgemeinen Preußischen Staats-Zeitung' … zu arbeiten.*"[150] Man wollte den genialen Geist ködern, aber Karl Marx lehnte ab. Das machte ihn verdächtig, und der preußische Geheimdienst behielt ihn vorsichtshalber im Auge und brachte in Erfahrung, Dr. Marx sei entschlossen, Preußen zu verlassen, nachdem er in Trier seine Braut heimgeführt habe. Der Wohnortwechsel der Braut war den Observierenden unbekannt geblieben.

Sieben unendlich lange Jahre hatte Jenny von Westphalen sehnsüchtig ausgeharrt, bis sie endlich die notwendigen Schritte für die Heirat einleiten durfte. Sie hatte genaue Vorstellungen, wie sie an ihrem Festtag aussehen wollte. *„Ich war heut Morgen raus und hab beim Kaufmann Wolf viele neue Spitzen gesehen. … – bitte Herzchen laß das Kaufen jetzt. Auch mit dem Blumenguirlandchen. Ich fürcht' du musst zu viel geben. … gehst du nicht von Blumen ab, so nimm sie in rosa. Das paßt am besten zu meinem grünen Kleide*"[151], lautete eine der Anweisungen für den zukünftigen Ehemann. Wichtiger als rosafarbene Blümchen waren Dokumente. Aus Salzwedel,

Jennys Geburtsstadt, und aus Trier trafen die Kopien der Geburtsurkunden fristgerecht ein. Das erste Aufgebot in Kreuznach erfolgte am Sonntag, dem 21. Mai, das zweite eine Woche später. Am 30. oder 31., einem Dienstag oder Mittwoch, sollte im Standesamt das Eheversprechen gegeben werden. Alles war vorbereitet, die Trauzeugen informiert, das Hochzeitsessen bestellt, die Blumen geordert und die Garderobe ausgewählt, als unerwartete Verzögerungen eintraten. Die Behörden in Bonn und Köln hatten notwendige Papiere nicht rechtzeitig ausgestellt, und vermutlich eilte Karl Marx auf Drängen der immer nervöser werdenden Braut an den Rhein, um persönlich die Unterlagen in Empfang zu nehmen – niemand hatte ein Veto gegen die Verbindung eingelegt. Nach Zahlung von sechs Talern und 15 Silbergroschen wurde ein notarieller Ehevertrag aufgesetzt, in dem das Paar Gütergemeinschaft bei Erbangelegenheiten vereinbarte. Ein Passus lautete: *„Jeder Ehegatte soll für sich besonders die Schulden bezahlen, welche er vor der Ehe gemacht oder contrahieret, ererbt und auf andere Weise sich zugezogen hat; demzufolge sollen diese Schulden von der Gütergemeinschaft ausgeschlossen bleiben."*[152] Eine Abmachung, die die Baronesse nicht sonderlich interessierte; sie selbst hatte keine Schulden und mögliche Verbindlichkeiten ihres Mannes würden irgendwie schon getilgt werden. Für die Braut waren Frisur, Garderobe, Schmuck wichtiger.

Jenny von Westphalen und Karl Marx heirateten am 19. Juni 1843, einem Montag, in Kreuznach. Eine strahlende Braut gab ihr Ja-Wort in einem grünen Kleid, mit einem harmonierenden rosafarbenen Bouquet. Jennys Mutter und Bruder Edgar, die Trauzeugen und einige Bekannte verfolgten die Zeremonie. Aus Karls Familie war niemand gekommen, aber Mutter Henriette hatte bereits am 28. Januar 1843 vor einem Notar in Trier ihr Einverständnis zu der Heirat gegeben. Der Oberbürgermeister von Kreuznach, Franz Buss, nahm die standesamtliche Zeremonie vor. Nach der beiderseitigen Bejahung, einander heiraten zu wollen, *„erklärte ich im Namen des Gesetzes, dass Carl Marx und Johanna Bertha Julie Jenny von Westphalen – miteinander verehelicht sind."*[153] Die Heiratsurkunde wurde von Dr. Carl Engelmann, dem Notariatskandidaten Heinrich Balthasar Christian Clemens, dem Rentner Elias Mayer, Gastwirt Valentin Keller und Mutter Caroline von Westphalen unterschrieben. Mit der zivilrechtlichen Trauung war Jenny von Westphalen nunmehr

Frau Marx. Innerhalb von Minuten war sie aus ihrem adligen Geburtsstand in den bürgerlichen Stand gewechselt, ein revolutionärer Schritt. Einen weiteren revolutionären Schritt ging sie nicht, indem sie auf den kirchlichen Segen verzichtete. Ob aus Rücksicht auf ihre nächste Umgebung, aus Tradition oder aus echtem Glauben, bleibt dahingestellt. Karl versagte sich ihrem Wunsche nicht. In der Pauluskirche (oder in der inzwischen abgerissenen Wilhelmskirche[154]) versprachen sich Frau Marx und Dr. Marx vor einem Pfarrer und den Trauzeugen Valentin Keller und Friedrich Gothier in guten wie in schlechten Zeiten zusammenzustehen und sich ewig treu zu sein. *„No. 20 Der Carl Marx, Doctor der Wissenschaft, wohnhaft in Trier, evangelischer Konfession 25 Jahre Sohn des Heinrich Marx und der Henriette Presburg und Julie Jänni von Westphalen, wohnhaft in Salzwedel, evangelischer Konfession 29 Jahre Tochter des Ludwig von Westphalen und der Katharina Häubel sind am 19. Juni 1843 kirchlich getraut worden“*[155], lautete der Eintrag von Pfarrer Superintendent Johann Wilhelm Schneegans in das Kirchenbuch. Damit war die Ehe auch vor Gott gültig.

In der „Kreuznacher Zeitung“ Nr. 96 war am 20. Juni 1843 und in der „Trier'schen Zeitung“ Nr. 166 am 22. Juni zu lesen:

„Ihre heute vollzogene Verbindung
Zeigen an
Dr. Marx
Jenny Marx geb. von Westphalen
Kreuznach, den 19. Juni 1843.“[156]

Jetzt waren alle, auch die letzten Zweifler, darüber informiert, dass Fräulein von Westphalen Frau Marx geworden war; ein Schritt, den nur aufgeklärte Geister gut heißen konnten. Heute hätte sich Jenny vielleicht Frau von Westphalen-Marx und Karl vielleicht Herr von Westphalen genannt.

Was sich die Frischgetrauten zur Vermählung schenkten, ist nicht bekannt, aber die Geschenke der Mutter. 20 Jahre später erwähnte Jenny bei Bertha Markheim: *„Der Herzog von Argyle ist ein naher Verwandter meiner Vorfahren, und als ich mich verheiratete, gab mir mein Herzens-Mütterchen viel prachtvolles Silberzeug mit, das von Schottland stammte und das Ar-*

gylesche Wappen auf sich hatte" [157] – traditionelle Gaben der Mutter an die Tochter am Tage der Vermählung. Über das Schicksal dieser Kostbarkeiten meinte sie zu Frau Markheim lapidar: *„Silber und Wappen sind natürlich längst bei all den Ausweisungen, Wanderungen und Emigrationen ‚from the blue bed to the brown' flöten gegangen, und das bischen, was ich aus dem Schiffbruch gerettet, schwankt auch stets zwischen Tod und Leben und ist meistens in den Händen des ‚Onkels'."* [158]

Nach der zivilen und kirchlichen Zeremonie ging das junge Ehepaar auf Hochzeitsreise. Jenny in ihren Erinnerungen: *„Wir reisten von Kreuznach über die Ebernburg nach der Rheinpfalz und kehrten über Baden-Baden nach Kreuznach zurück."* [159] Verliebt genossen Jenny und Karl die bezaubernde Landschaft, stiegen in schönen Herbergen ab und freuten sich über das ungestörte Zusammensein bei Tag und Nacht. Frau Jenny Marx war nach sieben langen Jahren restlos glücklich und entspannt. Die Momente nervöser Anspannung gehörten der Vergangenheit an, die Ruhe und Gelassenheit ihres Mannes übertrugen sich auch auf sie. Die Flitterwochen finanzierte entweder Marx, der für seine Beiträge in den „Deutschen Jahrbüchern" mit 500 Talern entlohnt worden sein soll, oder Jenny mit einer kleinen Erbschaft des im Mai verstorbenen Verwandten Friedrich Perthes.

Jennys Glück war vollkommen, als sie Gewissheit hatte, dass das erste Kind unterwegs war. Sie war froh, in ihrem Alter noch so problemlos schwanger geworden zu sein. Nach ihrer Berechnung würde das Kind im April oder Mai des folgenden Jahres auf die Welt kommen, wo, das wusste sie noch nicht. Sie genoss die Zeit, ließ sich von ihrem Ehemann und der Mutter verwöhnen. Die junge Ehefrau las philosophische Werke und zeigte sich „sehr eingeweiht in die neue Philosophie", wie Arnold Ruge anerkannte. Auch der Mann war emsig am Lesen und Exzerpieren und soll 20.000 Seiten für die „Deutsch-Französischen Jahrbücher" durchgelesen haben. Er hatte sich zur Mitarbeit entschieden, obwohl inzwischen klar war, dass das Projekt „beide Nationen geistig durch ein eigenes Organ zu befreunden" in deutschen Landen nicht realisiert werden konnte. Man visierte das grenznahe Straßburg an, entschied sich dann aber kurzfristig für Paris, das für Marx *„die alte Hochschule der Philosophie … und die neue Hauptstadt der neuen Welt"*[160] war. Mit Zustimmung seiner frisch Angetrauten verpflichtete sich Marx im Oktober 1843 in der französischen Metropole zu sein. Jenny wäre zwar lieber bis zur Geburt des ersten Kindes in der Nähe der Mutter geblieben, aber das hätte eine Trennung von Karl bedeutet. Die Jungvermählten blieben bis Oktober in Kreuznach, bevor sie in ihr neues Leben aufbrachen, und auch die Mutter kehrte nach Trier zurück und bezog in vertrauter Umgebung in der Brückergasse Nr. 625B eine Wohnung.

In der Familie Westphalen und bei den adligen Anverwandten Florencourt, Veltheim, Krosigk, Asseburg und Röder war ein heiß diskutiertes Thema, was die Ex-Baronesse an der Seite dieses unberechenbaren Mannes erwarten würde. Franziska, die frömmelnde, unverheiratete Schwester in Berlin, meinte zu dem inzwischen nach Liegnitz versetzten Vize-Regierungspräsidenten Ferdinand: *„Sie erscheinen mir unendlich beklagenswerth ..., der Dr. Marx u. Jenny in ihrer Verblendung u. Abhängigkeit von Grundsätzen, ... u. in Folge davon sie, fürchte ich, heimathlos wie Flüchtlinge von Ort zu Ort, von Land zu Land zu ziehen genöthigt sein werden.“*[161] Franziska ahnte nicht, wie prophetisch ihre Prognose war; zutreffend war auch ihre Befürchtung, die sich für sie aus einem nicht mehr erhaltenen Brief ergab: *„welchem Geschäft er sich dort zu widmen beabsichtigt, schreibt sie mir nicht ... Wenn nur nicht wieder das Unternehmen einen abenteuerlichen Grund hat ...“*[162] Die Verbindung hätte im Familienkreis akzeptiert werden können, wenn Dr. Marx wenigstens eine Beamtenstelle in der preußischen Verwaltung angestrebt hätte. Aber Karl Marx ging konsequent einen anderen Weg und an seiner Seite, unbeeindruckt von dem Gerede der in ihren Augen bigotten Verwandtschaft, die junge Ehefrau.

Jenny Marx hat, wie Engels später an ihrem Grabe sagte, von diesem Zeitpunkt an *„die Schicksale, die Arbeiten, die Kämpfe ihres Mannes nicht bloß geteilt, sie hat daran mit dem höchsten Verständnis und mit der glühendsten Leidenschaft größten Anteil genommen.“*[163]

TEIL III – WANDERJAHRE

Paris – voller Hoffnung in die Zukunft

Herbst 1843 bis Frühjahr 1844

Aus freiem Entschluss verließen Jenny und Karl Marx Mitte Oktober 1843 das preußische Staatsgebiet in Richtung Paris. Die Juli-Revolution im Jahre 1830 hatte zu einer konstitutionellen Monarchie unter dem „Bürgerkönig" Louis Philippe von Orléans geführt. Hunderttausende Verfolgter aus ganz Europa fanden in Frankreich Aufnahme, so auch Jenny und Karl Marx, die sich zu den 50.000 deutschen Exilanten in der französischen Hauptstadt gesellten.

Sie hatten, wie sich Jenny erinnerte, schnell Kontakte: *„Hess und seine Frau, Ewerbeck und Ribbentrop, vor allem Heine und Herwegh bildeten unsren Umgang"* [164], und später erweiterte sich ihr Bekanntenkreis um *„Tolstoi, Bakunin, Annenkow, Bernays und tutti quanti (und wie sie alle heißen). Viel Klatsch à querelles allemandes (um des Kaisers Bart)."* [165] Zu ihrem Umfeld gehörten auch kritische, gut ausgebildete Handwerksburschen, – keine Industriearbeiter. Die Arbeiter in den Fabriken machten Mitte des 19. Jahrhunderts beispielsweise in Köln weniger als 8% der Bevölkerung aus. Karl Marx sprach in diesen Jahren noch nicht für das Proletariat, für das er gemeinhin steht, sondern sein Denken entwickelte sich erst in Richtung Kommunismus. Ungeachtet dessen fühlten sich Frau und Herr Marx ein Leben lang den „gehobenen" Ständen zugehörig; für sie lagen Welten zwischen den Adligen und Bürgerlichen, die sie verbal so entschieden bekämpften, und der Arbeiterklasse, für die sie verbal so entschieden eintraten. Die zur Bürgerlichen gewordene Frau Marx gab sich aufgeschlossen und war voll ehrlicher Anteilnahme für das harte Schicksal der Unterdrückten, aber sie wahrte Distanz, adlige Distanz. Jenny verstellte sich nicht, sie zeigte sich anderen gegenüber nicht überheblich, aber sie strahlte etwas aus, das die anderen erkennen ließ, dass sie sich nicht auf gleicher Stufe stehend fühlen konnten. Sie machte sich nicht gemein mit „kleinen Leuten", und diese wussten sehr wohl, dass Frau Marx eine Adlige war, die ihren Stand aufgekündigt hatte, um mit dem Mann zusammenzuleben, den sie liebte. Das bewunderten sie, und sie waren Jenny dankbar für die Freundlichkeit, die sie ihnen zuteil werden ließ, – und manche fühlten sich insgeheim erhöht, wenn sie so ohne Voreingenommenheit begrüßt wurden. Mme. Marx konnte allerdings auch sehr ablehnend sein.

Bis Februar 1844 wohnte das junge Paar in der Rue Saint–Thomas du Louvre, danach mietete es sich kurzzeitig im Hotel „Vanneau" in der gleichnamigen Straße ein, bevor es am 1. März wohl auf Vermittlung von Ruge in der Rue Vanneau 38, Paris VII., Faubourg St-Germain eine Wohnung bezog. In diesem Haus lebten auch die Ehepaare Ruge und Mäurer. Ob es sich dabei tatsächlich um eine Art Kommune mit Privatsphäre, wie behauptet wurde, handelte, ist nicht belegt. Jedenfalls währte das Miteinander nicht lange. Die kleinen Banalitäten des Alltags ließen trotz Köchin und Haushaltshilfe das Zusammenleben scheitern oder man harmonierte nicht. Das lag nicht nur an den anderen Mitbewohnern, sondern auch an dem geistreichen, aber sehr von sich überzeugten jungen Herrn Doktor und seiner Frau, der Ex-Baronesse. Frau Marx war nicht wie die anderen Ehefrauen, sie war kein biederes Hausmütterchen, sondern eine gleichberechtigte Frau, die für sich die Teilnahme an den politischen Debatten in Anspruch nahm. Sie arbeitete sich in die Themen ein, mit denen ihr Mann sich beschäftigte, und vermutlich äußerte sie mit Verve ihre Meinung. Sie brachte die weibliche Sicht ein, gab pragmatische Hinweise, lieferte Geistesblitze – eine ideale Ergänzung zu ihrem Mann, der problematisierte, theoretisierte und systematisierte. Ihrem Mann gefiel es, wenn seine Frau seine Anliegen mit ihren Argumenten stützte, und sie war stolz, ihren Ehemann in exponierter Position an den „Deutsch-Französischen Jahrbüchern" mitarbeiten und „Die heilige Familie" und die „Kritik der kritischen Kritik" entstehen zu sehen. Kurz: Jenny und Karl Marx vermittelten den Eindruck, das ideale Paar, ein Traumpaar, zu sein: jung, gut aussehend, geistreich, verliebt und das erste Kind erwartend.

Jenny und Karl Marx erkannten bald die unterschiedlichen Ansichten und Ziele innerhalb ihres Bekanntenkreises. Für sie blieb es nicht beim Feindbild Preußischer Staat, sondern ihr Kreis der Missliebigen erweiterte sich um Personen, mit denen sie bisher durchaus in freundlicher Verbindung gestanden hatten. Marx entzweite sich zuerst mit Ruge. Nachdem im Januar 1844 das erste Doppelheft der „Deutsch-Französischen Jahrbücher" mit zwei Artikeln von Karl Marx „Zur Kritik der Hegelschen Rechtsphilosophie. Einleitung" und „Zur Judenfrage" erschienen war, kam es nicht mehr zur Herausgabe weiterer Hefte. Dies lag nicht nur an den stärker werdenden Differenzen zwischen Ruge und Marx, sondern auch an der Tatsache, dass kein Franzose an dem länderübergreifenden Projekt mitwirken wollte. Von den französischen Sozialisten wurden die deutschen Emigranten kritisch beäugt und zumeist abgelehnt. Vor allem der rigorose Atheismus schreckte sie ab; Sozialismus und Christentum mussten aus französischer Sicht keine Gegensätze sein, sondern konnten einander durchaus bedingen.

Marx überwarf sich zudem mit Ruge, weil die zugesagten 1.800 frs. Gehalt nicht in bar ausbezahlt wurden, sondern in Form von 1.000 Jahrbüchern. Sie sollen Marx angeblich 2.000 Franc eingebracht haben, obwohl die Verbreitung in Preußen erhebliche Schwierigkeiten mit sich brachte. Die preußischen Behörden befanden, die Schrift *„gehört nach Art. XI der Verordnung vom 18. October 1818 zu den gesetzlich verbotenen und die beiden ersten Hefte sind, nach den … gemachten Mittheilungen, geradezu verbrecherischen Inhalts. Es bedarf daher nicht nur einer geschärften, polizeilichen Aufmerksamkeit, um die Einbringung und Verbreitung dieser Zeitschrift in jeder zulässigen Weise zu verhindern, sondern es erscheint auch angemessen, den Buchhändlern … bekannt zu machen, dass sie sich durch Verbreitung der fraglichen Schrift der Gefahr aussetzten, zur Untersuchung und Bestrafung gezogen zu werden."* [166] Ruge und Marx wurde unter Androhung sofortiger Inhaftierung untersagt, preußisches Territorium zu betreten. Dies tangierte Marx nicht existenziell, aber die Frage, welche Möglichkeiten des Broterwerbs es gab, trieb den künftigen Vater um. Er entschied sich für den Journalismus, unterstützt von seiner Frau, obwohl Jenny nicht unbedingt wollte, dass er sein Leben ausschließlich auf die Politik ausrichtete. Einmischung und tatkräftiges Mitmischen ja, aber der Mann sollte auch eine existenzsichernde Tätigkeit ausüben.

Höchstes Glück und größte Sorgen
Mai bis Dezember 1844

Die Krönung ihres Glückes war für Jenny und Karl Marx die Geburt von Tochter Jenny Caroline am 1. Mai 1844. Aus Freude und Erleichterung, dass Mutter und Kind gesund waren, ließ Großmutter Caroline am 4. Mai in der „Trier'schen Zeitung" verkünden: „Das(s) meine Tochter Jenny Marx in Paris am 1. Mai von einem gesunden Mädchen glücklich entbunden, zeige ich meinen theilnehmenden Freunden ganz ergebenst an". In Trier wusste man nun, dass Frau Marx in Paris lebte und trotz fortgeschrittenen Alters wenige Monate nach der Heirat ein Mädchen bekommen hatte.

Der Freude folgten bald größte Sorgen. Der Säugling erkrankte, und Jenny fühlte sich hilflos und völlig überfordert. Unendliche Angst um das Leben ihres Kindes ergriff sie, und auch ihr Mann war verzweifelt und konnte sie nicht trösten. In diesen Stunden der Not beschlossen sie, bei der Mutter Rat und Unterstützung zu suchen, und Jenny reiste im Juni nach Trier. Die Fahrt war an sich schon enorm strapaziös, aber mit einem todkranken Neugeborenen, das schrie, weinte und mit ungeeigneter Kost ernährt wurde, eine Tortur. Die Postkutsche von Paris über Metz nach Saarbrücken benötigte drei Tage, unterbrochen durch kurze nächtliche Ruhephasen, und weitere 15 Stunden von Saarbrücken nach Trier. Zitternd vor Angst um das Baby verbrachte die Mutter die so unendlich langsam vergehenden Stunden in dem stickigen Gefährt. Glücklicherweise war die mühsame Unternehmung nicht vergebens gewesen und Vater Karl erhielt umgehend *„ein Bulletin über unser Kleinchen; denn dies dritte ist doch jetzt die Hauptperson im Bunde und das was mein und dein zugleich ist doch das innigste Band der Liebe. Das arme Püppchen war nach der Reise recht elend und leidend und es stellte sich außer einer Unterleibsverhärtung, eine förmliche Überfütterung heraus. Das dicke Schwein mußte zugezogen werden und sein Entscheid war dann eine Amme zu nehmen, da es bei der künstlichen Ernährung nicht leicht wieder aufkommen werde."*[167] Ein sinnvoller Ratschlag Dr. Schleichers, pietätlos „das dicke Schwein" genannt, eine Amme zu engagieren. Muttermilch war schon immer gesünder als jede zusammengestellte Kost, aber vielleicht konnte Jenny nicht stillen oder sie wollte nicht, weil es sich für eine adlige Dame nicht geziemte und sie die Usancen ihres Standes noch nicht abgelegt hatte. *„Das liebe kleine Klugaug saugt prächtig an einer jungen gesunden Amme, einem Mädchen aus Barbeln, der Tochter des Schiffers, der Vaterchen so oft gefahren. Die Mutter hat dies Mädchen als Kind einmal in bess'ren Zeiten ganz angekleidet, und – welch ein Zufall – dies arme Kind, dem Vaterchen täglich einen Kreuzer geschenkt, schenkt jetzt unserm Kind Leben und Gesundheit. Es war schwer zu retten und ist jetzt fast aller Gefahr enthoben"*[168], schrieb sie erleichtert an Karl. Die lähmende Angst ließ nach. Jenny atmete auf und beruhigte den Vater: *„Trotz seinem Leiden sieht es wunderniedlich aus, und ist so blüthenweiß und fein und durchsichtig wie ein Prinzeßchen. In Paris hätten wir es gewiß nicht durchgebracht und so trägt diese Reise schon goldne Zinsen."* [169] Der schlimmste Schicksalsschlag war abgewendet.

Der Besuch von Frau Marx war ein Gesprächsthema in der kleinen Stadt. Schön und nach der neuesten Pariser Mode gekleidet spazierte sie stolz mit ihrem Wunschkind durch die Gassen. Sie genoss ihren Aufenthalt. Die Mutter und Dienstmädchen Helene verwöhnten sie, das Kind gedieh und *„ganz Trier gafft, glotzt, bewundert und becourt."* [170] Viele Trierer erinnerten sich an die einstige Ballkönigin und das schönste Mädchen der Stadt. *„Ich (brauche) niemand die Visite zu machen, denn Alles kommt zu mir und ich empfange von Morgens bis Abends die Cour. Ich trete übrigens gegen jeden üppig auf, und mein äußeres Auftreten rechtfertigt denn auch vollkommen diese Üppigkeit. Einmal bin ich eleganter als Alle und dann hab' ich nie in meinem Leben besser und blühender ausgesehn als jetzt. ... Und die Complimente Herweghs, ‚wann ich confirmirt worden sei', wiederholen sich hier fortwährend"* [171], freute sich Jenny bei Karl. In ihrem Innersten wusste sie um ihr Blendwerk, aber *„was hätte man davon wenn man klein thäte; es hülfe doch niemand aus der Not und der Mensch ist so glücklich, wenn er bedauern kann. Trotz dem, daß mein ganzes Sein und Wesen Zufriedenheit und Fülle ausspricht, hofft doch Alles daß Du Dich doch noch zu einem ständigen Posten entschließen werdest."*[172] Da Marx noch immer ohne Einkünfte, bzw. eine feste berufliche Verpflichtung war, sah Jenny die Zukunft nicht so rosig, wie sie vortäuschte. Auch wenn sie darauf vertraute, dass mit Karl an ihrer Seite nichts wirklich schlimm werden konnte, wollte sie sich vergewissern, dass *„wir uns nur noch eine Zeit lang halten, bis unser Kleinchen ein Großchen ist. Gelt darüber beruhigst Du mich, Du lieber süßer Engel Du. Du einzig geliebtes Herz."*[173] Die Frau in dieser Hoffnung zu wiegen, war immer möglich, besser waren Geldzuwendungen wie 1.000 Taler aus einer Spendenaktion von Kölner Liberalen. Auch ein Besuch konnte Entspannung in den Finanzen bringen. Die Höflichkeitsvisite bei Karls Familie hätte sofort nach Jennys Ankunft erfolgen müssen, da ihre Anwesenheit sich schnell herumgesprochen hatte. Die Damen Marx zeigten dennoch Haltung und nahmen den verspäteten Besuch nicht übel. Jenny war der Gang nach eigenem Bekunden nicht leicht gefallen. Sie war zwar schön in ihrem „nett Pariser Kleid", aber ihr Gesicht glühte „vor Angst und Aufregung" und ihr Herz schlug hörbar. Zu Karl über dessen Familie: *„Deine Mutter ist blühend und wohl und die Heiterkeit selbst; fast lustig und ausgelassen. Ach, es ist so unheimlich diese Lustigkeit. Alle Mädchen waren sich gleich an Herzlichkeit; besonders Carolinchen. Am andern Morgen war Deine Mutter schon um 9 Uhr da um das Kindchen zu sehn. Es ist mir recht lieb und der Mutter auch; aber woher so plötzlich? was doch der Erfolg thut, oder bei uns vielmehr der Schein des Erfolgs, den ich mit der feinsten Tactik zu behaupten weiß. Leb wohl, theures Herz, liebes einziges Leben // Leb wohl / Dein Schipp und Schribb."* [174] Ihr Vorgaukeln von Erfolg war verständlich, aber nicht geschickt. Die Schwiegermutter sah nicht den geringsten Anlass, ihr Geld zuzusagen; denn Erfolg war doch gleichbedeutend mit Einnahmen?

Anfang August war das Baby reisefähig, die Fahrtkosten hatten sich gelohnt und die Sehnsucht nach Karl stetig gewachsen, aber noch bewegte sich Jenny nicht aus Trier hinaus. Aufregendes war in preußischen Landen geschehen! Am 26. Juli 1844 war auf den preußischen König Friedrich Wilhelm IV. ein Attentat verübt worden, und die Feier zur wundersamen Rettung des Allerhöchsten durften weder Freund noch Feind sich entgehen lassen. *„Alle Glocken läuteten, Geschütze feuerten und die fromme Schar (begab sich) in die Tempel, dem himmlischen Herrn ein Halleluja zu bringen, daß er den irdischen Herrn so wundersam gerettet. Du kannst Dir denken, mit welch eigener Empfindung ich während der Feier die Heineschen Lieder las, und auch mein Hosianna mit anstimmte. ... Als ich das kleine grüne Heupferd, den Kavalleriehauptmann X., von verlorner Jungfrauschaft deklamieren hörte, glaubte ich nicht anders, als er meine die heilige unbefleckte Jungfrauschaft der Mutter Maria, denn das ist doch einmal die einzig offiziell konstatierte – aber von der Jungfräulichkeit des preußischen Staates! Nein, davon hatte ich das Bewusstsein längst verloren. Ein Trost bleibt noch* *beim Entsetzlichen dem reinen Preußenvolke, nämlich: dass kein politischer Fanatismus der Beweggrund der Tat war, sondern rein persönliche Rachlust*"[175], berichtete Frau Marx ihrem Mann. Von offizieller Seite war zunächst verkündet worden, ein politisches Komplott sei Ursache für den Anschlag gewesen. Allerdings musste diese Version dahingehend korrigiert werden, dass es sich um einen Einzeltäter handelte, der, so Jennys Ansicht, den „Mordversuch gewagt, aus Noth, aus materieller Noth". Sie meinte zu ihrem Mann: *„Geht es einmal los, so bricht es aus von dieser Seite – das ist der empfindlichste Fleck und an dem ist auch ein deutsches Herz verwundbar!"* [176] In der Tat nährte der Weberaufstand in Schlesien im Juni 1844 für Momente die Hoffnung, dass immer mehr Unterdrückte sich erhöben und es zu einem Flächenbrand käme. Das Militär bereitete diesem Aufschrei der hungernden Ausgebeuteten nach wenigen Tagen gnadenlos ein Ende. Trotz des bitteren Endes prognostizierte Frau Marx, dass in Deutschland zwar eine politische Revolution unmöglich sei, aber zu einer sozialen Revolution seien alle Keime vorhanden. Frau Marxens Erkenntnisse zu den Ereignissen im Sommer 1844 wurden im Wochenblatt „Vorwärts!" anonym in einem „Brief einer deutschen Dame" am 10. August 1844 abgedruckt.

Jenny Marx verlängerte Woche um Woche ihren Aufenthalt in Trier. Ein Grund war: *„Jettchen Marx heiratete während meiner Anwesenheit."* [177] Natürlich wollte Jenny zur Feier gebeten werden. Aber sie war sich bei ihrem Mann nicht sicher, ob sie eine Einladung erhalten würde, denn *„mit den Deinen haben wir uns lange nicht mehr gesehen. Erst der große erhabene Besuch und jetzt die großen Vorbereitungen für die Hochzeit. Da ist man denn ungelegen, wird nicht aufgesucht und ist bescheiden genug, nicht wieder aufzusuchen. Die Hochzeit ist am 28. August."*[178] Eine Hochzeit mit düsterer Seite nach Jennys Meinung: *„Trotz all der Herrlichkeit wird Jettchen täglich elender, der Husten und die Heiserkeit nehmen zu. Sie kann kaum mehr gehen. Wie ein Gespenst geht sie einher aber geheirathet muß sein. Man findet es allgemein entsetzlich und gewissenlos. … Ich weiß nicht ob das gut gehn kann. … Ich habe keine Ahnung von dem Wesen der Deinen dabei lustig und vergnügt zu sein. Wenn das Schicksal sie nicht etwas dämpfte, man könnte sich vor ihrem Übermuth nicht retten. Und die Prahlerei mit ihren glänzenden Parthien und den Brochen und Ohrringen oder Shals. Ich begreife und fasse Deine Mutter nicht. Sie hat uns selbst gesagt, daß sie glaubt Jettchen habe die Schwindsucht und läßt* *sie doch heirathen. Aber Jettchen soll es mit Gewalt wollen. Ich bin begierig, wie alles kommen wird.“*[179] Was gab es zu bekritteln, wenn Jettchen den Mann, den sie liebte, heiraten und die Angehörigen ihr einen glücklichen Tag bereiten wollten? Wäre Jenny von Westphalen an Jettchens Stelle gewesen, sie hätte darum gekämpft, noch auf dem Totenbett ihren Karl heiraten zu können. Ob Jenny geladen war, ist nicht gesichert, denn sie verlor kein Wort über die Hochzeit – bei ihrer Mitteilungsfreude ungewöhnlich.

Ihre Wissbegierde, wie sich alles entwickeln würde, war ein halbes Jahr später befriedigt: Henriette Simons, geborene Marx, starb im Januar 1845.

Das Kind war Mitte August längst gesund. *„Dein Püppchen ißt eben sein Süppchen“*, schrieb die Mutter an ihr *„Lieb gut Herzens Herz … Du gutes, liebes süßes Schwarzwildchen. Du Väterchen meines Püppchens“*[180], doch sie blieb in Trier. Der Grund: „Der Humbug mit dem heiligen Rocke war den Sommer in vollem Gange“. Diese „Heilig-Rock-Wallfahrt“ war die erste straff organisierte Wallfahrt des Bistums Trier. Vom 18. August 1844 an machte Bischof Wilhelm Arnoldi den „Heiligen Rock“ der Öffentlichkeit zugängig, und mehr als 1,1 Millionen Pilger (manche sprechen von einer halben Million) sollen innerhalb von sechs Wochen die kostbare Reliquie bewundert haben. Jenny Marx war mittendrin und schilderte ihrem Mann das Geschehen: *„In Trier ist schon ein Treiben und Leben, wie ich es nie gesehen habe. Alles ist in Bewegung. Die Läden sind alle neu aufgeputzt, jeder richtet Zimmer zum Logiren ein. Wir haben auch eine Stube bereit. Ganz Coblenz kommt und die crème der Gesellschaft schließt sich an die Prozession an. Alle Gasthöfe sind schon überfüllt. 210 Schankwirtschaften sind neu etablirt. … Täglich 16.000 Menschen. … Die Leute sind alle wie wahnsinnig. Was soll man nun davon denken? Ist das ein gutes Zeichen der Zeit, daß alles bis zum extrem gehen muß, oder sind wir noch so fern vom Ziel?“*[181] Frau Marx stand nicht alleine mit ihrer Kritik. Viele aufgeklärte Zeitgenossen sprachen sich gegen das „Götzenfest“ aus, weigerten sich, den Rock als echtes Gewand von Jesus Christus anzuerkennen, prangerten die wirtschaftlichen Interessen, die Habsucht der katholischen Kirche, die größten Profit erzielte, an und *„sah(en) in der Wallfahrt eine politische Demonstration der Ultramontanen gegen die staatliche Ordnung.“*[182] Wirte, Anbieter von Schlafplätzen und Krämer hatten Hochkonjunktur, und dadurch machte die Kirche einen großen Teil der Trierer Bevölkerung dem Spektakel gewogen. Auch Jennys Mutter profitierte von der Vermietung einer Stube; sie brauchte jedes Zubrot, um Tochter und Enkelin zu verwöhnen. Doch Jenny wollte der Mutter nicht zur Last fallen: *„Ich werde das Monatsgeld von 4 Taler von dem Rest des Reisegeldes bezahlen, so auch Arznei und Doktor. Die Mutter will zwar nicht; sie hat aber doch an der Kost mehr zu tragen, als sie tragen kann. Es ist ärmlich und doch anständig alles um sie herum. Die Trierer sind wirklich ausgezeichnet gegen sie und das versöhnt mich auch wieder etwas.“*[183] Mutter Caroline war als Witwe eines ehemals hohen Regierungsbeamten und als Stiefmutter eines Mannes, dessen Karriere steil nach oben führte, geachtet, aber sie lebte bescheiden von der recht kärglichen Rente, mit der sie noch immer Sohn Edgar finanzierte.

Neugierig verfolgte Jenny die inbrünstige Gläubigkeit der Pilger, die Emotionalisierung der Massen und die Wunder, so die Mär von einer angeblichen göttlichen Heilung. Zur Vorgeschichte stand in einem kirchlichen Bericht: *„Die Gräfin Johanna v. Droste–Vischering aus Westphalen, Großnichte des Erzbischofs Clemens-August von Köln und des Bischofs von Münster, ein Mädchen von 19 Jahren, war seit drei Jahren leidend und lahm, so dass sie sich nur mühsam auf Krücken fortbewegen konnte. Sie litt aber nach Zeugnis der Ärzte an einer serophulösen Kniegeschwulst, in deren Folgen sich eine Verkürzung der Sehnen in der Kniekehle der Art gebildet hatte, dass der Unterschenkel mit dem Oberschenkel einen rechten Winkel bildete, das Mädchen also unmöglich mit dem Fuße den Boden auch nur berühren konnte.“* [184] Diese Fehlstellung war in der damaligen Zeit operativ nicht zu behandeln, und so blieb nur eine Reise nach Trier zum Heiligen Rock in der Hoffnung auf ein Wunder. Bei der einflussreichen, frommen Verwandtschaft kam die bischöfliche Verwaltung nicht umhin, der jungen Adligen die Sondererlaubnis zu erteilen, das heilige Gewand zu betasten. Kaum hatte sie den heiligen Rock mit den Lippen berührt, erhob sie sich und konnte ohne Krücken gehen. Mit welchem Hohn wird Frau Marx diesen Vorfall vom 30. August 1844 kommentiert haben. Dieses Wunder – es wird bis heute in Trier in einem Lied verspottet – passte für Jenny und andere gut zu dem Humbug mit dem Heiligen Rock. Die „Trier'sche Zeitung“ schrieb gegen die Verdummung der Gläubigen durch die kirchlichen Publikationen an und wurde dafür von Edgar von Westphalen gelobt:

„Dieses Teufelsblatt hat den härtesten Kampf, ... gerade gegenüber dem Herrgottsrock geschmiedet."[185]

Jenny spürte, wie sie zunehmend unruhiger wurde, denn so lange von ihrem Karl getrennt zu sein, führte zu Entzugserscheinungen besonderer Art, die sie dezent umschrieb: *„Karlchen wie lange wird das Püppchen eine solo Parthie spielen? Ich fürchte, ich fürchte, wenn Papa und Mama wieder einmal beieinander sind, in Gütergemeinschaft leben dann wird bald ein duo aufgeführt. ... Gewöhnlich giebt es da die meisten kleinen Weltbürger, wo die geringsten Mittel sind."* [186] Wenn Jenny Marx geahnt hätte, dass es ihr Schicksal sein würde, in materiell elender Zeit wiederholt geschwängert zu werden, hätte sie diesen Satz vermutlich nicht so kokettierend-überheblich formuliert. Sie konnte sich existenzielle Not nicht vorstellen, zumal ihr Mann Geld zu verdienen schien. Wissend, wie gerne und schnell er es wieder ausgab, mahnte die kluge Ehefrau: *„Denk nur immer wenn der Seckel voll ist wie leicht er sich wieder leert, wie schwer er sich füllt."* [187] Ein festes Einkommen blieb ihr größter Wunsch.

Nach drei Monaten in Trier war es an der Zeit, dass die junge Ehefrau wieder die häusliche Regie übernahm. Schweren Herzens nahm sie Abschied von der Mutter und kehrte in Begleitung der Amme „mit dem vierfach bezahnten Jennychen" nach Paris zurück. Vom weiteren Schicksal der Amme erfahren wir nichts, sie wird nach Beendigung ihrer Dienste nach Trier zurückgekehrt sein. Hatte Jenny geglaubt, ihr Gemahl hätte sie genauso vermisst wie sie ihn, täuschte sie sich. Mit Erstaunen nahm Mme. Marx zur Kenntnis, dass Karl sich mit einem Mann die Zeit vertrieben und diesen sogar bei sich beherbergt hatte, den er bisher nicht besonders zu schätzen schien.

Eine einmalige Freundschaft

„Während meiner Abwesenheit hatte Friedrich Engels Karl besucht" [188], notierte Jenny Marx in ihren Erinnerungen lapidar. Es war der Beginn einer einmaligen Freundschaft und Partnerschaft, vergleichbar mit der Beziehung zwischen den „Dichterfürsten" Schiller und Goethe.

Friedrich Engels wurde am 28. November 1820 in Barmen bei Wuppertal in eine wohlhabende Textil-Fabrikantenfamilie geboren, die

Friedrich Engels

sogar ein eigenes Wappen besaß, das dem Namen nachgebildet war: ein silbern gekleideter Engel mit silbernen Flügeln, auf dem goldblonden Haar einen blausilbernen Helm, in der rechten Hand einen Palmwedel.

Als ältestes von neun Geschwistern war Friedrich als Nachfolger auserkoren und musste 1837 ein Jahr vor dem Abitur das Gymnasium abbrechen, um eine Kaufmannslehre zu absolvieren. Somit wollte der Vater den ohnehin nicht leicht zu bändigenden Sohn, der sich früh für humanistische Ideen begeisterte, auf seine Verpflichtung als Erbe festlegen. Neben seiner Lehre versuchte sich Friedrich als Schriftsteller. Er hatte das Glück, dass sein Onkel Karl Gutzkow (1811–1878), Schriftsteller und Publizist, seine Beiträge veröffentlichte, die er aus Rücksicht auf seine pietistisch-kapitalistisch-konservative Familie unter dem Pseudonym „Friedrich Oswald“ verfasste. In seinen „Briefen aus dem Wuppertal“ prangerte Engels 1839 die sozialen Verhältnisse seiner unmittelbaren Umgebung an. Es herrsche ein schreckliches Elend unter den niederen Klassen, besonders bei den Fabrikarbeitern in Wuppertal, schrieb er und beklagte, dass von 2.500 Kindern in dieser Stadt 1.200 trotz Schulpflicht in Fabriken arbeiten müssten – zum halben Lohn eines Erwachsenen. Es bereite den Fabrikanten keine Gewissensbisse, ein Kind verkommen zu lassen, besonders denjenigen nicht, die am Sonntag zweimal in die Kirche gingen. Engels zeigte die gesundheitlichen Schäden in der Arbeiterschaft durch die unmenschlichen Arbeitsbedingungen und die katastrophalen Lebensbedingungen auf. Er führte auch das beliebte Argument der Fabrikherren an, nur mit niedrigen Löhnen könne man die Trunksucht eindämmen. Wie seinen späteren Freund Marx erboste nach Ansicht des Journalisten Naumann auch ihn *„die eingebaute soziale Ungerechtigkeit des Kapitalismus“*[189], was äußerst ungewöhnlich war, denn, so Naumann, Engels' *„Familie hatte ein enormes Vermögen auf der Grundlage von nackter Ausbeutung im Wuppertal gemacht. Als dort die Kinderarbeit dank eines preußischen Gesetzes verboten wurde, zogen die Engels mit ihrer Textilfabrik weiter nach Engelskirchen; das lag außerhalb Preußens. Marx – und Engels' Theorien – sind das beste Beispiel dafür, dass das Sein keineswegs das Bewusstsein bestimmen muss.“*[190] Erwiesen scheint, dass Beschwerden gegen die Unternehmer Engels beim Königlichen Landratsamt wegen übermäßig langer Kinderarbeitszeit, nämlich 15 Stunden, eingingen. Gleichzeitig zeigten die Fabrikherren patriarchalische Verantwortung für die Abhängigen. Großvater Kaspar Engels baute eine Schule für die Kinder seiner Arbeiter und setzte sich dafür ein, dass Notleidende täglich mit Brot versorgt wurden. Sie mussten bei Kraft gehalten werden, um schuften zu können.

Ab September 1841 diente Friedrich Engels in Berlin als Einjährig-Freiwilliger bei dem Garde-Fußartillerieregiment, einer Eliteeinheit, und studierte in seiner Freizeit – in schicker Uniform – an der Universität. Die Philosophie faszinierte ihn, Hegel insbesondere. Er wurde in den „Doktorclub" aufgenommen und hörte von dem dynamischen Mitglied Karl Marx, das er zusammen mit Bruno Bauer in „Die frech bedräute, jedoch wunderbar befreite Bibel oder ‚Triumph des Glaubens'" verewigte:

„Wer jaget hinterdrein mit wildem Ungestüm?
Ein schwarzer Kerl aus Trier, ein markhaft Ungetüm.
Er gehet, hüpfet nicht, er springet auf den Hacken
Und raset voller Wut, und gleich als wollt' er packen
Das weite Himmelszelt, und zu der Erde ziehn,
Streckt er die Arme sein weit in die Lüfte hin.
Geballt die böse Faust, so tobt er sonder Rasten,
Als wenn ihn bei dem Schopf zehntausend Teufel fassten." [191]

„Böse Faust" und rastloses Toben beweisen, dass die Studienkollegen Marxens Wesen richtig beschrieben haben. In dem Heldengedicht beschrieb sich Friedrich Oswald alias Friedrich Engels auch selbst:

„Doch der am weitesten links mit langen Beinen toset,
Ist Oswald, grau berockt, und pfefferfarb behoset,
Auch innen, pfefferhaft Oswald, der Montargnard,
Der Wurzelhafteste mit Haut und auch mit Haar.
Er spielt ein Instrument: das ist die Guillotine …" [192]

Der Fabrikantensohn identifizierte sich offensichtlich mit der radikalsten Gruppierung in der französischen Nationalversammlung von 1791. Er hätte gerne mit der Guillotine das Lied des Todes gespielt, die Melodie des herabsausenden Beiles und der fallenden Köpfe.

Seit April 1842 schrieb Engels für die „Rheinische Zeitung" kritische Berichte gegen die preußische Politik und begegnete bei einem Abstecher in die Kölner Redaktion Karl Marx. Marx *„muß den elegant gekleideten und sich radikal gebärdenden Journalisten eher befremdlich gefunden haben – und der begegnete einem ungepflegten Ungetüm"*[193], meint der Marx-Biograf Raddatz zu der ersten Begegnung. Seiner Ansicht nach war Engels' politische Meinung zu *„Marx' Politikverständnis ... zu dieser Zeit diametral entgegengesetzt, er...hält das Einschmuggeln kommunistischer oder sozialistischer Dogmen für geradezu unsittlich."*[194] Chefredakteur Marx hatte sich von dem Gebaren und der Denk- und Ausdrucksweise der Berliner „Freien", mit denen er im Doktor-Club so gerne verkehrt hatte, entschieden distanziert und damit auch von dem aufmüpfigen, radikalen Fabrikantensohn.

Auf Wunsch des Vaters brachte Friedrich Engels ab dem Winter 1842 in Manchester seine berufliche Ausbildung zu Ende. Dort lernte er die irische Arbeiterin Mary Burns kennen, die angeblich seit ihrem neunten Lebensjahr bei Ermen und Engels arbeitete, vielleicht aber, als sie Engels begegnete, ihr Dasein inzwischen als Dienstmädchen fristete. Sie wurden ein Liebespaar.

Während seiner fast zweijährigen Ausbildung in Manchester analysierte Engels die erbärmlichen Lebensumstände, die Verelendung und Ausbeutung der Fabrikarbeiter, unterstützt von Mary Burns, die ihm die elendesten Viertel in Salford und Manchester zeigte und ihn mit Arbeiter/innen zusammenbrachte. Somit waren die Eindrücke, die Engels 1845 in seinem Buch „Die Lage der arbeitenden Bevölkerung in England" niederschrieb, auch ihr zu verdanken. Engels kritisierte ähnlich wie in seinen „Briefen aus dem Wuppertal" die elenden Wohnquartiere, die Kinderarbeit, die berufsbedingten Krankheiten, die hohe Sterblichkeitsrate, die katastrophalen hygienischen Zustände und die Knebelung durch das Truck- und Cottagesystem. In diesem Zusammenhang bedauerte er auch den hohen Alkoholkonsum der Arbeiter, den er als Ausflucht aus ihrer ausweglosen Situation deutete.

Ausgerechnet der Fabrikantensohn Engels entwickelte wesentliche Kerngedanken zur sozialen Revolution. Ausgehend von „herbei geredeten" Krisen, prognostizierte er, werde sich das Proletariat bilden und dieses werde *„bald die ganze Nation mit Ausnahme weniger Millionäre aus-*

machen. In dieser Entwicklung tritt aber eine Stufe ein, wo das Proletariat sieht, wie leicht es ihm wäre, die bestehende soziale Macht zu stürzen, und dann folgt die Revolution.“ [195] Marx' Angleichung an Engels' Grundüberzeugung wurde das Fundament für ihre lebenslange Zusammenarbeit, die im Sommer 1844 begann. Nachdem Karl Marx und Friedrich Engels ihre Übereinstimmung im Denken erkannt hatten, konnten sie sich nicht mehr voneinander trennen. Engels bezog sogar Quartier bei dem neuen Freund, als Frau Jenny mit Baby bei ihrer Mutter in Trier weilte.

Karl Marx und Friedrich Engels sahen sich nicht als Konkurrenten: Engels überließ Marx die intellektuelle Führung – nicht aus einem Unterlegenheitsgefühl heraus, sondern weil dieser ein großer Vordenker, ein Visionär war. Zudem hatte Marx sich universitäre Meriten erworben, die Engels zu seinem Leidwesen fehlten, aber er kompensierte dieses Manko durch seinen wachen Geist, seine Analysefähigkeit und Praxisbezogenheit. Er war dem Freund geistig und vom Schreibvermögen her ebenbürtig, das genügte ihm. Natürliche Großzügigkeit und großbürgerliche Selbstsicherheit, basierend auf Vermögen, waren seine Basis, während Marxens Selbstsicherheit auf seinen geistigen Fähigkeiten und seiner adligen Frau gründete. Liebknecht, der beide gut kannte, meinte, Engels sei im Umgang viel schroffer gewesen, nicht so gewinnend, zugänglich und liebenswürdig wie Marx. Auch rhetorisch war Marx der Überlegene, obwohl sein Trierer Dialekt manchen etwas unverständlich war. „Arbeiter“ hatte sich aus seinem Munde für einen Zuhörer wie „Achtblättler“ angehört, und dieses Missverständnis wurde mit Freude weitererzählt. Engels war sprachbegabt, – er soll 12 Sprachen fließend gesprochen und insgesamt 20 beherrscht haben –, aber nicht sprechbegabt. „Er stottert in zwanzig Sprachen“, witzelte man und führte dieses Manko auf Nervosität zurück. Und doch beneidete Karl Marx den Freund, weil er so sein wollte wie dieser: ein Bonvivant und Schöngeist, kein Biedermann und verbissener Theoretiker, wie er einer war. Zudem konnte Engels gut zeichnen, ansprechend dichten und war auch vom Äußeren her eine imponierende Erscheinung. Beide waren am weiblichen Geschlecht sehr interessiert, aber nur einer durfte sich frei ausleben. Aus Sicht mancher Zeitgenossen war Engels ein frivoler Mensch, denn er führte ein unkonventionelles Privatleben; lange Jahre lebte er mit Mary Burns in wilder Ehe zusammen, und auch deren Schwester Lizzie lebte in Manchester in diesem Haushalt.

Die Freundschaft mit Marx wurde im Elternhaus von Engels stets mit größter Skepsis verfolgt, aber die Eltern gaben nicht auf, den Sohn dessen negativem Einfluss zu entziehen; im Gegenteil, der Vater sicherte Friedrichs Existenz durch eine Anstellung in der Baumwollspinnerei Ermen & Engels. Friedrich Engels sen. war zuversichtlich, der Sohn werde seine Hirngespinste mit fortschreitendem Alter aufgeben und ein tüchtiger Kapitalist werden. Diesen Wunsch erfüllte ihm der Sohn tatsächlich – und blieb doch zeitlebens seiner Überzeugung treu. Elise Engels, die seinen Weg mit mütterlicher Sorge begleitete, erhielt 1871 hierfür einen Beweis. Sohn Friedrich bat seine Mutter, die in ihrer Zeitung über die Gewaltbereitschaft der französischen Kommunarden gelesen hatte, nicht alles zu glauben, was dort stehe und vor allem solle sie sich nicht aufhetzen lassen. 40.000 Menschen, darunter auch Frauen und Kinder, seien von den Versaillern nach der Entwaffnung massakriert worden; aber darüber spreche in der Presse niemand. Nur über die Gräueltaten der Anderen, zu denen er sich zähle, ereifere man sich. Der Sohn betonte: *„Daß ich an meinen Ansichten, die ich seit bald 30 Jahren habe, nichts geändert hatte, wußtest Du, und es mußte Dir auch nicht unerwartet sein, daß ich, sobald die Ereignisse mich dazu nötigten, sie nicht nur vertreten, sondern auch sonst meine Schuldigkeit tun würde. Du würdest Dich meiner schämen müssen, wenn ich es nicht täte. Wenn Marx nicht hier wäre oder gar nicht existierte, so würde das an der Sache gar nichts ändern. Es ist also sehr unrecht, ihm dies in die Schuhe zu schieben, ich erinnere mich aber freilich auch, daß früher Marx' Verwandte behaupteten, ich hätte ihn verdorben.“* [196]

Nach Ausbruch der Revolution 1848 war Engels in Köln für die „Neue Rheinische Zeitung“ tätig, hielt es allerdings nicht am Schreibtisch aus. Vom Kriegswesen fasziniert, konnte er, wie er Jenny Marx im Juli 1849 schrieb, *„der Lust nicht widerstehn, den Krieg mitzumachen. Willich war der einzige Offizier der etwas taugte und so ging ich zu ihm und wurde sein Adjutant. Ich war in vier Gefechten, wovon zwei ziemlich unbedeutend, namentlich das bei Rastatt, und habe gefunden daß der vielgerühmte Muth des Dreinschlagens die allerordinärste Eigenschaft ist, die man haben kann. Das Kugelpfeifen ist eine ganz geringfügige Geschichte und während des ganzen Feld-*

zugs hab' ich trotz aller Feigheit kein Dutzend Leute gesehn die sich im Gefecht feig benahmen. Desto mehr aber ‚tapfre Dummheit'. Enfin ich bin überall glücklich durchgekommen, und au bout du compte ist es gut daß Einer von der N.RH.Z. dabei war, weil alles demokratische Lumpenpack in Baden und der Pfalz war und nun mit nicht gethanen Heldentaten renommirt. Es würde wieder geheißen haben: die Herren der N.RH.Z. seien zu feig sich zu schlagen. Von allen den Herren Demokraten aber hat sich Niemand geschlagen, außer mir und Kinkel."[197] Engels war mächtig stolz auf sich und hatte auch eine treffliche Begründung für seine freiwillige Teilnahme an den Gefechten. Nur wer an Ort und Stelle mitkämpfe, könne wirklichkeitsgetreu berichten. Im Freundeskreis nannte man Friedrich Engels später „den General". Im Mai 1849 beteiligte er sich am bergischen Aufstand und nach dessen Scheitern beschloss er, *„wenn ich von Hause einiges Geld bekomme, so geh ich wahrscheinlich nach Lausanne oder Genf und seh was ich anfange. Unsre Kolonne, die sich brav geschlagen hat, ennuyirt mich und hier kann man nichts machen. Willich ist im Gefecht brav, kaltblütig, geschickt und von raschem, richtigem Überblick, außer dem Gefecht aber plus ou moins langweiliger Ideologe und wahrer Sozialist."*[198] Engels ging in seinem Brief an Jenny Marx auch auf Distanz zu den anderen Revolutionären, die er ironisch-überheblich die „wahren Sozialisten" nannte. Was waren Marx und Engels nach dieser Terminologie? Sie waren Kommunisten; denn *„Kommunismus ist eine auf Wissenschaft begründete Lehre gegenüber utopischem Sozialismus und sozialer Quacksalberei wohlmeinender Bürger"*[199], so Engels' Definition im Jahre 1890. Im Rückblick auf die damalige Zeit deutete der Marx-Biograf Banning die Begriffe folgendermaßen: *„Sozialismus bedeutete 1847 eine Bourgeoisiebewegung, Kommunismus eine Arbeiterbewegung. ... Jener Teil der Arbeiter ..., der, von der Unzulänglichkeit nur politischer Umwälzungen überzeugt, eine gründliche Reorganisation der Gesellschaft forderte, nannte sich in jenen Tagen kommunistisch."*[200]

Engels gelang es, sich im Sommer 1849 in die Schweiz abzusetzen, da er nicht Gefangener der sich formierenden Gegenrevolution werden wollte. Er war, wie er bei Marx verkündete, bereit, sich *„vor 10.000 Jurys (zu) stellen, aber im Untersuchungsarrest kann man nicht rauchen und da geh ich nicht hinein."*[201] Als die Eidgenossenschaft für Asylanten nicht mehr sicher war, plante Engels, sich in die „rote Republik der burgundischen Weinlese" abzusetzen, aber Marx, dessen Ausweisung aus Frankreich angeordnet war, war damit nicht einverstanden. Er forderte: *„Du kannst nicht in der Schweiz bleiben. In London werden wir Geschäfte machen. … Aber noch einmal, ich rechne sicher darauf, daß Du mich nicht im Stich lassen wirst."* [202] Der große Egoist hatte gesprochen, und Engels reiste von Genua aus per Schiff nach England und trat 1850 auf Vermittlung seines Vaters bei Ermen & Engels in Manchester ein, arbeitete dort 20 Jahre und richtete sich in der kapitalistischen Welt, die er so kritisierte und die er vernichten wollte, bestens ein.

Für Jenny Marx war diese Freundschaft schicksalhaft. Kaum ein Jahr mit dem Geliebten verheiratet, musste sie erleben, dass ein anderer Mensch für ihren Mann immer wichtiger wurde. Unter Engels' Einfluss änderte sich die politische Grundüberzeugung ihres Mannes. Damit hatte sie kein Problem, denn Engels' Interesse an dem Schicksal der Unterprivilegierten berührte sie vielleicht mehr als ihren Mann und daher verwundert ihre Distanz. Es kann durchaus sein, dass Frau Marx die Ernsthaftigkeit seines Engagements in Frage stellte, weil er als Fabrikantensohn eigentlich zum Lager der Klassenfeinde gehörte. Sie gönnte ihm seinen Erfolg nicht, solange ihr Mann nicht erfolgreicher war. Marx sollte alles überstrahlen. Vor allem störte sich Frau Marx an der Person Engels. Gänzlich verurteilte sie die kolportierte Liaison à la trois, Mary, Lizzie und Friedrich. Ein Versuch, den Kontakt, mit welchen Mitteln auch immer, zu unterbinden, wäre gescheitert, denn ihr Mann hätte sich jede Einmischung verbeten und sie hätte sich für ihr kleinbürgerliches Verhalten geschämt. Sie wollte doch eine Frau sein, die ihren Mann nicht einengte. Aber in ein herzliches Einvernehmen mit dem neuen Freund ließ sie sich lange Jahre nicht ein, sondern blieb, wie es sich für eine Dame ihres Standes gehörte, reserviert.

Erst mit der Zeit gelang es Frau Marx, freundlicher und milder mit dem Vertrauten ihres Mannes umzugehen. *„Wie können Sie glauben, daß ich Ihnen wegen der kleinen Kneiperei gezürnt hätte – es that mir sehr leid Sie vor Ihrer Abreise nicht mehr zu sehn, wo Sie sich denn selbst am besten überzeugt hätten, daß ich nur mit meinem hohen Herrn etwas schmollte"*[203], versuchte sie sich ins rechte Licht zu setzen. Die Gattin wollte sich nicht nachsagen lassen, sie habe den Freund in ihre Moralpredigt nach einem Neujahrsexzess 1852 einbezogen, sondern es sei nur ihrem Mann, dem hohen „Patient Knackrüge", eine Lektion erteilt worden. Zu Engels: *„Übrigens* *haben solche Extraszenen oft ganz heilsame Folgen; diesmal muß sich aber der père Marx bei seiner nächtlichen philosophischen Wanderung mit dem Neffen des Erzbischofs sehr stark erkältet haben, denn er wurde ernsthaft krank und liegt bis jetzt noch ruhig danieder. … Er phantasierte während 3 Nächten und war sehr schlimm.“* [204] Marx war nicht so widerstandsfähig wie Engels, der nach einer durchzechten Nacht am nächsten Morgen pünktlich und fit an seinem Schreibtisch saß.

Friedrich Engels war keineswegs nur ein sympathischer Zeitgenosse: er schonte politische Gegner nicht, und für die Realisierung seiner radikalen Gedanken hätte der „Großinquisitor“ Blut fließen lassen. Seine milde, menschliche, fürsorgliche Seite zeigte er bei seinen Nächsten, zu denen die Familie Marx zählte. Diese ehrliche Zuneigung erkannte Jenny Marx nach und nach, und entsprechend vertraulicher verkehrte sie mit Engels. Vor dem Osterfest 1856 fragte sie beispielsweise an, ob er die Feiertage bei ihnen in London verbringen wolle, und plauderte sogar über eine Familiengelegenheit. *„Ich hab in diesem Augenblick auch ein Hühnchen mit dem Minister of the interieur zu pflücken wegen meiner kleinen Erbschaftsgeschichte. Sie werden sich erinnern, daß sich unter dem Nachlaß // des Onkels eine Masse Briefe und Manuskripte des Großvaters, der Kriegsminister des Herzogs von Braunschweig war, vorfanden. Wegen letzterer, die das kriegsgeschichtliche Material über den 7jährigen Krieg enthalten, war der preußische Staat durch die Vermittlung von H. von Scharnhorst schon mit meinem Vater in Unterhaltung um sie anzukaufen. Nun kommt mein Bruder und in der Schlußabrechnung über die Erbschaftsangelegenheit befinden sich folgende sonderbare Posten: Was die vorgefundenen Bücher betrifft, so hat der H. Staatsminister dieselben aus ‚Pietäts Rücksichten‘ für 10 Thaler übernommen. Den schlechteren Theil derselben hat er in Braunschweig für 11 Thaler versteigern lassen und nun übernimmt er ohne anzufragen die werthvolleren, die er für 10 Thaler taxiren läßt, aus Pietät, zieht mir aber die Kosten für die Fracht derselben von Braunschweig nach Berlin ab. Sonderbare Pietät. Doch nun kommt der eigentliche casus belli. Ferner läßt er den Geschäfts//führer Florencourt schreiben: ‚Außer den Büchern ist noch eine große Anzahl von Schriften, darunter auch eine Anzahl von Handschriften des verewigten Landdrost von Westphalen – zum Theil kriegsgeschichtlichen Inhalts – vorgefunden worden. Die letzteren sind aber durchgängig höchst lückenhaft und defect und dürften dieselben eigentlich literarisches Interesse nicht darbieten‘. So ohne mir ein gerichtliches Inventar zu schi-*

cken und ohne die Papiere taxiren zu lassen, glauben sie die mit einem coup de main sich zueignen zu können. Ich vermuthe stark, daß mein Bruder gleich in seinem patriotischen Eifer die Manuscripte dem Staat geschenkt hat um so mehr als meine Mutter mir schreibt sie habe ihnen schon über den Werth der Papiere geschrieben und angefragt was sie damit vorhätten. Das Schweigen ist sehr sonderbar. Er glaubt ich werde ihm: dem mächtigen ‚Cheeef' der Familie das Alles so ohne weiteres, wie meine andern unterthänigen Schwestern, überlassen. // Da schneidet er sich aber" [205], verkündete die Ex-Baronesse großsprecherisch, und man wundert sich, weshalb sie den „General" so ausführlich in ihre Familienangelegenheiten einweihte. Aber sie fühlte sich stark, weil der Mann an ihrer Seite sie aufforderte für ihr Recht zu kämpfen. Marx plädierte natürlich für Gleichberechtigung und daraus resultierende Gleichbehandlung der Frau, wenn es um das Erbe seiner Angetrauten ging und der Kontrahent ein preußischer Minister war. Jenny zeigte sich bei Engels auch gespannt, wie der Bruder sich zu ihren „leisen Anfragen" verhalten würde: *„Ich bin begierig auf die Antwort. Wir könnten jetzt sehr leicht bei dem jetzigen Zustand in Berlin Skandal machen. Aus Rücksicht für meine Mutter wollen wir aber noch vor Anfang etwas sachte auftreten."*[206] Grundlage dieser vollmundigen Ankündigung war die große Empörung bei der Bevölkerung in Berlin über die Umstände eines Duells, bei dem der Generalpolizeidirektor Hinckeldey am 10. März 1856 ums Leben gekommen war.

Ferdinand von Westphalen regelte die Angelegenheit in seinem Sinne: 1859 gab er den ersten Band der „Geschichte der Feldzüge des Herzogs Ferdinand von Braunschweig-Lüneburg" heraus; bis 1863 folgten fünf weitere.

Man könnte anhand der freundlichen, vertraulichen Zeilen von einem positiven Engels-Bild Jennys ausgehen, aber dieses wird von anderer Seite bestritten. *„Marx war, um es allgemein zu sagen, Engels ‚in pekuniärer' Hinsicht beträchtlich verpflichtet. Frau Marx war der Gedanke daran unerträglich. Nicht, dass sie Engels' Dienste für ihren Gatten nicht anerkannte, aber ihr missfiel sein Einfluß. Mehr als einmal sprach sie von ihm zu meiner Frau als von Marx ‚bösem Geist' und wünschte ihren Gatten von jeder Abhängigkeit von diesem tüchtigen und ergebenen, aber kaum sympathischen Helfer befreien zu können"*[207], kolportierte Henry Mayers Hyndman. Ihre Abneigung sprach sich herum und stieß auf Kritik, beispielsweise bei Karl

Kautsky, der schrieb: *„Frau Jenny soll noch weitergegangen sein und Engels Marx' bösen Geist genannt haben. Das wäre ja sehr bedenklich, würde jedoch eher ein ungünstiges Licht auf Frau Marx als auf Engels werfen. Doch darf man bezweifeln, dass sie sich in solcher Weise wirklich ausgedrückt hat. Sie und Frau Hyndman haben bei einem Kaffee- oder Teeklatsch ihre häuslichen Schmerzen ausgetauscht. Da mag eine kritische Bemerkung über Engels gefallen sein, die von der politisch sehr unbedeutenden Frau Hyndman weiß Gott wie aufgefasst und weiß Gott wie wiedererzählt und in der Hyndmanschen Phantasie weiter ausgestaltet wurde."*[208] Dass Jenny der Einfluss von Engels ein Dorn im Auge war und die finanzielle Abhängigkeit unerträglich, ist nachvollziehbar.

Engels war ein geachtetes Börsenmitglied und führte das angemessene Leben eines Fabrikanten. Mit Leidenschaft nahm er an Fuchsjagden teil, hielt ein eigenes Jagdpferd und hatte neben seiner offiziellen Wohnung noch ein Ausweichquartier in einem Cottage. In diesem wohnte Mary zusammen mit ihrer Schwester Lizzie, nachdem, so Engels, die Philister von dem Verhältnis erfahren hatten. In Brüssel hatte er noch offen mit der jungen Frau zusammengelebt, in Manchester als Geschäftsmann getraute er sich dies nicht. Der Bruch mit der Konvention wäre zu skandalös gewesen; eine Geliebte auszuhalten war legitim, zeichnete vielleicht sogar einen Mann von Welt aus, aber ein offizielles Zusammenleben war tabu.

Jenny Marx lehnte Mary Burns ab, vermied bereits in Brüssel jeglichen Kontakt mit der Nachbarin. *„Engels brachte die Geliebte, die sonst eher im Hintergrund blieb, einmal zu einer Festspielaufführung im deutschen Verein mit …, in dem die beiden Paare Marx und Engels durch einen großen Raum voneinander getrennt waren. Marx gab (ihm) zu verstehen, dass seine Frau die Bekanntschaft mit Engels' Begleiterin auf das strengste ablehne. In Fragen der Ehre und Reinheit der Sitten war die edle Frau intransigent"*[209], erinnerte sich Stefan Born. Jennys Abneigung gegen Mary gefährdete sogar die Freundschaft von Engels und Marx. Während ihres Besuches in Trier im Februar 1846 war es in Brüssel vermutlich zu Streitigkeiten mit Engels gekommen. Jenny an Karl: *„Bei Euch ist ja Mord und Todtschlag ausgebrochen! Lieb ist es mir, daß der radicale Bruch erst während meiner Abwesenheit geschah. Es wäre doch vieles davon auf die intriguante ehrgeizige Frau, die Macbethen, gekommen, und auch nicht ohne Grund. Denn lange genug hab ich* *freilich an den Verhältnissen herumgenörgelt und petite critique geübt. Besser aber ist es so.“*[210] Jenny, eine Lady Macbeth mit blutigen Händen? Ein aufschlussreicher Vergleich, der offenbart, dass sie sich in Auseinandersetzungen nicht damenhaft zurückhielt. Ihr Gatte wollte ihre Animositäten gegen Mary Burns ignorieren und sich aus den Querelen über das irische Arbeitermädchen heraushalten; er bemühte sich mit Erfolg nach dem „radikalen Bruch“ um eine Versöhnung.

Engels lehnte die Ehe als Relikt und Einschränkung seiner persönlichen Freiheit ab. Mit Mary war er fast 20 Jahre zusammen, aber sie musste akzeptieren, dass der extrovertierte Freund anderen Frauen hofierte und sich mit ihnen einließ. Aber er finanzierte sie und liebte sie auf seine Weise, wie seine Reaktion am 6. Januar 1863 zeigte. *„Mary ist tot. Gestern Abend legte sie sich früh zu Bett, als Lizzy sich gegen 12 Uhr legen wollte, war sie schon gestorben. Ganz plötzlich, Herzleiden oder Schlagfluß. Ich erfuhr es erst heute morgen, am Montagabend war sie noch ganz wohl. Ich kann Dir nicht sagen, wie mir zumute ist. Das arme Mädchen hat mich mit ihrem ganzen Herzen geliebt.“*[211] Engels drückte bei Marx seine Trauer und Bestürzung nicht langatmig aus; vielleicht wagte er nicht, seine Gefühle zu offen zu artikulieren und sprach auch nur von ihrer Liebe zu ihm. Trauer war kein Thema in einem intellektuellen Briefwechsel. Engels' Worte signalisierten jedoch, dass er litt und sich nach seelischem Beistand sehnte. Freund Karl schrieb ihm denn auch umgehend: *„Die Nachricht vom Tode der Mary hat mich ebenso sehr überrascht als bestürzt. Sie war sehr gutmütig, witzig und hing fest an Dir.“*[212] Die sachlich-frostigen Worte weckten bei Engels den Eindruck, dass sein Verlust und seine Trauer den Freund wenig berührten, und der Rest des Briefes verstärkte dieses Gefühl. *„Mag der Teufel wissen, daß nichts als Pech jetzt sich in unsern Kreisen ereignet. Ich weiß auch absolut nicht mehr, wo mir der Kopf steht. ... Dazu haben die Kinder keine Kleider und Schuhe, um auszugehn. Kurz, der Teufel ist los, wie ich es klar vorhersah... Es ist scheußlich egoistisch von mir, daß ich Dir in diesem Augenblick diese horreurs erzähle. ... Ein Unheil zerstreut über das andre. ... In ganz London ist kein einziger Mensch, gegen den ich mich auch nur frei aussprechen kann, und in meinem eignen Hause spiele ich den schweigsamen Stoiker, um den Ausbrüchen von der andern Seite das Gegengewicht zu halten. Arbeiten under such circumstances wird rein unmöglich. Hätte nicht statt der Mary meine Mutter, die ohnehin jetzt voller Gebresten und ihr*

Leben gehörig ausgelebt hat ...?"[213], fügte Marx, ohne seinen Satz zu beenden, an.

Die Ursache für Marys Tod, Herzleiden oder Schlagfluss, wurde in der Familie Marx angezweifelt, denn Tochter Eleanor Marx schrieb später, Mary sei ein sehr hübsches, „witty and altogether charming girl gewesen, but in the later years drank to exzess".

Friedrich Engels wartete fünf Tage ab, bevor er auf den Brief von Marx reagierte. Er schrieb: *„Du wirst es in der Ordnung finden, daß diesmal mein eignes Pech und Deine frostige Auffassung desselben es mir positiv unmöglich machten, Dir früher zu antworten. Alle meine Freunde, einschließlich Philisterbekannte, haben mir bei dieser Gelegenheit, die mir wahrhaftig nahe genug gehen mußte, mehr Teilnahme und Freundschaft erwiesen, als ich erwarten konnte. Du fandest den Moment passend, die Überlegenheit Deiner kühlen Denkungsart geltend zu machen. Soit!"*[215] Bittere Enttäuschung lag in diesen Worten. Der Vergleich zu Philisterbekannten machte Marx stutzig. Gezwungenermaßen übte er Selbstkritik und erkannte, dass sein bester Freund in seiner Trauer wahrgenommen werden wollte. Frau Marx, stur und abweisend, schickte keine Zeile der Anteilnahme an den Mann, dem sie so viel verdankte. In ihrem Brief an Frau Liebknecht wenige Tage später erwähnte sie den Todesfall nicht, und diese wusste wie alle im Freundeskreis von der Liaison.

Nach intensivem Überlegen und quälendem Warten blieb dem Ehepaar Marx nichts anderes übrig, als dem „lieben Frederick" Erschütterung und Reue zu gestehen und die Hintergründe der lieblosen Beileidsbekundung zu erklären. Marx zu Engels: *„Ich hielt es für gut, einige Zeit verstreichen zu lassen, bevor ich Dir antwortete. Deine Lage einerseits, meine andrerseits machten es schwer, die Situation ‚kühl' aufzufassen. Es war von mir sehr unrecht, daß ich Dir den Brief schrieb, und ich bereute ihn, sobald er abgeschickt war. Es geschah dies jedoch keineswegs aus Herzlosigkeit. Meine Frau und Kinder werden mir bezeugen, daß ich beim Eintreffen Deines Briefs (der frühmorgens kam) so sehr erschüttert war als bei dem Todesfall der mir Nächsten. Als ich Dir aber abends schrieb, geschah es unter dem Eindruck sehr desperater Umstände."*[216] Es wäre nicht Marx, wenn er nicht sein Verhalten geschickt rechtfertigt hätte. Mit „unrecht", „bereut", „erschüttert" umschrieb er seine Gefühllosigkeit und steigerte sich, nicht in Reuebezeugungen, sondern in Schuldzuweisungen. Wer war für die Taktlosigkeit verantwortlich? Natürlich die Frau, die dem armen Mann so zugesetzt hatte, dass er nur noch an die eigene Misere dachte. Engels nahm die Ausflüchte an – die Freundschaft überstand die Krise.

Lydia „Lizzie" Burns gegenüber, die übergangslos der Schwester Stelle einnahm, zeigte sich Frau Marx mit der Zeit aufgeschlossener und akzeptierte diese „mesalliance", Engels' zweite „wilde" Ehe. Es gibt Hinweise auf Sympathie zwischen Frau Marx und der irischen Arbeiterin, denn sie verbrachten mehrere Erholungsurlaube miteinander, und Jenny zeigte sich nach deren Tode im September 1878 durchaus betroffen.

Frau Marx war vermutlich ein Leben lang auf Friedrich Engels eifersüchtig, weil er ihrem Mann so viel bedeutete, und es war ihr unangenehm zu wissen, dass sie ohne seine materiellen Zuwendungen nicht existieren konnte. Jahrzehnte später sprach Enkel Edgar Longuet offen aus, dass die Familie seiner Mutter ohne Engels des Hungertodes gestorben wäre. Diese ewige Bettelei bereitete Jenny Marx zeitlebens Unbehagen, und sie war dankbar, wenn sich ihr Geldgeber ohne Hilferuf großzügig zeigte wie im April 1860 nach dem Tode seines Vaters. *„Best Thanks für den Hundertpfünder. Großer Jubel im ganzen Haus"*[217], bedankte sich Marx. Trotz eines nicht geringen Erbes zog sich Engels nicht ins Privatleben zurück, sondern blieb noch ein Jahrzehnt im Unternehmen, ab 1869 in gehobener Position als Associé. 1870 setzte er sich mit einer Abfindung von 12.000 Pfund zur Ruhe und zog nach London in die Nähe der Familie Marx.

Der tägliche Umgang brachte es mit sich, dass Jenny Marx Engels gegenüber fast liebevoll wurde. So berichtete sie Adolph Sorge 1877: *„Unserm Freunde Engels geht es wie immer gut. Er ist stets gesund, frisch, lustig und guter Dinge und sein Bier (namentlich wenn's Wiener ist) mundet ihm köstlich."*[218] Doch trotz aller Freundlichkeit und echter Dankbarkeit war Jenny Marx darauf bedacht, dass ihr Mann in seinem Metier, der Wissenschaft, dominierte und dieser Engels die „zweite Geige" spielte. So kam es auch. Es gibt Marx-Engels-Werke, Engels-Statuen, Friedrich Engels-Straßen, ein Engels-Haus in Barmen, aber der „Marxismus-Engelismus" ist verkürzt als „Marxismus" in die Geschichte eingegangen. Engels hätte damit vermutlich kein Problem gehabt, denn die Basis ihrer lebenslangen Freundschaft war die vorbehaltlose Akzeptanz des anderen. *„Marx (ist) uns allen durch sein Genie, seine fast übertriebene wissen-*

schaftliche Gewissenhaftigkeit und seine fabelhafte Gelehrsamkeit so weit überlegen, dass, wenn sich einer aufs Kritisieren dieser Entdeckungen versteigen wollte, er sich zunächst nur die Finger verbrennen kann. Dazu gehört eine fortgeschrittenere Epoche" [219], urteilte Engels und konnte nicht begreifen, wie man auf ein Genie neidisch sein könne. Seine Begründung: *„Das ist eine Sache so eigner Art, dass wir, die wir es nicht haben, von vornherein wissen, es ist für uns unerreichbar; so etwas aber beneiden zu können, dazu muß man doch sehr kleinlich sein."*[220] Marx rühmte Engels als *„ein wahres Universallexikon, arbeitsfähig zu jeder Stunde des Tages und der Nacht, voll oder nüchtern, quick im Schreiben und begriffen wie der Teufel."*[221]

Nach dem Tode von Karl Marx im März 1883 übernahm Engels die treue Helene Demuth als Haushälterin. Nach deren Ableben 1890 zog Louise Freyberger, geschiedene Kautsky, in sein Haus, mit der er noch einige fröhliche Jahre verbrachte. Am 5. August 1895 starb Friedrich Engels an Kehlkopfkrebs. Laut seinem Testament aus dem Jahre 1893 erhielt die SPD 1.000 Pfund, das Partei-Archiv seine Hausbibliothek und seine Manuskripte, Bebel und Singer seine Urheberrechte. Die Nichte von Lizzie und Mary Burns, Ellen, genannt „Pumps", erbte 2.230 Pfund und je 5.000 Pfund gingen an Eleanor Marx und Laura Lafargue, die den Kindern ihrer verstorbenen Schwester Jenny Longuet je ein Drittel abgeben mussten. Louise Freyberger erhielt 5.000 Pfund und das Mobiliar.[222]

Die erste Ausweisung

Januar 1845

Jenny Marx lebte sich 1844 nach ihrem Besuch in Trier schnell wieder in Paris ein. Sie war glücklich mit Mann und Kind. Nur die Geldknappheit belastete sie ab und zu, aber Karl beruhigte sie mit seiner Zuversicht.

Paris mit seinem Trubel und den interessanten Kontakten gefiel ihnen, und sie beschlossen, sich zu etablieren und eine eigenständige Existenzgrundlage zu schaffen. Karl Marx ersuchte um die „droit civils", die Voraussetzung für die Gründung eines „etablissements", d. h. einer Zeitung oder eines Verlages. Die französische Staatsbürgerschaft konnte er erst nach zehn Jahren Aufenthalt im Lande beantragen. Alle Bemühungen erübrigten sich. *„Das freiwillige Exil wurde bald zum erzwungenen. Die preußische Regierung verfolgte Marx sogar in Paris. Mit Bedauern muß ich erwähnen, daß ein Mann wie Alexander von Humboldt sich bereit fand, gemeinsam mit der preußischen Regierung zu erwirken, daß die Regierung Louis-Philippe Marx aus Frankreich auswies“* [223], notierte Jenny in ihren Erinnerungen. Die französischen Behörden meinten, genügend belastendes Material gegen Marx und andere gesammelt zu haben, das eine Ausweisung rechtfertigte. Ein preußischer Spion hatte sich in geheime kommunistische Treffen eingeschlichen und berichtet: *„Alle Sonntage versammeln sich die deutschen Kommunisten...oft 30, oft 100, 200. Es werden Reden gehalten, offen Königsmord, Abschaffung allen Besitzes, herunter mit den Reichen und so weiter gepredigt; dabei keine Religion mehr ...“*[224] Die französische Polizei wisse um die Versammlungen, aber vielleicht nicht um deren Ziele wie „Königsmord“. Diesem Treiben sollte durch die französische Regierung ein Ende gemacht werden, *„damit die Marx, Hess, Herwegh, A. Weil, Börnstein nicht fortfahren, ... junge Leute ins Unglück zu stürzen.“*[225] Die Genannten hielten nicht nur aufrührerische Vorträge, sondern waren auch mit der Feder tätig. Eines ihrer Sprachrohre war der in einer Auflage von 1.000 Stück zweimal wöchentlich erscheinende „Vorwärts!“, dessen Tendenz Marx und Ruge, die kurzfristig wieder zusammenarbeiteten, bestimmten. 13 Mal wurde der preußische Gesandte von Arnim zwischen Ende Juli 1844 und Mitte Januar 1845 bei der französischen Regierung wegen der regierungsfeindlichen, antipreußischen Artikel in dem Blatt vorstellig. In einem hatte der Journalist Marx das Revolverattentat auf Friedrich Wilhelm IV. im Sommer 1844 klammheimlich begrüßt, und seine Bemerkung, es sei bedauerlich, dass sich kein besserer Schütze gefunden habe, hatte zu Empörung in Berlin geführt. Auch der anonyme „Brief einer deutschen Dame“ hatte Missfallen erregt. Der preußische Gesandte in Paris verlangte ein Verbot der Zeitung, aber dies war der französischen Regierung zu riskant, und sie schlug einen Prozess wegen Anstiftung zum Mord vor. Dies wiederum wollte man in Preußen nicht, da dann die Motive des Täters öffentlich erörtert worden wären. Die französischen Behörden fanden eine elegantere Lösung. *„Plötzlich Anfang 1845 erschien der Polizeikommissar bei uns und zeigte einen von Giuzot, auf Veranlassung der preußischen Regierung, ausgefertigten Ausweisungsbefehl vor. Die Order lautete: Karl Marx hat Paris bin-*

nen 24 Stunden zu verlassen"[226], erregte sich Jenny noch 20 Jahre später in ihrem Lebensumriss. Nie hätte sie es für möglich gehalten, dass die französische Regierung als willfährige Vollstreckerin preußischen Interesses fungieren würde. Die Ausweisung wurde ein Thema in der Öffentlichkeit. Am 25. Januar 1845 stand in der „Trier'schen Zeitung": *„Herr Marx führte das Leben eines deutschen Gelehrten und trieb mit seinem eisernen Fleiße Quellenstudien. Der beste Beweis, wie sehr er die öffentliche Ruhe gestört haben muß, liegt darin, dass die hiesige Polizei, nach dem Erscheinen der Ordonnanz, nicht einmal seine Wohnung wusste und wahrscheinlich noch einige Tage an ihr suchen würde, hätte Hr. Marx nicht das Prävenire gespielt, indem er sich Heute Morgen von freien Stücken auf die Polizeipräfectur begab."*[227] Karl Marx beugte sich dem Befehl und verließ „preußisch brav gehorsam" Paris im geforderten Zeitraum, obwohl die Behörden nicht unbedingt erwarteten, dass der Betroffene dem Befehl auch nachkam. Marx hätte bleiben können, denn laut „Trier'scher Zeitung" hatte er sich *„kaum mit dem einen oder anderen Artikel volkswirthschaftlichen Inhalts beteiligt, und so traf ihn der Ukas … allerdings völlig unberechtigt. Es widerstrebte seinem Stolze, sich freiwillig unter polizeiliche Aufsicht zu stellen, und er beschloß, nach Brüssel überzusiedeln, ließ Frau und Kind vorläufig in Paris zurück."*[228]

Der Bannstrahl traf auch andere Mitarbeiter des „Vorwärts!". Aber Bakunin und Ruge verhielten sich für einige Zeit ruhig, bevor sie wieder aktiv wurden, und Heinrich Heine durfte aufgrund der Gnade seiner frühen Geburt bleiben. Sollte einer der Ausgewiesenen preußisches Gebiet zu betreten wagen, so eine Anweisung des preußischen Innenministeriums, sei er sofort zu verhaften. In diese Gefahr begab sich Karl Marx nicht.

Eine kurze Freundschaft

Jenny und Karl Marx schlossen in Paris enge Freundschaft mit dem seit zwölf Jahren im französischen Exil lebenden Dichter Heinrich Heine. Die Männer ahnten nicht, dass sie miteinander verwandt waren; des Dichters Ur-Ur-Großeltern waren auch die Ur-Ur-Großeltern von Karls Mutter und damit seine Ur-Ur-Ur-Großeltern. Heinrich Heine erkannte in dem jungen Marx einen intellektuell ebenbürtigen Partner, dessen philosophische und politische Grundhaltung mit der seinen übereinzustimmen schien, und Karl Marx wollte den berühmten Heine als Autor gewinnen. Es wird kolportiert, dass er und Arnold Ruge den Dichter aufgefordert hätten: *„Lassen Sie doch die ewige Liebesnörgelei und zeigen Sie den politischen Lyrikern einmal, wie man das richtig macht – mit der Peitsche“* [229], und boten ihm ihre Publikationsmöglichkeiten zur Verbreitung seiner Dichtungen an. Heines „Lobgesänge auf König Ludwig“ wurden wenige Wochen nach dem ersten Zusammentreffen im Februar 1844 in den „Deutsch-französischen Jahrbüchern“ und im Juli 1844 „Die Schlesischen Weber“ im „Vorwärts!“ veröffentlicht. Diese soziale Revolte hatte die Herrschenden in Politik und Wirtschaft aufgeschreckt, und konsequenterweise wurde Heines Anklage der Auswüchse des frühen Kapitalismus sofort verboten. Dennoch wurde das „Weberlied“, das auf Flugblättern heimlich von Hand zu Hand durch die Lande ging, schnell berühmt. Friedrich Engels übersetzte das Gedicht für die Zeitschrift „The New Moral World“ und stellte dem englischen Leser den Dichter und sein Werk mit den Worten vor: *„Henry, the most eminent of all living german poets, has ... published a volume of political poetry, which contains also some pieces preaching Socialism ...“* [230] Gerhart Hauptmann setzte 1892 den Verzweifelten in seinem Drama „Die Weber“ ein weiteres eindrucksvolles Denkmal.

Heine und das junge Ehepaar trafen sich häufig und diskutierten. Primär ging es um politisch-gesellschaftliche Themen und Heinrich Heine setzte die gewonnenen Erkenntnisse in seiner „Geschichte der Religion und Philosophie in Deutschland“ und in seinem berühmtesten Werk „Deutschland. Ein Wintermärchen“ um. Jenny Marx soll beim Entstehen dieses Werkes des Dichters Muse gewesen sein, allerdings ist ihre Funktion im Entstehungsprozess nicht klar auszumachen. Die jungen Leute fühlten sich jedenfalls geschmeichelt, wenn Heine ihnen Auszüge aus dem „Wintermärchen“ vorlas – und für den Dichter war es eine Freude, seine Verse diesem kundigen Publikum vorzutragen, das durch seine fundierte Kritik manche Änderung bewirkt haben mochte. Mitte April 1844 schickte Heine das Manuskript seinem Verleger mit dem Kommentar zu: *„Es ist ein gereimtes Gedicht, welches ... die ganze Gärung unserer deutschen Gegenwart in der kecksten, persönlichsten Weise ausspricht. ... Sie wissen, ich prahle nicht, aber ich bin diesmal sicher, dass ich ein Werkchen* *gegeben habe, das mehr Furore machen wird als die populärste Broschüre und das dennoch den bleibenden Wert einer klassischen Dichtung haben wird.*"[231] Heine irrte nicht. Dieses Versepos zählt zu den brillantesten Werken der deutschen Literatur. Nur sein Gedicht „Die Loreley" ist noch bekannter, auch wenn nicht jeder, der es singt, weiß, dass Heine es verfasst hat. Im November wagte Campe das Werk herauszugeben; es wurde in Preußen sofort auf den Index gesetzt, da der preußische Gesandte in Hamburg zu der Überzeugung gelangt war, dass die Verse *„wieder solchen revolutionären Geist und Tendenz (atmen) und so gehässig und unverschämt gegen Preußen und unsern erhabenen Monarchen gerichtet sind, dass mir ein Verbot unerlässlich erscheint."*[232] Heinrich Heine hatte wieder einmal alle Vorurteile gegen sich bestätigt. Im September schickte er dem Ehepaar Marx eine Druckfahne „in dreifacher Absicht" zu: *„Nämlich erstens, damit Sie sich amüsieren, zweitens, damit Sie schon gleich Anstalten treffen können, für das Buch in der deutschen Presse zu wirken, und drittens, damit Sie, wenn Sie es ratsam erachten, im „Vorwärts!" das Beste aus dem neuen Gedichte abdrucken lassen können."*[233] Jenny und Karl freuten sich, in der Lektüre gemeinsames Gedankengut durchschimmern zu sehen.

Heinrich Heine genoss die Gegenwart der jungen, gescheiten, charmanten und schönen Frau Marx und versicherte ihr seine Bewunderung und Zuneigung. Aber auch zu Karl Marx verspürte er Sympathie: *„Liebster Marx! … wir brauchen ja wenige Zeichen um uns zu verstehen! Herzinnigst H.Heine."*[234] Ihr persönlicher Kontakt wurde von den französischen Behörden abrupt beendet, als diese, wie schon erwähnt, Ende Januar 1845 dem Druck der preußischen Regierung nachgaben und dem „Vorwärts!" das weitere Erscheinen untersagten und die Redakteure des Landes verwiesen. Heinrich Heine berief sich bei seinem Einspruch gegen den Ausweisungsbefehl auf ein Gesetz Napoleons I., demzufolge alle, die zwischen 1791 und 1801 in französischen Gebieten geboren wurden, sich als ehemalige Untertanen frei in Frankreich aufhalten durften. Dazu gehörte auch der 1797 im damals französischen Düsseldorf geborene Dichter.

Der Abschied von Heine fiel Karl Marx schwer. *„Von Allem, was ich hier an Menschen zurücklasse, ist mir die Heinesche Hinterlassenschaft am unangenehmsten. Ich möchte Sie gern mit einpacken."*[235] Außergewöhnlich liebevolle Worte von Marx, die vielleicht auch Dankbarkeit ausdrückten.

Heinrich Heine soll nämlich eines Abends, als er bei Marxens zu Besuch weilte, das schwer um Atem ringende und sich in Krämpfen windende Baby Jennylein in ein Bad gesetzt haben, damit es sich in der Wärme beruhigen und in dem Dampf leichter atmen konnte. Der Dichter handelte, obwohl er selbst keine Kinder hatte, richtig, während die Eltern hilflos herumstanden.

Trotz räumlicher Trennung verfolgten Jenny und Karl Marx nach ihrer Ausweisung aus Frankreich alle Gerüchte um Heine mit größtem Interesse. Der Dichter hatte – wie andere Flüchtlinge auch – unter Louis-Philippe bis 1848 eine Pension aus einem Emigrantenfond erhalten. Natürlich vermuteten Freund und Feind Bestechung besonderer Art: *„Wenn Heine solche Geldunterstützung erhielt, so geschah es wohl mehr für das, was er nicht schrieb.“*[236] Er dementierte, aber ein Makel blieb an ihm haften.

Heine sagte sich nicht vom Kommunismus los, machte aber aus seinem Unbehagen über eine bestimmte Klientel in der Kommunistischen Bewegung keinen Hehl. *„Ich war aufrichtiger Republikaner. Aber als ich sah, wie der Abschaum meiner Partei, Schuhflicker und Kerle, die alte Nachttöpfe ausbessern, mich mit ihren dreckigen Absätzen misshandelten, mich duzten, mich Verräter und Juden schimpften, den Spruch über mich fällten und nur darauf warteten, mich zur Guillotine zu schleifen, wenn erst einmal diesen Flachköpfen die Macht zufiele; als ich dieses Froschgezücht aus Hecken und Sümpfen den Kröten im Gebüsch zurufen hörte, dass ihr republikanisches Gequacke viel wertvoller und längeren Bestand habe, als meine Nachtigallenlieder, da wandte ich mich mit Abscheu davon ab und näherte mich dem konstitutionellen Königtum, das mir mehr als genügt“*[237], betonte er. Heinrich Heine befürchtete in der Zukunft Auswüchse: *„In der Tat, nur mit Grauen und Schrecken denke ich an die Zeit, wo jene dunklen Bilderstürmer zur Herrschaft gelangen werden: mit ihren rohen Fäusten zerschlagen sie alsdann erbarmungslos die Marmorbilder der Schönheit, die meinem Herzen so teuer sind … und ach, mein ‚Buch der Lieder‘ wird der Krautkrämer zu Tüten verwenden, um Kaffee oder Schnupftabak darin zu schütten für die alten Weiber der Zukunft. Ach! Das sehe ich alles voraus, und eine unsägliche Betrübnis ergreift mich, wenn ich an den Untergang denke, womit das siegreiche Proletariat meine Gedichte bedroht, die mit der ganzen alten romantischen Weltordnung vergehen werden.“*[238] Der Ästhet kam trotz aller Vorbehalte zu dem Schluss: *„Und dennoch, ich gestehe es freimü-*

tig, übt eben dieser Kommunismus, so feindlich er allen meinen Interessen und Neigungen ist, auf mein Gemüt einen Zauber (aus), dessen ich mich nicht erwehren kann; ... und am Ende ergreift eine verzweiflungsvolle Großmut mein Herz, wo ich ausrufe: Sie ist seit langem gerichtet, verurteilt, diese alte Gesellschaft. Mag geschehen, was recht ist! ... Und gesegnet sei der Krautkrämer, der einst aus meinen Gedichten Tüten verfertigt, worin er Kaffee und Schnupftabak schüttet für die alten Mütterlein, die in unserer heutigen Welt der Ungerechtigkeit vielleicht eine solche Labung entbehren mussten – fiat justitia, pereat mundus.“ [239]

Heines Abneigung, sein Abscheu gehörte den „falschen Patrioten“, den „Anhängern des Nationalismus“ in Deutschland. Kurz vor seinem Tode tröstete er sich damit, *„dass der Kommunismus ... ihnen den Gnadenstoß versetzen wird; und gewiß nicht mit einem Keulenschlag, nein, mit einem bloßen Fußtritt, wie man eine Kröte zertritt, wird der Riese sie zertreten.“* [240]

Über die Führer, die nach diesem Umsturz das Sagen haben würden, meinte Heinrich Heine: *„Diese Doktoren der Revolution und ihre mitleidlos entschlossenen Schüler sind die einzigen Männer in Deutschland, die Leben in sich haben, und ihnen, fürchte ich, gehört die Zukunft.“* [241] Dazu zählte auch Dr. Karl Marx.

Der persönliche Kontakt brach nicht gänzlich ab. Engels berichtete Marx nach einem Besuch zur Jahreswende 1847/48: *„Heine ist am Kaputtgehen. Vor 14 Tagen war ich bei ihm, da lag er im Bett und hatte einen Nervenanfall gehabt. Gestern war er auf, aber höchst elend. Er kann keine drei Schritte mehr gehen, er schleicht, an den Mauern sich stützend, vom fauteuil bis ans Bett und vice versa. ... Geistig ist er auch ermattet.“* [242] 1848 und 1849 statteten Jenny und Karl Marx dem Dichter Besuche in seiner „Matratzengruft“, wie Heine sein Krankenlager nannte, ab.

Die Nachricht, dass Heinrich Heine am 17. Februar 1856 nach langem Leiden gestorben war, erschütterte das Ehepaar Marx nicht. Ein letztes Geschichtchen, ob wahr oder nicht, rankte sich um seinen Tod und wurde von Marx fröhlich an Engels weitererzählt: *„‚Sie aber schon um Achte/Trank rothen Wein und lachte‘, (ist) literally bei ihm eingetroffen. Seine Leiche stand noch im Sterbehaus – am Tag des Begräbnisses – ‚als der Maquereau der Mathilde mit ihrer Engelsmilde schon vor der Thür stand und sie in der That abholte.“* [243] Das Zitat erinnerte an eine literarische Vorgängerin Mathildes in dem Gedicht „Das Weib“ von ihrem Mann Heinrich Heine.

Brüssel
Februar 1845 bis Februar 1848

Der Staat Belgien, 1830 unabhängig geworden, war eine parlamentarische Monarchie mit Leopold I. von Sachsen-Coburg an der Spitze, einem Schwiegersohn des französischen Königs. Brüssel war nach Paris der zweite wichtige Zufluchtsort für deutsche Oppositionelle auf dem europäischen Festland. Die Stadt war zwar nicht so mondän und aufregend, aber sie bot Marx günstige Arbeitsbedingungen in der gut ausgestatteten königlichen Bibliothek.

Am 1. Februar 1845 machte sich Marx in Begleitung von Heinrich Bürgers in die belgische Hauptstadt auf. Jenny sollte mit dem neun Monate alten Baby nach Erledigung diverser „Kleinigkeiten" folgen. Sie erinnerte sich, dass sie gezwungen war, *„meine Meubles und einen Teil meiner Wäsche zu verkaufen. Es geschah für einen Spottpreis, aber Reisegeld mußte geschafft werden. 2 Tage nahmen Herweghs mich auf. Krank und in grimmiger Kälte folgte ich Anfang Februar Karl."* [244] Erleichtert sank sie in die Arme ihres Mannes, suchte die Geborgenheit, die nur er ihr geben konnte, und teilte ihm mit, dass ihr zweites Kind unterwegs war. In die Freude über den Nachwuchs mischte sich zunehmend die Unsicherheit, wie es weitergehen sollte, wo man sich einmieten und wie man den Lebensunterhalt sichern konnte. Marx verdiente kaum Geld und war auf die Hilfe anderer angewiesen.

Die dreiköpfige Familie Marx kam Anfang Februar für einige Tage im „Hotel de Saxe" in der Rue Neuve unter, wohnte danach mehrere Wochen im Hotel „Au bois sauvage", wo auch andere Deutsche Unterkunft gefunden hatten, anschließend für sechs Wochen in einer Wohnung in der Rue Pacheco, bevor sie im Mai als Untermieter bei Dr. Breyer in der Rue de l'Alliance 5 im Arbeitervorort Faubourg St. Louvin, einer „Pauper-Kolonie", einzog. Nach den unruhigen Wochen in Frankreich und mehreren Umzügen brauchten die schwangere Jenny und das Baby Ruhe und Sicherheit vor erneuter Ausweisung. Voraussetzung hierfür war eine Aufenthaltserlaubnis, und zu diesem Zwecke wandte sich Karl Marx an den belgischen König:

Rue d'Alliance, Brüssel

„... Der unterzeichnete, Karl Marx, Doktor der Philosophie, sechsundzwanzig Jahre alt, aus Trier, Königreich Preußen, nimmt sich, da er die Absicht hat, sich mit seiner Frau und seinem Kinde in den Staaten Ew. Majestät niederzulassen, ehrerbietigst die Freiheit, Ew. Majestät untertänigst zu bitten, ihm die Gelegenheit geben zu wollen, seinen Wohnsitz in Belgien zu nehmen.

Es hat die Ehre zu sein mit dem tiefsten Respekt
Ew. Majestät sehr bescheidener und sehr gehorsamer Diener
Dr. Karl Marx."[245]

Der devote Antrag war im Büro des Anwalts Maynz aufgesetzt und von Marx nur unterschrieben worden. Nach genauester Überprüfung und nach Zusicherung des Petenten, bestimmte Auflagen zu erfüllen, wurde Ende März die „autorisation du sejour" ausgestellt. Der „gefährliche Demokrat und Kommunist" musste sich auf seine Ehre verpflichten, keine Zeitung zu gründen, sich nicht öffentlich über Tagespolitik zu äußern und nicht zu staatsgefährdenden Aktionen aufzuwiegeln. Vorsichtshalber ordnete der belgische Justizminister eine polizeiliche Überwachung an und befahl dem Brüsseler Bürgermeister: *„Sollte es Ihnen zur Kenntnis gelangen, dass er wortbrüchig geworden ist oder sich sonst feindlich gegen die Regierung Preußens, unseres Nachbarn oder Verbündeten, betätigt, so bitte ich Sie, es mir sofort zu melden."* [246] Karl Marx war keine „persona grata", und jede Missachtung der Auflagen hätte seine sofortige Ausweisung zur Folge gehabt. Die Frage, wohin dann, stellte sich nicht, solange er alle subversiven Tätigkeiten unterließ. Vor allem wollten Jenny und Karl eine Auslieferung nach Preußen ausschließen. Diese Aussicht war dem sicherheitsbewussten Karl Marx zu riskant, und er stellte am 17. Oktober 1845 bei dem Trierer Oberbürgermeister Franz Damian Görtz einen Antrag des Inhalts: *„Ew. Hochwohlgeboren ... ersuche ich ergebenst von der kgl. hochlöblichen Regierung zu Trier mir einen Auswanderungsschein nach den Vereinigten Nordamerikanischen Staaten auswirken zu wollen. Mein Entlassungszeugniß aus dem kgl. preussischen Militaire Dienst muß sich auf der Oberbürgermeisterei zu Trier oder auf der kgl. Regierung daselbst vorfinden. – Ew. Hochwohlgeboren – ergebenster Dr. Karl Marx."* [247] In den Aushebungslisten der Stadt Trier von 1838 war vermerkt, Karl Marx sei *„zu Berlin ... von dem dasigen Departemental Arzte wegen Brustschwäche und periodischem Blut-*

speiens für jetzt nicht einstellungsfähig erkannt" [248] worden. Auf Rückfragen aus Trier erweiterte Marx seinen Antrag: *„Sr. Hochwohlgeboren, dem Königl. Preussischen Landrath und Oberbürgermeister, Herrn Görtz! ... erwiedre ich, ..., daß mein Gesuch ... um Entlassung aus dem Königl. Preuß. Unterthanenverband Behufs der Auswanderung nach den Vereinigten Nordamerikanischen Staaten sich nur auf meine Person bezog, daß ich jedoch, falls dieses zur Ertheilung des Consenses nöthig ist, die Entlassung auch auf meine Familie zu erstrecken bitte. Brüssel den 10. November 1845."* [249] Mit seinem Auswanderungswunsch verknüpften die Behörden in Trier zugleich seine Entlassung aus dem preußischen Untertanenverband und gaben dem Anliegen am 1. Dezember 1845 statt, obwohl es Marx laut Marx-Forscher Grandjonc *„nicht um die Aufgabe der Nationalität, sondern um die Unterbindung der Verfolgbarkeit"* [250] gegangen war. Dem preußischen Regierungspräsidenten kam der Antrag sehr gelegen, um *„dem des versuchten Hochverrats und des Majestätsverbrechens schuldigen Literaten Marx die Rückkehr in die diesseitigen Staaten gänzlich und für immer abzuschneiden."* [251] Die Entscheidung hatte zur Folge, dass ab 1845 Jenny und Karl Marx preußisches Staatsgebiet nur noch mit staatlicher Sondergenehmigung betreten oder durchfahren konnten; das bedeutete einen erheblichen zeitlichen und pekuniären Aufwand und die Abhängigkeit von staatlicher Gnade. Marx war zwar vor einer Auslieferung nach Preußen sicher, nicht jedoch vor einer Ausweisung aus dem Staate Belgien, da er kein permanentes Wohnrecht hatte. *„Ich fürchte aber, man wird Dich am Ende in Belgien auch molestieren, sodaß Dir zuletzt nur England übrig bleibt"* [252], prophezeite Friedrich Engels im Februar 1845.

Ruhe wollte sich im Frühling 1845 nicht einstellen, weil Geldmangel belastete. Sporadische Honorare und bescheidene Zuwendungen seitens Caroline von Westphalens sicherten das Überleben. Das Familienoberhaupt begann Bettelbriefe zu schreiben – mit Erfolg, wie eine Antwort belegt: *„Da ich übrigens nicht weiß, ob das genügen wird, um Dir Deine Einrichtung in Brüssel zu Stande zu bringen, so versteht es sich von selbst daß mein Honorar für das erste englische Ding, was ich hoffentlich bald wenigstens theilweise ausbezahlt bekommen und für den Augenblick entbehren kann, da mein Alter mir pumpen muß, Dir mit dem größten Vergnügen zur Disposition steht. Die Hunde sollen wenigstens das Plaisir nicht haben, Dich durch ihre Infamie in pekuniäre Verlegenheit zu bringen."* [253] Der Verfasser dieser Zeilen,

Friedrich Engels, ging davon aus, als er Marx die 750 Taler Honorar für sein Buch „Die Lage der arbeitenden Bevölkerung in England" in Aussicht stellte, dass es sich um eine einmalige Hilfe handelte.

Mit Engels' Unterstützung konnte man die Möbel und andere Besitztümer nach Brüssel transportieren lassen und sich häuslich einrichten. Jenny, durch die Geldnot mehr belastet, als sie zugeben wollte, signalisierte Überforderung, und die Mutter schickte ihr im April „das Beste", was sie zur Unterstützung beitragen konnte, Helena Demuth. Das patente, tüchtige Lenchen nahm wieder wie selbstverständlich ihren Platz neben Jenny und Karl ein. Das Leben im Brüsseler Exil wurde dank der Haushaltshilfe leichter, und die junge Ehefrau fühlte sich in der neuen Umgebung immer wohler, auch wegen der Nachbarschaft. Jenny erinnerte sich: Es *„folgten uns Engels und Heinrich Bürgers, der uns mit seinem Freunde Dr. Roland Daniels schon in Paris aufgesucht hatte, nach. Kurze Zeit darauf traf auch Hess mit seiner Frau ein, und ein gewisser Sebastian Seiler schloß sich dem kleinen deutschen Kreise an … und die kleine deutsche Kolonie lebte hier gemütlich zusammen."* [254] Das klang fast idyllisch. Seiler lebte im Haus Nr. 2 in der Rue de l'Alliance, Moses Hess/Heß in Nr. 3, Engels in Nr. 7 und die Familie Marx in Nr. 5. Frau Marx empfing die Männer huldvoll, nicht aber die Lebensgefährtinnen von Heß und Engels. Die nicht-legalisierten Verhältnisse konnte sie nicht gutheißen. Sie, die ehrenwerte Frau, hatte doch auch keine wilde Ehe geführt, sondern sieben Jahre lang ergeben auf ihren Karl gewartet. Sybille Pesch soll nach ihrer Verehelichung mit Moses Heß von Frau Marx akzeptiert worden sein, wenn auch wenig geschätzt, wie eine spätere Aussage Jennys belegt: *„Ein wohlbekanntes Gesicht glotzte mich an und wen erkannte ich im deftigen Seidenkleide, dem modernen grauen Schal? Das ehemalige enfant du peuple, Kölnische Drückeschen, jetzige Communistencheffin die Mösin. Sie sah mich starr an, ward verlegen und schob weiter."* [255]

Der Kreis der in Brüssel „Gestrandeten" vergrößerte sich stetig, und die Rue de l'Alliance war laut Jenny eine erste Anlaufstelle: *„In dem Sommer besuchte uns auch Joseph Weydemeyer. … Mein Bruder Edgar brachte den Winter mit uns zu, hoffend, in Brüssel Beschäftigung zu finden. Er trat in das Seilersche Zeitungsbüro ein, dem sich auch später im Frühjahr 1846 unser lieber Wilhelm Wolff anschloß, … bekannt unter dem Namen ‚Kasemattenwolf'."* [256] Das Triumvirat Marx, Engels, Heß bestimmte die geistige Ausrichtung innerhalb dieser Gruppe der deutschen Exilanten, zu denen sich zeitweise der Dichter Ferdinand Freiligrath, sein Kollege Georg Weerth, der Schneidergeselle Wilhelm Weitling und Joseph Moll, der spätere Präsident des Kölner Arbeitervereins, gesellten.

Auf Bruder Edgars Anwesenheit reagierte Jenny mit gemischten Gefühlen; sie hoffte zum einen, dass er sein Glück machen würde, zum anderen erinnerte er an die einsame, von ihren Kindern verlassene Mutter. Im Juli 1845 kam Jenny ihrem sehnlichen Wunsch nach und reiste für einige Wochen mit Kind nach Trier. Die Fahrt war viel angenehmer als im Sommer zuvor, weil sich Lenchen um Klein-Jenny kümmerte. Nach beglückenden Tagen schwankte Jennys Herz, wie sie ihren Mann wissen ließ, noch *„immer zwischen dem Gehn und Bleiben. ... ach, wenn Du wüßtest welche Seligkeit für die Mutter in unserm Zusammenleben liegt, welch eine unendliche Quelle von Glück und Lebensfreuden in dem Anblick des lieblichen Kindes, welch' eine tröstliche Erhebung in meiner Gegenwart. Und das alles muß ich ihr wieder rauben durch ein kaltes Wort, alles muß ich ihr nehmen und nichts laß ich ihr als trostlose Einsamkeit in den langen öden Wintertagen, bange Sorgen für mein Leben, für Edgars Zukunft ...“* [257] Vielleicht wäre Jenny gerne wieder zurückgekehrt in die Nähe der Mutter, aber nicht nach Trier oder eine andere Stadt in Preußen unter den herrschenden politischen Verhältnissen – und doch meinte sie zu Karl: *„Trotz alledem lebt sichs ganz gut im alten Sünderlande. Jedenfalls hab' ich die kleinsten und kleinlichsten Verhältnisse erst im herrlichen Frankreich und Belgien kennen gelernt. Die Menschen hier sind klein, winzig klein, das ganze Leben nur eine miniature Ausgabe, allein dort sind die Helden auch keine Riesen und das Leben für den einzelnen ist um keinen Deut großartiger.“* [258] Nirgendwo war das Paradies und Jenny Marx erkannte, dass Glück und Geborgenheit nicht nur von den äußeren Umständen abhängig waren. Es gab sogar vermeintliche Vorteile, die sie spöttelnd und überlegen in dem Brief an ihren Mann anführte: *„Für Männer mag es anders sein, aber für die Frau, die zum Kinderkriegen, Nähen, Kochen, Flicken bestimmt ist, für die lob ich mir das miserable Deutschland. Da macht einem so ein Kind noch Ehre, der Kochlöffel und die Nadel zieren noch etwas und außerdem hatte man doch noch die Beruhigung erfüllter Pflicht zum Lohn für die verwaschnen, vernähten, verkindeten Tage, in seinem Herzen.“* [259]

Wenige Wochen vor der Geburt des zweiten Kindes kehrte Jenny in die kleine deutsche Kolonie zurück. Ihren Mann hatte sie auf Störungen vorbereitet: *„Wenn ich dann die große affaire im obern Stock absolvirt habe, ziehe ich dann wieder herunter. Dann kannst Du in Deinem jetzigen Studierzimmer schlafen und im salon immense Dein Zelt aufschlagen: das macht sich ganz gut. Unten ist dann der Kinderlärm ganz abgesondert, Du bist oben ungestört, ich kann in ruhigen Momenten zu Dir kommen und man kann das Zimmer ja immer // ein bischen in Ordnung halten."* [260] Jennys Ordnungsprinzip ist nicht überliefert, aber bei Karl Marx herrschte Chaos, und doch soll er jedes Papier, jede wichtige Notiz sofort gefunden haben.

Die Familie vergrößerte sich am 26. September 1845. Für Jenny Laura Marx wurde auf Antrag von Vater Charles, Doktor der Philosophie, und Edgar von Westphalen die „acte de naissance" in der commune de Saint Josse Ten Noode, Arrondisement de Bruxelles, Province de Brabant, angelegt. Neben Freude brachte der Zuwachs auch erhöhte Kosten mit sich, die Geldnot wuchs. Die Familie litt keine wirkliche Not, aber sie musste sich einschränken. Marx musste Geld aufnehmen, um wichtige Projekte abschließen zu können. Die „Deutsche Ideologie", Engels' und Marxens Kritik der deutschen Philosophie, ein voluminöses Werk von über 500 Seiten, fand keinen Verleger. Die Autoren hielten es für ratsam, „Die heilige Familie" und die „Misère de la Philosophie" in Einzelausgaben auf eigene Kosten drucken zu lassen, in der Hoffnung auf Erfolg, der sich auch in Geld ummünzen ließ.

Mutter Caroline von Westphalen nahm aus der Ferne großen Anteil am Leben ihrer Kinder in Brüssel. Werner von Veltheim teilte sie mit: *„Edgar hat zwar auch jetzt keinen sichren Stand, und Einnahme glaubt aber doch durch angestrengten Fleiß sich selbst etwas mit forthelfen zu können, und ist recht zufrieden in seiner jetzigen Lage. Marx verdient so viel daß er sich, bei Einschränkung, mit seiner Familie durchhilft, und macht Jenny sehr sehr glücklich, weil er einen vortrefflichen Charakter hat, und Jennys hohen Werth zu schätzen versteht. Und so leben denn meine lieben Kinder ein recht angenehmes Familienleben."* [261] Als sie selbst im Februar 1846 lebensgefährlich erkrankte, eilte Tochter Jenny sofort nach Trier; Mann, Jennylein und das fünf Monate alte Baby blieben in der Obhut Helene Demuths. Angespannt saß sie Stunden und Tage in der Postkutsche. *„Ich hatte mich auf* *alles gefaßt und hätte für das Schlimmste Trost und Beruhigung genug gefunden, aber dennoch jubelt jetzt mein Herz vor lauter Frühlingslust und Wonne. Es ist ein eigen Ding ums Leben geliebter Personen. ... Man hängt doch so mit allen Fasern daran und glaubt sie plötzlich durchschnitten, wenn der fremde Athem stockt"* [262], schrieb sie erleichtert nach Hause.

Zurück in Brüssel wurde die Mutter, Sekretärin und Ehefrau sofort in die Pflicht genommen, auch in die eheliche, denn wenige Wochen später war sie zum dritten Male schwanger. Das war für sie schon ein gewohnter Zustand, kein Hindernis, auch nicht in fortgeschrittenem Stadium. *„Ich hab so ein Gedräng von Briefen auf dem Hals, die ich für meinen Mann übernommen, der überbeschäftigt ist"*[263], ließ sie Caroline/Lina Schöler, Edgars Verlobte, wissen. In solchen Momenten erwies es sich als segensreich, dass Helene Demuth den Haushalt führte und sich die Ehefrau der Korrespondenz und dem handschriftlichen Kopieren widmen konnte. Unterbrechungen gab es immer dann, wenn ihre „lieben Quälgeister" sie in Anspruch nahmen oder ein Umzug anstand. Vermutlich aus Geldnot zog die Familie im Mai 1846 in das Hotel „Au Bois Sauvage", bevor sie Mitte Oktober in die Rue d'Orléans übersiedeln konnte.

Jenny und Karl waren in der deutschen Kolonie integriert und nahmen aktiv am gemeinschaftlichen Leben teil. Zu Neujahr 1846 beispielsweise demonstrierte die hochschwangere Frau Marx im „Deutschen Arbeiterverein" ihr dramatisches Talent und trug mit solcher Verve Balladen und andere Gedichte vor, dass ihr bejubelter Auftritt in der Hauspostille, der „Deutschen-Brüsseler-Zeitung", Erwähnung fand.

Höhepunkt des Glückes in Belgien war die Geburt von Charles Louis Henri Edgar am 17. Februar 1847. Endlich ein Sohn, ein Stammhalter! Karl, Ludwig, Heinrich, Edgar, alle Namen der geliebten Männer wurden in „Musch" vereint. Das Glück wäre vollkommen gewesen, wenn sich nicht die finanzielle Lage unaufhaltsam verschlechtert hätte. Im Herbst musste Jenny einen Teil ihres Hausstandes verkaufen, um den Lebensunterhalt zu sichern. Als ihr Mann im November zum Kongress des „Bundes der Kommunisten" nach London fuhr, ließ er, wie Paul Annenkow erfuhr, seine *„Familie in den allerschwierigsten und trostlosesten Verhältnissen zurück. Nicht nur daß meine Frau samt den Kindern krank ist. Meine ökonomische Lage ist in diesem Moment in einer solchen Krise, daß meine Frau wahrhaft von den Gläubigern harcelirt wird und sich in ganz mi-*

serabler Geldverlegenheit befindet. Wie es zu dieser Crise kam, ist einfach zu erklären. Die deutschen Manuscripte werden nicht gedruckt im Ganzen. Was gedruckt wird davon, gebe ich gratis, nur um es in die Welt zu schicken. Meine Brochure gegen Proudhon ist sehr gut verkauft worden. Ich erhalte einen Theil der Einnahme davon aber erst Ostern. Die Einnahme meiner Frau reicht allein nicht hin und mit meiner eignen Mutter befinde ich mich seit geraumer Zeit in Unterhandlungen, um wenigstens einen Theil meines Vermögens herauszubekommen."[264] Um welche Einnahmen es von Seiten Jennys ging, wurde bei Annenkow nicht erwähnt. Die Verhandlungen mit Henriette Marx hingegen zeigten Erfolg. Ob die Mutter in die Geldnot eingeweiht wurde, ist fraglich, jedenfalls ließ sie ihren Sohn nicht im Stich, sondern schickte am 3. Februar 1848 über den Bankier Reverchon 6.000 frs nach Brüssel. Alles wurde von staatlicher Seite registriert. Am 13. März fragten die belgischen Behörden in Trier nach, ob der Anführer einer deutschen demokratischen Sozietät rechtmäßig zu dieser hohen Summe gekommen sei. Staats-Prokurator von Holleben gab die Anfrage an Ober-Prokurator Deuster weiter, und dieser bestätigte, dass Henriette Marx durchaus in der Lage sei, 2.000 Taler ihrem Sohne zu überlassen. Man habe sie sicherheitshalber befragt und sei zu der Überzeugung gelangt, dass kein Komplott vorliege. Frau Marx habe versichert: *„Die Veranlassung, welche sie hierzu habe, ihrem Sohn eine solche Summe mit einem Male zu jener Zeit zu übersenden sey ein schon vor längerer Zeit von ihrem Sohne ausgesprochener durch die Familie unterstützter Wunsch des Inhalts gewesen, dass die ihm gedachte Summe auf sein künftiges Erbtheil vorausgezahlt werde. ... Strict könne sie mit der größten Bestimmtheit versichern, dass der gedachte Brief eines politischen Zweckes zu welchem ihr Sohn die Summe gewünscht hätte, nicht erwähnt. Sie sey bereit, wenn es rechtlich und nöthig erachtet werde, den fraglichen Brief kommen zu lassen und zur Einsicht vorzulegen."*[265] Was immer Karl Marx über seine kleine, zarte, intelligente Mutter sagte, sie vertraute ihm und war bereit ihn zu unterstützen.

„Das Kommunistische Manifest“

Unter dem Einfluss von Moses Heß und Friedrich Engels setzte in den Brüsseler Jahren eine Radikalisierung in Jennys und Karls Denken ein, die das Prinzip der Gleichheit nach der Maxime „Alle Menschen sind Brüder“ in den Hintergrund rückte. Nach anfänglich bürgerlich-liberaler Argumentation war ihr Ziel gemäß den Statuten des „Bundes der Kommunisten“ nunmehr *„der Sturz der Bourgeoisie, die Herrschaft des Proletariats, die Aufhebung der alten, auf Klassengegensätzen beruhenden bürgerlichen Gesellschaft und die Gründung einer neuen Gesellschaft ohne Klassen und ohne Privateigentum.“*[266] Der Mensch sei in seinem Denken und Handeln von den herrschenden Produktionsverhältnissen abhängig, und diese müssten geändert werden, um ihn aus den gesellschaftlichen Zwängen zu befreien und ihm seine Würde als Mensch wiederzugeben. Mit Engels entwickelte Marx den „wissenschaftlichen Sozialismus“ und auf dessen Grundlage den „historischen Materialismus“. Ihre programmatische Parole war: „Die Philosophen haben die Welt nur verschieden erklärt, es kommt aber darauf an, sie zu verändern“, und hierfür wollten sie die Basis schaffen.

Marx gründete mit Gleichgesinnten im Februar 1846 zunächst das „Kommunistische Korrespondenz Komitee“ und 1847 den geheimen „Bund der Kommunisten“, der aus dem früheren „Bund der Gerechten“ hervorging. Seine neue Überzeugung verbreitete Marx in Vorträgen im „Brüsseler Deutschen Arbeiterverein“ und in der „Demokratischen Gesellschaft“. Seine eigentliche Aufgabe sah er darin, sich in Bücher zu vertiefen, zu forschen und seine Gedanken, die für ihn – und Jenny und Friedrich Engels – die einzig richtigen waren, niederzuschreiben.

In den Wintermonaten 1848 feilte Marx an einem Grundsatzprogramm, das er mit Engels im Auftrag des zweiten Kongresses des „Bundes der Kommunisten“ druckreif gestaltete. Diese Schrift, das „Manifest der Kommunistischen Partei“, erschien Ende Februar, vielleicht auch erst am 1. März 1848 in London – fast zeitgleich mit dem Ausbruch der Revolution. „Das Kommunistische Manifest“ wurde das meistgedruckte politische Oeuvre in der Geschichte der Menschheit und laut Engels, der ihm den Titel gegeben hatte, *„schon 1890 ‚das weitest verbreitete, das internationalste Produkt der sozialistischen Literatur‘.“*[267]

Manifest

der

Kommunistischen Partei.

Veröffentlicht im Februar 1848.

Proletarier aller Länder vereinigt euch.

London.

Gedruckt in der Office der „Bildungs-Gesellschaft für Arbeiter"

von J. E. Burghard.

46, Liverpool Street, Bishopsgate.

Erstausgabe des Kommunistischen Manifestes von 1848

Die Verfasser skizzierten einen historischen Abriss der gesellschaftlichen und ökonomischen Entwicklung von der Urkultur bis in ihre Gegenwart. Sie zeigten auf, dass die Geschichte eine Geschichte der Klassenkämpfe sei. Die Klasse, die nun die treibende Kraft werden solle, sei das Proletariat, d.h. die Arbeiterschaft. Es sei ein Gesetz der Geschichte, dass das Proletariat in Zukunft Politik und Gesellschaft bestimme und die kapitalistische Klasse ablöse. Diese hätte als revolutionäre Klasse gegen die Feudalisten gekämpft, aber im Laufe der Zeit sei sie zu einer unterdrückenden Klasse geworden und habe damit ihre historische Vorkämpferrolle verloren. Sie sei bestimmt, zu ihrem eigenen Totengräber zu werden und dem Proletariat zum Siege zu verhelfen. Der Bourgeois habe die kapitalistische Gesellschaft geschaffen, eine Gesellschaft, die auf Lohnarbeit basiere, die das Proletariat erbringe. Durch seine Arbeit schaffe und vermehre es das Kapital des Bourgeois, könne sich gleichzeitig aber kein Kapital, kein Eigentum aneignen, sondern werde so ausgebeutet, dass es verelende. Sei die Macht im Staat errungen, müsse das Proletariat erkennen: „Das Sein bestimmt das Bewusstsein“ und Basis und Überbau entsprechend in Einklang bringen. 1875 sprach Marx davon, dass in der „Diktatur des Proletariats“, einer Übergangsphase, die Endstufe der gesellschaftlichen Entwicklung, der Kommunismus, vorbereitet werden sollte.

Um die Arbeiterschaft in ihrem Sinne zu beeinflussen, bedienten sich Marx und Engels kämpferischer Slogans wie: „Ein Gespenst geht um in Europa – das Gespenst des Kommunismus. Alle Mächte des alten Europa haben sich zu einer heiligen Hetzjagd gegen dieses Gespenst verbündet“. Die Schlussforderung „Proletarier, aller Länder, vereinigt Euch!“ formulierte Karl Schapper, ein enger Mitarbeiter von Marx und Engels, der auch für Korrektur und Druck zuständig war.

Frau Jenny hatte nachweislich Anteil an dem Werk. Nur eine Seite des Originals ist erhalten, und die beiden ersten Zeilen sind aus ihrer Feder. Sie war beim Konzipieren anwesend gewesen, hatte Anregungen eingebracht und war am Kopieren beteiligt. Es waren für sie Glücksmomente, wenn sie aktiv mitwirken konnte.

Revolution in Brüssel

Februar und März 1848

Die allgemeinen Lebensverhältnisse in der belgischen Hauptstadt verschlechterten sich durch eine Wirtschaftskrise dramatisch. Im April 1847 kam es zu einem ersten Aufruhr, hungrige Arbeiter stürmten die Geschäfte. Diese an sich bedrückenden Ereignisse waren für Jenny und Karl Marx die ersehnten Vorboten einer Revolution. Monate später, es war im Februar 1848, verfolgten sie enthusiastisch das Geschehen in Frankreich, das sich aus der Distanz so darstellen lässt: *„Wie im restlichen Europa so hat auch in Frankreich die allgemeine Wirtschaftskrise infolge steigender Preise und sinkender Löhne zu einer Hungersnot geführt. Betroffen sind vor allem das städtische Proletariat und die Landbevölkerung, die sich zunehmend radikalisieren. ... Arbeiter, Bürger und die sich auf die Seite der Revolutionäre schlagende Nationalgarde kämpfen zunächst gemeinsam gegen die alte politische Ordnung und die großbürgerliche Interessenherrschaft. Am 24. Februar stürmen sie das Palais Royal, verbrennen den Thron auf dem Platz der Bastille und erzwingen die Abdankung des ‚Bürgerkönigs' Louis Philippe."*[268] Der Monarch verließ noch an demselben Tag das Land, und die zweite französische Republik wurde ausgerufen. Diese Verhältnisse wollte die „Demokratische Gesellschaft" auch in Belgien erreichen. *„In der Zwischenzeit hatten sich die revolutionären Gewitterwolken stets dichter und dichter zusammengezogen. Es war dunkel auch am belgischen Horizont. Man fürchtete vor allem die Arbeiter, das soziale Element der Volksmassen. Die Polizei, das Militär, die Bürgergarde, alles wurde zum Schutz berufen; alles war kampfgerüstet. Da schien es den deutschen Arbeitern Zeit, sich auch nach Waffen umzusehen. Dolche, Revolver etc. wurden angeschafft"* [269], beschrieb Frau Marx in ihrem Lebensumriss die hoffnungsvollen Anzeichen, und fügte an: *„Karl gab gerne die Mittel dazu her, war er doch eben in einigen Besitz gekommen."*[270] Ob mit seinem Geld Waffen gekauft wurden, ist nicht erwiesen. Aber es klang gut, einen Teil des väterlichen Erbes, um das Marx so gerungen hatte, auf dem „Altar der Revolution" geopfert zu haben. Zudem soll er angeblich in grenzenlosem Großmut sein Geld geteilt haben: jeder Gast habe einer Geldkassette im Marx'schen Wohnzimmer so viele Thaler oder francs entnehmen dürfen, wie er zu benötigen meinte – diese Art Kommunismus konnte das Ehepaar Marx aber offensichtlich nicht lange praktizieren.

Die Nachricht von der Februarrevolution und der Ausrufung der zweiten Republik in Paris wurde „per Nachtzug" am frühen Morgen des 26. Februar 1848 in Brüssel bekannt und war ein Fanal zum Aufstand. Der Vizepräsident der „Demokratischen Gesellschaft zu Brüssel", Dr. Marx, marschierte in vorderster Reihe bei einer Demonstration mit. Frau Jenny beteiligte sich nicht aktiv, weil es nicht schicklich für eine Dame war, auf der Straße ihre revolutionären Forderungen lauthals kundzutun. König Leopold hatte aus den Fehlern seines gerade in Frankreich gestürzten königlichen Schwiegervaters gelernt. Er verhandelte mit den Liberalen und stellte seinen Rücktritt für den Fall in Aussicht, dass sein Volk eine Republik der Monarchie vorziehe. Er wolle kein Blutvergießen, aber er beanspruche bei einem freiwilligen Rückzug eine angemessene Pension, *„da selbst ein abgedankter König nicht wie ein Bettler leben könne."*[271] Während der Verhandlungen ließ er insgeheim königstreue Truppen um Brüssel zusammenziehen und missliebige Personen, darunter die deutschen Aufhetzer aus dem „Bund der Kommunisten" und der „Demokratischen Gesellschaft" verhaften. *„Die Regierung sieht Komplott, Konspiration in dem Ganzen. Marx … muß entfernt werden"*[272], schlussfolgerte Frau Marx. Wie hatten 1845 die Bedingungen für die Aufenthaltsgenehmigung gelautet? Karl Marx sollte „ausschließlich philosophisch arbeiten und sich von der Politik fernhalten". Mit seiner Teilnahme an einer Demonstration verstieß er gegen die Auflagen seiner Aufenthaltsgenehmigung. Wozu, mögen Jenny und Karl gedacht haben, ein Zugeständnis einhalten, wenn doch die Revolution unmittelbar bevorsteht? Ihre Hochstimmung verflog schnell angesichts des Sieges des Königs. Im Brüsseler Exilantenkreis herrschte höchste Alarmstufe. Nachdem Wilhelm Wolff am 27. Februar 1848 verhaftet worden war, sollte Marx nach Paris reisen und von dort aus die Zentrale des „Bundes der Kommunisten" leiten. Die belgischen Behörden kamen ihm zuvor. Am 3. März wurde ihm ein Ausweisungsbefehl ausgehändigt, demzufolge er innerhalb von 24 Stunden das Land zu verlassen habe. Marxens Plan war nun, die Familie ins überschaubare, sichere Trier zu schicken, nach Frankreich zu reisen und sich an den revolutionären Umtrieben in Paris zu beteiligen. Aber, so notierte Jenny später, *„in der späten Nacht dringen 2 Männer in unser Haus. Sie fragen nach Karl und, indem er vortritt, geben sie sich als sergeants de police zu erkennen, versehen* *mit dem Mandat, Karl zu fassen und zur Untersuchung zu ziehen. In der Nacht schleppen sie ihn weg.“* [273] Bei einer gründlichen Durchsuchung im Hotel „Au Bois Sauvage“, in dem die Familie sich kurz vor der Abreise eingemietet hatte, fand die Geheimpolizei nach eigener Aussage zwar nicht wie erhofft Waffen, aber angeblich ein kompromittierendes Dokument – möglicherweise das „Kommunistische Manifest“ – , das zu Marxens Verhaftung führte. Wie auch immer, ein Karl Marx ist sicherlich nicht weggeschleppt worden, sondern wie ein gentleman vorangeschritten. Aber Jenny geriet offensichtlich so in Panik, dass sie weder den tatsächlichen Hergang wahrnehmen, noch einen vernünftigen Gedanken fassen konnte. In ihren Erinnerungen hielt sie fest: *„In furchtbarer Angst eile ich ihm nach, suche Männer von Einfluß auf, um zu erfahren, was der Plan ist. Ich eile in der finstern Nacht von Haus zu Haus.“* [274] Im Ausnahmezustand als Frau in einer derart angespannten Atmosphäre nachts alleine auf der Straße herumzulaufen, war von einer Mutter mit drei kleinen Kindern unverantwortlich – und riskant: *„Da plötzlich faßt mich eine Wache, nimmt mich gefangen und wirft mich in ein dunkles Gefängnis. Es war dies der Ort, an welchem man obdachlose Bettler, heimatlose Wandrer, unglückliche, verlorene Frauen unterbringt. Man stößt mich in ein dunkles Gemach. Schluchzend trete ich ein, da bietet mir eine unglückliche Leidensgefährtin ihr Lager an. Es war eine harte Holzpritsche. Ich sinke aufs Lager nieder.“* [275] Neben Jennys Beschreibung ihrer Behandlung im Gefängnis gab es allerdings auch eine andere Version. Der concierge des Gefängnisses will sich um sie gekümmert haben und gab zu Protokoll, er habe *„Madame Marx' Wunsch nach einer Einzelzelle lediglich deshalb nicht umgehend erfüllen können, weil imselben Augenblick mehrere Zellen zu öffnen und zu schließen waren. Für 15 Minuten habe er ihr jene Gemeinschaftszelle anweisen müssen, danach sofort eine Schlafstatt in einer Zweibettzelle herrichten können; ein reichliches Trinkgeld von Madame Marx schien ihm nicht Ausdruck ihrer Qual und Leiden.“*[276]

Jenny war froh, als der Morgen dämmerte und sie sich in der neuen Umgebung orientieren konnte. Sie erkannte *„am gegenüberliegenden Fenster hinter eisernem Gitterwerk ein leichenblasses, trauriges Gesicht. Ich trete ans Fenster und erkenne unsern guten alten Freund Gigot. Als er mich erblickt, macht er mir Zeichen und winkt nach den untern Räumen. Ich schaue dorthin und entdecke Karl, der eben unter Militäreskorte abgeführt wird. Eine Stunde später führt man mich zum Instruktionsrichter.“* [277] Laut offizieller Verlautbarung waren fehlende Ausweispapiere und Landstreicherei Anlass ihrer Festnahme gewesen. Zwei Stunden lang wurde Frau Marx verhört, aber sie hatte sich schon wieder so weit im Griff, dass sie die bohrenden Fragen wenig aufschlussreich beantwortete. Die Prozedur zog sich hin; erst am Abend war die Mutter wieder bei ihren Kindern.

Der Vorfall gab Stoff für eine dramatische Erzählung. Noch nach Jahrzehnten empörte sich Engels darüber, dass Frau Marx ohne zwingenden Grund ins Gefängnis geworfen worden sei. Das entsprach nicht ganz der Wahrheit. Die Angelegenheit hatte „großes Aufsehen gemacht. Alle Blätter berichteten darüber“, und der Ehemann prangerte an, „die Behandlung, die einer Dame aus der preußischen Aristokratie auferlegt wurde“, sei indiskutabel gewesen. Diese Vorwürfe sollen angeblich zur Entlassung des Brüsseler Polizeichefs geführt haben.

Es blieb bei der Ausweisung aus Belgien. Jenny und Karl Marx hatten nicht die Absicht gehabt, sich für immer in Brüssel niederzulassen; dennoch war es bitter, ein zweites Mal ein Land auf Befehl verlassen zu müssen. Marx hatte in Frankreich vorsorglich um eine Aufhebung des Ausweisungsbefehls aus dem Jahre 1844 gebeten und am 3. März 1848, dem Tage seiner Verhaftung, von Ferdinand Flocon die Antwort erhalten: *„Wackerer, aufrichtiger Marx, der Boden der französischen Republik ist eine Freistätte für alle Freunde der Freiheit. Tyrannenmacht hat Sie verbannt, das freie Frankreich öffnet Ihnen seine Türe wieder. Ihnen und all denen, die für die heilige Sache, die brüderliche Sache aller Völker kämpfen.“* [278] Marx verließ mit dem Nachtzug am 4. März 1848 Belgien und traf am nächsten Morgen um 7.30 Uhr in der französischen Hauptstadt ein. Auch Jenny war erleichtert, dass ihre Familie in Frankreich willkommen war. Sie freute sich noch im Rückblick: *„Paris stand uns so wieder offen, und wo hätten wir uns damals wohler gefühlt als unter der eben aufglühenden Sonne der neuen Revolution. Dorthin, hieß es, dorthin. Ich packte in aller Eile meine Habseligkeiten zusammen, verkaufte, was zu verkaufen war, ließ aber meine Koffer, die all mein Silber und meine bessere Wäsche enthielten, in Brüssel zurück unter der Obhut des Buchhändlers Vogler, der sich bei meiner Abreise besonders dienstfertig und hilfreich zeigte.“*[279] Die Annahme dieser Dienstfertigkeit hatte einen hohen Preis. Die kostbaren Gegenstände versetzte Herr Vogler im Pfandhaus und erst Mitte 1849 war Jenny in der Lage ihren Besitz wieder auszulösen.

Nach Erledigung aller häuslichen Pflichten verließ Jenny Marx Belgien. Die Euphorie verflog angesichts der widrigen Umstände, wie Jenny in ihrem Lebensumriss (mit ungenauer Zeitangabe) festhielt: *„Es war ein sehr trüber, kalter Tag, der letzte im Monat Februar, und wir hatten große Mühe, die kleinen Kinder, von denen das jüngste eben 1 Jahr alt war, zu wärmen."*[280] Ihrem Begleiter Stefan Born entging nicht, dass *„ihre Gedanken bei ihrem Mann (waren). Sie war angegriffen von den Erlebnissen der letzten Tage, und eine drückende Traurigkeit lag auf ihren reinen Zügen. Wir gaben uns die Hand und trennten uns, als sie ihr provisorisches Heim erreicht hatte. Provisorisch war alles bis dahin für sie gewesen, ein festes Heim hatte sie mit ihren Kindern noch nicht gekannt."*[281]

Revolution in deutschen Staaten

März 1848 bis Juni 1848

In Paris fand die Familie Marx für die ersten Tage in der Rue Neuve-de-Ménilmontant, der heutigen Rue Commines, ein Quartier, danach in dem Hotel „Manchester" in der Rue de Gramont; von dort aus warteten Jenny und Karl Marx die weitere Entwicklung ab.

Ein zweites Mal ausgewiesen, ein zweites Mal Opfer staatlicher Willkür geworden zu sein, war demütigend, aber die revolutionären Umstände stimmten optimistisch. Barrikaden, Steine und Verwüstungen zeugten von ersten Kämpfen, aber die revolutionäre Bewegung in Paris hatte ihre Ziele noch nicht erreicht. In einem Brief an Joseph Weydemeyer zeigte sich Jenny Marx fasziniert von dem Geschehen, *„das von Minute zu Minute bewegter wird (heute abend ziehen 400.000 Arbeiter vors Hotel de ville) die Atroupements mehren sich wieder."*[282] Das gefiel ihr, weniger gefielen die Aktivitäten anderer Exilanten. Um sich zu distanzieren, bat Jenny im Auftrage ihres Mannes Weydemeyer, im „Westphälischen Dampfboot", einer Monatszeitschrift, anzuzeigen, *„daß sich … hier mehrere deutsche Gesellschaften gebildet haben; daß aber der deutsche Arbeiterklubb an dessen Spitze die Deutschen aus London, Schapper, Bauer, Moll, und die Deutschen aus Brüssel, Marx, Wolff, Engels, Wallau, Born, stehn, daß diese … nichts gemein haben mit der Deutschen Democratischen Association unter dem Vorstand von Börnstein, Bornstedt, Herwegh."*[283] Diese sei eine *„Gesellschaft,* *die die schwarz-rothgoldene Fahne aufsteckt (worin ihr jetzt der Bundestag schon zuvorgekommen ist) und vom Vater Blücher spricht und von preußischen abgedankten Officieren sectionenweis einexercirt wird. Es ist durchaus vor Frankreich und Deutschland nöthig sich entschieden von dieser Gesellschaft zu unterscheiden, da sie die Deutschen blamiren wird*" [284], betonte Jenny, die „citoyenne und vagabonde". Eine „vagabonde" war sie in der Tat, allerdings nicht im heutigen pejorativen Sinne. Als Jenny Marx am 17. März 1848 diese Zeilen schrieb, ahnte sie nicht, dass sie nicht lange in Paris bleiben würde – und das nicht, weil erneut Ungemach drohte, sondern weil für sie und ihren Mann der Traum schlechthin in Erfüllung ging: Revolution in Deutschland.

In einigen Staaten des Deutschen Bundes wie Baden, Württemberg, Bayern, Hessen-Darmstadt, der Pfalz, Preußen und Österreich versammelten sich seit Mitte März zahlreiche Menschen auf den Straßen, um neben der deutschen Einheit, Meinungs-, Presse-, Vereins- und Versammlungsfreiheit sowie ein deutsches Parlament und Volksbewaffnung einzufordern. Manche Demonstranten votierten sogar für eine Republik mit gleichem und direktem Wahlrecht. Träger der revolutionären Aktionen waren Studenten, Intellektuelle und die bürgerliche Mittelschicht, unterstützt vom Kleinbürgertum, von Handwerksgesellen und dem zahlenmäßig noch geringen Fabrikproletariat. In Berlin kam es zu Versammlungen und kleineren Demonstrationen, denen die Staatsgewalt mit verstärkter militärischer Präsenz begegnete. Noch am 7. März weigerte sich der preußische König, Petitionen anzunehmen und brachte das Aufbegehren „seiner" Untertanen auf den Punkt: „Das Volk ist mir zum Kotzen". Sechs Tage später, so das Geschehen aus heutiger Sicht, „*treffen Militär und Volksmassen aufeinander. Erste Todesopfer sind die Folge. Fünf Tage darauf kommt der preußische König der zur Durchsetzung ihrer Forderungen auf dem Schlossplatz versammelten Menschenmenge entgegen und verkündet die Aufhebung der Zensur und die Wiedereinberufung des erst ein Jahr zuvor aufgelösten Landtags. Zwischen die Beifallsbekundungen mischt sich auch der Ruf nach dem Abzug der Soldaten. Plötzlich wird der Befehl zur Räumung des Platzes gegeben, Schüsse fallen, von ‚Verrat' ist die Rede. Binnen kurzem ist die Stadt voller Barrikaden, auf denen sich Arbeiter und Bürger gemeinsam gegen das vorrückende Militär zur Wehr setzen. … Mehr als 230 Tote sind zu beklagen, bevor der König vor der Revolution kapituliert und den Rückzug der Truppen befiehlt.*"[285] Friedrich Wilhelm IV. wurde tags darauf von den Rebellierenden gezwungen, ihren Gefallenen Reverenz zu erweisen: er musste vom Balkon seines Schlosses aus seinen Hut vor den Särgen der Opfer ziehen und geloben, die Forderung nach der nationalen Einheit zu seiner Sache zu machen. „Preußen geht fortan in Deutschland auf", verkündete der preußische König. Für ihn persönlich war es ein Trauma, vom Pöbel zu einer derart entwürdigenden Handlung gezwungen worden zu sein. Zu seinem Glück betrieb die Mehrheit der Revolutionäre nicht die Abschaffung der Monarchie. Der Herrscher war klug und schickte seinen Bruder, den ultrakonservativen „Kartätschenprinz", nach London. Wilhelm war zur Unperson geworden, nachdem er u. a. die Soldaten getadelt hatte, weil sie zu schlecht zielten – sie sollten aufsässige Untertanen nicht schonen, sondern erschießen.

Ein weiterer geschickter Schachzug des Königs war die Berufung von Ludolf Camphausen und David Hansemann in höchste Staatsämter. Camphausen, der erste bürgerliche Ministerpräsident Preußens, soll sogar Karl Marx, den er von der „Rheinischen Zeitung" her kannte, zur Mitarbeit im Finanzwesen aufgefordert haben.

Am 2. April 1848 beklagte ein junger Landtagsabgeordneter, sein Name war Otto von Bismarck, öffentlich, die Krone habe selbst Erde auf ihren eigenen Sarg geworfen. Was Bismarck im Zweiten Vereinigten Landtag angeblich in einen Weinkrampf ausbrechen ließ, war für Jenny und Karl Marx ein Anlass für Freudentränen. Wie herrlich erschienen ihnen die revolutionären Aktionen in Preußen! Das Ehepaar hielt es nicht länger in Frankreich aus und beschloss, nach Preußen, in die Rheinlande, nach Köln zu gehen.

Der mit ihnen befreundete Georg Herwegh schlug einen anderen Weg ein. Der bekannte Dichter war wegen seiner Kritik am preußischen Staat des Landes verwiesen worden. Nachdem Friedrich Wilhelm IV. vergeblich versucht haben soll, ihn für das Vaterland zu ködern, verabschiedete er sich mit den Worten: „Wir wollen ehrliche Feinde sein". Die „eiserne Lerche", wie Heinrich Heine Herwegh ironisch titulierte, plädierte in der „Deutschen Demokratischen Gesellschaft" für den bewaffneten Kampf, während Marx sich im „Klub deutscher Arbeiter" gegen tumbes Losschlagen aussprach und stattdessen ein geistiges Fundament für den Kampf gegen Staat und Gesellschaft schaffen wollte.

Nur wer wisse, weshalb und wofür er kämpfe, argumentierte er, könne Erfolg haben.

Bevor Herwegh im April in Richtung Baden zog, soll Jenny noch über Emma Herwegh, mit der sie seit ihrem ersten Parisaufenthalt befreundet war, versucht haben zwischen Marx und Herwegh zu vermitteln, vergeblich. Herwegh ließ von seinem Vorhaben nicht ab, und seine Frau stand treu an seiner Seite, bewährte sich als Kundschafterin und Verbindungsfrau. Die Pariser Deutsche Legion, ein bewaffneter Kampfverband von ca. 650–800 Handwerkern, Arbeitern und Studenten, wollte die Aufständischen in Baden unterstützen, die unter dem Kommando Friedrich Heckers und Gustav Struves standen. Als die Legion an der deutsch-französischen Grenze angelangt war, so die Autorin Bärbel Holtz, übernahm Emma die lebensgefährliche Aufgabe, *„die Verbindung zu den Aufständischen in Baden herzustellen. Zweimal schlug sie sich auf abenteuerlichen und gefährlichen Wegen zu Hecker durch, riskierte ihre Freiheit, vielleicht sogar ihr Leben.“*[286] Frau Herwegh drängte Hecker, die Deutsche Legion ernst zu nehmen, und forderte *„eine entschiedene Antwort. Doch Hecker zögerte. Als die Deutsche Legion am 23. April endlich die Grenze überschritt, waren die Aufständischen schon durch die Regierungstruppen geschlagen. Das gleiche Schicksal ereilte die Deutsche Legion am 27. April bei Niederdossenbach.“*[287] Schlecht ausgerüstet, ungeübt im Umgang mit Waffen und unerprobt im Kampf unterlagen Herweghs Männer den deutschen Bundestruppen. Es blieb dem Ehepaar nur die Flucht in die Schweiz, auch ein gefährliches Unternehmen, denn württembergische Soldaten drohten laut Holtz auf ihrer Verfolgungsjagd einem Bauern, der es versteckt hielt: *„Wenn ihr den Herwegh und sein verfluchtes Weib, das ihm in Manneskleidern folgt, bei Euch versteckt und wir finden sie, so werden sie auf der Stelle massakriert, und Euch zünden wir das Haus über dem Kopf an.“*[288] Trotzdem gelangten sie in die Schweiz, kehrten aus Sicherheitsgründen kurzzeitig nach Frankreich zurück, bevor sie sich 1851 in Zürich ansiedelten. Nach einer Amnestie für die 1848er Revolutionäre ließen sie sich in Baden-Baden nieder, wo Herwegh 1875 starb. Emma Herwegh kämpfte bis zu ihrem Tode 1904 in Paris für die Rechte der Frauen. Gustav (von) Struve (1805 – 1870) und Friedrich Hecker (1811 – 1881) emigrierten in die USA.

Der schlimmste Punkt in der Provinz – Trier 1848

Karl Marx wollte seinen Beitrag zum Gelingen der Revolution in Deutschland leisten und zwar in Köln, wo er fünf Jahre zuvor gescheitert war. Jenny sollte, bis er sich etabliert hatte, mit den Kindern bei der Mutter in Trier Station machen.

Für Jenny Marx war Trier bisher nur ein braves Pfaffennest mit Miniatur-Menschheit gewesen, nun kam sie in eine aufgewühlte Stadt. Eine Kartoffelfäule hatte zu einer Missernte und zu einer Hungersnot geführt und eine Wirtschaftskrise zu Entlassungen in den Manufakturen. Im extrem harten Winter drohte die bislang unterschwellige Unzufriedenheit offen auszubrechen. Die Stadtverwaltung hatte die Lage noch insoweit im Griff, dass es keinen offenen Aufruhr gab, aber die Zeit drängte. Am 8. März 1848 bat der trierische Stadtrat in einer Adresse an den König um Presse- und Versammlungsfreiheit und eine Volksvertretung ohne Standesunterschiede – ohne Erfolg. Am 12. März versammelten sich fast alle Trierer Männer trotz Versammlungsverbotes und forderten nach den Recherchen des Historikers Monz vom König *„Maßregeln zur Sicherung des Wohles aller Klassen, unbeschränktes Wahlrecht und die Vereidigung aller Staatsbürger, auch der Militärs, auf die Verfassung.“*[289] Einen Tag später kamen erneut 500 Männer im Bierhaus Götschel zusammen, sangen die Marseillaise und „Wir wollen Preußen bleiben, wir sind gute Deutsche“, verstanden aber, so Monz, *„die Proklamation des Königs, dass Preußen in Zukunft in Deutschland aufgehen werde, dahin, Preußen würde überhaupt aufhören zu existieren. Am 23. März 1848 begann man daraufhin mit der Entfernung aller königlichen Wappen von den öffentlichen Gebäuden und hisste die schwarz-rot-goldene Fahne. Auf die Bitte des Stadtrates beschloß das Domkapitel, die schwarz-rot-goldene Fahne auch auf dem Dom aufzupflanzen.“*[290] Der revolutionäre Schwung hielt an und zwang die Obrigkeit zum Einlenken: Sie minderte die verhassten Steuern und ließ Gefangene frei. Das war nach Krosigk der Anfang einer neuen Zeit: *„Die revolutionären Wogen (schlugen) hoch. Man trug schwarzrotgoldene Kokarden (Kokarden kannte man aus Napoleons Zeiten ja bestens), schwenkte Fahnen der gleichen Farbe und machte Umzüge, eine Bürgerwehr bildete sich, es kam gelegentlich zu Tumulten und Zusammenstößen, aber nicht zu* *blutigen Kämpfen.“* [291] Frau Marx wird das Geschehen in Trier wohlwollend beobachtet haben.

Bei den gesamt-deutschen Wahlen zur Nationalversammlung am 1. Mai 1848 wurden nur Anhänger des „Demokratischen Vereins“ von Ludwig Simon gewählt – erstaunlich in einer Stadt, in der mehr als 90% der Bürger katholisch waren. Am Wahltag kam es zur Inhaftierung von fünf ungehorsamen Soldaten, woraufhin tags darauf das Arresthaus gestürmt wurde. Schüsse fielen, zwei Bürger kamen ums Leben. Großer Unmut machte sich breit. Beim Sturmläuten aller Glocken errichteten die aufgebrachten Bürger 100 Barrikaden und sie hatten, so Monz, *„in den meisten Häusern ... Körbe mit Steinen, Vitriol und kochendes Wasser bereitgestellt, um die anrückenden Soldaten zu bombardieren.“*[292] „Heute abend hängt ihr am Galgen, ihr verfluchten Preußen“, war allüberall zu hören, allerdings nur für kurze Zeit.

Nach den Wahlen spaltete sich der „Demokratische Verein“, weil Simon als gewählter Abgeordneter des Trierer Wahlkreises in der Frankfurter Nationalversammlung Auffassungen vertrat, die der kirchliche Flügel unter der Führung des erst einige Jahre zuvor zum Katholizismus konvertierten Künstlers Augustin Gustav Lasinsky nicht teilen konnte. Außergewöhnlich war dessen Einstellung doch: *„‚Freiheit, Gleichheit, Brüderlichkeit‘ und ‚wahre Demokratie‘ seien von der Kirche zuerst gelehrt worden. Ein Katholik könne deshalb kein Reaktionär sein.“*[293] Diese Auffassung, in Trier eine katholisch gemäßigte, galt anderswo als subversiv. Die „Kölner Zeitung“ urteilte, *„dass in Trier die Freiheit in Händen von ‚politischen Gassenbuben und Banditen‘ sei, denen die ‚Jammergestalten von bürgerlichen Philistern‘ zuhörten, wenn sie ihre ‚Blutreden‘ für das Volk hielten.“*[294]

Jenny verließ voller Stolz im Mai die Heimatstadt. In Köln bezog die Familie Marx eine Wohnung in der Cäcilienstraße 7, ganz in der Nähe der Redaktion der „N.RH.Z“, der „Neuen Rheinischen Zeitung“. Hilfe und Unterstützung leisteten beim Einleben Caroline Schöler, Edgars Verlobte, die in diesen Tagen zu einer der treuesten Freundinnen wurde, und das Ehepaar Amalie und Roland Daniels.

Die „Neue Rheinische Zeitung"
Juni 1848 bis Juni 1849

Für Karl Marx war im April 1848 die Stunde der Vergeltung gekommen. Fünf Jahre nach dem Verbot der „Rheinischen Zeitung" durch die preußische Zensur sah er die Gelegenheit für eine Wiederbelebung des Blattes in seinem Sinne. Zunächst suchte er finanzkräftige Förderer für seine „Neue Rheinische Zeitung", aber die Geldgeber aus der vorrevolutionären Zeit hielten sich bedeckt. *„Die Sache ist au fond die, daß auch diese radikalen Bourgeois hier in uns ihre zukünftigen Hauptfeinde sehen und daß sie uns keine Waffen in die Hand geben wollen, die wir sehr bald gegen sie selbst kehren würden"* [295], schlussfolgerte Engels bei Marx. Die Liberalen ahnten, dass sie ihre eigenen Totengräber werden sollten. Marx investierte den Rest seines bis dahin ausbezahlten Erbes in das Projekt, Hauptsache, die Zeitung konnte erscheinen, und er übernahm am 31. Mai die leitende Funktion des Chefredakteurs für drei Jahre mit einem Jahresgehalt von 1.500 Talern. Er dominierte in dieser Position so, dass Engels von „der einfachen Diktatur von Marx" sprach. Mitarbeiter waren führende Köpfe in der Oppositionsbewegung wie Weerth, Wolff, Freiligrath und Engels.

Die erste Nummer der „Neuen Rheinischen Zeitung", des „Organs der Demokratie" erschien am 1. Juni 1848. Die Zeitung etablierte sich rasch, hatte bereits einen Monat nach Erscheinen 1.000 Abonnenten und eine Auflage von 5.000 bis 6.000 Exemplaren. Marx und Engels wollten den nach ihrer Ansicht überflüssigen „Bund der Kommunisten" auflösen, indem sie verkündeten, das „Organ der Demokratie" ersetze den Bund. Ihre Begründung war ein geschickter Schachzug, um die Kontrolle an sich zu reißen, aber sie schlug fehl.

Jenny Marx war glücklich und ganz in ihrem Element als politische Frau; engagiert unterstützte sie ihren Mann, beriet ihn, begleitete ihn zu Versammlungen. War er verhindert, besuchte sie Veranstaltungen und berichtete detailliert. *„Jenny hat wohl das merkwürdigste Schiksal von tausend ihres Geschlechts. Immer ist sie an dem Ort, wo das Treiben und die Bewegung am größten ist. Es geht ihr mit ihrem Mann zu meiner höchsten Freude, recht wohl"* [296], schrieb Mutter Caroline an Werner von Veltheim im August 1848. Ganz traute sie der Sache nicht: *„Die Zeitung hat Feinde zwar genug, aber doch noch mehr Freunde, ob sie sich ewig halten wird ist eine Frage?*

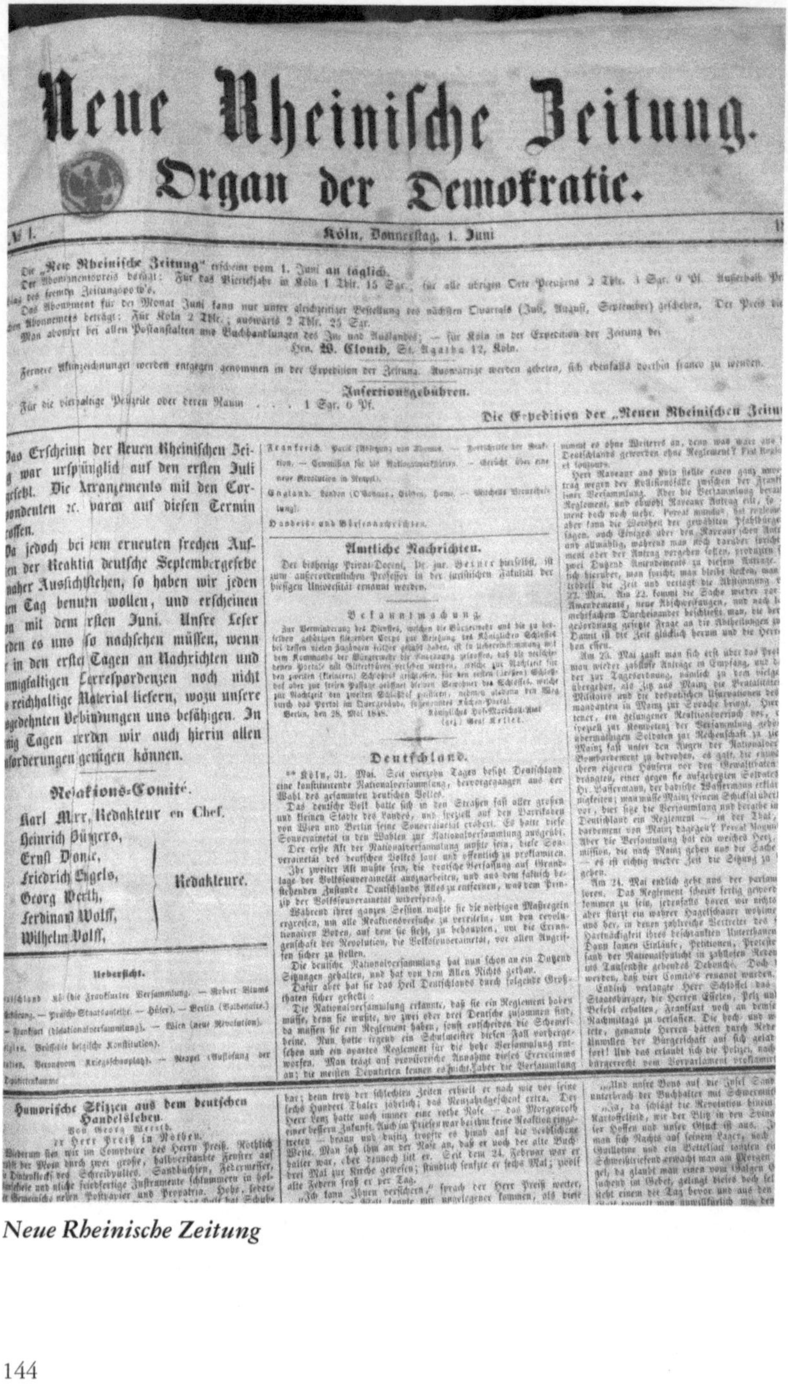

Neue Rheinische Zeitung.
Organ der Demokratie.

№ 1. Köln, Donnerstag, 1. Juni

Die „Neue Rheinische Zeitung" erscheint vom 1. Juni an täglich.

Hrn. W. Clouth, St. Agatha 12, Köln.

Insertionsgebühren.

Für die vierspaltige Petitzeile oder deren Raum . . . . 1 Sgr. 6 Pf.

Die Expedition der „Neuen Rheinischen Zeitung".

Das Erscheinen der Neuen Rheinischen Zeitung war ursprünglich auf den ersten Juli festgesetzt. Die Arrangements mit den Correspondenten 2c. waren auf diesen Termin getroffen.

Da jedoch bei dem erneuten frechen Auftreten der Reaktion deutsche Septembergesetze in naher Aussicht stehen, so haben wir jeden freien Tag benutzen wollen, und erscheinen schon mit dem ersten Juni. Unsre Leser werden es uns also nachsehen müssen, wenn wir in den ersten Tagen an Nachrichten und mannigfaltigen Correspondenzen noch nicht das reichhaltige Material liefern, wozu unsere ausgedehnten Verbindungen uns befähigen. In wenig Tagen werden wir auch hierin allen Anforderungen genügen können.

Redaktions-Comité.

Karl Marx, Redakteur en Chef.

Heinrich Bürgers, Ernst Dronke, Friedrich Engels, Georg Weerth, Ferdinand Wolff, Wilhelm Wolff, Redakteure.

Uebersicht.

Amtliche Nachrichten.

Bekanntmachung.

Deutschland.

Humoristische Skizzen aus dem deutschen Handelsleben.

Von Georg Weerth.

Neue Rheinische Zeitung

Indes wer kann sagen daß er fest steht?" [297] Die Zeitung *„findet außerordentlichen Beifal, obgleich sich auch wohl mancher Tadel darüber erheben mag, denn es ist manches wohl ein Bischen scharf aufgetragen, indes alle Blätter stimmen ja damit so ziemlich überein, beruhigend kann jetzt kein Schriftsteller schreiben"* [298], kommentierte Frau von Westphalen die Arbeit ihres Schwiegersohnes.

Die Zeitung polarisierte. Georg Weerth, einer der Redakteure, gab einem regierungstreuen Beamten eine Stimme:

„Heute morgen fuhr ich nach Düsseldorf
In sehr honetter Begleitung:
Ein Regierungsrath – er schimpfte sehr
Auf die Neue Rheinische Zeitung.

'Die Redakteure dieses Blatts',
So sprach er, ‚sind sämtlich Teufel;
Sie fürchten weder den lieben Gott
noch den Oberprokurator Zweiffel.

Für alles irdische Missgeschick
Sehn sie die einzige Heilung
In der rosenrötlichen Republik
Und vollkommener Güterteilung'.

Die ganze Welt wird eingeteilt
In tausend Millionen Parzellen;
In so viel Land, in so viel Sand
Und in so viel Meereswellen.

Und alle Menschen bekommen ein Stück
Zu ihrer speziellen Erheitrung –
Die besten Brocken: die Redakteur'
Der Neuen Rheinischen Zeitung.
..." [299]

Auch Marx erhielt seinen „Brocken" in Form von Gehalt, da sich die Zeitung gut verkaufte. Er hoffte, die Investitionen aus dem Erbe würden sich in Kürze amortisieren. Diese Aussichten ließen Jenny sichtlich aufleben. Vielleicht ging es ihr in ihrem Leben nie besser. Die politische Entwicklung ging in die ersehnte Richtung, ihr Mann war in seinem Element und beeinflusste das Geschehen mit seinen Artikeln, die Geldnot schien Vergangenheit, das Familienleben war heiter.

Im Fokus der ersten Ausgaben der „Neuen Rheinischen Zeitung" stand der Juni-Aufstand der Arbeiter in Paris, der die Angst des französischen Bürgertums vor der „Roten Gefahr" entfacht hatte und vom Militär blutig niedergeschlagen wurde. Über 3.000 Tote waren zu beklagen, und Chefredakteur Marx verglich in einem Artikel die Schicksale der Gefallenen beider feindlicher Lager miteinander: *„Der Staat wird ihre Witwen und Waisen pflegen, Dekrete werden sie verherrlichen, feierliche Leichenzüge werden ihre Reste zur Erde bestatten, die offizielle Presse wird sie unsterblich erklären, die europäische Reaktion wird ihnen huldigen von Osten bis zum Westen."* [300] Diesen Opfern der siegreichen Seite gehörte nicht sein Mitgefühl, sein Herz schlug für die Besiegten, für *„die Plebejer, von Hunden zerrissen, von der Presse geschmäht, von den Ärzten verlassen, von den Honetten Diebe gescholten, Brandstifter, Galeerensklaven, ihre Weiber und Kinder in noch grenzenloseres Elend gestürzt, ihre besten Lebenden über die See deportiert – ihnen den Lorbeer um die drohend finstere Stirn zu winden, das ist das Vorrecht, das ist das Recht der demokratischen Presse."* [301]

Nach anfänglicher Euphorie kam die Ernüchterung. Ein Antrag von Marx auf Wiederaufnahme in den preußischen Untertanenverband lehnten die Behörden ab; es blieb bei der Aufenthaltsgenehmigung. Marx glaubte zwar, die Sache werde sich von selbst erledigen, denn nur bei einer Niederlage der Revolution würde die Verweigerung der Repatriierung von Bedeutung sein. Die staatlichen Organe agierten noch vorsichtig–zurückhaltend, aber sie lauerten auf ihre Chance – und langsam neigte sich die Waagschale des Glücks der Reaktion zu.

In Berlin löste sich das bürgerlich-liberale Kabinett Camphausen am 20. Juni 1848 auf, auch weil es die Erwartungen der Berliner Bevölkerung durch seine Ausgleichsbemühungen zwischen Volk und König nicht erfüllte. Nach Ansicht von Marx hätte Camphausen die Überbleibsel der alten Institutionen diktatorisch zerschlagen müssen. So aber formierten sich die alten Kräfte erfolgreich. Im Spätsommer 1848 wurde in Köln nach Verhängung des Belagerungszustandes die oppositionelle Presse, auch die „Neue Rheinische Zeitung", verboten. Arbeiter, Handwerker und freiheitlich Gesinnte wehrten sich gegen die Re-Installierung des alten Unterdrückungsstaates. Auf der Fühlinger Heide bei Worringen zwischen Köln und Düsseldorf kamen am 17. September mehrere Tausend Demonstrant/innen zusammen, um die ihnen zugesicherten Grundrechte einzufordern, unterstützt von den Rednern Wolff, Bürgers, Schapper, Moll, Marx und Engels. Angesichts dieses Widerstandes lenkte die Staatsmacht in den Rheinlanden ein. Davon profitierte Marx. Am 12. Oktober 1848 durfte seine Zeitung wieder erscheinen, unter strenger Zensur, die er immer zu unterlaufen versuchte.

Marx rief mit flammenden Artikeln zum „revolutionären Terrorismus gegen die Herrschenden" auf. Fanal war für ihn das Schicksal Robert Blums, der gerächt werden sollte. Blum (1807–1848), für Leipzig Abgeordneter in der Nationalversammlung, war wegen seiner Reden „Über die deutschen Grundrechte" und „Über die Zentralgewalt" berühmt geworden. Er reiste im Oktober 1848 mit einer Solidaritätsbotschaft der Frankfurter Parlamentslinken nach Wien, um die revolutionäre Bewegung zu unterstützen. Anlass für die Proteste war der Unabhängigkeitskampf der Ungarn unter Lajos Kossuth gewesen. In „Wege-Irrwege-Umwege" heißt es dazu: *„Die Weigerung eines in Wien stationierten Bataillons gegen die Ungarn zu kämpfen, löst in der Hauptstadt am 6. Oktober letztendlich die Unruhen aus, der sich Demokratische Vereine, Arbeiterklubs, Bürgerwehren und die Studentenlegion anschließen. Zu den ersten Opfern des Aufstands gehört Kriegsminister Theodor Graf Baillet de Latour, den die Revolutionäre an einem Laternenpfahl aufhängen."*[302] Blum kämpfte gegen die unter dem Kommando von Windisch-Graetz stehenden kaiserlichen Truppen, wurde gefangengenommen und trotz seiner Immunität als Parlamentarier zum „Tod durch Erschießen" verurteilt. Am 9. November 1848 wurde Robert Blum in der Brigittenau bei Wien hingerichtet. Die liberal und demokratisch Gesinnten waren schockiert über das tragische Ende des überzeugten Demokraten Blum. Als es auf diesen Rechtsbruch, diesen politischen Mord, keine Reaktion, keine Erhebung der österreichischen Volksmassen gab, ging der neu berufene reaktionäre Staatskanzler Schwarzenberg davon aus, dass die Revolution beendet war.

In deutschen Staaten hielt der revolutionäre Kampf noch an. Marx wollte Ende 1848 mithilfe des „Terrorismus“ „die mörderischen Todeswehen der alten Gesellschaft und die blutigen Geburtswehen der neuen Gesellschaft abkürzen“ und rief zum bewaffneten Widerstand auf – und zur Steuerverweigerung. Er stieß zwar auf große Resonanz, aber die erstarkte Staatsmacht machte ihm wegen „Aufreizung zur Rebellion“ den Prozess, einen rechtsstaatlichen und keinen kurzen Prozess durch Hinrichtung, mit der Marx selbst gerechnet hatte! Am 7./8. Februar 1849 wurde Dr. Marx vor Gericht vernommen und verteidigte sich klug. Mit der These, dass die Presse das Recht habe, „alle Grundlagen des bestehenden politischen Zustandes zu unterwühlen“, und er nicht den Staat per se, sondern nur die politischen Zustände angegriffen habe, überzeugte er die Richter. Marx glänzte rhetorisch und inhaltlich. Das Urteil lautete: Freispruch. Noch war die Reaktion nicht so gefestigt, dass die Regierung das Recht auf Presse- und Meinungsfreiheit zu willkürlich beschneiden konnte. Noch musste sie mit Aufständen rechnen und noch existierte (bis zum 31. Mai 1849) in Frankfurt am Main die Nationalversammlung, die gerade eine Verfassung mit Grundrechten ausgearbeitet hatte. Nach Abberufung zahlreicher Abgeordneter durch ihre Regierungen beschloss das Rumpfparlament in Stuttgart weiterzutagen und wählte eine provisorische Reichsregentschaft, der Karl Vogt und Ludwig Simon angehörten. Die württembergische Regierung verfügte Mitte Juli 1849 auf preußischen Druck die Auflösung. Ludwig Simon wurde in Trier in absentia zum Tode verurteilt, zum einen wegen Hochverrates als Mitglied des Rumpfparlamentes und zum anderen wegen Desertion als Offizier. Da der Todeskandidat sich rechtzeitig in die Schweiz gerettet hatte, wurde statt seiner auf dem Hauptmarkt in Trier eine Strohpuppe enthauptet. Dieses Prozedere stieß nicht uneingeschränkt auf Zustimmung, wie Monz herausfand. Nachts legten Trierer Bürger/innen heimlich Blumen an der Hinrichtungsstätte nieder und bekränzten *„das Namensschild am ‚Schandpfahl' mit Rosen“*, um dem Freiheitskämpfer ihre *„Liebe und Achtung“* [303] – und Solidarität zu zeigen. An dem ‚Schandpfahl‘ wurde auch das Todesurteil über den Advokaten und Reserveoffizier Viktor Schily öffentlich gemacht. Schily hatte am 18. Mai 1848 mit 100 anderen Männern das Zeughaus in Prüm gestürmt und die dort gelagerten 240 Schusswaffen und 1.500 Patronen an sich genommen. Das in der Stadt stationierte Bataillon lief zu den Aufständischen über, doch die staatliche Macht setzte sich durch; viele Revolutionäre wurden inhaftiert und einige Landwehr-Angehörige zum Tode verurteilt. Viktor Schily konnte sich absetzen, kämpfte in Baden und der Pfalz für die Revolution und flüchtete nach der Niederlage der Aufständischen im Juli 1849 nach Paris.

Auch in Dresden war der revolutionäre Schwung im Frühjahr 1849 noch nicht verebbt, im Gegenteil. Der Historiker Gall beschreibt das Geschehen wie folgt: *„In der sächsischen Residenzstadt Dresden schreiten die Vaterlandsvereine zur bewaffneten Tat, als der König die sich zur Verfassung bekennenden Kammern auflöst und preußisches Militär anfordert. Unter dem Schlachtruf: ‚Eilt schleunigst mit Waffen und Munition herzu. Es gilt!' stürmt das Volk das Zeughaus. Unter dem Oberbefehl des russischen Anarchisten Michail Bakunin und unter der fachlichen Anleitung des Hofbaumeisters Gottfried Semper werden in der ganzen Stadt Barrikaden errichtet. Selbst so prominente Zeitgenossen wie der sächsische Hofkapellmeister Richard Wagner schließen sich den vorwiegend aus Handwerkern und Arbeitern rekrutierten Revolutionären an.“*[304] Der König entkam zu Fuß und entfloh auf einem Elbdampfschiff. Einige Tage später wurde der Aufstand durch preußische Truppen niedergeschlagen.

Karl Marx propagierte unermüdlich eine Revolution – für die Behörden eine unverschämte Provokation. *„In ihren neuesten Stücken tritt die N.RH.Z. mit der Aufreizung zur Verachtung der bestehenden Regierung, zum gewaltsamen Umsturz und zur Einführung der socialen Republik immer entschiedener hervor“*[305], stellte der Kölner Polizeipräsident Wilhelm Arnold Geiger Mitte Mai fest und hielt den Zeitpunkt zum Handeln für gekommen. Das „Frankfurter Journal“ berichtete über erste Maßnahmen der Regierung in den Rheinlanden: *„Heute führte sie ihren ersten Streich, an dem die ‚Neue Rheinische Zeitung‘ verbluten wird. … Durch die Post wird dieselbe heute nicht versandt. Daß sie nicht ferner erscheint, soll in der Verweisung des Redaktions-Personals gegründet seyn. Wer von demselben früher nicht der Stadt angehörte, ist ausgewiesen. … Mit dieser Zeitung verliert die Opposition ihre entschiedenste Vertreterin und es steht fest, dass so bald nicht wieder ein Journal in Deutschland erscheint, das mit so geistigen Kräften ausgestattet ist. Unter den Redacteuren finden wir: Freiligrath, Marx, Bürgers, Dronke, Georg Weerth und Engels. Wenigen Zeitungen dürften in so kurzer Zeit so viele Abonnenten* *zugeströmt seyn, wie gerade der N.RH.Z. …"* [306] Am Tage nach Eingang der amtlichen Anordnung machte die „Neue Rheinische Zeitung" in Nr. 301 bekannt, „ihrem Redacteur en chef, dem Dr. Karl Marx", werde „das Gastrecht, welches er so schmählich verletzt", entzogen „und da derselbe eine Erlaubniß zum ferneren Aufenthalt in den hiesigen Staaten nicht erlangt hat", müsse er „dieselben binnen 24 Stunden" verlassen. *„Sollte er der an ihn ergehenden Aufforderung nicht freiwillig Genüge leisten, so ist derselbe zwangsweise über die Grenze zu bringen"* [307], lautete eine weitere amtliche Anweisung. Die „Deutsche Zeitung" in Frankfurt rechtfertigte den Ausweisungsbefehl des Regierungs-Präsidenten damit, dass *„Hr. Marx durch die in den letzten Nummern seiner Zeitung herrschende maßlose Sprache, durch Verhoehnung und Beleidigung der koeniglichen Regierung und der Behoerden, so wie durch offenbares Hinarbeiten auf die soziale Republik das ihm gewaehrte Gastrecht schmaehlich verletzt habe."* [308] Man stellte Karl Marx vor die Alternative, der Ausweisung aus freien Stücken Folge zu leisten oder gewaltsam als Ausländer abgeschoben zu werden. Karl Marx vermied eine Gefährdung seiner Person und beschloss, sich der Gewalt zu beugen, auch weil seine schwangere Frau besonderer Schonung und Fürsorge bedurfte. Er leitete alle nötigen Schritte für die ordnungsgemäße Ausreise ein und bat Roland Daniels verfängliche Unterlagen vor dem Zugriff der Behörden zu retten; der Arzt fand im Weinkeller seines Bruders ein geeignetes Versteck.

Karl Marx konnte seine noch Mitte Mai 1849 angekündigten Aktivitäten als Kommissär für die Rheinlande und Westfalen im „Central-Ausschuss der Demokraten" nicht mehr wahrnehmen. In einem dramatischen Appell wandten sich die Führer an *„Deutschlands Söhne! Unsere Feinde, die kein Mittel, auch das entwürdigendste, zur Erreichung ihrer verächtlichen Zwecke scheuen, rühmen sich jetzt eines Sieges! Ja, Brüder in Deutschlands Gauen, wir können es uns nicht verhehlen, unsere heilige Sache scheint gefährdet, gefährdet durch die starke Offenheit, mit der wir zu Werke gingen. – Brüder! Unsere Sache ist zu heilig, als daß sie verloren ginge … Wir haben deshalb jetzt nur über Mittel zu berathen, um schnell zum Siege zu kommen."* [309] Das geheime Treffen fand, wenn überhaupt, ohne „Bruder" Karl statt.

Journalist Marx und seine ebenfalls von Verhaftung bedrohten Mitarbeiter verabschiedeten sich mit Würde; Ferdinand Freiligrath läutete auf der ersten Seite in roten Lettern das Totenglöcklein:

„Abschiedswort der Neuen Rheinischen Zeitung
19. Mai 1849
Kein offner Hieb in offner Schlacht – …
Aus dem Dunkel flog der tödtende Schaft,
Aus dem Hinterhalt fielen die Streiche –
Und so lieg' ich nun da in meiner Kraft,
Eine stolze Rebellenleiche!

Auf der Lippe den Trotz und den zuckenden Hohn,
In der Hand den blitzenden Degen,
Noch im Sterben rufend: „Die Rebellion!" –
So bin ich mit Ehren erlegen.

… Nun Ade – doch nicht für immer Ade!
Denn sie tödten den Geist nicht, ihr Brüder!
…
Wenn die letzte Krone wie Glas zerbricht,
In des Kampfes Wettern und Flammen,
Wenn das Volk sein letztes „Schuldig!" spricht,
Dann stehn wir wieder zusammen!
Mit dem Wort, mit dem Schwert, … "[310]

Ein wunderbares Abschiedsgedicht, das viele berührte. „Es war die berühmte ‚rote Nummer', ein Feuerbrand in Form und Inhalt", befand Jenny Marx. Des Dichters Worte sprachen ihr durch die Zuversicht, dass letztendlich die Monarchien zertrümmert werden würden, aus dem Herzen.

Die Revolution scheiterte 1849. Den Reaktionären war es gelungen, das Rad der Geschichte zurückzudrehen und die Etablierung bürgerlicher Demokratien noch aufzuhalten. Im Schockzustand vom März 1848 hatten die Herrschenden zur Besänftigung der Bevölkerung halbherzig liberale Reformen zugestanden und einige Bauernopfer gebracht. Jetzt hatten sie wieder die uneingeschränkte Befehlsgewalt. Mit dazu beigetragen hatte die preußische Armee. Auf Hilferuf bedrohter Herrscher in anderen deutschen Staaten eilten preußische Soldaten dank des modernen Fortbewegungsmittels, der Eisenbahn, nach Sachsen, Baden und in die Pfalz und setzten ihre modernen schnellen Zündnadelgewehre ein, denen die Revoltierenden nichts entgegenzusetzen hatten.[311] Auch das Bürgertum selbst trug zur Niederlage bei; es sei, so analysierte Liebknecht, bis 1849 liberal, demokratisch und dem Militarismus abgeneigt gewesen, danach aber kapitalistisch geworden und ab 1871 dem Kaisertum zugetan.

Es schmerzte Jenny und Karl Marx, dass die erhoffte Revolution niedergeschlagen war. Nie waren sie so nah an der Verwirklichung ihres Lebenstraumes gewesen wie in diesen Tagen; eine derartige Gelegenheit erlebten sie nicht mehr, obwohl sie zeitlebens darauf hofften. Sie standen vor einem Scherbenhaufen. Umsonst hatten sie ihre Energie und vielleicht 7.000 Taler in das Unternehmen „Revolution" investiert. Aber sie waren nicht gewillt, ihre Visionen aufzugeben, das wäre Verrat an ihrer Überzeugung gewesen, wäre einer Kapitulation gleichgekommen. Jenny und Karl Marx glaubten an ihre Bestimmung und mussten sich doch der Realität stellen. Der erste Schritt, so Jenny in ihren Erinnerungen, war: *„Karl entschloß sich, einstweilen von neuem nach Paris zu gehen, da der deutsche Boden ihm unmöglich geworden war."*[312] Wieder musste die Wohnung aufgekündigt, mussten Geschirr und Wäsche verpackt und der Transport organisiert werden. Um sich die Reisemittel zu verschaffen, setzte die Hausfrau mithilfe von Freunden ihr *„eben aus dem Brüsseler Pfandhaus erlöstes Silbergeschirr wieder von neuem in flüssiges Silber um."*[313] Im vierten Monat schwanger, verließ Jenny Marx mit den Kindern Köln in Richtung alte Heimat.

In Trier musste sie mit Bitternis erleben, dass auch in dem einstmals „schlimmsten (revolutionären) Punkt in der Provinz" *„die Reaktion … in ihrer wildesten Gestalt allüberall"*[314] auftrat. Sie fühlte sich in ihrer Ehre verletzt, denn man rückte von der Frau des Gescheiterten, der die Staatsmacht vergeblich herausgefordert hatte, ab. Jenny schrieb an Lina Schöler: *„Ich bin hier so wenig Herr meiner Zeit, so sehr von tochterlichen, mütterlichen, nachbarlichen Verpflichtungen in Beschlag genommen, daß ich nur mit Mühe meinem lieben fernen Karl ein paar Zeilen zuwenden konnte. Und die knappen freien Stunden, die mir übrigblieben von äußern Pflichten und Beziehungen, waren nichts weniger als frei. Sorgen, Angst und kleinliche Qualen aller Art füllten diese kurzen Momente aus. Ich gehe hier nicht auf Rosen."*[315] Auch bei der Mutter hatte das Scheitern Spuren hinterlassen. *„Mütterchen hat sich sehr verändert. Gedrückte Lebensverhältnisse, Alter und Isolierung haben*

Eigenschaften in der sonst so liebreichen, milden Seele hervorgerufen, Härte, Selbstsucht, die den Nahestehenden bis ins Innerste verwunden. Du kannst Dir denken, wieviel kleinliche Berührungen es im täglichen Leben gibt, und ich kann sagen, ich habe hier noch nicht frei geatmet. Dazu ist Trier auch sonst noch das kleinste, erbärmlichste Nest, voll von Klatsch und lächerlicher Lokalvergötterung“ [316], vertraute Jenny der Verlobten ihres Bruders an. Zwischen Euphorie und bitterer Niederlage lagen nur 14 kurze Monate. Vor einem Jahr hatte Jenny den Kampf der Trierer Frauen und Männer für Freiheit und ein besseres Leben gelobt, nun war sie voller Antipathie und vergaß, dass viele sich gegen ihren Willen ängstlich wegducken mussten. Wer dies nicht konnte, dem blieb nur der Ausweg, die Heimat zu verlassen. Hunderte, Tausende machten sich 1849 auf den Weg ins Exil, manche nach England, die meisten in die USA, das gelobte Land der Freiheit und der unbegrenzten Möglichkeiten.

Jenny Marx war im Juli 1849 zutiefst desillusioniert. Noch 1865 erinnerte sie sich: *„Die ungarische Revolution, der badische Aufstand, die italienische Empörung, alles brach zusammen; das Standrecht wütete in Ungarn und Baden, und 50.000 Franzosen zogen unter der Präsidentschaft Louis-Napoleons, der Ende 1848 mit enormer Stimmenmajorität zum Präsidenten der Republik gewählt worden war, in der Siebenhügelstadt ein, um Italien zu besetzen. L'ordre regne à Varsovie und ‚vae victis', das war die Parole der siegestrunkenen Konterrevolution. Die Bourgeoisie atmete auf, der Kleinbürger machte von neuem Geschäfte, die kleinen liberalen Philister ballten die Fäuste in der Tasche, die Arbeiter wurden vertrieben, gemaßregelt, und die Männer, die mit Feder und Schwert für das Reich der Armen und Unterdrückten gekämpft hatten, sie waren froh, im Ausland für ihr Brot arbeiten zu dürfen.“* [317] Zu ihrem Unbehagen über die politische Entwicklung gesellte sich die Angst um ihren Mann. *„Du kannst Dir denken welche Bangigkeit mich ergriff als ich vom Pariser Aufstand hörte und wie selbst die dort furchtbar wütende Cholera mich mit steter Sorge gefangen hielt. Zu dem allem nun noch die schweren allgemeinen Leiden und Niederlagen, die auf unsrer Partei lasten, die schwierige Lage in die fast Alle, die für das Prinzip der neuen Welt kämpfen, momentan geraten sind. Selbst der Gedanke, daß mein teurer Karl bisher noch so ziemlich glücklich allen Gefahren entkommen ist, ängstigt mich. Ich wähne ihn stets noch größeren furchtbareren Qualen vorbehalten und bin überhaupt noch ganz ohne bestimmte Entscheidung über unsere nächsten Lebensverhältnisse. Mein teurer Karl bleibt stets* *getrost und wohlgemut und sieht in alle dem Druck der auf uns Allen jetzt lastet, nur den Vorboten eines nahen und dann vollständigeren Sieges unserer Lebensanschauungen"* [318], schrieb sie an Lina Schöler. Das war der Strohhalm, an den sich ihre Hoffnung klammerte.

Anfang Juli 1849 war Jenny auf dem Wege nach Paris, Helene und die Kinder im Schlepptau. Dort wollte ihr Mann den politischen Kampf zusammen mit verschiedenen demokratischen Klubs und geheimen Arbeitergesellschaften fortsetzen.

Die Frau und die Revolution

Die patriarchalische Gesellschaft im 18. und 19. Jahrhundert wies den Frauen eine untergeordnete Rolle in allen öffentlichen Bereichen zu. Es gab allerdings immer wieder vereinzelt Frauen, die den eingeschränkten weiblichen Rahmen zu sprengen versuchten, die gegen die weibliche Unterdrückung und Zurücksetzung rebellierten und die unsinnige, nicht im geringsten verifizierbare allgemeine Meinung bestritten, das weibliche Geschlecht sei für ein eigenständiges Leben nicht geschaffen, sondern könne sich nur unter der Obhut des Mannes entfalten und zur Blüte gelangen. Olympe de Gourges forderte in der Revolution von 1789 Rechte für Frauen ein und landete im November 1793 für ihr Engagement unter der Guillotine, da laut Urteilsbegründung eine Gleichberechtigung fordernde Frau wie ein Mann behandelt werden sollte. Ein schöner Tod für die Frauenrechtlerin – hatte doch der Arzt und Politiker Joseph-Ignace Guillotin, nach dessen Anleitung die Guillotine, eine angeblich humanitäre Tötungsmaschine, gebaut worden war, behauptet: *„Die Guillotine ist eine Maschine, die den Kopf im Handumdrehen entfernt und das Opfer nichts anderes spüren lässt als ein Gefühl erfrischender Kühle."* [319]

Natürlich waren in den Märztagen 1848 in ganz Europa an Demonstrationen und anderen Aktivitäten Frauen beteiligt gewesen, wenn dies auch zahlenmäßig nicht erfasst worden ist. Jeder Triumph konnte nur mit ihrer Unterstützung erreicht werden, und unter jeder Niederlage mussten sie mitleiden. In der Hochphase der Revolution nahmen nach Darstellung von Holz/Weigert Frauen *„an großen Volksversammlungen, an den Revolutionsfeiern und später an den Beerdigungszügen teil, sie ver-*

teilten Flugblätter und stickten Fahnen, sie bauten die Barrikaden mit, organisierten die Versorgung der Barrikadenkämpfer und den Munitionsnachschub, schleppten Steine und Wasserkessel auf die Dächer, sie sangen verhassten Reaktionären ‚Katzenmusiken', sie verfolgten interessiert die politischen Debatten, eroberten – wenn auch nur als Zuhörerinnen – erstmals den öffentlichen Raum des Parlaments, sie fanden sich in Vereinen zusammen, sammelten Geld und veranstalteten Lotterien für die Ausrüstung der bewaffneten Revolutionstruppen und sie leisteten Hilfe für Verwundete, für Flüchtlinge, für Gefangene sowie deren Familien nach den Niederlagen der Revolution. Dabei war die bewaffnete Frau auf der Barrikade ebenso die Ausnahme wie die Bürgerliche, die mit allen Konventionen des Frauenlebens brach, oder die Kämpferin in den Republikaner- und Freischarenzügen."[320] Jenny Marx gehörte nicht zu diesen aktiven Frauen, sie besuchte höchstens Versammlungen oder beobachtete Aktivitäten auf der Straße. Die adlige Dame gehörte auch nicht zu denen, die für Gleichberechtigung im öffentlichen Leben und im Erwerbsleben plädierten, im Gegensatz zu Louise Otto-Peters (1819–1895), der Mitbegründerin der deutschen Frauenbewegung. Die Frauenrechtlerin befürchtete, dass *„mitten in den großen Umwälzungen, in denen wir uns alle befinden, sich die Frauen werden vergessen sehen, wenn sie selbst an sich zu denken vergessen! Wohlauf denn, meine Schwestern, vereinigt euch mit mir, damit wir nicht zurückbleiben, wo alles um uns und neben uns vorwärts drängt und kämpft … Wir wollen unseren Teil fordern: … Das Recht der Mündigkeit und Selbständigkeit im Staat."*[321] Wollten die Frauen etwas ändern, mussten sie endlich kämpfen, nicht nur für politische Rechte, sondern auch für das Recht auf Bildung und Ausbildung. Louise Otto-Peters hatte schon vor der Revolution die Situation der Frau genau analysiert und erkannt: *„Es wird in unseren Schulen vielleicht alles gelehrt, was der weibliche Verstand bis in sein vierzehntes Leben fassen kann – aber dann, in einem Alter, in dem alle Geisteskräfte sich erst recht zu entfalten beginnen, in dem wir erst die rechte Liebe zu wissenschaftlichen Interessen fassen, in dem wir erst einsehen können, wie notwendig es sei, sich Kenntnisse zu erwerben, wo wir erst die Fähigkeit gewinnen, nicht alles, was man sagt, auf Treu und Glauben blindlings hinzunehmen, – in einem solchen Alter wird die weibliche Bildung für vollendet betrachtet."*[322] Jenny Marx musste dieses Schicksal nicht teilen, aber das war nicht ihr Verdienst, sondern das ihrer Eltern. Sie erlangte einen Bildungsstand, der weit über das bei Frauen übliche Maß hinausging. Eine Ausbildung, die es ihr jedoch ermöglicht hätte, selbständig zu existieren, erhielt sie nicht. Es war nicht vorstellbar, dass eine Tochter aus besseren Kreisen einer eigenständigen Arbeit im Wirtschaftsleben nachging. Sich als Gouvernante oder Lehrerin notdürftig am Leben zu erhalten, war für bürgerliche Frauen möglich, nicht für adlige, es sei denn in einer ranghöheren Familie. Es war die Bestimmung der Frau, sich aus der Obhut und Befehlsgewalt des Vaters in die des Ehemannes zu begeben, wogegen Jenny von Westphalen nicht revoltiert hatte, da sie ihren Traummann heiraten durfte.

Um die Zeit bis zur Heiratsfähigkeit zu überbrücken, schickten auch die Eltern Marx ihre Töchter auf *„Anstalten, welche namentlich für Mädchen von dreizehn bis achtzehn Jahren bestimmt sind."*[323] Über diese urteilte Louise Otto-Peters: *„Aber wie sind sie beschaffen! Die Mädchen lernen darin nichts wie Französisch und Englisch sprechen, Tanzen, Musizieren, Zeichnen und Sticken. Diese Dinge mögen mit zur weiblichen Bildung gehören – aber sie sind Nebensache."*[324] Der Erwerb dieser Fertigkeiten diente ausschließlich der Chancenerhöhung auf dem Heiratsmarkt. Die wichtigste Voraussetzung für die Emanzipation war für Louise Otto-Peters, *„dem Weibe Gelegenheit zu verschaffen, sich, wenn es sein muss, den Lebensunterhalt selbst verdienen zu können."*[325] Die Marx-Töchter arbeiteten später als Erzieherinnen, Lehrerinnen und Übersetzerinnen, aber von ihrem Verdienst konnten sie nicht existieren.

Die Frauen der Unterschicht, die 70 bis 90 Prozent der Bevölkerung ausmachte, mussten mitverdienen, damit die Familie nicht verhungerte. Die Männer erhielten Hungerlöhne, und die Frauen wurden nach Kenntnis der Frauenrechtlerin noch miserabler bezahlt: *„Schon bei den untersten Schichten steht der Verdienst der Frauen, die entweder für Tagelohn oder bei einer Herrschaft dienen, im auffallenden Missverhältnis zu dem der Männer!"*[326] Louise Otto-Peters bezeichnete bereits Mitte des 19. Jahrhunderts die ungleiche Bezahlung für gleiche Arbeit als „Missverhältnis". In diesem Punkt hat sich nichts geändert. Dass Frauen für die gleiche Arbeit bis zu 25 Prozent weniger Lohn als Männer bekommen, ist ein bis heute noch immer nicht behobener skandalöser Missstand.

Die Kritik der Begründerin der deutschen Frauenbewegung gipfelte in den Worten: *„Wie schmachvoll … für Deutschland selbst, das zu seinen Töchtern sagt: Seht zu, dass ihr euch bald an einen Mann verkauft, der euch an-*

ständig ernähren kann und ihr dafür sein Hauswesen führt."[327] Die Frau, eine Ware.

Es gab Frauen, die mehr wollten, als von der Gnade der Männer abhängig zu sein, und die für ihre Selbstbestimmung kämpften, auch gegen den Widerstand ihrer männlichen – und weiblichen Umgebung. Ob Jenny Marx die Frauenbewegung wahrgenommen hat, ist nicht belegt. Gerade sie wäre eine ideale Vorkämpferin gewesen; sie saß an der Quelle. An ihrem Tisch wurde die Grundlage für eine gesellschaftliche Revolution mit der Befreiung aller Menschen entwickelt, und sie versäumte die einmalige Gelegenheit, die Gleichstellung der Frauen kategorisch einzufordern. Jenny, die intelligente, gebildete Frau, schien nicht zu erkennen, dass sich die Frauen aus ihrer Unmündigkeit befreien mussten. Sie schenkte der sich formierenden Frauenbewegung keine Beachtung, vielleicht aus Desinteresse oder weil ihr Mann diese, wenn er sie denn zur Kenntnis nahm, gering schätzte. Blieb sie stumm, weil sie glaubte, die geistige Akzeptanz, die sie erfuhr, sei genug der Emanzipation? Waren auch für sie die Feministinnen nervende Mannweiber und Blaustrümpfe? Jenny Marx glaubte vielleicht in aller Naivität, die Unterdrückung der Frau werde im Zuge der Revolution beseitigt. Ein Trugschluss, wie Louise Otto-Peters prophezeite. Eine ihrer Forderungen blieb denn auch zeitlebens, dass die Teilnahme der Frau an den Interessen des Staates nicht nur ein Recht sei, sondern eine Pflicht.

Das Weib im „Kommunistischen Manifest"

Auch im „Kommunistischen Manifest" war „Das Weib" ein Thema, vermutlich auf Initiative von Engels. Er vertrat die Ansicht, dass die Frau in der patriarchalischen Industriegesellschaft durch ihren Ehemann *„entwürdigt, geknechtet, Sklavin seiner Lust und bloßes Werkzeug der Kinderzeugung"*[328] sei und sie sich von der Kurtisane nur dadurch unterscheide, dass *„sie ihren Leib nicht als Lohnarbeiterin zur Stückarbeit vermietet, sondern ihn ein für allemal in die Sklaverei verkauft."*[329]

In dem Kapitel „Proletarier und Kommunisten" schrieben die Männer Marx und Engels: *„Der Bourgeois sieht in seiner Frau ein bloßes Produktionsinstrument. Er hört, dass die Produktionsinstrumente gemeinschaftlich aus-*

gebeutet werden sollen, und kann sich natürlich nichts anderes denken, als daß das Los der Gemeinschaftlichkeit die Weiber gleichfalls treffen wird. Er ahnt nicht, daß es sich eben darum handelt, die Stellung der Weiber als bloßer Produktionsinstrumente aufzuheben. Übrigens ist nichts lächerlicher als das hochmoralische Entsetzen unserer Bourgeois über die angebliche Weibergemeinschaft der Kommunisten. Die Kommunisten brauchen die Weibergemeinschaft nicht einzuführen, sie hat fast immer existiert. Unsere Bourgeois, nicht zufrieden damit, daß ihnen die Weiber und Töchter ihrer Proletarier zur Verfügung stehen, von der offiziellen Prostitution gar nicht zu sprechen, finden ein Hauptvergnügen darin, ihre Ehefrauen wechselseitig zu verführen." [330] Der lässig aufs Papier geworfene Vorwurf, das Hauptvergnügen des Bourgeois sei die Verführung der Frau, war belächelnswert. Jenny Marx, ganz Ehefrau, segnete 1847/1848 die kämpferisch-aufreißerischen Worte ab. Über derartige Ansichten musste eine Frau Marx nicht reflektieren, denn ihr Mann, obwohl ein bürgerlicher Mann, würde doch seine Begierde nicht mit Proletarierinnen befriedigen oder eine ehrenwerte Frau verführen. Er hatte doch sie.

Georg Weerth, der 1848 das Feuilleton der „N.Rh.Z." leitete, nahm die aus bougeoiser Sicht aufregende sexuelle Freizügigkeit der Kommunisten auf's Korn:

„Auch nach Weibergemeinschaft steht ihr Sinn.
Abschaffen woll'n sie die Ehe,
Daß alles in Zukunft ad libitum
Miteinander zu Bette gehe:
Tartar und Mongole mit Griechenfrau'n,
Cherusker mit gelben Chinesen,
Eisbären mit schwedischen Nachtigall'n,
Türkinnen und Irokesen.
Tranduftende Samoyedinnen soll'n
Zu Briten und Römern sich betten,
Plattnasige düstre Kaffern zu
Alabasterweißen Grisetten.
Ja, ändern wird sich die ganze Welt
Durch diese moderne Leitung –
Doch die schönsten Weiber bekommen die
Redakteure der ‚Rheinischen Zeitung'." [331]

Der feine Unterschied nach Weerth war: Frauen und Männer vergnügten sich in der kommunistischen Gesellschaft freiwillig miteinander, die Frau war keine Ware. Frau Jenny fand das Gedichtchen vermutlich hübsch und freute sich über so viel Witz, und ihr Mann schmunzelte und nickte männlich zustimmend.

Kurzes Intermezzo in Paris

Juli bis September 1849

In Paris hatte sich Karl Marx nach seiner Ausweisung aus Köln unter dem Decknamen M. Ramboz Anfang Juni 1849 im Hotel „Voltaire" in der Rue de Lille 45 einquartiert, wohin ihm die Familie folgte. *„Meine Sehnsucht nach Paris war sehr groß und so eilte ich denn mit meiner ganzen Bagage im Sturmschritt über Aachen und Brüssel hierher"* [332], schrieb Jenny an Lina Schöler. Am 7. Juli konnte sie ihren Mann glücklich in die Arme schließen; der hingegen konnte sich nicht so richtig freuen. *„Ich sage Dir, daß, wenn mir nicht Hilfe von irgendeiner Seite wird, ich perdu bin, da auch meine Familie hier ist, und schon der letzte Schmuck ins Pfandhaus gewandert ist"* [333], vertraute er Weydemeyer an. Frau Jenny empfand die Situation Lina gegenüber zunächst anders: *„Ich fand ein sehr hübsches, bequemes und gesund gelegenes Logis, worin wir uns schon ganz häuslich niedergelassen und kochlich eingerichtet haben."* [334] Lange blieb ihr der finanzielle Engpass nicht verborgen, aber gerade sie war das Hindernis für spontane Abhilfe. Ihr Mann wollte ihr einen erneuten Umzug ersparen, weil sie mit dem vierten Kind im sechsten Monat schwanger war. Die Entscheidung trafen wieder andere für Jenny und Karl Marx. Vier Tage nach Jennys Ankunft trat, wie sie in ihren Lebenserinnerungen erwähnte, *„die bekannte Figur des Polizeisergeanten bei uns ein mit der Meldung, ‚Karl et sa dame' hätten Paris binnen 24 Stunden zu verlassen. Man war gnädig genug, ihm Vannes au Morbihan als einen Zufluchtsort anzubieten. Ein solches Exil wurde natürlich nicht angenommen."* [335] Es gelang eine Verlängerung des Aufenthaltes auszuhandeln, vor allem wegen Jennys Zustand und weil sie gerne bleiben wollte. *„Paris ist in diesem Augenblick im höchsten Grade glänzend und üppig. Aristocratie und Bourgeoisie wähnen sich sicher seit dem unglücklichen 13. Juni und den neuen Siegen ihrer Partei. Alle versteckten Größen sammt ihren Karossen und* *galonirten Dienern krochen schon am 14ten aus ihren Höhlen und so wogt es denn jetzt in den glänzenden Straßen von Pracht und Herrlichkeit aller Art. Das Paris ist eine blendende Stadt. Wie oft hab ich Dich schon zu mir gewünscht in diesen Tagen, wenn ich so bewundernd und staunend durch die volkbewegten Straßen ging. Haben wir hier einmal recht festen Fuß gefaßt, dann mußt Du uns hier besuchen und auch einmal sehn wie schön es hier ist"* [336], berichtete sie Freundin Lina. Genoss die revolutionäre Frau Marx den Luxus und die Pracht von Paris? Ihre Begeisterung für Paris war widersprüchlich; sie rühmte das „blendende Paris", wissend, dass dieser Glanz nur dem Reichtum der Aristokratie und des Großbürgertums zu verdanken war, basierend zumeist auf Unterdrückung und Ausbeutung. Lebten zwei Seelen in Jenny Marxens Brust? Bereitete es der Ex-Baronesse heimlich Gram, dass sie an dem Luxus nicht teilhaben konnte? Hätte man sie auf derartige Gefühle anzusprechen gewagt, wäre ihre Reaktion Hohn und Spott gewesen. Als fürsorgliche Mutter hatte sie andere Probleme. Bereits im Juli dachte sie über den Transport der Wintersachen von Köln nach Paris nach und welches Quartier sie beziehen sollten, da ihre momentane Unterkunft sich als zu teuer erwies. Das Wichtigste war, dass die Familie in Sicherheit war. *„Wenn ich nur erst Gewißheit hätte daß Marx frei ist! Ich habe oft daran gedacht, daß ich mitten unter den preußischen Kugeln an einem weit weniger gefährlichen Posten war als die Andern in Deutschland und namentlich Marx in Paris"* [337], schrieb der refugié allemand Friedrich Engels an Frau Marx aus Vevey in der Schweiz. Marx war zwar lebendig, aber in größter Bedrängnis; denn, so ließ er Engels wissen: *„die Regierung hat mich nach Morbihan, den pontinischen Sümpfen der Bretagne ausweisen wollen. Bisher habe ich die Execution verhindert."* [338] Um den Sümpfen von Morbihan zu entgehen, wäre Marx gezwungen gewesen, sich ruhig zu verhalten, aber wie sollte er dies bewerkstelligen? Sich politisch in diesen Zeiten zurückzuhalten, bedeutete seinen Lebensinhalt aufzugeben. Marx wäre in der Provinz zur Bedeutungslosigkeit verurteilt gewesen, denn eine Revolution brach in der Hauptstadt, nicht in der Peripherie aus. Er hoffte bei Engels auf eine baldige „revolutionäre Resurrection": *„Den allgemeinen Zustand hier kann ich Dir mit zwei Worten schildern: Decomposition der Majorität in ihre ursprünglichen einander feindseeligen Elemente, Bonapartismus für immer compromittirt, Malice unter den Bauern …, die Weinbauern wüthend…, in der // öffentlichen Meinung der Windzug schon wieder antireactionär."* [339] Es gab jedoch keine

Erhebung, im Gegenteil, der Bonapartismus setzte sich mehr und mehr durch. Charles Louis Napoleon Bonaparte war im Dezember 1848 mit großer Mehrheit zum Präsidenten der freien Republik Frankreich gewählt worden. Da nach der Verfassung eine Wiederwahl nicht möglich war, bereitete der Neffe Napoleons I. das zweite Kaiserreich vor. Zwischenstation auf diesem Weg war seine Wahl am 2. Dezember 1851 zum Präsidenten auf zehn Jahre. Binnen eines kurzen Zeitraumes gelang es den monarchischen Kräften, die politischen und gesellschaftlichen Verhältnisse in Frankreich so umzugestalten, dass ein Jahr später das Erbkaisertum etabliert werden konnte, legitimiert durch eine neue Verfassung und gestützt von Klerus, Militär und Bürokratie. Im Dezember 1852 wurde Bonaparte als Napoleon III. zum Kaiser der Franzosen gekrönt.

Noch im August 1849 schwebte das Damoklesschwert der drohenden Ausweisung über der Familie Marx. *„Das (Mini)sterium des Innern (hat) auf meine Reklamation mich einstweilen ungeschoren in Paris gelassen. Das Departement Morbihan, das man mir angewiesen, ist in dieser Jahreszeit tödtlich – die pontinischen Sümpfe der Bretagne“* [340], ereiferte sich Marx bei Engels, und seine Einschätzung wurde von den Freunden geteilt. *„Deine Verweisung … ist die Infamie der Infamien. Dr. Daniels erklärt Morbihan für den ungesündesten Strich Frankreichs, schlammig und fieberhauchend: die pontinischen Sümpfe der Bretagne. Gingest Du jetzt, im August, hin, so wäre ein Wechsel//fieber unvermeidlich für Dich. Du möchtest drum lieber, wenn es Dir irgend möglich wäre, nach England gehn“* [341], schrieb Freiligrath. „Dieser verkleidete Mordversuch“ bestärkte Jenny und Karl Marx in ihrer Ablehnung der Zwangsumsiedlung, und nach einer zweiten behördlichen Aufforderung machten sie den radikalen Schnitt. Nach der Ankündigung bei Engels: *„Ich verlasse also Frankreich. Nach der Schweiz giebt man mir keinen Paß, ich muß also nach London und zwar Morgen. Die Schweiz wird ohnehin bald hermetisch verschlossen sein und die Mäuse mit einem Schlage würden gefangen sein“* [342], verließ Karl Marx am 24. August 1849 Frankreich, unterstützt mit 400 Talern von Kölner Freunden. Die Prophezeiung von Friedrich Engels, es bleibe Jenny und Karl Marx irgendwann nur noch England als Zuflucht, wurde Realität.

Jenny durfte bis zum Ende ihres Mietverhältnisses Mitte September noch in Paris bleiben. Sie hoffte, dass die Aufregungen nicht zu einer vorzeitigen Niederkunft führten. Ihr Zustand machte sie unbeweglich und wenig belastbar; Lenchen übernahm die Regie. Knapp umschrieb Jenny in ihrem Lebensrückblick die Anstrengungen dieser Wochen: *„Und ich schnürte wieder mein Bündelchen, um in London einen sicheren Hafen der Ruhe zu finden.*"[343] Nicht euphorisch, nicht hoffnungsvoll, sondern müde und erschöpft kam die im achten Monat Schwangere am 17. September 1849 in England an – und hielt vergebens Ausschau nach ihrem Mann. Karl stand nicht an der Schiffsanlegestelle, er lag krank danieder. Bitterlich enttäuscht betrat Jenny Marx mit Lenchen und den drei Kindern englischen Boden und dachte vielleicht an ihre Großmutter Jane, die einst den umgekehrten Weg in ein neues, glückliches Leben gegangen war. Die Neuankömmlinge standen dennoch nicht mutterseelenallein auf fremdem Terrain: Georg Weerth hieß sie am Landesteg willkommen.

TEIL IV – ENGLAND

Ankunft

September 1849 bis Mitte 1850

Das Königreich England war in der Mitte des 19. Jahrhunderts zusammen mit den Vereinigten Staaten von Amerika der bevorzugte Zufluchtsort für politisch Verfolgte. Nachdem die Behörden in Frankreich, Belgien und der Schweiz gegen aktive Demokraten und Kommunisten immer restriktiver vorgingen, setzte eine Auswanderungswelle auf die Insel ein. Die Flüchtlinge brauchten weder eine Aufenthaltsgenehmigung noch mussten sie sich polizeilich anmelden. Das Recht auf Asyl konnte nur auf richterlichen Befehl aufgehoben werden; d.h. solange man nicht negativ auffiel, konnte man sich ungestört im Lande aufhalten. Emigranten, die nur ihr Leben retten wollten, waren in Sicherheit; das war im ersten Moment das Wichtigste vor der Frage, wie sie ihren Lebensunterhalt finanzieren sollten. Die meisten Flüchtlinge waren mittellos, und es gab keine staatliche Unterstützung; nur Flüchtlingskomitees oder Schicksalsgenossen leisteten erste Hilfe. Für die Familie Marx begann, wie Engels am Grabe Jennys 1881 hervorhob, *„ein Exil mit all seinem Elend."*[344]

Auch Jenny blieb in Erinnerung: Herbst und Winter 1849 *„und die folgenden 2 Jahre waren für uns die der größten äußern Sorgen, beständiger aufzehrender Angst, großer Entbehrungen aller Art und selbst wirklichen Mangels."*[345]

Bereits die anfänglichen Umstände waren nicht verheißungsvoll. Der Mann war krank, der Frau machte die Schwangerschaft zu schaffen. Sie hatte keine Ruhepause, wurde nach eigenen Worten *„krank und matt mit den 3 kleinen, hin und her gehetzten Kindern in Leicester Square in einem kleinen Boardinghouse bei einem Schneidermeister untergebracht"*[346], eine Notlösung für den Moment. *„In aller Eile wurde nun eine größere Wohnung in Chelsea aufgetrieben, denn die Zeit, eines ruhigeren Obdachs zu bedürfen, rückte immer näher und näher heran."*[347] Marx fand in der Anderson Street im Stadtteil Chelsea eine Zweizimmerwohnung; wenig Platz für die größer werdende Familie, aber der Zustand Jennys ließ kein langes Suchen zu. Wenig später, *„während draußen die Volksstimmen mit dem Ruf ‚Guy Fawkes for ever' ertönten und kleine Jungens barock maskiert auf künstlich fabrizierten*

Eseln in den Straßen auf und ab zogen, wurde mein kleiner Heinrich geboren. Zu Ehren des großen Konspirators ward unser kleiner Ankömmling Föxchen genannt"[348] , notierte Jenny rückblickend. Die Eltern Marx erwiesen einem der berühmtesten Engländer ihre Reverenz, als sie das Baby Henri Edward Guy Marx nannten. Am 5. November 1605, dem Tage der Eröffnung des Parlaments, hatte der Namensgeber Guy Fawkes (1570 – 1606) geplant, den Palast von Westminster samt der königlichen Familie, allen Parlamentariern, den Bischöfen und dem größten Teil des Hochadels mit zwei Tonnen Schwarzpulver, in 36 Fässern verstaut, in die Luft zu sprengen. Das Unternehmen scheiterte durch Verrat, alle Verschwörer wurden hingerichtet. Die Aufdeckung des von Katholiken initiierten Attentats wird in England jährlich (bis heute) gefeiert. Im 21. Jahrhundert bekam Guy Fawkes neue Bedeutung; die „Guy Fawkes"-Maske wurde das Symbol der „occupy the wall street"-Bewegung und des „Anonymus". Georg Weerth, der Familie Marx in dieser Zeit eng verbunden, prophezeite dem „armen Guy-Fawkes Marx", er werde als Schuljunge an seinem Geburtstag immer gehörige Prügel von seinen Genossen bekommen. Weerth täuschte sich.

Die Wöchnerin war froh, die körperlichen Strapazen der Geburt gut überstanden zu haben und der Junge war gesund. Atheismus hin oder her – das Ritual einer Taufe musste zelebriert werden. *„Ich habe sehr über diese Taufe lachen müssen. Marx hat nun 4 Kinder, eins wurde in Paris geboren, eins in Brüssel, eins in London, also vier Nationen in einer Familie"* [349], freute sich Weerth in einem Brief an seine Mutter. Weerth rechnete nicht ganz richtig: Jennylein wurde in Frankreich geboren, Laura und Edgar in Belgien, Föxchen in England und die Eltern in Deutschland.

Die vier Kleinen sorgten für Leben und Beschäftigung und Besucher wie Liebknecht, Pieper, Willich für Trubel. Trotz der Enge wurden Flüchtlinge kurzzeitig aufgenommen. Andere wurden vor dem Verhungern gerettet und das belastete die ohnehin fast leere Haushaltskasse, aber Karl Marx fühlte sich seinen Schülern und Gesinnungsgenossen gegenüber verpflichtet.

Marx schmiedete im neuen Exil Pläne. Er hatte *„im Herbst 1849 sogleich Unterhandlungen in Deutschland angeknüpft, um eine Revue, in London redigiert, in Hamburg herauszugeben. Nach unzähligen Schwierigkeiten erschienen 6 Nummern unter dem Namen ‚Neue Rheinische Zeitung. Politisch-ökono-*

mische Revue'. Der Erfolg dieser Revue war sehr groß. Der Buchhändler aber, von den deutschen Regierungen bestochen, betrieb den geschäftlichen Teil so schlecht und nachlässig, daß es bald sichtbar wurde, daß das Unternehmen nicht weiter durchzuführen war"[350], umschrieb Jenny die schwierige Anfangsphase. Der Staat musste nach ihrer Beobachtung Angst vor geschäftlichen Konsequenzen wecken oder ein wenig bestechen – und das Produkt wurde nicht vertrieben. Wieder Ärger, wieder kein Geld – der Misserfolg hemmte sogar Jennys Schreibfreude. *„Dies Verstummen hat mich oft selbst gedrückt, aber ich war meistens unfähig zu schreiben, und selbst heute noch wird es mir schwer, sehr schwer. Allein die Verhältnisse zwingen mir die Feder in die Hand. – Ich bitte Sie uns die von der Revue eingegangenen oder eingehenden Gelder so bald als möglich zu schicken. Wir haben sie sehr sehr nöthig"* [351], gestand sie im Mai 1850 Joseph Weydemeyer. Sie waren auf jedes Pfund, auf jeden Shilling angewiesen. Bei Jenny Marx kam nach Ansicht von Engels zu dem eigentlichen Flüchtlingselend hinzu, *„daß … alle Parteien, die der Regierung wie die der Opposition (Feudale, Liberale, Demokraten), sich gegen ihren Gatten verschworen, ihn mit den elendesten und niederträchtigsten Verleumdungen überschütteten, daß die gesamte Presse sich ihm ausnahmslos verschloß, daß er hilf- und wehrlos dastand vor Gegnern, die er und sie verachteten – das hatte sie tief getroffen."*[352] Sie beklagte bei Weydemeyer auch die geringe Unterstützung durch die Gesinnungsgenossen: *„Es kann uns sicher Niemand nachsagen, daß wir je viel Wesens von dem gemacht haben, was wir seit Jahren geopfert und ertragen haben, das Publicum ist wenig, oder fast nie mit unseren persönlichen Angelegenheiten behelligt worden, mein Mann ist in diesen Dingen sehr empfindlich und er opfert lieber das letzte auf, als daß er sich zu democratischen Betteleien, wie die großen officiellen Männer, hergeben sollte."* [353] Bei „demokratisch betteln" spielte Jenny auf Spendenaufrufe für in Not geratene Flüchtlinge an, aber auch für Marx hatte man in Köln schon gesammelt. Prinzipiell war jede Spende willkommen, denn: *„Mein Mann ist fast erdrückt worden von den kleinlichsten Sorgen des bürgerlichen Lebens und zwar in einer so empörenden Form, daß seine ganze Energie, das ganze ruhige, klare, stille Selbstbewußtsein seines Wesens nöthig waren um ihn in diesen täglichen, stündlichen Kämpfen aufrecht zu erhalten. Sie wissen lieber Herr Weydemeyer welche Opfer mein Mann der Zeitung brachte. Tausende steckte er baar hinein."*[354] Der Undank gipfelte in seiner „gewaltsamen" Vertreibung. Seine Aufopferung, sein Engagement, die finanziellen Opfer für die „N.Rh.Z." – alles war vergeblich gewesen. Das Verhalten der „Biedermänner", die nur halbherzig die kommunistische Bewegung unterstützt hatten, verbitterte. Diese konnten in der Heimat bleiben, das Ehepaar Marx wurde samt Kindern vertrieben und musste in einem fremden Land von neuem beginnen. Das war das Schicksal vieler Protagonisten; sie nahmen Gefahren an Leib, Leben, Hab und Gut auf sich, weil sie an ihre Idee glaubten. Wurde dann noch der Vorwurf der Bereicherung erhoben, konnte man wie Jenny Marx mit Recht fassungslos sein. Zu Weydemeyer: *„Das einzige, was mein Mann wohl von denen verlangen konnte, die manchen Gedanken, manche Erhebung, manchen Halt von ihm hatten, war, bei seiner Revue mehr geschäftliche Energie, mehr Teilnahme zu entwickeln. Das bin ich so stolz und kühn zu behaupten, das wenige war man ihm schuldig. Auch weiß ich nicht, ob mein Mann nicht mit vollem recht 10 Sgr. an seinen Arbeiten verdient hat. Ich glaube, es war dabei niemand betrogen. Aber mein Mann denkt anders. Er hat noch nie, selbst in den schrecklichsten Momenten, … den heitersten Humor verloren und war ganz zufrieden, wenn er mich heiter sah und unsere lieblichen Kinder um ihr liebes Möhmchen herumschmeichelten."*[355] Trotz allen Ärgers verloren Jenny und Karl nicht ihre Lebensfreude, denn: *„Unsere drei ältesten Kinder gedeihen prächtig, trotz alledem und alledem. Die Mädchen sind hübsch, heiter und guter Dinge, und unser dicker Junge ist ein Ausbund von komischem Humor und der drolligsten Einfälle voll. Der kleine Kobold singt den ganzen Tag komische Lieder mit ungeheurem Pathos und einer Riesenstimme, und wenn er die Worte aus Freiligraths Marseillaise ‚O Juni komm und bring uns Taten, nach frischen Taten lechzt das Herz' mit furchtbarer Stimme erschallen läßt, dröhnt das ganze Haus."*[356] Der Ehemann wusste dennoch um ihre instabile Gefühlslage, wusste, wie sehr sie litt. *„Du musst die aufgeregten Briefe meiner Frau nicht übelnehmen. Sie stillt, und unsere Lage hier ist so außerordentlich miserabel, daß das Ausreißen der Geduld pardonnabel wird"*[357], erfuhr Joseph Weydemeyer. Sehr verständnisvoll klang das nicht. Die Lage war sehr angespannt. Einen Grund hierfür nannte Jenny in ihrem ausführlichen Brief an Weydemeyer im Juni 1850: *„Die Verhältnisse sind hier anders als in Deutschland. Wir wohnen alle in Einer Stube und in einem ganz kleinen Cabinet. 6 Menschen und zahlen mehr als das größte Haus in Deutschland und dabei jede Woche. Sie können daher denken, in welche Lage man kommt, wenn auch nur ein Pfund um 1 Tag zu spät kommt."*[358] Man wurde mitleidlos auf die

Straße gesetzt und musste im Freien hausen, wenn man nicht irgendwo Unterschlupf finden konnte. *„Tausende von Flüchtlingen trafen täglich ein; alle mehr oder weniger im Elend, wenige bemittelt, alle abhängig, hilfebegehrend und hilfesuchend. Es war das mit die unangenehmste Epoche in unserem Flüchtlingsleben"* [359], urteilte Jenny später über diese Zeit.

Neben Geldsorgen belasteten Streitigkeiten im Emigrantenkreis. *„In allen Kreisen der Flüchtlingsschaft brachen Zwistigkeiten aus. ... Auch zwischen den deutschen Demokraten einerseits und den Sozialisten andrerseits kam es zur offiziellen Trennung, und unter den kommunistischen Arbeitern selbst kam es zu einem eklatanten Bruch. Die Führer der Fraktionen befehdeten sich aufs grimmigste, und eine Bummelbande von Straubingern und Knoten mit dem Drange nach ‚Taten' und ‚Aktion' drängte sich zudringlich vor und griff aufs feindlichste den Teil der Arbeiter und diejenigen Führer an, die die Verhältnisse klarer durchschauten und damals schon einsahen, daß die Ära der Revolutionen für lange Zeit abgeschlossen war. Vor allem wurde Karl aufs äußerste verfolgt, verleumdet und verlästert"* [360], beklagte Jenny in ihrer Lebensbeschreibung. Ihr Mann reagierte mit einem Rückzug ins Privatleben, und das bedeutete, dass er zu Hause sein Dasein als Privatgelehrter fristete, sich nicht hinaus in die Welt begab, um zu schaffen und zu raffen – im Gegensatz zu anderen Emigranten, die in fremden Diensten arbeiteten.

Jenny Marx hatte in den vergangenen Jahren Einschränkungen kennengelernt, aber keine wirkliche Not. Das änderte sich in den ersten Monaten in England dramatisch. *„Ich werde Ihnen nur einen Tag aus diesem Leben schildern, so wie es war"*, schrieb sie Joseph Weydemeyer, *„und Sie werden sehen, daß vielleicht wenige Flüchtlinge ähnliches durchgemacht haben. Da die Ammen hier unerschwinglich sind, so entschloß ich mich, trotz beständiger schrecklicher Schmerzen in der Brust und im Rücken, mein Kind selbst zu nähren. Der arme kleine Engel trank mir aber soviel Sorgen und stillen Kummer ab, daß er beständig kränkelte, Tag und Nacht in heftigen Schmerzen lag. Seit er auf der Welt ist, hat er noch keine Nacht geschlafen, höchstens zwei bis drei Stunden. In der letzten Zeit kamen nun noch heftige Krämpfe hinzu, so daß das Kind beständig zwischen Tod und elendem Leben schwankte. In diesen Schmerzen zog er so stark, daß meine Brust wund wurde und aufbrach; oft strömte mein Blut in sein kleines bebendes Mündchen. ... So saß ich eines Tages da, als plötzlich unsere Hauswirtin erschien. Sie forderte noch fünf £, die wir ihr schuldeten, und als wir sie nicht gleich hatten, traten zwei Pfänder ins Haus, belegten alle*

Dean Street, London

meine kleine Habe mit Beschlag, Betten, Wäsche, Kleider, alles, selbst die Wiege meines armen Kindes und die besseren Spielsachen der Mädchen, die in Tränen dastanden. In zwei Stunden drohten sie alles zu nehmen – ich lag dann auf der flachen Erde mit meinen frierenden Kindern, mit meiner wehen Brust. Den Tag darauf mußten wir aus dem Haus.“ [361] Nicht nur die Hilflosigkeit, auch die äußeren Umstände waren für Jenny demütigend gewesen: *„In weniger als 5 Minuten standen mehr als 2–3 hundert Menschen gaffend vor unserer Tür, der ganze Mob von Chelsea.“* [362] Sie übertrieb bei dem Freund in ihrer Erregung vermutlich die Anzahl der Voyeure, verständlich in dieser Albtraum-Situation. Dennoch: Was blieb einem Hausbesitzer anderes übrig, wenn die Mieter zahlungsunfähig waren? Vor Mitleid zerfließen und auf das Geld verzichten? Nach der Vertreibung bezog die Familie in dem „Deutschen Hotel“ am Leicester Square zwei Stübchen, die ihnen der Wirt nach einer Woche bereits aufkündigte. Zum Glück fand Marx eine bescheidene Unterkunft im Hause eines jüdischen Spitzenhändlers, danach eine Bleibe in der Dean Street 64 in Soho. Angesichts der immer bedrohlicher werdenden Finanzlage entschied das Ehepaar nach reiflicher Überlegung, Jenny sollte sich nach Holland aufmachen, um mit Karls Onkel Lion Philips über einen Kredit oder einen Vorschuss auf das Erbe ihres Mannes zu verhandeln.

Eine unglückselige Reise

Sommer 1850

Die Überfahrt nach Holland und die Ankunft in Zaltbommel im August 1850 waren wenig verheißungsvoll. Die See war stürmisch und der Empfang durch Lion Philips frostig gewesen. *„Dein Onkel, äußerlich alt und innerlich etwas grießgrämisch geworden, schien gleich zu merken, welches genres mein Besuch war. Da ich die erste Viertelstunde mit ihm allein war und ich so rasch als möglich mit meinem ganzen Vorhaben auf ihn los. Geschicktes Ausweichen, Umgehen war die Antwort und als ich sagte es bliebe uns nichts bessres übrig als nach Amerika zu gehn, so meinte er, daß das sehr vernünftig sei, wenn Dich dort etwas Positives erwarte. Ich spielte den Positiv weiter, gab eine positive Proffessur, positive Vorlesungen an, ging aber auch zu den nothwenigen positiven Mitteln dazu über. Da ward der kleine Mann plötzlich negativ, verstrickte sich und* *mich in ein eben so tiefes, als breitspuriges gründlich seichtes Raisonnement über die Revolution, Communismus, Socialismus und dergl. Dinge mehr, ein Gespräch aus dem nicht mehr herauszukommen war, so geschickt ich auch seine spießbürgerlichen Hiebe parirte. … Kaum auf unsre eigenen Verhältnisse gekommen, die ich natürlich als Folge der gescheiterten Revolution, und die ich zugleich als Moment der Krise darstellte / sprach er von seinen eignen schlechten Geschäften … Es war nirgends anzukommen, wo und wie ich auch versuchte, umsonst*"[363], berichtete Jenny desillusioniert nach Hause. Ihre Taktiererei verfing nicht bei Lion Philips, zumal ihre Ausgangsposition ungeschickt gewählt war: bei einem Geschäftsmann konnte sie nicht auf Sympathie oder gar Unterstützung der kommunistischen Ideen hoffen, geschweige denn auf Begeisterung für eine Revolution. Als „kleinen Mann, seicht, spießbürgerlich" empfand Frau Marx den Onkel, ob aus Überheblichkeit oder aus Verzweiflung, sei dahingestellt, jedenfalls fand sie nicht die richtigen Worte. Unglücklich schrieb sie ihrem Mann: *„So sank ich denn gestern Abend mit einem bleibeladnen schwerathmenden Herzen, thränenaufgelöst in mein Bett um die müden zerquetschten, zitternden Glieder etwas auszuruhen. Ach, lieber, theurer Karl, ich fürchte, ich fürchte ich habe die ganze Anstrengung umsonst gemacht, und bringe am Ende nicht einmal die Productionskosten der Reise heraus. Ich glaube Du hättest mehr, viel mehr ausgerichtet."*[364] Jenny fürchtete ein Fiasko, und um ihren Frust abzubauen, wütete sie bei Karl, sie wolle, wenn sie *„die hiesige Idylle sehe, die doch rein auf Caffesäcken, Theekisten, Häringstonnen und Ölflaschen basirt, Mordbrenner werden und mit der Brandfackel durchs Land ziehn!"*[365] Ihr Groll nahm den Onkel nicht aus: *„Er kann sich wohl denken, daß es für mich kein Vergnügen war die kleinen Würmer zu verlassen um die Seefahrt hierher zu machen, um blos leere Diskussionen zu hören und wenn er auch nicht ganz ahnt mit welchem bangen, bebenden Herzen ich neben ihm sitze, mit welcher namenloser Angst ich der Zukunft entgegen sehe, jedenfalls wäre es anständiger und nobler mir gradezu zu sagen, daß wir auf keine Hülfe rechnen könnten, als mich so die ganzen Folterqualen der Hoffnung und des Schwankens durchmachen zu lassen."*[366] Jenny war sich vermutlich zu sicher gewesen, mit ihrem Charme etwas zu erreichen, ansonsten hätte sie sich bei ihrem „großen Unwohlsein" nicht auf den Weg nach Holland gemacht, um bei Karls Onkel Trost und Hilfe zu suchen.

Als sich ihre Erfolglosigkeit abzeichnete, fühlte sie sich am Boden zerstört. Sie gestand: *„Ich glaube theurer Karl ich kehre ganz resultatlos, ganz* *getäuscht, zerrissen in Todesangst gefoltert wieder zu Dir heim. Wenn Du wüßtest wie mir nach Dir und den kleinen Köpfchen bangt. Ich kann nicht von den Kindern schreiben – die Augen fangen an zu zittern und ich muß mich hier tapfer halten – Also//küsse sie, küsse sie, die kleinen Engel tausend mal von mir. Ich weiß wie Du und Lehnchen für sie sorgen werden. Ohne Lehnchen hätt' ich gar keine Ruhe mehr hier. Sie hat es jetzt gar zu schwer – ach wie sehn ich mich in unser kleines Dasein zurück.*"[367] Das Lenchen hatte vermutlich gar keine so schwere Zeit …

Jenny wollte nicht kampflos aufgeben: *„Glaube aber nicht, daß ich nicht noch Alles versuche obgleich Dein unnahbarer Onkel sich immer mehr und mehr verschanzt. Lebe wohl Herzens Karl. Es thut mir gar zu Leid Dir diese schlimme Kunde nicht verschweigen zu können – aber was könnte es helfen?*"[368] Die Reise wurde ein Fiasko, das Jenny in Erinnerung blieb: *„Der Onkel, durch die ungünstigen Wirkungen der Revolution auf sein und seiner Söhne Geschäfte, auf Revolution und Revolutionäre ergrimmt, hatte den ganzen Humor verloren. Er schlug mir alle Hilfe ab … Der alte Mann ahnte nicht, mit welchem Herzen ich von ihm schied.*"[369]

Nach diesem unglücklich verlaufenen Besuch zeigte sich das Ehepaar Marx lernfähig. 1858, 1859 und 1861 sprach der Neffe persönlich beim Onkel vor – jedes Mal mit Erfolg.

Resigniert verließ Jenny Marx Ende August 1850 oder Anfang September Zaltbommel, in das sie im wahrsten Sinne des Wortes in doppelt guter Hoffnung gereist war, denn kurz vor Antritt der Reise hatte sie gespürt, dass sie zum fünften Male schwanger war. Die Übelkeit setzte ihr zu, die Überfahrt war eine Tortur, die gescheiterte Mission niederdrückend; aber die Begrüßung durch ihre beiden kleinen Jungen war wenigstens herzlich: *„Mein armer, kleiner Edgar kam mir mit seinem freundlichen Antlitz entgegengesprungen, und mein Föxchen streckte die kleinen Arme nach mir aus.*"[370] Ansonsten war die häusliche Atmosphäre wenig erbaulich: Helene schien nervös, der Ehemann war unruhig, aber letzteres führte Jenny auf ihren Misserfolg in Holland zurück. Man brauchte Geld, und Weydemeyer wurde von Marx im Oktober angewiesen: *„Pumpe Dir von Schuster oder sonst Einem das Geld, was zur Auslösung meines Silbers in dem Pfandhaus von Frankfurt nöthig ist… Meine Lage (ist) jezt so, daß ich unter allen Umständen Geld beitreiben muß, selbst um fortarbeiten zu können.*"[371] Karl Marx versilberte der Ehefrau Mitgift. Das war legitim, denn der Mann hatte die Verfügungsgewalt über Hab und Gut seiner Familie.

Alles Ungemach wurde durch größtes Leid überschattet. *„Heute Morgen um 10 Uhr ist unser kleiner Pulververschwörer Föxchen gestorben. Plötzlich, durch einen der Krämpfe, die er oft gehabt hatte. Einige Minuten vorher lachte und schäkerte er noch. Die Sache kam ganz unverhofft“* [372], wurde Engels von Marx am 19. November 1850 informiert. Der schlimmste Schicksalsschlag war eingetreten. Seine Frau, so Marx zu Engels, sei „ganz ausser sich“ vor Schmerz und befinde sich *„in einer wirklich gefährlichen Aufgeregtheit und Angegriffenheit. Sie hatte das Kind selbst gestillt und unter den schwierigsten Verhältnissen mit den größten Opfern sich seine Existenz erkauft. Dazu der Gedanke, daß das arme Kind ein Opfer der bürgerlichen Misere gewesen ist, obgleich es ihm speziell an keiner Pflege gefehlt hat.“* [373] „Opfer der bürgerlichen Misere“ war eine interessante Todesursache; Föxchen starb vermutlich an einer Lungenentzündung.

Jenny Marx musste sich nach diesem Schicksalsschlag, der sie so niederdrückte, zusammenreißen, denn Jennylein, Laura und Musch brauchten sie. Mit der Zeit schöpfte sie Kraft, auch zum Korrespondieren. *„Ihre freundliche Theilnahme an dem Schicksal, das uns in dem Verlust unsres kleinen // Lieblings, meines armen, kleinen Schmerzenskindes, so schwer getroffen, hat mir sehr wohlgethan… Mein Mann und wir Alle haben Sie recht sehr vermißt und uns oft nach Ihnen gesehnt“* [374], versicherte sie Engels, der gerade in das Geschäft seines Vaters in Manchester eingestiegen war, und sie wünschte: *„daß Sie trotz Cotton trade und alledem der alte Fritze bleiben.“* [375] In der Hoffnung, Friedrich Engels an Weihnachten zu sehen, verblieb sie mit „Ihre Jenny Marx“.

Auf die Todesnachricht hin spendeten auch andere Freunde Trost. *„Die traurige Nachricht von dem Tod Deines Kindes habe ich erst durch Dich erhalten, da ich die ‚Köln. Z.‘ nur selten ansehe. Ich kann mir den Schmerz Deiner Frau lebhaft genug vorstellen, denn ich weiß, was meine Frau gelitten hat, als das erste Kind todt zur Welt kam; und sie hatte sich noch nicht einmal daran gewöhnen können, es täglich zu sehen. Hoffentlich gedeihen Deine übrigen umso besser, und helfen so zum raschen Vernarben der Wunde“* [376], bekundete Weydemeyer sein Mitgefühl. Die einfühlsamen Worte zeigten die Geschlechtertrennung: der Mutter Leid wurde verbalisiert, nicht das des Vaters.

Jenny hielt es in der engen Notunterkunft nicht mehr aus, zu viel erinnerte an ihren kleinen Sohn. Trotz Geldknappheit zogen sie noch im Dezember 1850 in die Dean Street 28 in Soho um, in ein typisches Mietshaus, mehrstöckig, mit Toilette auf halber Treppe zwischen den Wohnungen. London war die größte Stadt der Welt, die Weltmetropole für Handel und Finanzen mit herrlichen Vierteln und prachtvollen Villen. Der Großteil der Einwohner jedoch lebte auf engstem Raum und so konnten sich Krankheiten blitzschnell ausbreiten. Cholera-, Typhus- und Grippe-Epidemien forderten unzählige Opfer. Hinzu kamen unhygienische Zustände und verschmutztes Wasser, die die Gesundheit gefährdeten. Die offenen Abwasserkanäle boten ideale Brutstätten für Ungeziefer und Ratten. Auch die Lebensmittel waren mit Keimen belastet und von schlechter Qualität. Für Jenny und Karl Marx war die Dean Street ein Abstieg, den sie sich kaum hatten vorstellen können, aber sie versuchten sich, so gut es ging, in ihren zwei Zimmern und der Küche einzurichten. Immerhin lebten sie nicht in einem Hinterhaus, sondern die zwei Fenster ihres „Wohnzimmers" gingen zur Straße. Sie hatten wenig Platz für sechs Personen, aber es reichte aus, um Besucher zu empfangen, so auch einen preußischen Spion, der seinem Auftraggeber eine ausführliche Beschreibung der Marx'schen Wohn- und Lebensverhältnisse lieferte.

Es könnte neben staatlichem auch persönliches Interesse vorgelegen haben, weshalb gerade Ende 1850/Anfang 1851 ein Spion auf Karl und Jenny Marx angesetzt wurde. Am 19. Dezember 1850 hatte der preußische König Karl Otto Manteuffel zum Ministerpräsidenten ernannt, der die wohl reaktionärste Regierung in der Geschichte Preußens bildete, und der neue Innenminister, zuständig für Recht und Ordnung, wurde Ferdinand von Westphalen. Was hatte Marx einmal – angeblich zum Missfallen seiner Frau – in aller Öffentlichkeit gesagt? *„Dein Bruder ist so dumm, dass er noch einmal preußischer Minister wird."* [377] Diese Prophezeiung war eingetreten, und vielleicht war eine der ersten Anordnungen des Herrn Ministers die Lebensumstände unliebsamer Staatsfeinde auszuspionieren zu lassen, zu denen sein Schwager Karl gehörte.

Spion Wilhelm Stieber erweckte bei den Gastgebern keinerlei Misstrauen, man glaubte „Herrn Schmidt", dem Zeitungsredakteur bei einem Medizinischen Blatt. In dem Gespräch stellte sich eine gewisse

Akten?

Intimität ein, denn Marx fragte den angeblich wegen revolutionärer Umtriebe von der Universität verwiesenen Medizinstudenten nach einer Arznei, die Hämorrhoiden heile. Ebenso vertrauensselig verriet er die geheimen Namen deutscher Kommunisten und händigte ein Exemplar des geheimen „Programms des Kommunistenbundes" aus.

In dem höchst aufschlussreichen Bericht stand Dr. Marx im Fokus, *„ein untersetzter Mann mittleren Alters, in abgeschabtem Rock mit steifer Hemdbrust und wallendem schwarzen Haupt- und Barthaar, vom Aussehen eines Universitätsprofessors. Das einzig auffallende an ihm war sein durchdringender Blick unter einer ungewöhnlich hohen Stirn, ferner eine lose wehende Halsschleife, wie sie Künstler, Maler etc. zu tragen pflegen, dazu ein blitzendes Einglas (monocle), das er in die rechte Augenhöhle eingeklemmt trug. Man sieht ihm übrigens auf den ersten Blick den Mann von Genie und Energie an; seine Geistesüberlegenheit übt eine unwiderstehliche Gewalt auf seine Umgebung aus. Im Privatleben ist er ein höchst unordentlicher, zynischer Mensch, ein schlechter Wirt; er führt ein wahres Zigeunerleben."*[378] Neben den Wesenszügen „genial, energisch, geistesüberlegen" sowie „chaotisch" war dem Besucher eine Seite von Marx nicht verborgen geblieben, die seine Frau so sehr an ihm liebte. *„Als Gatte und Familienvater ist Marx trotz seines sonst unruhigen und wilden Charakters, der zarteste und zahmste Mensch. … Man trägt Pfeife, Tabak und was eben da ist, mit Herzlichkeit an. Eine geistreiche angenehme Konversation ersetzt endlich die häuslichen Mängel, macht das Ungemach erst erträglich. Man söhnt sich mit der Gesellschaft sogar aus, findet diesen Zirkel interessant, ja originell"*[379], schrieb der Spion. Die angeregte Atmosphäre und das hohe Gesprächsniveau machten nach Auskunft Stiebers die engen Wohnverhältnisse dennoch nicht vergessen: *„Marx lebt in einem der schlechtesten, folglich auch billigsten Quartiere in London. Er bewohnt zwei Zimmer, das eine mit der Aussicht auf die Straße ist der Salon, rückwärts das Schlafzimmer."*[380] Der Spion hatte alles, wie immer ihm das gelungen sein mag, genau inspiziert und festgehalten: *„In keiner der Stuben ein sauberes oder anständiges Möbelstück, alles ist zerbrochen, zerschlissen, zerfetzt, fingerdicker Staub klebt darauf, überall die größte Unordnung; in der Mitte des Salons steht ein altväterlicher großer Tisch, mit Wachsleinewand behangen. Manuskripte, Bücher und Zeitungen liegen kunterbunt neben Spielzeug und Fetzen aus dem Nähkorb … Tassen mit zerkerbten Rändern, schmutzige Löffel, Messer, Gabeln, Lampen, ein Tintenfaß, Bierseidel, Pfeifen, Asche – alles in wüstem*

Durcheinander auf demselben Tisch. ... eine Trödlerbude müsste vor diesem merkwürdigen Ensemble beschämt zurückweichen. ... Beim Betreten des Raumes beißen Rauch und Tabakschwaden dermaßen in die Augen, dass man zuerst wie in einer Höhle vorwärtstappen muß, bis man sich daran gewöhnt und den einen oder anderen Gegenstand im Dunst erkennt. Sich hinzusetzen ist nicht ungefährlich. Hier steht ein Stuhl nur auf drei Beinen, dort ein anderer, der heil zu sein scheint, auf dem aber die Kinder Kochen spielen. Dieser wird dem Besucher angeboten, aber das Spielzeug der Kinder wird nicht entfernt, so dass man seine Hosen riskiert, wenn man wagt, sich zu setzen.“[381] Es mag angehen, dass alles unaufgeräumt wirkte; denn es lebten, arbeiteten und spielten sechs Personen auf engstem Raume zusammen; dass geraucht wurde, ist bekannt, aber dass alles so verstaubt und dreckig gewesen sein soll? Was machte denn das Lenchen?, wird sich Innenminister Ferdinand bei der Lektüre gefragt haben. War ein derartig verwahrlostes, vermülltes Umfeld einer adligen Dame nicht unwürdig? Der Spion befand, dass Jenny, eine *„gebildete und angenehme Frau ... aus Liebe zu ihrem Mann sich an dieses Zigeunerleben gewöhnt hat und sich in diesem Leben nun ganz heimisch fühlt.“*[382]

Inwieweit „das getreue Bild von dem Familienleben des Kommunisten-Chefs Marx“ der Wahrheit entsprach und dem Geheimdienst in Preußen nützlich war, sei dahingestellt. Trotz aller unüberbrückbaren politischen Gegensätze war der Bruder Innenminister erleichtert, dass die Schwester in einem geistig so außergewöhnlich anregenden Umfeld lebte, wie sie es sich immer gewünscht hatte, und wenn sie einen zufriedenen Eindruck machte, war er aus geschwisterlicher Zuneigung dankbar.

In diesen geschilderten Räumlichkeiten in der Dean Street wurde am 28. März 1851 Jenny Marx, wie ihr Mann Engels wissen ließ, *„leider von einem Mädchen und nicht von einem garcon entbunden.“*[383] Die Mutter freute sich über Jenny Eveline Francis Marx, aber sie konnten das Neugeborene nicht bei sich behalten. In ihren Erinnerungen erwähnte sie: *„Das arme kleine Ding ward bei einer Amme untergebracht, da es unmöglich war, das Kind in den 3 engen Räumen mit aufzubringen.“*[384] Der Vater zog bei Engels das bittere Fazit, *„daß diese Gesammtscheisse passablement unangenehm ist und daß ich bis an die Wirbelspitze meines Schädels im kleinbürgerlichen Dreck stecke. Und dabei hat man noch die Arbeiter exploitirt! und strebt nach Diktatur! Quelle horreur.“*[385] Auch seine Frau war deprimiert; noch Wochen nach der Geburt war sie *„mehr aus bürgerlichen als aus physischen*

Gründen“[386] krank, und das lag nicht nur an der postnatalen Depression und der bürgerlichen Misere.

Helena Demuth

Helena Demuth, genannt Helene, Helen oder Lenchen, kam am 31. Dezember 1820 in St. Wendel im Saarland zur Welt. Ihre früh verwitwete Mutter Maria Katharina, geborene Creuz oder Kreutz, schickte aus Kostengründen ihre Tochter mit acht oder neun Jahren als Dienstmagd nach Trier in eine uns namentlich nicht bekannte Familie. Spätestens 1834 kam sie zur Familie von Westphalen, ein Glücksfall für das heranwachsende Mädchen. Sie wurde gut behandelt, und es gefiel ihr in dem liberalen, gebildeten Haushalt. Mit großem Interesse verfolgte Helene alles, was ihre junge Herrin anging, auch deren Begegnungen mit Herrn Karl, der sich zunehmend ins Zeug legte, um der Baronesse zu imponieren. Ihre Anwesenheit im Hintergrund war für die beiden selbstverständlich. Die Dienstmagd träumte vielleicht davon, so zu sein wie ihre junge Herrin: Voller Esprit, schön und von gutaussehenden Männern begehrt, tanzend auf Bällen in feinen Kleidern. Aber sie sah auch die Schattenseiten in Jennys Leben: das belastende Verschweigen der heimlichen Verlobung, das zermürbende Warten auf Karl, das unerträgliche Gerede der Leute über ihre Liebe, ihre beginnende Nervosität. Helene freute sich, als Jenny endlich Frau Marx wurde und erklärte sich auf Wunsch ihrer Dienstherrin Caroline von Westphalen sofort bereit, nach mehr als einem Jahrzehnt die gewohnte Umgebung zu verlassen. *„Im April 1845 hatte meine teure Mutter mir ihr eignes bewährtes Mädchen zur Hilfe … geschickt“*[387], notierte Jenny, ganz Dienstherrin. Das patente Mädchen führte den Haushalt, half bei der Kinderbeaufsichtigung.

Nach ihrer Hollandreise spürte Jenny von Tag zu Tag mehr, dass Helene unruhig war. Als sich ein spezieller Umstand abzuzeichnen begann, gestand diese notgedrungen ihre Schwangerschaft, da sie wusste, dass Jenny mit geübtem Blick erste Anzeichen wahrgenommen hatte.

Eine Schwangerschaft war ein normaler Vorgang im Leben einer jungen verheirateten Frau, aber Lenchen war nicht gebunden. Die Dienstherrin stellte die legitime Frage, wer der Vater des Kindes sei,

Helena Demuth

und erhielt die unerwartete Antwort: „Friedrich Engels". Welch eine Frechheit von diesem Menschen, ihr Dienstmädchen zu schwängern, könnte die erste Reaktion Jennys gewesen sein, und doch vernahm sie wahrscheinlich den Namen mit einer gewissen Erleichterung, denn der Gedanke, dass ihr eigener Mann der Vater sein könnte, war durchaus nicht abwegig. Bisher war Helene bei Männern zurückhaltend gewesen, war kein Mädchen, das zu unüberlegten Handlungen neigte, und ein fester Partner war nicht bekannt. Frau Marx dämmerte es, dass die Gelegenheit zum Ehebruch während ihres Aufenthaltes in Zaltbommel günstig gewesen war. Da das Kind im Mai/Juni zur Welt kommen sollte, dürfte es im August/September 1850 gezeugt worden sein. Aber: Konnte es wirklich sein, dass ihr Mann, mit dem sie gerade erst sieben Jahre verheiratet war und auf den sie sieben Jahre so treu gewartet hatte, etwas mit der Vaterschaft zu tun hatte? Dass er sie vielleicht sogar im verflixten siebenten Jahr betrogen hatte? Jenny Marx wusste, dass ihr Mann sie liebte, aber war er auch bereit, auf Sex zu verzichten, wenn er die Gelegenheit hatte? Helene bot Marx die bequemste Gelegenheit für einen Seitensprung, denn, so Krosigk: *„vergraben in seinen Büchern, hatte er keine Beziehungen zu Engländern und lernte kaum Frauen kennen."*[388]

Helene hingegen kannte er seit vielen Jahren und ihre beiderseitige Sympathie mag zu körperlicher Zuneigung geführt haben. Sie wird ihm auch seelischen Ausgleich geboten haben, wenn es in seiner Ehe Auseinandersetzungen gab. *„Wurden in dieser Ehe, die solche Höhepunkte der Liebe und solche Untiefen der Verzweiflung kannte, die Stürme unerträglich, dann konnte er nur bei Lenchen Trost und Erholung suchen und finden. Etwa zehn Jahre jünger als Jenny, leiblich und geistig kerngesund, kein hysterisches Nervenbündel, das den Partner die Wände hochtrieb, war sie ein Hafen, in dem der gequälte Mann Schutz fand. … Was wir als Erklärung für Karls Untreue angegeben haben, die Suche nach Schutz, Stille und Frieden, trifft zum ersten Male in seiner Ehe in vollem Umfang auf den Sommer und Herbst 1850 zu"*[389], so die sehr männliche Erklärung Krosigks, die ein Körnchen Wahrheit enthielt. Jenny Marx hatte in ihren wenigen Ehejahren einen unvorstellbaren sozialen Absturz erlitten, auf den sie zunehmend gereizt reagierte und damit natürlich ihren Mann belastete. Mancher Eindruck, manches Empfinden relativierte sich mit der Zeit, aber in dem Moment des Erlebens glaubte Jenny Marx, es könne nicht schlimmer kommen und verfiel in tiefste Verzweiflung. Wenn „zuhause immer alles im Belagerungszustand" war und Nächte lang „Tränenbäche" flossen, die Marx „wütend" machten, dann fand er vielleicht Momente der Entspannung und Ablenkung bei Helene. Ob die beiden über Jahre, Monate, Wochen oder nur einige Tage hinweg ein Verhältnis hatten und ob Jenny im Sommer 1850 einzig aus dem Grunde nach Holland geschickt wurde, damit sie ihre Liebesbeziehung ungestört ausleben konnten, konnten nur Helene und Karl beantworten. Aber sie schwiegen ein Leben lang.

Am 23. Juni 1851 kam Henri Frederick Demuth zur Welt. Dass die Dienstherrin am Wöchnerinnenbett stand und bei der Entbindung half, ist möglich, ebenso, dass Karl Marx den Knaben kurz in Augenschein nahm. Das Baby wurde zu einer Pflegefamilie namens Lewis abgeschoben, aber Helene nahm ihre Mutterrolle so gut wie möglich wahr und besuchte ihr Kind in ihren freien Stunden.

Im Hause Marx verlor man kein Wort über das sechste Kind, den dritten Knaben von Marx. *„Er liebte den Buben nicht, der Skandal wäre zu groß gewesen, er wagte nicht, für den Buben etwas zu tun"* [390], behauptete Louise Freyberger. Das überließ er Engels, der Alimente zahlte. Sicherlich hatten Marx und Engels überlegt, einen der vielen Besucher als Kindsvater zu präsentieren. Diese zunächst bequem erscheinende Lösung musste verworfen werden, da zum einen der Beschuldigte energisch dementiert und sich mit allen Mitteln gegen ein solches Kuckucksei zur Wehr gesetzt hätte und zum anderen verhindert werden musste, dass die Hausherrin auf die Idee kam, eine Legitimation, d.h. eine Heirat oder eine geldliche Unterstützung einzufordern. Es blieb nur Friedrich Engels. Ohne diese Notlüge hätte eine Frau wie Jenny es nicht verkraften können, neben dem Elend, in das ihr Mann sie gestürzt hatte, noch ein Kind um sich zu haben, dessen Eltern ihr eigener Mann und ihr treu ergebenes Dienstmädchen waren. Wie hätte sie das Zusammensein mit diesen beiden Menschen, denen sie bedingungslos vertraut hatte, noch ertragen und die beiden auch nur eine Sekunde beruhigt alleine zu Hause lassen können? Hätte ein Rauswurf Helenes ihre tiefe seelische Verletzung vermindert? Vermutlich nicht, zumal sie wahrscheinlich das Opfer bestraft hätte und nicht den Täter.

Jennys erste Reaktion dürfte der Gedanke an Flucht nach Trier zur Mutter gewesen sein. Das kann man damit belegen, dass Tochter Eleanor später behauptet hat, die Mutter sei „abgehauen", aber nach kurzer Zeit zurückgekehrt. Hatte sie gespürt, nicht die nötige seelische und körperliche Kraft für eine endgültige Trennung zu haben? War ihr bewusst geworden, dass sie ihre Kinder nicht zurücklassen konnte? Bei einer Trennung hätte möglicherweise der Vater das Sorgerecht erhalten, und die Kinder wären bei dem Dienstmädchen Helene aufgewachsen. Und was hätte sie in Trier erwartet? Eine liebevolle Mutter, die mitlitt, aber auch eine brodelnde Gerüchteküche. Das Getuschel: „Die Frau des großen Revolutionärs hat, verarmt und heruntergekommen, bei der Mutter Unterschlupf gesucht" oder „Das konnte ja nicht gut gehen zwischen einem adligen Fräulein und dem konvertierten Juden, der nur in Revolution macht!", wäre schwer zu ertragen gewesen, aber unerträglich wäre die Situation geworden, wenn die Schwangerschaft Helene Demuths bekannt geworden wäre. Das Gerede: „Das Hausmädchen bekommt ein Kind, und die Ehefrau verlässt Hals über Kopf den Mann? Da muss es doch einen Zusammenhang geben!", wäre zu schmachvoll gewesen. All das wären plausible Gründe gewesen, nicht nach Trier zu flüchten.

Marx wollte seine Ehe nicht gefährden, weil er seine Frau liebte und es für ihn unerträglich gewesen wäre, wenn sie ihn verlassen hätte. Louise Freyberger meinte jedenfalls: *„Für Marx stand die Scheidung von seiner Frau, die furchtbar eifersüchtig war, immer vor seinen Augen."*[391] Sein Ego wäre zu tief getroffen gewesen, und so versuchte er mit allen Mitteln, die Folgen seines Seitensprunges zu verheimlichen. Da man Jenny einen Kindsvater präsentierte, war sie bereit, die Täuschung zu akzeptieren und zu schweigen. Sie ließ sich von ihrem Umfeld schützen, das alles tat, um sie nicht in die Verzweiflung zu treiben. Nach außen hin ging es ihr bestens: Karl und Helene behandelten sie liebevollst, und sie stellte die offizielle Vaterschaft nicht in Abrede und hoffte auf Vergessen. Ganz gelang ihr das nicht. *„In den Frühsommer des Jahres 1851 fällt noch ein Ereignis, welches ich nicht näher berühren will, das aber sehr zur Vermehrung unsrer äußren und innren Sorgen beitrug"*[392], umschrieb sie Jahre später diese für alle Beteiligten nicht leichte Situation. Auch Helene und Karl werden sich Vorwürfe gemacht haben, dass sie nicht an Verhütung gedacht hatten, und Engels konnte nur hoffen, dass Mary nichts von seiner „Vaterschaft" erfuhr.

Es war die beste Lösung, auch für die Öffentlichkeit. Eine Trennung des Ehepaares Marx hätte in der politischen Szene für Aufsehen gesorgt; man hätte nach den Gründen geforscht und wäre fündig geworden. Marxens Gegner hätten mit Freude verbreitet, dass der Vordenker der Kommunisten, der für die Befreiung aller Abhängigen kämpfte, sein eigenes, von ihm abhängiges Dienstmädchen geschwängert hatte. Karl Marx – ein Feudalherr der schlimmsten Sorte! Zwar mag es Usus gewesen sein, dass ein Dienstherr sexuelle Ansprüche an seine Dienstmägde stellte, aber in diesem Hause mussten sich derartige Machenschaften von selbst verbieten. Marx wäre politisch diskreditiert gewesen, und dies hätte letztendlich auch Engels erheblich tangiert.

Geschlechtsverkehr zwischen Dienstherr und Dienstmädchen war nicht selten und hatte manchmal ungewollte Folgen. Die schwangere Bedienstete geriet dann zumeist in eine schwierige, verzweifelte Lage. Es drohte die Entlassung, wenn die Dienstherrin sich empörte, ein solch ehrloses Weibsstück nicht in ihrem Hause dulden zu können und der Ehemann ihr brav zustimmte. Die Frau musste sich dann anderweitig verdingen, wenn ein anderer Arbeitgeber sie denn in einem solchen Zustande überhaupt einstellte. Ansonsten blieb dem „gefallenen Mädchen" nur die Rückkehr zu ihrer Familie, in der Hoffnung, trotz der Schande, die sie über alle brachte, nicht verstoßen zu werden oder das Kind auszusetzen. Manche Frauen sahen nur den Ausweg, ins „Wasser zu gehen". Besser war, es mag zynisch klingen, die Schwangere trug das Kind nicht aus, sondern ging rechtzeitig zu einer „Engelmacherin" – und behielt ihre Arbeit. Es war damals wie heute: Die Frau war für das Schwanger-Werden verantwortlich, nicht der Mann. Sie war in jedem Fall die Leidtragende und konnte auf wenig Verständnis oder gar Unterstützung hoffen, auch nicht von anderen Frauen. Helena Demuth blieb dieses Los erspart. Hätte sie die Wahrheit bekannt, hätte die junge Frau die Menschen, mit denen sie fast ihr ganzes Leben verbracht hatte und die sie liebte, vermutlich verlassen müssen.

Fest steht: die Vaterschaft von Karl Marx lässt sich nicht anhand der Geburtsurkunde beweisen. Dennoch ist er (mit 99,9%) der Vater von Henri Frederick Demuth gewesen, denn der Mitwisser Friedrich Engels brach sein Schweigen. Nach dem Ableben des Ehepaares Marx und Helene Demuths stellte er kurz vor seinem Tode im Jahre 1895 klar, dass nicht er der Vater von Frederick/Freddy Demuth war, sondern Karl Marx. Engels wollte sich von einer lebenslangen Lüge befreien, nachdem er niemandem mehr schaden konnte. Louise Freyberger war nach eigenem Bekunden anwesend, als Engels seinem Freund Samuel Moore das lang gehütete Geheimnis anvertraute. Da der Sterbende nicht mehr habe sprechen können, habe er auf eine Tafel geschrieben: „Frederick Demuth ist der Sohn von Marx". Moore habe dies Tussy Marx mitgeteilt, die dies vehement bestritten und entgegnet habe, *„der General lüge, er habe ja immer selbst erklärt, er sei der Vater."*[393] Moores Behauptung ließ ihr nach Aussage von Frau Freyberger keine Ruhe: *„Am Tage vor seinem Tode war Tussy bei Engels und kam so erschüttert heraus, daß sie all ihren Haß gegen mich vergaß und an meinem Hals bitterlich weinte. Sie hatte sich von der Wahrheit dessen überzeugt, was sie bis dahin nicht hatte wahrhaben wollen."*[394] Engels' Kommentar auf der Schiefertafel sei gewesen: *„Tussy wants to make an idol of her father."*[395] Louise Freyberger vertraute das sorgsam gehütete Geheimnis August Bebel an, der aber keinen Grund sah, das Faktum weiterzuverbreiten, da er nicht für unnötiges Gerede und gegnerische Polemik sorgen wollte. Zudem zweifelten viele Gesinnungsgenossen Louises Glaubwürdigkeit an – in diesem Falle zu Recht.

Hinweise auf Marxens Vaterschaft bietet zum einen die Namensgebung: Heinrich weist auf den Großvater Heinrich Marx und auch auf den leiblichen Vater hin, der sich bisweilen Karl Heinrich Marx nannte. Zum anderen hätte sich Friedrich Engels sicherlich um den Jungen gekümmert und ihn in seinem Testament zum Haupterben eingesetzt. Für die Marx-Töchter tat er so vieles, warum dann nicht für sein einziges Kind? *„Engels' Gereiztheit ihm gegenüber ist so ungerecht wie verständlich. Ich nehme an, niemand von uns würde gern seiner Vergangenheit in Fleisch und Blut begegnen"*[396], kommentierte Tussy Marx nach Helenes Tod Engels' Verhalten Frederick gegenüber. Frederick Demuth soll denn auch, wenn er seine Mutter besuchte, stets den Dienstboteneingang benutzt haben.

Auch vom Äußeren her gab es nach Louise Freyberger keinen Zweifel an der Vaterschaft: *„Freddy sieht Marx lächerlich ähnlich, und es gehört wirklich nur blindes Vorurteil dazu, in dem direkt jüdischen Gesicht mit dem vollen blau-schwarzen Haar irgend eine Ähnlichkeit mit dem General zu wittern."*[397] Das alles spricht trotz Alimentierung nicht für Engels' Vaterschaft, aber für die eines Mannes, mit dem er sehr, sehr vertraut war.

Dieser Mann muss so verzweifelt an seine Hilfe appelliert haben, dass Engels die Vaterschaft übernahm, ohne sich namentlich in das Geburtsregister eintragen zu lassen.

Laura und Tussy standen seit Helenes Tod in Kontakt zu Frederick Demuth. Sie wussten spätestens seit diesem Zeitpunkt, dass er ihr Halbbruder war. Im Dezember 1890 schrieb Tussy an ihre Schwester: *„Es stimmt, ich habe Freddy gegenüber jedes Mal Schuldgefühle oder das Gefühl, Unrecht getan zu haben. Was für ein Leben dieser Mann gehabt hat! Wenn ich ihn davon erzählen höre, fühle ich mich ungeheuer elend und beschämt."* [398] Als Demuth 1892 von seiner Frau verlassen wurde und diese seine gesamten Ersparnisse samt 24 Pfund, die er für einen Wohltätigkeitsfond verwaltete, mitgehen ließ, wandte er sich in seiner Not an seine Halbschwestern. Tussy machte den Vorschlag: *„Er muss sich als Sohn von Marx zu erkennen geben, seinen Anteil am Erbe beanspruchen, das zwar nicht aus großen Vermögenswerten besteht, aber doch aus Urheberrechten und Tantiemen, die ihn seiner Bank gegenüber kreditwürdig machen könnten."* [399] Allerdings versagte Schwager Longuet seine Zustimmung, obwohl laut Eleanor *„Freddy wieder und wieder an Longuet geschrieben (hat), doch der antwortet nicht einmal auf seine Briefe, und deshalb bat mich Freddy, ob ich nicht versuchen könnte, Paul dazu zu bringen, dass er die Sache vor die Vormünder bringt."*[400] Longuet glaubte der gerne übertreibenden Tussy wahrscheinlich nur bedingt, zumal es keine offizielle Bestätigung gab, dass dieser Demuth der uneheliche Sohn seines Schwiegervaters war. Für den Schritt, die Angelegenheit „vor die Vormünder (zu) bringen", gibt es keine Belege. Eleanor war bereit zu helfen, auch weil *„es (sein) mag …, dass ich sehr ‚sentimental' bin – doch ich habe nun einmal das Gefühl, daß Freddy sein ganzes Leben lang Unrecht erlitten hat."*[401] Frederick Demuth hätte ein schöneres Leben gehabt, wenn er bei seiner Mutter und bei seinem Vater, der Kinder über alles liebte, hätte aufwachsen dürfen und nicht bei einer Pflegefamilie in erbärmlichsten Umständen im Londoner East End.

Helene Demuth blieb nach ihrer Niederkunft im Juni 1851 im Hause Marx. Mit ihrer praktischen, ruhigen, warmherzigen Art stand sie weiterhin dem Haushalt vor und sorgte wie eine zweite Mutter für die Kinder. Nim, Nymy oder Nymmy hatte, so Liebknecht, „die Diktatur im Hause", während Frau Jenny „die Herrschaft" innehatte. Zu dem Verhältnis Helene – Karl meinte Liebknecht: *„Marx fügte sich wie ein*

Lamm dieser Diktatur. Man hat gesagt: vor seinem Kammerdiener ist niemand ein großer Mann. Vor Lenchen war Marx es ganz gewiss nicht. Sie hätte sich für ihn geopfert, für ihn und Frau Marx und jedes der Kinder hundertmal ihr Leben gegeben … – aber imponieren konnte ihr Marx nicht. Sie kannte ihn mit seinen Launen und Schwächen, und sie wickelte ihn um den Finger.“[402] Marx schätzte Helene Demuth nach Aussage von Tochter Eleanor sehr: *„Mohr sagte immer über Helena, dass sie bei einer vernünftigen Ordnung der Gesellschaft für diese genauso wertvoll gewesen wäre, als sie es im kleinen für uns war. Sie war ein echtes Talent der Organisation und Wirtschaftsführung, und er sagte, ihre Demut, Wehmut, Hochmut könnte das Universum lenken.“*[403] Helenes praktisches, unverfälschtes Urteil wurde in dem Intellektuellenhaushalt geschätzt, sie war nach Meinung Gemkows *„das proletarische Element“*[404]. Sie war es auch, die Marx nach Ansicht von Engels über Jahrzehnte die Ruhe zum Arbeiten ermöglichte, nicht Jenny. Dieser nahm sie Sorgen und Not ab und erfuhr im Gegenzug höchste Wertschätzung. Jenny zu Luise Weydemeyer: *„Im Hauswesen steht mir stets noch in alter treuer Gewissenhaftigkeit das Lenchen zur Seite. Fragen Sie Ihren lieben Mann nach ihr; er wird Ihnen sagen, welch einen Schatz ich an ihr habe. Sie ist durch Sturm und Wetter mit uns gesegelt.“*[405]

Die weit über ein Dienstverhältnis hinausgehende Bedeutung Helenes fiel auch Gästen auf. *„Der Sonntag war bei der Familie Marx offizieller Empfangstag, der Tag der ‚offenen Tür‘, und gelegentlich verließ sogar Karl Marx für eine Weile sein Arbeitszimmer, um seine Gäste zu unterhalten. Gewöhnlich kam er zu den Mahlzeiten herunter, die in dem im Souterrain gelegenen Esszimmer serviert wurden und die sich über den ganzen Feiertag hinzuziehen schienen. Er hatte einen gesunden Appetit und widmete sich genießerisch seinem Essen, das von Helene, der netten alten deutschen Köchin und Haushälterin, zubereitet war … Helene war eine ausgezeichnete Köchin – ihre Obsttörtchen sind mir bis zum heutigen Tage eine ständige ‚süße‘ Erinnerung. Sie war eine muntere alte Frau, die goldene Ohrringe und ein Haarnetz trug und sich das Recht vorbehalten hatte, geradeaus ihre Meinung zu sagen und zwar nicht zuletzt auch dem würdigen Doktor. Ihre Meinung wurde mit Hochachtung, sogar Sanftmut von der ganzen Familie entgegengenommen, mit Ausnahme von Eleanor, die sie häufig in Frage stellte“*[406], schrieb Marian Comyns, eine Freundin der jüngsten Marx-Tochter.

Helene Demuth soll, obwohl sie jahrelang nur unregelmäßig oder gar nicht entlohnt wurde, ihrer Verwandtschaft in St. Wendel im Saarland kleine Geldsummen haben zukommen lassen. Mehrere Male besuchte sie die Heimat. Im Juli 1870 wurde sie vom deutsch-französischen Krieg überrascht und soll nach der Schlacht auf den Spicherer Höhen *„bei der Bergung und Versorgung der Verwundeten mitgewirkt haben."*[407]

Nach dem Tode von Jenny Marx 1881 blieb Lenchen treu an Karl Marx' Seite, und nach dessen Ableben im März 1883 nahm Friedrich Engels sie als Haushälterin bei sich auf. Sie half bei der Auflösung der Marx'schen Hinterlassenschaft und staubte die Exzerpte für „Das Kapital", Band II und III ab, bevor Engels sich an die Bearbeitung machte.

Am 4. November 1890 starb Helene Demuth mit 70 Jahren in London an Darmkrebs und Bauchfellentzündung und wurde an der Seite von Jenny und Karl Marx beigesetzt. Ihrem Sohn Frederick vermachte sie 95 Pfund, die sie sich in den letzten Jahren ihres Lebens zusammengespart hatte.

Flüchtlingsdasein

Die Jahre 1851 und 1852

Jenny Marx erlebte in den ersten Jahren in England nach eigenen Worten die *„größten und zugleich kleinlichsten Sorgen, Qualen, Enttäuschungen, Entbehrungen aller Art"*[408], verursacht durch Krankheit, Auseinandersetzungen mit politischen Gesinnungsgenossen und Geldnot. Sie ließ sich nicht durch diese „kleinlichen Leiden beugen", zum einen, weil sie nicht isoliert kämpfte, und zum anderen, weil ihr Mann, „die Stütze meines Lebens", an ihrer Seite war. Aber zu Joseph Weydemeyer: *„Allein, was mich wirklich bis ins Innerste vernichtet, mein Herz bluten macht, das ist, daß mein Mann so viel Kleinliches durchzumachen hat."*[409] Karl Marx schrieb zwar fleißig, aber seinen Projekten wie der monatlich erscheinenden „Neue Rheinische Zeitung. Politisch-ökonomische Revue", die nach nur fünf Ausgaben (mit insgesamt 6 Heften) eingestellt werden musste, war kein Erfolg beschieden. Er wurde dennoch nicht müde, seine Ideen und seine Sicht der sozialen und politischen Verhältnisse kundzutun. Sein besonderes Interesse galt der nachrevolutionären Entwicklung in Frankreich.

„Ende 1851 hatte Louis-Napoleon seinen Coup d'Etat ausgeübt, und im folgenden Frühjahr schrieb Karl seinen ‚Achtzehnten Brumaire', der in New York erschien"[410], notierte Jenny. Tag und Nacht arbeitete er an dem Werk, unbeeindruckt von dem Getöse der kleinen Kinder und der häuslichen Geschäftigkeit.

Um die Existenz der drei Kinder, seiner Frau und des Dienstmädchens zu sichern, ließ sich Marx 1851 als Korrespondent für die „New York Daily Tribune" verpflichten. Einen Teil der 487 Artikel verfasste allerdings Engels, zunächst wegen seiner besseren Englischkenntnisse und später immer dann, wenn der Freund krank oder mit anderen Dingen beschäftigt war. Bis zu acht Artikeln pro Monat schrieben sie, und für jeden veröffentlichten Beitrag erhielt Marx ein Honorar von einem Pfund Sterling. Dieser Vertrag war die einzige verlässliche Einnahmequelle, zu wenig, um den Lebensunterhalt für die Familie zu sichern, die sich, wie schon erwähnt, im Frühjahr 1851 um Tochter Franziska vergrößert hatte. Karl Marx lief „am Tag in Hausgeschäften" herum, und so blieb nur die Nacht für seine Forschung. Trotz aller Bemühungen reichte das Geld nicht, und Engels wurde in der Hoffnung auf Hilfe informiert: *„Seit einer Woche habe ich den angenehmen Punkt erreicht, wo ich aus Mangel an den im Pfandhaus untergebrachten Röcken nicht mehr ausgehe und aus Mangel an Credit kein Fleisch mehr essen kann. Das alles ist nun Scheisse, aber ich fürchte, daß der Dreck einmal mit Scandal endet. Die einzig gute Nachricht haben wir von meiner ministriellen Schwägerin erhalten, die Nachricht von der Krankheit des unverwüstlichen Onkels meiner Frau. Stirbt der Hund jezt, so bin ich aus der Patsche heraus."*[411] Der Hund, es wird sich um Onkel Heinrich Georg gehandelt haben, starb noch nicht. Auch wenn Marx immer von seinem Wohlergehen sprach, meinte er das seiner Familie. Er formulierte gerne egoistisch, aber die Not von Frau und Kindern trieb ihn um. Als sei es der Sorgen noch nicht genug, traf Jenny und Karl am 14. April 1852 zum zweiten Male der schwerste Schicksalsschlag. Marx knapp zu Engels:

„Lieber Fréderik
Ich schreibe Dir nur diese 2 Zeilen, um anzuzeigen, daß das kleine Kind heute ¼ nach 1 Uhr gestorben ist."[412]

Auch Baby Franziska, das wieder bei den Eltern gelebt hatte, war Opfer der „bürgerlichen Misere" geworden. Aus der sachlichen Nachricht von Marx sprach eher Fatalismus als überwältigende Trauer, aber der Mutter blieben die traurigen Tage präsent. In ihren Erinnerungen schrieb sie: *„Ostern desselben Jahres 1852 erkrankte unsre arme kleine Franziska an einer schweren Bronchitis. Drei Tage rang das arme Kind mit dem Tode. Es litt so viel. Sein kleiner entseelter Körper ruhte in dem kleinen hinteren Stübchen, wir alle wanderten zusammen in das vordere, und wenn die Nacht heranrückte, betteten wir uns auf die Erde, und da lagen die drei lebenden Kinder mit uns, und wir weinten um den kleinen Engel, der kalt und erblichen neben uns ruhte. Der Tod des lieben Kindes fiel in die Zeit unserer bittersten Armut."* [413] Sogar das Geld für einen Sarg fehlte. Jenny lief *„in der Angst meines Herzens zu einem französischen Flüchtling, der in der Nähe wohnte und uns besucht hatte. Ich bat ihn um Hilfe in der schrecklichen Not. Er gab mir gleich mit der freundlichsten Teilnahme 2 £, und mit ihnen wurde der kleine Sarg bezahlt, in dem mein kleines Kind nun in Frieden schlummert. Es hatte keine Wiege, als es zur Welt kam, und auch die letzte Behausung war ihm lange versagt."* [414]

Engels begnügte sich mit verbalem Trost, der Marx in seiner angespannten Lage herzlich wenig interessierte. *„Ich habe die vergangne Woche eine Scheisse durchgemacht, von der Du Dir keine Vorstellung machen kannst. Am Tage des Begräbnisses blieben die versprochnen Gelder von allen Seiten aus, so daß ich schließlich gezwungen war zu benachbarten Franzosen zu laufen, um die englischen Todtenhunde zu bezahlen"* [415], fluchte er bei dem Freund. Wer ist nun zu dem oder den Franzosen gelaufen? Jenny oder Karl? Jennys Version ist glaubwürdiger, da sie in ihrer Verzweiflung mehr Mitleid erwecken konnte, aber vielleicht rührte einen Engels der arme, gequälte Mann mehr?

Marx sorgte sich in diesen Wochen um seine Frau, nicht nur wegen des Verlustes des zweiten Kindes innerhalb von eineinhalb Jahren, sondern auch weil *„sie jezt seit 2 Jahren alle meine Unternehmungen regelmäßig scheitern sieht."*[416] Doch er war bei Adolf Cluß zuversichtlich, dass sein „Bonaparte" sie *„bei der großen Elasticität ihres Charakters wieder aufrichtet."*[417] „Der achtzehnte Brumaire", zu dem Jenny ihren Beitrag durch das Kopieren des Manuskriptes geleistet hatte, wurde im Mai 1852 in dem Heft „Revolution" veröffentlicht. Das Ergebnis war niederschmetternd. Jenny erinnerte sich: *„Es wurde gedruckt, … und brachte weniger als* *nichts ein“* [418] – außer Anerkennung durch Freunde, aber davon konnte man sich nichts kaufen. *„Liebe Söhne, … deinen 18. Brumaire, lieber Marx, habe ich erhalten und gelesen.// Ich mache Dir mein Compliment. Etwas Besseres, Schlagenderes, Witzigeres ist noch nicht gedruckt worden über die Geschichte“* [419], schrieb Ferdinand Freiligrath nach Manchester, wo sich Marx im Juni aufhielt. Der Dichter plauderte nebenbei über seine Theaterbesuche mit Frau Marx und Jenny, für die er Freibillets besorgt hatte. Er genoss in ihrer Begleitung „Kabale und Liebe“ zu sehen und vielleicht auch eine Aufführung von Goethes „Egmont“. *„In Egmont war es sehr voll, auch die Queen usw. waren da“* [420], berichtete Jenny ihrem Mann. Klein-Jenny wurde mit acht Jahren in die Welt des Theaters eingeführt, die sie nicht mehr loslassen sollte; später unterstützte sie eine Theatergruppe, die Shakespeares Stücke der Vergessenheit entriss und ihnen zu anhaltender weltweiter Anerkennung verhalf.

Konnte man die Sorgen verdrängen, ging es in der Familie Marx fröhlich zu. Die Eltern lachten und scherzten mit den Kindern und freuten sich über die lustigen Einfälle des sehr phantasievollen Edgar. Einen Streich schilderte die Mutter sogar bei Engels: *„Sie erinnern sich vielleicht daß Pieper dem Jungen seine hübsche Reisetasche zum Geschenk gemacht hat. Gestern drohte er sie ihm wieder abzunehmen, und ihm an der Stelle etwas andres zu kaufen. Heute morgen versteckt der Junge die Tasche und sagt eben: ‚Mohr, jetzt hab' ich sie gut versteckelt und wenn der Pieper sie haben will dann sag ich: ich hab sie einem armen Mann geschenkt!‘ Der Filou!“* [421] Edgar, der Liebling aller, half mit seiner Fröhlichkeit insbesondere die Mutter aufzumuntern.

Jenny Marx gelangte während der Abwesenheit ihres Mannes über Pfingsten 1852 zu der Erkenntnis, dass sie ihn noch liebte und sich nur ein Leben an seiner Seite vorstellen konnte. Zu Karl: *„Doch, lieb Herzchen gelt, was schwatz ich Dir Unsinn und Lappalien vor. Ich mein aber ich mußte mit Dir plaudern und so betrug ich mich denn ein wenig um die Längen der Zeit und die Lücken des Lebens die nur Deine Nähe auszufüllen vermag. In unsrem home department nichts Neues. Keine Buttermilch, keine Colonia. Statt dessen meldete sich der verehrte Herr butcher. Glücklich entkam ich noch in das kleine Fluchtzimmer und hörte von da wie die Fleisch Seele sich mit Lehnchen katzbalgte und zuletzt mit einem Summons drohte. … Ich wünschte ich könnte den Hund prellen cependant. … Jennylein // steigt eben auf einen Stuhl und hält eine lange englische Rede an das kleine starrende Publikum. … Du würdest nicht* *glauben wie coulant und brillant das Kind spricht ...“* [422] Nach dem Loblied auf die Tochter hätte die Ehefrau am liebsten ein Fluchlied gesungen. Es war nämlich *„beifolgender Wisch Deiner verehrten Frau Mutter eingegangen. Eigentlich war keine andre Antwort zu erwarten, allein im Stillen hatte ich doch noch immer auf ein kleines Sümmchen gehofft, wofür ich mich im Geiste schon mit Mann und Maus anständig und seasonable ausstaffirt sah. Doch das ist nun alles vorbei. Auch gut. Punktum. ... Übrigens soll Emilie nach Mütterchens Privatmittheilungen sich heimlich in eine Liebschaft mit dem ganz armen, katholischen Landschaftsmaler Lasinsky eingelassen haben. Harter Stoß für die keusch bewahrte Familien-respectability.“* [423] Lasinsky war ihr in Zusammenhang mit den revolutionären Ereignissen 1848 in Trier bekannt. Jenny behielt ihren lässigen, heiteren Ton auch bei, als sie gestand: *„Der kommenden Woche sehe ich mit Angst entgegen, liebes Herz. Da ziehen sich Ungewitter mehr und mehr über meinem Haupte zusammen und ich sehe noch keinen Blitzableiter. Übrigens bin ich froh, daß Du fort bist und nicht auch den kleinlichen Dreck wieder durchzumachen hast, denn so schwer und lang mir auch die Tage ohne Dich sind, so freue ich mich doch sehr Dich bei Frederik zu wissen. Grüße ihn aufs Herzlichste von mir. Die Kinder plaudern beständig von Dir und wollten gestern absolut ich solle ein Stück Schinken für Dich mit in den Brief legen.“* [424] Der Wunsch der Kinder war ein Beweis dafür, dass es der Familie Marx nicht so miserabel gegangen ist – niemand hungerte, und unter „anständig und seasonnable ausstaffirt“ zu sein verstand Frau Marx repräsentative Kleidung. Wahre Verelendung zeigt sich an Hunger und geflickter, fadenscheiniger Kleidung. Es ging Jenny und Karl Marx schlecht, anderen ging es schlechter. Das Problem war, dass sie unbeschwerten Wohlstand kannten, und daher empfanden sie Not als noch bedrückender als diejenigen, die nie etwas anderes kennengelernt hatten.

Jenny wollte trotz allen Klagens ihrem Mann die unbeschwerten Tage bei Engels nicht verderben: *„Es ist mir gar zu leid, daß ich Dir in jedem Brief von Geldsachen vorjammern und klagen muß. Ich weiß ja, daß Du alles gethan, alles versucht hast und in diesem Augenblick nichts thun kannst. Allein wenn einem das Feuer so auf den Nägeln brennt, so nimmt man seine Zuflucht, da wo das Herz am meisten Trost und Stütze findet. Schreibe mir zu meiner Beruhigung, daß Ihr rasch an dem Ding arbeiten wollt und vergiß die New York Tribune nicht ganz.“* [425] Der Ehemann brauchte derartige Ermahnungen nicht schwarz auf weiß, aber er freute sich über seine einsichtige

Ehefrau. Einige Tage später zeigte sich Jenny frustriert über ansonsten doch so zuverlässige Freunde. Es ging wie fast immer um Geld: *„Es ist übrigens zum Todtärgern und nicht möglich den Humor dabei zu behalten. Diese ganze Ausgabe ist doch rein überflüssig und wieder des Hornochsen Weidemeiers Schul(d). …und wenn man sieht wie in Amerika die größten Lumpen fortwährend ganz respectable, fortlauf(en)de Organe zu gebote haben; wie sie drucken lassen können, wozu sie Lust haben und ihr mit so schwerem Gelde alles erkaufen müßt und man mit dem Pfennig zu ringen hat und die besten wohlmeinendsten Freunde nicht(s) auftreiben können, selbst dann wenn d(as) Messer einem an der Kehle sitzt.“* [426]

Jennys Lamentieren brach schlagartig ab, als Geld aus Manchester eintraf: *„Wir haben eben den Metzger (mit) 1£ abgespeist und können uns nun für die 10 Schilling Nöthiges kaufen, nämlich ein paar Hahnemannsche Wasserstiefel um durch diese Sündfluth zu waten. Die Missis ist auch abgefunden; nun gilt es noch die Stamps umzusetzen. Noch einmal, lieber Herzens Karl, verzeih mir, daß ich mich gestern so gehn ließ. Es stürmte alles so auf mich ein und ich wußte keinen Rath mehr nah und fern. Dennoch war es abscheulich Dich so zu quälen. Ich weiß wie Du alles gethan und nichts versäumt hast.“* [427] Bei soviel Verständnis konnte der Mann weiterhin die Zeit mit Engels im Albert-Club und der Chetham's Library genießen und bei Champagner und dem berühmten Engels'schen Hummersalat über den Kommunismus theoretisieren. Es blieb ihm sogar noch Zeit aufmunternde Worte an seine Frau zu schreiben: *„Liebes Herz! Dein Brief hat mich sehr gefreut. Du brauchst Dich übrigens gar nicht zu geniren, mir immer alles mitzutheilen. Wenn Du armes Teufelchen die bittre Realität durchmachst, ist es nichts weniger als billig, als daß ich wenigstens ideal die Qual mitdurchlebe. Ich weiß übrigens, wie unendlich elastisch Du bist und wie das geringste Günstige Dich wieder neu belebt.“* [428] Zehn Tage reichte der Trost, mit dem „armen Teufelchen“ „ideal“ die „bittere Realität“ zu teilen, dann ging Jennys Gejammere wieder los. Jenny an Karl: *„Ich hatte mir fest vorgenommen Dich nicht beständig mit den Geldgeschichten zu quälen und nun bin ich schon wieder da. Aber wahrlich Karl ich weiß keinen Rath mehr, die Marengo (die Hauswirtin, MA) kann und will nicht länger warten, sie hat mich eben wirklich in Angst versetzt. … Und außerdem, Bäcker, Governess, Teegrocer, Grocer und der Schreckens Mann Metzger. Ich bin in einer Lage, Karl ich weiß nicht mehr weiter. Bei all' den Leuten steh ich rein als Lügnerin da, ich muß Rath schaffen. …*

Karl ich kann mich nicht mehr halten. Und wo soll ich hin. Macht ich mich wirklich aus dem Staube, was ich vielleicht könnte, so stehn wir ja ganz verloren da."[429] Erstaunlich in Jennys Liste der Personen, denen sie Geld schuldete, war „die governess". Trotz extremer Geldknappheit leistete sich das Ehepaar Marx ein Dienstmädchen und eine Erzieherin für die drei Kinder. Tröstlich für Jenny war, dass sie häufig Besuch hatte. Spielkameraden der Kinder kamen oft und auch die „ganze Bande", d.h. die engsten Gesinnungsgenossen, fand sich immer wieder bei ihr ein. Während der Abwesenheit ihres Mannes regelte sie verlässlich die Angelegenheiten der „Partei Marx".

Ende Juni war das Geld ausgegeben, die Miete nicht bezahlt, die Schulden bei den Kaufleuten nicht beglichen. Jenny vorwurfsvoll zu ihrem Mann: „*Und hättest Du nur rasch 5 Bogen für den Buchhändler vollgeschmiert. Ich fürchte ich fürchte, mit Eurem Manöver noch mehr herauszulocken, wird aus der ganzen Sache nichts.*"[430] Ehemann Karl sollte für output sorgen und nicht so hoch pokern, dass die Verleger passten und er das Spiel verlor. Während sich ihr Mann und Engels in Höhenflüge verstiegen, war sie verzweifelt: „*Ich sitze hier und gehe zu Grunde. Karl, es ist jetzt auf den höchsten Punkt gekommen. Die vorige Woche konnten mich 5 £ noch retten. Jetzt nützen sie nichts mehr. Ich bin so angegriffen daß ich kaum schreiben kann. … Wie gesagt Karl ich kann die Sache nicht mehr aushalten und Dein Kommen würde die Sache noch schlimmer machen. Ich kann mich nicht mehr 8 Tage durchhalten sonst sitz ich obdach und brodlos hier. Die Sache ist jetzt auf den höchsten Punkt gestiegen. Hätt' ich 5 £ zu rechter Zeit gehabt ich hätte den Ausbruch noch verhindern können. Jetzt ist auch das zu gering und dennoch hätt' ich sie nur. Ich sitze hier und weine mir fast die Augen aus und weiß keine Hülfe. Und Du kannst ja auch nichts machen. Ach hättet ihr vor 8 Tagen 5 Bogen dem Banya geliefert – dann wäre jetzt Hoffnung da … Versäumt vor allem Dana nicht; das ist die einzige solide Geschichte. Alles andre Humbug. Mein Kopf hält nicht mehr zusammen. 8 Tage hab ich wieder meine Kräfte gesammelt nun kann ich nicht mehr.*"[431] Bedrückende Aussichten: In Kürze ohne Dach über dem Kopf und ohne Brot! Eilte Gatte Karl nach diesem Lagebericht nach Hause? Nein. Er hatte in Manchester noch zu tun und hatte seine verständnisvolle Ehefrau nicht signalisiert, sie wolle ihn mit der häuslichen Misere nicht drangsalieren? Er vertraute auf des „armen Teufelchens" Flexibilität.

Jenny Marx kam nicht zur Ruhe. Auf einen nicht erhaltenen Brief ihres Mannes antwortete sie niedergeschlagen: „*Ich habe Dir heute wenig zu sagen, als daß ich recht, recht traurig war als ich Deinen Brief las, nicht über Dich, sondern über mich, nicht weil sie ‚kahl' waren wie Du meinst an klingender Münze, sondern weil sie ‚kahl' waren an Freundlichkeit und Liebe. Und daß sie so waren, daran bin ich ja nur allein Schuld. Ich habe Dir Dein kurzes Entrinnen aus der Londoner Misere so verbittert, Dir Deinen Aufenthalt bei Fr. so vergällt und Dich so gereizt und so geängstigt, daß ich mich wirklich fürchte und scheue Dich wiederzusehn. Du kannst Dich nicht mehr auf mich freuen, ich habe Dich so gequält, so kleinlich Dich verfolgt und gemartert; aber nicht wahr Du freust Dich wenigstens auf die lieben, freundlichen Kinder auf ihre unschuldig harmlosen Gesichtchen? Du kommst doch gern zurück? Und die lieben Kinder sind ja auch ein Theil von mir und Du wirst ihrer Mutter vergeben, was sie an Dir sich vergessen. Liebes, theures Herz. Sei mir nicht mehr böse.*"[432] Jenny tat Abbitte für ihre ewige Klagerei, auf die der Gatte kühl reagiert hatte. Marx wusste, wie er sich wehren konnte. Das war seine Taktik gegen ihre Taktik, alle Schuld auf sich zu nehmen, wissend, dass der andere ihre unterschwelligen Vorwürfe durchaus verstand. Aber sie konnte nicht schweigen, wenn sie meinte, alles breche über ihr zusammen. An wen sollte sie sich in ihrer seelischen Not wenden, wenn nicht an ihren Mann? Ihm musste sie doch gestehen können: „*Ich kann nicht viel schreiben heut. Ich bin so traurig und freue mich auf Dich und fürchte mich und schäme mich und darum schweig ich und mach' die Sache kurz ab. Für immer Deine Jenny.*"[433] Diese Worte rührten Karl Marx, aber steigerten nicht zwingend die Wiedersehensfreude, und so kehrte er mit gemischten Gefühlen in die häusliche Tristesse zurück. Zum Glück erheiterten die Kinder ihren Vater, und die atmosphärischen Störungen lösten sich auf.

Nach den schönen Tagen in Manchester ging Marx mit neuem Schwung an das Projekt „Die großen Männer des Exils". Jenny wurde eingespannt, war „furchtbar fleißig am Copiren des Manuskripts" und bekam neue Passagen direkt in die Feder diktiert. Das komplette Werk erschien erst 1930 in Russland, aber die Ankündigung führte zu besorgten Reaktionen; einer, so Marx, schwitze Todesangst und einer mache sich viel Skrupel. Die Schadenfreude lenkte nur kurzfristig von den häuslichen Problemen ab. „*Meine Frau ist sehr leidend, magert ab und hustet. Indeß erklärt der Doctor die Sache für nicht gefährlich und hat ihr ausser*

Medicin verordnet, viel Porter zu trinken"[434], sorgte Marx sich bei Engels, der umgehend eine Sendung Wein und Geld schickte.

Im Spätsommer 1852 wurde die Lage fatal. Marx an Engels: *„Meine Frau ist krank, Jennychen ist krank, Lenchen hat eine Art Nervenfieber. Den Doktor kann und konnte ich nicht rufen weil ich kein Geld für Medizin habe. Seit 8–10 Tagen habe ich die family mit Brod und Kartoffeln durchgefüttert, von denen es noch fraglich ist, ob ich sie heute auftreiben kann. Diese Diät war natürlich nicht förderlich bei den jetzigen klimatischen Verhältnissen."*[435] Marx lieh sich Geld von jedem zu jedem Zinssatz, „um nicht zu verrecken". Besonders der schlechte Gesundheitszustand Jennys belastete ihn, vor allem, weil er wusste, dass seelische Not sie aufs Krankenbett geworfen hatte, keine Grippe, keine Epidemie, sondern Kummer, Verzweiflung, Geldnot, Überarbeitung und seine Erfolglosigkeit. *„Wie soll ich mit all dem Teufelsdreck fertig werden?"*[436], fragte er Engels und sprach in diesem Brief ein weiteres Problem an, das seine Frau und ihn bewegte: Jenny und Karl Marx versuchten krampfhaft den bürgerlichen Schein von „Respektabilität" zu wahren, auch bei Freunden wie Georg Weerth. *„Was Teufel genirst Du Dich vor dem Kerl? Außerdem weiß er doch daß Du seit Jahren im Pech sitzest, und weiß auch schon daran daß Du noch in dieser alten Wohnung sitzest, was die Glocke geschlagen hat"*[437], sprach Engels aus, was alle wussten. Die winzige Wohnung, die zerschlissene Ausstattung, die Lage im Arbeitermilieu, sollte da ein Besucher trotz aller Vertuschungsversuche und an den Tag gelegten Nonchalance nicht seine Schlüsse ziehen können? Um den für sie so wichtigen Schein zu wahren, empfing auch Jenny nur ungern Freundinnen aus ihrer Jugendzeit. Während Betty Lucas aus Kreuznach die Familie in der bescheidenen, wenig repräsentativen Wohnung besuchen durfte, wurde die bekannte Sängerin Anna Bochkoltz-Falconi, eine Freundin aus Trier, vermutlich von Lenchen mit der Begründung, Frau Marx sei nicht zuhause, abgewiesen.

Wegen Mietrückstand drohte im Herbst 1852 diese Unterkunft gekündigt zu werden. Marx rettete sich in Galgenhumor: *„Das Beste und Wünschenswerteste, was passiren könnte, wäre, wenn mich die landlady zum Hause hinaus würfe. Ich wäre dann wenigstens die Summe von 22L St. quitt. Aber so viel Gefälligkeit ist ihr kaum zuzutrauen."*[438] Zwischen lässig dahingeschriebenem Wunsch und realer Situation war dann doch ein großer Unterschied, wie Karl Marx nach einer unerfreulichen Begegnung mit seinem Vermieter erkennen musste. Zu Engels: *„Heute kommt der Kerl her und machte der housekeeperin und mir einen scheußlichen Scandal! Er zog sich heute – da ich zuletzt zur ultima ratio, nämlich zur Grobheit meine Zuflucht nahm – mit der Drohung zurück, wenn ich ihm diese Woche nicht Geld schaffe, werde er mich auf die Straße werfen, vorher aber noch einen broker mir in das Zimmer setzen."*[439] Schon bei dem Gedanken an eine neuerliche Zwangsräumung reagierte Jenny hysterisch. Marx, ansonsten gerne ein Optimist, war extrem angespannt und versicherte Engels, *„wenn ich das Leiden meiner Frau und meine eigne Ohnmacht sehe, so möchte ich dem Teufel in den Rachen laufen."*[440] Das war auch keine Lösung, aber ein Zeichen tiefster Verzweiflung. Jennys Leid belastete ihren Mann ungemein: *„Meine Frau geht unter, wenn es lange so fortdauert. Die beständigen Sorgen, der allerkleinlichste bürgerliche Kampf reibt sie auf. Und dazu noch die Infamieen meiner Gegner, die noch nie auch nur versucht haben, mich sachlich anzugreifen, sich für ihre Ohnmacht dadurch zu rächen suchen, daß sie mich bürgerlich verdächtigen und die unsagbarsten Infamieen über mich verbreiten."*[441] Es reichten Andeutungen und Engels konnte sich ausmalen, was unausgesprochen blieb. *„Natürlich, ich würde lachen über den ganzen Dreck"*[442], verkündete Marx überlegen, *„ich lasse mich dadurch auch keinen Augenblick in meinen Arbeiten stören, aber Du begreifst, daß meine Frau, die leidend ist und in der unerfreulichsten bürgerlichen Klemme vom Morgen bis Abends sitzt und deren Nervensystem angegriffen ist, nicht dadurch erfrischt wird, wenn jeden Tag dumme Zwischenträger ihr die Ausdünstungen der demokratischen Pestkloake zuführen. Die Taktlosigkeit einzelner Leute ist darin oft colossal."*[443] So erzählte man angeblich in ihrer Gegenwart, dass die erste Maßnahme einer zukünftigen deutschen Revolutionsregierung sei, Marx an die Wand zu stellen und zu erschießen. Natürlich bestand keine Gefahr für das Leben ihres Mannes, aber Jenny wusste, dass viele ihren Mann ablehnten.

Der Kölner Kommunistenprozess

Herbst 1852

In Preußen ging man im Zuge der Konterrevolution mit aller Härte gegen Staatsfeinde vor. Im Mai 1851 glaubten die Behörden über genügend Belastungsmaterial zu verfügen und ordneten die Festnahme mehrerer Gesinnungsgenossen von Marx in Köln an. *„Die Procuratur scheint den Proceß gegen die Verhafteten zu einem communistischen Monstre Proceß ausspinnen zu wollen. Vor 6 Monaten glaubt man nicht, daß die Rache reif sein wird. Verhaftungen haben noch mehrere Statt gefunden und Haussuchungen gehören zur Tagesordnung. Dein Vetter oder Schwager H. v. Westphalen hat am 19. auch die Deutsche Arbeiterhalle, redigiert von Stechen in Hannover in Preußen// verboten“*[444], informierte Roland Daniels Anfang Juni 1851 die Freunde in London. Der Königlich Preußische Staatsminister des Inneren hatte die Aufgabe, alle Staatsfeinde, insbesondere die revolutionären Republikaner, zu denen die Mitglieder des „Bundes der Kommunisten“ zählten, unnachsichtig durch seine Behörde aufspüren, verhaften und verurteilen zu lassen. Bruder Ferdinand kam so zu dem Ruf, der „Allerreaktionärste“ zu sein *„in dem reaktionärsten Kabinett, das Preußen jemals besessen hat.“*[445]

In den Fahndungsmeldungen der Jahre 1850/1851 stand, dass folgende Kommunisten und Republikaner „in polizeilichen Gewahrsam“ zu nehmen seien: *„Becker, Dr. Hermann von Köln, Marx, Engels, Schapper, Bürgers, ... Lessner, ... Freiligrath, Daniels.“*[446]

Die Verhaftungen von Heinrich Bürgers und Hermann Heinrich Becker, dem späteren Oberbürgermeister von Köln, waren ein herber Schlag, auch für Marx persönlich, da Becker einige seiner Arbeiten herausbringen wollte. Nur ein Heft der „Gesammelten Aufsätze“ mit Artikeln aus der „Rheinischen Zeitung“ konnte publiziert werden. Dem gefährdeten Ferdinand Freiligrath gelang in letzter Minute die Flucht nach London, wo man auch täglich Roland Daniels erwartete.

Jenny Marx erkannte in diesen Tagen, dass es Schicksalsschläge gab, denen man hilflos ausgeliefert war und die einen noch tiefer in die Verzweiflung stürzen konnten als die Untreue der Nächsten. Sie war dankbar, ihren Mann in Sicherheit zu wissen, bei ihm zu sein – und ihre verletzte Seele gesundete. Rückblickend hielt sie fest: *„Die Erinnerung an die*

Tage, an denen ich in Karls kleinem Stübchen saß, seine kritzligen Aufsätze kopierte, gehört zu den glücklichsten meines Lebens.“ [447]

Der Kölner Kommunistenprozess begann Anfang Oktober 1852. Es war für Karl Marx eine Herzensangelegenheit, die Angeklagten mit allen Mitteln zu unterstützen, denn es waren engste Gesinnungsgenossen, mit denen er in den revolutionären Tagen in Köln zusammengearbeitet hatte. Für sie sammelte er mit der „Partei Marx“ Entlastungsmaterial. Die Umtriebigkeit des Herrn Marx war für den Geheimdienst von größtem Interesse, und dieser vermutete bei Engels, dass an den Siegeln seiner Briefe „mit heißem Eisen“ „pour le roi de prusse“ manipuliert worden sei; zudem stellte sich *„wenigstens versuchsweise, wieder eine Schutzwache (Abends) vor mein Haus. Ich kann Dir also absolut nichts schreiben, wovon ich nicht rathsam halte, dass es die preussische Regierung diesen Augenblick erfährt.“*[448] Marx und Engels versuchten die Kontrollen mit Deckadressen und zweckentfremdeten Kuverts zu umgehen. Der preußische Geheimdienst war zudem bestrebt, Marx von den englischen Behörden zur persona non grata erklären und ihn an Preußen ausliefern zu lassen. Geeignet schien hierfür der Hinweis des preußischen Ministerpräsidenten an das Foreign office, Marx sei *„das Haupt einer verwegenen Bande, die auch vor Fürstenmord nicht zurückschrecke; er plane auch einen Überfall auf die Queen Victoria und den Prinzgemahl Albert von Sachsen-Coburg-Gotha.“*[449] Möglicherweise war diese fingierte Beschuldigung auf Anordnung von allerhöchster Stelle erfolgt. König Friedrich Wilhelm IV. von Preußen hatte nämlich bereits Endes des Jahres 1850 in einer Order unter dem Gebot strengster Geheimhaltung seinen Ministerpräsidenten wissen lassen:

> *„Bester Manteuffel!*
> *Ich habe den Kinkel'schen Fluchtbericht gelesen. Dies hat mich auf einen Gedanken gebracht, den ich nicht gerade unter die lauteren klassifizieren will. Nämlich den, ob Stieber nicht eine kostbare Persönlichkeit ist, das Gewebe der Befreiungsverschwörung zu entfalten und dem preußischen Publikum das lange und gerecht ersehnte Schauspiel eines aufgedeckten und (vor allem) bestraften Komplotts zu geben?*
> *Eilen Sie also mit St. 's Anstellung und lassen Sie ihn sein Probestück machen ….*

Verbrennen Sie dies Blatt.
Es ist keine Minute zu verlieren.
Vale!
Friedrich Wilhelm."[450]

Der preußische König wollte demnach seine Untertanen mit „einem Schauspiel", das auf Lügengebilden basierte, manipulieren. Er nahm in Kauf, das Vertrauen der Mehrzahl seiner Bürger in sich und seinen Staat zu missbrauchen, um seine Macht zu sichern. Das Volk sollte aufgehetzt und in seinem Namen „Staatsfeinde" verurteilt und möglichst lebenslänglich weggesperrt werden. Dies war in den Augen des Regenten legitim, aber er war sich wenigstens bewusst, dass es keine „lauteren" Gedanken waren, die seine königliche Feder zu Papier brachte. Fatal war, dass der Ministerpräsident die Anweisungen seines Herrn nicht befolgte, d. h. die Order nicht vernichtete, sondern gegen die höchste preußische Tugend, den unbedingten Gehorsam, verstieß. Jenny und Karl Marx hätten sich bei Kenntnis dieser Zeilen in ihrem Misstrauen gegen den obersten preußischen Repräsentanten und seinen Staat bestätigt gefühlt.

Während des Prozessverlaufes verzeichneten die Angeklagten und ihre Rechtsvertreter Erfolge. Der preußische Agent Stieber hatte ein Protokollbuch des „Bundes der Kommunisten" vorgelegt, das die Umsturzpläne beweisen sollte, aber anhand von Schriftproben konnte nachgewiesen werden, dass es sich um eine Fälschung handelte. Stieber hatte vergeblich *„in ‚mühseliger Kleinarbeit' Indizien gesammelt, ‚bis etwa zweihundert Aktendeckel prall gefüllt waren', und obwohl auch die Anklageschrift ‚mehrere hundert Seiten umfasst' habe, hätten die Angeklagten es immer wieder verstanden, ‚den Prozeßablauf mit juridischen Finten zu verzögern'."*[451] Das brachte Jenny in einem Brief an Adolf Cluß zum Jubeln: *„Die Sitzung vom 23. October gab dem Ganzen nun eine so großartige, interessante und für die Angeklagten günstige Wendung, daß wir Alle anfangen uns wieder etwas zu fühlen. Sie können denken, daß die ‚Partei Marx' Tag und Nacht thätig ist und mit Kopf, Händen und Füßen zu arbeiten hat."*[452] Es hatte lange nicht nach einem Erfolg für die Verteidigung ausgesehen. *„Der Intimus des Herrn Willich … hat sich sämmtliche Actenstücke, Briefe, Protocolle etc etc. der Willichschen Clique stehlen lassen. Sie wurden von der Anklage als Beweis der gefährlichen Thätigkeit der Partei vorgebracht. Um nun damit die Angeklagten* *in Verbindung zu bringen, ward ein künstlicher Zusammenhang meines Mannes mit dem notorischen Spion Cherval ersonnen. So wurde mein Mann die Brücke, das künstliche Bindeglied zwischen den Theoretischen Kölnern und den Thatenmännern, Mordbrennern und Plünderern in London. Stieber und die Anklage hatten sich Colossales von diesem Coup erwartet"*[453]; aber der Coup *„verpuffte in der Luft. ... Alles was die Polizei vorgebracht war Lüge. Sie stiehlt, fälscht, erbricht Pulte, schwört falsche Eide, zeugt falsch ... und die Manier wie die Polizei in ihrer schuftigsten Gestalt, alle Funktionen des öffentlichen Ministeriums übernimmt, den Staat in den Hintergrund drängt, unbeglaubigte Zettel, bloße Gerüchte, Rapporte, Hörensagen als wirklich gerichtlich erwiesene Thatsachen, als Beweise vorbringt, ist wahrhaft haarsträubend."*[454] Diese verwerflichen Machenschaften, mit denen man – vielleicht – den Wünschen des Königs nachzukommen versuchte, mussten für das ahnungslose Publikum entlarvt werden. Jenny zu Cluß: *„Kurz und gut es werden Dinge vorkommen, die man nicht glauben würde, wenn man sie nicht selbst erlebte. Alle diese Polizei Geschichten lenken nun das Publicum und somit die Geschwornen von der eigentlichen communistischen Anklage ab, und der Haß der Bourgeois gegen die entsetzlichen Mordbrenner wird paralysirt durch den Horror vor der Niederträchtigkeit der Polizei, so daß man jetzt selbst an die Freisprechung unserer Freunde glauben kann. Der Kampf mit dieser mit Gold und allen Kampfesmitteln ausgerüsteten officiellen Macht ist natürlich ganz interessant und um so glorreicher, wenn er für uns siegreich ausfallen sollte, als auf der einen Seite, Geld und Macht und alles steht, während wir oft nicht wußten wo das Papier herholen um die Briefe zu schreiben etc. etc."*[455] Frau Marx verschwieg in ihrer Euphorie nicht ihr Engagement: *„Ich habe auch etwas in der Intrigue mitgewirkt und abgeschrieben daß mir die Finger brennen. ... Bei uns ist jetzt ein ganzes Büreau etabliert. Zwei, drei Schreiber, andre laufen, die andern schrappen die pennies zusammen, damit die Schreiber fortexistiren und Beweise des unerhörtesten Scandals gegen die alte officielle Welt beibringen können. Dazwischen singen und pfeifen meine 3 fidelen Kinder und werden oft angerannt von ihrem Herrn Papa. Das ist ein Treiben. ... Mit hoher obrigkeitlicher Erlaubnis Jenny Marx."*[456] Viel Hektik herrschte in der kleinen Wohnung, jedoch positive, die Lebensgeister stimulierend. *„Das Ganze ist jetzt ein Kampf zwischen der Polizei einerseits und meinem Mann andererseits, dem man alles, die ganze Revolution, selbst die Leitung des Prozesses in die Schuhe schiebt. Stieber hat jetzt zuletzt meinen Mann als östreichischen Spion ausgeschrien."*[457] Jenny übertrieb gegenüber Cluß die Rolle ihres Mannes, denn es war keine ausschließliche Auseinandersetzung zwischen ihm und der preußischen Polizei.

Vier Angeklagte wurden im Oktober 1852 freigesprochen, sieben zu Haftstrafen verurteilt. Wem die preußische Justiz letztendlich ihren Sieg verdankte, war offensichtlich. *„Das schamlose Urtheil des Anklagesenats wäre unmöglich gewesen, wenn die Presse sich nur im geringsten der Sache angenommen hätte. Aber die liberalen Blätter wie die Kölnische schwiegen aus Feigheit und die ‚demokratischen' … aus Haß gegen die Kommunisten, aus Furcht von ihrer eignen Wichtigkeit zu verlieren, aus Rivalität gegen ‚neue' Märtyrer. So danken die Hunde der ‚N. Rh. Z', die das demokratische Lumpengesindel in seinen Conflicten mit der Regierung … stets beschützte. … Les canailles! Il faut les attaquer à mort"* [458], wütete Frau Marx bei Cluß gegen die aus Feigheit, Ressentiments und Konkurrenzneid Schweigenden.

Freund Roland Daniels gehörte zu den Glücklichen, denen die Ankläger trotz aller Bemühungen nichts Verbrecherisches nachweisen konnten. Er war angeklagt worden, in Köln wiederholt geplant zu haben, die Bevölkerung zum Umsturz der staatlichen Ordnung zu animieren. Der Arzt wurde aus der Haft entlassen, aber, so hatte Jenny erfahren: *„das Traurigste von Allem bleibt wahr – Daniels soll nach dem Ausspruch der Ärzte entschieden die Schwindsucht haben. Es ist wirklich schrecklich."*[459] Die Umstände, unter denen er und die anderen Inhaftierten hausen mussten, hatten ihm zugesetzt. *„Unsere Freunde sitzen in Zellen, voneinander und der Welt abgeschnitten, dürfen weder Briefe noch Besuche empfangen und erhalten nicht einmal Bücher, was den ordinären Verbrechern in Preussen nie verweigert wird"* [460], hatte Jenny die Behandlung der Untersuchungshäftlinge im Mai 1852 bei ihrem Mann angeprangert. Drei Jahre nach seiner Freisprechung starb der Arzt am 9. August 1855. Seine Witwe informierte das Ehepaar Marx über die Todesumstände: *„Die 18monatliche Haft ist nach der Aussage von allen Ärzten die eigentliche Ursache seines frühen Todes. Nichts ist der Schwindsucht günstiger wie die Gefängnisse und es ist konstatirt, daß von 10 Gefangenen, neun Tuberkel in den Lungen haben. … Sechs Monate hat er in einer Zelle gesessen, die so feucht war, daß alles mit Schimmel überzogen war; dazu der Mangel an Luft, er der es nur wenige Stunden in der Stube aushalten konnte. Dazu die Behandlung. … Roland's Kraft war gebrochen. Er hatte so lange Widerstand geleistet, daß sein so kräftiger Geist einen Theil seiner Energie verloren hatte."* [461] Karl Marx versuchte zu trösten: *„Es ist mir unmöglich den Schmerz zu schildern, womit mich die Nachricht von dem Hinscheiden des theuren, unvergeßlichen Roland erfüllt hat. (Ich) hatte dennoch keinen Augenblick die Hoffnung auf Wiedergenesung Ihres trefflichen Mannes verloren. Es war eine delikate, feinorganisirte, durchaus edle Natur-Charakter, Talent und ästhetische Erscheinung in seltnem Einklang. Daniels mitten unter den Kölnern erschien mir stets wie eine griechische Götterstatue, die ein launischer Zufall unter einen Haufen von Hottentotten geworfen habe. Sein frühes Hinscheiden ist nicht nur ein unersetzlicher Verlust für seine Familie und seine Freunde, sondern auch für die Wissenschaft, der er die schönsten Leistungen versprach, und für die große leidende Masse der Menschheit, die in ihm einen treuen Vorkämpfer besaß.“* [462] Frau Daniels gegenüber entschuldigte er die Wortlosigkeit Jennys: *„In meiner Frau hat die Nachricht von diesem neuen Verluste die Erinnerung an den Tod unsres einzigen Söhnchens wieder so lebendig wachgerufen, daß ihr Gemüthszustand ihr nicht erlaubt in diesem Augenblick Ihnen zu schreiben. Sie weint und jammert wie ein Kind.“* [463] Karl Marx meinte nicht sein Sohn Föxchen ...

Mit Rührung und Erschütterung lasen Jenny und Karl in dem Brief der Witwe, wozu kindliches Nichtbegreifen und Spontaneität führen konnten: *„Man hatte unsern ältesten Jungen verloren; ich fand ihn auf Roland's Grab, das er ganz verwüstet hatte. Ich grabe mir meinen Papa aus, ich will ihn haben, war seine Antwort.“*[464] Wie gerne hätten Jenny und Karl es dem Kinde nachgemacht!

Auch das Schicksal der Witwe bewegte. Sie hatte Jenny und Karl ihre schwierige Lage dargelegt und war zu dem Schluss gekommen: *„Nun stehe ich allein und verlassen da inmitten großer Familien, überall anstoßend. Roland imponirte, man wagte sich nicht an ihn. Seine Familie zählt mich zu seiner Mörderin, weil ich ihn nicht zu andern Ansichten bekehrt habe.“* [465] Schuldzuweisung am Tode des Mannes war ein probater Vorwurf, um die Frau zur Mit-Sündenböckin zu machen. Amalie Daniels musste sich Vorhaltungen anhören, dass sie ihren Mann nicht von seinem Weg abgehalten habe, aber sie war *„stolz auf diese Anklagen. Es ist ein Glück für mich, daß ich Roland nie den leisesten Vorwurf gemacht habe ... Daß er so gestorben ist, wie er starb, ist mein einziger Trost.“*[466] So hätte auch Jenny Marx reagiert.

Nach dem Prozess griff Karl Marx zur Feder und formulierte seine Eindrücke. Die Schrift „An das Publicum. Zur Aufklärung.“ wurde flott verfasst, weil Marx über genügend Material verfügte. *„Wenn die Sache* *nicht jezt kommt, hat sie kein Interesse mehr. Meine Broschüre ist keine Principienrettung, sondern eine auf Darstellung der Thatsachen und des Verlaufs gegründete Brandmarkung der preussischen Regierung"*[467], verkündete er bei Engels. Seine Abhandlung sollte durch den Verleger Schabelitz auf dem Festland vertrieben und der Gewinn geteilt werden. Alles lief schief und Jenny musste den erhofften Gewinn über 30 £ Sterling abschreiben. Frau Marx zu Cluß: *„6 Wochen läßt er [der Verleger, MA] 2000 Stk, also die ganze Auflage, in einem Dorf liegen und dann schreibt er daß es confiscirt ist. ... Genug, dies ist die 2te völlig geburkte Broschüre. H. Stieber, der Polizeipräsident von Berlin geworden und ein großartiges Werk angekündigt über Konspirationen etc, und H. Willich, als Besitzer und Verwalter der amerikanischen Gelder gehen sain et sauf aus der Sache hervor; der Cölner Prozeß ist völlig vernichtet, die Partei noch immer nicht ganz von allem Makel gereinigt, und die Regierung triumphirend! In diesem Moment wäre die Broschüre von der kolossalsten Wirkung gewesen. Sie wäre wie ein thunderbolt zwischen die zitternden und bebenden deutschen Polizisten-Seelen gefahren."*[468] Kein „thunderbolt"! Um *„das Manuskript (nicht) der nagenden Kritik der Mäuse"*[469] zu überlassen, wurde Alfons Cluß gebeten, die Schrift im Feuilleton der „Neu-England-Zeitung" in Boston abdrucken zu lassen, damit man beweisen konnte, dass sie überhaupt existierte.

Nach dem Kölner Kommunistenprozess wurde im November 1852 der „Bund der Kommunisten" auf Antrag von Karl Marx aufgelöst.

Krise folgt auf Krise

Die Jahre 1853 und 1854

Die Anstrengungen der Verteidigungsarbeit für die Angeklagten in Köln, das Verfassen der Broschüre, die Aufregungen, bis diese endlich gedruckt und dann nicht vertrieben wurde, und das permanent schlechte Gewissen, weil er die Existenzsicherung der Familie fast ausschließlich Engels aufbürdete, warfen Karl Marx aufs Krankenbett. *„Mein l(ieber) Carl war seit Wochen leidend und in den letzten Tagen kam wieder ein altes Leberleiden zum Vorschein, das fast bis zu einer Entzündung sich steigerte, eine Krankheit, die mir umso ängstlicher ist, als sie in seiner Familie erblich und die Todteskrankheit seines Vaters war"*[470], sorgte sich Frau Jenny bei Cluß, aber sie blieben vom Schlimmsten verschont. Seelischen Auftrieb gab ein Arbeiteraufstand in Mailand Anfang Februar 1853. Einige Arbeiter hatten versucht, nur mit Messern bewaffnet, eine Zitadelle zu stürmen – mussten allerdings mangels Unterstützung aus der Bevölkerung aufgeben. Dennoch war dies für Jenny und Karl ein Beweis, dass es in Europa gärte, und das versetzte sie in gute Stimmung – die Herrscher in Angst und Schrecken. Man müsse vielleicht die preußische Krone an den Ufern des Po verteidigen, war angeblich die Befürchtung eines hohen preußischen Würdenträgers. Letztendlich war es nur ein kurzes Aufbäumen von Unzufriedenen gegen die österreichische Herrschaft, und es zeigte sich, dass die Opposition zu schwach und zu wenig effektiv war, als dass sie die Herrschenden in Gefahr hätte bringen können.

Die Unpässlichkeit des Ehemannes verstärkte die finanzielle Bedrängnis, und um irgendwie über die Runden zu kommen, war Jenny gezwungen, Engels zu kontaktieren. Ehrlich gestand sie: *„Es ist mir furchtbar unangenehm, in Geldsachen an Sie schreiben zu müssen. Sie haben uns nur schon zu oft geholfen. Aber dieses Mal weiß ich keine Rettung, keinen Ausweg. Ich habe an Hagen in Bonn, an Georg Jung, an Cluß, an meine Schwiegermutter, meine Schwester in Berlin geschrieben – schreckliche Briefe. Und von allen, allen bis heute keine Antwort. So bleibt uns kein Mittel mehr übrig. Ausmalen, wie es hier aussieht, kann ich nicht."* [471] Widerwillig musste sie sich überwinden und fragen: *„Können Sie uns etwas schicken? Für Freitag hat der Bäcker das Brot gekündigt. Gestern hat der Musch ihn noch abgewendet, indem er dem Bäcker auf seine Frage: ‚Is Mr. Marx at home?' antwortete: ‚No, he a'nt upstairs' und dann mit seinen 3 Broten pfeilschnell davonlief und seinem Mohr erzählte."* [472] Geschickt verband Jenny ihre Bitte mit dem phantasievollen Handeln von Sohn Musch, einkalkulierend, dass Engels seinen kleinen Freund nicht hungern lassen konnte. Das dringend benötigte Geld kam umgehend, war aber sofort ausgegeben und die Lage blieb laut Marx beklagenswert: *„In der Zwischenzeit habe ich wieder sehr schlimme Periode durchzumachen, um so mehr, als verschiedne werthvolle Sachen im Pfandhaus erneuert werden müssten … und dieß natürlich nicht möglich ist, dans un moment, wo selbst die Mittel pour les choses les plus necessaires, fehlen. Indeß, ich bin jezt an den Dreck gewöhnt und an die Verhältnisse, die er mit sich bringt."* [473] Stoische Worte zu Engels, aber weder Marx noch seine Frau konnten sich an die Umstände gewöhnen, vor allem nicht, wenn Familienbesuch sich angesagt hatte. Louise, Karls Schwester, machte Station beim Bruder, bevor sie mit ihrem Mann in ihre neue Heimat Kapstadt aufbrach. Erinnerungen wurden ausgetauscht, über alte Bekannte und über das kleine Trier geplaudert, und doch war Jenny sicherlich erleichtert, als die Gäste abreisten – repräsentieren mit dem letzten Pfund war anstrengend. Ihr Mann pumpte in seiner Not jeden an, von dem er glaubte, er könne etwas abgeben, ließ stunden und brachte das letzte Versetzbare zu dem Onkel mit den drei Kugeln, dem Pfandhaus. Ihre Mittellosigkeit war besonders unangenehm, da Engels sich für kurze Zeit zurückgezogen hatte. Das Ehepaar Marx hatte im September 1853 Streit mit Freund Wilhelm Wolff wegen einer verschwundenen Spanisch-Broschüre vor dessen Umzug nach Manchester gehabt. Karl und Jenny hatten bei Engels gewütet, dass Wolff sie zu Unrecht beschuldigt habe, das Buch nicht zurückgegeben zu haben. Der Freund ergriff nicht Partei, sondern hielt sich zurück. Diese Anspannung hielt Marx nicht aus: *„Du wirst verdammt schweigsam. … Für Dienstag erwarte ich einen Artikel von Dir.“* [474] Trotz dieses anmaßenden Befehlstons verfasste der gutmütige Engels den Artikel und nach einigem Grollen entschuldigte sich Marx, und die Sache wurde abgehakt.

Jenny Marx war, wie von ihrem Mann trefflich erkannt, ein Stehaufrauchen, das schnell alles Belastende verdrängen konnte. Zufrieden registrierte sie in ihren Erinnerungen, dass ihr Mann *„regelmäßig 2 Artikel für die „Tribune“ (schrieb), die großes Aufsehn in Amerika machten. Durch diese regelmäßige Einnahme waren wir imstande, uns aus den alten Schulden herauszureißen und ein sorgloseres Leben zu führen. Die Kinder wuchsen lieblich heran und nahmen geistig und körperlich zu.“*[475] Ein höchst erstaunliches Fazit, wenn man sich an die Krisen im Jahr 1853 erinnert – und das Jahr 1854 unterschied sich kaum von dem vergangenen. Nur ein Tag war ein besonderer: der 40. Geburtstag von Jenny am 12. Februar. Karl wünschte seiner langjährigen Lebenspartnerin Wohlergehen und eine Revolution und die Kinder sangen und überreichten selbst gebastelte Geschenke. Danach ging es wie gewohnt weiter. Kaum hatte man Grippe und Masern überstanden, wurde der Mann *„von einem so heftigen rheumatischen Zahn-Ohren-Gesichtsweh verfolgt, daß er keine Nacht schlafen konnte und sich heute ernstlich unwohl fühlt. Alle Mittel waren vergebens. Von Pfänder bis Raspail haben wir die ganze Apotheke erschöpft. Die Schmerzen blie-*

ben ganz schrecklich. Erst heute Nacht ist durch spanische Fliege Opium etc. etwas Schweiß eingetreten und eine gelinde Besserung merkbar. Er ist nicht imstande eine Zeile zu schreiben." [476] Das bedeutete, dass Engels, an den die Zeilen Jennys gerichtet waren, die Artikel für die „Tribune" übernehmen und Geld schicken sollte. *„Karl war ungeheuer froh als er den verhängnisvollen Doppelknock des Briefträgers hörte. Voilà Frederik 2 £ gerettet! rief er aus. Leider ist er noch sehr leidend und trägt mir auf Ihnen zu sagen, daß er Lazarus und das scheppe Pitterchen zugleich sei"* [477], bedankte sich Frau Marx bei ihm. Die Ehefrau versuchte Humor zu zeigen, aber sie war mit Krankenpflege, Haushalt und Schreibarbeiten völlig überlastet – und dies forderte seinen Tribut. *„Jetzt, wo ich wieder auf dem Damme und die Kinder wieder alle aus dem Bette sind, wenn auch noch nicht aus dem Hause, ist meine Frau, wahrscheinlich in Folge der Nachtwachen und Krankheitspflege, sehr herunter und das Schlimmste ist, daß sie den Doktor nicht consultiren will, sondern sich selbst Medicinen administrirt … Wenn die Sache sich nicht bessert, werde ich schließlich mit Gewalt durchgreifen"* [478], schrieb Marx an Engels. Wollte Jenny nur die Arztkosten sparen oder ahnte sie, dass ihre angeschlagene Gesundheit in seelischer Not begründet lag und ihr kein Arzt helfen konnte – oder führte gar ein anderer Umstand zu dem Unwohlsein?

Jenny geriet in einen so desolaten Zustand, dass Marx den Arzt rief und diesen bei Engels schon bald nicht wegen einer Fehldiagnose oder Unfähigkeit verwünschte, sondern *„mitten in einer Crise, bleibt der brave Dr. Freund fort und schickt mir eine Rechnung von 26 £ St. und wünscht in ein klares Verständniß über sein ‚ärztliches Verhältniß' zu mir zu kommen. Da der Zustand meiner Frau gefährlich war – und noch bedenklich ist – war ich natürlich gezwungen … zu capituliren und … schriftlich zu versprechen, daß ich 8 £ St. Ende dieses Monats abzahlen wolle und den Rest von 5 zu 6 Wochen."* [479] Auch ein Arzt musste leben. Ungemach auf Ungemach stürzte auf Karl Marx ein, und der sonst so Tapfere war der Verzweiflung nahe und gestand Engels, *„daß durch diese lezten petites misères ich a very dull dog geworden bin"* [480] und er „bis über die Ohren im Pech" sitze. Seine Befindlichkeit gipfelte in der Erkenntnis: *„Beatus ille, der keine Familie hat."* [481] Das war kein Resultat intensiver Analysen, sondern der Aufschrei eines unglücklichen Mannes, der sein Versagen als Familienoberhaupt an seiner kranken unglücklichen Frau und den unschuldigen Geschöpfen, denen er außer Liebe und Aufmerksamkeit nichts zu bieten hatte, ablesen konnte. Sein größter Wunsch war es, ohne Abhängigkeit und Einschränkung zu schreiben und zu forschen, doch stattdessen mussten seine großen Entwürfe hinter Banalem wie Geldbeschaffen zurückstehen. Die Sicherung der Existenz der Familie war vorrangig, ein schwieriges Unterfangen, wenn man nicht über feste Einkünfte verfügte oder einer bezahlten Anstellung nachging. Es war ein mühseliger Weg, und Karl Marx war sich im Klaren darüber, dass er seine ganze Familie mit ins Unglück riss. „Beatus ille …" Glücklich derjenige … Karl Marx liebte seine Frau und seine Kinder über alles und hätte ihnen gerne jedes Leid erspart und ihnen alles ermöglicht; wenn aber jeder noch so bescheidene Wunsch nicht oder nur unter größten Schwierigkeiten erfüllbar war, wenn er bei jeder Krankheit überlegen musste, ob er den Arzt konsultieren konnte, wenn er nicht wusste, wie er die Kosten für den Lebensunterhalt aufbringen konnte und die Schulden trotz vermeintlicher Sparsamkeit stiegen, wenn er erleben musste, dass die geliebte Frau immer verzweifelter auf die alltägliche Not reagierte, dann war auch für eine so starke Persönlichkeit wie Karl Marx ein Leidensdruck erreicht, der ihn neidisch auf jeden werden ließ, der sich nicht gebunden hatte – und der seine Frau nicht schon wieder geschwängert hatte. Jennys Unwohlsein hatte einen Grund gehabt: Das sechste Kind war unterwegs und der Geburtstermin sollte Ende 1854 /Anfang 1855 sein.

Abstand vom häuslichen Umfeld hatte die Empfehlung des Arztes für die kranke Frau gelautet und da Jenny sich seit langem nach der alten, einsamen Mutter sehnte, wurde ein Besuch in Trier anvisiert. Die Einreise in preußisches Hoheitsgebiet war kein großes Problem, aber es dauerte. Eine Aufenthaltsgenehmigung musste beantragt, auf die Ausstellung des Passes durch die Behörden gewartet und die Kosten sofort beglichen werden. Im Juli 1854 konnte Jenny in Richtung Heimat aufbrechen, nachdem ihr Mann von Engels einige Pfund für ihre Reise erbeten hatte, *„die nicht länger aufzuschieben war und allerlei neue Equipirung nöthig machte, da sie natürlich nicht abgerissen nach Trier kommen konnte."*[482] Eine einstige Ballkönigin wollte modisch auftreten, auch um nach der Schmach von 1849 zu zeigen, dass es ihrem Mann und ihr in London gut ging.

Die Freude des Wiedersehens nach langer Trennung war groß und die Tochter genoss die Tage bei der Mutter. Zu ihrer Genugtuung fand sie in der Kleinstadt die Beachtung, die ihr in einer Metropole wie London als einer von zahlreichen Flüchtlinginnen verwehrt blieb. In Trier war sie eine geborene „von" mit einem einflussreichen Ministerbruder und einem interessanten Mann.

Mehr als fünf Wochen blieb sie und schöpfte neue Kraft. *„Meine Frau ist Mittwoch zurückgekommen, sehr wohl. Im Vaterlande soll alles Trübsal blasen von wegen ‚die unsichern Verhältnisse'"* [483], teilte Marx Engels zufrieden mit. Zuhause ging es entspannt und vergnügt zu. Unter Lenchens Obhut verbrachten die 10-jährige Jenny, die ein Jahr jüngere Laura und der 7-jährige Musch bei schönem Sommerwetter die Tage im Freien und genossen Kirschen, Äpfel und Trauben. Mutter Jenny hielt sich beim Durchstreifen der Umgebung aus inzwischen bekanntem Grunde zurück. *„Meine Frau – was ich schon vor ihrer Abreise zu befürchten Ursache hatte – is rather in too interesting circumstances, sonst wohl."* [484] Dieses Geständnis Engels gegenüber fiel Marx nicht leicht, und Engels wird sich gedacht haben: Nicht schon wieder! Für die Produktion von Kindern am laufenden Band trugen ausschließlich die „Atheisten" Jenny und Karl Marx die Verantwortung, die allerdings der evangelischen Kirche ein Leben lang angehörten!

Während der Abwesenheit seiner Frau hatte der große Ökonom die Einnahmen und Ausgaben überprüft und festgestellt, dass alles wie im spanischen Staatshaushalt verpfändet war. Marx hatte bereits, wie er Engels zufrieden mitteilte, *„grosse finanzielle Kunststücke angewandt"* und *„die Gesammtschulden unter 50 £ Sr. herabgedrückt, also ungefähr 30 £ tiefer als sie Anfang d. J. standen."*[485] Nach diesem Kassensturz stieg seine Zuversicht, Ordnung in seine Finanzen zu bekommen. *„Wenn … Lassalle … mir 30 £ pumpt, und Du mir den Rest, so würde ich endlich wieder auf freien Füßen stehn und die ganze Hauseinrichtung ändern, während ich jezt im Pfandhaus allein 25% zu zahlen habe und überhaupt wegen der Rückstände nie in Ordnung kommen kann"* [486], ließ er Engels wissen. Und überhaupt wäre diese Schuldenfalle nie entstanden, wenn seine Mutter sich bereitwilliger gezeigt hätte; Geld sei vorhanden, aber sie gebe es ihm nicht. Jenny hatte in Trier bei der Schwiegermutter das leidige Thema „Erbe und Geld" erfolglos angesprochen, und das hatte den Sohn so in Rage gebracht, dass er bei Engels die Drohung ausstieß: *„Mit meiner Alten ist, wie sich noch einmal in Trier bewährt, nichts zu machen, bis ich ihr direkt auf dem Hals* *sitze."* [487] Er konnte noch so geifern, die Mutter blieb stur, solange der Sohn nicht persönlich bei ihr vorsprach. Allerdings brauchte Marx dringend Hilfe im August 1854, um nicht Opfer einer grassierenden Epidemie zu werden. *„Dans ce moment ist die gänzliche Entblösung von Geld so ekliger, ... – als Soho das auserlesne Quartier der Cholera, rechts und links der mob crepirt (z.B. in der Broadstreet 3 Leute durchschnittlich auf das Haus), und der Scheisse mit ‚Lebensmitteln' am besten Widerstand geleistet wird"* [488], wurde Engels in höchster Not informiert. Der Freund schickte Geld, und die Familie Marx blieb von der Cholera verschont.

Nach fünf zermürbenden Jahren im englischen Exil schienen Ende des Jahres 1854 „die schweren täglichen, nagenden Sorgen" überwunden. *„Das Weihnachtsfest dieses Jahres war das erste heitere Fest, das wir in London begingen ... und unsere Freunde brachten dem lieben Kleeblatt allerlei hübsche Geschenke. Da gabs Puppen und Flinten und Küchengerät und Trommeln und Trompeten, und Dronke kam noch spät am Abend, um das Weihnachtsbäumchen zu schmücken. Es war ein so glücklicher Abend"* [489], freute sich Jenny noch rückblickend.

Unendliches Leid

Das Jahr 1855

Nur wenige Tage nach dem ersten glücklichen Weihnachtsfest in England wurde Sohn Edgar krank; nichts Ungewöhnliches zu dieser Jahreszeit. Die Eltern waren froh, als er sich erholte, denn Jennys bevorstehende Niederkunft bündelte alle häuslichen Energien. *„Meine Frau geht mit starken Schritten der Catastrophe entgegen"* [490], schrieb Marx an Engels und am 16. Januar 1855 ward Jenny *„zwischen 6 und 7 Uhr Morgens ... von einem bona fide traveller – leider of the ‚sex' par excellence – genesen. Wäre es ein männliches Wesen, so ginge die Sache schon eher."* [491] Rechnet man das Geschlecht der Marx'schen Kinder auf, so waren es bis zu diesem Zeitpunkt vier Mädchen und zwei Jungen – zählt man den unehelichen Sohn Frederick hinzu, sieht die Bilanz mit Männeraugen besser aus. Jenny Julia Eleanors Geburt bot Marx eine gute Ausrede bei Lassalle: *„Dieser Brief wäre 8 Tage früher geschrieben worden, wenn nicht meine Frau von einer Weltbürgerin entbunden und mir so in dem trouble wenig freie Zeit übrig geblieben wäre, wie Du* *leicht begreifen wirst. Mutter und Töchterlein befinden sich indeß wohl.“* [492] Dem kinderlosen Lassalle gegenüber musste Marx väterlichen Stolz demonstrieren und betonen, dass Prosaisches wie beispielsweise Schuldenbegleichung in solch bewegenden Momenten nebensächlich war.

Die Mutter erholte sich schnell von den Strapazen der Geburt, aber Marx zu Engels: *„Mit dem Kinde aber fürchte ich Schlimmes.“*[493] Zu dieser Sorge kam noch, wie Marx Anfang März dem Freund ausführlich darlegte, dass *„1) Musch ein gefährliches gastrisches Fieber, das noch nicht beseitigt; (dieß das Schlimmste) 2) Der baby grew every day worse, störte das ganze Haus, so daß vor einigen Tagen Ammenwechsel nöthig; 3) Meine Frau, obgleich das Wochenbett famos vorüberging, bekam einen s.g. Umlauf am Zeigefinger der rechten Hand. Klein, wie dieß Leiden, sehr intensiv und irritirend, gestern ist die Sache operirt worden. 4) Ich erst die Augenscheisse, die jezt ziemlich beseitigt; dann einen solchen ekelhaften Husten, daß ich einige Flaschen Medizin saufen und einige Tage sogar das Bett hüthen mußte … das ganze Haus war und ist noch zum Theil Lazareth.“*[494] Der Arzt empfahl wiederum Luftveränderung bzw. eine Auszeit: Jenny sollte nach Trier fahren und Karl meinte zu Engels, auch er müsse *„einmal für kürzere Zeit hier fort, da die leibliche Verdumpfung mir auch das Hirn stultificirt.“*[495] Beide Elternteile konnten das Haus nicht verlassen, solange *„Colonel Musch (nicht) sichtbar hergestellt. Indeß hat er diese Woche rasche Schritte zur Rekonvalescens gemacht, der Doktor war heute exceedingly pleased und nächste Woche ist vielleicht alles allright.“*[496] Zur nervlichen Beruhigung in dieser so niederdrückenden Zeit trug der Tod einer alten schottischen Verwandten bei, von der man mindestens 150 Pfund Sterling zu erben hoffte, und ferner die Aussicht, einen Teil der 1.300 Taler zurückzubekommen, die Jenny vor vielen Jahren bei dem bankrott gegangenen Bankier Grach in Trier deponiert hatte. Die Eltern hätten erleichtert aufatmen können, wenn sich nicht der Zustand des achtjährigen Sohnes verschlechtert hätte. *„Ich glaube nicht, daß der gute Musch Herr über die Krankheit wird. Du begreifst, wie diese Aussicht hier zu Haus wirkt. Meine Frau wieder ganz down. Indeß muß sich die Sache jezt bald entscheiden“* [497], ließ Marx seinen Vertrauten wissen. Die Mutter wollte nicht wahrhaben, dass ihr Liebling todkrank war, und auch der Vater griff jeden Funken Hoffnung auf. Zu Engels: *„Sollte alles gut vorangehn, so muß Musch sogleich aufs Land. Er ist natürlich furchtbar schwach und abgemagert. Das Fieber ist got rid of und die Unterleibsverhärtung* *legt sich ganz bedeutend.“* [498] Die Eltern klammerten sich an jeden Hoffnungshalm, aber Ende März mussten sie sich mit der furchtbaren Realität abfinden. Marx an Engels: *„Ich schob von Tag zu Tag auf Dir ein Gesundheitsbulletin zu schicken, weil die Krankheit den in meiner Familie erblichen Charakter einer Unterleibsauszehrung angenommen und Hoffnung scheint selbst von ärztlicher Seite aufgegeben. Meine Frau war seit einer Woche so krank, wie nie vorher, von geistiger Erregung. Mir selbst blutet das Herz und brennt der Kopf, obgleich ich natürlich Haltung behaupten muß. Das Kind verläugnet während der Krankheit keinen Augenblick seinen originellen, guthmütigen und zugleich selbständigen Charakter. Dir kann ich nicht genug danken für die Freundschaft, womit Du statt meiner arbeitest, und für die Theilnahme, die Du für das Kind fühlst.“* [499] Kaum ein Brief von Karl Marx war so voller Verzweiflung, aber auch so voller Dankbarkeit für Engels, der ihm beistand, indem er zum einen die existentiell wichtigen Artikel für die „Tribune“ schrieb und zum anderen dem „colonel Musch“ aufheiternde Grüße zukommen ließ.

Es waren Tage unbeschreiblicher Anspannung, in denen die Familie den Verfall des über alles geliebten Sohnes miterleben musste. Täglich wurde er schwächer, stündlich ließ die Lebenskraft nach. Am 6. April 1855, es war der Karfreitag, musste Karl Marx seinem Freund Engels die traurigsten Zeilen seines Lebens schreiben: *„Der arme Musch ist nicht mehr. Er entschlief (im wörtlichen Sinne) in meinen Armen heute zwischen 5 und 6 Uhr. Ich werde nie vergessen, wie Deine Freundschaft diese schreckliche Zeit uns erleichtert hat. Meinen Schmerz um das Kind begreifst Du. Meine Frau sendet die freundlichsten Grüsse. Es ist möglich, daß wenn ich nach Manchester reise, ich sie für 8 Tage mit mir nehmen werde, wobei wir uns natürlich in einem Gasthaus niederlassen würden. Jedenfalls muß ich ein Mittel suchen, sie über die ersten Tage wegzubringen.“* [500] Nie sah Jenny ihren geliebten Mann so verzweifelt, obwohl er sich zusammenzureißen versuchte, um ihr und den weinenden Töchtern Halt zu geben. Karls Leid vergrößerte Jennys Trauer. Sein Haar soll in dieser Nacht schlohweiß geworden sein. Betrachtet man die Bilder aus dieser Zeit, war dies in dieser Intensität nicht der Fall. Jenny verfiel in tiefste Trostlosigkeit, war „völlig downbroken“ und weinte und jammerte „wie ein Kind“. Ihr Mann ließ sie nicht unbeaufsichtigt. Es bestand zwar keine Selbstmordgefahr, aber es war nicht auszuschließen, dass ihr Lebenswille erlosch, sie in sich zusammensank und nicht mehr aufstand, gewissermaßen „einging". Zum Tode Föxchens hatte sie noch in ihren Erinnerungen festgehalten: *„Es war das erste Kind, das ich verlor. Ach, ich ahnte damals nicht, welch andres Leid mir bevorstand, vor dem alles, alles in nichts versank."* [501] Es war der schlimmste Schicksalsschlag, der Jenny Marx traf. Nur die Verantwortung für Jennychen, Laura und das drei Monate alte Baby hielt sie aufrecht. Sie mobilisierte ihre letzten Kräfte und funktionierte weiter – wie ihr Mann, der Engels schrieb: *„Das Haus ist natürlich ganz verödet und verwaist, seit dem Tode des teuren Kindes, das seine belebende Seele war. Es ist unbeschreiblich, wie das Kind uns überall fehlt. Ich habe schon allerlei Pech durchgemacht, aber erst jezt weiß ich was wirkliches Unglück ist. Ich fühle mich brocken down. Zum Glück hatte ich seit dem Begräbnißtag so tolle Kopfschmerzen, daß Denken und Hören und Sehn mir vergangen ist."* [502] Karl Marx begrüßte in seiner grenzenlosen Trauer die Schmerzen, die seine Sinne betäubten. *„Der Tod des Kindes hat mir Herz und Hirn tief erschüttert. Bacon sagt, daß wirklich bedeutende Menschen so viel Relationen zur Natur und der Welt haben, so viel Gegenstände des Interesses, daß sie jeden Verlust leicht verschmerzen. Ich gehöre nicht zu diesen bedeutenden Menschen. Der Tod meines Kindes hat mir Herz und Hirn tief erschüttert, und ich fühle den Verlust noch so frisch wie am ersten Tag"* [503], gestand er Lassalle Monate später.

Ernestine und Wilhelm Liebknecht versuchten den Trauernden in diesen unendlich kummervollen Stunden beizustehen. Liebknecht erinnerte sich: *„‚Musch' starb; ich vergesse die Szene nicht. … Marx in schrecklicher Aufregung, jeden Zuspruch heftig, fast zornig zurückweisend."* [504] Niemand konnte Jenny und Karl Marx Trost spenden – und doch war es wohltuend, dass sie nicht alleine waren. Als Musch auf dem Whitefield-Friedhof in Tottenham Court Road beerdigt wurde, stand Wilhelm Liebknecht dem Vater bei, der *„stumm da (saß), den Kopf in die Hände gestützt. Ich streichelte ihm die Stirn: Mohr, du hast ja deine Frau, die Mädchen und uns – und wir alle haben dich so lieb! ‚Ihr könnt mir den Jungen nicht wiedergeben' stöhnte er – und stumm fuhren wir weiter zum Kirchhof in Tottenham Court Road. Als der Sarg … in das Grab gesenkt werden sollte, war Marx so aufgeregt, dass ich mich neben ihn stellte, weil ich fürchtete, er werde dem Sarg nach ins Grab springen."* [505] Ein erschütterndes Zeichen von Trauer. Der Geistesmensch Marx wurde so sehr von seinen Gefühlen übermannt, dass das Augenmerk Liebknechts nicht der Mutter, sondern dem Vater galt. Karl Marx fand Trost bei Engels: *„Unter all diesen furchtbaren Qualen, die ich in diesen Tagen durchgemacht habe, hat mich immer der Gedanke an Dich und Deine Freundschaft aufrechtgehalten, und die Hoffnung, daß wir noch etwas Vernünftiges in der Welt zusammen zu thun haben."*[506] Ein Vermächtnis für den Sohn, in das Marx wie selbstverständlich Engels einband. Edgar sollte nicht umsonst gestorben sein – und durch die bis heute lebendig gebliebene Erinnerung an Jenny und Karl Marx wurde er nicht vergessen.

Jenny Marx überstand diese schlimmsten Stunden vielleicht mit Beruhigungsmitteln oder betäubt vom Schmerz. Der Gedanke, ob der Junge unter anderen Lebensumständen zu retten gewesen wäre, verschlimmerte die Marter, „doch, dahin ist dahin".

Nach den Krankheitssymptomen tippt man heute auf Blinddarmdurchbruch oder Magentuberkulose als Todesursache.

Einige Tage nach der Beerdigung reisten Jenny und Karl nach Manchester und wurden von Engels freundlichst aufgenommen. Die Kinder überließen sie der Obhut Helene Demuths. Der Abstand tat zwar gut, aber als sie Wochen später bei scheußlichem Wetter zurückkehrten, überkam sie das ganze Leid. Jenny empfand die häusliche Atmosphäre ohne ihren Musch als so unerträglich, dass sie sich krank ins Bett flüchtete. Die Zeit heilte nicht das Leid, wie Engels erfuhr: *„Hier bei mir ist es noch immer eine traurige Häuslichkeit. Meine Frau noch sehr leidend. Die Erinnerung an das liebe arme Kind quälend und selbst zwischen die Spiele seiner Geschwister dazwischentretend. Solche Schläge lassen sich nur langsam im Laufe der Zeit verschmerzen. Mir selbst ist der Verlust noch so frisch, wie am ersten Tag und ich kann daher die Leiden meiner Frau beurtheilen."*[507] In Erwartung der schottischen Erbschaft konnte die Familie für zwei Monate das Cottage von Peter Imandt in Camberwell mieten und dort versuchen Abstand zu gewinnen.

Wilhelm Chassot von Florencourt, der Bruder von Jennys Schwägerin, hatte die Abwicklung der Erb-Angelegenheit übernommen. Jenny bedankte sich für seine Bemühungen so umfassend, dass sie um Verzeihung bat, *„daß ich Ihnen alle diese Privatgeschichten und gar so detailliert mitteile; es ist mir alles so unversehens in die Feder gerutscht, und weiß ich doch auch, daß Sie und meine lieben Geschwister Anteil an den Freuden und Schmerzen meines Lebens nehmen; so wie ich auch alles, was sie betrifft, mit warmem In-*

teresse verfolge.“[508] In aller Ausführlichkeit hatte sie ihr großes Leid geschildert: *„Sie und meine lieben Geschwister werden durch mein treues Mütterchen wohl gehört haben, welch ein schweres Leid uns getroffen und in welche Trauer unsre so glückliche, so selten heitre Familie versetzt ist. Louisens freundliche Zeilen kamen grade am Karfreitag hier an. Wenige Stunden vorher hatte unser Engelskind seine Augen für immer geschlossen. Es war der schmerzlichste Tag meines ganzen Lebens, und ich glaube wohl, daß es nicht arm an trüben Stunden war. Aber wenn ich alle Schmerzen, alle Leiden meines Daseins, die ganze Summe zusammenfasse, so erreicht sie nicht das unaussprechliche Weh, das ich empfand, als ich zuerst ahnte, welch eine Krankheit mein liebes Kind befallen hatte. Es war ein liebes, gutes Engelsgemüt. Er war mein Herzensliebling, so wie er der Liebling eines jeden war, der ihm einmal in sein schönes, sonniges Antlitz geschaut hatte. Er war die ganze Freude, der ganze Stolz, die ganze Hoffnung meines lieben Karl, an dem das Kind mit besonderer, inniger Zärtlichkeit hing, so daß es in seiner Krankheit immer bat, sein Charley, wie er Karle stets scherzhaft nannte, möge immer bei ihm sein, ihn tragen und heben und seine Hände auf seinen Kopf legen. Und wirklich hatte Karl auch die Kraft, während den 6 bangen Wochen ihn nicht zu verlassen und Tag und Nacht bei ihm zu sein. Lenchen stand treulich zur Seite. Ich selbst war zu angegriffen, um den schwereren Teil der Pflege zu teilen, auch oft meines Schmerzes nicht mächtig genug, so daß ich meine Tränen nicht stets zu unterdrücken vermochte. Er sagte darauf zu Jennychen, seiner kleinen Vertrauten: ‚Wenn das Möhmchen ans Bett kommt, deck immer meine Hände zu, daß sie nicht sieht, wie mager sie sind‘. Selbst die schrecklichste aller Krankheiten vermochte nicht, diese strahlende Heiterkeit des Geistes zu brechen und trüben. Dankbar für jeden noch so kleinen Liebesdienst, freundlich und heiter lächelnd – so blieb er bis zu seiner Verklärung. Ach, wir hatten ihn alle so lieb, so lieb!“* [509] Ergreifende Worte unendlicher Liebe für das Kind, dessen Verlust Jenny und Karl Marx zeitlebens schmerzte. Als 1861 kurzzeitig der Gedanke an eine Rückkehr nach Preußen aufkam und folglich ein Abschied von England, meinte Jenny zu Ferdinand Lassalle: *„Jedenfalls werden wir alle einmal mit schwerem Herzen von dem Lande der bittersten Schmerzen scheiden. Lass' ich doch vier Kinder in kalter, fremder Erde zurück und unter ihnen das Liebste, das ich auf der Welt hatte, meinen lieben einzigen Edgar! Das ist ein Schmerz, der nie heilt, nie vernarbt – da ist Wunde und Narbe unheilbar – die Wunde ist im tiefsten, stillen Herzen, wo sie nie altert und aufhört zu bluten.“* [510]

Ein neues Zuhause

Das Jahr 1856

Der geliebte Sohn blieb im Alltag der Familie präsent; alle, Eltern und Schwestern, vermissten ihn auf Schritt und Tritt. Vom Leid der Geschwister erfuhr auch Wilhelm von Florencourt: *„Unsre kleinen Mädchen sahen nach dem Tode des Brüderchens so blaß und elend und abgezehrt aus, daß ihr Anblick jeden erschütterte. Alle ihre lieblichen kleinen Spiele hatten aufgehört, ihre Gesänge waren verstummt. Es fehlte der 3te in ihrem Bunde, es fehlte ihr treuer, unzertrennlicher Kamerad, er fehlte mit seiner Heiterkeit, seinen Witzen und Scherzen, er fehlte mit seiner schönen klangvollen Stimme."* [511] Jennylein und Laura hatten sogar versucht, den verzweifelten Eltern in der schweren Zeit beizustehen, indem sie sich um das Baby kümmerten. Jenny an ihren Schwippschwager: *„Während der Krankheit meines lieben Herzenskindes versorgten sie es ganz und gar und hielten die irische Amme unter strenger Kontrolle, was bei ihren Unarten und Angewohnheiten sehr nötig ist. Die Kinder des grünen Erin neigen gewaltig zu Gevatter Gin und Brandy... Das Kind gedeiht nun auch ganz prächtig und ist wirklich ein ganz wunderniedliches baby, das des Morgens das ganze Zimmer naß platschert, wenn es sein kaltes Bad bekommt."* [512] Das kleine Geschöpf zwang die Familie, das Leben wieder anzunehmen, aber es konnte die Leere nicht ausfüllen. Jenny hielt es in der engen Wohnung nicht mehr aus und drängte entschieden darauf, die Dean Street zu verlassen, sobald man über die Gelder aus dem Erbe verfügte. Aber es gab eine Lücke, die dringender gestopft werden musste. Nach dem Camberwell-Urlaub sorgte der Hausarzt für Unmut, weil er vor Gericht seine längst fälligen Honorare einklagen wollte. Marx sah seine einzige Rettung in einer Flucht, und die aufgeschreckte Familie vermisste den Vater. Jennychen schrieb ihm: *„Good bye my dear Chally we are all very lonesome without you. We hope you will soon be here and Freund in his hospital."* [513] Arglos meinte die kindlich-ehrliche Tochter zum Aussehen der Mutter: *„Mömchen is as thin as a half penny candle and as dry as a herring she also says I have seen better days before. Mömchen feeds us always."* [514] Die Trauer hatte sichtbare Spuren hinterlassen.

Im Frühling 1856 kam man auch an das Erbe des 1855 verstorbenen „alten Hundes" Heinrich Georg von Westphalen. Jenny erinnerte sich: *„Endlich ... ward die kleine befreiende Summe uns zuteil. Alle Schulden wurden* *abbezahlt – Silber, Wäsche, Kleider kehrten aus ihrem Pfandhausexil wieder in ihre alte Heimat zurück, und neu und frisch eingekleidet wanderte ich mit meinem kleinen, übriggebliebenen Kinderkleeblatt … der lieben alten Heimat zu.*"[515]

Der Ehemann fühlte sich nach Abreise seiner Familie in London vereinsamt und schlug Engels einen Trip nach Schottland vor, den dieser wegen Arbeitsüberlastung ablehnen musste, aber Marx herzlich zu sich einlud. Trotz aller Annehmlichkeiten und willkommener Ablenkung in Manchester vermisste Karl Marx seine Frau so sehr, dass er zur Feder griff und ihr gestand: „*Ich schreibe Dir wieder, weil ich allein bin und weil es mich genirt, immer im Kopf Dialoge mit Dir zu halten, ohne daß Du etwas davon weißt. … Schlecht wie Dein Portrait ist, leistet es mir die besten Dienste und ich begreife jezt wie selbst ‚die schwarzen Madonnen', die schimpfirtesten Porträts der Mutter Gottes, unverwüstliche Verehrer finden konnten. … Jedenfalls ist keines der schwarzen Madonnenbilder je mehr geküßt und angeäugelt und adorirt worden als Dein Photograph, das zwar nicht schwarz ist, aber sauer, und durchaus Dein liebes, süsses, küßliches ‚dolce' Gesicht nicht widerspiegelt. … Ich habe Dich leibhaftig vor mir und ich trage Dich auf Händen und ich küsse Dich von Kopf bis Fuß und ich falle vor Dir auf die Knie und ich stöhne: ‚Madame, ich liebe Sie'.*"[516] Karl Marx musste sich in einem wahren Rausch der Leidenschaft befunden haben und steigerte sich noch: „*Und ich liebe Sie in der That, mehr als der Mohr von Venedig je geliebt hat. Falsch und faul faßt die falsche und faule Welt alle Charactere auf. Wer von meinen vielen Verläumdern und schlangenzüngigen Feinden hat mir je vorgeworfen, daß ich berufen sei eine erste Liebhaberrolle auf einem Theater zweiter Klasse zu spielen? Und doch ist es wahr. Hätten die // Schufte Witz besessen, sie hätten die Produktions- und Verkehrsverhältnisse auf die eine Seite gemahlt, und mich zu Deinen Füssen auf der andern. Look to this picture and to that – hätten sie darunter geschrieben.*"[517] Hatte bislang der sehnsüchtig Liebende zu seiner Angebeteten gesprochen, fuhr der liebende Kopfmensch fort: „*Momentane Abwesenheit ist gut, denn in der Gegenwart sehn sich die Dinge zu gleich, um sie zu unterscheiden. Selbst Thürme erscheinen in der Nähe zwerghaft, während das Kleine und Alltägliche in der Nähe betrachtet zu sehr wächst. So ist es mit den Leidenschaften. Kleine Gewohnheiten, die durch die Nähe mit der sie einem auf den Leib rücken, leidenschaftliche Formen annehmen, verschwinden, sobald ihr unmittelbarer Gegenstand dem Auge entrückt ist. Grosse Leidenschaf-*

ten, die durch die Nähe ihres Gegenstandes die Form von kleinen Gewohnheiten annehmen, wachsen und nehmen ihr naturgemässes Maß wieder ein durch die Zauberwirkung der Ferne. So ist es mit meiner Liebe. … Meine Liebe zu Dir, sobald Du entfernt bist, erscheint als was sie ist, als ein Riese, in die sich alle Energie meines Geistes und aller Charakter meines Herzens zusammendrängt. Ich fühle mich wieder als Mann, weil ich eine große Leidenschaft fühle, und die Mannigfaltigkeit, worin uns das Studium und moderne Bildung verwickeln, und der Scepticismus, mit dem wir nothwenig alle subjectiven und objectiven Eindrücke bemängeln, sind ganz dazu gemacht uns alle klein und schwach und quängelnd und unentschieden zu machen. Aber die Liebe nicht zum Feuerbachchen Menschen…, nicht zum Proletariat, sondern die Liebe zum Liebchen und namentlich zu Dir, macht den Mann wieder zum Mann.“[518] Die Hymne endete mit der vielleicht berührendsten Erklärung, die ein Mann einer Frau machen konnte, die an seiner Seite alt geworden war: *„Du wirst lächeln, mein süsses Herz, und fragen, wie ich auf einmal zu all der Rhetorik komme? Aber könnte ich Dein süsses weisses Herz ans Herz drücken, so würde ich schweigen und kein Wort sagen. Da ich nicht küssen kann mit den Lippen, muß ich mit der Zunge küssen, und das zu Worten machen. … Es gibt in der That viele Frauenzimmer auf der Welt und einige darunter sind schön. Aber wo finde ich ein Gesicht wieder, wo jeder Zug, selbst jede Falte die größten und süssesten Erinnerungen meines Lebens wiedererweckt? Selbst meine unendlichen Schmerzen, meine unersetzlichen Verluste lese ich in Deinem süssen Antlitz und ich küsse mich weg über den Schmerz, wenn ich Dein süsses Gesicht küsse. … Ade mein süsses Herz. Ich küsse Dich tausendmal und die Kinder.“*[519]

Dieser Brief zählt zu den schönsten Liebesbriefen, und niemand würde ihn spontan dem kühlen Theoretiker Karl Marx zuordnen. Mag manche Formulierung übertrieben klingen – für Jenny waren diese Zeilen eine Kostbarkeit, vergleichbar den Gedichten aus der Verlobungszeit. Sie war selig, so innige Worte der Liebe zu lesen und froh, dass die schlimmen Jahre nicht zu einer Abkühlung ihrer Gefühle geführt, sondern sie noch enger aneinandergeschmiedet hatten; das versprach Zuversicht für die Zukunft.

Auf diesen leidenschaftlichen Brief, der im Juni 1856 in Trier eintraf, liegt keine Antwort vor. Nur ein Brief Jennys an Frau Liebknecht ist von diesem Aufenthalt erhalten. Darin berichtete sie stolz über ihre Töchter, die *„sich hier durch ihr freundliches, anmuthiges Wesen allgemein be-*

liebt machen u. mich recht stolz machen könnten, wenn ich dazu zugänglich wäre, denn es laufen stets ganze Schaaren hinter ihnen her u. begaffen die kleinen, geputzten Engländerinnen.“ [520] Die kleinen „Engländerinnen“ erregten Aufmerksamkeit, waren in Trier etwas Besonderes, und natürlich war Mutter Jenny trotz gegenteiliger Behauptung stolz auf sie. Dass Jennylein, Laura und Tussy „geputzt“ waren – das war ausschließlich ihr Werk. Glücklicherweise waren die drei nicht nur Püppchen, sondern richtige Kinder, die im Freien spielten und herumtobten. Jenny selbst war nicht so glücklich, wie sie vorgab, und sie konnte sich nicht erklären, warum sie sich sogar in der Gegenwart der Mutter „fremd und unheimlich“ fühlte. Ahnte sie das traurige Geschehen? Die alte Mutter feierte im Kreise ihrer Liebsten, nur Edgar fehlte, ihren 81. Geburtstag. Einige Tage später starb sie. Jenny zu Luise Weydemeyer: *„Nach elftägigem Leiden schloß sie die müden lieben Augen, die noch segnend auf mir und den Kindern geruht hatten.“*[521] Die trauernde Tochter informierte die Öffentlichkeit.

> *„Es hat Gott dem Allmächtigen gefallen,*
> *meine gute Mutter*
> *Amalie Julie Caroline von Westphalen,*
> *geb. Heubel,*
> *heute Morgen um 12 Uhr in ihrem 82. Lebensjahre zu sich zu rufen.*
> *Die Beerdigungsfeierlichkeit wird am Freitag, den 25. dieses Nachmittags 3 Uhr, in der evangelischen Kirche stattfinden, zu welcher, so wie zu dem Leichenzuge aus dem Sterbehause, ich die Freunde und Bekannten der seligen Mutter hiermit ergebenst einzuladen mich beehre.*
> *Trier, den 23. Juli 1856.*
> *Jenny Marx, geb. v. Westphalen*
> *Auch im Namen meiner abwesenden Geschwister“*[522]

stand in der „Trier'schen Zeitung“.

Jenny war unendlich dankbar, dass die Mutter nicht einsam und verlassen das Zeitliche gesegnet hatte – und diese hatte sich keinen schöneren Tod wünschen können als in den Armen der über alles geliebten Tochter zu sterben – eine glückliche Fügung. Damit Jenny das Erbe der Mutter antreten konnte, bedurfte es einer Vollmacht des Gatten, die dieser umgehend ausstellte. *„Ich, Endesunterzeichneter, bevollmächtige hierdurch meine Ehegattin, Jenny Marx, geb. von Westphalen, mich bei der Regulirung des Nachlasses Ihrer Mutter, der verstorbenen geb. Regirungsräthin, Frau Karoline von Westphalen, zu vertreten u. in meinem Namen zu handeln."* [523] Der Mann – der Vormund der Ehefrau. Mit den Töchtern, Lenchen, deren Halbschwester Marianne Kreutz, die Caroline von Westphalen seit vielen Jahren treu gedient hatte, und Trierer Bekannten begleitete Jenny Marx die Mutter auf ihrem letzten Gang und dankte allen, die ihr kondolierten.

Am 6. August 1856 morgens um neun Uhr trafen sich der Taxator und die Komgaranten, um die *„taxirfähigen Gegenstände gewissenhaft abzuschätzen. Auf Antrage der Frau Jenny geborene von Westphalen, ohne besonderes Gewerbe wohnhaft in London, Ehegattin des Herrn Karl Heinrich Marx, Doctor der Philosophie, wohnhaft daselbst, von diesem ihrem Ehegatten hierzu laut Vollmacht unter Privatunterschrift vom zweiten dieses Monats, gehörig ermächtigt ..., begab sich der unterzeichnete Notar ... in das dahier zu Trier in der Ecke der Jüdemerstraße und des Viehmarktes gelegene mit Nummer acht und achtzig bezeichnete Wohnhaus ..."* [524] Das Mobiliar wurde auf 111 Thaler und zwanzig Groschen geschätzt, die Aktivposten betrugen 522 Thaler und die Passiva 81 Thaler, aufzuteilen zwischen Tochter und dem Sohn, nach amtlicher Auskunft *„Auskulator gegenwärtig in Amerika in der Gegend von Newyork sich aufhaltend."* [525] Die Geschwister Franziska und Ferdinand sowie Cousine Albertine Nöbergall kondolierten liebevoll. Ferdinand, das Familienoberhaupt der Westphalens, verzichtete auf alle Erbansprüche. Mit der Auflösung der Wohnung war Jenny äußerlich abgelenkt, aber sie war, wie ihr Mann an Engels erstaunt weitertrug, „sehr angegriffen über den Tod der Alten". Jenny Marx hatte nicht nur den Menschen, der immer für sie da gewesen war, verloren, sondern auch ihre einzige Zufluchtsstätte. Jetzt war sie Karl Marx ausgeliefert – das typische Frauenschicksal.

Während die Familie unterwegs war, hatte sich Marx mit Blick auf das Erbe nach einer neuen Bleibe umgeschaut, da *„in dem Loch ... unter keinen Umständen geblieben werden (konnte)"* [526], mit Erfolg. *„Wir haben endlich eine Wohnung gefunden – ein ganzes Haus, das wir selbst zu furnish haben. Es ist: 9, Graftonterrace, Maitlandpark, Haverstockhill, Hampstead Road. Miethe: 36 L."* [527], wurde Engels des Weiteren informiert. Jenny und die

Mädchen stürzten sich freudig nach dem mehrmonatigen Aufenthalt in Trier in die Vorbereitungen, und als sie bereits „in einem wahren hurly-burly mit dem Ausziehn" waren, machte Marx Kassensturz – mit einem bedrückenden Ergebnis: *„Den 29. September soll die Sache bezogen werden; diese Woche ist es zu meubliren. Wir sind einigermaßen in Verlegenheit, da wir about 26L in der Stadt zu zahlen und viel mehr für die neue Einrichtung. D.h., es fehlen uns 10 – 15L.St. – auch nur momentan, da meine Frau in Folge der Trierer Erbschaft noch eine größre Summe von ihrem Bruder in Berlin zu erhalten hat. … Wenn Du einen Theil des Fehlenden suppliren kannst, denke ich den Rest mit Pfandhaus heraus zu bringen, bis die Berliner Sendung ankömmt. Das Schlimme ist, daß keine Zeit zu verlieren."* [528] Engels konnte angesichts solcher Erklärungen nur den Kopf schütteln, doch er half aus, weil es kein Zurück mehr gab und er an Jenny dachte, die mit der alten Wohnung nur Leid verband, und an die Kinder, die voller Vorfreude auf das neue Zuhause waren. Der Umzug in das „Zauberschloss" konnte wie geplant stattfinden und dank eines Wechsels über 97 Pfund 6 Shillings, um den Frau Marx bei Herrn von Florencourt so entschieden gebeten hatte, gesichert werden. Jenny bedankte sich für dessen Bemühungen: *„Ich bedaure sehr, daß ich den Wunsch das Geld hierher zu übersiedeln, grade in einem Zeitpunkt aussprach, der für dergleichen Transactionen ganz besonders ungünstig war und Ihre Bemühungen notwendig vermehren mußte. Dürfte ich Sie … bitten Ferdinand noch einmal meinen tiefgefühltesten Dank auszusprechen für all' die Liebe und Treue die er mir erwiesen, so wie für seinen letzten, brüderlich liebevollen Brief, der mich um so mehr freute, als ich eben in der ‚Neuen Preußischen Zeitung' las, Ferdinand sei leidend aus dem Bade heimgekehrt."* [529] Frau Marx zeigte sich gut informiert über das Wohlergehen der Verwandtschaft, und sie kam deren Interesse an ihr und ihrer Familie nach. Detailliert beschrieb sie ihr neues Zuhause: *„Wir haben endlich, nach langen, mühevollen Entdeckungswanderungen ein ganz besonders schönes Haus gefunden. Es liegt in der schönsten und gesundesten Gegend um London, nicht fern von dem Ihnen sicher dem Namen nach bekannten und durch Schönheit der Lage und Reinheit der Luft berühmten Hampstead Heath. Das Haus hat die 4 Eigenschaften, die Engländer an einem Haus lieben, es ist airy, sunny, dry und auf gravely soil gebaut. Es liegt rings von frischen grünen Wiesen und Triften umgeben, auf denen Kühe, Pferde, Schaafe und Hühner in gemüthlicher Eintracht weiden. Vor uns breitet sich die collossale Riesenstadt London in nebelhaften Umrissen aus, jedoch*

Neue Wohnung

können wir bei klarem Licht genau die Kuppel der St. Pauls Kirche unterscheiden. Die hinteren Stuben bieten eine wunderbar liebliche Aussicht dar. Ganz hügeliges Terrain bis hinauf zu den waldumkränzten Höhen von Hampstead und dem reizenden Highgate mit seiner sehr hoch auf einem Hügel thronenden Kirche. Das Haus hat im Souterrain Küche, Waschküche und einen sogenannten Breakfast-room, der Garten, der daran stößt, ist etwas klein, bietet jedoch noch so viel Raum, um einen großartigen Hühnerstall da anzubauen. Alle meine alten Kisten und Kasten werden diesem großartigen Pallast zum Opfer gebracht. Im ersten Stock 2 parlours, im 2ten Stock 1 größeres Zimmer eine Schlafstube und noch ein kleiner cloakroom, im 3ten Stock dieselbe Distribution der Stuben. Dann noch eine geräumige Dachstube für Koffer und Kisten. Es kostet uns 36 £ per Jahr. Die Steuern werden nur 7 £ betragen, da wir sehr geringe poor rates haben. Bisher hatten wir keine Möbel und mußten für 3 kleine Stuben so viel und mehr bezahlen als jetzt für das ganze Haus. Es war sicher keine gute Ökonomie meublirt zu wohnen, die Verhältnisse zwangen uns aber dazu. Jetzt habe ich selbst Möbel angeschafft und das Häuschen ausstaffirt. Obgleich ich mir nun alle ersinnliche Mühe gegeben habe alles so billig als möglich anzuschaffen, obgleich ich manches second hand gekauft und wohl aus 50 Häusern zusammengeschleppt habe, so komme ich doch mit allen an 45–50 £ heran. Die Einrichtung eines englischen Hauses kommt deshalb so kostspielig weil man es anständiger Weise von Kopf bis Fuß mit Teppichen belegen muß. Wenn aber auch Anstand und Sitte es nicht erheischten, so würde die hiesige Bauart schon zu der Ausgabe zwingen, die Dielen sind nämlich so schlecht und so lose gelegt, mit so viel Rissen und Löchern, daß man es vor Zuch gar nicht würde aushalten können. Die Kinder sind sehr glücklich in den vielen neuen Räumen und die kleine Elleanor küßt beständig vor Entzücken die nice carpets, und den kleinen Wauwau der sich auf dem felt hearthrug kauert. Ich selbst habe mich in diesen Tagen etwas zu sehr angestrengt und sehne mich nach der Ruhe in der gesunden frischen, etwas scharfen Landluft.“[530]

Ging Jenny Marx im Oktober 1856 bei ihrem Schwippschwager so ausführlich auf die neuen Wohnverhältnisse ein, weil sie kundtun wollte, dass es ihrer Familie nicht mehr so schlecht ging, sie nicht mehr schäbig und heruntergekommen lebte, wie es der Spitzel weiland berichtet hatte? Jenny wandte sich noch an die „Excellenz Frau Minister von Westphalen in Berlin – Im Ministerium d. Innern“ – mit der Bitte sich um die bedürftige Verwandte Albertine Nöbergall zu kümmern, der sie selbst noch aus Trier 10 Taler und Kleidungsstücke aus dem Nachlass der Mutter hatte zukommen lassen.

Das neue Domizil in Grafton Terrace hatte Mängel, die in der schönen Jahreszeit nicht aufgefallen waren. Es *„ist sehr schön für den Preiß und würde schwerlich so wohlfeil vermiethet werden, wäre nicht seine nächste Umgebung, Wege etc somewhat unfinished“*[531], ließ Marx Engels wissen. Bei Regen und Schnee musste sich die Familie nach Jennys Erinnerung *„über angehäufte Schuttmassen … hindurcharbeiten, und der rotlehmige schwere Fußboden hing sich in regnerischem Wetter fest an den Fußsohlen an, so daß man nach mühseligem Kampf oft zentnerschwer beladen nach Haus kam.“*[532] Aber die Freude überwog, und Jenny glaubte das von der Mutter hart ersparte Geld sinnvoll ausgegeben zu haben. Zu Luise Weydemeyer: *„Mit den paar hundert Talern, die mein Mütterchen nach all den Opfern, die sie uns gebracht, hinterlassen hatte, richteten wir uns ein kleines Häuschen nicht weit vom herrlichen Hampstead Heath ein … Es ist eine wahrhaft prinzliche Wohnung, verglichen mit unseren früheren Löchern,… so kam ich mir im Anfang in unserm jungen parlour ganz großartig vor. Sämtliche Wäsche und sonstige Überreste früherer Größe wurden aus ‚des Onkels' Händen befreit, und ich zählte mit Lust einmal wieder die Damastservietten, die noch alten schottischen Ursprungs waren.“*[533]

Für ihre Seele war die neue Umgebung aufbauend, und sie freute sich an der „bürgerlichen Behäbigkeit“, auch wenn das Geld wieder knapp wurde und kostbare Besitztümer ins Pfandhaus wandern mussten. Mit der neuen Wohnung hatten sich Jenny und Karl finanziell völlig übernommen; aber alle waren glücklich, endlich in eigenen Möbeln zu leben. Es wäre klüger gewesen, in der Dean Street zu bleiben und die Schulden abzuzahlen, auch wenn Jenny nach dem Tode Muschs meinte, die Atmosphäre dort nicht mehr aushalten zu können – und doch noch eineinhalb Jahre hatte ausharren müssen. Die Erwartung auf eine generelle Besserung der Lebensumstände erwies sich als Illusion. Trotz aller Vorzüge war das Leben nicht nur wegen der noch nicht fertig gestellten Infrastruktur unbequemer und beschwerlicher geworden. Die Familie hatte sich aus dem Stadtleben hinauskatapultiert – und das brachte einen Verlust an Lebensqualität mit sich, speziell in der kalten Jahreszeit. Jenny blieb in Erinnerung: *„Den Winter verlebten wir in der größten Abgeschiedenheit. Beinahe alle unsre Freunde hatten London verlassen; die weni-*

Grafton Terrace, 1856

gen, die zurückblieben, wohnten zu entfernt von uns, und außerdem war unser kleines, niedliches Haus, das uns trotz seiner diminutiven Verhältnisse wie eine Art von Palast erschien, verglichen mit den früher bewohnten Räumen, beinahe unzugänglich" [534], und das bedeutete, dass *„ehe man sich des Abends dem Kampf mit Nacht, Schutt, Lehm und Steinhaufen aussetzte, ... man lieber am warmen Kaminfeuer sitzen"*[535] blieb. Das war für Jenny, die „den ganzen Winter sehr leidend" war und fortwährend „medizinierte" und „beständig von Medizinbatterien" umgeben war, das Beste. Neben dem Unwohlsein machte ihr die einsame Lage zu schaffen, und sie sehnte sich *„oft nach meinen langen Spaziergängen in den belebten Straßen des Westend zurück, nach meinen Meetings, unsern Klubs und der gewohnten Kneipe mit ihrem Geplauder, bei dem ich so oft die Sorgen des Lebens eine Zeitlang vergessen hatte."*[536] Die einzige Abwechslung war, *„noch wöchentlich 2mal die ‚Tribune' – zu kopieren, wodurch ich stets mit den Weltbegebenheiten au courant blieb."*[537]

Das Geld aus dem Erbe war ausgegeben. Marx verdiente nur einige Pfund im Monat bei der „Tribune", und so sah er sich gezwungen, Engels *„eine Gewissensfrage (zu) stellen. Ich habe Ende December ziemlich beträchtliche Zahlungen zu machen. Ist es Dir möglich bis dahin einiges beizuschaffen? Das Geld meiner Frau ist größtentheils für Hauseinrichtungen drauf gegangen und zur Deckung der sehr grossen Ausfälle in den Einnahmen."*[538] Es war wieder dringend, denn er wollte nicht bereits mit der ersten Mietzahlung in Verzug kommen. Engels schuf Abhilfe, eine andere sich abzeichnende verhängnisvolle Entwicklung jedoch konnte auch mit Geld nicht aufgehalten werden. Marx klagte bei dem Vertrauten: *„Ich bin durch und durch ein Pechvogel. Seit ungefähr 3 Wochen schickt Herr Dana mir die tägliche Tribune, offenbar blos mit der Absicht, mir zu zeigen, daß sie nichts mehr von mir drucken."* [539] Das war bitter, *„nachdem die Hunde ungefähr 4 Jahre alle meine Sachen (und Deine too) unter ihrem Namen gedruckt"* [540] hatten. Der Zusatz „und Deine too" bestätigt Engels' Autorenschaft zahlreicher Artikel. Die einzige sicher geglaubte Einnahmequelle war in Gefahr, und Jenny regte sich furchtbar auf. Ihr Mann investierte nicht nur viel Zeit in das Recherchieren, Nachdenken, die Gedanken zu Papier und das Geschriebene in lesbare Form zu bringen, kurz in das druckreife Anfertigen der Artikel, sondern auch in Tinte, Papier, Licht und Porto – erhebliche Investitionen für einen Haushalt mit extremem

Geldmangel. Das „Kaltstellen" war katastrophal angesichts des neuen, kostenintensiven Hauses. *„Ich sitze also vollständig auf dem Sand in einer Wohnung, worin ich mein weniges Baares gesteckt und worin es unmöglich ist sich von Tag zu Tag durchzupissen, wie in Deanstreet; ohne Aussicht und mit wachsenden Familienausgaben"* [541], stellte Marx in einem Brief an Engels Anfang 1857 fest. Obwohl er fieberhaft nach einem Ausweg suchte, war er ratlos und gestand dem Freund: *„Ich bin in der That in einer verzweifelteren Situation als vor 5 Jahren. Ich glaubte die Quintessenz des Drecks verschluckt zu haben. Mais non. Dabei ist das Schlimmste, daß diese Crise nicht temporär ist. Ich sehe nicht, wie ich mich herausarbeiten soll."* [542] Jenny und Karl Marx hatten keinen Überblick über ihre Einnahmen und Ausgaben, ihre Zinszahlungen und ihre Schulden, die den Teufelskreis ausmachten. Wohltäter Engels reagierte denn auch konsterniert: *„Dein Brief traf mich wie ein Donnerschlag aus heitrem Himmel. Ich dachte jetzt endlich Alles im schönsten Zuge, Dich in einer ordentlichen Wohnung, und das business geregelt; und jetzt stellt sich heraus daß Alles in Frage steht. Diese Yankees sind doch verdammt lausige Kerle, die Tribuneleute scheinen zu glauben daß sie Dich wie eine Citrone ausgepreßt hätten und nun eine andre zum Auspressen vornehmen müßten. Die Manier wie sie zu brechen suchen ist aber ganz speciell feig und gemein."* [543] Marx versuchte, seine einzige Verdienstquelle zu retten, wollte nicht sang- und klanglos matt gesetzt werden und beschloss auf Engels' Anraten doppelgleisig zu fahren, indem er Berichte an die „Tribune" schickte und Kontakte zur „New York Times" aufnahm. Mit der „Tribune" einigte er sich schließlich darauf, dass diese ihm einen Artikel pro Woche bezahlte, eine Reduzierung der Einnahmen um die Hälfte. Die Art und Weise, wie man mit ihrem Mann umging, schmerzte die Ehefrau, aber sie konnte nicht aktiv eingreifen. Es war nicht opportun, dass bürgerliche oder gar adlige Frauen am Wirtschaftsleben teilnahmen. Schreiben und Übersetzen, das waren die Nischen, in denen gebildete Frauen mit Unterstützung, Wohlwollen und Duldung des Ehegatten ihre Talente entfalten konnten. Es ist unwahrscheinlich, dass Karl Marx schriftstellerischen Ambitionen seiner Frau ein Veto entgegengesetzt hätte. Aber man stelle sich vor, Jenny Marx hätte als Schriftstellerin Erfolg, auch kommerziellen, gehabt? Ein Mann vom Typ Marx hätte sich darüber vermutlich nicht nur gefreut.

Nach einem Jahr in der bürgerlichen Gegend zog Jenny Marx ein erstaunliches Resümee: Es *„waren … durchaus keine Zeiten der Prosperität. Es war kein positiver Mangel, aber beständige gêne und kleinliche Angst und Berechnung. Trotz aller Beschränkungen wollten the two ends never meet, und so entstand wieder von Tag zu Tag und Jahr zu Jahr eine neue Schuldenlast, die umso empfindlicher war, als mit dem alleinigen Besitz eines Hauses der Weg zur ‚Respektabilität' angebahnt war. La vie de bohème hatte ein Ende, statt daß man bisher frei und offen den Kampf der Armut im Exil gekämpft hatte, galt es von neuem, den Schein der Ehrbarkeit wenigstens aufrechtzuerhalten. Wir segelten mit vollen Segeln ins Philisterium hinein. Da war noch derselbe kleine Druck, dasselbe Ringen, noch all der kleine Jammer, dasselbe intime Verhältnis mit den rettenden 3 Kugeln – aber der Humor war dahin. Den wirklichen Dreck des Exils fühlte ich erst in dem ersten Stadium unsres bürgerlich-honetten Philisterlebens."* [544] Philistertum, Respektabilität und Ehrbarkeit statt Bohème und Humor? Warum ein Wandel, den sie noch 1865 in ihren Erinnerungen beklagte – und rechtfertigte? *„Doch war dieser Übergang nötig. Es mußte mit der Vergangenheit gebrochen sein. Schon der Kinder wegen mußten die ebnen Wege des geregelten, respektabeln Bürgerlebens eingeschlagen werden. Jeder einzelne suchte sich bürgerlich einzurichten und den Verhältnissen anzuschmiegen. Da jeder Philister ward, konnten wir nicht als Bohèmiens weiterleben. Nur kam der Salto mortale schwer an."* [545] Überzeugend ist die Argumentation nicht. Das Bedürfnis gut zu leben hatten Jenny und Karl Marx stets gehabt, und wenn „kein positiver Mangel" war, relativierte dies ihre Not. Das Ehepaar Marx lebte im Gegensatz zu manch anderen führenden Kommunisten immer bürgerlich und niemals wie das Klientel, für das es sich einsetzte; bürgerlich-philisterhaft ist es freiwillig geworden, sicherlich auch der Töchter wegen, aber nicht ausschließlich.

Ein letztes Mal

Juli 1857

Jenny Marx hatte noch vor dem Jahresende 1856 die Gewissheit, mit 42 Jahren zum siebten Male schwanger zu sein. Erneut ein Kind in die Welt zu setzen, schien ihr im ersten Moment unverantwortlich. Dennoch war sie froh, als sie die Ursache für ihr langes Unwohlsein erkannte, das durch die Anstrengungen des Umzugs, die zermürbende Unsicherheit um die einzige Einkommensquelle und die erneute Geldknappheit verstärkt wurde. Im Herbst und Winter hatte sie mit eigenmächtigem Medizinieren versucht, die Übelkeit in den Griff zu bekommen. *„Beständig von Medizinbatterien umgeben“* [546] gewesen zu sein, erwies sich fatal angesichts ihrer Schwangerschaft.

Ihr Mann war nicht sonderlich erbaut über ihren Zustand, der dazu beitrug, dass *„die sämmtlichen Verhältnisse des Hauses in solcher Crisis, daß der Kopf mir zu sehr schwirrt zum Schreiben.“* [547] Zugleich erfuhr Engels Mitte März (!) von den „highly interesting circumstances“; denn permanent bei dem Freund für die Familie zu betteln und gleichzeitig Kinder am „laufenden Band“ zu zeugen, war selbst Marx peinlich. Aber der Freund reagierte in einem Brief an Jenny souverän: *„Es ist mir jetzt auch endlich gelungen auf einem neuen Plan von London Ihre Grafton Terrace ausfindig zu machen. Sie sind ja ganz auf dem Lande und am Fuß der Hampstead Hills, und wenn die Gebirgszeichnung auf der Karte richtig ist, in einer höchst romantischen Gegend. Wenn diese aber nichts als Unwohlsein, Zahnschmerzen, geschwollene Köpfe und gestörte Verdauung zur Folge hat, so ist es schlimm genug mit der Landluft und Romantik bestellt.“* [548] Engels ahnte Richtiges: Die Wurzeln der Krankheiten mussten tiefer liegen, ließen sich nicht mit äußeren Umständen begründen. Karl Marx flüchtete sich in Krankheiten, wann immer er sich überfordert fühlte. Jenny Marx war permanent überfordert, und dies äußerte sich in Depressionen, hysterischen Anfällen und gestörter Verdauung. Eine ewige Krankheitsgeschichte, die sich im April fortsetzte. Jenny informierte Engels als *„ein Invalid … für den andern per ordre du mufti“*, dass *„der Chaley … den halben Kopf weh (hat), schreckliche Zahnschmerzen, Ohren, Kopf, Augen, Hals und Gott weiß was noch für Wehen. Weder Opiumpillen … wollen helfen. Der Zahn muß heraus und er will nicht recht daran.“* [549] Vermutlich meinte die „Invalidin“ nicht nur ihre fortgeschrittene Schwangerschaft, sondern eine ernsthafte, nicht spezifizierte Erkrankung, die sie sogar als Schreibkraft nur bedingt einsetzbar machte. Da just zu diesem Zeitpunkt der Herausgeber der „Tribune“, Dana, mehrere Artikel abnehmen wollte und Wilhelm Pieper, Sekretär und Schreibkraft, ausfiel, geriet Marx in Rage. Aber es bot sich eine interne Lösung an: Jennylein und Laura, 14 und 13 Jahre alt, sprangen als Hilfskräfte ein. Das entlastete die Mutter, der „der Schreiberdienst immer schwieriger“

wurde und die „sehr herunter" war und *„mehr und mehr der Catastrophe entgegen(ging)!"*[550] Am 22. Mai prognostizierte Marx gegenüber Engels: *„Meiner Frau Niederkunft wird Ende dieses Monats erwartet, und dießmal nicht grade unter angenehmen circumstances"*[551]; sieben Tage später: *„Meine Frau noch im status quo. Starker Husten dazu und Haussorgen, schwere!"*[552] Man musste sich noch gedulden. Erst am 6. Juli 1857 brachte Jenny Marx ihr siebtes Kind zur Welt. Alle waren erlöst, dass diese Schwangerschaft zu Ende war. Niemals zuvor hatte man so große und, wie sich herausstellte, berechtigte Befürchtungen gehabt. Marx an Engels zwei Tage später: *„Das child ... nicht lebensfähig, starb gleich. Dieß an und für sich kein Unglück. Jedoch theils Umstände unmittelbar damit verbunden, die furchtbaren Eindruck auf meine Phantasie gemacht; theils Umstände, die dieses Resultat herbeiführten, so beschaffen, daß die Rückerinnerung qualvoll. Brieflich nicht thubar auf solche Materie einzugehn."*[553] Karl Marx konnte seine Ergriffenheit nur andeuten und war letztendlich froh, dass das Kind unmittelbar nach der Geburt starb. Engels antwortete mit viel Einfühlungsvermögen: *„Der Inhalt Deines Briefes hat mich sehr erschüttert, trotz des Mysteriums, denn ich weiß es muß Dir hart kommen eh Du so schreibst. Den Tod des Kindes kannst Du stoisch hinnehmen, Deine Frau schwerlich. Wie es ihr geht schreibst Du nicht, ich schließe das Beste daraus, aber laß es mich doch positiv wissen, rechte Ruhe darüber hab' ich doch sonst nicht, Deine mysteriösen Andeutungen lassen in dieser Beziehung zu vielen Vermuthungen Raum. Geht es ihr nur gut, so ist es am Ende doch am Besten daß die Sache vorüber ist."*[554] Der Vater konnte in der Tat den Verlust leichter hinnehmen als die Mutter, die mit dem kleinen Wesen über Monate eine Einheit gewesen war. Besorgt wie stets erkundigte sich Engels nach Jennys Wohlergehen, obwohl seine Anteilnahme wegen eigener Erkrankung nicht selbstverständlich war.

Marx, den Stoiker, hatte die Geburt außergewöhnlich mitgenommen, wenn er drei Tage später Engels anvertraute: *„Die Umstände, die die Entbindung meiner Frau begleiteten und die mich unnerved for some days, kann ich nur mündlich mittheilen. Ich kann diese Dinge nicht schreiben."*[555] Sechs Mal hatte er bereits einen Geburtsvorgang miterlebt und die Wehen, die Schmerzen seiner Frau gut verkraftet. Daher muss man vermuten, dass das siebte Kind unter entsetzlichen Qualen zur Welt kam und durch sein Brüllen, Schreien, Wimmern und seinen Anblick – es war wahrscheinlich schwer behindert – zutiefst und nachhaltig schockierte.

Schlagartig erkannte Karl Marx die „Umstände, die dieses Resultat herbeiführten". Seine Frau hatte im Winter 1856/57 über Wochen verschiedene Medikamente eingenommen und dabei unwissentlich und unbeabsichtigt Substanzen geschluckt, die den Fötus schwer schädigten bzw. die Lebensfähigkeit des Kindes gefährdeten. Zu diesen Medikamenten gehörte sicherlich das in England beliebte Schlafmittel Chloralhydrat. Dieses war nicht ohne Nebenwirkungen und darf auch heute nicht bei Schwangerschaften und in der Stillzeit genommen werden. Jenny kannte diese Gefahr nicht und Chloral blieb im Hause Marx ein beliebtes Schlaf- und Beruhigungsmittel. So war sie froh, als Jennychen im März 1873 von einem Arzt wegen Schlafstörungen „endlich" dieses Mittel verschrieben bekam. Sogar Eleanor schickte sie im Mai desselben Jahres eine Flasche Chloral zur Gesundung nach Brighton. Nachdem allerdings Engels vor der zu hohen Dosis von einem Löffel für die 18-Jährige gewarnt hatte, bat Jenny die Tochter aufgeregt, vor Einnahme einen Arzt aufzusuchen. Ob Chloralhydrat alleine für die Schädigung des Ungeborenen verantwortlich war oder eine andere Arznei oder eine verhängnisvolle Kombination aus mehreren Medikamenten, ist nicht zu belegen. Das Gefühl, den Tod eines Kindes mitverursacht zu haben, bereitete Karl Marx größte Gewissensbisse. Er machte sich vermutlich Vorwürfe, dass er seine Frau nicht gezwungen hatte, einen Arzt zu konsultieren, der ihren Zustand erkannt und wenn überhaupt, dann entsprechend schonende Arzneien verschrieben hätte. Stattdessen hatte Jenny sich wahllos und unkontrolliert aus ihren „Medizinbatterien" bedient, – und er hatte sie gewähren lassen.

Der Wöchnerin wird man das Neugeborene in Tücher gehüllt in den Arm gelegt haben, um ihr einen – möglicherweise – entsetzlichen, traumatisierenden Anblick zu ersparen: Ein Kind mit Wasserkopf, Fratzengesicht oder fehlenden Gliedmaßen. Jenny verbot sich, zu viel Trauer aufkommen zu lassen. In ihren Erinnerungen schrieb sie knapp: *„Am 6ten Juli ward uns das 7te Kind geschenkt, aber nur, um einmal aufzuatmen und dann hinausgetragen zu werden zu den andern 3 lieben Geschwistern."* [556] Das Kind, dessen Geschlecht und Namen wir nicht kennen, war ein Geschenk, das nur für einen Atemzug erfreuen durfte.

Nach dieser Geburt hatte Jenny Marx mit 43 Jahren ihre Gebärpflicht erfüllt.

Der Abwärtstrend setzt sich fort

Sommer 1857 bis 1859

Jenny Marx überstand ihre letzte Schwangerschaft körperlich recht gut, war aber außerordentlich verstimmt. Nicht nur das tote Kind belastete sie, sondern auch die Frage, inwieweit sie mit der eigenständigen Behandlung ihres Unwohlseins zu der Missgeburt beigetragen hatte. Vermutlich mied man im Hause jegliche derartige Diskussion, um die Niedergeschlagenheit nicht zu verstärken – es hätte doch nichts mehr geändert. Ihr Mann ging zur Tagesordnung über, und das bedeutete wieder einmal bei Engels mit dem Anliegen vorstellig zu werden, ihm Geld zu schicken; dieses Mal wegen des instabilen Gesundheitszustandes seiner Frau. Marx wusste zwar um den ungünstigen Zeitpunkt seiner Bettelei, denn Engels war nicht gesund, aber er hatte doch sonst niemanden! Engels, der Gute, verstand und beruhigte durch die Mitteilung, er habe eine 5 Pfundnote und einen Korb Wein mit 6 Flaschen Bordeaux, 3 Flaschen Portwein und 3 Flaschen Sherry abgeschickt. Jenny, gerührt über dieses Präsent, raffte sich zu ein paar Zeilen des Dankes auf: *„Eben ist der Wein angekommen. Der Jubel der Kinder ist sehr groß. … Tussychen hat sich gleich über den Korb hergemacht und sitzt jetzt darin wie in einem kleinen Häuschen mit Stroh und Heu eingepackt. Ich sage Ihnen, lieber Herr Engels, den herzlichsten Dank für die große Aufmerksamkeit. Ich bin so sehr schwach und abgezehrt. Der Wein wird mir herrlich bekommen.“*[557] Jenny konnte sich getrost dem vorzüglichen Sherry und dem süßen Portwein widmen – *„er wird mich wieder auf den Strumpf bringen“*[558] –, weil Jennylein und Laura ihre Pflichten als Sekretärin weiterhin übernahmen.

Eine Wirtschaftskrise führte im Herbst 1857 in ganz Europa zu Unruhe, bei der Familie Marx und bei Engels jedoch zu verhaltenem Optimismus. Der von schwerer Krankheit genesene Freund fühlte sich, wie er bei Marx verkündete, *„enorm fidel in diesem general downbreak. Der bürgerliche Dreck der letzten sieben Jahre hatte sich doch einigermaßen an mich gehängt, jetzt wird er abgewaschen, ich werde wieder ein andrer Kerl. Die Krisis wird mir körperlich ebenso wohlthun wie ein Seebad, das merk' ich jetzt schon. 1848 sagten wir: jetzt kommt unsere Zeit, und sie kam in a certain sense, diesmal aber kommt sie vollständig, jetzt geht es um den Kopf. … Grüße Deine Frau und Kinder herzlich. Die werden auch fidel sein, trotz des Pechs, aus dem* *es mich Tag und Nacht ärgert daß ich Dich nicht herausreißen kann.*“[559] Auch Marx sah Chancen für einen „general downbreak“, verursacht durch Aktienkrisen in Deutschland, Frankreich, den USA und England. Die Historiker Haffner/Venohr versetzten sich in Engels' Befindlichkeit: *„Im Herbst 1857 sah man auf der Börse in Manchester viele lange Gesichter. ... Nur ein Börsenbesucher fiel durch seine glänzende Stimmung aus dem Rahmen und schien mit jeder Hiobsbotschaft heiterer zu werden, ein langer, reckenhafter Deutscher mit einem prächtigen Bart“*, der an *„seinen Freund Karl Marx in London“* schrieb: *„‚Die Kerle ärgern sich schwarz über meine plötzlich sonderbar gehobene Laune; dabei prophezeie ich natürlich immer schwarz; das ärgert die Esel doppelt‘.“*[560] Der kommunistische Kapitalist genoss die aufregenden Tage an der Börse. Die ökonomischen und finanzpolitischen Krisen, so seine Prognose, würden zwangsläufig zum Zusammenbruch der maroden Staatsgefüge führen. Mit Freude verfolgten Jenny und Karl Marx zunächst die Entwicklung – bis diese auch sie durch Einsparungen bei der „Tribune“ traf. *„Da gab's wieder knapperes Leben und Schulden. Diese mußten gemacht werden, um die eben begonnene Erziehung der Mädchen in altem Gleise fortzusetzen“*[561], betonte Jenny gegenüber Luise Weydemeyer. Die Mädchen besuchten das South Hampstead College, eine Privatschule, die einen guten Ruf hatte, aber teuer war. Das Geld musste aufgebracht werden, um den Töchtern die Zukunft nicht zu verbauen. Die Mädchen hatten sich schnell eingelebt und Freundinnen gefunden. Der Mutter war die Gegend zwar zu ruhig, aber sie hatte ein vielseitiges Betätigungsfeld. Sie verhandelte mit Kaufleuten und Handwerkern, organisierte mit den Dienstmädchen den Haushalt und kümmerte sich um die Kinder. Mit besonderer Freude verfolgte sie mitdenkend und abschreibend die Arbeit ihres Mannes und unterstützte ihn in seinem politischen Engagement. Ihr Geist verdorrte nicht wie ein Blümchen ohne Wasser. Dazu trugen ihre Schreibfreude und ihr Vermögen bei, rhetorisch gelungene Briefe zu schreiben, und sie war zufrieden, weil ihr Karl „high up“ war. *„Seine ganze frühere Arbeitsfähigkeit und Leichtigkeit ist wiedergekehrt so wie auch die Frische und Heiterkeit des Geistes, die seit Jahren gebrochen war, seit dem großen Leiden, dem Verlust unsers lieben Herzenskindes, um das mein Herz ewig trauern wird. Karl arbeitet am Tage um fürs tägliche Brod zu sorgen, Nachts um seine Öconomie zur Vollendung zu bringen“*[562], berichtete Jenny Freund Conrad Schramm Ende 1857. Dieser war nach fünfjährigem Aufenthalt so leidend aus den USA zurückgekehrt, dass alle um seine Endlichkeit wussten. Er blieb in Jennys Erinnerung: *„Er lebte noch 6 Wochen im deutschen Hospital und ging dann nach der Insel Jersey. Hier traf er mit Friedrich Engels zusammen, der auch … dort Heilung und Stärkung gesucht hatte. Karl besuchte beide Freunde auf der Insel im Oktober des Jahres und kehrte obst-, nuß- und weintraubenbeladen heim.“* [563] Schramm starb am 15. Januar 1858 in Saint Helier auf Jersey.

Die internationale Finanzkrise war Ende 1857 ausgestanden, mit Marx als Verlierer – und wieder blieb ihm nur das fast schon routinemäßige Betteln bei Engels; dieses Mal musste er Steuern bezahlen, ansonsten würde der Gerichtsvollzieher auftauchen. Für seine Hilfe erhielt der Freund überschwänglichen Dank: *„Du hast mich siegreich den Klauen des Fiscus entrissen und gelobet sei Dein Name – Hallelujah!“* [564] Erleichtert konnte man Weihnachten feiern und sich „Prosit Neujahr für die ganze Familie auf das Crawalljahr“ 1858 wünschen.

Umgeben von Schnee und Kälte raffte sich Jenny im Januar zu einem langen Brief an ihre Schwägerin in Berlin auf. *„Ich kann Dir nicht aussprechen, welch' innigen Dank ich Dir dafür im Herzen trage und wie groß meine Freude ist, daß ihr, liebe Geschwister, dem Wunsche, den ich Euch im Namen und im Geiste der theuren, verklärten Mutter an's Herz legte, so freundlich und liebevoll nachgekommen seid! Dir, meine liebe Louise, spreche ich noch besonders meinen Dank und meine Anerkennung darüber aus, daß Du, in mitten all' der Abhaltungen, Zerstreuungen, Vergnügungen, in mitten all' der Anforderungen an Zeit und Gedanken, die mit Deiner gesellschaftlichen Stellung im Leben unvermeidlich verbunden sind, daß Du da noch Muße finden konntest, Dich eines armen, verlassnen, hilflosen Geschöpfes (Albertine Nöbergall, MA) in Liebe und Barmherzigkeit zu erinnern. Wie hoch und heilig hältst Du durch diese That das Andenken unserer selig verklärten Mutter, deren ganzes sorgendes Herz noch in den letzten Momenten der Armen, Vereinsamten gedachte!!!“* [565] Wenn Jennys Dank von Herzen kam, dann war sie in diesen Augenblicken voller Hochachtung und Sympathie für Louise. Sie berichtete weiter: *„Wir alle sind in diesem Augenblicke auch munter und wohl, und die Kinder haben ein recht heitres Fest gehabt. Im verflossnen Jahre bin ich viel leidend gewesen. Am 6ten July wurde unsre Familie wieder um ein kleines Wesen bereichert, das aber leider nur um wenige Momente die Stunde seiner Geburt überlebte, so ward wieder eine stille Hoffnung des Herzens zu Grabe getragen, uns von* *neuem den alten Schmerz und die alte Sehnsucht nach den geliebten Dahingeschiedenen wachrufend.“*[566] Es war auch erzählenswert, wie Jennylein und Laura den Verlust des Bruders verarbeiteten: *„Beide Mädchen haben eine rührende Liebe zu ihrem jüngsten Schwesterchen. Es ist als ob sie all' die Liebe die sie für ihren lieben Bruder hegten, auf das kleine Ding übertragen hätten, das auch wie ein kleiner godsent bei uns erschien, als wir Alle in Jammer und Schmerz versenkt waren und unser Haus die Stätte der Verödung und des Leidens war. Jeden Sparpfennig wenden sie an um ihr kleines, hübsches, blühendes Schwesterchen herauszuputzen und ich habe nur zu sorgen daß die Farben nicht gar zu hell und dürftig ausfallen und zu sehr im Widerspruch zu unserm unvermeidlichen Winterkohlenstaub stehen. Zu meinem größten Schrecken erschien aber dennoch am 3 jährigen Geburtstag des Kindes ein Anzug von ganz hellem, silbergrauen Stoff garnirt mit rosa Plüsch, der heimlich unter Leitung unsrer Oberhofschneiderin Lehnchen verfertigt worden war und das Geburtstagskindchen mit unaussprechlichem Jubel erfüllte.“*[567] Die Freude des kleinen Mädchens rührte, doch die Kombination „Kohlenstaub – silbergrauer Anzug, rosa Plüsch“ bedeutete ohne Waschmaschine eine Herausforderung, allerdings seit Mitte des Jahres 1857 mit zwei Dienstmädchen.

Nur am Rande streifte Jenny ihr eigenes Wohlergehen, bevor sie sich wieder den Töchtern zuwandte: *„Seit der Zeit bin ich wieder recht wohl und wir haben den schönen, heißen Sommer in unsrer freundlichen sonnigen Wohnung recht angenehm verbracht. Namentlich während der Ferien der Kinder haben wir ganze Tage im Freien verlebt und uns in Wald und Wiesen umhergetrieben. Die lieben Mädchen sind dabei prächtig gediehen und so groß und stark geworden, daß wir nicht schnell genug die Kleider länger und weiter machen können. Jennychen ist nicht viel kleiner als ich, so daß unsre Bekannten glauben, sie werde mir bald ganz über den Kopf wachsen, und ich war doch all' mein Lebtage ein recht langer Lala, wie die Trierer sagen. Laurachen wächst ganz in demselben Maße nach, nur ist sie nicht so stark und sieht auch nicht so blühend aus als ihre ältre, bräunliche, dunkelaugige Schwester. Laurachen sieht recht englisch aus und beide Mädchen machen uns durch ihr freundliches, liebes, sittigbescheidnes Wesen große Freude. In der Schule sind sie sehr fleißig und machen in allen Fächern hübsche Fortschritte. Zu Weihnachten haben sie uns mit sehr netten Handarbeiten überrascht, ornamental needle work für den parlour wozu Jennychen selbst die Zeichnungen entworfen hatte. Trotz des artistischen Sinnes des lieben Mädchens, ist es in seinen Bewegungen und Formen jetzt so eckig und so* *recht flegelhaft ungeschickt, daß alle gebrechlichen Dinge Gefahr bei ihr laufen und sie ihre jetzt eben begonnene Tanzstunde recht bitterlich nöthig hatte. Wenn Jennychen den Theetisch zu besorgen hat, schweben alle Tassen in beständiger Lebensgefahr; für diese Angst um die pedantisch geordneten Porcellanwaaren wird man denn aber auch durch eine ganz besonders gute Tasse Thee entschädigt; da die kleine Verschwenderin nicht umhin kann, das reglementmäßig vorgeschriebene Theemaaß um einige Löffel voll zu überschreiten.“* [568] Ganz englisch war die Familie Marx geworden, und sie pflegte biedere, bürgerliche Häuslichkeit mit Porzellantassen und kräftigem Tee. Konnte eine Familie mit solch exklusiven Gewohnheiten sich am untersten Rande der Einkommensskala bewegen? Diesem Eindruck wollte Jenny energisch entgegentreten.

Es gab Ereignisse in Staat und Gesellschaft, über die Schwester Jenny bei der Berliner Verwandtschaft offen sprechen konnte, ohne auf Ressentiments zu stoßen. *„Bei Euch, meine liebe Louise, wird nun bald das große Leben beginnen und Du wirst wohl manche unruhigen Tage und Nächte haben. Louischen freut sich sicher schon recht auf die vielen Vergnügungen. Hat sie auch Englisch gelernt? Dir, meine liebe Louise, wird jetzt Deine Kenntnis der Englischen Sprache recht zu Statten kommen, da von nun an am preußischen Hof sicher viel Englisch gesprochen werden wird.“* [569] Prinz Friedrich Wilhelm von Preußen, der später als Kaiser Friedrich III. nur 88 Tage lang das Deutsche Kaiserreich regieren wird, heiratete am 25. Januar 1858 Prinzessin Victoria, die älteste Tochter der englischen Königin Victoria und Prinz Alberts. Jenny verfolgte mit Aufmerksamkeit alle Konstellationen innerhalb der preußischen und englischen Königsfamilie und war insgeheim trotz allen Spottes stolz auf den Bruder, der mit den höchsten Persönlichkeiten im preußischen Staate verkehrte. Auch wenn Jenny Marx alle Herrscher der Welt von ihren Thronen fegen wollte, der Faszination der höfischen Welt konnte sie sich vermutlich nicht gänzlich entziehen.

Das Interesse war gegenseitig. Die Töchter Marx waren neugierig auf die Verwandtschaft in Berlin, auf den Herrn Minister, über den der Vater so gerne spottete; aber besonders gerne hörten sie die „kleinen Kinderanekdoten“ von Cousine Louischen und Cousin Nando.

Die verwandtschaftliche Beziehung registrierte auch der preußische Geheimdienst: *„Der Chef der communistischen Sekte, Carl Marx, ist ein*

Schwager des Preußischen Ministers des Innern v. Westphalen. Die Frau Marx ist eine Schwester des Ministers" [570] und *„Marxens Frau, die Schwester des Preußischen Ministers des Innern, reist manchmal nach ihrer Vaterstadt Trier, und wenn sie zurückkommt, ist immer ein Verwandter gestorben, und eine Erbschaft gemacht worden."* [571]

Im extrem kalten Winter 1857/58 herrschte bei Marxens Mangel an Heizmaterial. Folglich musste Marx bei Engels um Geld vorstellig werden und ihn außerdem auf einen Rechenfehler hinweisen. Der Freund hatte nicht die monatlich zugesagten fünf Pfund geschickt und deshalb war Frau Marx bereits gezwungen gewesen, trotz Kälte ihren Schal zu versetzen. Wieder war man mittellos und hoch verschuldet, worauf Jenny mit Verzweiflungsausbrüchen und Tränen reagierte, die ihren Mann so unglücklich machten, dass er Engels gestand: *„Wenn dieser Zustand fortdauert, möchte ich lieber 100 Klafter tief unter der Erde liegen, als so fortvegetieren. Immer andern lästig fallen und dabei beständig selbst mit dem kleinsten Dreck gequält sein, ist auf die Dauer unerträglich. Ich, persönlich, arbeite mir die Misere weg durch starke Beschäftigung mit allgemeinen Dingen. Meine Frau, of course, hat nicht dieselben Ressourcen usw. etc. ."* [572] Ja, die hatte Jenny nicht. „Wie ernähre ich die Familie? Wie kleide ich die Familie anständig ein? Wie zahle ich die Miete, das Heizmaterial und die Kerzen? Wie beruhige ich die Gläubiger und begleiche die Anschreibungen? Wie entlohne ich die Dienstmädchen Helene und Marianne?", diese Fragen trieben sie um. Der Mann forschte, die Frau hatte die Sorgen des Alltags zu tragen. So war es nicht ganz, aber Jenny hatte keine Ablenkung in außerhäusiger Arbeit, z.B. in der Bibliothek des Britischen Museums. Seit 1857 hatte Karl Marx im neugebauten runden Lesesaal den festen Arbeitsplatz G-7 neben den Nachschlagewerken.

Die permanente Krise belastete Karl Marx, machte ihn an Galle und Leber krank und hinderte ihn am Schreiben. Sekretärin Jenny schickte in seinem Namen einen Dank an Ferdinand Lassalle für das „clevere Management" beim Zustandekommen des Kontraktes mit dem Verleger Duncker für „Die Kritik der politischen Ökonomie". Ferner bat sie um Verständnis für die Verzögerung bei der Einreichung des Manuskriptes, denn *„alles Schreiben wird ihm zu schwer. Die geistige Unruhe und Aufgeregtheit, seine Arbeiten nicht alle in einem Guß zum Abschluß bringen zu können, trägt natürlich viel zur Verschlimmerung seines Zustandes bei; sowie auch die* *lästigen Arbeiten für das ‚daily bread', die sich ja auch nicht aufschieben lassen.“* [573] Alles stürmte auf Marx ein, der nach einer heftigen Leberattacke kraftlos daniederlag und sein langes Stillschweigen mit „Unfähigkeit zu schreiben“ begründete. Der Arzt empfahl Luftwechsel, Engels schickte das Reisegeld und noch im Mai 1858 begab sich der gerade Genesene nach Manchester und blieb dort fast einen Monat. Die Hausfrau hielt ihn über die Ereignisse zuhause auf dem Laufenden, berichtete über Tussys „whooping-cough, eine sehr ängstliche Krankheit“, verschwieg jedoch ihr eigenes Unwohlsein. Eindringlich wie selten bat sie ihren „Herzens-Karl“ bei den Verhandlungen mit der „Wiener Presse“ nicht das Augenmaß zu verlieren und nicht auf Engels zu hören, der immer zu hohe Forderungen erhebe, was letztendlich zu einer Aufkündigung des Vertrages führen könne. Jenny hatte klar erkannt, dass die beiden Freunde in höheren Sphären schwebten und nicht realistisch dachten. Es gab genügend Schreiber, die aus materieller Not auf alle Bedingungen einzugehen bereit waren. Natürlich sollte ihr Mann besser honoriert werden als andere, da er geistreichere, intelligentere und sprachlich anspruchsvollere Artikel schrieb. Aber für eine Zeitung, deren Leser einen Bericht nur einmal lasen, reichten nachvollziehbare Informationen aus. Für die Verleger war zudem wichtig, dass die Korrespondenten ausgewogen, d.h. nicht zu wissenschaftlich und nicht zu ketzerisch schrieben.

Nach vier unterhaltsamen, sorgenfreien Wochen in Manchester musste Marx bald nach seiner Rückkehr erkennen, dass er seine finanzielle Lage alleine nicht mehr in den Griff bekam und wandte sich an Engels: *„Ich ersuche Dich d'abord, nicht zu erschrecken über den Inhalt dieses Briefes, da er durchaus kein appeal zu Deiner schon ungebührlich beanspruchten Kasse sein soll.“* [574] Die Betonung muss hier auf „durchaus“ liegen, denn neben Freundschaft und Trost ging es ihm doch um Geld. Marx analysierte seine Lage ohne Beschönigung und hoffte auf Engels, als er schrieb: *„Anderseits ist es aber nötig, gemeinschaftlich zu überlegen, ob irgendein Ausweg aus der jetzigen Situation gefunden werden kann, denn sie ist absolut nicht länger haltbar. Ihr unmittelbares Resultat war bereits, daß ich completely disabled bin von Arbeiten, indem ich teils die beste Zeit mit Herumlaufen und nutzlosen Versuchen, Geld aufzutreiben, verliere, teils meine Abstraktionskraft nicht länger standhält, vielleicht infolge meiner heruntergekommnen Körperlich-*

keit, gegen den Hausjammer.“[575] Mitte Juli 1858 war ein neuer absoluter Tiefpunkt erreicht. Karl Marx fürchtete, körperlich und seelisch an dem „Hausjammer“ zugrundezugehen, und Jenny war, wie Engels erfuhr, *„nervös zerrüttet durch den Dreck, und Dr. Allen, der zwar eine Ahnung hat, wo der Schuh pinches, ... hat mir jetzt wiederholt und positiv erklärt, daß er nicht vor Gehirnentzündung oder ähnlichem stehn kann, wenn sie nicht auf längere Zeit in ein Seebad geschickt wird. Ich meinerseits weiß, daß unter den jetzigen Umständen ihr selbst letztres, wenn es möglich wäre, nicht nützen würde, solange der tägliche Druck und das Gespenst einer unvermeidlichen Schlußkatastrophe sie verfolgt. Letztre ist aber nicht mehr lang aufzuschieben, und selbst das Auflenken für ein paar Wochen läßt den unerträglichen seelischen Kampf mit den more necessaries bestehn und läßt die allgemeine Situation so, daß alles drüber zugrunde gehn muß.“*[576]

Der Teufelskreis, den das Ehepaar Marx immer wieder zu durchbrechen gemeint hatte, schloss sich endgültig. Marx zu Engels: *„Die ganze Geschichte dreht sich also darum, daß die spärliche Einnahme nie für den kommenden Monat bestimmt ist, sondern immer nur hinreicht, um die Schulden – nach Abzug der stehenden Ausgaben von Haus, Schule, Steuern und Pfandhaus – soweit zu verringern, daß man nicht direkt auf die Straße gesetzt wird. ... Wollte ich selbst zu der äußersten Reduktion der Ausgaben schreiten – z.B. die Kinder aus der Schule nehmen, eine rein proletarische Wohnung beziehn, die Mägde abschaffen, von Kartoffeln leben –, so würde selbst die Versteigerung meines Mobiliars nicht hinreichen, um nur die umwohnenden Gläubiger zu befriedigen und einen ungehinderten Abzug in irgendeinen Schlupfwinkel zu sichern. Der show von respectality, der bisher noch aufrechterhalten wurde, war das einzige Mittel, einen Zusammenbruch zu verhindern. Ich für meinen Teil würde den Teufel danach fragen, wenn ich endlich wieder eine Stunde Ruhe bekäme und meinen Arbeiten obliegen könnte, in Whitechapel zu leben.“*[577] Vielleicht hätte sich Karl Marx schicksalsergeben in die einfachste Behausung verzogen, in eine kleine Kammer, sich mit anderen Koch- und Waschgelegenheit und die Toilette geteilt, nur um ungestört arbeiten zu können. Dreck, Lärm und Verwahrlosung um sich herum meinte er aushalten zu können, zumal er seinen festen Schreib- und Leseplatz im Britischen Museum hatte. Aber nach seiner Einschätzung konnte für seine Frau ein Umzug gefährliche gesundheitliche Folgen mit sich bringen und den Töchtern die Zukunft verbauen. Ein geschickter Schachzug! Angekündigt werden konnte der Wechsel in ein Arbeiterviertel allemal, aber in seinem Innersten hegte Marx die Zuversicht, dass Engels alles unternehmen würde, um den sozialen Absturz seiner Familie zu verhindern. Der Hinweis, er wisse wohl, dass der Freund nicht helfen könne, aber einem Menschen habe er sich anvertrauen müssen, entsprach somit nur zum Teil der Wahrheit. Trotz aller Niedergeschlagenheit und Hilflosigkeit wusste Marx sehr wohl, dass er sich den richtigen Ansprechpartner ausgesucht hatte. Und tatsächlich versprach der völlig überraschte Engels Hilfe beim Abbau des Marx'schen Schuldenberges, den er auf 50 bis 60 Pfund taxierte. Finanzieren durfte er auch einen vierwöchigen Aufenthalt für die gesundheitlich labile Frau Marx in Ramsgate. Ehemann Karl trug befriedigt weiter: *„Meiner Frau tut die See sehr wohl; Anfang dieser Woche ließ sie alle Kinder mit Lenchen herüberkommen. Dies ist so far, so good. Das Schädliche dabei ist nur, daß ich sie, under these circumstances, kaum länger als nächste Woche noch dort lassen kann. Sie hat sich geistig sehr erfrischt, ist aber körperlich (Nervengestärktheit abgesehn) noch nicht wieder, wie sie sein soll. Sie hat in Ramsgate Bekanntschaft mit feinen und, horrible dictu, geistreichen Engländerinnen gemacht. Der Umgang mit ihresgleichen, nach jahrelangem Genuß von schlechter oder gar keiner Gesellschaft, scheint ihr zuzusagen."*[578] Das klang etwas hochtrabend, spiegelte aber auch Jennys Empfinden wider. Sie verkehrte mit Miss Anna Bella Carlisle, die bereits zwei Romane geschrieben hatte, und mit Mrs. Cunningham, einer Schriftstellerin. Das Zusammensein mit schriftstellerisch tätigen Frauen behagte Frau Marx, und vielleicht träumte sie von einer ähnlichen Tätigkeit – über die Begabung verfügte auch sie. Jenny gelang es, die Alltagssorgen zu verdrängen und die Zeit mit den nachgereisten Kindern zu genießen. *„Nach dem Frühstück fuhren wir alle in einer Karre in die See und ich hatte stets die größte Mühe, meine 3 Wassernixchen wieder aus den tobenden, schäumenden Meeresfluthen herauszubekommen. ‚Möhmchen noch ein bischen länger' bettelten stets die lustig untertauchenden und in Ringelreih'n tanzenden Mädchen und oft war ich gezwungen sie durch ein, in blauen Flanell gehülltes, rather frightful aussehendes feuchtes Weib wieder einfangen zu lassen. Nachher wurde aber eingehauen und meine roasts und meine puddings mochten noch so collossale Dimensionen haben, alles verschwand vor den kleinen Wehrwölfen, denen die Frau Mama tapfer secundirte. Nach 14 Tagen holte Karl die Kinder wieder ab, und da das Bad mir so sehr gut bekam wünschte Karl ich möchte noch etwas län-*

ger bleiben"[579], berichtete sie der Verwandtschaft in Berlin von dem sommerlichen Erholungsurlaub.

Gestärkt an Leib und Seele traf sie zuhause auf einen höchst zuversichtlichen Mann, der Engels gegenüber meinte, er könne *„mit Hülfe (s)einer Mutter die häuslichen Verhältnisse ganz regeln und auch horse exercise beginnen. Letztres wird das erste sein, sobald Regulierung der business erfolgt."*[580] Das Geld noch nicht in der Hand haltend, war es verplant. Wozu musste Marx reiten? Wollte er Engels bei der Fuchsjagd im elitären Kreise begleiten, Karl Marx, ganz gentleman? Wie reagierte die Ehefrau auf diese Pläne? Schüttelte sie den Kopf über so viel Unvernunft? Oder dachte sie an die kostbare Reitpeitsche, die sie ihm einst geschenkt hatte und die längst versetzt worden war?

Der Hoffnung auf einen mütterlichen Geldsegen folgte Enttäuschung. Die Mutter wollte nur von Angesicht zu Angesicht mit dem Sohn verhandeln, und dazu hätte dieser sich nach Trier begeben müssen, was er nicht tat. Auch Freunde sorgten für Ärger. Zu den wenigen Menschen, denen sich Jenny und Karl Marx eng verbunden fühlten, gehörte seit Kölner Tagen Ferdinand Freiligrath. Die Freundschaft geriet 1858 in eine schwere Krise, nachdem der Dichter es gewagt hatte, zum Gedenken an die Frau von Marxens politischem Rivalen Gottfried Kinkel ein Abschiedsgedicht zu verfassen. Johanna Kinkel, Komponistin, Musiklehrerin, Schriftstellerin und Demokratin, war am 15. November 1858 mit 48 Jahren aus ihrem Schlafzimmerfenster im dritten Stock gestürzt, vermutlich Freitod aus Depression. Ein Schock für die Freunde im Exilantenkreis. Ferdinand Freiligrath fühlte sich bemüßigt, die außergewöhnliche Frau zu würdigen:

„Wir senken in die Gruft dich ein
Wie einen Kampfgenossen;
Du liegst auf diesem fremden Rain
Wie jäh vom Feind erschossen.

Ein Schlachtfeld auch ist das Exil,
Auf dem bist du gefallen,
Im festen Aug das eine Ziel,
Das eine mit uns allen!

Zur Winterszeit in Engelland
Versprengte Männer haben,
Wir schweigend in den fremden Sand
Die deutsche Frau begraben.“ [581]

Diese recht banalen Verse brachten Jenny und Karl Marx in Rage. Sie hatten den Dichter fest an ihrer Seite geglaubt, waren davon ausgegangen, er stehe in bedingungsloser Treue zu ihnen. Normalerweise hätte Jenny über des Dichters Drang, alles in Verse zu fassen, amüsiert gespottet, aber jetzt war sie verbittert, fühlte sich von dem „Verrat“ getroffen und drohte: „Wenn Krieg, dann richtig Krieg!“ Engels warnte vor einem Bruch und bat „diesen Krakeel“ nicht zu ernst zu nehmen. Am meisten ärgerte Jenny, dass sie sich über alles aufregen musste; das trübte den Familienalltag erheblich und das ausgerechnet zur Weihnachtszeit. *„Hier im Haus sieht es more dreary and desolate out than ever. Da meine Frau selbst kein Weihnachtsfest den Kindern bereiten kann, stattdessen von allen Seiten mit Mahnzetteln gehudelt ist und dabei Manuskript schreibt und dazwischen nach der Stadt in die Pfandhäuser laufen muß, ist die Stimmung außerordentlich düster“* [582], klagte Marx bei Engels. Seine Frau hingegen zeigte in ihrem Lebensumriss, wie schnell Aufregungen, Ärgernisse und Verzweiflungsattacken verblassten. *„Das Jahr 1858 brachte für uns weder Gutes noch Böses; es war ein Jahr, in dem ein Tag dem andern völlig gleich war. Essen und trinken, Artikel schreiben, Zeitungen lesen und spazierengehen, das war der ganze Inhalt des Lebens.“* [583] Mit keinem Wort erwähnte sie die Arbeit an dem Werk „Zur Kritik der politischen Ökonomie“, an der auch sie beteiligt war. Erst nach der anstrengenden Kopierarbeit konnte Jenny ihre Privatkorrespondenz erledigen und sich bei der Verwandtschaft melden. *„Mein Herz drängt mich um so mehr dazu als die jüngst vergang'ne Zeit für Euch eine sehr bewegte und wechselvolle war, indem die politischen Zustände Preußens, – die hier natürlich von Allen mit großem Interesse und von verschiedensten Standpunkten aus, verfolgt werden, – auf Eure persönlichen Verhältnisse von so entscheidendem Einfluß waren. Ich habe Deiner, meine liebe Louise, sehr oft in dieser Zeit gedacht, namentlich in den Tagen, als ich mir dachte, daß Ihr Eure alte Wohnstätte mit einer neuen vertauschen würdet. … Ich hoffe von ganzem Herzen, daß Ihr Euch alle in den neuen Lebensverhältnissen wohl und zufrieden fühlen möget, daß Ferdinand's Gesundheit sich in der größern Muße, die ihm durch die*

Befreiung von Staatsgeschäften geworden, stärken möge und daß Nando und Luischen, wie bisher, die Freude Eures Daseins sein mögen!" [584], schrieb sie höchst einfühlsam nach Berlin. Ferdinand von Westphalens „Befreiung von Staatsgeschäften" entsprach seinem Sturz oder, positiver ausgedrückt, seiner Entlassung als Innenminister. In Preußen war König Friedrich Wilhelm IV. nach einem Schlaganfall nicht mehr regierungsfähig, und sein Bruder Wilhelm, der seit 1857 als Stellvertreter fungiert hatte, wurde zum Prinzregenten ernannt. Der einstige „Kartätschenprinz" löste die Regierung Manteuffel auf, um einen innenpolitischen Kurs mit liberaleren Ministern einzuschlagen. Die „Neue Ära" begann, für die der reaktionäre Innenminister Ferdinand von Westphalen im November 1858 seinen Stuhl räumen musste. War Frau Marx eine erzkonservative Regierung lieber als eine mit liberalem Hauch? Jede Liberalisierung barg die Gefahr einer Schwächung der oppositionellen Kräfte in sich, weil ein Teil unter der Zusage von Reformen zur Zusammenarbeit bereit war. Jenny verbot sich jegliche Stellungnahme, begnügte sich mit schwesterlicher Anteilnahme und innigen Herzensgrüßen. Am besten war es, bei den Verwandten alles Verfängliche auszublenden und nur über die Familie zu berichten: *„Wir sind in diesem Augenblicke auch Alle, Gott sei Dank, wohl und munter. Auch das verflossne Jahr war für uns, im Ganzen, ein heitres und glückliches."* [585] Belastend sei nur gewesen, *„daß mein lieber Karl öfter an der Leber litt, eine Krankheit die er sich wohl durch zu vieles Sitzen und zu angestrengtes Studiren und Arbeiten zugezogen hat, und die ihn auch abhielt ein größres Werk, dessen erste Hefte jetzt in Berlin erscheinen werden, schon früher herauszugeben. Auch unser kleiner Liebling Ellinor litt während zwei Monaten im Sommer am Keuchhusten und dieser hartnäckige böse Feind wich auch erst nachdem wir einige Wochen mit dem Kinde an der See waren und den glühend heißen August sehr heiter und vergnügt verlebten."* [586] Wie schön und emotionslos das aus der Distanz klang – als ob der mehrwöchige Aufenthalt am Meer, d. h. seine Finanzierung eine Selbstverständlichkeit gewesen wäre.

Wie in allen Briefen musste Jenny auf die Entwicklung der Töchter eingehen: *„Unsre beiden hochaufgeschoss'nen Mädchen fahren fort uns durch ihr liebes, freundliches, bescheidnes Wesen viel Freude zu bereiten. Ihre wenige freie Zeit, die sie von der Schule und den vielen Privatstunden übrig behalten, benutzen sie um ihr kleines Schwesterchen recht nach Herzenslust zu verwöhnen.*

Dafür stürzt das kleine, zierliche, braungelockte Kind ihnen denn auch mit ausgebreiteten Armen entgegen, und wenn die Mädchen mit Schulsäcken und Zeichenmappen beladen über die frische lachende, ewig grüne Wiese vor unserm Hause daherkommen, so giebt es stets eine Empfangsscene als ob die Kinder eine Reise um die Welt gemacht hätten. Der kleine Balg fängt jetzt auch an sehr nett deutsch zu sprechen; denn obgleich bei uns im Ganzen mehr deutsch als englisch gesprochen wird, so war doch von Anfang an die englische Sprache dem Kind leichter und wurde so seine eigentliche Muttersprache; so daß es jetzt das Deutsche, zu unsrer größten Belustigung mit einem starken foreign accent und so gewissenhaft correct und regelmäßig spricht, wie man gewöhnlich eine Sprache spricht, die man nicht durch Luft und Leben, sondern durch Lehrer und Grammatik sich aneignet. Das Gedächtniß des Kindes ist ganz fabelhaft und die Schwestern müssen sich in Acht nehmen nicht in ihrer Gegenwart etwas auswendig zu lernen oder herzusagen. Gleich plappert der kleine Papagei alles nach …“[587] Die Kinder standen im Mittelpunkt des gegenseitigen Interesses, und worüber sollte Jenny sonst der Verwandtschaft schreiben? Über sich selbst wollte sie nicht, die Meinungen über Politik waren zu konträr und die politischen Aktivitäten ihres Mannes waren kein geeignetes Thema.

Nach Fertigstellung der „Kritik der Politischen Ökonomie“ im April 1859 wurde Karl Marx äußerst aktiv, fast umtriebig und hoffte auf eine Verbesserung seiner Finanzlage. Bis dahin durfte Engels zahlen, weil *„der Zins für unser Hauptsilberzeug, Uhren etc. fällig (ist). Meine Frau hat schon 3 Wochen durch Privattransactions mit dem pawnbroker das Verfallen aufgeschoben, aber Dienstag ist ultimus terminus. Indem ich Dich also ersuche, einige Pounds herüberzuschicken, hoffe ich zugleich, daß mit diesmal die Sache definitiv am Ende ist.“*[588] Nur die Hoffnung nicht verlieren.

Mitte des Jahres lag das erste Heft der „Kritik der Politischen Ökonomie“ vor, und Frau Jenny amüsierte sich nach den Worten ihres Mannes sehr, dass er „mit some anxiety“ die erste Stellungnahme von Engels erwartete. Um alle Kritikpunkte persönlich zu besprechen und das Zeitungsprojekt „Das Volk“ (das tatsächlich zustande kam, wenn auch nur für kurze Zeit) voranzutreiben, begab sich Herr Marx für vier Wochen nach Manchester. Frau Jenny war froh, mehr Ruhe zu bekommen, denn sie war am Rande der Erschöpfung. Nicht einmal die schulischen Auszeichnungen der Töchter – Jennylein wurde mit einem Hauptpreis und

Laura mit zwei Spezialpreisen ausgezeichnet – munterten sie nachhaltig auf. Körper und Seele brauchten eine Erholungspause. Ein Aufenthalt am Meer schien die einzige Lösung, allerdings gestaltete sich die Finanzierung schwierig, da der sonst so spendable Engels Privatschulden zu begleichen hatte. Marx ließ nicht locker, und Engels sah sich moralisch in die Pflicht genommen und ermöglichte Frau Marx und den Töchtern zwei Wochen „Seekur" in Walton-on-the-Naze. Er musste auch eingreifen, um die Absperrung von Gas und Wasser und eine Zwangsräumung zu verhindern. Die Existenzsicherung der Familie Marx lag eigentlich nur noch in den Händen von Engels. Er war der Einzige, dem Marx vorbehaltlos traute: *„Du entschuldigst mich, daß ich Dir den Dreck mitteile. Ich habe aber hier absolut niemand, gegen den ich mich auch nur offen aussprechen kann."*[589] Marx mied das Stichwort Geld zu Hause, weil die Frau in ihrer Verzweiflung hysterisch reagierte und die Lage rabenschwarz sah. Der Freund überwies das nötige Geld, obwohl er selbst aufgrund eines Skandals Geldforderungen in unbekannter Höhe auf sich zukommen sah, die er bezahlen wollte, um einen Prozess zu vermeiden. Über den Vorfall informierte Engels Karl Marx in aller Offenheit: *„In einer bekneipten Gesellschaft insultiert mich ein unbekannter Engländer, ich habe den Regenschirm in der Hand, schlage nach ihm, und die Spitze trifft ihn ins Auge."*[590] Der Familie Marx gegenüber verhielt sich Engels liebenswürdiger.

Die tägliche Ungewissheit, ob man die Existenz sichern konnte oder Privat-Insolvenz anmelden musste, zehrte so an den Nerven, dass Jenny nach kurzem Aufatmen wieder am Rande der Verzweiflung war. Wie gelassen und humorvoll könnte sie auf alles Unangenehme reagieren, wenn sie nur „better off" gewesen wären!

Die Familie brauchte Aufmunterung in dieser tristen Zeit. Marx lud Engels über die Weihnachtstage ein, weil seine Kinder wieder einmal einen „Menschen" sehen sollten, denn sie seien zu früh „gequält mit der Bürgerscheiße". In weihnachtlicher Vorfreude zeichnete Tochter Jennylein für Onkel Friedrich „eine Raffaelmuttergottes ... ab" und „2 verwundete französische Soldaten für lupullum"; doch der Freund war verhindert. Ein Dutzend Flaschen Wein, Champagner, Bordeaux und Portwein versüßten seine Absage. *„Der Champagner wird uns prächtig über das sonst trübe Fest hinüberhelfen und uns einen heitern Weihnachtsabend bereiten. Beim perlenden Schaum des Champagners werden die lieben Kinder das*

Christbäumchen, das dieses Jahr fehlt, nicht missen und trotz alledem lustig und fröhlich sein"[591], bedankte sich Frau Marx. Das Jahr 1859 ging ohne Weihnachtsbaum, aber immerhin mit Champagner zu Ende.

„Herr Vogt"
Das Jahr 1860

Der im 19. Jahrhundert bekannte Wissenschaftler und Politiker Carl Vogt, der Karl Marx zu seiner verbissensten und heftigsten Widerrede herausforderte, ist heute nahezu vergessen.

Carl Vogt wurde Opfer einer Beschuldigung von Karl Marx, auf die er mit einer Gegenbeschuldigung reagierte. Die Hintergründe der Auseinandersetzung beleuchtete Raddatz: *„Marx hatte dem Begründer des „Volk", Elard Biskamp, einigen Klatsch weitererzählt, der ihm von dem badischen Flüchtling Blind hinterbracht worden war. Karl Vogt, jetzt Professor in Genf, einst neben Robert Blum Führer der Linken in der Frankfurter Nationalversammlung und einer der fünf Reichsregenten, sei bestochener bonapartistischer Agent; die Rede war von 30.000 Gulden, Vogt antwortete empört. Sein Diktum von der Marxschen „Schwefelbande", deren Verschwörungen die Arbeiter ins Unglück stürzen werden, ist seitdem geflügeltes Wort – obwohl Marx mit der „Schwefelbande", einer Gruppe junger deutscher Emigranten, die 1849 und 1850 die Genfer Bürger durch Trunkenheit und tolle Streiche amüsierten und erschreckten, nichts zu tun hatte."*[592] Carl Vogt behauptete zudem, dass Karl Marx selbst ein Spion in österreichischen Diensten sei. Zeitungsblätter griffen die Fehde auf und sorgten für Publizität. Karl Marx glaubte sich in seiner Ehre angegriffen und versuchte, Freunde auf seine Sache einzuschwören. Engels erfuhr von Marx als Erster, dass ihn *„Vogt ganz en canaille und … mit exquisiter Verächtlichkeit behandle. Der Lump sucht dem deutschen Philister weiszumachen, ich lebe hier … auf den Taschen der Arbeiter etc. (Meiner Frau halte ich natürlich den ganzen Dreck geheim.)."*[593] Eine nette Geste des Ehemannes, aber ein sinnloses Unterfangen. Jenny spürte von Anfang an die Hektik und Verbissenheit, mit der sich ihr Mann einer Materie zuwandte, in die sie nicht eingeweiht war, und sie wusste intuitiv, dass sich etwas Ärgerliches ereignet haben musste. Marx glaubte sich angesichts der „verleumderischen Angriffe Karl Vogts" in einer Vernichtungsmaschinerie. *„Ein gewisser Vogt, Professor in Genf, hat ein Pamphlet veröffentlicht, das voll der übelsten Verleumdungen gegen meine Person und mein politisches Leben ist. Auf der einen Seite stellt er mich als einen unbedeutenden Menschen dar, andererseits unterstellt er mir die niederträchtigsten Motive. Er fälscht meine ganze Vergangenheit“* [594], empörte er sich bei Lelewel, einem polnischen Emigranten. Aufs Höchste erregt, beschloss er sich auch auf den Rat seiner inzwischen informierten Frau gegen Vogts Broschüre mit allen ihm zur Verfügung stehenden Mitteln zu wehren. Er *„sammelte während des Jahres 1860 Material, um die Verleumdungen, die con amore von der gesamten deutschen Presse … von Stadt zu Stadt und Dorf zu Dorf kolportiert worden waren, mit einem Schlage zu vernichten. Es galt ihm ‚7 auf einen Schlag‘“*[595], hielt Jenny in ihren späteren Notizen fest. Der Rundumschlag reichte nicht zur Liquidierung aus. Marx zog schließlich die vermeintlich letzte Trumpfkarte und bat den „bedeutendsten Rechtsanwalt Berlins“, ihn in der Verleumdungsklage gegen die Berliner „National-Zeitung“ zu vertreten. Vor allem die Unterstellung, Oberhaupt der „Schwefelbande“ zu sein, für ihn eine „bodenlose Infamie“, wollte er gerichtlich zurückgewiesen haben. Seinen Rechtsvertreter informierte er, dass *„eine der Hauptbeschäftigungen der (angeblich unter meinem Kommando stehenden) Schwefelbande war, Leute im Vaterland so zu kompromittieren, daß sie Geld zahlen mußten, damit die Bande das Geheimnis ohne Kompromittierung bewahre. Nicht einer, sondern Hunderte von Briefen wurden nach Deutschland geschrieben, daß man die Beteiligung an diesem oder jenem Akte der Revolution denunzieren werde, wenn nicht bis zu einem gewissen Zeitpunkt eine gewisse Summe an eine bezeichnete Adresse gelange.“* [596] Das angedeutete Erpressungsmittel der Bande war, der Presse mitzuteilen, die Beschuldigten seien entweder Revolutionäre oder Verbündete der geheimen Polizei in Frankreich oder Preußen gewesen. Derartige Vorwürfe, ob zutreffend oder nicht, brachten die Betroffenen in Misskredit. Des Weiteren wurde gegen die Schwefelbande der Vorwurf der Münzfälschung erhoben.

Marx, völlig absorbiert durch die „Vogt-Sache“, hatte keine Zeit mehr für die existentiell wichtigen Berichte in der „Tribune“, und so verwundert es nicht, dass er „total abgebeutelt“ war. Bereits in den ersten Monaten der Inanspruchnahme des Rechtsanwalts hatte er diesem mehr als 13 Pfund zahlen müssen – und die Angelegenheit zog sich in die Länge. Die Kriminalklage war zurückgewiesen worden, da kein „öffentliches Interesse" vorlag. Marx setzte nun alle Hoffnung in eine Zivilklage. Er ließ in seinen Bemühungen nicht nach, die Richtigkeit seiner Aussagen nachzuweisen, und kam nach Recherchen zu dem Ergebnis, Prof. Carl Vogt sei ein französischer Agent. Ein Jahrzehnt später wurden von der republikanischen Regierung in Frankreich Akten aus der Kaiserzeit publik gemacht, aus denen hervorging, dass ein Herr namens Vogt 40.000 francs erhalten habe. Es lässt sich allerdings nicht hundertprozentig beweisen, dass es besagter Professor Carl Vogt gewesen ist, obwohl dieser sehr francophil und sogar Großritter der französischen Ehrenlegion war.

Marx versuchte, in der Angelegenheit Vogt alle Freunde in seinem Sinne zu instrumentalisieren, aber Ferdinand Freiligrath weigerte sich, Mittel der Marx'schen Rachsucht zu werden. Die Freundschaft hatte wegen des Gedichtes zum Gedenken an Johanna Kinkel schon Risse bekommen, die sich nun vertieften. Ferdinand Freiligrath reagierte souverän, als er Marx versicherte: *„Bei aller persönlichen Freundschaft für Dich u. bei allem Festhalten an den uns gemeinsamen Principien muß ich es dennoch entschieden ablehnen, Deine Streitsache mit Vogt, Blind, Nationalzeitung und Daily Telegraph zu der meinigen zu machen! Sie ist mir auch, was Du auch für ihre Tragweite sagen magst, zuwider, – ich habe sie in keiner Weise mit veranlassen helfen, – und ich halte mich nicht für verpflichtet, Dir in ihre Irrgänge nachzufolgen. Daß Du mich in dem bevorstehenden Londoner Prozess als Zeugen laden lassen, daß Du für den Berliner alte Briefe von mir ad acta geben kannst, ist ein Anderes, und wenn Du gegen meinen Wunsch dazu übergehen willst, so kann ich das natürlich nicht verhindern."*[597] Er blieb politisch auf der Seite von Marx, aber für persönliche Animositäten ließ er sich nicht einspannen – und solche hielt er für die Grundlage des Skandals. Sein Brief gipfelte in dem Bekenntnis: *„Meiner, u. der Natur jedes Poeten thut die Freiheit Noth! Auch die Parthei ist ein Käfig, u. es singt sich, selbst für die Parthei, besser draus als drin. Ich bin Dichter des Proletariats u. der Revolution gewesen, lange bevor ich Mitglied des Bundes u. Mitglied der Redaction der Neuen Rheinischen Zeitung war! So will ich denn auch ferner auf eigenen Füßen stehn, will nur mir selbst gehören, u. will selbst über mich disponiren."*[598] Ein schöner Brief, ohne Vorwürfe und von einer überzeugenden Verteidigung des Rechtes auf Selbstbestimmung. Diese Widerworte, dieses Aufbäumen gegen jegliche Inbesitznahme durch die „Partei" empörten Marx und Frau. Freiligrath zog eine klare Trennung zwischen Mensch und Partei, zwischen der Freiheit des Individuums und dem Mandat für die Partei. Karl Marx sah das kleinkarierter: Wer nicht für die Partei ist, ist gegen mich ... oder ... wer nicht für mich ist, kann auch nicht für die Partei sein. Marx hatte noch nicht die Macht, Andersdenkende zu disziplinieren und daher musste er Eigenständigkeiten dulden. Jenny brach den Kontakt zu Freiligrath ab, aber so, dass es nicht zu einem offenen Bruch kam. Einen bekannten Poeten und politischen Mitkämpfer ganz auf die Seite der Gegner überwechseln zu sehen, wäre ein zu großer Triumph für die anderen gewesen. Vielleicht schloss Marx auch Ferdinand Freiligrath in das milde Urteil ein, das er einst, wie sich Tochter Eleanor später erinnerte, über Heinrich Heine gesprochen hatte, nämlich: *„Dichter ... seien sonderbare Käuze, die man ihrer Wege wandeln lassen müsse. Man dürfe sie nicht mit dem Maßstabe gewöhnlicher ... Menschen messen."*[599] Dies bedenkend, überwand sich Karl Marx gegenüber Freiligrath zu dem seltenen Eingeständnis: *„Dein Brief war mir sehr lieb, da ich nur mit sehr wenigen Menschen Freundschaft schließe, dann aber auch sie festhalte. Meine Freunde von 1844 sind es noch jetzt. Was aber den eigentlichen offiziellen Teil Deines Briefs betrifft, so beruht er auf großen Missverständnissen."*[600] Nur nach außen hin herrschte Friede.

In der Sache Vogt stand Frau Jenny bedingungslos zu ihrem Mann. Dass es ihr Klatsch liebender Ehemann war, der das Ganze mit ins Rollen gebracht hatte, dürfte sie schnell verdrängt haben. Man muss sich doch wehren um der Ehre willen, mag sie sich eingeflüstert haben.

Marx beschlosss zusätzlich zu den juristischen Schritten, seine Eindrücke zu der Auseinandersetzung zu publizieren. Aber es dauerte, auch weil Freunde immer wieder neue „Aktenstöße" brachten. Zwischenzeitlich musste Jenny Engels bitten, für die „Tribune" „etwas Gekohle über den Angriff auf Venedig oder dergl" zu schreiben. Auf Engels war Verlass, er schrieb und schickte Geld, damit Frau Marx samt Kindern in der Sommerzeit „trotz großer Zerrüttung in (den) hiesigen Geldverhältnissen" für einige Tage nach Hastings fahren konnte. Der Erholungseffekt war nicht groß, da die Zeit zu kurz war und das Wetter zu schlecht.

Die Formulierung der Replik gegen Vogts Vorwürfe hatte Marx, dem Denker, keine Schwierigkeiten bereitet, aber der Titel. Engels, mit der Korrektur betraut und daher mit dem Inhalt des Manuskriptes vertraut, machte den Vorschlag „Herr Vogt", dem Marx gegen den Willen Jennys nachgab, die „Da-Da Vogt" favorisiert hatte. Ihre originelle Idee war zu exzentrisch.

Nach der Fertigstellung begannen die Schwierigkeiten. Kein Verleger war bereit, die Schrift zu drucken, und Marx musste 25 Pfund auftreiben, um sie auf eigene Kosten noch 1860 herauszubringen. Die Schrift gefiel im Freundeskreis. Jenny freute sich, wie sie Luise Weydemeyer schrieb, *„unendlich, daß ihnen das Buch gefallen hat. Ihr Urteil darüber stimmt mit dem Urteil aller unserer Freunde fast wörtlich überein. Das ganze absichtliche Schweigen der Presse verursachte natürlich auch keinen so glänzenden Verkauf, als wir mit Recht erwarten konnten. Indessen der große Beifall aller bedeutenden Leute muß uns einstweilen genug sein. Selbst die Gegner und Feinde erkennen es als höchst bedeutend an. ...Von allen Seiten strömen Gratulationen ein, selbst der alte Feind Ruge nannte es eine gute Schnurre. Ich bin begierig, ob in Amerika ähnliches Schweigen beobachtet wird. Es wäre doch zu empörend, um so mehr, als alle Spalten sich für die nichtsnutzigen Lügen und Verleumdungen öffneten. Vielleicht kann ihr lieber Mann ein wenig für Verbreitung sorgen."* [601] Die Gesinnungsgenossen beurteilten das Machwerk freundlichst bis begeistert, aber die Gegner und die Presse demonstrierten Desinteresse. Dieses „Totschweigen" verhinderte eine Verbreitung, die investierten 25 Pfund amortisierten sich nicht, die Familie wurde noch tiefer in die Not getrieben.

Karl Marx war letztendlich der Verlierer in dem Kampf um seine (vermeintliche) Ehrenrettung und entsprechend enttäuscht zeigte sich Jenny. *„Sie glauben nicht, wie viele schlaflose Nächte und Sorgen uns die Geschichte gemacht hat"* [602], gestand sie Luise Weydemeyer. Der einzige Trost in diesen Tagen war der Rückhalt von Freunden. *„So steht es doch auch nicht, dass ein ganzes Leben von Aufopferung und Charakter, wie es Ihr Mann in die Waagschale werfen kann, ernstlich sollte bedroht werden können durch die ersten besten Verleumdungen. Ich habe … einige Erfahrungen zu machen Gelegenheit gehabt – und weiß, wie wenig sitzen bleibt"* [603], versicherte Lassalle, aber so gelassen konnte es die treue Gattin erst mit zeitlichem Abstand sehen. Monate später konnte sie eingestehen: *„Sie haben ganz recht, lieber Herr Lassalle, ich habe mir die Vogt-Geschichte viel zu sehr zu Herzen genommen. Ich plärrte ganze Nächte durch und ärgerte mich so ab, dass ich mich so* *recht zur Ansteckung reif machte. So ist der Mensch. Zu den wirklichen Sorgen schafft er sich noch eingebildete hinzu, die oft schwerer lasten als die ernstern.*"[604] Lassalle hatte Jenny gegenüber zudem voller Empathie bekundet: „*Bei alledem begreife ich vollständig, wie sehr die Sache, zumal eine Frau, affizieren musste. Sie haben lange und viel für unsere Partei leiden müssen, und es tut mir leid, dass Sie jetzt auch noch die ganze Fülle der Verleumdung für dieselbe durchkosten mußten. Überhaupt was die Männer unserer Partei leiden, geht noch an und ist zu ertragen. Wir sind Schmiedeeisen und eben dazu bestimmt, fühlen's gar nicht so tief; aber das kolossale Unrecht, was die Weiber unserer Partei leiden mussten, das lässt sich nie ganz ausgleichen.*" [605] Die Protagonisten der neuen Zeit waren sich des harten Schicksals der Frauen an ihrer Seite durchaus bewusst.

Trotz aller nervlichen Belastung und Geschäftigkeit war Jenny zu Familienkorrespondenz verpflichtet, nachdem Frau von Florencourt, Mutter von Louise, 91-jährig gestorben war. Sie schrieb an ihre Schwägerin und Bruder Ferdinand: „*Ich habe nie vergessen und werde es nie vergessen mit welch' treuer Liebe und geschwisterlicher Theilnahme Ihr mir nahtet, als ich vor 4 Jahren einen ähnlichen Schmerz zu durchkämpfen hatte, – doch meine liebe gute Louise was sage ich einen ähnlichen Schmerz? Als ich betend niederkniete vor der eben zur ewigen Ruhe Eingegangenen, da war es nicht der letzte, selige Schlaf, den ich beweinte, ich dankte Gott für den Frieden der nun das müde theure Haupt umfloß – ich weinte nur um das arme, einsame, müh und sorgenvolle Dasein der geliebten Mutter.*"[606] Frau von Florencourt hatte ihre letzten Jahre bei ihrer Tochter verbracht, Jennys „armes Mütterchen" hingegen „*verlebte die letzten 10 Jahre ihres Lebens in trauriger Öde und Einsamkeit; ohne kindliche Pflege und Sorgfalt. Ich habe ihre zitternden Schritte nicht geleitet ihre arme gelähmte Hand nicht geführt und erwärmt – auf fremde Pflege und Hülfe war sie angewiesen, die uns alle in Krankheit gehegt und gepflegt hatte, von ihren fernen Kindern ward ihr manch' trübe Kunde, sie, mit ihrem warmen, liebeglühenden, impulsiven Herzen, konnte ihre Freuden und Schmerzensthränen nicht mit den unsrigen vermischen … und nur ihr letzter Geburtstag – ihr 81 ster sah sie umgeben von Kind und Kindeskindern, denen dann auch die hohe Gnade zu Theil ward den letzten Segen ihres reinen, frommen Lebens zu empfangen.*"[607] Jenny war noch immer dankbar, am Sterbebett der Mutter gesessen zu haben, aber das war Vergangenheit. Die Verwandten interessierte mehr die Gegenwart, und diesem Wunsch kam Jenny ausführlich nach. Sie berichtete: „*Wir sind alle Gottseidank, Winter und Frühjahr, kleine, unvermeidliche Erkältungen und Unfälle abgerechnet, munter und wohl gewesen. In der letzten Zeit hat uns die theilweise neue Einrichtung unsres Hauses, in dessen freundlichen Räumen und grünen, blühenden Umgebung wir uns täglich heimischer fühlen, ziemlich viel beschäftigt. Unser gefälliger landlord ließ uns Ostern den größten Theil des Hauses neu anstreichen und tapezieren, wir dagegen en revanche degradirten die Teppiche und Meubel unsrer obern Etage zum 2ten Grade und verbannten die durch 4jährigen wear and tear etwas abgenutzten Teppiche in die Souterrain Räume und staffirten die parlours frisch und neu aus, so daß es bei uns jetzt wieder recht hübsch und frisch und freundlich aussieht. Jennychens Zeichnungen in goldne Rahmen gefaßt, wurden am 1sten Mai, ihrem 16ten Geburtstag, als Paradestücke an die Wände gehaftet und machen, in einiger Entfernung betrachtet, großen Knalleffect.*“[608] Jennys Informationen sollten auch den Eindruck von Wohlstand vermitteln, denn sie betonte: „*Auch in pecuniairer Hinsicht hatten wir ein ganz gutes Jahr. Die Einnahme, die Karl von der Appletonschen Enzyclopädie erhielt war nämlich um eine sehr bedeutende Summe größer als wir sie berechnet und erwartet hatten. Außerdem erhielt ich noch unerwartet 16£ von Frau Grach aus Trier geschickt. Ihr werdet Euch erinnern, daß die theuren Eltern dem Hause Grach ein Capital anvertraut hatten, was bei der Faillité der Familie verloren ging. Auch meine kleinen Ersparnisse, die ich mir zum Theil als Secretair meines theuren Vaters zusammengeschrieben hatte, waren mit unter der anvertrauten Summe. … und die Frau Grach fühlte sich gedrungen, mir … zu zeigen wie tief ihr die Ehre ihres Mannes am Herzen liege und wie sehr sie mein Verlust geschmerzt habe. Diese unerwartete Mehreinnahme kam uns dieses Jahr sehr zu Statten, da wir durch 2 Prozesse, die Karl wegen infamer, gemeiner Verläumdung gegen die Berliner Nationalzeitung und gegen den hiesigen daily telegraph, der Auszüge aus Vogt's Schandschrift brachte, führen wird, bedeutende Geldausgaben haben.*“[609] Bewusst sprach Frau Marx die Prozesse an, da sie davon ausging, dass Bruder Ferdinand von der Kontroverse mit Vogt gehört hatte.

Knapp dem Tode entronnen

Von November 1860 bis Frühjahr 1861

Zwischen den lässig zu Papier gebrachten Verlautbarungen gegenüber der lieben Verwandtschaft in Berlin und der Realität im Jahre 1860 war eine erhebliche Differenz. Der verbissene Kampf ihres Mannes um seine Ehre, die Prozesse und die ständige Geldnot setzten Jenny zunehmend zu. Im November wurde sie krank. Man rief Dr. Allen ans Krankenbett, der auf ein bösartiges Nervenfieber tippte. Wenig später revidierte er seine erste Diagnose und stellte eine lebensgefährliche Krankheit mit Ansteckungsgefahr fest, worauf panische Geschäftigkeit im Hause Marx wegen der Töchter ausbrach. Liebknechts nahmen die Kinder spontan auf. Allmählich wurde das Krankheitsbild konkreter. Marx an Engels: *„Was nun die Krankheit meiner Frau betrifft, so steht es in einer Art besser, in der andern schlechter, als ich wußte... Was meine Frau hat, sind small-pox, und zwar sehr bösartig, obgleich sie zweimal vakziniert. (Du sagst dies niemand außer lupus.) ... Es ist eine schreckliche Krankheit. ... Ich selbst habe Krankenwärterdienste (die hauptsächlichen) bis jetzt getan. Da mich das aber zu sehr anstrengt, habe ich heute sofort nach dem Eintreffen der 10 £ eine Wärterin gemietet."* [610] Auch in diesen Momenten musste Marx seine aufopferungsvolle Pflege gebührend betonen, obwohl zwei Dienstmädchen verfügbar waren. Gewohnt als Forscher die Ursachen der Dinge zu ergründen, kam er bei Engels zu dem Resultat, dass seine Frau *„sich seit vielen Wochen in einem außerordentlichen nervösen Zustand (befand), da wir viele troubles hatten, und so hatte sie mehr Empfänglichkeit, in einem Omnibus, Laden oder dgl. das Gift to catch."* [611] Wie und wo sie sich die Pocken eingefangen hatte, konnte Jenny nicht mehr rekonstruieren. Den Ausbruch der Krankheit hingegen beschrieb sie Frau Weydemeyer: *„Da wurde mir plötzlich sehr unwohl. Das schrecklichste Fieber faßte mich, und der Arzt mußte geholt werden. Am 20. November kam er, besah mich lange und sorglich, und nach langem Schweigen brach er in folgende Worte aus: ‚My dear Mrs. Marx, I am sorry to say, you have got the small pox – the children must leave the house immediately.' Sie können sich bei diesem Ausspruch das Entsetzen und den Jammer des Hauses denken. Was war anzufangen? Liebknechts boten unerschrocken den Kindern ein Obdach an, und schon am Mittag zogen die Mädchen mit ihren kleinen Habseligkeiten beladen ins Exil. Ich wurde nun von Stunde zu Stunde kränker, die Pocken brachen in*

Zahn

fürchterlichem Grade aus. Ich litt sehr, sehr viel. Große brennende Schmerzen im Gesicht, vollständige Schlaflosigkeit, Todesangst um Karl, der mich mit der größten Zärtlichkeit pflegte, zuletzt noch der Verlust aller äußeren Sinne, während der innere Sinn, das Bewußtsein, stets klar blieb. Ich lag beständig bei offenem Fenster, so daß die kalte Novemberluft mich anwehen mußte. Dabei stets ein Höllenfeuer im Ofen, Eis auf den brennenden Lippen und Bordeauxwein von Zeit zu Zeit eingetropft. Schlucken konnte ich kaum mehr, das Gehör wurde stets schwächer, zuletzt schlossen sich die Augen – wußte ich doch nicht, ob sie in ewige Nacht gehüllt bleiben würden." [612] Fast drei Wochen hing ihr Leben am seidenen Faden – eine enorme seelische Belastung für alle, vor allem für den besorgten Ehemann. Marx klagte bei Engels: *„Die heutige Nacht war furchtbar, und ich fühle mich in der Tat in diesem Augenblick auch sick. Der Teufel mag wissen, welches Pech wir haben."* [613]

Das neueste Werk von Karl war die beste Medizin für Jenny. Sie erinnerte sich: *„Ich lag grade damals todkrank an den Pocken darnieder und war eben soweit von der schrecklichen Krankheit genesen, um mit noch halb erblindeten Augen das Buch „Herr Vogt" zu verschlingen."*[614] Die Freude über die Schrift tröstete ein wenig über die demütigende Nachricht hinweg, dass der Prozess in Berlin endgültig gescheitert war. Das Königliche Obertribunal in Preußen hatte die Entscheidung des Königlichen Kammergerichts nicht aufgehoben und folglich war keine öffentliche Gerichtsverhandlung möglich. Eine bittere, wütend machende Entscheidung, die Jenny und Karl Marx' Vorbehalte gegen die preußische Justiz bestätigte.

Ende November 1860 war Jenny außer Lebensgefahr, aber das bedeutete nicht das Ende der Leidensgeschichte im Hause Marx. Den Mann plagten schreckliche Zahnschmerzen, verursacht durch eine misslungene Zahnentfernung, bei der ein Stück Splitter zurückgeblieben war. Marx zu Engels: *„So ist mein ganzes Gesicht weh und geschwollen. Hals halb zu. Dieser physische Druck befördert sehr die Denkunfähigkeit und daher Abstraktionskraft, denn, wie Hegel (sagt), das reine Denken oder reine Sein oder Nichts identisch. … Schreiben kann ich natürlich nicht in diesem Zustand, und da der vor 2 ½ Monaten gezogene Wechsel von 50 £ auf Dana ohnehin nicht ordentlich abgearbeitet wurde, indem meine Frau schon vor ihrer Krankheit allerlei nervous complaints hatte und so allerlei Ausfälle eintraten – ich also in großer Klemme bin – so bitte ich Dich, wenigstens für 2 Wochen möglichst oft zu schrei-*

ben.“[615] Mit dem Verfassen der Artikel hatte der Freund seine Schuldigkeit nur bedingt getan, man brauchte dringend mehr Geld. Die Lage wurde immer verzweifelter, wie Marx seinen Vertrauten wissen ließ: *„Das Treten von allen Seiten hat scheußlich zugenommen. … Ich würde Dir, der mehr als das Mögliche tut, nichts hiervon schreiben, aber que faire? … Dazu kann ich nirgendwo operieren, denn sonderbarerweise (wohl aus der Besserung zu erklären) kann ich das Haus nicht verlassen, da meine Frau grade jetzt, wo ich sie wenigst möglich sehn soll (was ihr natürlich nicht gesagt werden darf), mich stets um sich haben will. Allen meint, wenn sie nicht zweimal geimpft worden, wäre sie nicht davongekommen. Wie die Sachen stehn, hält er selbst die small pox für ein Glück. Denn, sagte er mir gestern, ihr Nervenzustand sei so gewesen, daß er diese Krankheit einem Nervenfieber oder ähnlichem, wozu es gekommen sein würde, vorziehe.“*[616] Bei einem Nervenleiden konnte man die Heilungschancen kaum einschätzen, schlimmstenfalls drohte sogar eine Einweisung in eine Anstalt.

Nach vier langen Wochen bestand keine Ansteckungsgefahr mehr und die Kinder konnten zum Weihnachtsfest wieder nach Hause. Größte Freude bei den Töchtern, Erleichterung bei der Mutter, die sie zuvor nur von einem kleinen Balkon aus hatte grüßen können. Die Wiedersehensfreude war allerdings für Momente überschattet, wie Luise Weydemeyer von Jenny erfuhr: *„Die Mädchen waren tief ergriffen und konnten schwer ihre Tränen zurückhalten bei meinem Anblick. Wochen vorher hatte ich mich noch ganz respektabel neben meinen blühenden Mädchen ausgenommen. Da ich wunderbarerweise noch kein graues Haar hatte, auch sonst noch bei Zahn und Taille war, so pflegte man mich in die Reihe der Wohlkonservierten zu stellen – doch wie war das nun alles vorbei! Ich selbst kam mir vor wie ein Rhinozeros, das eher in den zoologischen Garten gehörte als in den Bund der kaukasischen Rasse. … Heute ist es nicht mehr ganz so schlimm, und die Narben fangen an auszuheilen.“*[617] Schrecklich muss das mütterliche Gesicht ausgesehen haben, wenn die halberwachsenen Mädchen so schockiert reagiert haben. Nichtsdestotrotz nahm die Mutter wieder am Leben teil. Über die Neujahrstage machten Karls Schwester Louise und ihr Mann Jan Carel Juta auf dem Wege nach Kapstadt wieder Zwischenstopp in London. Es waren schöne, aber zugleich anstrengende Tage, da Jenny und Karl wie immer bestrebt waren, bürgerliche Verhältnisse vorzugaukeln. Man klatschte vergnügt über die alten Zeiten in Trier, die ehemaligen Freundinnen, die Familie, das Leben in Südafrika und natürlich über die Erkrankung Jennys, die noch mit den Folgeschäden kämpfte. Dennoch ging es ihr schon recht gut. *„Meine Natur siegte, die zärtlichste, treueste Pflege half nach, und so sitze ich denn hier wieder in voller Gesundheit, nur mit entstelltem Gesicht, Narben und dunkelroter Farbe – ganz à la hauteur de la mode couleur de Magenta“* [618], schrieb sie Frau Weydemeyer und Lassalle gegenüber meinte sie: *„Von der schrecklichen Krankheit bin ich zwar mit einem blauen Auge, aber nicht mit heiler Haut davongekommen und in diesem Augenblick bin ich noch so sehr à la hauteur de la mode so ganz couleur de magenta, daß Sie alle vor mir erschrecken würden. Ich bin so hässlich geworden und so entstellt.“* [619] Diese Bemerkung kann ein Beweis für Hautunebenheiten und Verfärbungen sein. Lassalle nahm regen Anteil: *„Vor allem quält mich gegenwärtig – … – das durch ihre letzte Krankheit auf ihr Gesichtchen verübte Attentat. Oder vielmehr, besonders das quält mich, dass Sie sich die Vorstellung machen, davon würde und könnte etwas übrig bleiben! Das ist nicht der Fall, das kann und wird nicht der Fall sein! Es gibt gewiß gutgeartete Naturen, von denen alles abgleitet, womit man sie auch entstellen wolle, körperlich wie geistig, und die zuletzt immer spiegelblank bleiben, Naturen, die aller Unbill spotten! Sie werden so wenig irgendetwas von Ihren Pocken behalten, wie ihr Mann von seinem Vogt. Davon seien Sie überzeugt! Wohl aber fühle ich ganz mit Ihnen, wie nahe Ihnen dies in der ersten Zeit gehen musste – in dem einen wie in dem anderen Fall – , als Sie vielleicht an das spurlose Verschwinden noch nicht ganz glaubten.“*[620] Seine Worte waren so wohltuend, dass Jenny freimütig zugab, *„daß mir mein Gesicht auch manche trübe Stunde bereitet. Wie sah ich aber auch aus! Ich hätte wahrlich eher in den zoologischen Garten gepasst, da wo Rhinozeros und Hippopotamus sich treffen, als in die honorable membership of the Caucasian race. Mein Gesicht war ein wahres Schlachtfeld mit Wellen und Schanzgräben. Doch ich kann mir jetzt das Zeugnis ausstellen, daß ich wieder menschlich und natürlich aussehe und nur noch sehr an Überkolorit leide. Nun trotz Magenta und Sulforino (Vogtsche Schwefelei) hoffe ich noch manchen Schicksalspuff aushalten zu können, wenn sie nur nicht zu derb kommen.“* [621]

Politische Ereignisse zur Jahreswende 1860/61 ließen Marx aktiv werden, wie seine Frau in ihren Erinnerungen notierte: *„Zu Weihnachten war der König von Preußen, der sogenannte ‚Geniale‘ gestorben, um dem ‚schönen Wilhelm‘ Platz zu machen. Der Korporal gab eine Amnestie, die Karl benutzte, um einen Abstecher nach Deutschland zur Sondierung des neuerstandenen Ter-*

rains zu machen.“[622] Friedrich Wilhelm IV. hatte am 2. Januar 1861 das Zeitliche gesegnet und sein Nachfolger Wilhelm I. hielt sich an die Gepflogenheit, eine Inthronisation mit der großzügigen Geste einer Amnestie für politische Gefangene zu verbinden. Friedrich Engels' Haftbefehl wegen seiner „Teilnahme am Aufstand in Elberfeld“ vom Mai 1849 wurde aufgehoben. Auch Karl Marx beabsichtigte, von der Milde des Allerhöchsten zu profitieren, aber er musste sich gedulden. *„Übergroße Angst, Sorge und Quälereien aller Art warfen ihn aufs Krankenlager. Zum ersten Male war sein chronisches Leberleiden in ein akutes umgewandelt. Doch, Gott sei Dank, er genas nach vierwöchigem Leiden“*[623], zeigte sich die Ehefrau in einem Brief an das Ehepaar Weydemeyer erleichtert. Ihr Gatte fand einen eigenen Weg zur Gesundung, er rauchte nicht mehr, nahm Castoroil, trank Limonade statt Alkohol, aß wenig und blieb im Haus.

Das Bangen um Jennys Leben und die Sorgen um Karl Marx hatten für kurze Zeit alle anderen Sorgen überlagert, aber nicht beseitigt. *„Dazwischen waren wir von der ‚Tribune' wieder auf halben Sold gesetzt worden; statt vom Buche etwas einzunehmen, mußte ein Wechsel bezahlt werden. Dazu die enormen Kosten dieser schrecklichsten aller Krankheiten. Kurz und gut, Sie können sich denken, wie es den Winter bei uns aussah“*[624], gestand Frau Marx den Freunden. Die einzige Einnahmequelle drohte zu versiegen – eine Katastrophe auch für die Töchter! *„Hart war, dass grade diese vollständige Hilflosigkeit eintrat, als die ältesten Mädchen in die schöne goldne Zeit der ersten Jugend traten. So kehrten wir wieder zu den vor 10 Jahren durchkämpften Leiden, Sorgen und Entbehrungen zurück, nur daß sie damals unbewußt von 6jährigen, 10 Jahre später bewußt von frisch erblühten 15- und 16jährigen Mädchen durchgekämpft wurden. So lernten wir praktisch das deutsche Sprichwort kennen: Kleine Kinder, kleine Sorgen, große Kinder, große Sorgen.“*[625] Die Lage war bedrückend: „Herr Vogt“ kein Erfolg, die Geldausgaben für den Anwalt vergeblich und das Verhalten der „Tribune“-Verantwortlichen niederschmetternd. Engels spürte die Verzweiflung seines Freundes und bot eine – für ihn! – riskante Unternehmung an: *„Will der Schneider den Wechsel für 35 £ diskontieren, wenn ich ihn ausstelle, und ihn so arrangieren, daß das Geld vor Juli oder August nicht gezahlt zu werden braucht, very well, so will ich ihn ausstellen.“*[626] Um seine Stelle nicht zu gefährden, müsse er um höchste Diskretion bitten. Der Coup flog nicht auf. Um nicht ausschließlich am Engel'schen Tropf zu hängen, plante

Marx *„einen Raubzug nach Holland, ins Land der Väter, des Tabaks und des Käses zu machen."*[627] *„Natürlich geht solche Geschichte nicht schnell; es muss laviert, diplomatisiert und gehörig gemanaget werden"*[628], verkündete die kluge Gattin gegenüber Frau Weydemeyer, sich vielleicht erinnernd, vor zehn Jahren diese Kunst nicht beherrscht zu haben.

Cousine Nettchen und die holländische Verwandtschaft

Karl Marx wollte im Frühjahr 1861 das Terrain für eine Zeitungsgründung in Berlin sondieren und machte auf seiner Reise eine erste Station bei der Verwandtschaft in Zaltbommel.

Tante Sophie, die Schwester seiner Mutter, hatte 1820 Lion Philips, einen Händler und Fabrikanten für Tabak, Tee und Kaffee, geheiratet. Das Ehepaar hatte sieben Kinder: Henriette, verheiratet mit dem Arzt van Anrooy, August, Rechtsanwalt und Präsident der Anwaltskammer von Amsterdam, Jacques, Advokat in Rotterdam, Karl und Jean, Tabakhändler in Aachen, Fritz, Bankier, und Antoinette/Nannette/Nettchen, geboren 1837, die 1885 mit nur 48 Jahren starb. Weltberühmt wurde die Familie durch Frederik/Fritz, der mit seinem Sohn Gerard das Familienunternehmen Philips gründete, das dieser mit seinem Bruder Anton, der zu einem der bedeutendsten Niederländer gewählt wurde, zum Weltkonzern Philips ausbaute.

Karl Marx fand es beim Onkel sehr schön, er fühlte sich wohl und das lag vor allem auch an Nanette. Die 24-Jährige faszinierte ihn so sehr, dass er sich von seinem anschließenden Aufenthalt in Berlin Ende März bei ihr und nicht bei seiner Frau meldete. *„Meine liebe Cousine, Ich kann Dir nicht genug für Deinen köstlichen Brief danken, der nur den Fehler hat, daß er zu kurz ist, obgleich Du nach der englischen Regel gehandelt hast, die besten Dinge in das kleinste Behältnis zu packen. ... Du siehst, mein liebes Kind, ich habe in wenigen Tagen viel gesehen, aber Du kannst dennoch überzeugt sein, daß ich mich immer nach Bommel zurücksehne"*, flötete höchst anmutig *„Dein aufrichtiger Bewunderer Charles Marx."*[629] Gerne betonte er dem Cousinchen gegenüber seine noblen Kontakte und seine Prominenz: *„Am Montag entwarf mein Freund Lassalle für mich ein Gesuch an den Chef der preußischen Polizei wegen der Wiederherstellung meiner preußischen Staats-*

Karl Marx

bürgerschaft. Am Montag trug Lassalle, der ein Mann von außergewöhnlicher Dreistigkeit ist, das Gesuch selbst zu Herrn von Sedlitz (Polizeipräsident, Junkerpartei und Vertrauter des Königs) und teils durch Drohungen, teils durch Schmeicheleien – da Zedlitz diesen direkten Appell an ihn statt an die untergeordneten Behörden als ein Kompliment für sich auffaßte – hat er es bis jetzt erreicht, daß heute das ministerielle Blatt – die ‚Preußische Zeitung' – meine Rückkehr ins ‚Vaterland' ankündigte. Ich habe jedoch noch keine offizielle Antwort hinsichtlich meiner Wiedereinbürgerung erhalten." [630] Lassalle hatte nach eigenen Worten bei seiner Audienz so gezetert – „wüthender als ich mich in Jahren gewesen zu sein erinnere" –, dass der Polizeipräsident in seiner Bedrängnis einen Geheimen Rat zu Hilfe rief. Marx fand für „seinen Freund" erstaunlich positive Worte, weniger charmante für ältere Damen, denen er in Berlin begegnete. Zu Nannette: *„Meine holde kleine Cousine. Ich hoffe, Du hast den Brief bekommen, den ich Dir aus Berlin gesandt habe, obgleich Du grausam genug warst, Deinen Bewunderer ohne ein einziges Wort der Bestätigung zu lassen. Nun, meine kleine grausame Hexe, wie willst Du solch ein Verhalten rechtfertigen? Wußtest Du nicht, daß eine Welt von Philistern mich umzingelt hatte und daß eine halbe Armee antiquierter Schönheiten und abscheulicher Blaustrümpfe ihr Bestes taten, um mich in einen Esel zu verwandeln? Die alte Circe verwandelte, wie Du weißt, die Gefährten des Odysseus in Schweine. Diese modernen Circen haben sich so weit zivilisiert, daß sie den Esel wählen. Und wäre es nicht unter solchen Umständen Deine Pflicht gewesen, mir zu Hilfe zu kommen? Hüte Dich, denn ich werde Rache nehmen und mit Waratje konspirieren gegen die Ruhe Deines Herzens."* [631] Wie gut, dass die Ehefrau diesen Brief nicht kannte. Ihr Mann flirtete hemmungslos mit einem jungen Mädchen und sprach von „antiquierten Schönheiten", zu denen auch sie mit ihren 47 Jahren gehörte. Auch bei ihr hatte der Alterungsprozess eingesetzt, beschleunigt durch die Pockenattacke. Ihr Mann meinte zwar die Gräfin Hatzfeldt, bei der er fast täglich zu Gast war, und deren weibliche Gäste – und doch hätte sich Jenny nicht ausnehmen können. Ihr lieber Gatte versicherte dem Nettchen zudem: *„In vollem Ernst, ich fühle mich sehr glücklich bei dem Gedanken, Dich und den ganzen Bommeler Familienkreis bald wiederzusehen. … Und nun, meine kleine Zauberin, lebe wohl und vergiß nicht ganz … Deinen fahrenden Ritter Charles Marx."* [632]

Die treue Ehefrau musste sich im Gegensatz zu Antoinette mit spärlichen Informationen begnügen. Sogar bei Engels hatte der Mann sich nicht gemeldet und Frau Marx hatte doch gehofft, wenigstens von ihm alles Relevante zu erfahren. Jenny wusste nur, dass ihr Mann bei Lassalle wohnte und das Zeitungsprojekt besprach, das nach dem Thronwechsel in Preußen, der mit der Hoffnung auf einen liberaleren Kurs einherging, günstig schien. Ungläubig las daher die ahnungslose Frau Marx über die Wiedereinbürgerungspläne ihres Mannes in der Zeitung. Bei Engels relativierte sie jedoch bereits: *„Was nun die Gerüchte der Zeitungen betrifft, so sind sie, wie Sie sich wohl denken konnten, alle falsch und Karl hat nicht im entferntesten an Niederlassen und Übersiedeln der Familie nach Berlin gedacht. Was er aber dort durchsetzen wollte, war seine Renaturalisation. Ich begreife das nicht recht und weiß nicht, weshalb Karl so eilt, wieder königlich-preußischer ‚Untertan' zu werden. Ich wäre lieber noch länger ein ‚lose Jroschen' ... jeblieben. Die Unterhandlungen hierüber verlängerten seinen Aufenthalt in Berlin. Die Regierung wollte die Geschichte mit dem Berliner Stadtbürgerrecht abmachen, damit wollte sich Karl nicht begnügen, und so verschleppte sich die ganze Verhandlung von einem Tage zum andern."*[633] Handelte es sich bei der Renaturalisierung um ein ernsthaftes Anliegen oder nur um wichtigtuerisches Gerede? Weshalb wollte Marx überhaupt eingebürgert werden? Nur um gemeinsam mit Lassalle eine Zeitung herauszugeben? Die sonst so brave Ehefrau sträubte sich entschieden gegen die Pläne, wie Engels lesen durfte: *„Ich selbst habe wenig Sehnsucht nach dem Vaterland, dem ‚teuren', dem lieben, treuen Deutschland dieser mater dolorosa der Poeten, und die Mädchen gar! Der Gedanke, das Land ihres Shakespeares zu verlassen, ist ihnen schrecklich; sie sind durch und durch Engländer geworden und hängen wie Kletten am englischen Boden."*[634] Endlich waren sich die Damen Marx einmal einig. *„Aufrichtig gestanden ist mir das Vaterland ‚das teure' ganz abhanden gekommen. Ich habe in allen den kleinsten und entferntesten Winkeln des Herzens gesucht und kein Vaterland gefunden"*[635], kokettierte Frau Marx auch bei Lassalle und führte an, wegen ihrer (noch) ruinierten Schönheit nicht in das Heimatland zurückkehren zu wollen. Während sich die Gattin Argumente gegen die Rückkehrpläne nach Preußen überlegte, erklärte ihr lieber Mann dem Nettchen: *„‚Ans Vaterland, das teure, schließ dich an', ist ein sehr schöner Satz, aber ganz im Vertrauen möchte ich Dir sagen, daß Deutschland ein so schönes Land ist, daß man am besten außerhalb seiner Grenzen lebt. Ich für meinen Teil würde, wenn ich ganz frei wäre und außerdem nicht durch etwas belästigt, das Du ‚politisches Gewissen' nennen kannst, nie-*

mals England verlassen, um nach Deutschland zu gehen und noch weniger nach Preußen und am allerwenigsten nach diesem affreux Berlin mit seinem ‚Sand' und seiner ‚Bildung' und ‚seinen überwitzigen Leuten'."[636] Und doch wäre er aus politischen Gewissensgründen bereit gewesen, nach Preußen zurückzukehren? Diese Aufopferung ersparte man ihm.

Nach seiner Rückkehr von Holland griff Karl Marx einen Tag nach seinem 43. Geburtstag in einem wohligen Gefühl zur Feder und schrieb einen langen Brief – nicht an das Cousinchen, nicht an den treuen Engels nach über zwei Monaten Schweigen, sondern an Onkel Lion Philips. Er meinte: „*Um nicht dem Verdacht der Schmeichelei zu verfallen, will ich nur ganz im Vorübergehn andeuten, welchen außerordentlichen Genuß mir der Verkehr mit einem Manne von Deiner Erfahrung gewährt hat, der einerseits so human, vorurteilslos und originell sich das Weltgetriebe anschaut, andererseits das Feuer und den Ungestüm der Jugend sich völlig bewahrt hat. …Du wirst Dich erinnern, lieber Onkel, wie wir häufig darüber zusammen scherzten, daß die Menschenzucht heutzutage so sehr zurücksteht hinter der Viehzucht. Ich habe nun Deine ganze Familie gesehn und muß Dich demnach für einen Virtuosen in der Menschenzucht erklären. Ich habe nie in meinem Leben eine bessere Familie kennengelernt. Alle Deine Kinder sind selbständige Charaktere, jedes besitzt besondre geistige Vorzüge, und alle zeichnen sich gleichmäßig durch humane Bildung aus.*"[637] Marx war ein Wichtigtuer und, auch wenn er den Eindruck ausdrücklich vermeiden wollte, ein Schmeichler. Wenn man nicht wüsste, dass er verheiratet und die Familienbande zu eng für eine Verbindung mit Nannette waren, könnte einem fast der Gedanke kommen, Marx wolle um die Hand einer Angebeteten anhalten.

Zu Hause hatte der brave Ehemann seiner neugierigen Angetrauten und den Töchtern ausführlich von seinem Besuch bei der Familie des Onkels berichtet. Frau Jenny ergriff die Initiative und meldete sich bei der Cousine: „*Mein liebes Nettchen, Ich habe mich sehr gefreut, nach so langen Jahren einmal wieder etwas von Ihnen und von dem lieben Onkel zu hören, und zwar so viel Liebes und Freundliches. Mein lieber Karl konnte mir nicht genug darüber erzählen, wie herzlich Sie ihn alle aufgenommen haben und wie wohl und gemütlich er sich in ihrem Familienkreise gefunden. Ich wünschte, wir könnten es Ihnen auch einmal bei uns so recht heimisch und gemütlich machen. Kommen Sie recht bald zu uns. Es wird Ihnen sicher in der großen, wunderbaren Weltstadt mit ihrem riesigen Treiben und Leben gefallen und vielleicht auch in unserm stillen, kleinen, ländlichen Hause. Wie schnell werden Sie das Englische sprechen lernen, unsre Mädchen sprechen viel lieber englisch als deutsch und sind mit Leib und Seele true britons und hängen wie Kletten am englischen Boden. Sie waren sehr erschrocken, als sie aus den deutschen Zeitungen ersahen, daß ihr ehrwürdiger Papa mit seiner Familie nach Berlin übersiedeln wolle. Ich glaubte gleich nicht recht an die deutschen canards und denke, wir werden hier noch manche jute jebratene Gans verzehren, eh' uns das geliebte teure Vaterland wiedersieht.“* [638] Jenny reagierte inzwischen souverän auf den Rückkehrgedanken – und ihr Aussehen. Vorsichtshalber warnte sie Nannette noch vor ihrem Anblick, aber sie hoffte, „mit einigen blassen Narben davon(zu)kommen“. Die „dunklen Magenta-Blüten“ milderten sich im Laufe der Zeit und waren nur bei genauem Hinschauen (vielleicht) noch sichtbar.

Die hübsche Cousine spukte Marx gewaltig durch den Kopf. Welcher Art seine Gefühle waren, lässt sich nicht sagen. Ein Mann „im besten Alter“, klug, rhetorisch umwerfend, charmant, gut aussehend, über alles Bescheid wissend und über jedes Thema dozieren könnend, und eine junge, hübsche, an allem Anteil nehmende Cousine, das versprach unterhaltsame Stunden. Ein Gefühl von Vertrautheit, eine zärtliche Liebe verband die beiden, aber sie kannten ihre Grenzen, zumal im Hintergrund der Pfarrer Roodhuizen, das „Waratje“, wartete, den Nannette 1871 erhörte und heiratete. Für Cousin Charles ging nach eigenem Bekunden *„in dieser ganzen Zeit (k)ein einziger Tag vorüber..., ohne daß ich mich meiner lieben kleinen Freundin erinnert hätte.“*[639] Ach, die liebe Kleine, hätten Frau und Töchter mit Wonne geseufzt und auch Karls Kommentar zu dem Attentat in Baden-Baden auf König Wilhelm I. am 14. Juli 1861 durch den Studenten Oskar Becker hätte sie entzückt: *„I am quite estonished at the news of the attentat on his prussian Majesty, alias ‚Der schöne Wilhelm‘. How could any person of common understanding risk his own head in order to kill a brainless ass?“*[640]

Nettchen, bestens mit der Angelegenheit „Renaturalisierung“ vertraut, erhielt im September Kenntnis über den aktuellen Stand. Marx schrieb: *„Meine Berliner Angelegenheit ist noch zu keinem endgültigen Resultat gelangt. Du wirst Dich erinnern, daß während meiner Anwesenheit in der preußischen Metropole die Hohenzollern-Behörden nachzugeben schienen und mir sogar einen Paß für die Dauer eines Jahres aushändigten. Aber kaum hatte ich* *ihnen den Rücken gekehrt, als Lassalle zu seinem äußersten Erstaunen einen Brief von dem Polizeipräsidenten v. Zeidlitz des Inhalts erhielt, daß ich wegen meiner ‚politischen Bescholtenheit' nicht ‚wieder eingebürgert' werden könnte. Gleichzeitig erklärte die preußische Regierung, daß alle politischen Flüchtlinge, die länger als 10 Jahre nicht in Preußen waren, ihr Bürgerrecht verloren haben, Ausländer geworden sind.“* [641] Cousin Charles meinte das Verhalten der Behörden durchschaut zu haben: *„Mit anderen Worten: sie erklärten ihre sogenannte Amnestie für eine reine Täuschung, einen Betrug und einen Fallstrick. Das war der Punkt, wohin ich sie während meines Berliner Aufenthalts zu treiben versucht hatte. … Was mich selber angeht, so habe ich zumindest eines erreicht, nämlich, die Berliner Regierung gezwungen zu haben, ihre liberale Maske fallenzulassen. Was meine Rückkehr nach Berlin anbelangt, so könnten sie, wenn ich es für richtig halte, vor Mai 1862 dorthin zu gehen, das nicht verhindern, da sie mir den Paß bewilligt haben. Wenn ich meine Rückkehr aufschieben sollte, so werden sich die Dinge in Preußen vielleicht so verändert haben, daß ich ihre Genehmigung nicht brauche. Das Bewußtsein ihrer Schwäche muß schrecklich sein.“*[642] Seine Analyse traf insoweit zu, als der neue König sein liberales Image schnell abstreifte. Folglich wurde Marxens Einbürgerungsgesuch, vom Berliner Polizeipräsidenten wegen seiner „Bescholtenheit“ abgelehnt, im November 1861 endgültig vom preußischen Ministerium für Inneres zurückgewiesen. Im Hause Marx war man empört über die Entscheidung, aber die Damen Marx begrüßten es durchaus, dass sie sich nicht ernsthaft mit einer Übersiedlung nach Preußen beschäftigen mussten.

Marx stand auch mit seinen Cousins in Kontakt und besuchte August, Frederik und Karl Philips mehrere Male in Amsterdam, Rotterdam und Aachen. Am engsten fühlte er sich August verbunden, der im Sommer 1862 bei einem „Railway-Freund“ in London sogar um einen Job für Marx anfragte. *„Es ist möglich …, dass ich Anfang nächsten Jahres in ein englisches Eisenbahnbureau eintrete“* [643], erfuhr Engels im September von der Bewerbung und Kugelmann las im Dezember: *„Ich hatte mich sogar entschlossen, ‚Praktiker' zu werden und sollte anfangs nächsten Jahres in ein Eisenbahnoffice eintreten. Soll ich es Glück oder Unglück nennen? Meine schlechte Handschrift war der Grund, daß ich die Stelle nicht erhielt.“* [644] Ein nachvollziehbarer Ablehnungsgrund, denn Marxens Schrift konnten nur wenige, zum Beispiel Jenny und die Töchter, entziffern.

Karl Marx war sein Leben lang der Familie Philips eng verbunden und liebte sie auf seine Weise. *„I consider the two months I have lived in your house, as one of the happiest episodes of my life“* [645], gestand er Onkel Lion im Februar 1864. Solche Zeichen der Zuneigung waren bei Karl Marx äußerst rar.

Immer der alte Trott
Frühjahr 1861 bis Sommer 1862

Marx hatte England im Frühjahr 1861 in der Gewissheit verlassen, alles Wichtige geregelt zu haben. Engels war über die finanziellen Forderungen, die auf Jenny zukamen, in der Hoffnung unterrichtet worden, dass er die erforderlichen Mittel nach London schicken würde. Auch in einer unvorhergesehenen Notsituation im Hause Marx wurde nicht vergebens an seine Hilfe appelliert. *„Wie soll ich Ihnen für all die Liebe und Treue danken, mit der sie uns seit Jahren in unsern Leiden und Nöten zur Seite gestanden haben! Ich war so froh, als ich das Fünffache sah von dem, was ich erwartet hatte, es wäre Heuchelei, das nicht einzugestehn, und doch war meine Freude gering gegen die Lenchens! Wie freudig leuchteten ihre fast erloschenen Augen auf, als ich herauflief und ihr sagte: ‚Engels hat 5 £ geschickt für deine comforts‘“*[646], dankte Jenny ihm Mitte März auch im Namen der lebensgefährlich an Diphterie erkrankten Helene. Ein warmes Zimmer, Wein und das bei Ohnmachtsanfällen so hilfreiche eau de cologne ließen das treue Dienstmädchen die Krise überstehen.

Frau Jenny begleitete die Reise ihres Mannes mit besonderen Hoffnungen, die sie auch Luise Weydemeyer mitteilte: *„Ich bin also in diesem Moment Strohwitwe und in Erwartung, ob die große holländische Expedition gelingen wird. Am Sonnabend erhielt ich den ersten Brief mit einigen Hoffnungen und sechzig Gulden. ... Ich hoffe indessen, daß Karl das Land etwas trockensetzen und in Not bringen wird.“* [647] In ihrem Brief versicherte Jenny den vor zehn Jahren in die USA ausgewanderten Freunden ihre enge Verbundenheit: *„Wie wäre es auch möglich, daß so alte Parteigenossen und Freunde, denen das Schicksal so ungefähr dieselben Leiden und Freuden, dieselben sonnigen und trüben Tage geboten hat, sich je fremd werden können, trotz Zeit und Ozean, die uns getrennt haben. Und so reiche ich Ihnen denn als einer tapfren, treuen Leidensge-*

fährtin, Kämpferin und Dulderin die Hand aus weiter Ferne. Jawohl, meine liebe Frau Weydemeyer, uns ist es beiden oft recht trübe und weh ums Herz gewesen, und ich kann mir nur zu gut vorstellen, was Sie in der jüngsten Zeit wieder mögen durchgemacht haben! Ich kann mir all ihre Kämpfe und Sorgen und Entbehrungen denken, hab' ich doch oft Gleiches erlebt! Aber das Leiden stählt, und die Liebe hält aufrecht.“ [648] Das war keine leere Floskel, sondern die Erkenntnis aus bitterster seelischer Not. Sie fuhr fort: *„Uns ist es in den ersten Jahren unseres Hierseins bitterlich schlecht ergangen, doch will ich heute nicht bei all den trüben Erinnerungen, all den Verlusten weilen, die uns getroffen haben, nicht bei den lieben, süßen, heimgegangenen Kindern, deren Bilder wir ja stets voll tiefer Wehmut im stillen Herzen tragen.“* [649] Um die melancholische Stimmung nicht die Gegenwart überschatten zu lassen, wechselte Jenny zu ihrem liebsten Gesprächsstoff: *„Ich bin überzeugt, daß, wenn Ihr lieber Mann die Mädchen als Kinder schon lieb hatte, er sich ihrer jetzt sicher als hochaufgeschossener, blühender Jungfrauen recht inniger freuen würde. Auf die Gefahr hin, daß sie mich für eine recht eingebildete, schwache Mutter halten, muß ich jetzt doch der lieben Mädchen Lob auskramen.“* [650] Jennylein und Laura seien *„beide von besonders gutem Herzen, guten Anlagen, wahrhaft liebenswürdiger Bescheidenheit und jungfräulicher Sittsamkeit. Jenny wird am 1. Mai siebzehn Jahre alt. Sie ist ein besonders anmutiges Mädchen, das mit den dunklen glänzenden reichen Haaren und den ebenso dunklen glänzenden und sanften Augen und dem dunklen Kreolenteint, der aber echtenglische blühende Tinten angenommen hat, recht hübsch dreinsieht. Über den lieben, gutmütigen Ausdruck des apfelrunden kindlichen Gesichts vergißt man das eben nicht schöne Stumpfnäschen und freut sich, wenn der freundliche Mund mit den netten Zähnen sich öffnet.“* [651] Auch die Zweitgeborene war nicht ganz ohne äußerlichen Makel: *„Laura, die im vorigen September fünfzehn Jahre alt wurde, ist vielleicht hübscher und regelmäßiger als ihre ältere Schwester, deren wirklichen Gegensatz sie bildet. Sie ist ebenso hoch aufgeschossen, ebenso schlank und zart gebaut wie Jenny, jedoch in allem lichter, leichter, durchsichtiger. Der obere Teil ihres Gesichtes könnte schön genannt werden; so lieblich ist das wellenförmige, sich kräuselnde, kastanienbraune Haar, so süß sind die lieben, grünlich schillernden Augen, die wie ewige Freudenfeuer flackern, so edel und schön geformt ist die Stirn. Aber der untere Teil des Gesichtes ist weniger regelmäßig und nicht zu völliger Entwicklung gekommen. Ein wahrhaft blühendes Kolorit zeichnet beide Schwestern aus, die wirklich beide so wenig eitel sind, daß ich mich oft im stillen über sie wundere, um so mehr, als ich von ihrer Frau Mama, als sie* *noch im Flügelkleidchen war, nichts Gleiches berichten kann.*" [652] Jenny Marx ging es wie jeder Mutter: Ihre Töchter waren trotz kleiner Schönheitsfehler für sie die schönsten und liebreizendsten Mädchen der Welt. Ein Aspekt fehlte noch, um das Bild der (fast) rundum gelungenen Geschöpfe zu vollenden: *„In der Schule haben sie stets die ersten Preise davongetragen. Im Englischen sind sie ganz zu Hause, auch Französisch wissen sie ziemlich viel. Im Italienischen verstehen sie den Dante, ebenso lesen sie etwas Spanisch; nur mit dem Deutschen hapert's sehr, und obgleich ich mir alle ersinnliche Mühe gebe, ihnen dann und wann eine deutsche Stunde abzuringen, so parieren sie doch nie recht Order, und mit meiner Autorität wie ihrem Respekt ist es auch gerade nicht weit her.*" [653] Auch wenn Jenny dies in spöttischem Ton anmerkte: der mütterliche Wille war im patriarchalisch geprägten Haushalt Marx nicht die letzte Instanz.

Unbekannt war den Freunden Weydemeyer Nesthäkchen Eleanor. Es sei, so die Mutter, *„der Abgott und Verzug des ganzen Hauses. Das Kind wurde gerade geboren, als mein armer, lieber Edgar von uns schied, und alle Liebe zum Brüderchen, alle Zärtlichkeit für ihn wurde nun auf das jüngere Schwesterchen übertragen, das die älteren Mädchen mit fast mütterlicher Sorgfalt gehegt und gepflegt haben. Es gibt aber auch wohl kaum ein lieblicheres Kind, bildhübsch, naiv und launigen Humors. Besonders zeichnet sich das Kind durch sein allerliebstes Sprechen und Erzählen aus. Das hat es von seinen Brüdern Grimm gelernt, die Tag und Nacht seine Begleiter sind. Wir alle lesen uns stumm und dumm an den Märchen, aber wehe uns, wenn im ‚Rumpelstilzchen' oder im ‚König Drosselbart' oder im ‚Schneewittchen' auch nur eine Silbe ausgelassen wird. Durch diese Märchen hat das Kind neben dem Englischen, das in der Luft liegt, auch das Deutsche gelernt, das es mit besonderer Regelrichtigkeit und Pünktlichkeit spricht. Das Kind ist Karls wahrer Liebling und lacht und schwatzt ihm manche Sorge weg.*" [654] Tussy, das vergnügte, forsche Mädchen, hatte doch das Herz des Vaters erobert.

Nach langen Wochen der Abwesenheit herrschte Ende April 1861 *„Jubel, als der Mohr … plötzlich und unerwartet bei uns einsprang. Bis spät in die Nacht hinein wurde geplaudert und ausgekramt und besehen und gejubelt, gelacht, geherzt und geküsst.*" [655] Jenny freute sich bei Lassalle auch, die *„interimistischen Zügel der Herrschaft wieder los zu sein und mich von neuem als ‚Untertan' zu fühlen.*" [656] Sie übertrug gerne die Verantwortung auf ihren Mann. Kaum hatten sie, so schrieb sie Lassalle, den Mohr begrüßt, *„kam* *eine telegraphische Depesche von einem jungen Vetter aus Holland, der uns seine Ankunft für den folgenden Tag anmeldete. Da gab es alle Hände voll zu tun. Das kleine Flüchtlingshäuschen musste rasch zum feierlichen Empfang des Gastes zurecht gestutzt werden, und das würdige Ehepaar mußte sich in die höheren Regionen des Hauses zurückziehen, um dem Fremden das sogenannte Staatsschlafzimmer (Rokokostil c'est à dire bric à brac) einzuräumen.*"[657] Der Jüngling war Frederik Philips, der auf Einladung von Onkel Charles gekommen war, um London und seine Nichten kennenzulernen. Er kam in eine Familie, die im Moment ohne Geldsorgen war, weil Marx Onkel Lion 160 Pfund „abgepresst" hatte. Alle waren fröhlich und unbeschwert, besonders am 1. Mai. *„Mittwoch war unseres süßen dunkelaugigen Jennychens 17. Geburtstag – und das war ein rechter Freudentag! Da wurde gesiedet und gebraten und flott gelebt und getanzt, gesungen und gesprungen. Die drei letzten Tage wurden zu Streifereien durch London benutzt, Kristallpalast, Museen und Parks mussten herhalten*"[658], berichtete Frau Marx Lassalle.

Das angenehme, sorgenfreie Leben war nur von kurzer Dauer. Die Bettelei bei Engels begann bereits Mitte Juni 1861 wieder. Marx wurde mit der Bitte vorstellig: *„Ich habe Sonnabend 2 £ Steuern zu bezahlen, und es ist mir lieb, wenn Du sie mir schickst. Anfang Juli bekomme ich wieder einiges Geld. Daß das Mitgebrachte schon zu Ende ist, wird Dich nicht wundern, da zu den Schulden, wegen der ich abreiste, nun beinahe noch 4 Monate – worin keine Einnahme, die Schule nebst Doktor allein an 40 £ aufaßen.*"[659] Vier Monate ohne Verdienst – das konnte sich eigentlich nur ein Karl Marx mit einem Engels im Hintergrund erlauben. 160 Pfund waren in nur 16 Wochen ausgegeben worden, – sinnvoll, wie Frau Marx festhielt: *„Mit der vorgeschossenen Summe ward das lecke Staatsschiff wieder flottgemacht, und wir schifften lustig eine Zeitlang weiter, wenn auch stets in trübem Wasser und zwischen Felsen und Sandbänken, zwischen Scylla und Charybdis hin und her getrieben.*"[660] Die Familie hatte gut gelebt, auch den beiden älteren Mädchen zuliebe.

Mit dem Herbst kamen wieder die Krankheiten. Tochter *„Jenny, die zu einem blühenden Mädchen herangewachsen war, litt an einem sehr schlimmen, hartnäckigen, stets wiederkehrenden Husten, der sie sehr angriff, abzehrte und uns während mehreren Jahren die größten Sorgen bereitete. Auch die kleine Eleanor verlor ihre frischen, blühenden Farben, ward mager, und endlich im Herbst 1861, als sie eben begonnen hatte, die Schule zu besuchen, zeigten sich bei dem*

Kinde die Symptome der höchst fatalen, sonst nur Erwachsene treffenden Krankheit, der Gelbsucht" [661], erinnerte sich die Mutter. Ende Oktober war die Jüngste außer Gefahr, wozu Engels mit Geld und Alkoholika beigetragen hatte. Doch die Stimmung war trübe. Marx versuchte vergeblich, aus seiner Mutter „etwas herauszupressen" und bei einer Loan society „einiges aufzutreiben", alles nur Stückwerk. Marx an Engels: *„Wir haben in der mean time alles nicht Nagelfeste versetzt, und was mir noch fataler, meine Frau ist ernsthaft unwohl. Den bloßen Druck der gegenwärtigen Plackereien ertrug sie tapfer, aber die gänzliche Aussichtslosigkeit schlug sie nieder."* [662] Hatte die Frau noch vor kurzem über 160 Pfund gejubelt, glaubte sich schuldenfrei, musste sie jetzt resigniert feststellen, dass „garstige Hunde" berechtigte Forderungen eintrieben. Dieses ständige Auf und Ab machte sie müde und mutlos, sie drohte an der sich ewig wiederholenden Misere zu zerbrechen. Der Arzt diagnostizierte erste Anzeichen einer Nervenkrankheit und zeigte sich erschrocken über ihren Zustand. Vor Monaten hatte er noch betont, eine Pockenkrankheit einer Nervenzerrüttung vorgezogen zu haben, und die Gefahr einer Nervenerkrankung drohte jetzt! Marx befürchtete einen schlimmen Ausgang, wenn sich nichts Grundlegendes ändere, und doch versuchte er bei Engels Zuversicht zu zeigen: *„Bei der Schwungkraft ihrer Natur zweifle ich aber nicht, daß bei der ersten günstigen Wendung sie wieder in Ordnung kommt."* [663] Das Stehauffrauchen Jenny! Er täuschte sich nicht. Als er bei der „Tribune" wieder einen Artikel pro Woche unterbringen konnte und Mitarbeiter der „Wiener Presse" wurde, rief dies in Jenny „eine günstige Reaktion hervor".

Trotz dieser recht positiven Entwicklung gingen Jenny und Karl Marx in das Jahr 1862 mit gemischten Gefühlen. *„Einstweilen vorläufig Glück zum neuen Jahr. Wenn es dem alten gleicht, so wünsche ich es, was mich betrifft, zum Teufel."* [664] Der bei Engels geäußerte Wunsch wurde nicht erhört; Ende Februar war „Jennylein seit beinahe 2 Monaten unter ärztlicher Kur", denn es hatte „zusehends abgenommen". Der Vater ahnte, dass die junge Frau mit ihren fast 18 Jahren unter der häuslichen Misere litt und für sich einen Ausweg in einer sinnvollen Beschäftigung suchte. *„Sie war z.B. hinter unsrem Rücken bei Mrs. Young, um zu sehn – ob sie sich für das Theater engagieren könne"* [665], missbilligte er bei Engels ihre Eigeninitiative. Jenny im Theatermilieu – dies war nicht im Sinne von Karl Marx, vielleicht auch nicht in Jennys, die dem Theater näher stand als ihr Mann. Die ganze Familie liebte die Dichtung, besonders die Shakespeares, und doch war Schauspielerei einer Marx-Tochter nicht angemessen. Das Gewerbe war in bürgerlichen Kreisen anrüchig und suspekt, und zu dieser Zunft sollte Jennychen nicht gehören. Schauspielerei war für eine Frau als Hobby zu akzeptieren, aber als professionelle Tätigkeit ausgeschlossen. Genervt durch Geldsorgen und eigenmächtige Kinder schimpfte das Familienoberhaupt bei Engels: *„Take all in all, so ist es in der Tat nicht worth while, solch ein Lauseleben zu führen."* [666] Was tun? Die Frau musste auf ein *„loan office, um zu sehn, was da zu machen, denn ich habe saugroben Brief von meinem landlord erhalten, und wenn der Kerl mir einen broker ins Haus setzt, verklagt mich Gott und die Welt."*[667] Dies wäre in der Tat fatal gewesen – ein Bann wäre gebrochen worden und eine Lawine von Forderungen auf das Ehepaar zugekommen. Es war zum Verzweifeln. Das von Onkel Lion freigegebene Geld war ausgegeben, und die Einkünfte, mit denen Marx gehofft hatte, über die Runden zu kommen, blieben aus. Noch engagierte sich Marx vor allem für die „Tribune", verfasste Berichte über die Innen- und Außenpolitik Englands und Frankreichs, über die Lage der Arbeiterschaft und die demokratische und sozialistische Bewegung, vergeblich. Im Frühjahr 1862 kündigte die „Tribune" ihrem langjährigen Mitarbeiter. Um neue Pläne mit Engels zu schmieden, fuhr Marx Ende März 1862 für einen Monat nach Manchester. Seine Frau erhielt zwischenzeitlich rettende 15 Pfund von der „Wiener Presse" und schrieb erleichtert an ihren Mann: *„Du glaubst nicht, wie glücklich die Kinder waren, als das Geld kam und ich das ‚home' sichern konnte. Jennychen ist viel besser, heitrer, wenn auch noch nicht die geringste Zunahme von bulk zu bemerken ist. Laurachen verehrt ihm täglich ein kleines Gedicht keeping her spirits. Das kleine liebliche Mensch erhielt gestern auch den langersehnten ‚bag' und, da der Regen in Strömen herabfiel, einen Alpakaregenschirm."* [668] Die Summe reichte nicht lange und Jenny musste wieder alle Überredungskunst aufbringen, um bei dem Vermieter, der mit Zwangsräumung drohte, eine Stundung zu erwirken. Das Ehepaar Marx war für ein Jahr im Mietrückstand! Hinzu kamen sieben Pfund Schulden bei dem Klaviermaster und zehn Pfund Rückzahlung für das Pfandhaus, damit die „Sachen der Kinder" und die Schuhe der Mägde nicht verloren gingen. Engels konnte diese Summe nicht aus dem Ärmel schütteln, da die englische Wirtschaftskrise auch seine Firma tangierte und die Geschäfte entsprechend schlecht liefen. Lassalle durfte nicht angepumpt werden, weil er seit einem Jahr auf die Rückzahlung von zehn Pfund wartete. Marx versuchte es bei ihm mit besänftigenden Worten: *„Old boy, Du wirst mir gewaltig zürnen, mit Recht, aber zugleich mit äußerstem Unrecht. Ich verschob es von Tag zu Tag, Dir zu schreiben, weil ich von Tag zu Tag hoffte, meine Verhältnisse so weit reguliert zu haben, daß ich Dir wenigstens die Schuld von 10 £ abtragen könnte, außerdem Dir mit Seelenruhe schreiben könnte. Statt dessen hat sich die Lage täglich verschlimmert. ...Ich will Dir nicht eine Litanei irgendeiner Art vorsingen; daß ich überhaupt nicht toll geworden bin, ist ein Wunder. Ich erwähne des Drecks nur, damit ich zu meinem übrigen Pech nicht auch noch Verkanntsein von Deiner Seite zu tragen habe."* [669] Diese Zeilen an Lassalle zu schreiben, kosteten Überwindung, aber es musste sein. Wenn Marx behauptete, er sei erstaunt, angesichts der bedrückenden Verhältnisse nicht verrückt geworden zu sein, wie musste es dann der nervlich labileren Jenny gehen? Wenn Engels nicht trotz eigenen finanziellen Engpasses Geld abgezweigt hätte, wäre die Lage aussichtslos geworden, – gerade zu einem Zeitpunkt, als London aufregenden Wochen entgegenfieberte.

Im Mai 1862 wurde die Weltausstellung eröffnet. Menschen aus aller Welt strömten in die britische Metropole. Auch bei Marxens konnte sich Besuch einfinden, und der Hausherr befürchtete, er müsse dann *„mit all dem Pack kneipen und sich angenehm machen."* [670] Die Hausfrau überlegte, wie man die Gäste bewirten konnte, aber nicht einmal Wein war im Haus – für den Engels hätte sorgen sollen. Das konnte man nicht durchgehen lassen, zumal die Töchter, wie Marx bei dem Freund betonte, *„von väterlicher Seite trinkfreudig."* [671] Dabei dachte Marx vermutlich wehmütig an den guten Wein aus dem eigenen *„Weinberg- und Gartenland in einem Umfange von etwas mehr als einem Morgen"* [672] hinter dem Kürenzer Schlösschen und bei Mertesdorf.

Friedrich Engels wurde laufend zur Kasse gebeten, obwohl es Marx durchaus unangenehm war, *„daß Du durch mich in Deinen Geldangelegenheiten geniert bist, aber que faire? Wer kann solcher Krise, wie der amerikanischen, widerstehn?"* [673] Marx konnte seine verlotterten Finanzen nicht ausschließlich auf die Krise am amerikanischen Zeitungsmarkt schieben, der unter den Wirren des Sezessionskrieges litt. Jenny und Karl Marx waren für ihre häusliche Misere selbst verantwortlich; das war Marx

Weinberg in Mertesdorf bei Trier

schon bewusst und verursachte ihm Gewissensbisse, die er mit Ausreden oder Begründungen zu überspielen suchte.

Die Stimmung sank Mitte 1862 auf einen solchen Tiefpunkt, dass Jenny meinte, nicht mehr weiterleben zu können. Marx an Engels: *„Meine Frau sagt mir jeden Tag, sie wünschte, sie läge mit den Kindern im Grabe, und ich kann es ihr wahrlich nicht verdenken, denn die Demütigungen, Qualen und Schrecken, die in dieser Situation durchzumachen sind, sind in der Tat unbeschreiblich."* [674] Karl Marx war verzweifelt und ratlos, und wie immer in einer solchen Stimmungslage sah er nur einen Hoffnungsschimmer, nämlich Engels seine Lage darzulegen und auf dessen rettende Hand zu vertrauen. Er fuhr fort: *„Ich will gar nicht von der in London wirklich gefährlichen Situation sprechen, ohne einen Centime während 7 Wochen zu sein, da dies sich bei uns chronisch wiederholt. Aber so viel wirst Du aus eigener Erfahrung wissen, daß es beständig laufende Ausgaben gibt, die bar bezahlt werden müssen. Das geschah nun durch Wiederversetzen der Ende April aus dem Pfandhaus geholten Sachen. Aber schon seit Wochen ist diese Quelle so erschöpft, daß meine Frau vor einer Woche den vergeblichen Versuch machte, Bücher von mir zu verklopfen."* [675] Einige Jahre zuvor hatte das Ehepaar Marx gegen Wilhelm Wolff gewütet, als dieser ihm das „Verkloppen" eines seiner Bücher zu unterstellen wagte.

Für Jenny und Karl Marx war die finanzielle Bedrängnis belastend, unerträglich wurde sie, als die beiden älteren Töchter begannen, mit der ungerechten Verteilung des Reichtums zu hadern. Sie sahen ihren Vater, unterstützt von der Mutter, Tag und Nacht für eine bessere, gerechtere Welt arbeiten, aber diese Hingabe brachte nicht nur nichts ein, sondern führte in die Verzweiflung. Als die Kinder klein waren, erkannten sie die Not nicht. Die Welt war für sie in Ordnung, wenn die Eltern lachten und mit ihnen Scherze machten. Das hatte sich geändert und wurde besonders bitter im Mai 1862, als sich die Mädchen, infiziert vom Weltausstellungsfieber, wie die anderen jungen Leute amüsieren wollten. Ihr Vater hingegen verkündete: *„Kein Mensch besucht mich, und das ist mir lieb, denn die Menschheit, die hier ist, kann mich –. Schönes Gesindel!"* [676] Karl Marx täuschte sich, einer kam, Ferdinand Lassalle.

Lassalle

Ferdinand Johann Gottlieb Lassall(e), Sohn eines jüdischen Seidenhändlers, war 1848 in Köln Mitarbeiter für Marxens „Neue Rheinische Zeitung" gewesen und fühlte sich seither Jenny und Karl Marx freundschaftlich verbunden. Das Ehepaar hingegen hatte erhebliche Vorbehalte gegen den später sehr erfolgreichen Politiker und Publizisten. So missfiel Frau Marx seine unüberlegte Überheblichkeit. *„Ueber die Mühe, Porto, Schreiberei etc wollen Sie sich nur ja keine Gedanken machen. Solche Petiteßen lohnen nicht der Rede"* [677], hatte er 1853 verkündet und mit diesem eitlen Gehabe Jenny, die immer knapp bei Kasse war, verärgert. Milde lächelnd las sie hingegen: *„Adieu, und – da mit den Männern die Abschiedsformel heißt: ‚Gruß und Handschlag' so muß es wohl mit den Damen heißen: ‚Gruß und Kuß!' Ihr F. Lassalle."* [678] Lassalle war bekannt für seine, positiv ausgedrückt, leidenschaftliche Art und auch bei Jenny machte er keine Ausnahme. Aber sie war immun gegen jegliche Art von Schmeichelei von seiner Seite, lächelte huldvoll von oben herab. Und doch wird sie gerne seine Worte gelesen haben: *„Wie sehr mich Ihre Nachrichten von der Beßrung Ihrer Lage erfreun, brauche ich wohl nicht zu sagen. Aus tiefstem Herzen!"* [679] Nur nach außen hin zeigte sich das Ehepaar Marx freundlich, aber der Neid auf den „jüdischen Nigger" war groß. Marx haderte damit, dass es ihm, dem bedeutenden Denker, materiell so dreckig ging, während Lassalle keine finanziellen Sorgen hatte und u. a. von seiner Freundin, der Gräfin Hatzfeldt, eine jährliche Pension über 6.700 Taler bezog. Dies ließen ihn und seine doch so souveräne Frau aggressiv reagieren, und nur selten rangen sie sich zu einer halbwegs positiven Beurteilung durch. *„Es wäre schade um den Kerl, seines großen Talents wegen"*, konzedierte Marx 1856 bei Engels, jedoch einschränkend, *„aber diese Sachen sind doch zu arg. Er war immer ein Mensch dem man höllisch aufpassen mußte, als ächter Jude von der slavischen Gränze war er immer auf // dem Sprunge unter Parteivorwänden Jeden für seine Privatzwecke zu explitiren. Dann diese Sucht sich in die Vornehme Welt einzudrängen, de parvenir, wenn auch nur zum Schein, den schmirigen Breslauer Jud mit allerlei Pomade und Schminke zu übertünchen waren immer widerwärtig. Indeß das waren alles bloß Sachen die bloß zum scharfen Aufpassen nöthigten. … Getraut hat keiner von uns je dem Lassalle, man hat ihn aber … natürlich in Schutz genommen."* [680] Freund Engels blies ins gleiche Horn:

„Die Lassalliaden haben mich sehr erheitert, der krause Juddekopp muß sich über den rothen Schlafrock und in der Marquisen draperie, wo bei jeder Bewegung der polnische Schmuhl durchkuckt, sehr reizend ausnehmen. Gesehen, muß der Kerl einen höchst lausig-widerwärtigen Eindruck machen.“ [681] Diese unfeine Terminologie zeigte die Denkweise des Herrn Dr. Marx und des Herrn Engels.

Die Aversion Jennys, Karls und Friedrichs steigerte sich, als 1857 Lassalles Werk über Heraklit erschien. Diese Schrift *„war eine Sensation und brachte ihm die Anerkennung nicht nur der Hegelianer und die Aufnahme in die ‚Berliner Philosophische Gesellschaft‘ ein.“* [682] Einen derartigen Erfolg hatten Marx/Engels nicht aufzuweisen.

Trotz aller Antipathie stellte Marx, wie bereits erwähnt, mit Lassalle 1861 Überlegungen bezüglich einer publizistischen Zusammenarbeit in einem Berliner Zeitungsprojekt an. Da Lassalle einen Großteil der Investitionen tragen sollte, forderte er Mitspracherecht, was Marx und Engels bei der 2:1 Konstellation noch hätten akzeptieren können, aber der unverfrorene Mensch beanspruchte den Posten eines Chefredakteurs. Marx und Engels wiesen dieses Ansinnen entschieden zurück, da Lassalle nur *„als einer der Redacteure, unter strenger Disciplin, Dienste leisten (könne). Sonst nur blamieren.“*[683] Vor der Zusammenarbeit grauste ihnen, weil sie *„seine Rechthaberei, … seine Infection mit altem französischem Liberalismus, seine breitspurige Feder, Zudringlichkeit, Taktlosigkeit usw“* [684] unerträglich fanden. Angesichts solcher Animositäten stand das Vorhaben unter keinem guten Stern. Frau Marx samt Töchtern stand dem Projekt insofern skeptisch gegenüber, als es mit einer „Repatriierung“ korrespondierte. Ihre Weigerung, in das Königreich Preußen zurückzukehren, machte Lassalle nachdenklich: *„In allem, was Sie über Deutschland sagen, haben Sie theoretisch ganz recht. Aus allem folgt aber nur, daß man wo irgend möglich nach Deutschland zurückkehren muß. Denn soll dies Land lediglich den Nachtmützen und Reaktionären überlassen werden? Das wäre freilich das geeignete Mittel, damit es nie anders würde bei uns. Und doch ist die deutsche Revolution ebenso europäische Notwendigkeit.“* [685] Eine derartige Begründung hätte die Töchter Marx nicht von ihrer Einstellung abbringen können, ihre Mutter schon eher, die ihrem „Herrn und Gebieter“ Karl letztendlich überall hin gefolgt wäre. Bei Lassalle betonte sie nämlich: *„Behalten Sie mir den Mohr nur nicht zu lange, ich gönne Ihnen alles Gute, nur den nicht,* *das ist der Punkt, wo ich habgierig und eigennützig und neidisch werde, da hört alle Humanität auf und der bare, bloße, eingefleischte Egoismus beginnt.“* [686]

Da Karl Marx und Lassalle 1861 in engem Kontakt standen, war auch Jenny Lassalle gegenüber freundlich gestimmt und sprach den Groll, den sie in Zusammenhang mit der „Vogt-Geschichte“ gegen ihn hegte, offen aus: *„Ich habe Sie stets zu unseren ältesten, treuesten und besten Freunden gezählt und nie an der Aufrichtigkeit Ihrer Teilnahme und Sympathie für uns gezweifelt. Nur einmal war ich Ihnen recht von Herzen bitterlich böse und grollte Ihnen, ‚ohne zu schmollen‘, …, und das war, als die ganze Hundehetze, angeführt vom Abgerundeten, gegen meinen Mann in platter Gemeinheit und niederträchtiger Lüge losging. Damals erwartete ich etwas von Ihrer Impulsiveness, ich glaubte, Sie würden mit Feuer und Schwert zwischen das Gesindel fahren – die einzige Stimme in der lautlosen Stille – doch auch Sie schwiegen. Später erst habe ich begriffen, dass Sie keine Hand in der feigen, feilen niederträchtigen Presse haben und nur verstummten, weil Sie keine Arena fanden. Nun ist es vom Herzen herunter, ich musste Ihnen den alten, kleinen Groll aufschließen, nun kann ich Ihnen wieder frei und offen die Freundeshand reichen.“* [687] Der Beklagte erwiderte eindrucksvoll: *„Sie haben so viel Ungerechtes erlitten, dass es sehr unrecht wäre, wenn man es Ihnen verdenken wollte, wenn Sie nun auch Ihrerseits einen einmal mit Unrecht leiden machen! Sonst könnte ich mich hier gar sehr beschweren, und in der Tat tut es mir noch nachträglich weh, zu glauben, daß Sie mich auch nur einen Augenblick ungerecht beurteilen und verkennen konnten! Wäre es nicht meine Parteipflicht gewesen, Marx zu Hilfe zu kommen, wenn ich gekonnt hätte? Wäre es nicht meine Freundespflicht gewesen? … Ich denke der Mohr wird Ihnen sagen, dass ich … ganz gern mit der Nase voraus bin bei jedem Strauß, höchst unbekümmert um alle Schläge, die ich dabei selbst bekomme und vollständig befriedigt in der Annahme, dass diejenigen, die ich austeile, doch die derberen sind. Ich spreche aber hier von wirklichen Schlägen und wirklichen Fährlichkeiten sogar, und nicht, wovon es sich hier handelt, von der bloßen Enthüllung eines verleumderischen Schuftes und einigem Preßgesindelgeschrei!“* [688] Der letzte Satz dürfte Jenny nicht gefallen haben: Ihr Mann sollte keine harten Schläge erhalten haben? Durchaus richtig lag Lassalle mit seiner Einschätzung der Presselandschaft im königlichen Preußen: *„Ich bin in der hiesigen politischen Presse so einflusslos, so ohnmächtig, wie ein Kind von sieben Jahren und habe in allen eignen Konflikten niemals ein Wort hineinzubringen vermocht. … Die Schufte haben's dahin gebracht, daß sie ganz*

Ferdinand Lassalle

allein, ganz allein das Monopol des Wortes haben, und freilich ist das ein großer Grund, diesen Zustand nicht länger zu dulden und auch eine Zeitung anzulegen." [689] Das Zeitungsprojekt mit Marx kam nicht zustande.

Ferdinand Lassalle glaubte an die Freundschaft mit Marx, der ihn mehrmals als seinen Freund bezeichnet hatte, und an die Sympathie von Frau Marx, die in der Zeit ihrer Pockenattacke so traulich mit ihm korrespondiert hatte. Erfreut nahm er daher ihr Angebot ihn „auch einmal gastlich … auf(zu)nehmen" an, trotz Jennys kokettierender Einschränkung: *„Doch wie würden Sie alles bei uns so klein und à la bohème finden. Da gibt's nicht oft Rehbraten, Mayonnaisen und Eisberge."* [690]

Pünktlich zur Weltausstellung traf Ferdinand Lassalle Anfang Juli 1862 in London ein und logierte im Hause Marx. Er fühlte sich sehr wohl in der netten Familie, aber seine Gastgeber waren nach drei Wochen einem Tobsuchtsanfall nahe. *„Der jüdische Nigger Lassalle, der glücklicherweise Ende dieser Woche abreist, hat glücklich wieder 5.000 Taler in einer falschen Spekulation verloren. Der Kerl würde eher das Geld in den Dreck werfen, als es einem ‚Freunde' pumpen, selbst wenn ihm Zinsen und Kapital garantiert würden. Dabei geht er von der Ansicht aus, daß er als jüdischer Baron oder baronisierter (wahrscheinlich durch die Gräfin) Jude leben muß. Denk Dir, daß der Kerl, der die … Krise kennt, in der ich mich befinde, die Frechheit hatte, mich zu fragen, ob ich eine meiner Töchter als ‚Gesellschafterin' der Hatzfeldt übergeben wolle"* [691], fluchte Marx gegenüber Engels und wütete, dass der Besucher, obwohl er wisse, dass das Arbeitsverhältnis mit der „Tribune" aufgekündigt worden sei, ihm kein Geld angeboten habe. Das stimmt vielleicht nicht, denn Lassalle soll einen Kredit über 75 Pfund in Aussicht gestellt haben. Es gefiel dem Ehepaar Marx auch nicht, dass eine seiner Töchter sich bei der Gräfin Hatzfeldt in untergeordneter Stellung verdingen sollte. Die Marx'schen Töchter waren etwas Besseres, das sollte auch ein Lassalle wissen, dem ein derartiger Vorschlag gerechterweise nicht verargt werden kann in der Absicht zu helfen.

Auch in Bezug auf Gastfreundschaft hatten Marx und Lassalle unterschiedliche Vorstellungen. *„Der Kerl hat mich Zeit gekostet und, meinte das Vieh, da ich jetzt doch ‚kein Geschäft' habe, sondern nur eine ‚theoretische Arbeit' mache, könne ich ebenso gut meine Zeit mit ihm totschlagen!"* [692], empörte sich Marx bei Engels. Zum Glück konnte er sich bei dem Freund austoben, der jede verbale Entgleisung mit Wohlwollen und Verständnis absegnete, auch die folgende: *„Wäre ich nicht in dieser scheußlichen Position und ärgerte mich nicht das Kloppen des Parvenü auf den Geldsack, so hätte er mich königlich amüsiert. Seit dem Jahr, wo ich ihn sah, ist er ganz verrückt geworden. … Er ist nun ausgemacht nicht nur der größte Gelehrte, tiefste Denker, genialste Forscher usw., sondern außerdem Don Juan und revolutionärer Kardinal Richelieu. Dabei das fortwährende Geschwätz mit der falsch überschnappenden Stimme, die unästhetisch demonstrativen Bewegungen, der belehrende Ton.“* [693] Die Gastgeber meinten dem unerträglichen Gast nur mit Zynismus begegnen zu können. Marx an Engels: *„L. war sehr wütend über mich und Frau, daß wir uns über seine Pläne lustig machten, ihn als ‚aufgeklärten Bonapartisten‘ hänselten usw. Er schrie, tobte, sprang und hat sich endlich gründlich überzeugt, daß ich zu ‚abstrakt‘ bin, um Politik zu verstehen. … Wie gesagt, unter andern Umständen (und wenn er mich nicht im Arbeiten gestört hätte) hätte der Kerl mich königlich amüsiert. Dabei das wüste Fressen und die geile Brunst dieses ‚Idealisten‘.“* [694] Marx attackierte Lassalle heftig, aber er konnte sich noch schlimmer in der Wortwahl vergreifen. Scheinbar sachlich analysierte er die ethnischen Wurzeln von Lassalle: *„Es ist mir jetzt völlig klar, daß er, wie auch seine Kopfbildung und sein Haarwuchs beweist, – von den Negern abstammt, die sich dem Zug des Moses aus Ägypten anschlossen (wenn nicht seine Mutter oder Großmutter von väterlicher Seite sich mit einem Nigger kreuzten). Nun, diese Verbindung von Judentum und Germanentum mit der negerhaften Grundsubstanz müssen ein sonderbares Produkt hervorbringen. Die Zudringlichkeit des Burschen ist auch niggerhaft.“* [695] Der große Denker erreichte ein Niveau, das seiner nicht würdig war; es war Rassismus pur. Marx selbst war sich seiner jüdischen Wurzeln bewusst, auch wenn er der jüdischen Religionsgemeinschaft nicht mehr angehörte. Seine Familie – ausgenommen die „arische“ Jenny – wäre 80 Jahre später, wenn sie in Deutschland gelebt hätte, in ein Vernichtungslager deportiert und vergast worden. Und doch hätten Marxens Äußerungen den Nationalsozialisten mit Ausnahme der Verbindung zum Germanentum bestens gefallen. Die Person Ferdinand Lassalle, eine Mischung aus Judentum, Germanentum und Niggertum, war für Marx das vorstellbar Negativste. Aber: Auch Bakunin hatte Karl Marx mit diesen Attributen, mit Ausnahme des „Niggertums“, charakterisiert – und Marx wurde im engsten Kreis „Mohr“ genannt! Jenny teilte ihres Mannes Ablehnung gegen Lassalle, trotz ihrer freundlichen Briefe. Ihre Abneigung gegen diesen intelligenten, fähigen Mann hatte tiefere Wurzeln als primitive Vorurteile. Lassalle war ein ebenbürtiger Geist, ein begabter Redner und Politiker, zudem erfolgreich als Autor. Alexander von Humboldt hatte ihn ein „Wunderkind" und Heinrich Heine einen „neuen Mirabeau" genannt.

Es erstaunt angesichts des emotionalen Aufruhrs bei Karl Marx nicht, dass auch Jenny in ihren Lebenserinnerungen Lassalles Besuch ausführlich erwähnte. *„Im Juli 1862 hatte uns Ferdinand Lassalle besucht. Er war fast erdrückt von der Last des Ruhms, den er sich als Gelehrter, Denker, Dichter und Politiker errungen. Die frische Lorbeerkrone ruhte noch auf der olympischen Stirn und dem ambrosischen Lockenhaupt oder vielmehr dem starren, steifen chevelure des Niggers. Er hatte eben den italienischen Feldzug siegreich beendet – ein neuer politischer Coup wurde von den großen Männern der Aktion ausgebrütet. Starke Kämpfe gingen in seiner Seele vor. … Mit vollen Segeln durchstrich er unsre Räume so laut perorierend, gestikulierend, die Stimme oft zu einer solchen ut de poitrine Höhe emporschraubend, daß unsre Nachbarn, über das Riesengeschrei erschreckt, sich erkundigten, was bei uns los sei. Es waren die innern Kämpfe des großen Mannes, die sich in schrillen Mißtönen Luft machten. … Lassalle eilte von uns, wo er wenig Sympathie für seine Großmannsideen gefunden hatte, nach der Schweiz, wo er in dem dortigen Kreise großer Männer mehr Empfänglichkeit und größere Bewunderung, wonach seine Seele lechzte, fand."* [696] Sympathie sprach nicht mehr aus diesen Sätzen, aber sie zeigten Jennys Fabulierkunst. *„Er kehrte nach Berlin zurück, und … wählte … den noch nicht betretenen Pfad – der Messias der Arbeiter zu werden. … und von nun an begann die ‚neue Ära der Arbeiteremanzipation – eine Bewegung, wie sie Europa nicht gesehen –, die große, einzige Befreiung der unterdrückten Klassen – und direktes Wahlrecht und Gleichberechtigung aller'. … Lassalle durchreiste als Messias und Apostel Deutschland, Broschüren folgten auf Broschüren, und eine Arbeiterbewegung entstand, die, da sie dem politischen Kampf der Regierung gegen die aufstrebende, etwas unbequeme Fortschrittspartei höchst gelegen kam, von derselben stillschweigend geduldet und so indirekt begünstigt wurde"* [697], lästerte Frau Marx. In ihrer Voreingenommenheit konnte Jenny die Leistung Lassalles nicht gerecht beurteilen, und sie wollte es auch nicht. Es tat ihr spürbar weh, dass dieser „Apostel" erfolgreicher war als ihr Mann. Sie hielt fest: *„Was seine die Lassallschen Lehren betrifft, so bestanden sie aus schamlosen Abschreibereien der seit 20 Jahren von Karl entwickelten*

Doktrinen und aus einigen eigenen Zutaten, die direkt reaktionärer Natur waren, woraus ein höchst sonderbares Gemisch von Wahrheit und Dichtung entstand. Doch dies alles mundete der Arbeiterklasse. Die Bessern unter ihnen hielten sich an den richtigen Kern der Sache, und die ganze Schar der Knoten und Straubinger hing sich mit fanatischer Bewunderung an die neue Lehre, den falschen Glimmer der Sache und den neuen Messias, für welchen ein Kultus aufgetan wurde, der in der ganzen Geschichte kaum seinesgleichen hat." [698] Trotz aller Kritik konnte auch Frau Marx die Augen vor der Wirkung Lassalles nicht ganz verschließen. Aber ihre Wortwahl diskreditiert sie, verrät neben durchaus verständlichem Genervtsein über sein Auftreten und Verhalten vor allem Missgunst und Neid.

Lassalle erkannte bei seiner Abreise, wie Marx sofort nach Manchester meldete, *„an meiner dejected Erscheinung, daß die ihm längst bekannte Krise zu einer Katastrophe of any Art geführt"* [699] hatte. Voller Mitgefühl bekräftigte er seine Bereitschaft, für einen Kredit zu bürgen. Diese Zusage nutzte Marx auf Zureden von Engels umgehend und zog einen Wechsel, den Lassalle nicht gegenzeichnen konnte, weil er noch auf Reisen war. Lassalle reagierte aufgebracht auf die voreilige Aktion, aber Marx vertrat stur die Ansicht, er habe wie immer richtig gehandelt. Der Erboste drohte; immerhin ging es um eine Summe von 400 Talern. Er musste beruhigt werden. *„Aus den wenigen Zeilen, die Du mir von Zeit zu Zeit schriebst, sehe ich, daß Dein Groll fortdauert … Das Kurze und das Lange an der Geschichte ist, daß Du im Recht und im Unrecht bist. Du verlangst, ich solle Dir Deinen Brief von Baden in Abschrift zuschicken. Zu welchem Zweck? Damit Du Dich vergewisserst, ob Dein Brief selbst einen Vorwand zu meinem nach Zürich liefern konnte? All power of analysis Dir eingeräumt, kannst Du mit Deinen Augen herausfinden, was meine Augen lasen, und namentlich kannst Du die Umstände herauslesen, unter denen meine Augen lasen? Um mir zu beweisen, daß ich falsch las, müßtest Du erst die Leser und dann die Bedingungen der Leser äqualisieren, eine Ausgleichung, die Du wieder als L unter L-schen, und nicht als M unter M-schen Umständen vornehmen würdest. Es könnte also nichts als Stoff zu neuer Kontroverse dabei herauskommen. Wie wenig die power of analysis bei dergleichen Operationen hilft, sehe ich aus Deinem Brief. Du schiebst mir nämlich unter, was ich nicht gemeint habe. Das letztre muß ich unter allen Umständen selbst am besten wissen. Der Wortlaut des Briefs mag Dir recht geben, aber was hinter dem Laut für ein Sinn verborgen lag, weiß ich* *de prime d'abord besser als Du"*[700], betonte Marx in vollendeter Dialektik, aber hinzufügend: *„Sollen wir uns deswegen positiv entzweien? ... Ich gestehe Dir, sans phrase, daß ich als Mann auf dem Pulverfaß, eine Kontrolle der Umstände über mich erlaubte, die einem animal rationale nicht ziemt. Jedenfalls wäre es aber nicht großmütig von Dir, diesen status animi, in dem ich mir am liebsten eine Kugel durch den Kopf geschossen, als Jurist und Prokurator gegen mich geltend zu machen."*[701] Es können nicht nur finanzielle Engpässe gewesen sein, wenn Karl Marx sich im November 1862 am liebsten erschossen hätte.

Ferdinand Lassalle gelangte zu der Überzeugung, dass die Arbeiterschaft ein festes Gerüst brauchte. 1863 gründete er den Allgemeinen Deutschen Arbeiterverein (ADAV) und wurde dessen erster Präsident. Marx und Engels lehnten den ADAV entschieden ab, auch weil Lassalle den Kontakt mit dem politischen Gegner suchte. Lassalle führte nachweislich mit Bismarck mehrere Geheimgespräche, die den preußischen Ministerpräsidenten zum Nachdenken brachten. Möglicherweise haben in diesem Gedankenaustausch die Wurzeln für die modernen Sozialgesetze des späteren Reichskanzlers gelegen. Lassalle, so Bismarck, sei ein energischer und sehr geistreicher Mensch gewesen, mit dem zu sprechen sehr lehrreich gewesen sei. Ihre Unterredungen hätten stundenlang gedauert, und er habe immer bedauert, wenn sie beendet waren. Bismarck musste diese Treffen geheim halten, um keine Irritationen und Aufregungen in der Öffentlichkeit hervorzurufen. Der preußische Ministerpräsident bedauerte, *„dass seine politische Stellung und die meinige es mir nicht gestatteten, viel mit ihm zu verkehren, aber ich würde mich gefreut haben, einen ähnlichen Mann von dieser Begabung und geistreichen Natur als Gutsnachbarn zu haben"*[702], denn *„was er hatte, war etwas, was mich als Privatmann außerordentlich anzog; er war einer der geistreichsten und liebenswürdigsten Menschen, mit denen ich je verkehrt habe, ein Mann, der ehrgeizig im großen Stil war."*[703] Bismarck hatte ein ganz anderes Bild von Lassalle als Karl Marx, der denn auch zu dem Schluss kam: *„Der Kerl arbeitet rein im Dienst von Bismarck."*[704]

Im Sommer 1864 begegnete Ferdinand Lassalle Helene von Dönniges. Er wollte sie heiraten, aber ihr Vater, der bayrische Historiker und Diplomat Wilhelm von Dönniges, versagte seine Einwilligung. Er wollte keinen Nicht-Adligen, keinen Juden, keinen Sozialisten als

Schwiegersohn und bestimmte eine Verlobung mit dem schwindsüchtigen rumänischen Rechtsstudenten Yako von Racowitza. Lassalle, völlig verbittert, forderte den Vater am 30. August zum Duell, der den Verlobten seiner Tochter an seiner Stelle schickte. Marx unterrichtete umgehend seine Frau, die sich zur Erholung in Brigthon aufhielt, dass *„gestern … Lassalle lebensgefährlich in einem Duell zu Genf verwundet worden … Die Nachricht hat uns doch bestürzt, da L. immer zu gut ist, um in dieser Weise unterzugehn.“* [705] Noch schien Hoffnung auf Überleben, wenn auch nur eine geringe. Bald gab es Details über das tragische Geschehen, die Marx an Engels weitertrug: *„Er ward in den Bauch geschossen und liegt nun zwischen Leben und Tod im Hotel Victoria darnieder. Ein Unglück für ihn ist, daß die Kugel tief im Körper liegt, die Wunde daher sehr leicht in Brand übergehn kann.“* [706] Im Übrigen sei Lassalle sehr gefasst und habe sein Testament diktiert.

Am Tage nach dem Duell, am 31. August 1864, erlag Ferdinand Lassalle seinen Verletzungen. *„Du kannst Dir denken, wie mich die Nachricht überraschte. Lassalle mag sonst gewesen sein, persönlich, literarisch, wissenschaftlich, wer er war, aber politisch war er sicher einer der bedeutendsten Kerle in Deutschland. Er war für uns gegenwärtig ein sehr unsichrer Freund, zukünftig ein ziemlich sichrer Feind, aber einerlei, es trifft einen doch hart, wenn man sieht, wie Deutschland alle einigermaßen tüchtigen Leute der extremen Partei kaputtmacht. Welcher Jubel wird unter den Fabrikanten und unter den Fortschrittschweinhunden herrschen. L. war doch der einzige Kerl in Deutschland selbst, vor dem sie Angst hatten“* [707], schrieb Marx an Engels. Ein Nachruf der besonderen Art. Marx betrauerte nicht den Menschen Lassalle, sondern den politisch aktiven Mann. Mit „einer der bedeutendsten Kerle in Deutschland“ anerkannte er die Ausnahmestellung des Verstorbenen, bevor der bissige Kommentar folgte: *„Aber was ist das für eine sonderbare Art, ums Leben zu kommen: sich in eine bayrische Gesandtentochter ernstlich zu verlieben, dieser would-be Don Juan –, sie heiraten wollen, in Kollision kommen mit einem abgedankten Nebenbuhler, der noch dazu ein walachischer Schwindler ist, und sich von ihm totschießen zu lassen. Das konnte nur dem L. passieren bei dem sonderbaren Gemisch von Frivolität und Sentimentalität, Judentum und Chevaleresktuerei, das ihm ganz eigen war.“* [708] Auch Engels ereiferte sich: *„Der L. ist offenbar daran kaputt gegangen, daß er das Mensch nicht sofort in der Pension aufs Bett geworfen und gehörig hergenommen hat, sie wollte nicht sei-*

nen schönen Geist, sondern seinen jüdischen Riemen. Es ist eben wieder eine Geschichte, die nur dem L. passieren konnte.“ [709] Und: *„Wie kann ein politischer Mann wie er sich mit einem walachischen Abenteurer schießen!“* [710] – rief Engels zu Recht aus. Manche meinen, Lassalle habe einen Todesvorwand gesucht, weil er seit Jahren an Syphilis erkrankt gewesen sein soll.

Von den deutschen Arbeitern wurde der sinnlose Tod ihres erst 39-jährigen Wortführers mit Trauer aufgenommen und sie sangen ihm zu Ehren in der „Arbeiter-Marseillaise“: „Nicht zählen wir den Feind/ Nicht die Gefahren all'. Der Bahn, der kühnen folgen wir/Die uns geführt Lassall'.“

War Ferdinand Lassalle zu Lebzeiten ein Streiter für ihre Rechte gewesen, machte ihn sein früher tragischer Tod zu einem Helden. Unwirsch verfolgte Marx die Verehrung Lassalles: *„Die beiden flüchtigen Solinger kamen mich hier besuchen; teilten mir ihren Enthusiasmus für Itzig mit und daß die Arbeiter sich seinem Wagen vorspannten. Sie nahmen als selbstverständlich an, daß wir zwei im intimsten Einverständnis mit Itzig ...“* [711] In der Öffentlichkeit glaubte man, das Verhältnis zwischen den drei Männern sei ein trautes gewesen, ein Irrtum. Und doch war Marx tiefer von Lassalles Ableben getroffen, als es zunächst den Anschein hatte. Überraschend rang er sich bei Engels zu dem Bekenntnis durch: *„With all that tut's mir leid, daß in den letzten Jahren das Verhältnis getrübt war, allerdings durch seine Schuld.“* [712] Noch Wochen später gestand Karl Marx dem Freund: *„Das Unglück des L. ist mir dieser Tage verdammt durch den Kopf gegangen. Er war doch noch immer einer der vielle souche und der Feind unsrer Feinde. Dabei kam die Sache so überraschend, daß es schwierig ist zu glauben, daß ein so geräuschvoller, stirring, pushing Mensch nun maustot ist und altogether das Maul halten muß. Was seinen Todesvorwand angeht, so hast Du ganz recht. Es ist eine der vielen Taktlosigkeiten, die er in seinem Leben begangen hat.“* [713]

Auch Frau Marx kommentierte das posthume Gedenken: *„Das Weihrauchschwingen der Knoten machte halb Deutschland betäubt, und noch heute, nachdem Lassalle, in einem Duell in Genf, von einem wallachischen Jüngling erschossen, in einem stillen jüdischen Kirchhof in Breslau ruht, dauert das Räuchern und Fahnenschwingen und Lorbeerbekränzen fort.“* [714] Ihr behagte nicht, dass Lassalle verehrt, vielleicht sogar von den deutschen Arbeitern geliebt worden war und ihr Mann mit seiner ironisch, zynischen Art nicht.

Sogar Lassalles letzter Wille missfiel ihr: *„Lassalle hinterließ ein Testament, in welchem er die Gräfin Hatzfeldt als Haupterbin einsetzte ... Dieses Testament ward von der Mutter und Lassalles Schwester angegriffen, und der Prozeß darüber schwebt noch."* [715] Empörend, dass Freunde bevorzugt erben sollten, allen voran diese Sophie von Hatzfeldt.

Für Empörung sorgten bei Jenny auch Verlautbarungen von Freunden des Verstorbenen. Zu Engels: *„Das Allerlächerlichste und Ärgerlichste bei der Sache ist, ... das Zeugnis ausgestellt zu erhalten, daß ‚Lassalle auch mit Achtung von Marx gesprochen'. Lassalle, der meinem Mann alles, selbst seine mistakes nachgeschrieben, der seit 15 Jahren sein Freund und Schüler war –, der soll auch mit Achtung von ihm gesprochen haben."* [716] Es kränkte sie, dass viele Lassalle vor ihrem Mann nannten. Der „Macher" stand im Mittelpunkt, nicht der „Gedankenlieferant", der dann auch noch „vornehm" in Schutz genommen wurde.

Nach Lassalles Tode wurde geklatscht, dass „Baron Itzig" vielleicht im Bismarck'schen Kabinett Arbeitsminister geworden wäre, – das „vielleicht" beweist die Spekulation. Klammheimliche Freude kam bei Marx und Engels im Januar 1865 auf, *„daß die erste ‚Abonnementsnummer' des ‚Social–Demokrat' von der Polizei in Berlin konfisziert worden ist. Das ist ein recht günstiger Zufall. Diese Burschen hatten irgendein kleines politisches Märtyrertum nötig."* [717] Wie nützlich konnte die staatliche Zensur sein.

Eine etwas andere Adlige

Sophie von Hatzfeldt, geboren am 10. August 1805, entstammte einer alteingesessenen Fürstenfamilie. Ihre Eltern, Mutter Friederike Caroline Sophie, Tochter des preußischen Generals und Geheimen Staats-, Kriegs- und Kabinettministers Graf Friedrich Wilhelm von der Schulenburg-Kehnert, und Vater Fürst Franz Ludwig von Hatzfeldt Schönstein zu Trachenberg verheirateten das Mädchen an ihrem 17. Geburtstag mit ihrem Vetter Graf Edmund, gegen die Tradition. Man glaubte, das unreife Mädchen werde sich eher mit der Degradierung zur Gräfin abfinden als ihre älteren Schwestern. Bei einer Liebesheirat wäre dies noch hinnehmbar gewesen, aber der Ehemann widmete sich weiterhin seiner Geliebten und demonstrierte Gleichgültigkeit. Frau Hatzfeldt später: *„Meine Eltern haben* *das größte Unrecht gegen mich begangen, sie haben mich als Kind von 16 Jahren des Vorteils wegen in eine Ehe verkauft, von der sie wußten, dass sie den Umständen nach, unter denen sie geschlossen, sehr unglücklich für mich sein mußte.“* [718] Nach 15 Jahren war die Ehe so zerrüttet, dass die nunmehr 32-jährige Frau die Scheidung anstrebte. 17 Jahre! später, Mitte 1854, „nach zwei Dutzend Prozessen vor 36 Gerichten“ fand der Scheidungskrieg mit Hilfe Ferdinand Lassalles ein Ende. Die Gräfin hatte sich nicht auf eine freiwillige, mehr oder weniger großzügige Unterstützung ihres Mannes eingelassen, sondern die Kraft oder Dreistigkeit besessen, ihre Mitgift und ihr Erbe vor Gericht zurückzufordern. Beide Seiten waren nicht zimperlich in der Wahl ihrer Mittel gewesen. Lassalle beispielsweise entwendete eine Kassette mit Dokumenten, die Graf Hatzfeldt belasteten. Seiner Listigkeit war es letztendlich zu verdanken, dass die Auseinandersetzung für seine Mandantin erfolgreich endete. Die Scheidungsangelegenheit verstand Lassalle als politischen Kampf gegen den Feudalismus, und mit Sophie von Hatzfeldt hatte er ein Beispiel für die uneingeschränkte, väterliche wie ehemännliche Dominanz und das Ausgeliefertsein der Frau. Der Sieg war gleichzeitig eine bittere Niederlage für die Gräfin. Ihre Geschwister und ihre vier Kinder wandten sich von ihr ab. Nur ihr jüngster Sohn Paul blieb für kurze Zeit bei ihr, bevor es ihrem geschiedenen Mann gelang, auch ihn der Mutter zu entfremden. Diese Verluste ließen die Gräfin ihr Leben später als „verfehlt und verloren“ bezeichnen. Weniger schmerzte sie, dass die preußische Oberschicht sich von ihr abwandte, die in dem ganzen Prozess einen einzigen Skandal sah.

Frau Hatzfeldt engagierte sich in der Politik. Dies war anstößig genug für eine Frau, aber dass eine Dame von höchstem Range sich der sozialistischen Bewegung zuwandte, war in den Augen der tonangebenden Gesellschaftsschicht unverzeihlich. Diskreditiert hatte sie sich bereits bei den meisten ihres Standes durch ihr Verhalten während der Revolution 1848/1849. Bei einem Besuch in Düsseldorf wurde der preußische König mit Pferdeäpfeln beworfen und ausgejohlt und die Gräfin von staatlichen Stellen damit in Verbindung gebracht. Polizeiliche Ermittlungen ergaben, *„dass eine gewisse Parthei diesen Unfug angezettelt und ausgeübt hat, indem von ihren Mitgliedern theils eine Menge Straßenbuben zum Pfeifen und Lärmmachen angereizt, theils ein solcher Unfug von ihnen selbst ausgeübt worden ist. … Von vielen Seiten wurde auch die Gräfin Hatz-*

feldt und ihr Sohn Paul bezichtigt, an Straßenbuben p. Pfeifchen, Geld und rothe Bänder verteilt zu haben; der angestrengtesten Mühe ungeachtet hat dies aber nicht konstatieret werden können."[719] Laut amtlicher Notiz gehörten *„die hier wohnende Gräfin Hatzfeld und deren Geschäftsführer, der berüchtigte Literat Lassalle, (bekanntlich) zu den tätigsten und gefährlichsten Leitern der Umsturzpartei in der Rheinprovinz. In dem Hause dieser beiden verkehren die Koryphäen der Umsturzpartei …*"[720] Eine unwürdige Umgebung für eine Gräfin, die mit Freiligrath, Dronke, Schapper, Bürgers und Karl und vermutlich Jenny Marx verkehrte.

Das Ehepaar Marx hatte zu dieser emanzipierten Frau ein ambivalentes Verhältnis, nicht nur wegen ihrer engen Beziehung zu Lassalle. War sie als Angehörige des Hochadels gar verdächtig wegen ihrer sozialen Einstellung? *„Ich habe es nie geleugnet und werde es nie leugnen, dass mein ganzes Herz sich empört, wenn ich die Not, das Elend, die Unterdrückung der unteren Klassen, den Übermut, die Hartherzigkeit, die Genußsucht der Reichen sehe, die sich alles ungestraft erlauben. Ich habe immer so gedacht und auch immer so gehandelt und bereue es auch jetzt nicht, wenn ich auch viel und hart verfolgt bin, so folgen mir auch viele Segenswünsche*"[721], erklärte die Gräfin ihrer Tochter. Dies hätte auch Jenny Marx unterschreiben können, aber sie wollte sich mit dieser exzentrischen Gräfin nicht solidarisieren, weil sie sich im Vergleich wie ein biederes Eheweibchen fühlte. Im Gegensatz zu der Dame aus fürstlichem Hause maßte sie sich keine eigenständige Rolle in der Öffentlichkeit an, sondern überließ ihrem Mann die Vorherrschaft. Immerhin verspürte sie Genugtuung, dass sie gesellschaftlich (fast) ebenbürtig war und aus Liebe freiwillig ihren Stand verlassen hatte und mit Stolz einen bürgerlichen Namen trug.

Nach Lassalles frühem Tod war die Gräfin untröstlich und soll, so Karl Marx an Tochter Jenny, einen Wilhelm Weber beauftragt haben, *„den Killer des Lassalle zu morden. Er nahm das Geld, reiste dem prädestinierten Opfer nach bis nach Augsburg oder so. Das Herz fiel ihm dann in die Hosen. Er drückte sich dann mit dem H(atzfeldt)schen Geld (er suchte dem alten Mensch unter Drohungen noch mehr zu erpressen) von Deutschland nach Amerika.*"[722] Belegt ist in diesem Kontext nur, dass die Gräfin den Duellanten Racowitza observieren lassen wollte; alle anderen Behauptungen sind nicht verifizierbar.

Zum Tode Lassalles kondolierte Karl Marx der Gräfin auf seine Weise. Er versicherte der Trauernden: *„Sie begreifen, wie mich die ganz unvorbereitete Nachricht von Lassalles Tod überrascht, bestürzt und erschüttert hat. Er war einer der Menschen, auf die ich viel hielt. Es ist mir um so fataler, daß wir in der letzten Zeit nicht mehr in Zusammenhang … Seien Sie überzeugt, daß niemand tiefern Schmerz über Lassalles Weggerafftsein empfinden kann. Vor allem fühle ich für Sie. Ich weiß, was Ihnen der Verewigte war, was sein Verlust für Sie ist. Freuen Sie sich über eines. Er ist jung gestorben, im Triumph, als Achilles. Ich hoffe, meine liebe Frau Gräfin, daß Sie mit Ihrem hohen und tapfern Geist diesen Schicksalsschlag ertragen und stets überzeugt sind von der vollkommenen treuen Ergebenheit – Ihres aufrichtigen Freundes Karl Marx.“* [723] Im Moment des Niederschreibens war Marx von der Ehrlichkeit seiner Worte überzeugt, und er fand auch später noch ungewöhnliche Worte: *„Ich versichre Sie, daß ich mich immer noch nicht dazu entschließen kann, Lassalles Tod als ein fait accompli zu betrachten! So voll von Leben, Geist, Tatkraft, Vorsätzen, so ganz und gar jugendlich, wie er mir vorschwebt, und nun plötzlich totenstill und atemlos – es fehlen mir die Verbindungsglieder, die Übergänge, und die Tatsache lastet auf mir wie ein wüster und holder Traum. Sie haben ganz recht, wenn Sie unterstellen, daß niemand mehr als ich das Große und Bedeutende in Lassalle erkennen konnte. … Ich liebte … ihn persönlich. Das Schlimme ist, daß wir es uns wechselseitig immer verhehlten, als sollten wir ewig leben.“* [724] Dass Marx den Verstorbenen persönlich liebte, war übertrieben, aber ein Körnchen Wahrheit mögen seine Worte enthalten haben.

Die Gräfin war Marx gegenüber durchaus kritisch. Sie hatte Marx als Herausgeber und Chefredakteur der „N.Rh.Z.“ geschätzt, aber später habe er nur noch „einige wenige polemische Brochuren“ und das „veraltete communistische Manifest“ verfasst. Er sei ein „zerstörendes Element“, das nichts schaffe, und sein Schreibstil sei für weniger Gebildete unverständlich. Er tauge nicht als „Volkslehrer“ und auch nicht als Volksredner – im Gegensatz zu Lassalle, der ein begnadeter Redner gewesen sei. Frau Hatzfeldt fürchtete nach Lassalles Tod, die Marxianer würden die Herrschaft im ADAV an sich reißen, um dann den Verein zu zerstören, d.h. in die „Partei Marx“ zu integrieren. In diesem Kontext fragte sie, wie diese Partei überhaupt beschaffen sei, und kam zu dem Schluss, sie bestehe aus *„Marx mit einigen Schreiern von Schlagwörtern, hinter denen nichts steckt… Gott schütze uns vor diesen Politikern!“* [725]

Als Gegenentwurf zu Lassalles Arbeiterverein gründeten Wilhelm Liebknecht und August Bebel 1869 die „Sozialistische Arbeiterpartei Deutschlands". Beide Gruppierungen schlossen sich 1875 in Gotha zur „Sozialistischen Arbeiterpartei Deutschlands" zusammen.

In allen politischen Parteien waren Frauen unerwünscht, und entsprechend argwöhnisch wurden die Aktivitäten der Gräfin Hatzfeldt beäugt. Mitglieder des hohen Adels spielten nie eine gute Rolle unter den Demokraten, weil man ihnen auf die Länge kein Zutrauen schenke, sich ihnen fremd fühle und sie fallen lasse, wenn man sie benutzt und nicht mehr zu brauchen glaube, schrieb Hermann Fürst Pückler 1848 an Sophies Sohn Paul. Frau von Hatzfeldt war als Adlige und Frau doppelt vorbelastet und wurde in der männerdominierten Gesellschaft doppelt geschmäht. „Fort mit dem Einflusse der alten Weiber und Schürzenpräsidenten", hieß es, und es wurde bei der Generalversammlung des ADAV 1870 beklagt, dass *„Männer sich gestern den ganzen Tag mit altem Weibergeschwätz beschäftigt hätten, das überhaupt keinen Werth habe."*[726] Inhaltliche Arbeit zählte nicht, weibliche Mitarbeit war nicht willkommen und die politische Frau ein verdächtiges Wesen, vor allem diese unangepasste, exzentrische, in aller Öffentlichkeit Zigarren rauchende Sophie von Hatzfeld. Sie gehörte zu den „Emancipierten, die sich wie Männer gebärden und behandelt sein wollen", sie sei eine „ehrgeizige, herrsch- und streitsüchtige Amazone" und eine von den „Unholdinnen, welche nichts Ganzes, sondern von beiden Geschlechtern ein karikaturähnliches Gemisch sind."[727.] Die Gräfin war für manche „dämonisch", „seltsam", eine „Kokette", für Herrn Liebknecht eine „alte Hexe" und für Herrn Marx eine „listige Schlange, ein Gespenst, eine Megäre, das alte Saumensch, die alte Hure Hatzfeld". Natürlich musste ein solches Schreckgespenst auch vom Äußeren her zum Fürchten sein. Karl Marx beschrieb das Aussehen der Gräfin bei Cousine Antoinette: *„I found her hair as ‚blond' and her eyes as blue as formerly, but for the remander of her face I read the words imprinted in it: twenty and twenty make fifty seven."*[728] Frau von Hatzfeld kam ihm wie eine griechische Statue vor, deren Kopf *„have been cruelly 'beknappered' by the vicissitudes of time."*[729] Aber auch ein Karl Marx konnte nicht umhin, der Gräfin seine Hochachtung zu erweisen. Sie sei „a very distinguished lady, ein no blue stocking" und er dezidierte ihr große natürliche Intelligenz, große Vitalität, sehr interessiert

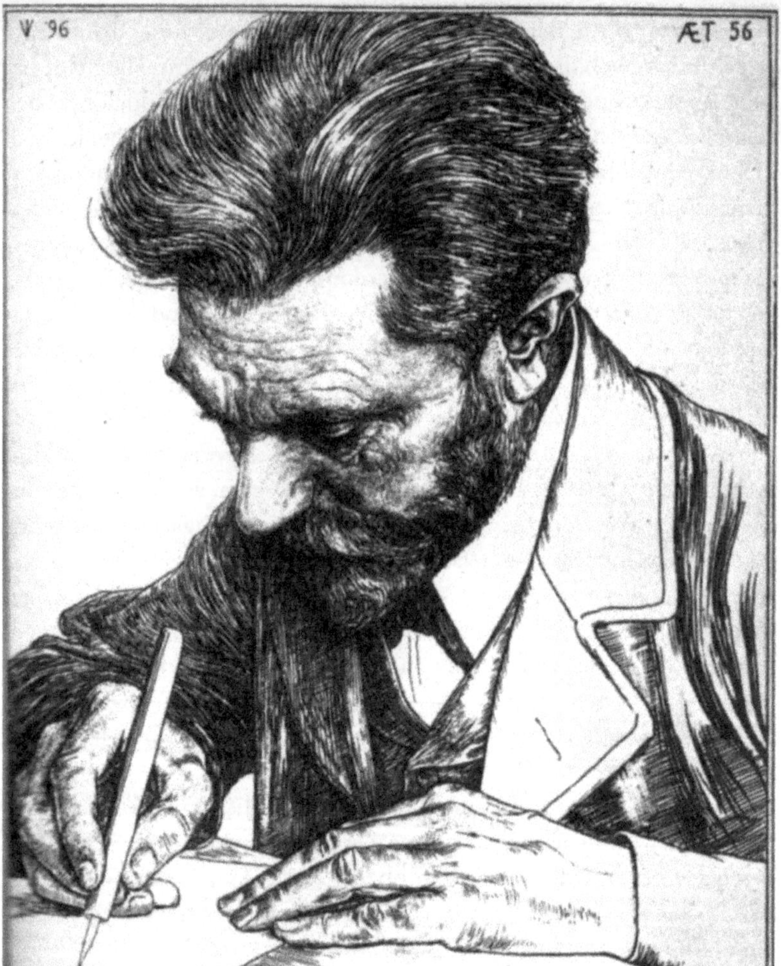

August Bebel

„in the revolutionary movement, and of an aristocratic laissez aller very superior of the pedantic grimaces of professional femmes d'esprit."[730] Sie verfüge über mehr politischen Verstand, als Lassalle je besessen habe, und sei als Privatkorrespondentin durchaus brauchbar. Frau Hatzfeldts Persönlichkeit übte eine seltsame Faszination auf Karl Marx aus; vielleicht hätte er ihr sogar den Hof gemacht, um Lassalle zu ärgern, trotz des beträchtlichen Altersunterschiedes von 13 Jahren. Ihr Äußeres und ihr Intellekt bewegten ihn noch Jahre später: *„Geschminkt bis über die Möglichkeit, … blutegelartigen falschen Augenbrauen, einen gelb-pergamentnen sehnigen Hals, und den ganzen Tag zwei Fuß lange Havanna-Zigarren zwischen falschen Zähnen rauchend; aber in geistiger Beziehung eine außergewöhnlich bedeutende Frau, Nationalökonomie und römisches Recht so gut kennend wie irgend ein Gelehrter, mit einem Wort ein altes Mannweib."*[731] Die politische Frau war ein unweibliches Monster, das Männern Angst machte. Konnte man sich allerdings als Kavalier zeigen, verteidigte man sie mit Inbrunst. *„Ein Mann, der eine Dame in so schmutziger, gemeiner, perfider Weise öffentlich angreift, brandmarkt überhaupt dadurch nur allein sich selbst"*[732], behauptete der Ehrenmann Wilhelm Liebknecht und erhielt Zustimmung, weil er die Gräfin öffentlich in Schutz nahm.

Sophie von Hatzfeldt gelang es nicht, die Männerdomäne zu durchbrechen; ihr Stand und ihr Frausein vereitelten eine politische Karriere. Jenny Marx strebte diese nie an, weil sie sich in freiwilliger Abhängigkeit von ihrem Mann befand und die Tradition, die einer Frau öffentliches Engagement versagte, nicht in Frage stellte.

Not und Tod

Sommer 1862 bis Oktober 1863

Die katastrophale Finanzlage hatte in Marx im Sommer 1862 den Plan reifen lassen, das viel zu teure Haus in Grafton Terrace, das Zauberschloss, aufzukündigen. Geschickt machte er dafür Engels mitverantwortlich, der betroffen relativierte: *„Wenn ich Dir die Berechnung meiner Ausgaben machte, so hatte das durchaus nicht die Absicht, Dir weiteres ‚Drücken', wie Du es nennst, zu verleiden. Im Gegenteil, ich denke, wir werden uns auch fernerhin gegenseitig helfen, wobei es für die Sache ganz gleichgültig ist, welcher von uns augenblicklich* *der ‚Drückende' und welcher der ‚Gedrückte' ist, die Rollen können ja wieder wechseln.“* [733] Die Familie Marx blieb dank Engels' Unterstützung in dem schönen Haus. Weitere zehn Pfund von Engels ermöglichten einen Erholungsurlaub, den vor allem Jennylein brauchte. Marx dankte dem Freund, *„daß Du das möglich gemacht. Es ist das trefflichste und begabteste Kind von der Welt. Aber sie litt hier doppelt. Einmal aus physischen Gründen. Und dann griff sie der bürgerliche trouble an.“* [734] Mutter Jenny hatte zunächst aus Kostengründen gegen die Reise plädiert, aber sie genoss doch die Zeit in Ramsgate. Wie von ihr befürchtet, kamen *„nach dieser kurzen heitern Zwischenzeit … große lange Zeiten der Sorge, der Not und der Entbehrungen und Krankheiten.“*[735]

Die Finanznot verschlimmerte sich im November, als das Haus „ein förmliches Lazareth“ wurde. Lenchen, Laura und Jennychen waren an „einer Art Diphterie“ erkrankt, und die älteste Tochter musste „8- bis 9mal vom doctor gebrannt werden“. Erst *„eine Woche vor Weihnachten war wieder Alles wohl u. die Mädchen konnten thätigen Antheil an der Aufführung der ‚creation' in der Schule nehmen, in der Laura das große Sopransolo ‚on mighty pinions' sang. Nach dem Concert reiste ich in Sturm und Wetter nach Paris“* [736], berichtete Jenny Marx Ernestine Liebknecht. Sie hatte in die Reise so kurz vor dem Weihnachtsfest eingewilligt, um Geld von dem befreundeten Bankier Abarbanel zu erbitten. Doch als sie in bitterer Kälte ankam, lag dieser nach einem Schlaganfall im Sterben. Ein zweites Mal war Jenny Marx bei einer Geldbeschaffungstour gescheitert. Die Rückreise verlief aufregend. Jenny an Ernestine Liebknecht: *„Wegen der furchtbaren Stürme, die während mehreren Tagen das Abfahren der Schiffe verhinderten, reiste ich statt über Boulogne, über Dieppe nach London zurück u. stand den Tag vor Weihnachten, … an der Thüre unsres kleinen alten home's.“* [737] Die Beschwernisse fand sogar der Ehemann bei Engels erwähnenswert: *„Mittwoch meine Frau ab nach Paris. Gestern abend kam sie zurück. … Überhaupt war die Reihe Unglücksfälle, die sie durchzumachen, tragikomisch. Erst großer Sturm zur See; ihr Schiff kam davon, eins in ihrer Nachbarschaft … ging unter. Abarbanel wohnt in Paris. Meine Frau durch Eisenbahn zu ihm. Es passierte Pech mit der Lokomotive, so daß 2 Stunden die Fahrt unterbrochen. Später stürzte ein Omnibus, mit dem sie fuhr. Und gestern geriet in London der cab, worin sie saß, in die Räder eines andern. Sie stieg aus und kam per pedes an mit 2 Jungen, die ihren Koffer trugen.“* [738] Anstatt nach diesen Abenteuern in ein weihnachtlich gestimmtes Haus zu kommen und freudig begrüßt zu werden, erwartete Jenny zunächst eine unheimliche Stille. Erst nach und nach erfuhr sie von ihren schluchzenden Töchtern, dass Marianne Kreutz gestorben war. Die Trauer bei der Arbeitgeberin war groß: „*Das gute, treue, fleißige, sanfte Mädchen war seit 5 Jahren bei uns. Ich hatte sie liebgewonnen und hing so sehr an ihr, daß ihr Verlust mich tief und innig schmerzte. Ich verlor an ihr ein treues, anhängliches, freundliches Wesen, das ich nie vergessen werde.*“[739] Anna Maria Kreutz wurde nur 27 Jahre alt.

Das Fest der Freude wurde zu einem Fest der Tränen. „*In stiller Trauer u. Wehmut begingen wir die Festtage u. da gab es kein Bäumchen, keinen plumpudding, keinen holly, keinen mistletoe –* “[740], schrieb Jenny an Ernestine Liebknecht und fügte traurig hinzu: „*Am Weihnachtsabend ward sie in den dunklen Sarg gebettet und am Sonnabend darauf von Lehnchen, Karl u. den lieben Mädchen auf ihrem letzten Gange hinaus zu ihrer letzten Ruhestätte begleitet.*“[741]

Marx unterrichtete auch Engels über den Trauerfall, telegrammstilartig, was auf Vorwissen deuten konnte: „*Nun aber das größte Pech. Marianne (Lenchens Schwester), die Allen schon vor einem Jahr an Herzkrankheit kuriert, fing am Tage der Abreise meiner Frau an, unwohl zu werden. Dienstag abend, 2 Stunden vor der Ankunft meiner Frau, war sie tot. Ich übernahm mit Lenchen zusammen während der sieben Tage die Krankenwartung. Allen had misgivings from the first day. Sonnabend 2 Uhr ist das Begräbnis, wo ich 7 + 1/24 auf einem Brett dem undertaker zahlen muß. Dies muß also beschafft werden. Es ist dies ein schöner Christspektakel für die armen Kinder.*“[742] Marianne Kreutz starb, welches „Pech“, an einer Herzkrankheit.

Es gibt noch eine andere Version der Todesursache: Marianne Kreutz soll schwanger gewesen und an einer Abtreibung gestorben sein. Diese sei am 17. Dezember, dem Abreisetag ihrer Dienstherrin, erfolgt. Und wer kam als Vater in Betracht? Karl Marx! Diese Vermutung begründet Volker Elis Pilgrim recht überzeugend. Marx war mit dem Dienstmädchen Marianne in London alleine, als Frau Jenny mit den Töchtern und Helene Demuth vom 19. August bis zum 10. September 1862 in Ramsgate weilte. In diesen Tagen sei Marianne von Karl geschwängert worden, und dieser Zustand sei Mitte Oktober befürchtet und Anfang November zur Gewissheit geworden. Pilgrim mutmaßt, dass Marx

Frof

aufgrund dessen so verzweifelt gewesen sei, dass er im November gegenüber Lassalle – natürlich ohne Hinweis auf die unerfreuliche Folge seiner sexuellen Aktivitäten – die Äußerung tat, er wolle „sich am liebsten eine Kugel durch den Kopf" schießen. Bei dem Ärger, der ihn möglicherweise erwartete, hätte er also einen konkreten Anlass gehabt, Hand an sich zu legen.

Vielleicht sind die Beteiligten folgendermaßen vorgegangen: Marianne Kreutz informierte Ende Oktober/Anfang November Marx und Schwester Helene über ihre Befürchtung, und als kein Zweifel mehr an einer Schwangerschaft bestand, wurde Friedrich Engels ins Vertrauen gezogen. Brieflich erschien dies zu riskant, weswegen Marx Anfang Dezember nach Manchester fuhr. Schnell wurde klar: eine ungeklärte Vaterschaft durfte es nicht geben, und dem Freund konnte nicht auch noch ein zweites Kind untergeschoben werden. Engels wollte nicht in den Verruf kommen, jedes Dienstmädchen im Hause Marx zu schwängern, nur weil sein Freund – im Gegensatz zu ihm – in der Empfängnisverhütung so unbedarft war.

Abtreibung war die einzige Lösung, und die Schwangere willigte freiwillig oder nach liebevoller Überredung in den Eingriff ein. Eine „Engelmacherin" zu finden, war nicht allzu schwierig; ungewollte Schwangerschaften kamen häufiger vor. Da Ehefrau Jenny bei der Unternehmung hätte stören oder Verdacht schöpfen können, musste sie aus dem Hause. Ihre Abwesenheit stellte sich im Nachhinein als umso wichtiger heraus, als sie die Begleitumstände einer misslungenen Abtreibung von denen einer Herzkrankheit hätte unterscheiden können. Erstaunlich ist, dass sie in ihrem Nachruf auf das junge Mädchen mit keinem Wort dieses Leiden andeutete. Eine treu sorgende Dienstherrin hätte die junge Frau geschont und ihr leichtere Pflichten als die anstrengende Arbeit einer Wäscherin und Bügelfrau übertragen. Nach dem Tode Mariannes waltete nämlich Lenchen *„in den unteren Regionen … als Oberaufseherin einer alten Waschfrau, die jetzt alle 14 Tage zur Hilfe kommt, seit dem Tode unsrer lieben, guten, treuen kleinen Marianne."*[743]

Bei der Abtreibung, so vermutet Pilgrim, sei es zu einer Blutvergiftung gekommen, an der Marianne am 23. Dezember 1862 starb. Hätte Dr. Allen, der behandelnde Arzt, Verdacht geschöpft, dass ein unerlaubter Eingriff vorlag, wäre es seine Pflicht gewesen, Anzeige zu erstatten.

Das war nicht der Fall. Vielleicht wollte er glauben, was ihm Helene Demuth und Karl Marx suggerierten, und trug in den Totenschein „Herzversagen" ein.

Vermutlich nahmen eine „Engelmacherin" oder die junge Frau selbst den Abbruch vor, der durchaus strafbar war. Im englischen Recht war festgelegt: *„Wenn eine Frau ein lebendiges Kind im Leibe hat und es durch einen Trank oder auf eine andere Art tötet, oder wenn eine andere Person sie schlägt, so daß das Kind im Mutterleib stirbt, und sie von einem toten Kind entbunden wird, so ist das zwar kein Mord, aber, wie es die alten Gesetze nennen, ein homicidium oder unvorsätzlicher Totschlag."* [744]

Kamen bei Marianne auch andere Sexualpartner als Karl Marx in Frage? Lassalle beispielsweise wohnte im Juli/August 1862 im Hause Marx. Wäre bei Lassalle etwas „schief gelaufen", dann hätte es sich Marx nicht nehmen lassen, dies von „Mann zu Mann" zu regeln, d. h. den Kindsvater auf Unterhaltszahlungen zu verpflichten. Ein derartiges Übereinkommen hätte er voller Genugtuung Engels hinterbracht, aber es fehlt jeder Hinweis. Hätten Herr oder Frau Marx es gewagt, Lassalle oder einen anderen wider besseres Wissen zu beschuldigen, hätte dies unangenehm werden können. Der in seiner Ehre Angegriffene hätte voller Empörung derartige Vorwürfe dementiert, Gerüchte wären laut geworden, und man hätte sich an die Schwangerschaft des anderen Dienstmädchens im Hause Marx erinnert. Das musste verhindert werden. Verschwiegenheit war oberstes Gebot, auch für die fast erwachsenen Töchter, die sich nach dem Exitus des Dienstmädchens „verstört" gezeigt hatten. Vielleicht ahnten sie, dass sich etwas Schlimmes ereignet hatte und dass sie schweigen mussten, um den Familienfrieden nicht zu zerstören. Stutzig macht zudem, dass Marx bei dem Dienstmädchen Krankendienste übernahm und nicht Jennylein oder Laura. Befürchtete er, dass Marianne in Fieberträumen oder bei Schmerzattacken die Wahrheit preisgeben könnte? Alles ist möglich, aber nichts beweisbar.

Die Angelegenheit ging für alle, außer für Marianne, gut aus. Den Hausherrn plagten nur für kurze Zeit Gewissensbisse und Jenny wurde nicht in den seelischen Ruin getrieben. Helene Demuth schwieg, um die Ehe ihrer Herrschaften nicht zu gefährden. Ihren Kummer um die Schwester lebte sie in der allgemeinen Trauer aus. Vielleicht half es, dass sie in Engels einen Mitwisser hatte, dessen Reaktion auf die Nachrichten vom 24. Dezember 1862 recht seltsam war: *„Die Ereignisse in deinem Haus und auf der Reise Deiner Frau sind wirklich wunderbar und was wichtiger ist, von ganz speziellem Pech. Doch ist jedenfalls die Aussicht auf französische Publikation vortrefflich. How is this to be managed?"* [745] Der letzte Satz passt meines Erachtens nicht in den Kontext und weist auf Nicht-Aussprechbares hin. Offen sprach hingegen die ahnungslose Jenny bei Liebknechts den Verlust an: *„Ich brauche Ihnen u. Ihrem lieben Manne nicht erst zu sagen, wie tief u. innig wir das gute, treue liebe Mädchen betrauern, wie sie uns überall fehlt u. wie wir uns wirklich Alle sehr schwer in ihren Verlust fügen können. Sie können sich auch Helen's tiefes Leid denken, die Schwestern hatten sich so lieb u. wirklich – man mußte dem heiteren, harmlosen, dem guten, braven Wesen gut sein … Wer vermöchte auch besser unser tiefes Leid zu ermessen als Sie und Ihr lieber Mann – Sie kannten das liebe, gute, treue Geschöpf mit ihrer kindlichen Heiterkeit und tiefen Anhänglichkeit an uns Alle."* [746] Harmlos, gut, treu, lieb, kindlich, anhänglich waren beste Voraussetzungen, das Opfer eines vertrauten und liebevollen Täters zu werden. Jenny gedachte Mariannes noch zwei Jahre später, ihr Mann hingegen verlor kein Wort mehr über den Trauerfall, nicht einmal zwei Tage nach der Beerdigung in einem Brief an Ludwig Kugelmann. Marx – ein Meister im Vergessen und Verdrängen? Nicht ganz aus der Sicht Pilgrims, denn *„im Jahr nach ihrem Tod, erfährt sein Leben eine radikale Wendung. … Karl erlebt in den nächsten 20 Jahren bis zum Tod, 1883, seine schlimmsten Peinigungen."* [747] Wie immer man den Tod Mariannes interpretieren mag, der Gedanke, dass etwas nicht stimmig ist, lässt sich nicht verdrängen.

Man ging im Hause Marx rasch zur Tagesordnung über und hoffte, *„daß das neue Jahr, an dessen Schwelle wir jetzt stehen, ein leichtes, freundliches … werden möge, vor allem, daß es seinen Vorgängern in nichts gleichen möge. Waren doch die letzten Jahre so trübe und sorgenvoll! Auch uns brachte der letzte Lebensabschnitt wenig Freude und noch am Schluß ein recht großes Leid, so daß wir ein thränenvolles Weihnachtsfest begingen und das neue Jahr in stiller Wehmut begrüßten."* [748] Die Wünsche für das neue Jahr galten zwar Ernestine Liebknecht, aber auch Jenny sehnte sich nach Veränderung zum Guten, vergeblich. Trauer und Tod blieben zu Beginn des Jahres 1863 allgegenwärtig. Der Mann von Jugendfreundin Sophie, Karls Schwester, starb mit nur 45 Jahren in Maastricht, und die Witwe blieb mit vier Kindern alleine und unversorgt zurück.

Für die größte Aufregung sorgte ein Todesfall, der Jenny und Karl Marx nicht wirklich hätte tangieren müssen. Im Januar 1863 starb, wie schon erwähnt, Mary Burns, Engels' Lebensgefährtin. Bekanntlich kondolierte Freund Karl so frostig, dass sich Engels zutiefst verletzt fühlte und in Schweigen verfiel. Unruhig warteten Jenny und Karl ab; je mehr Zeit verging, desto größer wurde die finanzielle Bedrängnis. Was sollten sie tun, wenn der Freund länger grollte oder gar den Kontakt abbrach? Die Ehefrau versuchte es mit Eigeninitiative. Sie erhielt von Bertha Markheim, mit der sie 1863 in freundschaftlichem Kontakt stand, einige Pfundnoten und sie bat Wilhelm Wolff um eine Pfundnote und erhielt die doppelte Summe. Auf diese Eigenmächtigkeit reagierte ihr Mann mit heftigsten Vorwürfen. Zum einen, weil die Frau hinter seinem Rücken gehandelt hatte, und zum anderen, weil ihm die Bettelei bei einem engen Vertrauten von Engels peinlich war, gerade zu diesem Zeitpunkt, als ihre Freundschaft gefährdet war. Um dem Alb ein Ende zu machen, rang sich Marx zum Versöhnungsschritt durch. In einem langen Brief begründete er bei Engels seine Lage am Tage von Marys Tod. *„Was mich noch speziell toll machte, war der Umstand, daß meine Frau glaubte, ich habe Dir den realen Sachverhalt nicht hinlänglich treu mitgeteilt. Insofern war mir auch Dein Brief lieb, da er ihr das ‚non possumus' klarmachte … Da es Dir unmöglich war zu helfen, obgleich ich Dir mitgeteilt, daß wir in der Lage der Manchester Arbeiter, mußte sie das non possumus einsehn, und dies wünschte ich, da der bisherige Zustand, das Rösten am kleinen Feuer – wobei Kopf und Herz verzehrt werden und außerdem die kostbarste Zeit verloren geht …enden muß. Die drei Wochen, die wir seit der Zeit durchgemacht, haben meine Frau dahin gebracht, endlich auf einen Vorschlag einzugehn, den ich schon lange gemacht und der mit allen seinen Unannehmlichkeiten nicht nur die einzige Ausflucht ist, sondern auch dem Leben der letzten drei Jahre, namentlich des letzten, vorzuziehn, zudem unser selfesteem auch wieder herstellt. Ich werde den sämtlichen Gläubigern schreiben (mit Ausnahme des landlord), daß, wenn sie mich nicht in Ruhe lassen, ich mich durch failing of a bill in the court of bankruptcy bankerutt erklären werde."*[749] Endlich hatte die Frau eingesehen, dass man einen radikalen Neubeginn machen musste, um frei atmen zu können. Eine private Insolvenz sollte erfolgen, die Töchter sich als Erzieherinnen verdingen (ein ähnlicher Vorschlag Lassalles war noch als Beleidigung aufgefasst worden), Helene entlassen werden und Marx mit Frau und jüngster Tochter in eine Manchester-Arbeiter-Mietskaserne umziehen. Das klang konsequent, aber man hoffte insgeheim auf Engels' Eingreifen. Voller Nervosität warteten Jenny und Karl auf eine Antwort aus Manchester, die, dem Himmel sei gedankt, zwei Tage später eintraf. Der Großmütige schrieb: *„Ich danke Dir für Deine Aufrichtigkeit. Du begreifst selbst, welchen Eindruck Dein vorletzter Brief auf mich gemacht hat. Man kann nicht so lange Jahre mit einem Frauenzimmer zusammenleben, ohne ihren Tod furchtbar zu finden. Ich fühlte, daß ich mit ihr das letzte Stück meiner Jugend begrub. Als ich Deinen Brief erhielt, war sie noch nicht begraben. Ich sage Dir, der Brief lag mir eine Woche lang im Kopf, ich konnte ihn nicht vergessen. Never mind. Dein letzter Brief macht ihn wett, und ich bin froh, daß ich nicht auch mit der Mary gleichzeitig meinen ältesten und besten Freund verloren habe."*[750] Aufatmen bei Jenny und Karl. Die Hoffnung auf einen Ausweg stieg, als sie lasen: *„Ich … habe mir inliegende 100 £ auf John Rapp Co, am 28. Februar fällig, genommen und an Dich indossiert. Ich denke, es kommt nicht vor Juli heraus, und dann haben wir wieder Galgenfrist. Es ist ein höchst gewagter Streich von mir, denn ich komme jetzt sicher ins Defizit, indessen es muß riskiert werden."*[751] Hoffentlich war Jenny und Karl Marx klar, dass der seriöse Geschäftsmann Engels ein hohes persönliches Risiko in Kauf nahm, nur um ihnen zu helfen. Er konnte nicht in die gefüllte Schatulle greifen und sich beliebig bedienen, auch wenn das manchmal anmaßende Verhalten der Marxens diesen Anschein erweckte. Marx fasste seine unendliche Erleichterung in besonders schöne Worte: *„Ich kann Dir nicht dankbar genug sein, obgleich ich, in meinem innern Forum, keines neuen Beweises Deiner Freundschaft bedurfte, um mich zu überzeugen, daß sie aufopfernd. Wenn Du übrigens die Freude meiner Kinder gesehn, würde Dir das ein schöner Lohn gewesen sein. Ich kann Dir auch jetzt ohne weitere Umstände sagen, daß trotz all der Presse, worin ich während der letzten Wochen lebte, nichts auch nur verhältnismäßig so auf mir preßte, als die Furcht, daß nun Riß in unsrer Freundschaft. Ich erklärte wiederholt meiner Frau, daß mir an dem ganzen Dreck nichts liege, verglichen damit, daß ich durch diese bürgerlichen Lausereien und ihre exzentrische Aufregung fähig gewesen sei, Dich in einem solchen Moment, statt zu trösten, noch mit meinen Privatbedürfnissen anzufahrn."*[752] Schuld war demnach das hysterische Gehabe der Frau gewesen, jedoch nicht ausschließlich, wie der Ehemann Engels gegenüber selbst einräumte. Aber *„die arme Frau mußte die Sache ausbaden, an der sie in der Tat soweit un-*

schuldig war, als Frauen gewohnt sind, das Unmögliche zu verlangen. Sie hatte natürlich keine Ahnung von dem, was ich schrieb, aber bei einiger Reflexion hätte sie berechnen können, daß sowas herauskommen mußte. Die Weiber sind komische Kreaturen, selbst die mit Verstand ausgerüsteten. Morgens weinte meine Frau über die Marie und Deinen Verlust, so daß sie ihr eignes Pech, was grade an dem Tag kulminierte, ganz vergaß, und abends glaubte sie, daß außer uns kein Mensch in der Welt leiden könne, der nicht den broker im Hause habe und Kinder habe."[753] Mit einer genial konstruierten Kausalkette bürdete Marx seiner unwissenden Frau die Verantwortung für seine unpassenden Kondolenzworte auf. Jenny Marx hatte ein gebrochenes Verhältnis zu Mary Burns gehabt und machte vermutlich deswegen nicht viele Worte der Betroffenheit über deren Tod. Sie fand die Liaison Arbeiterin-Fabrikant höchst unpassend und ignorierte sie geflissentlich. „Man" wusste von der intimen Beziehung, aber „man" sprach nicht darüber. Die Dame Marx war dem standesbewussten Denken mehr verhaftet, als die meisten Außenstehenden bemerkten. Mehr Worte wird sie im häuslichen Kreise zu Spekulationen über die Todesursache gemacht haben. Das Ehepaar Marx scheint davon ausgegangen zu sein, dass übermäßiger Alkoholkonsum Marys Leben vorzeitig beendet habe. Diese Version verbreitete zumindest Tochter Eleanor Jahrzehnte später – und von wem außer ihren Eltern soll sie diesen Verdacht gehabt haben? Engels selbst hatte Herzleiden oder Schlagfluss als Todesgrund genannt.

Zu diesen Aufregungen kamen Krankheiten. Ende Februar erkrankte der Mann an der Leber und hatte Husten. Danach plagte er sich mit einer Augenkrankheit herum, die ihn am Arbeiten hinderte. Wenig später war Jenny, wie Engels erfuhr, über längere Zeit *„bettlägerig und fast ganz taub, der Teufel weiß, woher.*"[754] Hatte sie einen Hörsturz als Folge der ununterbrochenen seelischen Anspannung erlitten? Jennylein wurde Opfer einer „Sorte von Diphterieattacke" und hüstelte lange. Anfang Juli war sie nach Aussage von Karl Marx *„leider immer noch nicht so, wie sie sein sollte. ... das Kind ist zu ‚leicht' geworden. ... Ich muß Dir offen sagen, daß ich in großer Angst wegen dem Kind bin. Das Abnehmen von Fleisch in diesem Alter scheint mir sehr bedenklich.*"[755] Die Beobachtung des Vaters lässt auf Essstörungen schließen, auf Bulimie oder Magersucht. Diese Begriffe kannte man damals noch nicht, aber die Symptome gab es dennoch. Die hochsensible Tochter litt unter der permanenten Geldnot, die auch sie erheblich tangierte: keine Klavierstunden mehr, die Unterrichtsstunden in Französisch und Italienisch gestrichen und die Befürchtung, dass die Freundinnen merkten, dass sie aus Geldmangel Vergnügungen mied.

Eine Vergnügung blieb wenigstens, die Ferien an der See. Fast jedes Jahr wurde Engels über den besonders besorgniserregenden Gesundheitszustand eines Familienmitgliedes informiert, in der Zuversicht, dass er zusätzliche Pfundnoten für die dringend benötigte Erholung an der See locker machte. Die Rechnung ging immer auf, auch im September 1863. Die Damen Marx reisten für drei Wochen nach Hastings, mit positivem Effekt. Geldgeber Engels erhielt Bericht: Jennylein *„hat sich sehr erholt und hat aufgehört zu husten. Sie bekömmt jetzt im Hause Seebäder, d.h. Bäder mit Seesalz. Ich habe auch seit about 2 Monaten angefangen, mich jeden Morgen im Haus zu baden und von Kopf bis Fuß mit kaltem Wasser zu übergießen, und ich bin seit der Zeit viel wohler.“*[756] Karls Wohlfühlphase dauerte nur bis November, dann brachen Karbunkel aus. Die Ehefrau übernahm die Krankenpflege und die Korrespondenz mit Engels, denn *„leider kann Karl nicht selbst schreiben. Er ist seit 8 Tagen sehr leidend und ans Sofa gebunden. Er bekam auf der Backe und dem Rücken 2 Blutgeschwüre. Das auf der Backe wich durch die gewöhnlichen Hausmittel, die man bei solchen Dingen anwendet. Das andre auf dem Rücken hat aber solche Dimensionen angenommen und ist so entzündet, daß der arme Mohr die schrecklichsten Schmerzen aussteht und weder Tag noch Nacht Ruhe hat. Sie begreifen, wie diese Geschichte ihn auch geistig deprimiert. Es ist, als ob das unselige Buch nie zustande kommen sollte. Es lastet wie ein Alp auf uns allen.“*[757] Blutgeschwüre, Furunkel (akut-eitrige Entzündung eines Haarbalgs und seiner Talgdrüse, Eitergeschwüre) und im schlimmsten Falle Karbunkel (Häufung dicht beieinander liegender Furunkel) machten den armen Mann arbeitsunfähig, obwohl „Das Kapital“ dringend „vom Stapel gelassen“ werden musste. Die Gesundheit ließ es nicht zu, wie sich Jenny erinnerte: *„Am 10ten November ward ein furchtbares Geschwür operiert, und von da schwebte er noch längere Zeit in Lebensgefahr. Vier volle Wochen dauerte die schwere Krankheit, die mit den heftigsten körperlichen Schmerzen verbunden war. Zu diesen physischen Leiden gesellten sich noch die nagendsten Sorgen, geistige Foltern aller Art.“*[758] Engels half mit Geldüberweisungen, Alkoholpaketen und guten Ratschlägen wie: „Halte Dich nur an Weintrinken und Fleischessen, das ist die Hauptsache“.

Die gewissenhafte Sekretärin setzte auch Liebknechts in Kenntnis, dass ihr *„theurer Karl ... todtkrank an einer der gefährlichsten und schmerzhaftesten Krankheiten (war) – einem carbuncle am Rücken. Ich brauch' diesen paar Zeilen nichts hinzuzufügen. ... Es wäre ja auch unsagbar, wollte ich Ihnen näher mitteilen, was wir in diesen Wochen durchgemacht, deshalb schweige ich ...“*[759] Immerhin berichtete Frau Marx den Freunden, *„wie das Leiden in unsrem Hause anfing. Karl war schon seit Monaten leidend, das Arbeiten war ihm doppelt schwer, und um sich etwas Erleichterung zu verschaffen, verdoppelte er das gewöhnliche Maß des Rauchens und verdreifachte das der verschiedenen Sorten Pillen blue and antibilious etc. Vor 4 Wochen ungefähr bekam er ein Blutgeschwür auf die Backe, es schmerzte sehr ... Es war noch nicht ganz verschwunden, da brach ein ähnliches auf dem Rücken aus. Obgleich die Schmerzen außerordentlich waren, die Geschwulst auch täglich zunahm, so waren wir dennoch töricht genug zu glauben, wir könnten es durch Aufschläge etc. zum Weichen bringen. Nach deutscher Idee entzog sich mein Karl noch fast aller Nahrung, verbannte sogar das armselige ale und lebte von Limonade. Endlich, nachdem die Geschwulst die Größe einer Faust angenommen, der ganze Rücken verkrümmt, ging ich zum Allen. Ich vergesse nie den Blick des Mannes, als er den Rücken sah, er winkte mir und Tussychen, das Zimmer zu verlassen, Lenchen mußte Karl halten, und da schnitt er tief, tief eine große, klaffende Wunde, das Blut strömte hinaus. Karl war still und ruhig und zuckte nicht. Nun fingen heiße Aufschläge an, die wir jetzt seit 14 Tagen Tag und Nacht wie Uhrwerk von 2 Stunden zu 2 Stunden fortgesetzt haben. Zugleich verordnete der Doktor 3–4 Gläser Portwein, 1 halbe Flasche Bordeaux täglich und das vierfache von gewöhnlichem Essen. Es galt, die heruntergekommene Kraft aufrechtzuhalten, um den furchtbaren Schmerzen und dem Aufzehren des starken Eiterabflusses Widerstand zu leisten. So haben wir die letzten 14 Tage verlebt.“*[760] Pausenlos war die treusorgende Ehefrau gefordert gewesen. Zu Liebknechts: *„Ich habe die ersten Nächte allein gewacht, während 8 Tagen mit Lehnchen abgewechselt und liege nun im Zimmer auf der Erde um immer bei der Hand zu sein. Wie mir zu Muthe ist, da er genesen, das fühlen Sie mir nach.“*[761] Jenny fühlte unendliche Erleichterung, denn: Was hätte sie gemacht, wenn ihr Mann Opfer der Krankheit geworden wäre? Bruder Edgar war weit weg in den USA, und bei Ferdinand wollte sie nicht vorstellig werden. Lebensversicherung hatte sie keine; ihre einzige Soforthilfe wäre Engels gewesen.

Der Tod – ein Retter aus der Not

Das Jahr 1864

Anfang Dezember 1863 erreichte Jenny und Karl Marx die Traueranzeige:

> *„Es hat Gott dem Allmächtigen gefallen, heute Nachmittag um 4 Uhr unsere theure Mutter*
> *Frau Justizräthin Henriette Marx*
> *geb. Pressburg,*
> *nach langem und schwerem Leiden in einem Alter von 76 Jahren sanft und friedlich entschlafen zu lassen.*
> *Die Beerdigungsfeier wird am Donnerstag Nachmittag in der Kirche ‚zum Erlöser' stattfinden, wohin sich der Trauerzug um ¼ vor 3 vom Sterbehause aus begeben wird.*
> *Trier, den 30.November 1863.*
> *Jacob Conradi*
> *Emilie Conradi, geb. Marx."* [762]

Karls Mutter war gestorben. Die Reaktion in London war eher freudiges Aufatmen als Trauer. Sohn Karl kurz und knapp zu Engels: *„Meine Mutter starb um 4 Uhr nachmittags, 30. November, am Tag und der Stunde ihrer Verheiratung. Sie hatte vorhergesagt, daß sie um diese Zeit sterben würde."* [763] Ein gewisser Stolz ob der eingetroffenen Vorhersage war alles an Emotion, und Schwiegertochter Jenny blieb ähnlich unberührt, wurde nicht „sentimental". Der Tod Henriette Marx' kam ihnen, „beinahe am Abgrund stehend", durchaus gelegen; endlich kamen sie an das Erbe. Die Pflicht verlangte vom Sohne, die Mutter auf ihrem letzten Gang zu begleiten. Der Antrieb für die Reise war nach Jennys Erinnerung noch ein anderer: *„Der Doktor erklärte eine Luftveränderung für Karl als besonders heilsam und wohltätig, und so reiste er … kaum halb genesen, mitten in der Kälte des Winters, von unsrer Angst und heißen Wünschen begleitet, nach Deutschland, um in Trier die Nachlassenschaft zu ordnen."*[764] Marx hoffte, unterwegs genügend Samariterinnen zu finden, die ihm Pflaster auf die Wunden legten, und nachdem Engels das nötige Kleingeld für Transport, Kost und Logis im „Gasthof von Venedig" in Trier geschickt hatte, machte er sich auf den Weg in die Heimat.

Trier bedeutete für Karl Marx Kindheit und Jugend, Elternhaus und die Familie von Westphalen. Auf seinen Streifzügen durch die kleine Stadt stieß er überall auf Erinnerungen, die er seiner Frau nicht vorenthalten wollte: *„Liebe gute Herzensjenny, … Wenn ich Dir so spät erst schreibe, geschah es sicher nicht aus Vergeßlichkeit. Umgekehrt. Ich bin täglich zum alten Westphalschen Hause gewallfahrt (in der Römerstraße), das mich mehr interessiert hat als alle römischen Altertümer, weil es mich an die glücklichste Jugendzeit erinnert und meinen besten Schatz barg. Außerdem fragt man mich täglich, links und rechts, nach dem quondam ‚schönsten Mädchen von Trier' und der ‚Ballkönigin'. Es ist verdammt angenehm für einen Mann, wenn seine Frau in der Phantasie einer ganzen Stadt so als ‚verwunschene Prinzessin' fortlebt."*[765] Das klang etwas übertrieben, aber es ist wahrscheinlich, dass manche sich an Jenny von Westphalen erinnerten.

Marx hielt sich nicht in Trier auf, um Lobeshymnen auf seine Frau zu hören, sondern um das Erbe zu regeln. Als wegen einer fehlenden Vollmacht aus Zaltbommel die Papiere nicht entsiegelt werden konnten, hinterließ er eine Vollmacht und verließ seine Heimatstadt für immer. Bevor er London erreichte, so schrieb Jenny an Ernestine Liebknecht, *„erkrankte er von Neuem u. hatte kaum noch Zeit nach Holland zu seinem Onkel zu reisen, wo die Krankheit mit neuer Heftigkeit ausbrach; zum Glück ward ihm im Hause der Verwandten die beste Pflege und Hege zu Theil."*[766] Marx litt zwar unter den Furunkeln und Karbunkeln, aber es ging ihm den Umständen entsprechend bestens; ein Arzt, der Mann seiner Cousine Henriette, war zur Stelle, und sogar Onkel Lion, „ein famoser, alter boy", half Pflaster aufzulegen. Karl genoss fast seine Krankheit, pflegte und hegte ihn doch auch seine „liebenswürdige, witzige und mit gefährlich schwarzen Augen versehne Cousine". Und die treue Gattin? Sie war beruhigt, dass Karl gut betreut wurde. Wochenlang war der Mann nicht transportfähig, denn kaum war ein Karbunkel abgeheilt, wucherte ein neues an anderer Stelle, und besonders eines, so Marx an Engels, plagte *„dicht unter dem Platz, von dem es bei Goethe heißt: Und wenn er keinen Hintern hat, wie will der Edle sitzen?"*[767] Immerhin konnte der Kranke mit dem Onkel und der liebreizenden Cousine über den Rhein promenieren und trotz aller Schmerzen vergnügt die weihnachtliche Zeit im Kreise der holländischen Verwandtschaft verbringen. Seiner Familie ging es nicht so gut, wie Jenny Ernestine Liebknecht mitteilte:

„Fern von ihm, von Angst u. Sorge gefoltert, von einer, durch die lange kostspielige Krankheit stark angeschwollenen Schuldenlast fast erdrückt, beinahe des Athmens beraubt, saßen wir da, traurig, vereinsamt, hoffnungsarm." [768] Und in ihren Erinnerungen notierte sie: *„es war eine schreckliche Zeit – dieser einsame, trostlose Winter!!"* [769]

Erst am 19. Februar 1864 kehrte Marx zurück, eine Woche nach einem bedeutenden Ereignis. Am 12. Februar war Jenny 50 Jahre alt geworden, ein halbes Jahrhundert! Obwohl sich die Töchter bemühten, der Mutter ein schönes Fest zu bereiten, fehlte der Mann, für den sie so viel aufgegeben und ertragen hatte. Marx selbst kam in bester körperlicher Verfassung zurück, der Aufenthalt in Holland war ihm nicht nur seelisch, sondern auch körperlich prächtig bekommen. Er war, weil er mit dem Rauchen aufgehört hatte, sehr stark geworden, und nicht, wie von Engels befürchtet, ganz dünn und abgemagert. Frau Jenny war froh, die Bürde des Alltags nicht mehr alleine tragen zu müssen, forderte Beistand und nervte damit den Gemahl, der nach so angenehmen Wochen Schwierigkeiten hatte sich einzugewöhnen und sofort nach Manchester flüchten wollte. Furunkel verzögerten seine Abreise – und ein Umzug. Seine Familie war glücklich, wie sich Jenny erinnerte: *„Mit dem kleinen Erbschaftsanteil, den Karl sogleich bar mitbrachte, ward es uns möglich, uns aus Ketten und Banden, Schulden, Pfandhaus etc. loszulösen. Zum Glück fanden wir eine sehr hübsche, gesunde Wohnung, die wir uns recht bequem und relativ elegant einrichteten. Ostern 1864 bezogen wir das neue, sonnig gelegene, freundliche Haus mit den luftigen, hellen Räumen."* [770] Recht überheblich nannte Jenny Marx das Erbe klein; es waren immerhin 580 Pfund! – die größte Summe in der Hand Jennys und Karls. Sie konnten Schulden abbezahlen, ihre Besitztümer aus dem Pfandhaus holen und umziehen. *„Ich hielt es für besser das Geld in dieser Form anzulegen als es so nach u. nach in Kleinigkeiten zu zersplittern"* [771], meinte Frau Marx zu Ernestine Liebknecht, um dann den wahren Grund für den Tapetenwechsel einzugestehen: *„Sie glauben nicht, wie schrecklich mir seit dem Tod unsrer kleinen Marianne das alte Haus geworden war und wie glücklich wir uns alle in den neuen, heiteren Räumen fühlen."* [772] Lastete doch eine Schuld, ein Fluch auf der alten Wohnung durch das tragische Ableben des Dienstmädchens Marianne?

Der Umzug Anfang April 1864 nach 1, Modena Villas, Maitland Park, Haverstock Hill, N. W. London war mit viel Arbeit verbunden,

Modena Villas, 1864

und bis das Haus endgültig möbliert war, vergingen Monate. Die neue Umgebung sollte vor allem der Gesundheit förderlich sein, und Marx meldete Engels prompt positive Auswirkungen: Jennychen huste zwar noch, sei aber viel munterer in dem neuen Haus. Ob man manchmal Henriette Marx dankte, die dies möglich gemacht hatte – weil sie nicht ihr Geld verschleudert hatte?

Wenig später trauerten Jenny und Karl Marx aus ehrlichem Herzen. Am 2. Mai 1864 schreckte sie die Nachricht auf, dass Wilhelm Wolff, der seit längerem krank gewesen war, mit dem Tode ringe. Marx handelte unverzüglich im Einverständnis mit seiner Frau und *„eilte sogleich hin und ward noch einmal vorübergehend von dem treuen Freunde erkannt."*[773] Am 9. Mai erhielt Jenny die Nachricht: *„Poor lupus starb heute, 10 Minuten nach 5 Uhr nachmittag. Ich komme soeben von der Leiche. … Mit ihm ist einer unserer wenigen Freunde und Mitkämpfer hin. Er war ein Mann im besten Sinn des Wortes."*[774] Das stimmte aus seiner Sicht, während Engels sich in seinem Brief an Weydemeyer irrte, als er behauptete: *„Das war ein ganz andrer Verlust für die Partei als Lassalle. So einen eichenfesten Kerl, der so zum Volk zu sprechen wußte und stets im schwierigsten Moment erst recht auf dem Fleck war, bekommen wir nie wieder."*[775] Lassalle ist in die Geschichte als eine der bedeutendsten Persönlichkeiten der deutschen Arbeiterbewegung eingegangen, Wilhelm Wolff hingegen kennen nur diejenigen, die sich eingehender mit der sozialistischen Bewegung im 19. Jahrhundert beschäftigen.

Karl Marx widmete dem „unvergesslichen Freunde, dem kühnen, treuen, edlen Vorkämpfer des Proletariats" den ersten Band des „Kapitals". Dass er dies voller Zuneigung schreiben konnte, war nicht selbstverständlich. Es war nämlich, wie angedeutet, im September 1853 zu einer unschönen Begegnung gekommen, über die Marx voller Empörung in Richtung Manchester giftete: *„Ich saß am Arbeiten. Frau und Kinder im Zimmer. Herein tritt Lupus mit sehr gewichtigem Schritt – ich vermute, um endlich Abschied zu nehmen, da er nie in meinem Hause ein Wort hatte fallen lassen über die bevorstehende Abreise. Ich hatte eine kleine spanische Grammatik von ihm geliehn, …, vielleicht 120 Seiten. Diese Scheisse habe ich ihm, soviel ich mich erinnere, vor 5 Monaten zurückgegeben. Wenn nicht, hat Dronke sie geschossen. Der alte Herr hatte schon an 2 verschiednen Tagen meine Frau und Lenchen nach dem Wisch gefragt, die ihm antworteten, man wolle danach su-*

chen. Gestern Abend also – der Kerl trat gleich knurrend herein – sage ich ihm, in möglichst besänftigendem Tone, ich könne den Dreck nicht finden, ..., ich glaube ihm denselben zurückerstattet zu haben etc etc. Antwortet der Bursche in bäurisch-tölpelhaft-unverschämtem Ton: ‚Du hast es verklopft'. ... Ich springe natürlich auf, folgt Wortwechsel, er verharrt wie ein störrisches Pferd auf seinem Blödsinn, injurirt mich also ‚au sein de ma famille.'" [776] Marx bescheinigte sich selbst Nachsicht mit „idiotisch gewordenen alten Männern" wie Lupus zu haben, zeigte sich aber froh, daß er „ihm endlich die Zähne wies".

Was hatte der preußische Spitzel festgestellt? Unordnung und Chaos. Sollte es folglich so verwunderlich sein, dass eine schmale Broschüre verschwand? Hatte Marx, um jegliche Schuld von sich zu weisen, einfach behauptet, das Buch zurückgegeben zu haben? Wenn er Jahre später verriet, seine Frau habe in einer schwierigen Lage den Versuch gemacht, Bücher von ihm zu „verklopfen", dann konnte dies doch schon längst Praxis gewesen sein. Marx wütete, weil er erkennen musste, dass Freunde seinem Wort nicht bedingungslos glaubten. Die Angelegenheit „Grammatik" brachte ihn so in Rage, dass er sich Luft verschaffen und Engels endlich die Augen über Lupus öffnen musste, nämlich dass der „brave Kleine" gegen ihn „wacker gestänkert" und von ihm „immer mit großem Hinterhalt" gesprochen habe. Der erwartete Dank blieb aus. Engels hatte Hinterlist und Hintergedanken erkannt und hielt sich zurück. Das verärgerte auch die getreue Gattin so, dass sie Engels gegenüber nicht mehr zu schweigen vermochte: *„Eben war der Imandt hier und erzählt, Dronke habe Spanisch studirt und er glaube, bei ihm die kleine ‚verkloppte' Grammatik gesehen zu haben. Es wäre Karl sehr lieb, wenn Sie, lieber Herr Engels, den Dronke gleich nach Empfang dieser Zeilen um das elende Büchlein befragten; so könnte sich die Sache noch vor des Isegrimms Abreise zu dessen eigner Beschämung aufklären. Es kommt Ihnen sicher komisch vor, daß wir aus der dummen Geschichte irgendein Wesen machen, aber man muß das Ganze mit erlebt haben um es zu begreifen; dieser bäuerische rohe Ton, dieses flegelhafte Auftreten, dies brutale Schreien, diesen Exzeß und diese Empörung in meiner und der Kinder Gegenwart. Es wäre gottvoll, wenn sich das verkloppte Buch in des Busenfreunds Händen befände."* [777] Frau Marx bediente sich der bequemen Strategie, den Kontrahenten anzugreifen, anstatt über ihres Ehemannes Verhalten zu reflektieren. Wolff war nicht der Sündenbock, obwohl Jenny und Karl das anders sehen wollten. *„Lupus reist morgen früh ab, wie wir gehört haben. Er hat keinen Abschied von mir und den Kindern genommen“* [778], fügte Jenny überraschend traurig an.

Engels' Distanziertheit hielt an und Marx musste höchst beleidigt und zähneknirschend abwarten. Wenig später siegte seine Einsicht und er schrieb an Engels: *„Du weißt daß jeder momentan seine Mucken hat, und nihil humani etc. … Some jealousy bist Du gewohnt, und au fond ärgert mich nur, daß wir jezt nicht zusammensein und zusammen arbeiten und lachen können, während die ‚Schützlinge' Dich bequem in der Nähe haben.“* [779] Das Ehepaar Marx ärgerte sich zwar über Engels' Sturheit, musste aber letztendlich klein beigeben. Friedrich Engels entzog sich konsequent der totalen Vereinnahmung, zum Wohle ihrer lebenslangen Freundschaft. Mit Wolff verkehrte Marx bald wieder freundschaftlich, und dies zahlte sich letztendlich für die Familie Marx elf Jahre später im wahrsten Sinne des Wortes aus. Jenny notierte: *„In seinem Testament hatte er, nebst einigen kleinen Legaten, Karl, mich und die Kinder zu seinen Haupterben eingesetzt, und es stellte sich jetzt zum ersten Mal heraus, daß der schlichte, so einfach lebende Mann sich durch übermäßigen Fleiß und Anstrengung das ganz ansehnliche Vermögen von 1.000 £ zusammengespart hatte. Ihm war es nicht vergönnt, im Alter ruhig und sorglos die Früchte seiner Arbeit zu genießen. Uns brachte es Hilfe und Erleichterung …“* [780] Jenny und Karl Marx erhielten 700 Pfund, – die Jenny auch geerbt hätte, wenn Karl vor ihr das Zeitliche gesegnet hätte.

Das Ehepaar genoss den doppelten Geldregen – umgerechnet 1.280 Pfund! Dies bedeutete definitiv ein Ende der Not.

Die Familie war entsprechend entspannt und vergnügt, obwohl Jennylein wieder kränkelte – doch mit Geld ließ sich alles leichter ertragen. Der Arzt Gumpert diagnostizierte wegen asthmatischer Beklemmung Bleichsüchtigkeit und schlug zur Besserung eine seelisch und körperlich aufbauende Reise vor. Man dachte kurz über einen geeigneten Ort nach und entschied sich für Zaltbommel. Der Besuch verzögerte sich durch eine Erkrankung Karls. Jenny an Ernestine Liebknecht: *„Ich schreibe neben dem Bette meines Mannes u. werde jeden Augenblick abgerufen. Bald muß ich ein Basilicumpflaster auflegen, bald einen Umschlag, dann ist Sonnabend u. Sie wissen, was das in London heißt. Butcher, baker, grocer – … das Schellen an der Thür ist unablässig. … u. ich muß noch nach Leicester*

Die Familie Marx mit Engels
(ohne Jenny Marx)

Square um den Mädchen neue Kleider für den holländischen Ausflug kaufen.“ [781] Endlich konnte Jenny mit den Töchtern nach Herzenslust einkaufen, ohne über die Finanzierung nachzudenken. *„Wir sind jetzt nun auch mit aller Macht beschäftigt die 3 Mädchen für die holländische Reise auszufitten u. daß ich da manchen Stich getan, brauche ich Ihnen nicht zu sagen – namentlich wenn es gilt vor holländischen Verwandten respectabel zu erscheinen. Da bekannter Maßen die ‚moralischste' aller Nationen zugleich auch die reinlichste u. pedantischste ist“* [782], verkündete sie der Brieffreundin. Vor der großen Reise erholten sich Marx und Jennychen in Ramsgate, Laura und Tussy folgten, und Helene kam zuletzt nach – nur die fleißige Hausfrau verzichtete, sie hatte zu tun. Zu Frau Liebknecht: *„Ich hütete das Haus u. schanzte tapfer drauf los um sie alle für die große Reise auszustatten.“* [783] Mann und Mädchen dankten für die mütterliche Mühe und Selbstlosigkeit mit „einer Ladung von Briefen“. Jenny berichtete im Gegenzug vom Greenhaus Jennychens, den Katzenbabys, von 80 Töpfen Gelee, Marmelade und Konfitüren und von den Näharbeiten für die Hollandreise, schlussfolgernd, dass es zu Hause „nichts Interessantes“ gebe, mit Ausnahme einer gesellschaftlichen Verpflichtung bei Mrs. Lormiers. An diesem Vergnügen durfte die Familie brieflich teilhaben: *„Ich … trollte gestern Punkt 3 in meinem feinsten Kostüme, falschem Diamantenschmuck (der arme Praktiker hat noch immer keine ways und means zur Übersendung der Kette gefunden) und weißem Operacloak zu Lormiers. Mrs. Lormier hatte ein wahres Kunstgericht, trotz Brillat-Savarin, fabriziert und eine Pastet gebacken, die, auf etwas schlüpfrigem Boden ruhend, alle Finessen der Welt enthielt, vom Champignon bis zum Kalbshirn, die schwarze Trüffel nicht zu vergessen. Doch dies war bloß das entrée – ein ungeheurer gigot folgte dann, und Aprikosentorten, umgeben von Erdbeeren und Kompotten, bildeten das Dessert. Es wurde furchtbar gearbeitet, jedem einzelnen, meine Wenigkeit nicht ausgenommen, standen die Schweißtropfen der Angst und der Arbeit auf der Stirn.“* [784] Herrlich war das Essen und herrlich die Erzählkunst Jennys. In diesem Ton plauderte sie noch über so manches, bevor sie wieder ernsthaft anmerkte: *„Doch nun, ehe ich Euch vale faveque als alter Lateiner sage, bitte ich Dich, lieber Karl, Euren Aufenthalt in Ramsgate doch jedenfalls noch etwas auszudehnen. Es ist Dir sicher nicht gut, grade in der Hitze zurückzukehren, und die Wirkung auf die Gesundheit beginnt wirklich erst mit der 3ten und 4ten Woche. Es kostet ja nur die Miete mehr, und da Ihr einmal am Meer seid, bleibt ja noch länger! Ich* *bin fest überzeugt, daß Du nur gründlich an der See zu kurieren bist. Was hilft es, wenn Du nur halb die Kur durchmachst?"* [785] Liebevoll war die Gemahlin um das Wohlergehen des Gatten besorgt – und im Moment war es kein Problem, den Aufenthalt um ein paar Tage zu verlängern. Danach wollte Marx mit Töchtern für vier Wochen nach Holland aufbrechen, und Jenny würde mit Lenchen zu Hause bleiben. *„Aber wie Schade, daß Sie nicht auch auf der großen Tour nach Holland mitgehen! Denn nach all dem Umzugs- u. andern anxieties bedürfen Sie gewiß auch der Erholung!"* [786], bedauerte Ernestine Liebknecht Jennys Entscheidung. Hätte es ihr nicht Spaß gemacht, zu Onkel Lion zu fahren? Ganz entspannt an der Seite ihres charmanten, klugen Mannes und ihrer geistreichen, schönen Töchter? Oder saß die Schmach bezüglich der katastrophalen Reise vor fast eineinhalb Jahrzehnten noch zu tief?

Die ersehnte Reise nach Holland zerschlug sich. Frau Liebknecht erfuhr: *„Ich war mit allen Unter- u. Obergeschichten glücklich fertig geworden u. fing schon an die Koffer zu packen, da kam plötzlich die Nachricht von Holland, daß die Magd des Onkel die smallpox bekommen u. daß nun das Bewohnen des Hauses zur Unmöglichkeit geworden war. So fiel die ganze Reise ins Wasser u. so stürzten plötzlich alle Luftschlösser zusammen."* [787] Der Mann und die bitter enttäuschten Töchter blieben zuhause, während Mutter Jenny sich in Brighton in einer Privatfamilie als „parlour boarder" mehrere Wochen lang vergnügte. Das Alleinsein und die Distanz vom häuslichen Trubel taten ihr gut, und sie blickte zuversichtlich wie seit langem nicht mehr in die Zukunft.

In dem neuen Zuhause konnte man angemessen repräsentieren und die beiden älteren Töchter gesellschaftsfähig machen. Das war geboten, denn, so erinnerte sich Jenny, *„die Mädchen waren so oft eingeladen worden u. hatten sich nie revanchiren können. Sie nahmen zuletzt keine Einladungen an."* [788] Das änderte sich. *„Am 12ten Oktober gaben wir in unserm neuen Haus den ersten kleinen Ball, dem später noch einige kleinere Parties nachfolgten."* [789] Für den „kleinen" Ball war formvollendet eingeladen worden: *„Dr. Karl Marx and Frau Jenny Marx, née von Westphalen, invite the pleasure of your compagny at a ball given at their residence, 1 Modena Villas, Maitland Park, Haverstock Hill London NW, on october 12 1864."* [790] 50 Einladungen wurden verschickt, und die Gäste kamen gerne. Wenn ein bekannter Sozialrevolutionär und seine adlige Gattin sich die Ehre gaben einzuladen, durfte man nicht absagen. *„Die Geschichte lief glorious ab u. war ein real succes. 50 junge Herren u. junge Damen drehten sich bis Morgens gegen 4 Uhr im lustigen Wirbel herum u. unsre im untern Eßzimmer zierlich geschmückte Tafel schien allen köstlich zu munden. Es blieben aber doch noch so viele beaux restes übrig, daß wir am folgenden Tag eine kleine Nachlese u. ein Kinderfest für Tussy geben konnten, ohne mehr dazu zu kaufen"* [791], freute sich Jenny bei Frau Liebknecht. Wie schön war das Leben ohne Geldsorgen, und zur allgemeinen Befriedigung trug auch der zunehmende politische Einfluss von Karl Marx bei. Marx saß seit September 1864 als „korrespondierender Sekretär für Deutschland, zeitweise auch für Belgien, Holland und Russland" im Präsidium der neu gegründeten „Internationalen Arbeiterassoziation" und wurde mit der Ausarbeitung des Programms, der „Inauguraladresse", beauftragt.

Tiefe Vertrautheit mit Ernestine Liebknecht

Nur einigen Menschen fühlte sich Jenny Marx so eng verbunden, dass sie Einblick in ihr Denken und Fühlen gab, in ihr Herz blicken ließ. Zu diesen Vertrauten zählten Ernestine und Wilhelm Liebknecht, einer der bekanntesten sozialdemokratischen Politiker. Am 29. März 1826 in Gießen geboren, studierte er in Gießen, Berlin und Marburg Philologie, Philosophie und evangelische Religion. Schon früh wurde er mit dem Kampf gegen die soziale Ungerechtigkeit konfrontiert, denn in seiner Familie wurde die Erinnerung an seinen Großonkel Friedrich Ludwig Weidig wachgehalten. Weidig hatte mit Georg Büchner zusammen die Flugschrift „Der Hessische Landbote – Friede den Hütten, Krieg den Palästen" verfasst, und obwohl er zu Büchners Missfallen den Text entschärft hatte, war die Schrift so explosiv, dass sie verboten und Pfarrer Weidig bei der heimlichen Verbreitung 1834 verhaftet wurde. Drei Jahre später starb er unter ungeklärten Umständen im Gefängnis. Vermutlich beging er Selbstmord, weil er die unmenschlichen Haftbedingungen und die Folter nicht länger ertragen konnte.

Liebknecht entging diesem Schicksal. Nach einem ersten Exil in der Schweiz ging er nach Ausbruch der Revolution im Februar 1848 nach Frankreich, kämpfte auf der Seite der Aufständischen zunächst in Paris

Wilhelm Liebknecht

und später mit Struve und anderen Freischärlern für die Errichtung einer „Deutschen Republik" in Baden. Ein von ihnen in Lörrach angezettelter Aufstand wurde niedergeschlagen, Liebknecht auf der Flucht in Säckingen aufgespürt, verhaftet und am 23. September 1848 ins Gefängnis nach Freiburg gebracht. Dort war der ehemalige Unteroffizier Landolt als Gefängniswärter für ihn zuständig, der seine 16-jährige Tochter Ernestine für Handlangerdienste einspannte. Sie brachte den Gefangenen das Essen, auch dem jungen Mann aus Hessen. Beide verliebten sich ineinander, und Ernestine eröffnete sich eine ganz neue Welt. Sie erlebte, dass es Menschen gab, die sich mit der bestehenden Ordnung nicht abfanden, sondern das Los der Unterdrückten verändern wollten, und sie erlebte, dass der von den Behörden wie ein gemeiner Krimineller behandelte Revolutionär Liebknecht im Mai 1849 nach einem Freispruch unter dem Jubel der Bevölkerung aus dem Gefängnis entlassen wurde. Sie freute sich mit ihm, und doch bedeutete dies die Trennung, da der junge Mann die Revolution noch nicht als gescheitert ansah. Ein halbes Jahr nach Erwachen ihrer Liebe schworen sie sich ewige Treue, und Liebknecht versprach, sobald er irgendwo festen Fuß gefasst habe, sie als seine Frau zu sich zu holen. Ein Versprechen, wie es von Verliebten gemacht wird, um sich über den Trennungsschmerz hinwegzutrösten, und dann vergessen wird.

Liebknecht beteiligte sich an der Schlacht in Rastatt im Juli 1849 und setzte sich nach der Niederlage der Aufständischen wieder in die Schweiz ab. Die junge Frau hörte lange Zeit nichts von dem Geliebten und musste sich mit dem Gedanken abfinden, für ihn nur eine angenehme, schöne Ablenkung in einer schlimmen Lebensphase gewesen zu sein. Aber nach fast zwei Jahren erreichte Ernestine ein Brief aus London, wohin sich Liebknecht geflüchtet hatte. Sie las eine wahre Liebeshymne, und sie war nicht abgeneigt, den Liebesschwüren zu vertrauen, obwohl sie sich in der langen Zeit des Wartens mit einem anderen Mann verlobt haben soll.

Es sollte bis zu einem Wiedersehen noch dauern. Ernestine, die bei der Mutter lebte, schlug sich in Freiburg – vermutlich als Dienstmädchen – recht und schlecht durch, und Liebknecht ging es so miserabel, dass sogar die verehrte Frau Marx weitertrug, Liebknecht habe nichts zu beißen. Bei ihr fand er Trost: *„Sie war mir bald Iphigenie, die den Barbaren* *sänftigt und bildet, bald Eleanore, die dem mit sich Zerfallenen, an sich Zweifelnden Ruhe gibt – Mutter, Freundin, Vertraute, Beraterin... Und ... wenn ich in London nicht zugrundegegangen bin, dann verdanke ich es zum großen Teil ihr, die, wenn ich dachte, in dem brandenden Ozean des Flüchtlingselends zu versinken, mir ... wieder Mut gab zu schwimmen.*"[792] Liebknecht erinnerte sich aber auch an eine andere Seite von Frau Marx. Bei dem geringsten Anflug von Keckheit habe sie ihm und anderen jungen Männern, als sie einmal wagten, ein nicht ganz sittsames Lied zu singen, einen Blick zugeworfen, der ihnen das Wort auf der Zunge gefrieren ließ.

Ernestine blieb nur Vertrauen in Liebknecht – eine gewaltige Anforderung an die junge Frau. Als Liebknecht endlich eine feste Anstellung hatte, beschwor er sie, nach England zu kommen. Ernestine kämpfte mit Zweifeln: Sollte sie ohne jede Rückversicherung zu diesem Mann reisen? Als katholisches Mädchen zu einem evangelischen Mann? Was, wenn sie sich nicht mehr gefielen? Konnte sie dann überhaupt noch zurück in die Heimat, ohne als leichtfertiges Wesen abgestempelt zu werden?

Ernestine Landolt zeigte enorme Stärke, als sie ihre Heimat verließ und nach England in eine unbekannte Zukunft aufbrach. Im August 1854 wurde sie von einem überglücklichen Liebknecht in ihr neues Zuhause geführt, ein überaus bescheidenes Dachstübchen in der Church-Street 14 in Soho. Einen Monat später, am 17. September 1854, wurde Ernestine Frau Liebknecht. *„Er hat sie geheiratet, kirchlich und bürgerlich. Es scheint beiden sehr weh zumute zu sein. Seine Stelle geht flöten, da die Leute fortziehn. Sein Honigmond, gefeiert No.14 Church Street, in einem Haus, dem er verpfändet ist, ist so sehr verbittert*"[793], trug Marx an Engels weiter. Wilhelm Liebknecht hatte gerade seine einzige Existenzsicherung als Lehrer verloren, und da eine der Töchter seiner Hauswirtin ein Auge auf ihn geworfen hatte, schätzten sie die neue Bewohnerin wenig und drohten bei Mietrückstand mit sofortiger Räumung. *„Wer zwang den Esel, der alle diese Umstände kannte, zu heiraten und gerade jetzt? Da die Person sich in der Zwischenzeit schon einmal in Deutschland verlobt, war ja ohnehin der Kasus nicht zwingend*"[794], kommentierte Karl Marx herablassend.

Die junge Frau zeigte sich hilfsbereit. Selbstlos bot sie Caroline Schöler im Sommer 1856 in ihrer engen Wohnung eine Bleibe an, obwohl sich ihre eigene Situation verkompliziert hatte, wie der erfahrene Vater Marx seinem Freund Engels zutrug: *„Liebknecht ist endlich zu etwas* *gekommen, nämlich zu einem jungen Liebknecht.“* [795] Dieses freudige Ereignis musste selbstverständlich auch Frau Marx aus Trier bei der jungen Mutter kommentieren: *„Lina schreibt mir, daß Ihr baby … so prächtig herangewachsen u. gediehen sein soll. Ich freue mich herzlich darüber, da ich weiß wie groß das Glück der Mutter ist, wenn sie auf den heranblühenden Knaben schaut. Und dennoch kommt nie der Freude über den Besitz eines geliebten Kindes der Schmerz gleich, den der Verlust uns macht. Ich kann u. kann wenigstens nicht Herr darüber werden, u. je länger die Zeit wird, daß ich das liebe Kind misse, desto mehr u. schmerzlicher gedenke ich seiner.“* [796] Der Schmerz um Musch verging nie. Auch an der jungen Familie Liebknecht erfüllte sich die Statistik, nach der ein Viertel aller Kinder das erste und die Hälfte das fünfte Lebensjahr nicht erreichten. Richard Carl Liebknecht, am 2. Juni 1856 geboren, starb am 8. Juli 1857 an einem Stimmritzenkrampf. Wenige Monate später, am 26. November 1857, wurde Alice Emily geboren. Trotz dieses neuen Sonnenstrahls verdüsterte sich das Gemüt der jungen Mutter, und sie fuhr im Sommer in die Heimat, unentschieden, ob sie für immer bleiben sollte. Liebknecht kämpfte um sein Kind und seine Frau, und es gelang ihm, die drohende Trennung zu verhindern. Nach heftigen inneren Konflikten spürte Ernestine, dass sie mit ihrem Mann zusammenbleiben wollte und kehrte nach England zurück. Ihr einziges Glück, so hatte sie erkannt, waren ihr Mann, der sie liebte, ihr Kind und, wenn sie auch manchmal fast daran verzweifelte, der unbedingte Kampf ihres Mannes für eine neue, gerechtere Welt. Sie lebte sich wieder in der britischen Hauptstadt ein und war nicht glücklich, als ihr Mann im Sommer 1862 eine Stelle als Redakteur in der „Norddeutschen Allgemeinen Zeitung“ in Berlin annahm. Doch ihr Platz war an seiner Seite. Marxens boten Ernestine samt Tochter Alice eine Woche lang Quartier, damit sie in Ruhe ihren Haushalt auflösen konnte. In diesen Tagen entstand die tiefe Vertrautheit zwischen den beiden Frauen.

In Preußen machte Ernestine schlimme Zeiten durch, da ihr Mann sich nicht verbiegen und nicht kaufen ließ. Wann immer eine Zeitung, für die er schrieb, sich dem staatlichen Druck beugte, kündigte er, obwohl diese Entscheidungen immer Not für die Familie mit sich brachten.

In diesen schwierigen Zeiten erfreuten Briefe von Jenny Marx, die voller Vertrauen und Zuneigung waren. Sie wollte die Schwergeprüfte trösten, aufbauen und Solidarität zeigen – und sie selbst spürte, dass ihr leichter ums Herz wurde, wenn sie ohne Scheu alles Belastende aussprechen konnte. In einem Brief an Ernestine Liebknecht vom 19. Januar 1863 schrieb Jenny: *„Wir haben sie auch in diesen letzten Leidenszeiten oft zu uns zurückgewünscht u. sie schmerzlich vermißt. Sie werden mir diese Äußerungen vielleicht nicht glauben, u. denken Papier sei geduldig und wehre sich nicht gegen Phrasen und Redensarten – ; ich hatte Ihnen während ihres Hierseins im Ganzen nicht viel Sympathie gezeigt u. durch mein seltnes Kommen mit Recht den Schein der Kälte, Verhärtung u. Entfremdung auf mich geladen.“* [797] Unter dem Eindruck vom Tode Mariannes, ihres Schwagers und nach all' den Aufregungen nach Mary Burns' Ableben gestand Jenny: *„Doch, meine liebe Frau Liebknecht, wenn man so lange, lange Jahre fast nur Sorgen, Qualen und Angst kennt, wenn Tod, Krankheit und Elend miteinander abwechseln, um das Herz bis ins Innerste zu erschüttern, die Stimmung zu verdüstern und den frischen Lebensmuth zu lähmen, – so ist man wirklich nicht mehr im Stande ganz so für andre zu fühlen, oder selbst wenn man fühlt, seinen Empfindungen Ausdruck zu leihen. Man verschließt oft das Bessre in sich u. zeigt nur das was Schicksal u. Leben schon getrübt u. verkümmert haben. So war es mit mir in den letzten Jahren Ihres Hierseins u. wirklich Frau Liebknecht ich war oft besser als ich scheine.“* [798] Ernestine, gerührt von dieser Ehrlichkeit, fühlte mit und nahm Jenny nicht übel, dass sie sich Monate lang nicht mehr meldete. Im Oktober schrieb Frau Marx, sie sei so „leidend und körperlich herunter“ gewesen, dass ihr *„jede geistige Anstrengung, selbst das Schreiben eines kleinen Briefes, lästig u. anstrengend war. Neben starken nervösen Kopfschmerzen litt ich auch an fast totaler Taubheit, ein Leiden, dessen Schrecklichkeit ich Ihnen, meine gute Frau Liebknecht, leider nicht zu schildern brauche. Wenn ich nun auch mein Verstummen von Wochen bis zu langen Monden dauern ließ …, so habe ich Ihnen und den Ihren stets in innigster, treuster, oft sorglicher Theilnahme gedacht u. oft sehr oft, wenn ich an Mother Shiptons vorbeiwanderte (sehr oft in popbusiness, ein Ausdruck, wodurch wir den ‚Onkel‘ zu vertuschen suchten) u. Ihr Fenster leer u. verlassen fand, sind meine Gedanken zu Ihnen … gewandert.“* [799] Jenny versicherte Ernestine, die mit dem dritten Kind schwanger war, ihre „aufrichtige Theilnahme“ und meinte: *„Ich weiß nur zu gut, was in unsern Verhältnissen die Ankunft eines kleinen ‚strangers‘ heißt. Mit dem Entzücken welch ein Zuwachs von Sorge, Angst u. Mühe!“* [800] Aber Kinder bedeuteten auch Glück, waren für Jenny die „Silberblicke ihres Lebens“! Eine ideale Überleitung, um von den Kochkünsten Lauras, den Fähigkeiten Jennyleins beim Putzen zu berichten, und dass sie selbst während der Abwesenheit Helenes gespült habe, nicht die Mädchen, weil es die Hände „so schrecklich verdirbt". Frau Marx vergaß, dass Ernestine Liebknecht fast ein Leben lang ohne Dienstmädchen auskommen musste. Weiter erzählte sie, dass sie wegen der ewig hungrigen Mädchen gezwungen seien, *„einen luncheon einzuschieben, wogegen das formelle dinner regelmäßig erst um 5 Uhr Abends Statt hat. Ein umständlicher thee vertritt nun um 8 Uhr die Stelle des suppers. Außer diesen kleinen innern Veränderungen ist alles andre im alten Gleise geblieben u. ein Tag schiebt sich so in gewohnter Alltagsweise nach dem andern dahin – hier und da durch ein Concert, einen kleinen Ball oder einen verstohlenen Gang in die Theaterregionen unterbrochen."*[801] Doch Jenny führte noch weitere Veränderungen auf: *„Zugleich hat auch mit unsrem ‚drawing-room' von so großen Dimensionen eine Umwandlung stattgefunden. Mit Hilfe des Popmanns der noch immer meine rechte Hand ist, hat sich der felt carpet in einen Brussels verwandelt, hat der wacklige Theetisch zur Verhüllung seiner krüppligen Beine einen blaugr. Teppich übergehangen bekommen, auf dem sich die neuen hübsch angefüllten Albums hübsch ausnehmen. Auch für das alte riesenhohe tonlose Klavier ist durch Tauschhandel eine Art Etagère erstanden worden und auf dem sehr kümmerlichen Cheminée brilliren jetzt statt der zweideutigen Wachsblumen u. für alte Stiefel u. Röcke eingetauschten Vasen, ein paar anständige ornaments, die alten gefärbten purpurnen Gardinen sind durch weiße ersetzt worden u. zwischen ihren Häuptern Körbchen mit hübschen grünenden Schlingpflanzen, so daß das Zimmer jetzt einen ziemlich freundlichen Anblick gewährt. In den untern Regionen treten wir jetzt auf dem zum souterrain erniedrigten felt carpet und ein Dutzend Rohrstühle haben die alten zitternden u. bebenden, 3 u. 2 beinigen grünen Lederstühle verdrängt, die ihrerseits wieder den flight in die Höhe gemacht haben u. die Rolle der ‚mutes' in den Schlafstuben spielen."*[802] Die Neugestaltung der Räume im Oktober 1863 war nicht die einzige Beschäftigung für die Hausfrau. Mit Helene und *„mit Hülfe des Färbers, u. mit so manchem Drehen, Wenden und Flicken sind die Kinder so ziemlich für den Winter flott gemacht"*[803] worden.

Ernestine antwortete umgehend und bat: „… *meine liebe Frau Marx, behalten Sie mich lieb u. glauben Sie, daß, obgleich meine Briefe selten sind, dennoch kaum ein Tag vergeht, an dem ich nicht an Sie und all die Ihrigen mit aufrichtiger Liebe u. Dankbarkeit zurückdenke."*[804] Ihr Mann bestätigte die enge Verbundenheit: *„Wir haben hier zwar viele und gute Freunde, sind aber* *dennoch ‚Fremdlinge'; das Herz ist in der ‚Schmerzensheimat' London bei den alten Kriegskameraden. Sind sie treu, ist uns da der Rücken gedeckt, dann scheren wir uns nicht um die Philisterwelt.“* [805] Anfang November gratulierte Jenny zur Geburt von Gertrud Elisabeth Pauline am 28. Oktober 1863: *„Zwar hätte ich wohl lieber einen kleinen ‚Herrn der Schöpfung' begrüßt als ein unprotected female; allein die male line kann ja immer noch einmal später an die Reihe kommen; einstweilen vivat hoch dem kleinen Schwesterchen u. vor allem seiner Frau Mama. Ich freue mich, daß Sie wohl sind u. die große last instanze glücklich überstanden haben. Es ist doch immer eine halsbrecherische Affäre u. wohl dem, der der Gefahr nicht mehr ausgesetzt ist.“* [806] Letzteres stimmte, aber ansonsten verblüffte Jenny die Liebknechts vermutlich mit ihrer Bevorzugung eines Jungen. Sie dachte eben ganz traditionell. Mit den Worten: *„Die Schreiberin dieser Zeilen sitzt vor einem glühenden Kaminfeuer in dem ‚drawing room' von den bekannten enormen Dimensionen, umgeben von einer Masse von Strümpfen, die zu große Augen machen und denen ein Riegel vorgeschoben werden muß. Schreckliche Aussicht! … Ihre alte Freundin Jenny Marx“* [807], verabschiedete sich die fleißige Hausfrau.

Im Freundeskreis sprach sich schnell alles Neue herum, so auch der Umzug der Marxens im April 1864. Jenny ließ es sich nicht nehmen, Ernestine das neue Heim vorzustellen: *„Könnte ich Sie doch in unsern ‚drawing-room' führen oder in das reizend mit Blumen u. Schlingpflanzen ausgeschmückte Treibhaus, das unter Jennychens Leitung ganz wunderbar gedeiht. Doch vorher ehe Sie ins Innerste des Heiligthums dringen muß ich Sie doch mit dem Terrain des Palais vertraut machen. Erinnern Sie sich der kleinen Capelle ganz am Eingang in den Park? Dicht daneben wurden zwei allerliebste, elegante Häuser gebaut. Das erste davon – nicht neben der Kirche, sondern das erste Haus beim Eingang in den Park ist unser jetziges Domicil. Eine breite elegante Treppe führt, durch einen kleinen Blumengarten hindurch, in das Haus, dessen geräumige, schöne Halle jedem auffällt. Vom früheren Bewohner kauften wir die sogenannten fixtures ab u. statt das Haus wie früher aufs spärlichste einzurichten, wandten wir diesmal etwas mehr an die Einrichtung u. Ausschmückung desselben, so daß wir jetzt ohne Scheu jeden bei uns aufnehmen können. … Die Mädchen haben sich ganz allerliebste Schlafstuben zurecht gemacht u. das von Jennychen ist eine Art Shakespeare-Gallerie. Wie leicht könnten wir Sie jetzt mit Ihren Mädchen aufnehmen u. wie oft haben wir schon daran gedacht! Das Beste ist aber die freie, gesunde Lage des Hauses, das so zu sagen ganz im Freien steht,* *weder Nachbarn noch vis-a-vis u. dabei einen großen geräumigen Garten hat.“*[808] Nach all’ diesen erfreulichen Neuigkeiten sprach Jenny ganz offen über ihre Befindlichkeit: *„Vielleicht gehe ich .... auf einige Tage an die seaside – die ich auch bitterlich nöthig habe. Sie glauben nicht, wie elend ich mich oft in der Zeit gefühlt habe – ich meine oft all’ mein esprit sei für immer gebrochen, ich habe wirklich im Leben zu viel durchgemacht – doch ich will nicht weiter von mir reden. Sie können denken, wie mir oft zu Muthe war u. ist.“*[809] Dies war eine Bilanz langer Jahre, ohne Beschönigung einer Frau gegenüber, die in ihrem Leben noch mehr Mühsal aushalten musste als sie. Jenny versicherte: *„But never mind the head – das Herz ist das alte geblieben – es schlägt mit gleicher Liebe u. Theilnahme für alte gute Freunde u. wird nie aufhören Ihrer in Liebe u. Treue zu gedenken.“*[810] Als die „alte treue Freundin Jenny Marx“ dies schrieb, befand sie sich nach zwei Erbschaften in einer Phase des Wohlstandes und wollte nach so langen Jahren der Not eine gewisse Zuversicht ausstrahlen.

Ein halbes Jahr später meinte Frau Marx zu Ernestine: *„So viel kann man wohl immer sagen, daß im Leben die Wagschale der Leiden tief u. schwer darnieder sinkt mit ihrer Wucht, u. daß die Wagschale mit den leichten, luftigen Freuden meist in die Höhe geschnellt wird von dem bösen schwerwiegenden Gegenpartner, der scale of sorrows.“*[811] Sie beließ es nicht bei Worten der Resignation: *„Das schöne Weihnachtsfest, das heitre, liebliche Kinderfest rückt heran u. ich freue mich Ihren Kindern dieses Mal das Christbäumchen anzünden zu können. Machen Sie sich mit der kleinen, hier beigefügten Sendung einen vergnügten Weihnachtsabend u. gedenken Sie dann freundlich Ihrer fernen Freunde, die hoffentlich dieses Jahr auch ein heitres Fest begehen werden.“*[812] Der Inhalt des Paketes waren keine Kinderkleider oder Süßigkeiten, sondern Puppen in schönen Kleidern. Ein gut gemeintes Geschenk, aber Franziska Kugelmann verriet später: *„Die Kinder freuten sich sehr, aber Frau Liebknecht hätte diese Stoffe lieber für die Kinder selbst verwendet, denen es am nötigsten fehlte.“*[813] In der bittersten Not, als das Ehepaar Liebknecht nicht wusste, wie es seine Kinder einkleiden sollte, kamen herausgeputzte Puppen ins Haus – und das von einer Frau, die wissen sollte, was eine Familie in finanziell schwierigen Zeiten benötigte. Wilhelm Liebknecht bedankte sich zwar artig für das „famose Weihnachtsgeschenk“, gestand aber: „Wir wissen nicht, wo uns der Kopf steht“. Hoffentlich überstrahlte die Freude der Kinder für Momente die Sorgen der Eltern.

Die Ausweisung aus Preußen 1865 und der Umzug nach Leipzig im Königreich Sachsen kosteten Ernestine die letzte Kraft, sie fühlte sich ausgelaugt, war nicht mehr belastbar. Sie litt unter Husten und ihre Lungen waren angegriffen. Die ersten Anzeichen von Lungentuberkulose zeigten sich. Nicht nur gesundheitlich ging es ihr schlecht, auch materiell hatte sie größte Sorgen. Als Jenny Marx dies erfuhr, raffte sie sich im April 1866 zu einem Brief auf. *„Es ist alles so still u. ruhig um mich her; meine sämtlichen Hausgenossen sind zu einem Abendspaziergange hinaus ins Freie; da muß ich denn rasch das Stündchen der Ruhe und Muße festhalten, um mich mit Ihnen, meine liebe Frau Liebknecht, nach Jahresfrist, einmal wieder ein bißchen traulich zu unterhalten."* [814] Bevor Jenny über ihren Alltag berichtete, entschuldigte sie sich für ihr langes Schweigen: *„Ich muß aufrichtig gestehn, ich bin in dem Jahre ganz schreibscheu geworden, u. alle die Sorgen u. Mühen u. Quälereien, die ich in der Zeit wieder durchgemacht, haben mich oft so melancholisch und trübselig gemacht, daß ich alle Lust zum Schreiben und Aussprechen verlor. Es kostet einen oft Überwindung ehe man sich wieder ans Schreiben giebt, u. dennoch ist es so Unrecht; am Ende ist es doch der größte Genuß sich auszusprechen u. zwar gegen alte Freunde, vor denen man sich nicht genirt u. die aus eigner schwerer Erfahrung alles verstehn u. tief u. innig mitempfinden. Und wie wenig solcher Freunde giebt es, u. wie lange, lange Jahre dauert es, ehe sich wahre Freundschaft ausbildet, u. wie schwer wird das Aufschließen an junge u. neue Bekannte mit denen man keine Vergangenheit durchlebt, an die keine alten lieben Erinnerungen binden u. fesseln. Im vorgerückten Alter wird das Anschließen stets schwerer u. schwerer u. man zieht sich zuletzt am liebsten mit all' seinen Schmerzen und Sorgen, seinen getäuschten Hoffnungen in sein stilles Selbst zurück."* [815] Nach diesem Geständnis berichtete Jenny über aufregende Wochen: *„Um Neujahr hatte Karl, der bis dahin leidlich wohl war, grade das Abschreiben seines Buches begonnen. Es ging ihm famos von der Hand u. ich kann Ihnen nicht beschreiben, mit welcher stillen Genugtuung ich, nach so viel langen, bangen, fast hoffnungslosen Sehnen, das Manuscript stolz zu großem Umfange heranwachsen sah; da plötzlich, Ende Januar, zeigten sich wieder die Spuren von Karls früherer unglückseliger Krankheit; ein Carbuncle nach dem andern brach aus u. was wir Alle in den Tagen u. Wochen ausgestanden haben, vermag ich Ihnen nicht zu beschreiben. Sie können sich Alles denken. Das Leiden dauerte bis Ende März, wo der letzte Abceß sich ausheilte … u. so ging Karl denn auf einige Wochen nach Margate. Nach 14 Tagen gingen Jennychen und*

Tussichen zu ihm u. blieben 10 Tage mit ihm zusammen. Karl hat sich dort sehr erholt, u. von der Hauptkrankheit hat sich bis heute keine Spur gezeigt.“ [816] Es schauderte sie noch immer, wenn sie daran dachte, und sie fügte an: *„Wie viele Sorgen ich mir Tag und Nacht mache, brauche ich Ihnen wohl nicht erst zu sagen. Ebenso können Sie leicht denken, wie sehr durch alle diese Leiden auch das Jugendleben unsrer Mädchen getrübt und verbittert wird. Überhaupt ist es sicher ein wahres deutsches Sprichwort, das meine Mutter mir oft sagte: ‚Kleine Kinder, kleine Sorgen, große Kinder, große Sorgen'. Ich könnte Ihnen auch über die Mädchen u. ihre kleinen Erlebnisse u. Bekanntschaften manches erzählen, aber es sind oft so delicate Verhältnisse, die man selbst nicht gern dem Papier anvertraut.“* [817] Delikate Verhältnisse? Die Mutter schwieg sich aus. Offen sprach sie hingegen aus: *„Dazu kommt noch, daß unsre beiden Mädchen ganz eigene Naturen haben u. durch ihre Erziehung u. eigenthümliche Richtung natürlich mit ihren übrigen Bekannten in peinliche Collisionen kommen müssen. Die Mädchen sind in Ideen u. Ansichten aufgebracht die eine vollständige Scheidewand für die Gesellschaft in der sie sich bewegen, bilden u. andrerseits sind sie wieder äußerlich nicht unabhängig um auf diesen, der bestehenden Welt schroff entgegenlaufenden Ansichten durchdringen zu können.“* [818] Bereute Jenny, dass sie und ihr Mann die Töchter indoktriniert hatten? *„Wären sie reich, so könnten sie auch ohne ‚Taufe, Kirche u. Religion' durchkommen, so aber werden sie beide noch schwere harte Kämpfe durchzumachen haben u. ich denke oft, daß wenn man seinen Kindern kein Vermögen u. keine vollständige Unabhängigkeit von Andern bieten kann, man kaum recht thut sie so in schroffer Opposition mit der Welt aufzubringen. Sie werden sich stets in falscher Position befinden u. mich drücken diese Verhältnisse sehr. Die Mädchen glauben, es sei bei mir oft üble Laune u. Verdrießlichkeit u. doch ist es nichts, als das Bewußtsein, daß sie im Leben nicht auf so viel Glück Ansprüche machen können, als sie sonst wohl berechtigt wären durch äußre u. innre Gaben; denn beide sind, ohne lächerliche Verblendung durch Mutterliebe kann ich es sagen, in jeder Hinsicht hervorragende Erscheinungen, aber eben deshalb vielleicht um so mehr out of place u. out of home.“* [819] Waren das Gewissensbisse einer revolutionären Mutter? Plädierte Jenny Marx für Anpassung? Hätte man die jungen Damen befragt, würden sie ihre politische Meinung als einzig richtige verteidigt und ihre Erziehung gutgeheißen haben. Aus mütterlicher Sicht waren solche Überlegungen akzeptabel, aber konnten Geld und Anpassung wichtiger sein als Bildung und eine eigenständige Meinung? Zuhause konnte Jenny derartige Gedanken nicht aussprechen, und da Briefe von allen gelesen wurden, bat sie die Brieffreundin, *„nicht auf diese im tiefsten Vertrauen gemachten Bemerkungen zu antworten; Mädchen, die in England erzogen wurden u. in englischen Verhältnissen stets gelebt haben, haben dergleichen Herzensergüsse nicht gern.“*[820] Auch was die Institution Kirche samt Sakramenten wie Taufe und Ehe betraf, revidierte Mutter Jenny ihre frühere Haltung: *„Sein Sie froh, daß Alice vielleicht zur ‚Taufe‘ gezwungen wird. Oft schadet eine solche Form weniger als das Unterbleiben derselben. Tussichen amüsierte sich königlich über die Idee ‚godmother‘ bei Alice zu werden.“*[821] Die Töchter Marx waren weder kirchlich getauft, noch gehörten sie einer Konfession an. Jetzt, da sie im heiratsfähigen Alter waren, fürchtete die Mutter, dass eine der Töchter auf ihr Lebensglück verzichten musste, weil sie als ungetaufte Frau für den potenziellen Freier inakzeptabel war. Und doch wäre ein Eintritt in eine Religionsgemeinschaft jederzeit möglich gewesen. Jenny Marx' Haltung zu Gesellschaft, Kapitalismus und Kirche war ambivalent, wenn es um die Zukunft ihrer Töchter ging.

Ernestine Liebknecht machte bittere Zeiten durch, nachdem Anfang Oktober 1866 ihr Mann zu drei Monaten Gefängnis verurteilt worden war. Er hatte trotz Verbotes in Berlin eine öffentliche Rede gehalten und war verhaftet worden. Jenny versuchte, ihr aus der Ferne beizustehen und schickte tröstende Worte: *„Doch, meine liebe Freundin, lassen Sie sich nicht dadurch zu sehr niederbeugen; ich habe selbst so viel in frühern Lebensjahren durch politische Verfolgungen gelitten, daß ich recht gut weiß was das alles heißt: aber ganz offen gesagt, giebt es im täglichen Leben viel schreckliche Kämpfe u. Leiden als die selbst so eclatanter politischer Natur. Die Preußen können ihm au fond nicht viel anhaben u. zu Leide thun, u. er wird sich bald wieder auf freiem Fuße befinden. … Außerdem habe ich selbst erfahren, daß in so äußersten Krisen Freunde u. Parteigenossen oft zu Hülfe kommen u. eher für Frauen und Kinder etwas tun, als wenn der Mann sich in Activität befindet; drum also Muth gefaßt u. bedenken Sie, daß jedes Leiden, dessen Ende man vor sich sieht, zu ertragen ist, namentlich für Jemand, der schon wie Sie so viel gelitten u. so tapfer u. brav u. aufopfernd sich gezeigt hat.“*[822] Die Analyse war richtig: Dem Manne wurde Gewalt durch Verhöre, Untersuchungshaft, Zuchthaus angetan, die Frau wurde mit den Kindern in Sippenhaft genommen, war zumeist mittellos und konnte nur dank der Unterstützung durch politische Gesinnungsgenossen überleben; zudem lebte sie in ständiger Angst um den Mann. Diese indirekte Gewalt konnte schlimmer sein als die direkte, wie das Schicksal Ernestine Liebknechts zeigte. Ihrem Mann brach fast das Herz, als er im Januar 1867 nach der Haft in der Berliner Stadtvogtei seine Frau wiedersah: *„Es war ein schrecklicher Moment, als ich, aus dem Kerker heimgekehrt, die arme Dulderin wiedersah und neben unaussprechlicher Liebe den Tod in ihren Augen las.“*[823] Wochen später schrieb er Karl Marx, *„daß die Rettung meiner Frau nur noch einem Wunder zu verdanken sein könnte. Beide Lungen sind angegriffen, die eine fast zerstört, die Anschwellung der Füße hat bereits begonnen, und die allgemeine Entkräftung nimmt reißend zu – kurz, ich muß die Katastrophe in Bälde erwarten. Das arme Weib! Die Londoner Misere untergrub ihre Gesundheit, meine Ausweisung aus Berlin gab ihr den ersten Stoß bis ins Lebensmark, meine Verhaftung im vorigen Herbst tat den Rest. Sie glaubte nämlich, ich hätte mich in irgendeine Verschwörung eingelassen und lebenslängliches Zuchthaus zu erwarten. So geht sie an den Schlägen zugrund, die mich treffen sollten! Es ist furchtbar für mich, sie so langsam hinsterben zu sehen. Manchmal ist mir, als müßte ich den Verstand verlieren oder hätte ihn schon verloren. Und dazu die materiellen Folgen der Krankheit – geschmälerter Verdienst bei vermehrten Ausgaben.“*[824] Das war fast ein Nachruf auf eine – noch lebende – Frau, die an den Schlägen, die dem Manne galten, zugrunde ging.

Am 5. Mai 1867, an seinem 49. Geburtstag, schockierte Karl Marx seine Familie mit der Nachricht, die ihm Wilhelm Liebknecht hatte zukommen lassen: *„Seine Frau ist nicht zu retten. Sie ist der Katastrophe nahe. Sie läßt Euch alle grüßen und wurde durch Eure Briefe ermuntert.“*[825] Alles Hoffen war vergebens gewesen. Am 29. Mai 1867 informierte Liebknecht Marx: *„Heute Mittag 12 Uhr ist meine Frau gestorben. Der Todeskampf dauerte über 4 Tage. Bitte, schreibe es Deinen, da ich keine Zeit habe, überdies bin ich vom Nachtwachen und dem Brotarbeiten am Sterbebett halb tot. Der Tag der Rache wird kommen.“*[826] Jenny reagierte auf die Todesnachricht mit größter Betroffenheit. Obwohl ihr Mann unterwegs war und sie nicht trösten konnte, musste sie die traurige Nachricht nicht alleine verarbeiten; ihre Töchter weinten mit ihr.

Für Jenny war Ernestines Tod traurig, obwohl sie auf den ersten Blick mit der so viel Jüngeren wenig verband. In London hatte sie Frau Liebknecht lange für ein kleines graues Mäuschen gehalten. Als aber Ernestine die Marx-Kinder ohne zu zögern während Jennys Pockenkrankheit trotz möglicher Gefährdung ihres eigenen Babys bei sich aufnahm, erkannte sie deren Empathie. Von diesem Zeitpunkt an begegnete sie ihr voller Sympathie. Auch nach Ernestines Übersiedlung nach Berlin und später nach Leipzig verfolgte Jenny Marx deren Wohlergehen und versuchte sie mit ihren Briefen aufzuheitern.

Ernestine Liebknecht wurde nur 35 Jahre alt. Ihr Mann wusste, wer schuld am frühen Tode seiner Frau war: die preußische Polizei und die preußische Justiz. Zu Marx: *„So viel steht fest, ohne meine Ausweisung aus Preußen und dann später meine Verhaftung wäre sie heute noch frisch und gesund. Möge der Tag der Vergeltung nicht allzu lange ausbleiben.“* [827] Der Tag der Rache kam nur vier Monate später, im September 1867. Engels an Laura: *„Dein Freund Library ist in Schneeberg in Sachsen glücklich in den großen Norddeutschen Reichstag gewählt worden gegen Graf zur Lippe und wird nun wohl bald eine große Antrittsrede halten. The right man in the right place.“* [828] Auch Jenny jubelte und bedauerte zutiefst, dass Ernestine Liebknecht diesen großen Triumph, für den sie so sehr gelitten hatte, nicht mehr erleben durfte.

Rückfall in die Misere

Das Jahr 1865

Die Erbschaften aus dem Jahre 1864 stimmten Jenny Marx zuversichtlich. *„Dieses Jahr sieht es nun etwas lichter bei uns aus. Wir sind wenigstens der drohenden butcher, baker, grocer, landlord u. Popman's Mienen quitt u. es ist uns möglich geworden, den Mädchen ein hübsches anständiges home zu schaffen, das so ausgestattet ist, daß sie hier u. da, ohne Scham und Scheu, ihre englischen Bekannten bei sich sehen können. Sie glauben nicht, wie sehr sich namentlich Jennychen unsre drückenden Verhältnisse zu Herzen genommen hatte. Ihre Gesundheit hatte dabei so sehr gelitten, daß wir oft Ursache hatten in großer Sorge um sie zu sein. Die Mädchen befanden sich durchaus in einer false position u. wenn man jung ist, ist die Haut noch weich u. empfindlich u. nicht wie bei elderly ladies, wie mich neulich Mr. Pepin … benamste zur Hornhaut geworden“* [829], schrieb sie Ende des Jahres an die zu diesem Zeitpunkt noch lebende Ernestine Liebknecht. Das war Wunschdenken, denn Jenny litt ihr Leben lang unter der Armut, der Abhängigkeit von Engels und den Gerüchten, die ihren Mann betrafen – eine Hornhaut hatte sie nie.

Die Töchter lernten wieder ein anderes Lebensgefühl kennen. Es herrschte eine Heiterkeit und Fröhlichkeit, die nicht für sie gespielt, sondern aus dem Herzen der Eltern kam. Man freute sich, als Schwager Juta an Weihnachten und August Philips am Silvesterabend überraschend auftauchten und Marx unbeschwert im Januar 1865 Freund Engels heimsuchen konnte. Er war zuversichtlich, dass zuhause während seiner Abwesenheit nicht alles drunter und drüber ging, obwohl: *„wenn die Katze fort ist, tanzen die Mäuse“.* [830] Seine „Mäuse“ widmeten sich dem damals beliebten Gesellschaftsspiel „Bekenntnisse“, und Jenny Marx' Antworten sind überliefert:

„Ihre Lieblingstugend	*Aufrichtigkeit*
Ihre Lieblingstugend beim Mann	*Beharrlichkeit*
Ihre Lieblingstugend bei der Frau	*Zuneigung*
Haupteigenschaft	*Empfindsamkeit*
Auffassung vom Glück	*Gesundheit*
Auffassung vom Unglück	*Abhängigkeit*
Das Laster, das sie entschuldigen	*Unentschlossenheit*
Das Laster, das sie verabscheuen	*Undankbarkeit*
Ihre Abneigung	*Schulden*
Ihre Lieblingsbeschäftigung	*Handarbeit*
Ihr Dichter	*Göthe*
Ihr Schriftsteller	*Martin Luther*
Ihr Held	*Coriolan*
Ihre Heldin	*Florence Nightingale*
Ihre Blume	*Rose*
Ihre Farbe	*Blau*
Ihre Lieblingsmaxime	*Es tut nichts*
Ihr Lieblingsmotto	*Nil desperandum.“* [831]

Die Bekenntnisse geben einen tiefen Einblick in Jenny Marx' Psyche: Bei Zuneigung als besonderer Tugend der Frau und Beharrlichkeit beim Mann schimmert traditionelles Rollenverständnis durch. Als unerträglich empfand sie die Undankbarkeit von Weggefährten ihrem

Mann gegenüber, die in schwierigen Zeiten nicht zu ihm standen. Das höchste Gut, das höchste Glück, war Gesundheit; Jenny wusste, wie bedrohlich und zerstörerisch Krankheit war, denn immer wurde ihr Herz schwer, wenn sie an Musch, Franziska und Föxchen dachte – eine ewige Wunde. Bei Unglück mag sie durchaus an die lebenslange Abhängigkeit von Friedrich Engels gedacht haben.

Lange Zeit war nach eigenem Bekunden das Abschreiben der Werke ihres Mannes ihre Lieblingsbeschäftigung gewesen, weil sie die geistige Herausforderung liebte, aber sie nähte auch seit ihrer Jugendzeit mit Leidenschaft.

Als Lieblingsdichter hätte man eher auf Shakespeare getippt als auf den Deutschen Goethe, und Luther als bevorzugter Schriftsteller erstaunt. Las sie lieber die Bibel, seine fundamental kritischen Schriften oder seine Fabeln? Mit Florence Nightingale fühlte sie sich vielleicht wesensverwandt, denn auch sie opferte sich für die Familie und eine bessere Welt auf.

„Es tut nichts!", eine erstaunliche Lieblingsmaxime, die Haltung, Überlegenheit und Leidensfähigkeit umfasst und zu ihrem Lieblingsmotto „Nicht verzweifeln" bestens passt. Wie oft war dieses Motto auch ihr Überlebensmotto! Vielleicht auch im Februar 1865, als sie *„an einem Tag aus(ging), an dem es so geglatteist hatte, daß man förmlich auf einer Schlittbahn zu balanciren hatte. Ich fiel u. verrenkte mir das Handgelenk, so daß ich während eines Monats total gelähmt war."*[832] Nun mussten Lenchen und die Töchter die Haushaltspflichten übernehmen und eine Cousine aus Maastricht und Schwager Juta bewirten. Frau Jenny machte Konversation mit den Gästen.

Krankheiten, Besucher und Reisen verzögerten die für Jahresbeginn 1865 angekündigte Fertigstellung von Karl Marx' großem Werk „Das Kapital". *„Mach jetzt rasch voran. Die Zeiten sind dem Buch sehr günstig und unsre Namen wieder in achtungsgebietender Weise vor dem Publikum. Du weißt, welche Verschleppung im Druck in Deutschland Mode ist. Versäume also den Moment nicht, es kann einen kolossalen Unterschied in der Wirkung machen"*[833], forderte Engels entschieden. Und auch Liebknecht bat Jenny, auf ihren Mann einzuwirken, das Werk, auf das so viele warteten, endlich abzuschließen. Aber ein Karbunkel unter dem Allerwertesten und ein Furunkel an der Lende plagten. Engels erhielt den dezenten Hinweis, Portwein und Claret würden der Gesundung förderlich sein. Gewissenhaft kam er den Wein-Wünschen nach, in einer anderen Angelegenheit hingegen zweifelte man an seiner Zuverlässigkeit. Das Ehepaar Marx war der Ansicht, es stünden noch 40 Pfund aus dem Erbe von Lupus aus, auf die es keinesfalls verzichten wollte.

Nach der Lähmung des Handgelenkes bereiteten Jenny im März die Zähne Schmerzen. *„Jetzt seit beinahe 3 Wochen habe ich an einem furchtbar schmerzhaften Zahngeschwür, einem harten Abceß, gelitten u. der lange anhaltende Schmerz (ich war zu feig, mir den Zahn zu rechter Zeit ausziehn zu lassen) hat mich so angegriffen, daß ich mich wirklich ganz elend u. matt fühlte"* [834], ließ sie Ernestine Liebknecht wissen. Eine erfreuliche Nachricht rückte für einen kurzen Moment alles in den Hintergrund. Edgar, Jennys Bruder, war aus den USA nach Europa zurückgekehrt und nistete sich bei Schwester und Schwager ein. Trotz aller Freude war er ein zusätzlicher, nicht unbeträchtlicher Kostenfaktor, und dies in prekärer Lage. Das eigentlich Unfassbare war nämlich Ende Juli 1865 eingetreten: Das Ehepaar Marx war wieder mittellos. In etwas mehr als einem Jahr hatte es 1.280 Pfund ausgegeben. Auch wenn man von der Tilgung aller Schulden ausgeht, müssen Jenny und Karl das Geld fast mit den Händen hinausgeworfen haben – oder das Geld verschwand in anderen Kanälen. *„Ich bin schon seit 2 Monaten rein auf das Pfandhaus lebend und mit gehäuften und täglich unerträglicher werdenden Sturmfordrungen auf mich. Dies fact kann Dich nicht wundernehmen, wenn Du erwägst: 1. daß das bloße Abzahlen der Schulden und d. Einrichtung des Hauses mich an die 500 £ kostete. Ich habe darüber pence für pence (as to this item) Buch geführt, weil es mir selbst fabelhaft war, wie das Geld verschwand. … Ich wollte im Anfang zu Dir kommen, um die Sache persönlich zu besprechen"* [835], umriss Karl Marx gegenüber Engels das Dilemma. Die Hektik der häuslichen Ereignisse verhinderte das Treffen und Marx musste seiner Verzweiflung schriftlich Ausdruck geben: *„Ich versichre Dir, ich hätte mir lieber den Daumen abhauen lassen, als diesen Brief an Dich zu schreiben. Es ist wahrhaft niederschmetternd, sein halbes Leben abhängig zu sein."* [836] „Daumen-Abhauen" war keine Lösung, auch nicht für einen verzweifelten Marx, der sein ganzes Leben lang abhängig von anderen war, zuerst von den Eltern, was normal ist, dann von Engels. Um diese Abhängigkeit für Marx erträglich zu machen, hatten die Freunde im Laufe der Jahre eine gegenseitige Bringschuld vereinbart, auf die der unglückliche Marx jetzt dankbar hinwies: *„Der einzige Ge-*

danke, der mich dabei aufrecht hält, ist der, daß wir zwei ein Compagniegeschäft treiben, wo ich meinen Teil für den theoretischen und Parteiteil des business gebe.“ [837] Der Freund, an das „Compagniegeschäft“ erinnert, überwies umgehend 50 Pfund, damit vor allem die Mädchen nicht zu sehr unter der plötzlichen Misslage leiden mussten, und 20 Pfund, nachdem er erfahren hatte, dass Frau Marx sich im Juli *„die 2 Vorderzähne in der Mitte der untern Kinnlade ausgebissen (hat) und gestern 4 Zähne dafür eingesetzt erhalten (hat).“* [838] Engels kam für die Kosten ohne direkte Aufforderung oder Bitte auf. Im Laufe der Zeit hatten Jenny und Karl Marx erkannt, dass sie nicht plump fordern oder betteln mussten, es reichte, wenn sie gesundheitliche Probleme anführten und die Vorgänge dramatisch erhöhten. Karl Marx wusste wohl, dass seine Schnorrerei eine Zumutung war, und deshalb begründete er die Mittellosigkeit, in der sich die Familie befand, bei Engels immer außerordentlich geschickt. So auch im Juli 1865: *„Ich wohne … zu teuer für meine Verhältnisse, und außerdem haben wir dies Jahr besser gelebt als sonst. Aber es ist das einzige Mittel, damit die Kinder, abgesehn von dem vielen, was sie gelitten hatten und wofür sie wenigstens kurze Zeit entschädigt wurden, Beziehungen und Verhältnisse eingehn können, die ihnen eine Zukunft sichern können.“* [839] „Beziehungen und Verhältnisse“ waren natürlich nicht im wörtlichen Sinne gemeint, sondern es ging um die Suche nach einem passenden Mann. Marx vertrat, was seine Töchter anging, die bürgerlich-adlige Gesinnung. Eine Berufstätigkeit, die es einer Frau ermöglicht hätte, selbständig ihren Lebensunterhalt zu verdienen, schien kein väterliches Anliegen; wichtig war eine möglichst gute Partie.

Die Geldnot war nach dem unbeschwerten Firlefanzleben besonders bitter, und erstmals seit vielen Jahren konnte die Familie sich nicht an der See erholen, konnte sich keinen „kleinen Stock von Gesundheit für den herannahenden Winter“ anlegen. Die Folge war, dass Jenny in einen desolaten Zustand geriet, der angesichts einer zerplatzten Hoffnung sich verstärkte. Tante Esther Kosel hatte in Frankfurt das Zeitliche gesegnet, aber Neffen Karl nicht wie erhofft zum Alleinerben bestimmt, *„da sie fürchtete zu sterben, wenn sie ein Testament machte. Ich habe daher mit den andern Erben zu teilen, was im Falle eines Testaments nicht der Fall wäre, da sie für die andern nichts kehrte.“* [840] Engels, an den diese Worte gerichtet waren, tröstete über den Aberglauben der Tante mit 15 Pfund hinweg. Karl Marx erhielt wie 20 weitere Personen 80 Taler.

Eine willkommene Ablenkung nach all' den Frustrationen war der Besuch von Lina Schöler über die Weihnachtszeit, über den Jenny die gemeinsame Freundin Ernestine informierte: *„So rückte der Winter u. das Weihnachtsfest heran. Lina, die während Edgars Anwesenheit sich nicht bei uns sehn ließ (da Edgar wirklich mit Absicht jede Erinnerung, auch die fernste an Lina, abzulenken versuchte), kam uns Weihnachten besuchen, da bei ihren Verwandten in Usckney das Scharlachfieber ausgebrochen war. Sie blieb 4 Wochen bei uns, u. ‚old Mole' machte uns während der Zeit oft großen Spaß u. erheiterte uns oft sehr."* [841] Lina kam, als Edgar ging.

Bruder Edgar

Jenny von Westphalen war fünf Jahre alt, als am 26. März 1819 Bruder Edgar geboren wurde. Die Freude war groß, als nach zwei Mädchen ein Sohn zur Welt kam. Vielleicht war Vater Ludwig aus diesem Grunde so verwirrt, dass er das Neugeborene nicht im erforderlichen Zeitraum von drei Tagen anmeldete, sondern erst die Hebamme Tage später. Dieses Versäumnis wurde von Amts wegen verfolgt, und der oberste Jurist Triers erhielt eine Strafe von sechs Tagen Gefängnis und 16 Franken Geldstrafe einschließlich Zahlung der Gerichtskosten. In seiner Ehre gekränkt, legte er Revision ein und wandte sich zuletzt an Staatskanzler Fürst von Hardenberg, mit Erfolg. Die Haftstrafe wurde aufgehoben und im Oktober 1821 die Angelegenheit ad acta gelegt.

Sohn Edgar wuchs zusammen mit der Schwester behütet auf und fand als Jugendlicher auch außerhäusig Erfüllung und Anregungen: *„Bin in M(ar)x' Haus aufgewachsen. Der alte M. war Patriot und Protestant à la Lessing. Mich zog es immer zu Emilien (Frau Conradi). Pacati tempi."* [842] Er fühlte sich im Hause Marx so heimisch wie umgekehrt Freund Karl sich bei ihm. Beide verehrten jeweils den Vater des anderen, Karl den klugen, liberalen Ludwig von Westphalen und der junge Adlige den gebildeten, aufgeklärten Heinrich Marx. Und beide verliebten sich in eine Schwester des Freundes. Glückliche Jugendjahre.

Edgar hatte nach einem guten Abitur, das er als Drittbester, fünf Plätze vor Klassenkamerad Karl abschloss, beste Voraussetzungen, sein Leben sinnvoll und selbstbestimmt zu gestalten. Aber schon die Wahl seines Studienfaches war unglücklich gewesen. Da der Vater und die beiden älteren Brüder das Fach Jura gewählt hatten, das beste Chancen in der Verwaltung eröffnete, war es naheliegend, in deren Fußstapfen zu treten. Sein Cousin Werner von Veltheim glaubte, dass Edgar seine positiven Anlagen gut umsetzen könne, wenn er zwei Hindernisse beseitige, *„eine zu große Neigung zum Studentenleben, sodann durchaus keine Lust zur Jurisprudenz.“*[843] Das Studentenleben gefiel ihm in der Tat, die hitzigen Diskussionen und die Freiheit. Der Studiosus wurde in Berlin im August 1838 auffällig; er bekam eine Anzeige des Lehrers Trains wegen „thätlicher Beleidigung der Ehefrau des Klägers in trunkenem Zustande“, und nur sechs Tage später wurden er und Karl Marx beim Königlichen Polizeipräsidium angezeigt „wegen Verdachts eines begangenen Straßen-Exzesses“. Dieses Vergehen wiederholte sich am 27. April 1839. Beide Male erhielt er einen ernstlichen Verweis und eine ausdrückliche Verwarnung.[844] Im Oktober 1839 verließ Edgar nach Abschluss des Studiums die Universität mit dem Vermerk mehrmaliger ernsthafter Zurechtweisung und einem consilium abeundi. Er kehrte vermutlich nach Trier zurück und nahm ein halbes Jahr später, im Juli 1840, eine Stelle als Auskultator beim Landgericht in Koblenz an. Nach dem Tode des Vaters 1842 wechselte er auf eigenen Wunsch in gleicher Funktion nach Trier, um Mutter und Schwester beim Ordnen der Nachlassenschaft und dem Umzug nach Kreuznach beizustehen. Nach deren Übersiedlung beschloss er, in Köln seine Referendarsprüfung abzulegen. Die Mutter unterstützte ihn, so gut sie konnte, aber 500 Taler im Jahr konnte sie nicht aufbringen. Die Verwandtschaft sprang ein. Onkel Carl von Veltheim half immer wieder mit Geldzuwendungen und erreichte bei König Friedrich Wilhelm IV. eine Unterstützung für den Sohn des treuen Beamten von je 100 Talern für vier Jahre. Edgars Kommentar: *„Sehr unköniglich gestimmt und gesinnt, nahm ich sie doch an auf Zureden meiner Mutter, meines Schwagers und Jennys.“*[845] Auch Jenny und Karl Marx hatten zur Annahme der königlichen Gunstbezeugung geraten. Die Schwester beobachtete dennoch weiterhin, dass er die Mutter ausplündert und *„dann einen unsinnigen Brief nach dem andern (schreibt) // (er) freut sich über die nahenden Revolutionen, den Umsturz aller Verhältnisse, statt damit anzufangen seine eignen Verhältnisse umzustürzen.“*[846] Der „Faselhanns“ gehe in Köln lustig in alle Opern, obwohl er seine Examina ablegen sollte, schimpfte sie bei ihrem Mann. Nebenbei trat Herr Edgar mindestens zweimal erfolglos zum Examen an – und beendete frustriert das Kapitel Jura und Justiz im Frühjahr 1845. Der begabte Schüler, dem immer Fleiß attestiert wurde, hatte nicht aus Mangel an Intelligenz, sondern wegen leichter Ablenkbarkeit, mangelnder Entschlossenheit und einer gewissen Orientierungslosigkeit versagt. Es fehlte ihm eine leitende Hand seit des Vaters Tod. Die Mutter akzeptierte alles, was ihr der Sohn suggerierte und zeigte größtes Verständnis, wie sie Werner von Veltheim versicherte: *„Das(s) Edgar von seiner angetretenen Laufbahn zurück wich war recht; denn schlimer kann es nicht gehen als unter den drükkenden Verhältnissen worin er hier, wenigstens noch 8 Jahre hätte leben müssen; und dass war auch, in jeder Art, über meine Kräfte."* [847]

Edgars (zunächst heimliche) Verlobte, die gebildete, aus einer angesehenen Juristenfamilie stammende Caroline Schöler aus Köln konnte ihn nicht motivieren sich beruflich festzulegen. Er versuchte sein Glück im Juli 1845 in Brüssel, wo er sich eng an Schwester und Schwager anschloss. Aber als er auch hier nicht die ersehnte Zufriedenheit fand, setzte er seinen langjährigen Traum, in die USA auszuwandern, in die Tat um.

Nach Edgars Abreise begann die lebenslange Freundschaft zwischen Jenny und Caroline, im Freundeskreis Lina genannt. Spätestens seit einem Besuch Linas in Brüssel waren sich beide so herzlich zugetan, dass sie in Briefkontakt traten und sich immer wieder besuchten. Jenny unterrichtete die Braut im Dezember 1847, *„daß das Schiff, das unsern lieben Edgar in die weite Ferne getragen, glücklich gelandet ist. … Wie oft, meine liebe Lina, haben meine Gedanken Dich in stiller Wehmut aufgesucht – denn wenn die Vernunft auch noch so siegreich in uns redet, die Stimme des Herzens ist dennoch beredter als sie, und bange Sorgen und Sehnsucht ersticken nicht so leicht."*[848] Trotz aller Bedenken begrüßte die Familie die Übersiedlung: *„Täglich und stündlich überzeugen wir uns hier immer mehr und mehr von den Vorteilen und guten Seiten des großen Entschlusses unsres lieben Edgars. Die gesellschaftlichen Zustände (werden) mit jedem Tage schrecklicher, und es ist nicht bloß eine Schwierigkeit, ja, es ist fast eine Unmöglichkeit geworden, daß sich junge Leute eine sorglose, selbständige Existenz verschaffen können. Tausende haben vor Edgar ihr Glück in der Ferne gefunden, Hunderttausende strömen täglich ihm nach, und diejenigen, die zurückbleiben, müssen in den meisten Fäl-*

len zu untergeordneten, ihnen widerstrebenden Beschäftigungen ihre Zuflucht nehmen. Wir gehen alle sichern Schritts den Zeiten der Auflösung, sozialer Umgestaltung entgegen, und vielleicht ist die Zeit nicht mehr so fern, wo Leute von Edgars Talenten, seiner persönlichen Tapferkeit, seinem ritterlichen Wesen, eine Notwendigkeit werden. Dann eilt er sicher wieder heim und steht Dir und meinem Mütterchen als Schutz und Rat und Stütze zur Seite."[849] Die Schwester hieß bei Lina das Losreißen Edgars aus den alten Banden für gut: „*Er steht jetzt zum ersten Mal ... auf eigenen Füßen und schaut dem wirklichen Leben ins Antlitz. Bis dahin haben andre stets für ihn gesorgt, gedacht, gewirkt und dies hat ihm eine Art von Haltlosigkeit gegeben, die leider oft in zu große Schwäche ausartet. Die Wackel-Müllers werden ihren schädlichen Einfluß verlieren, und Edgar wird sich durch zu große Gutmütigkeit, zu blindes Vertrauen zu seinen ‚Kameraden' nicht mehr zu Handlungen hinreißen lassen, bei denen es aller Liebe, aller Aufopfrung der ihm zärtlich ergebenen Herzen bedurfte, um ihm zu verzeihen und manches zu vergessen.*"[850] Jenny muss immer wieder sehr mit dem leicht beeinflussbaren Bruder gehadert haben. Aber sie wollte die Braut nicht desillusionieren, sondern trösten: „*Verliere nur den Mut, die Hoffnung nicht, und halte Dich tapfer und aufrecht! Oft ist eine Trennung leichter zu ertragen als ein Zusammensein unter den störendsten, peinlichsten Verhältnissen.*"[851] Jenny war vor allem wegen der verlassenen Mutter traurig. Zu Lina: „*Grade jetzt in der Weihnachtszeit denke ich immer mit der größten Wehmut an mein Mütterchen, an ihre Vereinsamung, ihr neigendes Leben. Nie steht ihr Bild verklärter und liebesreicher vor meiner Seele als grade in diesen Tagen, wo sie uns Kinder stets so mütterlich beglückte, unsre kleinen Kinderherzen und Augen im Glanze des strahlenden Christbäumchens sich weideten, bis später, wo unsre Herzen schon größere, tiefere Wünsche und Hoffnungen hegten – immer hat sie mit gleicher Treue uns gehegt, gepflegt, beglückt und erheitert.*"[852] Ein idyllisches Bild aus der Jugendzeit!

Edgar ließ sich in Neu-Braunfels in Texas nieder. „*Gesund und kräftig, suchte (ich) mich so früh als möglich selbständig zu machen, u. lebte denn auch als texanischer Freiherr, a horse, a rifle hatte ich u. es fehlte nur noch a wife.*"[853] Er fand dennoch nicht die Selbstverwirklichung in der neuen Welt. Als er von den revolutionären Bewegungen in Europa hörte, kehrte er zurück. Auf dem Weg in die Heimat infizierte er sich mit Gelbfieber, lag schwer krank in New York danieder und traf erst im Februar 1849 in Köln bei Schwester Jenny und Schwager Karl ein. Angesteckt vom revolutionären Eifer eines Engels' beteiligte er sich aktiv am Geschehen. Edgar war für kurze Zeit „Freischärler und dienstthuender Gefreiter in der combined C(om)p(agn)y Königswache No 6 Elberfeld", bevor er bei der Mutter in Trier auftauchte und dort ein letztes Mal aktiv wurde. Er berichtete dem Bruder, dass er *„als Kassierer des Trierer Lese- und demokratischen Wühlcircels alle Akten, Manifeste, gut gemeinten Vorschläge usw der Londoner Junta in ein paar Blechdosen packte, diese in Gegenwart des Cigarrenhändlers Fischer versiegelte und verpetschaftete, alsdann nach Weißhäuschen einen Spaziergang machte und sie all dort auf H. von Haw's Territorio mit Fischer zusammen vergrub."*[854] Sein Begleiter, „Fischers Maathes" (1822–1879), ist bis heute in Trier durch seine Witze, Schnurren und Anekdoten als Original bekannt.

Jennys Bruder fand sich im nachrevolutionären Deutschland nicht zurecht und reiste Mitte April 1851 von Trier aus ein zweites Mal nach Amerika. *„Herr Edgar (ist) mit dem Rest von Jennys Geld wieder nach Mexico expediert worden ... und ich (konnte) keinen Centime herauspressen"*[855], klagte Schwager Karl. Der Auswanderer landete in Galveston und ging von dort nach Sisterdale, wo er sich als Farmer niederließ. In Texas lebten Mitte des 19. Jahrhunderts Tausende von Deutschen, die ihr Vaterland aus politischen oder wirtschaftlichen Gründen verlassen hatten; jeder fünfte Einwanderer war deutscher Abstammung.

Mit Geld aus Erbschaften stieg Edgar in den Juwelenhandel ein, obwohl man ihn eindringlich warnte, dass er kein Geschäftsmann sei. Nach Anfangserfolgen als Perlensucher wurde er von Händlern betrogen und musste – völlig verarmt und an starkem Rheumatismus erkrankt – die Unternehmung abbrechen. Da er nicht mehr in der Landwirtschaft arbeiten konnte, dachte er an eine Rückkehr nach Deutschland, verharrte aber noch in Texas – ein fatales Zaudern. Texas gehörte zu den Sklavenhalterstaaten und als im Jahre 1861 der Bürgerkrieg ausbrach, gerieten viele deutsche Siedler in einen Gewissenskonflikt, weil nach texanischen Gesetzen jede männliche weiße Person in der Armee dienen musste. Die meisten Emigranten hatten ihre Heimat verlassen, weil sie frei und unabhängig von Bevormundung leben wollten, und nun sollten sie an der Seite von Sklavenhaltern kämpfen? Um dies zu umgehen, versuchten viele in den Norden zu fliehen, viele verloren dabei ihr Leben. Edgar von Westphalen ließ sich, um sein Leben zu retten, in die Armee einziehen. Seine Familie in Deutschland wartete vergebens auf ein Lebenszeichen und die Sorge wuchs. Familienoberhaupt Ferdinand nutzte seine politischen Verbindungen: Diplomatische Vertreter Preußens wurden eingeschaltet, und nach langer Suche meldete sich der Bruder im September 1863 auf eine Anzeige in einer Zeitung. Nach monatelangem Aufenthalt in einem Militärlazarett wurde der von schwerster Krankheit Gezeichnete Anfang November 1864 aus der Armee entlassen, nicht aus Nächstenliebe, sondern weil man froh war, ihn nicht mehr pflegen und durchfüttern zu müssen. Völlig überraschend tauchte er Mitte Mai 1865 in England bei Engels auf, der sofort Jenny und Karl per Telegramm informierte. *„Am folgenden Abend schloß ich den inniggeliebten Bruder, den Gespielen der Kindheit, den Gefährten der Jugend an mein Herz. 16 lange Jahre hatte ich ihn nicht gesehn“* [856], hielt die Schwester in ihren Erinnerungen fest. *„Er war das Ideal meiner Kindheit u. Jugendzeit, mein lieber einziger Gefährte. Ich hing mit ganzer Seele an ihm. Mein kleiner Edgar wurde nach ihm genannt. ... Ich dachte mein Herz würde brechen vor Freude und Seligkeit, da kommt er an“* [857], beschrieb Jenny bei Ernestine Liebknecht ihre Gefühle bei der Ankunft des Bruders. Zu ihrer Bestürzung sah Edgar so krank, so elend aus, dass sie erst nach und nach die vertrauten Züge in seinem Gesicht erkannte. Jenny zu der Vertrauten: *„Er hat 3 Jahre den Krieg in Texas mitgemacht u. über alle Beschreibung gelitten, alles, alles verloren u. die Gesundheit dazu. Er ist nun hier um sich wieder ein bißchen zu erholen u. dann nach Berlin zu meinem Bruder u. seinen andern Verwandten zu gehn u. dort sein Glück zu versuchen! Der arme Junge! Man weiß was reiche, vornehme Verwandte sind noch dazu wenn sie den Frommen angehören. In solchen Momenten fühlt man erst recht was es heißt, selbst arm zu sein.“* [858] Völlig aufgelöst und verwirrt gestand Jenny ihrer Brieffreundin: *„Sie glauben nicht wie mir zu Muthe ist, u. daher entschuldigen Sie sicher diesen Brief, in dem ich mein Herz vor Ihnen ausschütte. Ich weiß Sie fühlen alles mit mir. Die Mädchen sind jung und können nicht alles so empfinden, dazu macht Leben und Erziehung in England etwas kalt u. verschlossen. In der letzten Zeit hatte ich oft mit Karls Familie zu thun, die mir fremd u. fern gegenüber steht, daß ich umso inniger mich an das einzige Glied, das mir noch von meiner Familie übrig geblieben ist, anschließe.“* [859]

Schwager Karl sah es bei Engels als „eine höchst sonderbare Ironie des Schicksals“ an, *„daß dieser Edgar, der nie jemand anders als sich selbst ex-*

ploitierte, und stets workman im striktesten Sinn des Worts war, für die Sklavenhalter a war of und with starvation durchmachte."[860] Im Laufe der Wochen gewann der Bruder Abstand von seinen traumatischen Erlebnissen und machte nach Erinnerung seiner Schwester *„jeden Morgen in der glühendsten Sonnenhitze Riesenspaziergänge in die sämtlichen Londoner Parks ..., die ihm seine Prärien, seine texanischen Wüsten ins Gedächtnis rufen.*"[861] Dennoch sollte Edgar nicht in den Tag hineinleben, sondern nach Preußen aufbrechen und dort nach Jennys Wunsch in Kontakt zu den Liebknechts treten. Allerdings sollte er sich nicht in die Politik hineinziehen lassen, auch um das Verhältnis zum konservativen Ferdinand nicht zu trüben. Edgar aber blieb und blieb, und die Familie Marx mokierte sich zunehmend über ihn. Er sei egoistisch, aber gutartig, sein Gehirn zeige zwar wieder eine gewisse Aktivität, aber Schwager Karl meinte, wie er Engels schrieb, beobachtet zu haben, dass *„Edgar vegetiert. In der Einsiedelei hat er sich an die schmalste Sorte von Egoismus gewöhnt, von morgens bis abends auf das für den Magen Nötige zu sinnen. Da er aber von Natur gutmütig, ist sein Egoismus der einer kindnatured cat oder eines wohlwollenden Hundes. Der Teufel hole die Einsiedelei. Sogar die Weiber hat er sich abgewöhnt, und auch der Geschlechtstrieb ist ihm in den Bauch gefahren. Dabei die konstante Angst für die liebe Gesundheit, derselbe Bursche, der andrerseits gewohnt war, unter Schlangen, Tigern, Wölfen und Leoparden ‚sich sicher' zu fühlen.*"[862]

Nach sanftem Druck reiste Edgar noch vor Wintereinbruch 1865 nach Berlin. Bruder Ferdinand sicherte, auch auf Bitten seiner Schwester Jenny hin, das Überleben des Jüngeren zusammen mit Schwester Franziska. Nach seinem Ableben übernahmen seine Kinder diese Verpflichtung.

Die Geschwister Jenny und Edgar sahen sich nicht wieder.

Am 30. September 1890 erlag Edgar im Alter von 71 Jahren im Diakonissenhaus Bethanien am Mariannenplatz in Berlin den Folgen eines *„latenten Bruchleidens*"[863]. „In der „Kreuz-Zeitung" stand zu lesen, dass *„Edgar von Westphalen, Königlich preußischer Auskultator a. D. und Sek.-Lieutenant of Texas Stat. Troops*"[864] nach längerer Krankheit verstorben sei. Vielleicht starb er sogar in einem Freibett, das Ferdinand, einst Vorsitzender des Kuratoriums dieses Hauses, für mittellose Kranke gestiftet hatte.

Das Kapital und „Das Kapital"

Die Jahre 1866 und 1867

In Zusammenhang mit Geld, Kapital, Gewinnstreben denkt man bei Karl Marx zuerst an den Wirtschaftstheoretiker und sein Werk „Das Kapital". Das ist zu kurz gegriffen. Der Privatmann Karl Marx war sein ganzes Leben lang, ausgenommen die Kinder- und Jugendjahre, mit dem Thema „Geld" konfrontiert, zumeist seinen Mangel beklagend. Um diesen zu beseitigen, versuchte er stets mit Geld Gewinn zu machen, sofern sich ihm die Gelegenheit bot.

Jenny und Karl Marx kamen beide aus gut situiertem Hause. Jennys adlige Familie gehörte zur Oberschicht qua Stand und durch die berufliche Tätigkeit Ludwigs und die Familie Marx durch den Beruf und das Ansehen Heinrichs. Die Kinder kannten keinen Hunger, keine Not. Karl Marx theoretisierte bereits 1844 über die „verkehrende Macht des Geldes" „*Was durch das Geld für mich ist, was ich zahlen, d.h. was das Geld kaufen kann, das bin ich, der Besitzer des Geldes selbst. So groß die Kraft des Geldes, so groß meine Kraft. Die Eigenschaften des Geldes sind meine – seines Besitzers Eigenschaften und Wesenskräfte. Das, was ich bin und vermag, ist also keineswegs durch meine Individualität bestimmt. Ich bin häßlich, aber ich kann mir die schönste Frau kaufen. Also bin ich nicht hässlich, denn die Wirkung der Hässlichkeit, ihre abschreckende Kraft, ist durch das Geld vernichtet. … Ich bin ein schlechter, unehrlicher, geistloser Mensch, aber das Geld ist geehrt, also auch sein Besitzer, das Geld ist das höchste Gut, also ist sein Besitzer gut, das Geld überhebt mich über dem der Mühe, unehrlich zu sein, ich werde also als ehrlich präsumiert; ich bin geistlos, aber das Geld ist der wirkliche Geist aller Dinge, wie sollte sein Besitzer geistlos sein? Zudem kann er sich die geistreichen Leute kaufen, und wer die Macht über die Geistreichen hat, ist der nicht geistreicher als der Geistreiche? Ich, der durch das Geld alles, wonach ein menschliches Herz sich sehnt, vermag, besitze ich nicht alle menschlichen Vermögen? Verwandelt also mein Geld nicht alle meine Unvermögen in ihr Gegenteil? Die Verkehrung und Verwechslung aller menschlichen und natürlichen Qualitäten, die Verbrüderung der Unmöglichkeiten – die göttliche Kraft des Geldes liegt in seinem Wesen als dem entfremdeten, entäußerten und sich veräußernden Gattungswesen des Menschen. Es ist das entäußerte Vermögen der Menschheit.*"[865] Die Notwendigkeit des schnöden Mammons verfolgte Karl Marx sein Leben lang,

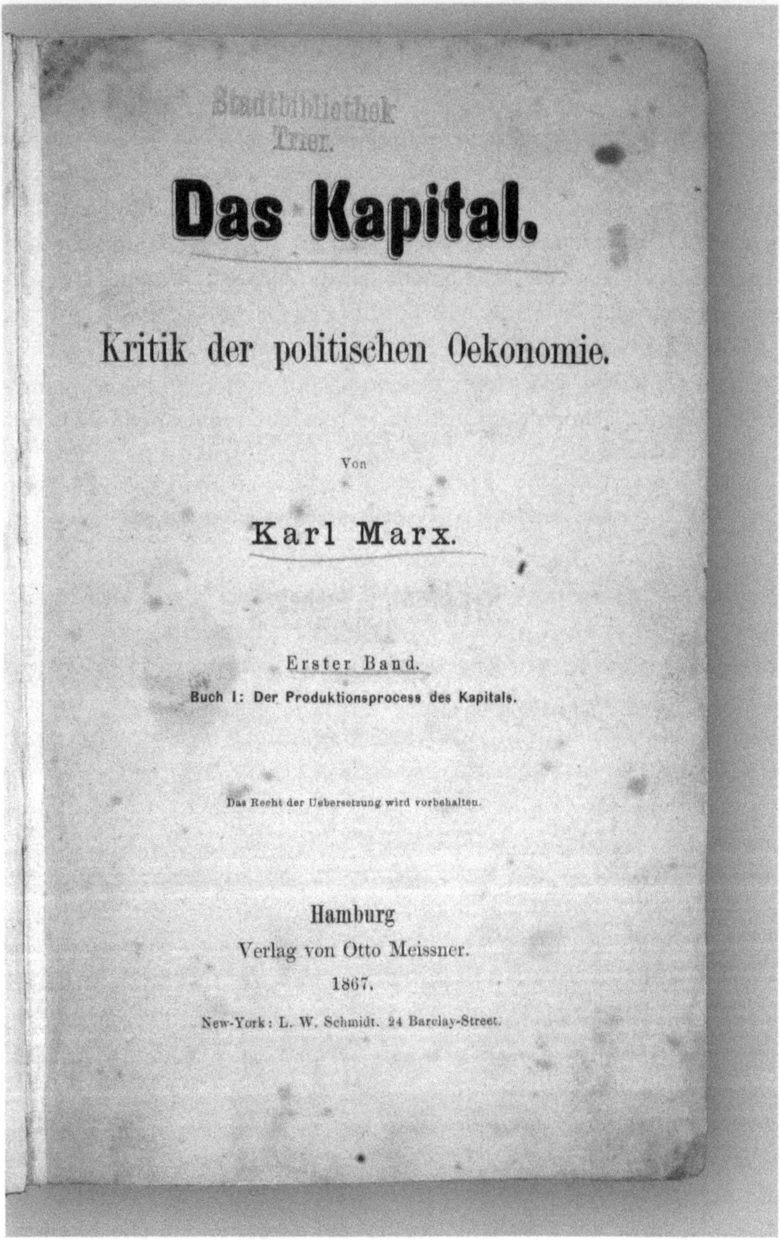

Das Kapital.

Kritik der politischen Oekonomie.

Von

Karl Marx.

Erster Band.

Buch I: Der Produktionsprocess des Kapitals.

Das Recht der Uebersetzung wird vorbehalten.

Hamburg
Verlag von Otto Meissner.
1867.

New-York: L. W. Schmidt. 24 Barclay-Street.

Das Kapital, Erstausgabe von 1867

aber er ließ sich nicht entfremden, behielt seine Würde – dank des selbstlosen Unterstützers Friedrich Engels.

Das Ehepaar Marx litt mehr als ein Vierteljahrhundert unter seinem desaströsen Umgang mit Geld, war unfähig, einen geordneten Haushalt zu führen. Aus einer kleinen Schuldenlast in Brüssel wurde innerhalb weniger Jahre ein unübersichtlicher Schuldenberg. Es gab immer wieder verzweifelte Versuche, Überblick über das Chaos zu gewinnen, vergebens. Geld aus Erbschaften, die zur Sanierung hätten beitragen können, wurde entweder mit vollen Händen hinausgeworfen – oder es versickerte in unbekannten Kanälen. Da es keine Hinweise darauf gibt, dass Karl Marx in Spielhöllen verkehrte, drängt sich der Verdacht auf, dass er an der Börse agierte. Hinweise hierfür gibt es in mehreren Briefen. Im April 1859 traf Dr. Marx, wie einem Brief an Engels zu entnehmen ist, *„Anstalten ..., die in kurzer Zeit meine Einnahmen verdoppeln werden und damit dem eingerosteten Dreck ein Ende machen.“*[866] Er wollte „irgendeinen Finanzcoup machen“ und dabei die Theorie, mit der er sich so intensiv auseinandersetzte, auf ihre Praxistauglichkeit überprüfen. Im Juni 1864 verkündete Marx bei Onkel Lion Philips: *„Da ... der Arzt mir ... angestrengte und vielstündige geistige Arbeit untersagt hatte, habe ich, was Dich nicht wenig wundern wird, spekuliert ..., teils in Amerikanischen funds, namentlich aber in den englischen Aktienpapieren, die wie Pilze in diesem Jahr hier aus der Erde wachsen (für alle möglichen und unmöglichen Aktienunternehmungen), zu einer gewissen unvernünftigen Höhe getrieben werden und dann meist zerplatzen. Ich habe in dieser Art über 400 £ gewonnen und werde jetzt, wo die Verwicklung der politischen Verhältnisse neuen Spielraum bietet, von neuem anfangen. Diese Art von Operationen nimmt nur wenig Zeit fort, und man kann schon etwas riskieren, um seinen Feinden das Geld abzunehmen.“*[867] Der Experte in Finanzangelegenheiten ging davon aus, die Mechanismen des Aktienmarktes durchschaut zu haben und bei entsprechender Anwendung Gewinn zu machen.

Einen Beweis für seine Spekulationsgelüste lieferte Marx wenig später, im Juli 1864. *„Hätte ich während der letzten 10 Tage das Geld gehabt, so hätte ich viel Geld auf der hiesigen Börse gewonnen. Jetzt ist wieder die Zeit, wo mit wit und very little money Geld gemacht werden kann in London“*[868], bedauerte er bei Engels.

Generell lässt sich sagen: Nicht Karl Marx nahm seinen Feinden das Geld weg, sondern sie ihm. Er riskierte und er verlor. Wie jeder Spieler hatte er Erfolge, aber aus seiner meist desolaten Finanzlage kann man schließen, dass seine tollen finanziellen „coups“ letztendlich allesamt Flops waren. Natürlich war der Ökonom sich immer sicher, dass seine Aktion klappen würde, aber diese Zuversicht ist allen Spielern eigen. Ein Grund, sich dieser Art von Unternehmung zu widmen, waren neben Erbschaften auch Krankheiten, die ihn an geistig anstrengender Arbeit und außerhäusiger Forschungstätigkeit hinderten, aber eben nicht an der aus seiner Sicht ziemlich geistlosen Betätigung des Spekulierens. Natürlich brauchte der geniale Geist auch Vergnügungen; aber Spekulationen waren seine Sache nicht. Marx meinte, den Kapitalismus in seinem Wesen verstanden zu haben, aber was dessen aktuelle Erscheinungsform an den Börsen anbelangte, war es nicht so. Durch seine gescheiterten Transaktionen ging mit größter Wahrscheinlichkeit viel Geld verloren, mit dem die Familie Marx ein bequemes, komfortables Leben hätte führen können. Das Elend vieler Jahre hätte nicht sein müssen – eine traurige Quintessenz, denkt man an Jennys Leid und auch an das von Karl Marx.

Weshalb es für die Börsengeschäfte von Marx nur wenige konkrete Hinweise gibt, lässt sich wohl so erklären: Er operierte im Geheimen, um gegebenenfalls Misserfolge vertuschen zu können, und nur wenn er sich seines Erfolges sicher war, kokettierte er als Fachmann. Er hätte auch Engels‘ Unterstützung verlieren können, wenn er dessen hart verdientes Geld nicht zur Existenzsicherung seiner Familie eingesetzt, sondern damit unsichere Spekulationsgeschäfte getätigt hätte.

Jenny und Karl Marx mussten über Jahrzehnte viel Zeit in Bettelbriefe und das Aufspüren von Geldquellen investieren, und gleichzeitig war Marx über Jahre damit beschäftigt, den Begriff „Kapital“ in allen Facetten zu beleuchten.

Marxens Hauptwerk „Das Kapital“ war arbeitsintensiv und seine Fertigstellung wurde nach Grundlagenforschung, Nachdenken, Niederschreiben für 1864 anvisiert. Die Arbeit verhinderte andere geldbringende Tätigkeiten, und entsprechend oft erinnerte sich Karl Marx bei seinen Studien an den Wunsch seiner Mutter, der Karell solle Kapital machen und nicht über das Kapital schreiben. Marx zu Engels: *„Ich* *glaube nicht, daß unter solchem Geldmangel je über ‚das Geld' geschrieben worden ist. Die meisten autores über dies subject waren in tiefem Frieden mit the subjekt of their researches.“* [869] Das traf bei Karl Marx nicht zu, aber Ende November 1864 lag nach Jennys Aussage *„schon ein ganzer schwerer Haufen zum Druck parat.“*[870]

Karbunkelattacken unterbrachen die Arbeit; ein Jahr später war das Buch noch immer nicht abgeschlossen. Nöte verschiedenster Art hatten die Fertigstellung im Jahr 1865 verzögert. *„Abgesehn davon, daß ich an 1.200 Seiten Manuskript abzuschreiben habe und mein Buchhändler schon lange grollt, … hatte ich die allerverdrießlichsten und schwierigsten ‚Privatkonjunkturen', die mich nötigten, London eine Zeitlang zu verlassen, und die noch nicht in Ordnung gebracht sind usw. usw.“* [871], ließ Marx Johann Philipp Becker Anfang 1866 wissen. Händler, Steuereintreiber und Vermieter hatten durch ihre Forderungen den Familienvater kurzzeitig in die Flucht getrieben und das hatte seine Gesundheit angegriffen. Jenny wurde bei Becker konkreter: *„Seit einer Woche liegt mein Mann wieder an der frühern gefährlichen und höchst schmerzhaften Krankheit darnieder. Das Leiden greift ihn dieses Mal umso mehr an, als es ihn von neuem in dem eben begonnenen Abschreiben seines Buches unterbricht. Ich glaube, daß dieser neue Ausbruch einzig und allein von Überarbeitung, anhaltenden Nachtwachen herkommt.“* [872] Die Krise dauerte an. Ende Februar schrieb Jenny in einem Brief an den Arzt Kugelmann: *„Mein armer Mann liegt seit 4 Wochen wieder … darnieder, und ich brauche Ihnen wohl nicht erst zu sagen, welch schwere, bange Sorgen wir alle in dieser Zeit durchgemacht haben.“* [873] Die Karbunkel, fuhr sie fort, breiteten sich an allen Stellen aus, und *„der letzte war besonders schlimm und hartnäckig und verhinderte ihn dabei noch durch eine besonders ungünstige Lage am Gehen und an aller Bewegung. Heute morgen fängt das Blut an stärker hervorzudringen, und so ist auch etwas Erleichterung eingetreten.“*[874] Auf Empfehlung des Arztes Gumpert begann der Kranke eine Arsenikkur, die in drei Monaten vollständige Heilung bringen sollte. Engels hatte in Manchester den befreundeten Arzt um Rat gefragt, nachdem Marx ihm unterbreitet hatte: *„Diesmal ging es um die Haut. Meine Familie wußte nicht, wie serieux der cas war. Wenn sich das Zeug noch drei-viermal in derselben Form wiederholt, bin ich ein Mann des Todes. Ich bin wundervoll abgefallen und noch verdammt schwach, nicht im Kopf, sondern in Lende und Beinen.“* [875] Dem Arzt Kugelmann nannte Marx die Gründe, die nach seiner Sicht zum Ausbruch der langwierigen Krankheit geführt hatten: *„Ich bin zu sehr an die Nachtarbeit gewöhnt, studierte bei Tag und schreibe bei Nacht. Dies zusammen mit allerlei Sorgen, privaten und publiken, und – und solange ich ernst im Arbeiten bin – Vernachlässigung regelmäßiger Diät, Bewegung usw., kann das Blut schon in Unordnung bringen.“*[876] Er hatte nur des Nachts die nötige Ruhe zum Schreiben, bei Tage musste er sich um das Abwimmeln der Gläubiger kümmern, Besucher empfangen, sich im Britischen Museum über das Tagesgeschehen informieren und Forschungen betreiben.

Die Arbeit an dem „Kapital“ zog sich in die Länge. Marx versuchte den drängenden Engels hinzuhalten: *„Obgleich fertig, ist das Manuskript, riesig in seiner jetzigen Form, nicht herausgebbar für irgend jemand außer mir, selbst nicht für Dich. Ich begann die Abschreiberei und Stilisierung Punkt ersten Januar, und die Sache ging sehr flott voran, da es mir natürlich Spaß macht, das Kind glattzulecken nach so vielen Geburtswehn. Aber dann kam wieder der Karbunkel dazwischen ....“*[877] Engels' Aufforderung, mit seinem gesamten Arbeitsmaterial für zwei Wochen zu ihm zu kommen, wurde durch einen neuen „bösartigen Hund von Karbunkel“ vereitelt, den sich Marx mit einem scharfen Rasiermesser selbst aufschnitt. Aufs Äußerste besorgt, beschwor ihn der Freund: *„Aber nun tu mir den Gefallen und iß den Arsenik, und komm her, sobald Dein Zustand es irgend erlaubt, damit Du doch endlich einmal besser wirst. Mit diesem ewigen Zaudern und Zögern ruinierst Du Dich nur selbst, kein Mensch kann diese chronische Karbunkelgeschichte auf die Dauer aushalten, abgesehen davon, daß endlich einmal einer auftreten kann, der eine solche Gestalt annimmt, daß Du daran zum Teufel gehst.“*[878] Die Höllenvision schreckte Marx nicht wirklich auf, hatte er doch erst vor kurzem Engels erklärt: *„Hätte ich Geld genug, das heißt mehr (als) – 0, für meine Familie, und wäre mein Buch fertig, so wäre es mir völlig gleichgültig, ob ich heute oder morgen auf den Schindanger geworfen würde, alias verrecke“*[879], aber momentan sei dies noch nicht möglich. Er gab sich eine Schonfrist. Friedrich Engels, über stümperhafte Selbstheilungsversuche und Endzeitgefühle schockiert, sprach Klartext: *„Und wo ist dann Dein Buch und Deine Familie? Du weißt, daß ich bereit bin, das Mögliche zu tun, und in diesem extremen Fall auch mehr, als ich unter andern Umständen riskieren dürfte. Aber sei doch auch vernünftig und tu mir und Deiner Familie den einzigen Gefallen, Dich kurieren zu lassen. Was soll aus der ganzen Bewegung werden, wenn Dir etwas passierte, und so wie Du operierst, muß es dazu kommen. Wahr-*

haftig, ich hab Tag und Nacht keine Ruhe, bis ich Dich über die Geschichte hinaus habe, und jeden Tag, wo ich nichts von Dir höre, bin ich unruhig und denke, Du bist wieder schlimmer.“ [880] Deutliche Worte, die auf Karls Verantwortung gegenüber seiner Familie, der „Partei Marx“ und der kommunistischen Bewegung verwiesen und den ständigen Kampf der Ehefrau unterstützten, die mit ihren gebetsmühlenartig vorgetragenen Ermahnungen den Gatten nur nervte und nichts bewirkte. Da gute Worte allein nicht halfen, schickte Engels erst 50 Pfund und dann 10 Pfund, womit man Steuern und kleinere Beträge beglich.

Solange „Das Kapital“ unvollendet blieb, verhinderte es andere Geldbeschaffungsmaßnahmen, und Mitte 1866 war Marx *„sehr in der Klemme, da das Versetzen sein Thule erreicht hat.“* [881] Ein neuer Tiefpunkt war erreicht. Engels half wie erwartet, auch wenn er sich eines Kommentars angesichts der Unwissenheit des großen Ökonomen nicht enthalten konnte: *„Lieber Mohr, die Naivität, Wechsel auf sich laufen zu haben und den Betrag nicht zu wissen, erheitert mich; indes ist's gut, daß die Differenz nicht größer und der gute Bäcker in der Nähe war.“* [882] Kurzfristige Rettungsaktionen verminderten die Schuldenlast nicht, eine Finanzkrise drohte. Aufgrund dieser Befürchtung bat Marx den befreundeten Arzt Kugelmann, sich in Hannover nach Geldgebern mit günstigen Konditionen, d.h. 5–6% Zinsen, umzuschauen. Er müsse in London für kleine Summen zwischen 20–50 % Zinsen bezahlen, und daher drohe ihm ein Bankrott, der für ihn „politisch … ruinierend“ und für die Familie desaströs sei. Ludwig Kugelmann fand, wie er meinte, eine besonders gute Lösung und schlug Friedrich Engels als Kreditgeber vor. Marxens umgehende Antwort: *„Sie verkennen mein Verhältnis zu Engels. Er ist mein intimster Freund. Ohne ihn wäre ich längst gezwungen gewesen, ein ‚Geschäft‘ zu beginnen. Ich wünsche also unter keinen Umständen, daß irgendein Dritter in bezug auf mich bei ihm interveniert: Er kann natürlich auch nur innerhalb gewisser Grenzen handeln.“* [883] Diese Grenzen waren eigentlich grenzenlos …

Allen finanziellen Engpässen zum Trotz fuhr Frau Jenny Ende August 1866 zur dringend benötigten Erholung nach Dover, um anschließend mit neuer Kraft an die letzten Kopierarbeiten für „Das Kapital“ zu gehen. Das Jahrhundertwerk konnte im November 1866 zum Druck nach Deutschland geschickt werden. *„Die Anzeige, daß Manuskript abgegangen, wälzt mir einen Stein von der Seele. … Hierfür trinke ich ein besondres*

Glas auf Dein spezielles Wohl. Das Buch hat sehr viel dazu beigetragen, Dich kaputtzumachen, ist es erst abgeschüttelt, so wirst du auch wieder ein ganz andrer Kerl werden“ [884], schrieb Engels, der mit seinem Kapital „Das Kapital“ erst ermöglicht hatte. Auch von Jenny war eine Riesenlast genommen und sie setzte große Erwartungen in das Werk – vor allem finanzielle. Eine Sorge war sie los, jetzt kamen andere, und Jenny wünschte sich bei Engels, sie *„könnte alles so couleur de rose sehn als die andern, aber die vielen bangen Sorgen haben mich ängstlich gemacht, und ich sehe oft schwarz in die Zukunft, wo ein heitrer Geist alles rosig sieht. Cela entre nous.“*[885]

Für das Jahr 1867 hatte Marx vor allem einen Wunsch, das „Kapital“ gedruckt und seine Verhältnisse geregelt zu sehen. *„Diese“*, so legte er Engels dar, *„werden täglich schlimmer und alles droht mir über dem Kopf zusammenzubrechen. Der Bäcker allein hat 20 £ zu fordern und alle Teufel von Metzger, Grocer, Taxes usw. Um das Ganze zu verschönern, erhalte ich vor einiger Zeit einen Brief von einem Mr. Burton in Torquay, worin dieser mir anzeigt, er habe das Haus von Sawyers gekauft, und mich 1. wegen der rückständigen Rente für letztes quarter tritt, 2. da März mein Kontrakt zu Ende, mich auffordert zu erklären, ob ich das Haus weiter nehmen will, sei es für längere lease, sei es jährlich.“*[886] Was nach schwieriger Entscheidung aussah, war im Grunde genommen keine. Jenny und Karl wollten das Haus nicht verlassen, auch wenn es zu teuer für sie war.

Im April 1867 waren die Korrekturen abgeschlossen. *„Hurra! Dieser Ausruf war irrepressibel, als ich endlich schwarz auf weiß las, daß der I. Band fertig ist und Du gleich damit nach Hamburg willst“* [887], freute sich Engels. Aber mit Jubel kam er bei der Familie Marx nicht davon. Freund Karl musste, bevor er sich mit dem fertigen Manuskript auf den Weg nach Hamburg machen konnte, *„Kleidungsstücke und Uhr, die im Pfandhaus wohnen, herausnehmen. Ich kann auch kaum meine Familie im jetzigen Zustand verlassen, wo sie sans sou und die Gläubiger täglich unverschämter werden.“*[888] Engels schickte nach dieser Mitteilung 35 Pfund und Rotwein, weil die erkrankte Laura auf ärztliche Anweisung zur Gesundung statt wie bisher Champagner jetzt kräftigen Wein trinken sollte.

Der Abschluss des epochalen Werkes befreite Jenny Marx von einer riesigen Last. Viele Jahre hatten sie und die Kinder hinter dem Werk zurückstehen müssen, waren immer wieder vertröstet worden, dass alles besser werde, wenn … Einige Erbschaften, Honorare und vor allem Engels' Zuwendungen hatten die Existenz der Familie gesichert. Dieser traf 1867 eine wichtige Entscheidung: Nach Ablauf seines Vertrages mit Gottfried Ermen 1869 beabsichtigte er, sich aus der Textilbranche zurückzuziehen. Dem Geschäftsmann war klar, dass *„dann … auch die Einnahmen sehr, sehr viel spärlicher fließen (werden), und das hat mir denn immer im Kopf gelegen, wie wir es dann mit Dir machen. Wenn das aber so geht, wie es sich jetzt anläßt, so wird sich auch das schon arrangieren lassen, selbst wenn nicht die Revolution dazwischenkommt und allen Finanzprojekten ein Ende macht."*[889] Vielleicht war die Hilfe von Engels bald nicht mehr nötig. Karl Marx war nach Abschluss des „Kapitals" so voller Optimismus auf eigenen finanziellen Erfolg, dass er Engels gegenüber noch von Deutschland aus großartig verkündete: *„Ich hoffe und glaube zuversichtlich, nach Jahresfrist soweit ein gemachter Mann zu sein, daß ich von Grund aus meine ökonomischen Verhältnisse reformieren und endlich wieder auf eignen Füßen stehn kann. Ohne Dich hätte ich das Werk nie zu Ende bringen können, und ich versichre Dir, es hat mir immer wie ein Alp auf dem Gewissen gelastet, daß Du Deine famose Kraft hauptsächlich meinetwegen kommerziell vergeuden und verrosten ließest, into the bargain noch alle meine petites misères mitdurchleben mußtest."*[890] Verklausuliert fügte er hinzu: *„Ich kann mir andrerseits nicht verheimlichen, daß ich noch ein Jahr of trial vor mir habe. Ich habe einen Schritt getan, von dem viel abhängt, wovon es nämlich abhängt, ob mir von der einzigen Seite, wovon es möglich ist, einige 100 £ zur Disposition gestellt werden. Es ist erträgliche Aussicht auf positives Resultat vorhanden, doch bleibe ich für about 6 Wochen in der Schwebe. Früher erhalte ich nicht definitiven Bescheid."*[891] So lange konnte er nicht in Deutschland bleiben und ihm graute bei seiner Rückkehr vor der weinerlichen Stimmung zu Hause, vor den Gläubigern, die sich wie die Furien auf ihn stürzen würden – und vor gesellschaftlichen Verpflichtungen. *„Meine Kinder sind gezwungen, 2. Juli andre Mädchen zum Tanz bei sich einzuladen, da sie dies ganze Jahr niemand einladen, die Einladungen nicht erwidern konnten, also auf dem Sprung sind, to lose Ast. So beklemmt ich momentan bin, mußte ich also darauf eignen, und rechne auf Dich für den Wein (Claret und Rhein)."*[892] Diese Verpflichtungen überzeugten Friedrich Engels und er stiftete den Wein. Damit hatte er die Erwartungen nicht erfüllt, denn Marxens Hoffnung auf einige 100 Pfund aus Deutschland hatte sich zerschlagen. Engels konnte eine solch enorme Summe nicht ohne ordnungsgemäße Verbuchung aus der Firma ziehen, aber er schickte kleinere Beträge, die notdürftig die Lücken stopften. Letztendlich blieb ihm allerdings nichts anderes übrig, als wenigstens 100 Pfund zu beschaffen. Der Geldtransfer wurde über Mittelsmann Borkheim in die Wege geleitet und das Ehepaar Marx wartete. Die Tage vergingen, und als nach einigen Wochen die Summe noch immer nicht eingetroffen war, schrillten bei Jenny und Karl die Alarmglocken, denn Engels war auf den Kontinent gereist. Marx brauchte dringend Geld, machte die Adresse des Freundes ausfindig und drängte auf Hilfe, auch wegen Laura, die seit 1866 mit Paul Lafargue verlobt war: *„Der alte Lafargue lud meine 3 Töchter … nach Bordeaux, von wo sie mit ihm und Frau nach einem Seebad gehn werden. Ich konnte das um so weniger abschlagen, als der Gesundheitszustand aller 3 Mädchen diese Einladung zu einem wahren Glück machte. Aber der Anstand verbot, den Secretaire de l'Espagne die Reisekosten zahlen zu lassen. Diese (hin und zurück) ungefähr 30 £, die ich ihm also einhändigen mußte. Dazu waren ihre Uhren, Kleider usw. aus dem Pfandhaus zu nehmen. So gingen die 45 £ flöten, die ich in Reserve hatte für Hausmiete am 3. August. (Wechsel auf mich). Ich weiß nun nichts zu tun, außer Dir zu schreiben."* [893] Vier Wochen später war er, laut eigener Aussage an Engels, *„mit Exekution bedroht, wenn ich die Steuern (zum Belauf von 11 £ 9d.) nicht … zahle. Ich habe ferner Ende dieser Woche 1 £ 15d. für Pfandhauszinsen zu zahlen, oder die Sachen verfallen. Ich teile Dir diesen ganzen Dreck erst jetzt mit, weil ich vorher – leider vergebliche – Versuche machte, das Geld in London aufzutreiben."*[894]

Karl Marx versicherte dem Freund, *„bei dem enormen Geld, das Du mir dies Jahr geschickt hast, wäre keine solche pressure, wenn nicht über 200 £ Schulden vorher dagewesen. Es ist, um in Ordnung zu kommen und Dich nicht so schrecklich zu pressure, durchaus nötig, daß ich noch anderswo eine Anleihe aufnehme, selbst wenn dazu neue Reise nach dem Kontinent erfordert."*[895] Mehr als 200 Pfund Schulden hatten Jenny und Karl Marx im August 1867 – und Engels überwies wegen niedriger Geschäftseinnahmen nur 15 Pfund.

Am 14. September 1867 kam „Das Kapital" auf den Markt in einer Auflage von 1.000 Stück, von denen in den ersten Monaten nur 200 verkauft wurden. Das Werk war kein Selbstläufer, die Werbetrommel musste gerührt werden. Trotz positiver Rezensionen blieb die Resonanz gering und verstärkte die ohnehin deprimierte Stimmung. Jenny beklagte sich bei Kugelmann bitter, *„daß wohl selten ein Buch unter schwieri-*

geren Umständen geschrieben worden ist, und ich könnte wohl eine geheime Geschichte dazu schreiben, die viel, unendlich viel stille Sorgen und Angst und Qualen aufdecken würde. Wenn die Arbeiter eine Ahnung von der Aufopferung hätten, die nötig war, dies Werk, das nur für sie und in ihrem Interesse geschrieben ist, zu vollenden, so würden sie vielleicht etwas mehr Interesse zeigen.“[896]

Engels versuchte zu helfen, schickte 40 Pfund, dann 30 Pfund, die Summen reichten nicht, um die Gläubiger zu befriedigen. Marx machte sich im Dezember auf die Suche nach einer neuen Geldquelle. „*Gestern war ich bei der Loan Society, um bodily untersucht zu werden. Dies ist keine bloße Formalität, denn stürbe ich vor September, so bekäme die Gesellschaft keinen farthing zurück. Ich fürchtete, mich ausziehn zu müssen (ein Schicksal, das ein Engländer hatte, der mit mir da war). Erstens liebe ich diese Inocularspekulation nicht und zweitens habe ich grade jetzt, außer zahlreichen Furunkeln, immer noch auf der linken Lende, nicht weit vom Propagationszentrum, einen Karbunkel. Glücklicherweise imponierte mein Brustkasten dem Kerl so, daß er nichts weiter wissen wollte. Montag 12 Uhr erhalte ich das Geld*“[897], ließ er Engels wissen. Das Geld war schnell ausgegeben und nichts wurde besser. Die Misere zehrte sehr an der Lebensfreude und Gesundheit. Marx litt unter Karbunkeln und verkündete dem Freund, der Heilungsprozess werde dauern, es sei denn, man sei Rentner, um nach den Vorschriften der Ärzte zu leben, aber kein „kirchenmausarmer Teufel“ wie er. Sogar das Rauchen hatte er sich untersagt, ein Zeichen für eine schwere Erkrankung. „*Mein armer Mann liegt … seit Wochen wieder an seinem alten, schweren, schmerzlichen und durch stete Wiederkehr gefährlichen Leiden an Händen und Füßen gefesselt darnieder. Nichts drückt ihn mehr darnieder, als stets wieder von neuem zum Nichtstun verdammt zu sein, grade jetzt, wo es so viel zu tun gibt, der 2 te Teil verlangt wird und kurz und gut die Welt wieder anfängt zu brennen und zu lodern, wenn auch einstweilen noch mit ‚griechischem Feuer‘ und nicht mit dem ‚roten Hahn‘. Die Faulenzer und Nichtstuer haben Kies in den Taschen und Gesundheit in den Knochen, und die Leute, die der neuen Welt angehören, mit Leib und Leben schon für sie eingestanden haben, sind krank – arm und gehörig mit ‚handcuffs‘ versehen*“[898], beschwerte sich die Gattin in einem Brief Anfang 1868 bei Becker. Immerhin registrierte sie Unruhe bei der braven angepassten Bevölkerung. „*Hier sieht es gut aus, die Engländer laufen aus Schrecken vor sich selber weg, und wenn wo einer einen Stopfen losgehn hört, dann denkt er, das ist griechisches Feuer, sieht er ein unschuldiges Schwefelhölzchen, dann glaubt John Bull halt, das ist in Glyzerin, Parafin, Nikotin und Gott weiß was getränkt, und fängt an zu laufen, kurz alles läuft, und zuletzt laufen die echten Constables auch vor den falschen bobbies, vor den sogenannten specials, die jetzt mit ihren Bleistöcken die Straßen in Ordnung halten"* [899], freute sich Frau Marx bei dem alten Freund. Im Januar 1868 hatten Feniers einen bewaffneten Überfall auf einen Gefängniswagen verübt, um ihre Gesinnungsgenossen zu befreien. Das Unternehmen misslang. Die Urheber des missglückten Anschlages, drei Feniers, wurden hingerichtet und ihre Gehilfen zu Gefängnisstrafen verurteilt. Die Familie Marx echauffierte sich über die Brutalität der Staatsorgane und mokierte sich über die Hysterie der Engländer.

Das erste Kind verlässt das Haus

Frühjahr 1868

Das Haus Marx war immer eine erste Anlaufadresse für „Staatsfeinde" oder „Umstürzler", die aus ihrer Heimat flüchteten oder aus ihr verwiesen wurden. Der Blick der zumeist jungen Männer fiel natürlich auch auf die ansehnlichen, freundlichen, weiblichen Wesen, die dort wohnten. Und so erstaunt es nicht, dass sich so mancher in eine Marx-Tochter verliebte. Über einen zeigte sich Vater Karl im Frühjahr 1866 liebevoll empört bei Laura „Cacadou": *„Dieser verdammte Schlingel Lafargue belästigt mich mit seinem Proudhonismus und wird wohl nicht eher ruhen, bis ich ihm einmal tüchtig etwas auf seinen Kreolenschädel gegeben habe."* [900] Bei dem Schlingel handelte es sich um einen jungen französischen Medizinstudenten kreolischer Abstammung, geboren in Santiago-de-Cuba. Sein „Kreolenschädel" war ihm über die Großmutter mütterlicherseits, eine Indianerin, und über die Großmutter väterlicherseits, eine Mulattin, vererbt worden. Der junge Mann kam immer häufiger ins Haus, nicht nur wegen der Gespräche mit Marx. Im August 1866 erfuhr Engels: *„Laura ist seit gestern halb versagt an Monsieur Lafargue, meinen medizinischen Kreolen. Sie behandelte ihn wie die andern, aber die Gemütsexzesse solcher Kreolen, etwas Furcht, daß der jeune homme (er ist 25 Jahre) sich umbringen würde usw., etwas Zuneigung für ihn, kalt wie immer bei Laura (er ist ein hübscher, intelligenter, energischer und gymnastisch entwickelter Bursche) haben mehr oder minder zu einem halben Kompro-*

miß geführt. Der Junge attachierte sich erst an mich, übertrug aber bald die Attraktion vom Alten auf die Tochter. Seine ökonomischen Verhältnisse sind mittlerer Natur, da er das einzige Kind einer früheren Pflanzerfamilie. Er ist rayé de l'université de Paris pour deux ans, ..., will aber sein Examen zu Straßburg machen. Nach meinem Urteil hat er außergewöhnliches Talent für die Medizin, worin er jedoch unendlich skeptischer als unser Freund Gumpert.“ [901]

Vor der offiziellen Verlobung wollte Karl Marx, auch im Namen seiner Frau, unmissverständlich klarstellen, wie sich Paul Lafargue seiner Tochter gegenüber zu verhalten habe. Er forderte im August 1866 von dem jungen Mann: *„Wenn Sie Ihre Beziehungen zu meiner Tochter fortsetzen wollen, werden Sie Ihre Art ‚den Hof zu machen‘ aufgeben müssen. Sie wissen gut, daß noch kein Eheversprechen besteht, daß alles noch in der Schwebe ist. Und selbst wenn sie in aller Form Ihre Verlobte wäre, dürften Sie nicht vergessen, daß es sich um eine langwierige Angelegenheit handelt. Die Gewohnheiten eines allzu vertrauten Umgangs sind um so mehr fehl am Platze, als beide Liebenden während einer notwendigerweise verlängerten Periode strenger Prüfung und Läuterung am selben Ort wohnen werden. Mit Entsetzen habe ich die Wandlungen Ihres Benehmens von einem Tag zum andern während einer einzigen Woche beobachtet. Meiner Meinung nach äußert sich wahre Liebe in Zurückhaltung, Bescheidenheit und sogar in der Schüchternheit des Verliebten gegenüber seinem Idol, und ganz und gar nicht in Gemütsexzessen und in einer zu frühen Vertraulichkeit. Wenn Sie sich auf Ihr kreolisches Temperament berufen, so habe ich die Pflicht, mit meinem gesunden Menschenverstand zwischen Ihr Temperament und meine Tochter zu treten. Falls Sie ihre Liebe zu ihr nicht in der Form zu äußern vermögen, wie es dem Londoner Breitengrad entspricht, werden Sie sich damit abfinden müssen, sie aus der Entfernung zu lieben. Ich brauche das wohl nicht näher zu erläutern.“* [902] Vater Marx war nicht gewillt, unüberlegte Handlungen im Rausche der ersten Verliebtheit zuzulassen und pochte entschieden auf der Einhaltung der bürgerlichen Normen: Abwarten und Sich-Prüfen. Natürlich stimmte Mutter Jenny zu, aber ob sie in ihrem Innersten auch so konsequent dachte? Die Zeit der Prüfung sollte jedenfalls nicht so lange dauern wie bei ihr, keine sieben Jahre! Neben der Anstandsfrage bewegte den zukünftigen Schwiegervater vor allem, was der Verlobte zu bieten hatte. Ein berechtigtes, wenn auch leicht sonderbares Anliegen. Marx verlangte nämlich von Lafargue: *„Vor der endgültigen Regelung Ihrer Beziehungen zu Laura muß ich völlige Klarheit über Ihre*

Paul Lafargue

ökonomischen Verhältnisse haben. Meine Tochter glaubt, daß ich über Ihre Angelegenheiten Bescheid weiß. Sie irrt sich. Ich habe diese Dinge nicht zur Sprache gebracht, weil es meiner Meinung nach Ihre Aufgabe gewesen wäre, die Initiative zu ergreifen. Sie wissen, daß ich mein ganzes Vermögen dem revolutionären Kampf geopfert habe. Ich bedaure es nicht. Im Gegenteil. Wenn ich mein Leben noch einmal beginnen müßte, ich tät dasselbe. Nur würde ich nicht heiraten. Soweit es in meiner Macht steht, will ich meine Tochter vor den Klippen bewahren, an denen das Leben ihrer Mutter zerschellt ist." [903] Mit dem freimütigen Bekenntnis, er hätte einen geliebten Menschen nicht mit ins Elend gerissen, wenn er geahnt hätte, wie unlösbar er sich in den revolutionären Kampf verstricken würde, versuchte Karl Marx den jungen Mann aufzurütteln. Wenn seine Frau diese Zeilen gelesen hat, dürfte sie zutiefst verletzt gewesen sein: ihre Heirat sollte sein größter Fehler gewesen sein? Dass er lieber auf sie verzichtet hätte als auf seine Berufung? Auch wenn sie wusste, dass er dies gerade deshalb schrieb, weil er sie liebte, hätte es ihr einen Stich ins Herz gegeben. „Ihr Leben zerschellt" – noch lebte sie und hoffte auf bessere Zeiten.

Marx fragte auch, ob den Eltern Lafargue die Verbindung überhaupt genehm sei. Bürgerlicher ging es nicht mehr. Im Unrecht war der Vater dennoch nicht, wenn er alles, was das Glück seiner Tochter trüben konnte, verhindern wollte. Zu Lafargue: *„Sie können, ein erklärter Realist, nicht erwarten, daß ich mich zur Zukunft meiner Tochter wie ein Idealist verhalte."* [904] Nach den Gesetzen konnte ein Vater bis zum 24. Lebensjahr der Tochter seine Einwilligung zu einer Heirat verweigern. Marx warnte den zukünftigen Mann Lauras: *„Um jeder falschen Interpretation dieses Briefes zuvorzukommen, mache ich Sie darauf aufmerksam, daß – sollten Sie sich versucht fühlen, schon heute die Ehe einzugehen – Ihnen dies nicht gelingen wird. Meine Tochter würde sich weigern. Ich würde protestieren. Sie müssen etwas erreicht haben im Leben, bevor Sie an eine Ehe denken können, und es wird einer langen Zeit der Prüfung für Sie und Laura bedürfen."* [905] Nur kein zu enges Verhältnis vor der Eheschließung, nur kein Kind zeugen, und der junge Mann ließ die werdende Mutter sitzen, da er ein so leichtfertiges Weibsbild nicht heiraten konnte. Dieser verlogene Ehrenkodex brachte manche junge Mädchen ins Verderben, nachdem sie den Verführungskünsten und falschen Versprechungen eines berechnenden Mannes erlegen waren und dieser nach gehabtem Vergnügen dann auf Unschuld und Ehre pochte. Zu diesen Frauen sollte eine Tochter Marx nicht gehören.

Es fiel Karl Marx offensichtlich schwer, seine Tochter aus seiner Obhut zu entlassen und sie dem „Ritter von der traurigen Gestalt" anzuvertrauen, den er bei Laura wenig vorteilhaft beschrieb: *„Ich werde arg bearbeitet von dem Abkömmling eines Gorilla, der die Trennung von einem Mäuschen, das er sich in den Kopf gesetzt hat, kaum ertragen kann. … ein verliebter Kauz … Negrillo. Ehrlich gesagt, ich hab' den Jungen gern. Gleichzeitig aber bin ich ziemlich eifersüchtig auf ihn wegen seiner Ansprüche auf meinen alten ‚Geheimsekretär'."*[906] Diese Worte klingen sehr rassistisch, waren aber weder böse noch diffamierend gemeint. Lauras Reaktion auf diese Wortwahl liegt nicht vor. Sie wusste jedoch, dass die Eifersucht ihres Vaters in seinen Worten zum Ausdruck kam. Wie Paul Lafargue auf derartige Äußerungen seines Schwiegervaters reagierte, ob mit Lächeln oder Verletztheit oder Widerspruch, ist nicht überliefert. Aber er setzte sich mit seinem „Mulattentum" auseinander und rief später voller Verachtung gegenüber den Rassisten die Seinesgleichen zu Selbstbewusstsein auf: *„Sie schleudern uns als Beleidigung die Bezeichnung homme de couleur ins Gesicht. Es ist unsere Aufgabe als revolutionäre Mulatten, diese Bezeichnung aufzunehmen und sich ihrer würdig zu erweisen. Radikale in Amerika, macht Mulatte zu eurem Sammelruf! … Er bezeichnet Elend, Unterdrückung, Haß. Wißt ihr etwas Schöneres? … Paul Lafargue, Mulatte."*[907]

Die Familien des Brautpaares traten in Kontakt. Als kleine Aufmerksamkeit schickte Mon. Lafargue französischen Wein, für den sich Monsieur Karl weltmännisch bedankte: *„Da ich aus einer Weingegend stamme und Ex-Weinbergbesitzer bin, weiß ich den Wert des Weines sehr wohl zu schätzen. Ich denke sogar selbst ein bißchen wie der alte Luther, daß ein Mann, der den Wein nicht liebt, niemals etwas Rechtes zustande bringt."*[908]

Noch vor der Verlobung am 26. September wurde Engels informiert, dass *„Lafargue jeune erst sein Doktorexamen in London und dann in Paris zu machen (hat), bevor ans Heiraten zu denken ist. … Ich habe aber noch gestern unsrem Kreolen mitgeteilt, daß, wenn er sich nicht zu englischen Manieren down kalmieren kann, Laura ihn ohne Umstände an die Luft setzen kann. Dies muß er sich völlig klarmachen, oder es wird nichts aus der Sache. Er ist ein kreuzguter Kerl, aber enfant gaté und zu sehr Naturkind."*[909] Die kühle Laura und der vor Leidenschaft überschäumende Paul Lafargue und dazwischen der besorgte Vater. Laura bezog Engels in ihre Entscheidung ein. Sie *„erklärt, daß, bevor sie sich förmlich verlobt, Dein consent da sein muß.“*[910] Der Geschmeichelte legte kein Veto ein, und so wurde an Lauras 21. Geburtstag die Verlobung gefeiert. Engels überwies das Geld, damit die Brauteltern den „real state of things“ nicht auch an diesem Tage „ängstlich“ verbergen mussten. Warum sollte Lafargue eigentlich nicht erfahren, wie schlecht es der Familie seiner Verlobten ging? Vielleicht konnte er dann nachvollziehen, weshalb von ihm ein Studienabschluss und eine Berufsausbildung verlangt wurden.

Die Schwiegermutter in spe bewegte die Verlobung natürlich sehr, und sie berichtete ihrer Brieffreundin Ernestine Liebknecht: *„Laura ist seit einigen Wochen verlobt, und soviel wir voraussehn können sehr glücklich verlobt. … Paul Lafargue ein junger Mediciner 24 Jahre alt … kam oft u. öfter u. ich war naiv genug mir einzubilden er komme um sich bei Karl, dessen Ansichten er bald annahm, in Politik, Philosophie etc. weiter auszubilden und war wie vom Blitz gerührt als er plötzlich um Lauras Hand anhielt. Es dauerte eine Zeit lang ehe Laura, mit ihrem ruhigen kalten critischen Sinn sich entschließen konnte um so mehr als ihrem reservierten, echt englischen Wesen die leidenschaftliche Natur und demonstrativen Manieren des jungen Mannes direkt antagonistisch waren; doch wie sich in der Liebe die Gegensätze meistens anziehen, so geschah es denn zuletzt auch hier u. das junge Paar ist nun seit Lauras 21sten Geburtstage am 26ten Septb. wo sie auch den bekannten ‚engaged‘ ring bekam, officiell verlobt.“*[911] Die Mutter hatte nichts geahnt und nichts bemerkt? Wenigstens hatte sie Informationen über die Familie des Auserwählten, die sie an Ernestine Liebknecht weitergab: *„Der junge Mann ist auf der Insel Cuba geboren; sein Vater ist ein Franzose, seine Mutter eine Creolin u. ihm sieht man auch in seinem dunklen, oliven Colorit mit den eigenthümlichen Augen die Creolen-Natur von weitem an. Seine Eltern die in Cuba bedeutende Besitzungen haben, gingen mit ihrem einzigen Kinde dem jungen 9jährigen Paul nach Frankreich, um besser für seine Erziehung sorgen zu können. Sie ließen sich in Bordeaux nieder, wo sie einen großen Weinhandel etablirten. Paul kam später nach Paris und studirte während 4 Jahren Medicin u. errang den ersten Grad als Bacchelor of M. Vor einem Jahr ging er mit andern Freunden nach Liège, wo er sich durch revolutionaire Reden sehr bemerkbar machte. Er wurde in Folge dessen von der Universität verbannt u. kam nach London, um das Englische zu lernen u. seine Studien im St. Bartholomea Hospital zu vollenden. Sein Plan ist* *nun hier sein letztes Examen zu machen u. sich dann hier oder in Paris niederzulassen. Glücklicherweise ist er nicht abhängig von seiner Praxis, die stets im Anfang sehr precair ist.“*[912] Das klang nach guter Partie und hoffnungsvoller Zukunft. Jenny fuhr fort: *„Seine Eltern sind sehr wohlhabend, haben Plantationen, Häuser in Santiago und Bordeaux u. da Paul ihr einziges Kind ist, so fällt ihm natürlich alles zu. Sie haben sich ausgezeichnet gegen Laura benommen u. sie mit offenen Armen als ihre Tochter empfangen u. den jungen Leuten am Tage ihrer Hochzeit ein Geschenk von 100.000 Frs. zugesagt. … was aber noch wichtiger ist, ist der gute Charakter des jungen Mannes, seine Herzensgüte, seine Generosität u. seine Devotion für Laura. Was ich noch als ein ganz besonderes Glück betrachte, ist seine Übereinstimmung in den Grundsätzen, namentlich in religiöser Hinsicht; Laura bleibt daher verschont von all den unvermeidlichen Kämpfen u. Leiden, denen ein jedes Mädchen mit ihren Ansichten ausgesetzt ist inmitten der sie umgebenden Welt. Denn wie ausnahmsweise ist es, heut zu Tage Männer zu finden die diese Ansichten theilen u. zugleich Bildung, Gesellschaft, Position etc. besitzen. Die Verschiedenheit der Ansichten ist nur zu häufig der Grund, daß die innigsten Bande, die glücklichsten Verhältnisse getrübt werden oder sich am Ende ganz auflösen. I always thought Laura would be a lucky girl! Ich hoffe, daß sie es ihr Leben durch bleiben wird.“*[913] Mutter Jenny war von der Verbindung durchaus angetan: Geld schien vorhanden, und es gab keine divergierenden Ansichten zu Politik und Religion. Zwei Jahre sollte sich das junge Paar prüfen, doch sie glaubte in ihrem Brief an Frau Liebknecht *„nicht an den Termin u. ich bin auch in mancher Hinsicht gegen lange engagements, da das beständige Zusammensein auch seine Schattenseiten hat, mit seiner gênen u. expenses.“*[914]

Der Verlobte verstrickte sich immer mehr in die politische Agitation, deren Gefährlichkeit er nicht wahrhaben wollte. Kühle, nüchterne Überlegenheit des Geistes konnte Marx im Gegensatz zu sich selbst bei Paul Lafargue nicht ausmachen, und dies hatte ihn so in Rage gebracht, dass es zu Missstimmigkeiten gekommen war. *„Vorläufig nur: falls ich Sie durch meinen erregten Monolog verletzt haben sollte, so bitte ich Sie um Verzeihung. Man hat unrecht, sich zu erregen, selbst wenn man recht hat“*[915], entschuldigte sich Marx im Dezember 1866 dialektisch. Lafargue verzieh und blieb über die weihnachtlichen Festtage. Freund Engels, um den steten Versuch des Aufrechterhaltens des bürgerlichen Scheines wissend, schickte zehn Pfund, damit die Familie Marx „nicht ganz ohne Geld“

war, und Alkoholika. Jenny bestätigte den Erhalt der Sendung: *„Soeben kommt der Hamper an, und die Flaschen sind in Parade aufgestellt, der Rheinwein voran! Wie sollen wir Ihnen für alle Ihre Freundlichkeiten danken! Die 10 £, die am Sonnabend ankamen, halten die rauhsten Stürme der Weihnachtszeit ab und lassen uns ein merry Christmas feiern. Der Wein war nun dieses Jahr besonders willkommen, da man bei dem jungen frenchman im Hause gern die appearances aufrechterhält.“* [916] Lafargue wurde Wohlstand vorgegaukelt, obwohl man kaum das Geld für das alltägliche Leben aufbringen konnte.

Lauras Hochzeit wurde auf das Frühjahr 1868 festgelegt. Zwischenzeitlich wollten die Brauteltern klären lassen, ob eine Eheschließung in England auch in Frankreich Gültigkeit hatte. Die Zeremonie sollte in London stattfinden, obwohl Paris auch gefallen hätte, aber der Brautvater war 1849 aus Frankreich ausgewiesen worden und bedurfte einer Sondergenehmigung für seine Einreise. Marx traute den französischen Behörden nicht, wollte allerdings auch nicht illegal einreisen und die Hochzeitsfeier mit einer „persona non grata“ belasten. Aber wie sollten Frau und Töchter freudig feiern, wenn der „Mohr“ entweder nicht anwesend oder von einer Verhaftung bedroht war?

Eine kirchliche Trauung war verworfen worden. Die Verletzung dieser bürgerlichen Tradition störte Jenny und Karl Marx nach dem Motto ihres verstorbenen Dichterfreundes Heinrich Heine: „Und gibt der Pfaff nicht seinen Segen, die Ehe wird nicht minder glücklich sein!“ nicht – und dennoch bereitete Jenny genau diese Formalie wegen der Nachbarn Kopfzerbrechen. Diese Skrupel trug Gatte Karl an Engels weiter, der knapp, aber hilfreich antwortete: *„Den Philisternachbarn gegenüber kann Deine Frau sagen, dieser Weg sei gewählt, weil Laura protestantisch und Paul katholisch sei.“* [917] Die Philister bekamen eine überzeugende Antwort präsentiert und mussten nicht spekulieren, ob sie Nachbarn einer gottlosen Familie waren.

Die Hochzeitsvorbereitungen waren Anfang 1868 in vollem Gange, die notwendigen Papiere aus Bordeaux eingetroffen, aber *„es ist noch nichts für Laura in Ordnung gemacht. Man kann sie doch nicht wie eine Bettlerin in die Welt schicken. Ich habe nach Holland geschrieben, aber no answer.“* [918] Der Brautvater bereitete mit diesen Worten Engels Mitte Februar auf die Zahlung größerer Summen vor. Einen Monat später wurde Engels informiert: *„Die Sache wird brûlante. Der alte Lafargue hat die nötigen Heiratsbanns etc. in Bordeaux verrichten lassen und sämtliche Papiere hergeschickt.*

Er erwartet nun, daß Anfang nächsten Monats hier geheiratet wird und das Paar nach Paris kommt .... Sobald endlich diese affaire settled, ist es für den ganzen Haushalt große Erleichterung, da Lafargue so gut wie bei uns wohnt, wodurch die expenses doch fühlbar vermehrt werden.“ [919] Der gute Engels sicherte seinen Beistand zu, sollte aus Holland keine Unterstützung kommen. Marx nahm ihn im März beim Wort. *„Von Holland immer noch nichts gehört, und die Hochzeit soll am 8. April {sein} (Ich habe noch mit Mühe dem Lafargue die Sache so weit verschoben). Außerdem habe ich ... für about 5 £ Wasser und Gas (auch letztes summons) zu zahlen. Was die Dutch angeht, so scheint mir, daß ich nichts aus ihnen erpresse, bis ich wieder persönlich sie – ohne vorherige Notiz – überfalle. Davon kann aber just now noch nicht die Rede sein.“* [920] Nach dem Tode von Onkel Lion Philips im Dezember 1865 war es schwieriger geworden, bei der holländischen Verwandtschaft Kredite aufzunehmen. Engels schickte die dringend benötigten Pfundnoten pünktlich und erfuhr im Gegenzug von den Plänen des jungen Paares: *„Laura und Laf werden erst nach Paris reisen (nach Verheiratung), dann hier (etwa auf dem Heath, wenn zu finden) apartement mieten und nach Lafargues letztem Examen (er hat die übrigen gemacht im Bartholomews Hospital) wieder für einige Zeit nach Frankreich gehn, dann sich nach Amerika verschieben, wo old Laf Haus und Hof besitzt.“* [921] Von Amerika wird später nicht mehr die Rede sein, auch nicht von Haus und Hof der Schwiegereltern.

Jede Summe war willkommen, wie im März 1868 15 Pfund von Kugelmann, der Marx damit *„unangenehm und angenehm (Sie sehen, ich bewege mich immer in dem dialektischen Widerspruch) affizierte. Unangenehm, weil ich Ihre Verhältnisse kenne und es miserabel von mir wäre, wenn ich auf Kosten Ihrer Familie derartige Präsente annehmen wollte.“*[922] Um das Geld behalten zu können, fand Marx eine elegante Lösung: *„Ich betrachte diese 15 £ daher als Vorschuß, den ich meinerseits zurückerstatten werde. Angenehm, nicht nur als Zeichen Ihrer großen Freundschaft (und in diesem Getriebe der Welt ist die Freundschaft das einzig persönlich Bedeutende), sondern auch, weil Sie mir aus großer Verlegenheit wegen der bevorstehenden Hochzeit weggeholfen.“* [923]

Die Hektik und häusliche Betriebsamkeit setzten dem Vater zu; Blutrosen quälten ihn und man musste ihn aller Pflichten entbinden. Die Gattin hatte doppelte Arbeit: den Mann pflegen und gleichzeitig die Hochzeitsfeier vorbereiten. Die 40 Pfund aus Engels' Schatulle halfen, die Kostbarkeiten aus dem Pfandhaus auszulösen und mit den Damasttischdecken, verziert mit dem Monogramm der Herzöge von Argyle, den Silberkandelabern, dem Silberbesteck und dem kostbaren Geschirr, soweit noch übrig, die Tafel für das Brautpaar zu schmücken. Mit der Restsumme wurden das Hochzeitsmenü und die Garderobe finanziert.

Der 2. April 1868 kam, aber wir erfahren keine Einzelheiten. Friedrich Engels hatte es sich nicht nehmen lassen, nach London zu reisen und bei der ersten Hochzeit einer Marx-Tochter als Trauzeuge dabeizusein. Man feierte vergnügt, und eine gerührte Mutter Jenny und ein stolzer Vater Karl freuten sich mit ihrer glücklichen Laura.

Die Hochzeitsreise führte das junge Paar nach Frankreich, nicht nach Amerika. In der Walpurgisnacht 1868 kehrten Laura und Paul sehr verliebt in ihre Wohnung bei Primrose Hill zurück, rechtzeitig zu Jennyleins Geburtstag und vor allem zum großen Fest am 5. Mai 1868, dem fünfzigsten Geburtstag von Vater Karl.

Im Herbst siedelte das junge Ehepaar nach Paris um.

Über Heiraten, Taufen, Beerdigungen musste die Verwandtschaft informiert werden, so Bruder Ferdinand in Berlin. *„Ich habe seit so langer, langer Zeit nichts von Dir gehört … Wir haben in den letzten Jahren auch viele, viele Sorgen gehabt durch die gefährliche und stets in gewissen Intervallen wiederkehrende Krankheit meines Mannes. Heute nun aber, mein lieber Ferdinand, habe ich Dir ein erfreuliches Familienereignis mitzuteilen. Du hast vielleicht durch Edgar schon früher die Verlobung unserer Tochter Laura mit einem jungen Franzosen oder vielmehr Spanier, dem einzigen Sohn wohlhabender Eltern in Bordeaux, vernommen. Der junge Mann hat nun hier seine medizinischen Studien vollendet, und wir haben die Vermählung der jungen Leute auf den 2ten April festgesetzt“* [924], schrieb Jenny „in alter, schwesterlicher Liebe“.

Jenny Marx in ihren letzten Lebensjahren

Ein Ende der Not?

Das Jahr 1868

Im Kreise seiner Lieben feierte Karl Marx am 5. Mai 1868 seinen 50. Geburtstag. *„Wenn jener preußische Lieutenant zu Dir sagte: ‚Schon 20 Jahre im Dienst und immer noch Lieutenant‘, so kann ich sagen: Ein halbes Jahrhundert auf dem Rücken und immer noch Pauper! Wie recht meine Mutter! ‚Wenn die Karell Kapital gemacht hätte, statt etc.‘“* [925], umriss das Geburtstagskind seine Lebensumstände bei Engels. Weggefährte Friedrich erinnerte sich an ihre jugendlichen Zeiten: *„Was wir doch vor 25 Jahren für jugendliche Enthusiasten waren, als wir uns rühmten, um diese Zeit längst geköpft zu sein.“* [926] Nun war Karl ergraut und zum Glück noch mit Kopf. Außer dem Älterwerden änderte sich nichts, kein Geldsegen kam über Nacht, es blieb nur die Hoffnung in die Zukunft, vor allem auf Einnahmen durch „Das Kapital“.

Nach einem Besuch zu Pfingsten mit Tussy bei Engels kam Marx der Alltag noch hässlicher vor. Er meldete umgehend nach Manchester: *„Gleich bei meiner Rückkehr … – unsere Reise war famos – fand ich ganze Bündel von Tritt- und Drohbriefen. Man hatte die Leute abgewiesen unter dem Vorwand, daß ich ‚auf Reise‘ sei. Aber es scheint, als ob der elektrische Telegraph den Kerls meine Rückkehr verkündet … Unter den Tretereien sind verschiedne, die kaum noch eine Woche aufzuschieben; die schlimmste aber einliegender … Wisch, denn mit dem public Absperren der Gassupply wäre überhaupt kein Halten mehr.“* [927] Es war ein ewiger Kreislauf, und die Misere belastete alle Familienmitglieder. Inzwischen entwickelte auch die Jüngste ein feines Gespür für die elterlichen Gemütsschwankungen, und sie war froh, der Tristesse zu Hause zu entrinnen, wie ihr Vater Engels verriet: *„Das Tussychen setzte fast bös Blut hier im Haus mit seinem dithyrambischen Lob auf Manchester home und dem offen erklärten Wunsch, möglichst bald dahin zurückzukehren.“* [928] Die Fröhlichkeit und die Sorglosigkeit bei Lizzie Burns und Friedrich Engels hatten es der Kleinen angetan, während ihre Mutter das überschwängliche Schwärmen verletzte; wie gerne hätte sie ihren Töchtern ein sorgenfreies Leben geboten, aber wenn der Mann nun einmal kaum Geld ins Haus brachte? Krankheiten verstärkten die schlechte Stimmung. Tussy litt unter Halsentzündung und Erbrechen, und da Jennylein die gleichen Symptome aufwies, tippte man auf einen Infekt. Engels geriet in große Aufregung, da in Manchester „Diphteritis" grassierte, aber die Diagnose lautete: Scharlach in sehr bösartiger Form. Engels, ganz schockiert, schickte Geld und versicherte, Marx könne über seine Mittel verfügen. Dieses Angebot nahm Marx sofort in Anspruch, da die Mädchen zur Gesundung an die See mussten und dies etliche Investitionen erforderte. Engels schickte 10 Pfund, mit denen dringende Forderungen beglichen wurden. Marx listete im Gegenzug auf, wofür er das Geld ausgegeben hatte: *„Ich habe sofort 3 £ 5 Steuern gezahlt, 3 £ an den cheesmonger (dem ich übrigens seit Wochen bar zahle, da er ebenso wie der teagrocer nichts mehr auf Pump liefert), 1 £ 10 an den Apotheker. Dem Bäcker schulde ich 17 £, und der Mann, der immer sehr befreundet mit uns, ist hart gedrängt. Es ist mir scheußlich, daß ich so auf Dich presse. Wenn ich nur irgendeinen unmittelbaren Ausweg zu finden wüßte! Mit den Kindern geht es soweit gut, obgleich Jennychen noch sehr schwach. Das hier im Haus herrschende temper ist nicht gerade für Rekonvaleszenten gemacht. Meine Frau ist dabei auch nicht auf dem Strumpf und daher nutzlos irritabel."* [929] Die Erwähnung Jennys war selten ein gutes Zeichen. Sie sei nicht „auf dem Strumpf", hieß es, ohne nähere Erläuterung. Waren es die Nerven oder litt sie an etwas Konkretem? Vermutlich ließ psychisch bedingtes Unwohlsein sie „nutzlos irritabel" sein. Natürlich war es belastend, wenn ein Familienmitglied auf alles gereizt reagierte, aber es war nicht Jennys Absicht, die anderen zu tyrannisieren oder gar den Gesundungsprozess der Töchter zu verzögern. Jahrzehnte der Misere hatten sie zermürbt. Eine glückliche Atmosphäre herrschte jedenfalls nicht, wenn Marx derartige Andeutungen machte. Wie gewohnt mischte sich Engels nicht ein. Er half mit weiteren 25 Pfund aus, nachdem ihn Marx aufgeregt hatte wissen lassen: *„Ich höre gar nichts von Holland und muß das Schweigen daher als absichtlich betrachten. Ich weiß in der Tat nicht, was ich anfangen soll."* [930] Engels überwies laufend Geld für den täglichen Bedarf und Marx fühlte sich ihm auch im September 1868 verpflichtet, Rechenschaft über den Verbleib des überlassenen Geldes zu geben: *„Best thanks for 5 £. Diese lausigen kleinen shopkeepers sind eine jammervolle Klasse. Meine Frau brachte sofort das Geld ins Haus des Treters. Der Mann selbst war einstweilen ‚alle geworden' (und es ist in seiner Art ein ganz respektabler Kerl); seine Frau, tränentropfend, empfing für ihn das Geld. Ein großer, der größte Teil dieser shopkeepers macht alle Miseren des Proletariats durch, dazu die ‚Angst' und ‚Respektabilitätsknechtschaft', und ohne das compensating Selbstgefühl der beßren Ar-*

beiter.“ [931] Doch Verständnis für die „Treter“ und deren „Respektabilitätsknechtschaft“? – der doch auch er und Frau Jenny sich unterwarfen! Marx lieferte eine aufschlussreiche Definition der shopkeepers, und man fragt sich, warum er sich nicht auch für diese Gruppe einsetzte? Immerhin schrieb er von „jammervoller Klasse“, die sogar unter der der „besseren Arbeiter“ stehe. Wäre er mit der Gruppe der Kleinhändler nicht täglich zusammengekommen und wäre er bei dieser nicht so oft in Erklärungsnot für ausstehende Zahlungen gewesen, hätte er sie vielleicht in seine politische Theorie aufgenommen.

Karl Marx widmete sich der Theorie, und Engels sicherte den Lebensunterhalt des Freundes samt Familie. Marx forschte Tag und Nacht, und Engels zahlte und zahlte und zahlte: es gab nichts, wofür der Freund nicht zur Kasse gebeten wurde, und das manches Mal mit einer fast anmaßenden Selbstverständlichkeit, auf die er verblüffend reagierte. So gestand er Marx im November 1868: *„Ich habe mich neulich eigentlich geschämt, Dir die schäbigen £ 5 zu schicken, aber ich konnte damals wirklich nicht gut mehr loseisen, heute folgen andre fünf £ inliegend nach; daß 5 £ allein Dir nicht helfen würden, war mir selbst klar.“* [932] Mit dieser Einschätzung lag er richtig; kleine Summen reichten nicht, aber es gab reale Hoffnung. Engels war in ernsthafte Verhandlungen mit Gottfried Ermen getreten. Um disponieren zu können, forderte er von Marx, ehrlich und ohne jegliche Beschönigung zwei Fragen zu beantworten: *„1. Wieviel Geld brauchst Du, um alle Deine Schulden zu bezahlen, so as to have a clear start? 2. Kannst Du mit 350 £ für die gewöhnlichen regelmäßigen Bedürfnisse im Jahr auskommen (wobei ich Extrakosten durch Krankheit und unvorhergesehene Ereignisse ausschließe), d.h. so, daß Du dabei keine Schulden zu machen brauchst. Wo nicht, so gib mir die Summe an, die dazu erforderlich ist. Alles vorausgesetzt, daß alle alten Schulden vorher abgezahlt sind. Diese Frage ist natürlich die Hauptfrage.“* [933] Die Aussicht, dass Engels sich um den Abbau seines Schuldenberges kümmern und ihm eine feste Pension zukommen lassen wollte, stimmte Marx euphorisch. Er sei *„ganz knocked down durch Deine zu große Güte“* [934], versicherte er Engels und sagte zu, sich Übersicht über den Schuldenstand in seinem Haushalt zu verschaffen. Er ließ sich, ganz Herr im Hause, von seiner Frau *„sämtliche bills vorlegen …, und die Schuldensumme ist viel größer, als ich dachte, 210 £ (wovon about 75 £ für Pfandhaus und Zinsen). Dabei ist noch nicht eingerechnet des Doktors Bill für* *die Kur während der Scarlatina, die er noch nicht eingeschickt hat. Wir haben während der letzten Jahre mehr als 350£ gebraucht, aber die Summe genügt völlig, da 1. während der letzten Jahre Lafargue mit bei uns lebte und die Auslagen durch seine Anwesenheit im Haus sehr vergrößert wurden; 2. wegen des Schuldsystems alles viel zu teuer bezahlt ward. Ich würde, bei völliger clearance der Schulden, erst fähig sein, eine strict administration durchzusetzen.“*[935] Der gestrenge Ehemann war überrascht, weil die Schuldenlast höher war als angenommen. Jennys Schuld? Der Gatte wollte es in seinem Brief an Engels so glauben machen und spielte sich auf.

Marx weihte Engels nicht nur in den Ärger über seine Frau ein, sondern auch in einen emanzipatorischen Akt von Tochter Jenny. Er meinte: *„Wie unangenehm die Zustände hier im Haus seit den letzten Monaten wurden, siehst Du daraus, daß Jennychen – hinter meinem Rücken – sich als Stundengeberin bei einer englischen Familie engagiert hat. … Ich habe nachträglich die Geschichte zugegeben … So sehr fatal mir die Sache (das Kind hat fast den ganzen Tag kleine Kinder zu unterrichten) – ich brauche Dir das nicht erst zu sagen –, gab ich sie unter diesem Vorbehalt zu, weil ich vor allem gut fand, daß Jennychen durch irgendeine Beschäftigung zerstreut und namentlich aus den 4 Wänden hier geschafft werde.“*[936] Was sollte das 24-jährige Mädchen den ganzen Tag über machen? Auf einen Ehemann warten? Nähen, Sticken, Stricken, Häkeln? Als Sekretärin und Kopistin konnte man sie zu Hause immer gebrauchen, aber unbezahlt, d.h. für Kost und Logis. Dass eine junge unverheiratete Frau selbständig werden wollte, war noch nicht im Kopfe des Vaters verankert, und Mutter Jenny forderte dies nicht ernsthaft ein. Wenn die „Partei Marx“ das System revolutionieren wollte, musste sie die Frauen dann nicht aus ihrer ökonomischen Abhängigkeit befreien? Marx erkannte immerhin, dass auch die älteste Tochter ein wenig Abwechslung und Zerstreuung brauchte und Geld verdienen wollte. Hart war, dass Jennylein, sein Veto befürchtend, die Arbeitsstelle heimlich angenommen hatte; aber er lenkte gegen seine Überzeugung ein. Bei Männerfreund Engels begründete er seine Erlaubnis damit, dass seine Frau *„seit Jahren – aus den Umständen erklärlich, aber deswegen nicht angenehmer – ihr temper durchaus verloren (hat) und quält mit ihrem Jammer und ihrer Reizbarkeit und bad humour die Kinder zu Tod, obgleich keine Kinder in a more jolly way alles ertragen. Aber sunt certi denique fines. Es ist natürlich unpleasant, Dir das zu schreiben. Doch ist es nötig, um*

Dir zu erklären, warum ich Jennychens Schritt nicht absolut rückgängig machte.“[937] So einfach waren aus seiner Sicht die häuslichen Missstimmigkeiten zu erklären: die Mutter trieb die Kinder aus dem Hause, weil sie ihr seelisches Gleichgewicht verloren hatte. Engels ging nicht auf die fadenscheinigen Ausflüchte ein, und es sei dahingestellt, ob er die Meinung teilte, es sei unter Jennychens Würde, Stunden zu geben. Er kannte aus seinem Betrieb und seinem persönlichen Umfeld Frauen, die arbeiten mussten, um zu überleben und gezwungen waren, ganz andere Arbeiten zu verrichten als das Fräulein Marx. Ihm begegneten täglich Frauen, die als miserabel bezahlte Arbeitskräfte 14–16 Stunden schufteten und trotzdem am untersten Rande der gesellschaftlichen Rangordnung standen. Ihr Dasein war ein permanenter Überlebenskampf für sie selbst und ihre Familie.

In Engels'scher Rente

Das Jahr 1869

Ein erster Vorgeschmack auf bessere Zeiten war für das Ehepaar Marx ein „brillantes Christmasgeschenk" von Engels über 100 Pfund. Noch größer war die Freude am 25. Februar 1869, als der Vertrag zwischen Friedrich Engels und Gottfried Ermen unter Dach und Fach war. Die Zeit der ewigen Geldnot schien der Vergangenheit anzugehören.

Zwei Jahrzehnte lang hatte Friedrich Engels auf selbstlose Weise die Familie Marx mit einzelnen Geldbeträgen unterstützt, um ihr Überleben zu sichern. Seit Anfang 1869 erhielten Jenny und Karl Marx ohne Bitten und Betteln regelmäßige „Rentenzahlungen", monatlich fast 30 Pfund, 350 Pfund pro Jahr. Für die damalige Zeit veranschlagte man 250–300 Pfund Einkommen pro Jahr, um gutbürgerlich leben zu können. Jede Pfundnote war durch den Unternehmer Engels auf klassische kapitalistische Weise erwirtschaftet worden, und zwar in der Textilfabrik Ermen & Engels. Die beiden kommunistischen Leitfiguren und Frau Jenny lebten dank der Ausbeutung von Arbeiter/innen gut, was ihr Gewissen nicht belastete. Bei Vorhaltungen hätten sie ihr parasitäres Verhalten mit ihrer aufopfernden „Kopfarbeit" für die Arbeiter legitimiert. Und doch muss man sich vor Augen halten: Jenny und Karl Marx profitierten von den Früchten eines Wirtschaftssystems, an dessen Ästen sie ein Leben lang emsig sägten.

Am 1. Juli 1869 gab Engels nach zwanzig Jahren seine Arbeit bei Ermen & Engels auf und begab sich ins Privatleben. Endlich konnte er sich aus den Zwängen des „bürgerlichen Anstands" befreien, denen er sich als Fabrikant freiwillig unterworfen hatte. Er verlegte sein „offizielles Hauptquartier" von der Dover Street nach 86 Mornington Street zu Lizzie Burns, „seiner Frau". *„Hurra! Heute ist's mit dem Duo Commerce am Ende, und ich bin ein freier Mann"*[938], jubelte er bei Marx. Dieser trank „ein Glas über den Durst". Tussy vertrat die Familie an diesem für alle so glücklichen Tage in Manchester. Sie war gerne bei Lizzie und Onkel Friedrich und hatte höchstens Sehnsucht nach ihren Tieren. Aber Vater Karl berichtete ihr von ihnen: *„Blacky benimmt sich immer wie ein Gentle-*

man, allerdings wie ein sehr langweiliger. Tommy hat wieder alles in ihren Kräften getan, um die Wahrheit der Malthusschen Theorie zu beweisen. Ich vermute, daß Helene heute die neue Nachkommenschaft dieser alten Hexe töten wird. Whiskey, diese große und gute Persönlichkeit, war anfangs, wie Calypso, nicht zu trösten und verzweifelt über Deine Abreise. Er lehnte die schönsten Knochen ab, verließ Dein Schlafzimmer nie und wies durchaus alle Symptome der tiefen Leiden einer ‚schönen Seele' auf. Aber wenn Dein Name genannt wird, bekommt er Anfälle. – Dicky hat sich als sehr guter Sänger entpuppt, und wir beide fördern unsere musikalischen Talente durch gemeinsame ‚Übungen'." [939] Die Tiere waren in besten Händen; Helene fütterte sie und der Vater sang mit ihnen.

Finanzielle Engpässe führten erneut zu häuslichen Spannungen. Die Frau verleidete dem Mann die gute Laune, denn sie kam mit ihrem Haushaltsgeld nicht aus. Zur Rede gestellt, beichtete sie bisher verschwiegene Schulden und erboste damit den gestrengen Gemahl. *„Da kam denn die Narrheit der Weiber heraus. In dem Schuldverzeichnis, was sie mir aufgesetzt hatte für Dich, hatte sie about 75 £ unterdrückt, die sie nun aus dem Hausgeld by and by abzuzahlen suchte. Ich fragte, warum dies? Antwort: Sie hätte sich gefürchtet, mit der großen Gesamtsumme herauszurücken! Die Weiber bedürfen offenbar stets der Vormundschaft!"* [940], schimpfte der Ehemann bei Engels, sich als Autorität in Geldangelegenheiten aufspielend. Allerdings kann man Marx seinen frauenverachtenden Ausraster nicht wirklich verübeln, da er nur von seiner eigenen Unfähigkeit ablenken wollte. Natürlich war Jennys Absicht, 75 Pfund nebenher abzahlen zu wollen, naiv, eine „Narrheit". Aber hatte der große Ökonom sich jemals umsichtig verhalten, wenn es um die häuslichen Finanzen ging? Folglich hätte dieser Mann ebenfalls „stets der Vormundschaft" bedurft. Engels kommentierte die Anklage gegen Jenny nicht, weil er des Freundes Worte nicht auf die Waagschale legte, nicht alles glaubte, was dieser im ersten Wutanfall von sich gab. Im Gegenteil, er tröstete ihn sogar: *„Wegen der 75 £ laß Dir nur keine grauen Haare wachsen, ... sobald die Bilanz fertig ist und die Kontrakte unterschrieben, schick ich sie Dir. Sorge nur dafür, daß so etwas in Zukunft nicht wieder vorkommt. Du weißt, unsre Berechnung ist sehr knapp gemacht und läßt absolut keinen margin für Extravaganzen. Ich führe auch seit 1. Juli Buch über alle Ausgaben, um zu sehn, was mich der Kram kostet, und um zu wissen, wo im Notfall beschnitten werden muß."* [941] Als Marx Anfang August 100 Pfund zu Begleichung der Schulden erhielt, versprach er dem Spender gerührt, künftig besser zu haushalten.

Es war still in dem großen Haus geworden. Der Alltagstrott wurde nur durch Reisen und durch politische und gesellschaftliche Großereignisse unterbrochen, bei denen wie im Oktober 1869 die Familie Marx Präsenz zeigen musste. *„In London (war) das Ereignis der Woche eine Fenier-Demonstration, die veranstaltet wurde, um von der Regierung die Freilassung der irischen Gefangenen zu fordern. Da Tussy aus Irland als standhaftere Irländerin denn je zurückkam, hat sie nicht eher Ruhe gegeben, bis sie Mohr, Mama und mich überredet hatte, mit ihr zum Hyde Park zu gehen, wo die Kundgebung stattfand. Dieser Park, der größte in London, war eine einzige Masse von Männern, Frauen und Kindern, sogar in den höchsten Wipfeln der Bäume saßen Menschen. Die Zahl der anwesenden Personen wurde von den Zeitungen auf etwa 70.000 geschätzt, aber da es englische Zeitungen sind, ist diese Zahl ohne Zweifel zu niedrig. Es gab Demonstranten, die rote, grüne und weiße Fahnen trugen mit allen möglichen Losungen, wie ‚Haltet euer Pulver trocken! Ungehorsam gegen Tyrannen ist Pflicht gegen Gott‘. Und höher gehißt als die Fahnen waren eine Unmenge roter Jakobinermützen, deren Träger die ‚Marseillaise‘ sangen – ein Anblick und Töne, die den Genuß von Portwein in den Klubs sicher gestört haben. – Tags darauf, am Montag, griffen alle Zeitungen diese verwünschten ‚Ausländer‘ an und verfluchten den Tag, an dem diese in England gelandet waren, um den biederen John Bull mit ihren blutroten Fahnen, lärmenden Chören und anderen Ungeheuerlichkeiten zu demoralisieren“*[942], berichtete Jennylein der befreundeten Familie Kugelmann. Fühlte sie sich als „verwünschte Ausländerin“ oder, obwohl gebürtig in Frankreich, als Engländerin? Ganz so ironisch und fast schon überheblich sollte Fräulein Marx sich nicht über die Engländer auslassen, deren Ruhe natürlich gestört wurde, wenn Tausende von Demonstranten durch ihren geliebten Hyde-Park zogen, sondern sie sollte ihnen zugestehen, sich wenigstens in ihren Pubs und Clubs über diese „Ausländer“ aufzuregen, denen sie großzügig Asyl gewährten.

Nur wenige Tage später waren die Marx-Frauen erneut auf der Straße. Mit fast ganz London verfolgten sie die Einweihung der Blackfriars-Bridge, einer neuen Themsebrücke, und des Holborn Viaducts durch Königin Victoria. Vater Karl kommentierte für Engels gemütlich von seinem Schreibtisch aus die Festivitäten: *„Nichts lächerlicher als die Angst der Respektablen vor dem heutigen Umzug der Königin. Alles mit Polizei gespickt wie in Frankreich. Der ganze Alarm produziert durch einen hoax. Es* *haben nämlich einige Wühler sich den Spaß gemacht, seit Wochen handbills zu zirkulieren, worin die verhungernden Arbeiter des Ostend aufgefordert werden, sich en masse der Königin zu präsentieren und de ne pas laisser passer la reine. Meine Familie kömmt eben zurück von dem Spektakel. Madam soll stierverrückt und ultrasauertöpfisch dreingeguckt haben."* [943] Kannte Marx die „Wühler", die es wagten, die Arbeiter, zumeist Analphabeten, durch Handzettel zur Störung der Zeremonie aufzuwiegeln? Glaubte man im Hause Marx, dass dies der Grund war, weshalb die Queen eine so verdrossene Miene hatte? Mit Genugtuung vernahm die Familie Marx auch die Wahl Jeremiah O'Donavan Rossas in das englische Unterhaus. Rossa war als einer der Anführer der irischen Unabhängigkeitsbewegung von den Engländern eingekerkert worden, und nun belohnten die Wähler von Tipperary ihn für seinen Kampf mit der Mehrheit ihrer Stimmen. Ein Fenier im englischen Unterhaus war für die Engländer eine Sensation, aber nicht für alle eine so willkommene wie für Jenny und Familie. Allerdings wurde die Wahl für ungültig erklärt, weil ein Schwerverbrecher nicht Abgeordneter sein durfte. Jede Aufmüpfigkeit gegen das Regime, jedes defensive Reagieren des Staates erfreute Jenny und Karl und steigerte ihr Lebensgefühl.

Im Privaten hingegen bevorzugten sie die bürgerliche Behäbigkeit und blieben der Tradition verbunden, wie in der Weihnachtszeit. Jenny, Lenchen und die Töchter machten plumpudding und bastelten Geschenke. *„Apropos. Tussy hat a foolish work unternommen, ein Sofakissen zu sticken für Euch für Weihnacht. Ich glaube nicht, daß sie vor Neujahr fertig wird. Sie erlaubt weder Mama, noch Jennychen, noch Lenchen, einen Stich zu tun, und tut daher seit Wochen nichts andres. Dies jedoch ist ein großes Geheimnis, und Du darfst natürlich nicht in der leisesten Weise andeuten, daß Du davon unterrichtet bist. Tussy würde mich aufessen"* [944], verriet Vater Karl. Warum schwieg er nicht? Lizzie und Onkel Friedrich freuten sich über die Aufmerksamkeit, einerlei, ob zu Weihnachten oder später. Engels' Weihnachtsgeschenk über 100 Pfund und „50 schlanke Männer" (es waren Weinflaschen) kam pünktlich. Lauras Geschenk für die Weltbevölkerung kam erst am 1. Januar 1870. Bereits zum zweiten Mal, 1869 war Sohn Charles geboren worden, brachte sie am Neujahrstag ein Kind zur Welt, Tochter Jeanne. Ihre Mutter, die gerne nach Paris geeilt wäre, war in London unabkömmlich. Den unerfreulichen Grund schilderte sie

Engels: *„Dr. Allen und sein Partner, ein junger schottischer Doktor, kamen, um den armen Mohr zu operieren, so daß gleich nach der Operation der Mohr mit seinen Äskulapen sich an dem köstlichen Braunenberger stärken konnte. Die Geschichte war diesmal wieder sehr schlimm. Seit 8 Tagen hatten wir alle Mittel, Umschläge, basilicum etc. etc., die schon so oft geholfen hatten, angewendet: allein ganz umsonst. Das Geschwür wuchs beständig, die Schmerzen wurden unerträglich und es war keine Öffnung und Ausfluß hervorzubringen. Geschnitten mußte werden und so entschloß der Mohr sich denn endlich zu dem unvermeidlichen Schritt, einen Doktor heranzuziehen. Er spürte gleich nach dem ersten tiefen Einschnitt große Erleichterung und, obgleich er heute morgen noch nicht schmerzfrei ist, so ist er doch im ganzen viel viel besser und wird hoffentlich in ein paar Tagen genesen sein."*[945] In Jennys Erleichterung mischte sich Missmut, denn die Ermahnungen an ihren Mann, sich zu schonen, fruchteten nichts. Daher ergriff sie die Gelegenheit Engels in ihre Sorgen einzuweihen. Sie schrieb: *„Nun muß ich aber mit einem förmlichen Sündenregister gegen ihn hervorrücken. Seit er von Deutschland zurück ist, …, war er unwohl, hustete beständig und statt sich zu hegen und pflegen, fing er an, auf Mord und Brand Russisch zu studieren, ging wenig mehr aus, aß unregelmäßig und zeigte den Carbuncle unter dem Arm erst, nachdem er schon bedeutend angeschwollen und verhärtet war. Wie oft habe ich Sie, lieber Herr Engels, seit Jahren im stillen hierher gewünscht!! Manches wäre anders."*[946] Der Wunsch von Frau Marx war vielleicht der letzte Anreiz für Friedrich Engels mit Lizzie Burns nach London überzusiedeln. Vorerst versuchte er in einer Moralpredigt den Freund zu einer gesünderen Lebensweise zu animieren; auch im Interesse des zweiten Bandes des „Kapitals". Er war überzeugt, eine derartige Aufgabe könne nur ein Gesunder leisten. Um seinen Ratschlägen Wirkung zu verschaffen, schickte er eine Kiste Portwein, immer eine gute Medizin. Wenig später verkündete der Freund: *„Meine Übersiedlung nach London im nächsten Spätsommer ist nun beschlossene Sache. Lizzie hat mir erklärt, daß sie je eher je lieber von Manchester fortgehn will, sie hat einigen Krakeel mit Verwandten gehabt, und da ist ihr der ganze Kram hier leid geworden. Unser Haus werden wir im Sept. los, also zwischen Juli und Sept. muß die Sache abgemacht werden."*[947] Von seinem neuen Domizil hatte er genaue Vorstellungen: *„So groß wie Dein Haus braucht's nicht zu sein, auch würden mir kleinere Räume genügen."*[948] Engels reichte ein kleineres Haus, d.h. vier bis fünf Schlafzimmer, zwei Wohnzimmer, ein Arbeitszimmer und

Küche. An dieser Randbemerkung – ohne Hintergedanken – sieht man die überzogenen Ansprüche der Familie Marx. Ihr Haus war mehr als nur eine Spur zu groß – und sie ließen sich aushalten. Frau Jenny machte sich umgehend auf die Suche nach einer geeigneten Immobilie, eine Möglichkeit, ein wenig von der Dankesschuld abzutragen und um sich von ihrer Trauer abzulenken, denn die Tochter von Laura und Paul Lafargue war nur wenige Wochen nach ihrer Geburt gestorben.

Assistiert von Lenchen konnte Frau Marx Engels schon bald über ein geeignetes Objekt informieren: *„Das Haus schien uns … von oben bis unten in vollem repair, und wir konnten beide nichts herausfinden. … Sie müssen jedenfalls einige Nächte bei uns bleiben und am Tage von hier aus Ihre Arrangements treffen. Wir werden schon Raum für jeden finden. Wir bewohnen ja einen wahren Palast und nach meiner Idee ein viel zu großes und teures Haus.“* [949] Aber Jenny und Karl wollten nicht ausziehen, obwohl es aus Kostengründen sinnvoll gewesen wäre.

Krieg und Kommune

Die Jahre 1870 und 1871

Im Frühsommer 1870 eskalierte die politische Lage im Herzen Europas. Zwischen den Großmächten Preußen und Frankreich drohte ein Krieg; im Hause Marx debattierte man erregt, ob es wirklich zum Ausbruch kommen würde und ob die französischen und deutschen Arbeiter sich im Krieg wie die Lämmer abschlachten ließen oder sich weigerten, für die Interessen ihrer Herrschenden verheizt zu werden. Der preußische Ministerpräsident Bismarck hatte die Reaktion des französischen Kaisers Napoleon III. auf die Emser Depesche im Gegensatz zu den politisch doch so versierten Marxens richtig berechnet. *„Was denken Sie vom Kriege? Wir haben uns noch nicht erholt von unserer Überraschung und Entrüstung über die Wendung der Dinge. Es ist nicht einfach, sich mit dem Gedanken zu versöhnen, daß, anstatt für die Zerstörung des Kaiserreichs zu kämpfen, das französische Volk sich für seine Vergrößerung opfert, daß, anstatt Bonaparte aufzuhängen, es sich unter seine Fahnen schart. Wer hätte davon vor ein paar Monaten träumen können, als die Revolution in Paris eine Tatsache schien. Diese Wiederbelebung des Chauvinismus im 19. Jahrhundert ist fürwahr eine grausame Posse“* [950], schrieb Tochter Jenny an Kugelmanns. Die Kriegserklärung Frankreichs an Preußen erfolgte zwei Tage später, am 19. Juli 1870. Auf eine Revolution hatte man im Hause Marx gehofft und glaubte schon Kaiser Napoleon III. am Galgen baumeln zu sehen, stattdessen musste man mit Entsetzen die Solidarisierung von Volk und Kaiser verfolgen.

Großvater Marx war wenig von der gewaltsamen Auseinandersetzung angetan, weil sie seine Familie treffen konnte. Engels gegenüber zeigte er sich beunruhigt: *„P.S. Eins der ersten Opfer des Kriegs die Lafargues und Schnappy. Ihr Häuschen, im Rayon, wird bei der ersten ungünstigen Wendung niedergerissen."*[951] Laura und Paul wohnten mit Baby Charles im Vorort Levallois-Perret, der in unmittelbarer Nähe der Festungsanlagen lag, die von den feindlichen Truppen gestürmt werden mussten, bevor Paris eingenommen werden konnte. Auch Jenny sorgte sich bei Engels: *„Auf dem Stempel der Zeitungen, die Laura schickte, seh' ich zu meinem Schrecken, daß sie noch in Levallois-Perret sind, also dicht an den Fortifikationen. Wir haben sie längst gewarnt, Paris zu verlassen und mit dem kleinen Schnäpschen nach Bordeaux zu gehen. Sie wollen aber nicht hören, hoffentlich werden sie nicht zu fühlen haben."*[952] Die Großmutter hoffte auf die Vernunft der Kinder.

Dem Militärexperten gegenüber legte sie nebenbei ein erstaunliches Bekenntnis ab: *„Von den ekelhaften Schimpfereien im ‚Figaro' etc. können Sie sich keinen Begriff machen. Sie wollen die Vandalen mit Haut und Haar verzehren, weil sie die Unverschämtheit hatten, sich zu konzentrieren und es wagen, den Fuß in sol sacrée de la patrie zu setzen. Wie verdienen sie alle die preußischen Prügel."*[953] Jenny Marx ergriff Partei für Preußen. Sie hätte sicherlich anders reagiert, wenn in Frankreich nicht Kaiser Napoleon III. regiert hätte. Die Enttäuschung über das Verhalten der französischen Bevölkerung, insbesondere der Arbeiter, konnte ihre Einstellung nicht hinreichend erklären, und angesichts ihrer Antipathie gegen Preußen überrascht ihre Haltung.

Im neutralen England ging das Leben – fast – normal weiter. Marx und Jennylein entflohen im Juli der extremen Sommerhitze nach Ramsgate, während Frau Jenny noch mit Engels' neuem Domizil befasst war. Nach erfolgreichem Abschluss folgte Jenny mit Tussy im August den anderen an die See. *„Nach einer sehr angenehmen Fahrt sind wir heil und gesund hier angekommen. Ich sage einer angenehmen Fahrt, obwohl Mama wahrscheinlich nicht so dachte. Die See war sehr stürmisch, die Wellen überspülten das*

Schiff und durchnäßten jedermann. – Sämtliche Passagiere, ausgenommen eine Dame, mich selbst und einige Herren, waren seekrank. … Heute morgen bin ich schon vor 6 Uhr aufgestanden und bis 9 Uhr spazierengegangen. Ich will jetzt an den Strand gehen und ein ausgiebiges Bad nehmen“ [954], teilte Tussy den Freunden in Manchester mit. Das schöne Ferienleben wurde durch den Vater gestört. Er konnte nicht schlafen und wurde nach London zum Arzt geschickt, der Ischias diagnostizierte. Die Ehefrau übernahm es daher, Engels aus ihrem Ferienalltag zu berichten: *„Gestern abend regnete es hier stark … Heute morgen scheint die Sonne wieder prächtig. Ich bin überzeugt, daß der Mohr sich hier in der herrlichen Seeluft ganz erholen würde, wenn er nicht das Pech mit dem Rheumatismus hätte, der ihn am Gehn und Schlafen hindert. … Die Mädchen sind beständig an, in, bei oder auf der See und haben rote Backen und noch rotere Nasen, sind aber sonst sehr wohl und fidel. Beide leiden nur sehr wegen dem Downbreak ihrer Lieblingsnationen. Jenny ist total ‚French' und Tussy ‚Irish'.“* [955] Die Haltung der Mutter war nach wie vor ambivalent. *„Wie schrecklich sind alle Nachrichten von Paris. … Wahrhaftig, sie verdienen die preußische Zuchtrute noch mehr als man es ahnen konnte“* [956], gab Frau Marx Engels gegenüber freimütig zu. Welche Hoffnung verband sie mit der Vision der preußischen Zuchtrute? Ihr Vertrauen in die revolutionäre Kraft der Franzosen schwand zunehmend, für sie kristallisierte sich der neue Hoffnungsträger heraus. *„Die deutschen Arbeiter haben während dieses Krieges eine Einsicht und Energie bewiesen, die sie mit einem einzigen Ruck an die Spitze der europäischen Arbeiterbewegung stellt, und Sie werden begreifen, mit welchem Stolz wir dies erleben“* [957], schrieb Marx an Natalie Liebknecht. Jenny und Karl Marx revidierten in diesen Tagen ihre jahrzehntelang vertretene Überzeugung, eine Revolution könne nur von Frankreich ausgehen, und glaubten nun angesichts der rasanten Weiterentwicklung der deutschen Arbeiterbewegung an deren Initiative und deren Potenzial zur gesellschaftlichen Veränderung. Eines stand fest und musste allen klar gemacht werden: Ohne das Volk war kein Sieg der Armee möglich – denn diese rekrutierte sich überwiegend aus Bauern und Arbeitern. Käme das Volk zu dieser Erkenntnis und würde die richtigen Schlussfolgerungen ziehen, so hätte der Krieg vielleicht noch einen revolutionären Sinn gehabt. Doppelten Sinn hätte er gehabt, wenn die Arbeiterschaft zu der Einsicht gelangt wäre, mit der arbeitenden Bevölkerung in den anderen Ländern mehr gemein zu haben als mit heimischem Adel, Klerus, Herrscherhaus. In diesem Falle wäre eines der wichtigsten Ziele des Kommunismus erreicht worden: Die internationale Solidarisierung der Arbeiterschaft.

Der Krieg wirkte sich auch auf das Königreich England aus, wie Marx bei Engels beklagte: *„Erstens ist der Aufenthalt hier per 5 Mann sehr teuer, da die Engländer infolge des Kriegs alle Badeplätze überströmt haben. Zweitens: Die Accomodation, relatively zum Preis, verdammt ‚zugig'."* [958] Wie aufschlussreich war es doch für einen ökonomisch versierten Menschen zu erkennen, dass die Auswirkungen eines Krieges sich nicht ausschließlich auf das Kampfgebiet und die beteiligten Länder beschränkten. Notgedrungen verharrten die Engländer im Sommer auf ihrer Insel, und somit überstieg die Nachfrage das Angebot an schönen Quartieren an der See. Dieser Nachteil war sekundär im Vergleich zu den Gefahren, die Laura, dem Enkel und Paul in Frankreich drohten. Die Familie Marx vernahm daher mit größter Erleichterung, dass die junge Familie sich nach Bordeaux abgesetzt hatte. Hätte ihr Schwiegersohn gewusst, dass in diesen Tagen, nämlich am 2. September 1870, Napoleon III. gefangen genommen und bei Sedan die französische Kapitulation unterzeichnet werden würde, hätte er Paris nicht verlassen, sondern sich sofort für eine andere Republik engagiert als die, die zwei Tage später ausgerufen wurde. Die Nachricht von der Gefangennahme des letzten französischen Kaisers wurde der Familie Marx durch Herrn Longuet verkündet, der sich gerne bei ihnen zeigte. Er tröstete die älteste Tochter, die *„tief für die grande nation (litt)."*[959]

Der Krieg zog sich nach dem Ende des Kaiserreiches noch eine Weile hin; deutsche Truppen belagerten ab Mitte September Paris, nachdem die neue Provisorische Regierung die von den Siegern geforderten Territorien nicht abtreten wollte. *„Trotzdem muß ich Ihnen sagen, daß nach allen Informationen, die ich aus Frankreich erhalte, die Bourgeoisie im ganzen die preußische Eroberung dem Sieg einer Republik mit sozialistischen Tendenzen vorzieht."* [960] Eine bittere Erkenntnis von Marx zu Edgar Spencer Beesly, aber eine richtige. Die Angst der Bürger vor den Sozialisten/Kommunisten saß tief, auch in Preußen, dessen Regierung, ohne auf größeren Widerstand zu stoßen, hart gegen die linke Opposition vorgehen konnte. *„Soeben empfangen wir hier die Nachricht, daß Liebknecht, Bebel und Hepner gestern verhaftet worden sind. Es ist das die preußische Revanche für*

Jenny und Charles Longuet

die moralischen Niederlagen, die L und B dem preußischen Kaisertum schon vor seiner Geburt beigebracht haben. Wir alle hier haben uns sehr gefreut über das tapfere Auftreten beider im Reichstag, unter Umständen, wo es wahrhaftig keine Kleinigkeit war, mit unsern Ansichten frei und trotzig hervorzutreten"[961], schrieb Marx an die Frau des verhafteten Wilhelm Liebknecht. Liebknecht und Bebel wurden des Hochverrates angeklagt, weil sie sich geweigert hatten, weiteren Kriegskrediten zuzustimmen. Marx übte internationale Solidarität, als er Natalie Liebknecht zusicherte: *„Wir haben aber auch die Pflicht, nach Kräften dafür zu sorgen, daß unsre verhafteten Freunde und ihre Familien in Deutschland nicht Not leiden, und grade jetzt, wo ihnen das bevorstehende Weihnachtsfest ohnehin so verbittert wird. Wir sind daher so frei, inliegend eine Fünfpfundnote ... beizulegen, in deren Ertrag Sie sich gütigst mit Frau Bebel teilen wollen."*[962] Wenig später wurde eine Amnestie gewährt, deren Nutznießer Liebknecht und Bebel waren. Ende März 1871 öffneten sich für sie die Gefängnistore.

Alle Ereignisse konnten Jenny und Karl Marx mit Engels endlich von Angesicht zu Angesicht besprechen. Karl Marx freute sich, und inzwischen auch seine Frau, als Lizzie Burns und Friedrich Engels am 20. September 1870 in die Regents Road zogen, einige Gehminuten von ihrem Hause entfernt. Von diesem Tag an schrieben sich Marx und Engels nur noch von Reisen – eine bedauerliche Tatsache, da viele private Anhaltspunkte für Jennys Lebensgeschichte dem Briefwechsel entnommen sind.

Die politische Konstellation in Europa änderte sich am 18. Januar 1871 grundlegend. An diesem Tage wurde im Spiegelsaal des Schlosses von Versailles das deutsche Kaiserreich ausgerufen mit dem Preußenkönig Wilhelm I. an der Spitze als Kaiser der Deutschen – ein Stich ins Herz der Französinnen und Franzosen! Diese boches hatten es gewagt, in ihrem Spiegelsaal, dem Symbol herrlicher Zeiten, ein deutsches Kaiserreich auszurufen. In Paris herrschte nach der Niederlage der republikanischen Regierung Ende Januar und der Wahl einer monarchisch ausgerichteten Nationalversammlung im Februar 1871 revolutionäre Aufbruchstimmung. Die Kommune, später „die Pariser Kommune" genannt, strebte den politischen Umsturz an. Diese Vorgänge verfolgte Jenny Marx begeistert. Ein zusätzlicher, möglicher Grund, so die Autorin Limmroth, war: Im Hause Marx *„erschien der junge französische Ethnograph und Freiheitskämpfer Gustave Flourens. Er ist fasziniert von Jenny, und* *auch sie ist zum ersten Mal seit ihrem Zusammensein mit Karl in ihren Gefühlen irritiert. Jenny ist jetzt 56 Jahre alt, Gustave 24 Jahre jünger. Jenny blüht auf in diesem gegenseitigen Zugetansein.*"[963]

Flourens hielt sich seit März 1870 mehrere Monate in London auf und war im Hause Marx ein gern gesehener Gast. Es gibt keine Beweise für eine engere Beziehung zwischen Frau Marx und dem jungen Revolutionär, aber warum soll die ältere Dame nicht in den jungen Mann verliebt gewesen sein? Selbstverständlich bewahrte sie Zurückhaltung, aber warum sollte sie sich in der Gegenwart von Flourens nicht noch jung und noch begehrenswert gefühlt haben? Ob ihre unmittelbare Umgebung ihren Gemütszustand registrierte, ist nicht belegbar, aber vielleicht fiel auf, dass sie in den Gesprächen mit diesem Gast sichtlich auflebte. Flourens seinerseits war wie so viele andere fasziniert von der klugen, charmanten Frau Marx, einer gebürtigen Adligen, die sich so vorbehaltlos mit ganzem Herzen mit den Aufständischen solidarisierte. Auch Tochter Jenny fand Flourens so sympathisch, dass sie „seine Bekenntnisse" in ihr confession book aufnahm.

Natürlich konnte Frau Marx seinen Wunsch, mit den Kommunarden für ein neues Frankreich zu kämpfen, nur wohlwollend zur Kenntnis nehmen, aber mit Bedauern und Wehmut im Herzen wird sie den jungen Mann verabschiedet haben. Ihre Befürchtung traf ein: Am 3. April wurde Flourens, Mitglied der Militärkommission und Befehlshaber der 20. Legion, gefangen genommen und standrechtlich erschossen; er fiel nicht im Kampf, wie von offizieller Seite behauptet wurde. Ende Mai gelang es den regierungstreuen Truppen nach wochenlanger Belagerung und achttägigem Barrikadenkampf, – auch mit Hilfe deutscher Waffenlieferungen und der Freilassung gefangener französischer Soldaten! – die revolutionären Stadtbezirke nach erbitterten Gefechten zurückzuerobern. Friedrich Engels betonte 1891 in seiner Einleitung zu Karl Marx' „Der Bürgerkrieg in Frankreich": *„Erst nach achttägigem Kampf erlagen die letzten Verteidiger der Kommune ..., und nun erreichte das Morden wehrloser Männer, Weiber und Kinder ... seinen Höhepunkt. Der Hinterlader tötete nicht mehr genug, zu Hunderten wurden die Besiegten mit Mitrailleusen zusammengeschossen. ... Dann kamen die Massenverhaftungen, als die Abschlachtung aller sich als unmöglich erwies, die Erschießung von willkürlich aus den Reihen der Gefangenen herausgesuchten Schlachtopfern, die Abführung* *des Restes in große Lager.“*[964] Eine blutige Rache der französischen Regierung an den eigenen Bürgern.

Jenny trauerte um Flourens, den „Bravsten der Braven“, schrieb einen Nachruf, den Liebknecht im „Volksstaat“ veröffentlichte und beklagte in einem Brief an Peter Demandt: *„Es bedurfte mehr als 20 Jahre, um so brave, tüchtige, heroische Männer heranzubilden, und nun sind sie fast alle dahin. Von einigen ist noch Hoffnung, die Besten sind gemordet.“*[965] Zu diesen Besten zählte natürlich Gustave Flourens. Frau Jenny dachte in ihrem Schmerz aber nicht nur an die „heroischen“ Männer, sondern auch an die Arbeiter und Arbeiterinnen, die gekämpft hatten. Sie erwähnte nicht die erste feministische Massenorganisation, die während der Pariser Kommune entstand, die „Femmes pour la défense de Paris et les soins aux blessés“. Diese Frauen kämpften nicht nur auf den Barrikaden mit, sondern erkämpften sich in der Kommunarden-Republik das Recht auf Arbeit, gleichen Lohn wie die Männer und Gleichstellung von ehelichen und nicht-ehelichen Kindern. Frau Marx fand keine Worte der Würdigung für diese Frauen, obwohl es kaum denkbar ist, dass diese Bewegung in London unbekannt blieb.

In diesen bewegten Tagen wähnte man auch einen der Anführer der Weltrevolution in Gefahr. Karl Marx sei am 7. Juni 1871 in Holland verhaftet worden, geisterte es durch die Presse, bevor sich die Meldung als „Zeitungsente“ herausstellte. Frau Marx versicherte Peter Imandt, *„daß der Mohr ‚all right‘ ist. Das sind alles Polizeilügen, die der Stieber jetzt mit den französischen Polizeihalunken ausheckt.“*[966] Ihr Gatte saß Gott sei Dank wohlbehalten in London und genoss seine Popularität mit stolzer Genugtuung. Zu Kugelmann: *„Ich habe die Ehre, at this moment the best calumniated and the most menaced man of London zu sein … Das tut einem wahrhaft wohl nach der langweiligen zwanzigjährigen Sumpfidylle.“*[967] – Der am meisten verleumdete Mann in London zu sein, war ein Zeichen seiner Bedeutung. Natürlich wurde er von den Geheimdiensten als einer der Führer der „Internationalen“ überwacht, aber er war nicht an Leib und Leben gefährdet, solange er im sicheren Exil in England saß.

Der Krieg brachte nicht nur auf dem Schlachtfeld Opfer mit sich. Am 26. Juli starb Marc-Laurent, das im Februar 1871 geborene dritte Kind Lauras und Pauls. Als Ursache wurde das unruhige Umfeld ausgemacht: die Familie war in den Kriegswirren von Paris nach Bordeaux und von dort in die Nähe der spanisch-französischen Grenze gezogen. Das hatte der Säugling nicht verkraftet. Laura musste zur Beruhigung ihrer Eltern diese belastende Zeit nicht alleine durchmachen. Ihre Schwestern waren auf Familienbeschluss nach Frankreich gereist, um ihr während der Abwesenheit ihres Mannes beizustehen, der nach Spanien geflohen war.

Überall hatte man die Angehörigen der Familie Marx im Visier, auch das Familienoberhaupt während eines Erholungsaufenthaltes im August in Brighton. *„Den zweiten Tag nach meiner Ankunft hier traf ich an der Ecke meiner Straße in wartender Position denselben Burschen, von dem ich Dir sagte, daß er Engels und mich verschiedene Mal auf unsrem Weg home begleitet habe, daß E ihn für einen Spion hielt und wir ihm einmal ‚Winke' gaben. Du weißt, daß ich, generally speaking, kein Spionenriecher bin. Aber dieser Bursche ist mir offenbar und unleugbar auf Weg und Steg hier nachgefolgt. Gestern wurde mir die Sache langweilig, ich blieb stehn, drehte mich um und fixierte den Kerl mit dem berüchtigten eyeglass. What did he do? Er zog demütig seinen Hut ab und hat mich heute nicht mehr mit seinem Gefolg beglückt"*[968], amüsierte sich Karl bei Jenny. Der Gatte genoss das Seebad, obwohl er *„hier im ganzen stürmisches und regnigtes Wetter (hatte), so daß Schnupfen mit Hustenbegleitung nicht aufhören konnten. Aber die wundervolle Luft und das Bad, das ich täglich nehme, haben sehr wohltätig auf den general state of health gewirkt. Ich habe die ganze Zeit über nichts mehr bedauert, als daß Du nicht hier warst. Doch mußt Du jedenfalls – es mag biegen oder brechen – wenn nicht Deine Sommer-, so doch Herbstreise dieses Jahr haben."*[969] Diese Worte taten Jenny gut. Karl dachte an sie, kümmerte sich um ihr Wohlergehen. Wunschgemäß reiste sie im September nach Ramsgate, zunächst ohne Mann, der wegen einer Konferenz der „Internationalen Arbeiterassoziation" in London blieb. Sie traf sich mit Lizzie Burns und war froh, sich gemeinsam mit Engels' Lebenspartnerin über einen irrtümlichen Nachruf aufzuregen. Im „Cosmopolitan Society" hatte gestanden, dass Karl Marx „einer der treuesten, furchtlosesten und selbstlosesten Verteidiger aller unterdrückten Klassen und Völker" gewesen sei. Erfreut vernahm Frau Marx die anerkennenden Worte über ihren Mann, aber noch erfreuter war sie, dass es sich um eine Falschmeldung handelte. Die Tatsache, dass von St. Petersburg bis New York die schwere Erkrankung oder gar der Tod von Karl Marx ein Thema war, bewies seine Popularität. Auch die Hymne der Kommunisten „Die Internationale" begann ihren Siegeszug um die Welt; überall wurde nun von den Arbeitern das aufrüttelnde „Völker, hört die Signale/ auf zum letzten Gefecht/ Die Internationale/ erkämpft das Menschenrecht!" gesungen.

Nach der Konferenz reisten die Berühmtheiten Marx und Engels für einige erholsame und vergnügte Stunden zu ihren Damen nach Ramsgate. *„Es ist das lustigste Seebad, das ich kenne, äußerst ungeniert, sehr hübscher fester Strand"* [970], befand ein entspannter Engels in einem Brief an seine Mutter.

Nach Kriegsende setzte aus Frankreich eine neue Flüchtlingswelle von politisch Verfolgten in Richtung England ein, und die Regierung ließ insgeheim ein Gesetz über die Ausweisung von Kommunisten und Anhängern der „Internationalen" vorbereiten. Tochter Jenny hatte beobachtet, dass Flüchtlinge aus Frankreich in England, sobald man Kenntnis erlange, dass sie Mitglieder der Kommune gewesen seien, keine Stelle bekämen, oder, wenn sie bereits eine hätten, diese verlören, da die Arbeitgeber aufgrund der negativen Zeitungsberichte mit solchen Leuten nichts zu tun haben mochten. Diese Erfahrung hatte sie selbst gemacht. Als nämlich ihre Arbeitgeberin Mrs. Monroe erfuhr, dass ihre kompetente Hauslehrerin nicht aus irgendeiner deutschen Emigrantenfamilie stammte, sondern Tochter des berüchtigten Kommunisten Karl Marx war, kündigte sie das Arbeitsverhältnis auf. Gutes Benehmen, vorbildliche Manieren, ein angenehmes Wesen und überdurchschnittliche Bildung konnten dieses Manko nicht ausgleichen. Diese engstirnige Reaktion entsprach überwiegend der Stimmung in England im Herbst 1871. Die Familie Marx rechnete mit verschärften Maßnahmen gegen Demokraten und Kommunisten aus dem Ausland, auch mit Ausweisungen. *„Wenn Ihr Euch nicht entschließt, im nächsten Frühjahr oder Sommer nach London zu kommen, so kann es sein, daß Ihr uns hier nicht mehr antrefft … Die Aussicht, uns im Lande des Yankee Doodle Dandy niederzulassen, ist nicht sehr angenehm für uns. Dessenungeachtet, jeder Tag hat seine Sorgen!"* [971], schrieb Jennylein an die Familie Kugelmann. Das Gesetz trat nicht in Kraft; Jenny und ihre Familie konnten auf der Insel bleiben.

Kaum Ruhe

Die Jahre 1872 bis 1874

Die „Internationale" gewann mit den Jahren einen immer größeren Einfluss in Politik und Gesellschaft. Aber die sozialistischen und kommunistischen Gruppierungen versuchten nicht einvernehmlich den Sturz der herrschenden Regime und die Ausschaltung der Machtcliquen zu erreichen, sondern stritten sich über Revolution und/oder Reformen. Zur Emotionalisierung ihrer Anhängerschaft verließen Einzelne den Pfad der Fairness und feindeten Andersdenkende persönlich an – auch Karl Marx. Im Januar 1872 hatte im „Neuen Sozialdemokrat" ein Artikel über Marx und den Generalrat gestanden. Darin war Marx unterstellt worden, ein Polizeiagent zu sein. Sich über solche Gerüchte zu entrüsten, war eigentlich infam, denn auch Marx hatte Vogt und Bakunin vorgeworfen, im Sold von Geheimdiensten zu stehen. Marx versuchte, die Anwürfe vor Jenny zunächst zu verheimlichen, um sie zu schützen. Sie nahm Unterstellungen und gezielte Fehlinformationen von obrigkeitsstaatlicher Seite nach erster Empörung relativ gelassen hin, aber „Gemeinheiten und Infamien" von linken Gegnern trafen sie ins Mark. Die Beschuldigungen im „Neuen Sozialdemokrat" konnten vor ihr nicht auf die Dauer geheimgehalten werden und erregten sie, wie ihr Mann befürchtet hatte, zutiefst. Aber sie wollte nicht viel Aufhebens darum machen, nicht zuhause und schon gar nicht öffentlich. Nur bei Wilhelm Liebknecht war sie sich sicher, *„daß das alles bei Ihnen im stillen ruht. Es war meinem Herzen so unendlich wohltätig, einem alten treuen Freunde den stillen Kummer zu eröffnen."*[972] Gleichzeitig versicherte sie dem Freund und dessen zweiter Frau ihre Anteilnahme, nachdem Liebknecht im Frühjahr 1872 zu Haft auf der Festung Hubertusburg verurteilt worden war. *„Aufrichtig gestanden, haben meine sorglichen Gedanken noch mehr bei Ihrer Frau als bei Ihnen geweilt. Uns Frauen fällt in allen diesen Kämpfen der schwerere, weil kleinlichere Teil zu. Der Mann, er kräftigt sich im Kampf mit der Außenwelt, erstarkt im Angesicht der Feinde, und sei ihre Zahl Legion, wir sitzen daheim und stopfen Strümpfe. Das bannt die Sorge nicht, und die tagtägliche kleine Not nagt langsam aber sicher den Lebensmut hinweg"*[973], schrieb sie nach Leipzig.

Jenny sprach eine bittere Wahrheit aus: Die Frauen waren mit–verurteilt; sie mussten ohne Ernährer auskommen und doch irgendwie

Sorge dafür tragen, dass die Kinder nicht verhungerten. Obendrein mussten sie den Kummer der Kinder, die den Vater vermissten, auffangen und das Ausgegrenzt-Werden aus der Gesellschaft verkraften. Daher war es tröstlich, wenn es Menschen wie Jenny Marx gab, die mitfühlten: *„Ich spreche aus mehr als 30jähriger Erfahrung, und ich kann wohl sagen, daß ich den Mut nicht leicht sinken ließ. Jetzt bin ich zu alt geworden, um noch viel zu hoffen, und die letzten unseligen Ereignisse haben mich völlig erschüttert. Ich fürchte, wir selbst, wir Alten erleben nicht viel Gutes mehr, und ich hoffe nur, daß unsre Kinder leichter durchs Leben wandeln werden.“*[974] Wenn Jenny glaubte, nicht mehr viel Gutes zu erleben, dann dachte sie auch an die Art, wie man ihrem Mann den jahrelangen Einsatz und die unermüdliche Arbeit für die „Internationale“ dankte. *„Solange der Mohr alle Arbeit hatte und mit Mühe und Not durch Diplomatisieren und Lavieren die widerspenstigen Elemente zusammenhielt vor der Welt und dem Geschwader der Feinde, die Gesellschaft vor dem ridicule wahrte und Schrecken und Angst der zitternden Schar einflößte, nirgends hervortrat, keinen Kongreß besuchte, alle Mühe und keine Ehre hatte, schwieg das Gesindel. Nun, da die Feinde ihn ans Licht gezogen, seinen Namen in den Vordergrund gebracht haben, nun tut sich die Meute zusammen, und Polizisten und Demokraten jaulen denselben Refrain ab vom ‚Despotismus, der Autoritätssucht, dem Ehrgeiz‘! Wieviel besser und wohler wäre es ihm, hätte er ruhig weiter gearbeitet und den Kämpfenden die Theorie zum Kampf weiter entwickelt. Aber Tag und Nacht keine Ruhe!“*[975], klagte sie bei Liebknecht. Frau Marxens Gleichsetzung von Vertretern der Staatsgewalt und von Demokraten in deren Bemühen, Hetzkampagnen gegen ihren Mann zu führen, offenbarte die tiefe Spaltung in der linken Bewegung. Frau Marx war daran selbst beteiligt, da sie durch ihre Anwesenheit beim Kongress der I. Internationalen in Den Haag im September 1872 ihren Mann beim Ausschluss Bakunins unterstützte.

Wilhelm Liebknecht saß von Juli 1872 bis Mitte April 1874 seine Strafe ab. Vom Gefängnis aus führte er seine Arbeit weiter und genoss es laut eigener Aussage fast, in Ruhe seine Artikel verfassen zu können. Auch mit der Planung der Reichstagswahl 1874 befasste er sich und fragte Engels, ob er nicht in einem sächsischen Bezirk kandidieren wolle. Da Engels seines „preußischen Untertanentums und damit seiner deutschen Reichsbürgerrechte durch unerlaubten zehnjährigen Aufenthalt im Auslande“ verlustig gegangen war, dito Marx, musste er das freundliche Angebot ablehnen. Marx und Engels im Doppelpack im deutschen Reichstag zu sehen und zu hören, wäre sicher für alle Parlamentarier eine Bereicherung gewesen.

Jenny und Karl Marx hatten andere Sorgen in London. In mehreren Zeitungen war wiederum verbreitet worden, Marx habe das Zeitliche gesegnet. Dem war nicht so, aber er hatte sich infolge von Arbeitsüberlastung eine Hirnhautentzündung zugezogen. Um ganz zu gesunden, fuhr er Mitte Juli auf die Insel Wight. Eine furchtbare Nachricht zwang ihn, nach London zurückzukehren. Sein „lieber" Putty, das erste Kind der inzwischen mit Charles Longuet verheirateten Tochter Jenny, mit dem er gerade noch seinen 56. Geburtstag gefeiert hatte, war am 20. Juli 1874 an Brechdurchfall gestorben. Nur wenige Tage nach der Beisetzung brach Marx nach Karlsbad auf. Zu Kugelmann: *„Es ist mir natürlich hart, Jenny jetzt … zu verlassen. Ich bin in dieser Hinsicht weniger stoisch als in andern Dingen, und die Familienqualen setzen mir stets hart zu. Je mehr man, wie ich, fast abgeschlossen von der Außenwelt lebt, je mehr ist man mit der Gemütsseite in den engsten Kreis verstrickt."* [976] Marx, der Familienmensch, hätte lieber seinem Jennylein beigestanden, aber die kranke Eleanor gab den Ausschlag. Marx begründete die Entscheidung bei Kugelmann: *„Vor ungefähr acht Tagen schickte ich Deiner lieben Frau ein paar Zeilen mit der Anzeige des Todes meines einzigen Enkels und der schweren Erkrankung meiner jüngsten Tochter. Letztere war jedoch nichts Vereinzeltes, sondern vielmehr akuter Ausbruch eines langwierigen Leidens. Eleanor hat jetzt das Bett wieder verlassen, viel rascher, als ihr Arzt gehofft hatte. Sie ist reisefähig, obgleich natürlich noch delikaten Zustandes."* [977] Die 19-Jährige litt unter psychischen Problemen, die durch das Unglück ihrer Schwestern und die ablehnende Haltung ihres Vaters dem Mann gegenüber, in den sie sich verliebt hatte, verstärkt wurden. Vermutlich war sie magersüchtig, und man hoffte auf physische und psychische Hilfe in Karlsbad. Dass die Reise trotz Jennyleins Trauer nicht abgesagt wurde und der Vater bei ihr war, richtete ihre Seele auf.

Der Kuraufenthalt verlief nicht so harmonisch wie erhofft. Marx, von der Sorge um seine Töchter schon genügend belastet, fühlte sich so genervt von dem treuen Ludwig Kugelmann, der sich auch in Karlsbad erholte, dass er ihm die Freundschaft aufkündigte. Als Gründe führte er bei Engels an: *„Infolge der Wasserwirkung ist der Kopf hier sehr irritabel; Du* *begreifst daher, daß auf die Dauer der Kugelmann mir unerträglich wurde. … Dieser erzpedantische, bürgerlich-kleinkramige Philister bildet sich nämlich ein, seine Frau verstehe, begreife seine faustische, in höherer Weltanschauung machende Natur nicht und quält das Dämchen, das ihm in jeder Hinsicht überlegen ist, auf das widrigste. Es kam daher zwischen uns zum Skandal…"* [978] Herr Marx – von Tochter Tussy bestärkt – spielte sich als großer Frauenversteher auf, vielleicht zu recht, aber recht aufgeplustert – man bedenke die Bezeichnung „das Dämchen". Jahre zuvor hatte Marx bei Kugelmann angefragt: *„Ist Ihre Frau auch tätig in der großen deutschen Damenemanzipationskampagne? Ich denke, die deutschen Frauen müßten damit anfangen, ihre Männer zur Selbstemanzipation zu treiben."* [979] Zu Hause war Herr Marx kein Verfechter der Emanzipation der Frau, zumindest nicht dann, wenn seine männlich-väterliche Autorität tangiert wurde, und in die „Selbstemanzipation" ließ er sich schon gar nicht treiben.

Der Bruch mit Kugelmann war bedauerlich; auch wenn man versöhnlich Abschied nahm. Karl Marx und Ludwig Kugelmann hatten viele Jahre in engem Kontakt gestanden und man hatte Fotografien ausgetauscht. So kam es, dass eine Fotografie Gertrude Kugelmanns lange Zeit für ein Bild von Jenny Marx gehalten wurde.

Der Arzt hatte Marx gelegentlich mit Geld unterstützt und ihn mit ausgefallenen Geschenken bedacht. Zwei Präsente erfreuten sich besonderer Wertschätzung. Das Eintreffen eines Weihnachtsgeschenkes 1867 aus Hannover schilderte Frau Marx in ihrem Dankesbrief besonders anschaulich: *„Wir saßen gestern abend alle zusammen … beschäftigt, den christmas pudding mit gewissenhafter Gründlichkeit zu präparieren. Da wurden Rosinen entkernt (eine sehr eklige, klebrige Arbeit), Mandeln, Orangen- und Zitronenschalen fein zerschnitten, Nierenfett zu Atomen zerhackt und aus dem ganzen Mischmasch mit Eiern und Mehl ein sonderbares potpourri geknetet; da auf einmal klingelt es, ein Wagen hält vor der Tür, geheimnisvolle Tritte gehn auf und ab, ein Geflüster, ein Rauschen geht durch das Haus; endlich ertönt es von oben: ‚eine große Statue ist angekommen'. Wenn es geheißen hätte ‚Feuer, Feuer, es brennt', die ‚Fenians' sind da, so hätten wir nicht bestürzter, verwirrter hinaufstürzen können, und da stand er da in seiner kolossalen Herrlichkeit, in seiner idealen Reinheit, der alter Jupiter tonans, unversehrt, unbeschädigt (eine kleine Kante am piédestal ist etwas abgebröckelt) vor unsern starrenden, entzückten Augen!!"* [980] Marx und Zeus! – ein wunderbarer Vergleich. Aber Kugelmann konnte die Popularität, die Verherrlichung des Karl Marx' nicht ahnen, er dachte primär an Äußerlichkeiten wie wallende Haare und mächtigen Bart. Die Statue fand einen Platz in Marx' Arbeitszimmer. Jenny, die den Arzt bislang nur vom Hörensagen kannte, wies diesen in ihrem Brief noch liebevoll zurecht: *„Warum reden Sie mich so formell, sogar mit ‚gnädig' an, mich, einen so alten Veteranen, ein so bemoostes Haupt in der Bewegung, solchen ehrlichen Mitläufer und Mit-Bummler?"*[981] In der „Partei Marx" gab es keine Standesunterschiede, aber man duzte die Genossin oder den Genossen noch nicht.

Auch zu Marxens 52. Geburtstag hatte Kugelmann sich ein besonderes Präsent einfallen lassen, für das sich Tochter Jenny im Auftrag des Vaters bedankte: *„Mohr hat sich sehr über die Manschettenknöpfe gefreut, und die Blumen sind tatsächlich sehr kunstvoll gearbeitet. Er ist auch entzückt von der Leibniz-Tapete und hat ihr schon einen Platz in seinem Arbeitszimmer gegeben, wo wir sie an der Wand über dem Kaminsims aufgehängt haben."*[982] Von den Tapetenstücken aus Leibniz' Arbeitszimmer erfuhr sogar Engels von Marx, weil es *„mich sehr amüsiert hat. Nämlich L Haus ist niedergerissen worden letzten Winter und die dummen Hannoveraner – die in London ein Geschäft mit diesen Reliquien hätten machen können – haben alles weggeschmissen. Diese zwei Stück stellen jedes etwas Mythologisches dar, das eine Neptun in seinen Wogen etc. und das andere Venus, Amor etc., ganz im schlechten Louis XIV.-Geschmack. ... Ich habe beide Sachen in meinem Arbeitszimmer aufgehangen. You know my admiration for L.."*[983] Eine Zeus-Statue zu Weihnachten, Tapetenreste aus dem Hause des Universalgenies Leibniz zum Geburtstag: Ludwig Kugelmann hatte Sinn für Ausgefallenes.

Zu dem Aufenthalt von Karl und Tussy Marx in Karlsbad im Sommer 1874 stellte Egon Erwin Kisch, Journalist und Schriftsteller, an dessen Verdienste im Journalismus der renommierte Kisch-Preis erinnert, Recherchen an und fand heraus: *„Fahrplanmäßig ... traf Marx ein, wie wir der Carlsbader Curliste Nr. 238, ausgegeben am Sonntag, den 22. August 1874 unter der Eintragsnummer 13316 amtlich verzeichnet finden: Herr Charles Marx, Privatier, mit Tochter Eleanor aus London – Wohnung: ‚Germania' – Schlossberg. Ankunft 19. August ..."*[984]

Der Kurgast Karl Marx unterschied sich für Kisch natürlich von den anderen Besuchern: *„In Karlsbad herrscht Hochbetrieb. Was nicht in Baden-Baden ist, hat hier zur Stelle zu sein ... Jedermann will Verbindungen anknüp-*

fen oder noble Bekanntschaften, will von sich reden machen oder sonst wie wichtig erscheinen. Jedermann? Nicht jedermann. Der, von dem wir hier sprechen, will just das Gegenteil. Seinen ersten Kuraufenthalt begann er damit, sich möglichst zu tarnen. Er hat sich als Charles Marx, Privatier, aus London, angemeldet, obwohl oder weil ihn die Welt als Karl Marx aus Deutschland kennt, als das Gegenteil eines Privatiers."[985] Diese Zurückhaltung hatte nach Kisch ihren Preis, denn *„laut Vorschrift haben Privatiers eine doppelt so hohe Kurtaxe zu entrichten wie Angehörige anderer Berufe. Dabei fällt es dem Privatier Charles Marx wohl weitaus schwerer, eine Kurtaxe zu bezahlen als anderen Badegästen …"*[986] Der Reporter meinte die Gründe hierfür zu kennen: *„Kaum jemals ist ein Mann von solcher öffentlicher Wirkung derart von Not verfolgt gewesen wie Karl Marx. Er, den die Mächtigen Europas für sich zu gewinnen versuchen oder vernichten wollen, er, auf den die Arbeiter und alle fortschrittlichen Geister wie auf einen Messias blicken – er leidet qualvolle Not. Qualvolle Not sein Leben lang … Um heute die Hausmiete zu bezahlen, morgen die Steuer, übermorgen den Milchmann und den Arzt, das Schulgeld für die Kinder, einen Sarg für den Enkel, muß Marx seinen Anzug, ein Kleid seiner Frau, die Schuhe der Kinder und der treuen Hausgenossin Lenchen Demuth ins Versatzamt tragen. Klagen drohen und Exmittierungsbefehle, Gas und Wasser werden ihm gesperrt, er hat kein Papier, um am ‚Kapital' weiterzuschreiben."*[987] Musste ein so armer Mann in ein so teures, elitäres Kurbad reisen, das er zudem als Staatenloser nur mit Sondergenehmigung besuchen durfte? Kisch bejahte Marxens Entscheidung: *„Als es jedoch heißt, seine schwer erkrankte Tochter nach Karlsbad zu begleiten, können ihn weder Polizei schrecken oder Geldmangel an dieser Fahrt hindern."*[988]

Ganz entsprach Kischs Bild von Marx nicht der Realität. Karl Marx tarnte sich nicht, sondern setzte sich – sich seiner Bedeutung stets bewusst – gerne in Szene, beispielsweise bei seinen Berliner Aufenthalten. Er trat in Karlsbad natürlich nicht, wie vielleicht erwartet, als Bürgerschreck auf, nein, er gab sich distinguiert, während Tochter Tussy elitäre Allüren zeigte. Die 20-Jährige las in Kaffeehäusern politische Zeitungen und rauchte Zigaretten, ein schockierendes Benehmen für eine Dame in der Öffentlichkeit! Ahmte Eleanor gar die Zigarren-rauchende Gräfin Hatzfeldt nach?

Auf der Rückreise besuchten Vater und Tochter in Leipzig Wilhelm Liebknecht und Familie und in Berlin Jennys Bruder Edgar, legten Zwischenaufenthalte in Dresden und in Hamburg ein – ohne notwendige

Erlaubnis seitens der Behörden. Kaum habe die Polizei seinen Aufenthaltsort ausfindig gemacht und ihn verhaften wollen, meldete Dr. Marx genüsslich der besorgten Gattin, sei er bereits in die nächste Stadt aufgebrochen gewesen. Jenny war froh, als Mann und Tochter Anfang Oktober wieder wohlbehalten auf der Insel waren. Dieses Katz-und Maus-Spiel hätte Karl Marx trotz allen Nervenkitzels gerne vermieden und wäre lieber nach Herzenslust gereist, ohne vor jedem Aufenthalt oder jeder Durchreise in Deutschland Anträge zu stellen oder illegal die Grenze zu übertreten. Jenny und Karl Marx stellten daher nach 25 Jahren Aufenthalt in London einen Antrag auf die englische Staatsbürgerschaft. Nach eingehender Prüfung weigerten sich die englischen Behörden, das Ehepaar Marx zu Untertanen der britischen Krone zu machen, und zwar mit der internen, geheimen Begründung, Marx habe sich seinem König und seinem Vaterland gegenüber nicht loyal verhalten. Auch ohne Kenntnis dieses Ablehnungsgrundes löste die Entscheidung Enttäuschung, Unverständnis und Empörung aus. Natürlich kann ein Mann, der die Gesellschaftsstruktur radikal verändern will, sich dem herrschenden System gegenüber nicht willfährig und devot verhalten. Aber Karl Marx war ein Gentleman, kein Steine werfender Rebell – nur seine Gedanken waren Sprengstoff. Dies galt auch für seine Gemahlin, eine Dame adliger Herkunft.

Die lästige Antragstellerei für eine Aufenthaltsgenehmigung in Deutschland war jedoch nicht der Grund, weshalb Marx am richtungsweisenden Kongress der Arbeiterparteien in Gotha 1875 nicht teilnahm. Das Ehepaar Marx bezog in der Nähe seines alten Domizils ein „kleineres" Haus mit nur acht bis zehn Zimmern! *„Marx ist eben ausgezogen, er wohnt 41, Maitland Park Crescent, N.W. London"*[989] , informierte Engels die Freunde im März 1875.

Natürlich verfolgten Marx und Engels die Debatten in Gotha um eine Zusammenarbeit der sozialistisch-kommunistischen Gruppierungen im deutschen Kaiserreich. Gegen ihren Willen kam es zum Zusammenschluss des 1863 von Lassalle gegründeten Allgemeinen Deutschen Arbeitervereins (ADAV) mit der von Liebknecht und Bebel 1869 gegründeten Sozialdemokratischen Arbeiterpartei (SDAP) zu der Sozialistischen Arbeiterpartei (SAP), ab 1890 die SPD. *„Diese Einigung trägt den Keim der Spaltung in sich"*[990], sagte Engels voraus. Vier Jahrzehnte später,

1919, spaltete sich die USPD, die Unabhängige Sozialdemokratische Partei Deutschlands, von der SPD ab, auch auf Initiative von Karl Liebknecht, dem Patenkind von Karl Marx und Friedrich Engels. Mit Rosa Luxemburg gründete er die KPD. Der Wunsch seines Vaters, die Patenonkel Karl und Friedrich sollten „dem jungen Sozialdemokraten“ etwas „Geist von ihrem Geist einfiltern“, hatte gefruchtet.

Die Endlichkeit rückt näher

Die Jahre 1875 bis 1880

Der ganze Trubel, die Packerei und die Plackerei des Umzuges belasteten die 61 Jahre alte Jenny so sichtbar, dass sie auf sanften Druck der Familie im Mai 1875 nach Shanklin zur Erholung ging.

Zu ihrer Unterhaltung berichtete der Ehemann, dass es Jennychen bei dem guten Wetter etwas besser gehe, es um Lafargues lithographische Anstalt ganz gut stehe und er selbst das Haus hüte, da Lenchen und Tussy sich mit Jennylein bei einer Möbelversteigerung träfen, und das Gärtchen blühe auch ganz munter. Diese Neuigkeiten trug Frau Marx sofort an Lizzie Burns weiter, mit der sie die Tage zusammen verbrachte. Beide Damen freuten sich, als ihre viel beschäftigten Männer zu Besuch kamen; vor allem musste sich Karl erholen, da auch er immer wieder Phasen des Unwohlseins erlebte. Im Spätsommer suchte er daher wie im vergangenen Jahr vier Wochen lang Linderung in Karlsbad, alleine. Wiederum verfolgte Egon Erwin Kisch Marxens Spuren und fand heraus: *„Dieses Mal ist er kein Privatier mehr, sondern ein Dr. phil. und hat entsprechend weniger Kurtaxe zu bezahlen.“* [991] Selbstverständlich stand er unter polizeilicher Beobachtung, wie einem Bericht des k. k. Bezirkshauptmanns von Karlsbad zu entnehmen ist: *„Charles Marx, Dr. der Philosophie, aus London, ein hervorragender Führer der demokratisch-sozialdemokratischen Partei, befindet sich in Karlsbad in der Kur. Da derselbe auch im vorigen Jahr … zu keinen bedenklichen Wahrnehmungen Anlaß gegeben hat, so erlaube ich mir, mich auf die vorliegende Anzeige mit dem Anfügen gehorsamst zu beschränken, dass Marx sich bisher ruhig verhalten, keinen großen Verkehr mit anderen Kurgästen hat und häufig allein größere Fußpartien unternimmt.“* [992] Ein unauffälliger Gast.

Frau Jenny wartete nicht ergeben auf seine Rückkehr, sondern tourte durch die Schweiz. Die Eidgenossenschaft war für sie immer ein Favorit gewesen, wenn sie auf der Suche nach einem neuen Exil waren. Die Schweiz wurde aber letztendlich wegen ihrer restriktiven Politik, die vermutlich zu einer weiteren Ausweisung geführt hätte, verworfen. Jenny sah viel von dem kleinen Land, genoss die schöne Landschaft und besuchte alte Freunde. Glücklich erzählte sie Tochter Eleanor: *„Grade als ich meinen Waterproof über mein ‚homespun' ziehen wollte, um nach Vevey, Clarens, Montreux und Chillon zu wandern, kam ein Brief von Jenny und einer von Lina, die mir gute und die erste Kunde von Mohr brachte; ich ging also leichten Herzens weg, um den Helden Rousseaus und Byrons meine Reverenz zu machen. Wie schön es hier und in Genf ist, kann ich gar nicht beschreiben. Ich habe in Genf sehr vergnügte Tage mit dem alten Becker verlebt … Von Genf aus wäre ich gerne nach Chamonix zum Montblanc und der mer glaciale gefahren, ich hatte aber nicht cash genug, da ich dem lieben Alten etwas hinterließ. In Genf habe ich den Montblanc prächtig rosig beleuchtet gesehen, zugleich die canaille Thiers. Ich werde morgen nach Bern reisen und von da über ins Berner Oberland, über den Brienzer See nach Luzern und von dort mit der Eisenbahn auf den Rigi, dann nach Basel und zu Papa Stumpf."*[993] Es war eine Erholungsreise für die Seele, die auch das körperliche Wohlempfinden steigerte, und in guten Stunden glaubte Jenny das Unwohlsein endgültig besiegt zu haben. Energiegeladen kehrte sie nach London zurück und widmete sich ihrer Leidenschaft, dem Theaterleben. Ermuntert durch Mann und Tochter notierte sie ihre Eindrücke mit so viel Esprit, dass Tussy die „kleine Kritik" kurzerhand an Carl Hirsch adressierte und ihn bat: *„Mama möchte, daß Sie diese in die ‚Frankfurter Zeitung' bringen, wenn Ihnen das möglich ist. Hätte Papa Zeit gehabt, so hätte er selbst eine Kritik … verfasst. … Mama trägt mir auf, Ihnen zu sagen, sie wünsche nicht, daß ihr Name in der ‚Frankfurter' erscheint, aber wenn Sie sagen wollen, wer die Kritik geschrieben hat, können Sie das ‚unter Freunden' tun."*[994] Dank der Vermittlung von Hirsch erschien Jennys Text im November 1875 im Feuilleton der „Frankfurter Zeitung und Handelsblatt" unter der Überschrift „Aus der Londoner Theaterwelt".

Im Fokus standen für Jenny Marx die Shakespeare-Aufführungen und die englischen Theaterbesucher. *„Gilt es, dem ‚Swan of Avon', dem größten aller Dichter, ein Denkmal zu setzen, so sind es nur die Scherflein der* *unteren Volksschichten, die es zur Aufführung bringen. Um die kleine Eiche, die zur Erinnerung Shakespeares dreihundertjähriges Wiegenfest vor 11 Jahren auf Primrose Hill gepflanzt wurde, gruppierten sich nur Schauspieler, die ihren Shakespeare lieben, und Arbeiter, die ihn aus den billigen Schillingsausgaben gründlich kennen und ihren ‚Will' im tiefen Herzen tragen"* [995], hob die Rezensentin hervor. Während in einem kleinen Theater für die Arbeiter Shakespeare unverfälscht gespielt wurde, sahen auch im Westend die sogenannten gebildeten Klassen dessen Werke. Aber diese Zuschauer drängten *„nicht ins Theater, um der wunderbar herrlichen Sprache Shakespeares zu lauschen"* [996], sondern die Schickeria bewundere nur die Kostüme, die Farbenpracht und die elektrischen Lichter. Die Dichtung Shakespeares sei Nebensache. Die Kritikerin pries den irischen Schauspieler Barry Sullivan wegen seiner Verdienste um Shakespeare und Henry Irving, der Hamlet authentisch auf die Bühne gebracht habe. Natürlich hätten ihre „Kollegen" herumgenörgelt, aber die Leute seien ins Theater geströmt, der Wind habe sich gedreht, und nun sei es ein modisches Muss geworden, die Inszenierung zu besuchen. Bei „Macbeth" spiele sich das gleiche Ritual ab. Die Vorstellung sei ausverkauft, es herrsche auch *„atemlose Stille …, aber nur schwache Zeichen des Beifalls geben sich kund, kein spontaner Enthusiasmus feuert den jungen Künstler an; woher dieses Erstarren des Publikums?"* [997] War *„die englische Mittelklasse schon wieder ihrer Shakespeare-Fesseln, die der gute Ton ihr angelegt hatte, müde …, sollte sich die Hautevolee schon wieder wegsehnen von wahren Kunstschöpfungen zu melodramatischen Spektakelkünsten mit brennenden Schiffen, einstürzenden Felsen, leibhaftigen Fiacres, Pferden, Kamelen und Ziegen? … Oder hat sich das Publikum von der Kritik einschüchtern und zaghaft machen lassen? Selten hat der englische Philister den Mut seiner Überzeugung. Er ballt die Faust in der Tasche."* [998] Dieses Verhalten war für Frau Marx typisch für den Durchschnittsengländer: *„Er ist denkfaul; hat er doch jeden Morgen beim Frühstück mit obligater Eier- und Schinkenbegleitung seinen penny-a-liner parat, der für ihn denkt. Wie bequem ist's doch, mit den fertigen glatten Phrasen in der Tasche in den Omnibus zu steigen, in die City zu fahren oder ins Klubhaus oder abends im Theater in der Loge zu sitzen. Da hat ihm ja morgens schon die ‚Daily News' vorgepredigt, daß Irving den Macbeth falsch auffasst … Und neben ihm sitzt ein ‚Standard'-Philister oder gar ein ‚Saturday Review'-Gläubiger, alle mit fix und fertigen Meinungen in der Tasche."* [999] Kant schrieb: „Habe den Mut, Dich Deines eigenen Verstandes zu bedienen." Seiner Forderung entsprachen nach Ansicht der Autorin die Engländer nicht; sie ließen für sich denken und richteten sich in ihrem Urteil nach anderen. Alle? Nein! Natürlich gab es den idealen, unvoreingenommenen Theaterbesucher! Die kluge Frau Marx hatte beobachtet: *„Das ist der große Vorzug eines Arbeiterpublikums. Der Arbeiter läßt sich nicht von der Presse verblüffen. Er geht ins Theater, traut seinen eigenen Augen und Ohren, klatscht und zischt nach Herzenslust und eigenem Gutdünken und richtigem Takt. Parterre und Galerie sind daher für den guten Schauspieler von entscheidender Wichtigkeit."* [1000] Jenny Marx entwarf ein idyllisches Bild vom Arbeiter-Theaterbesucher und weckt Erinnerungen an Brechts Arbeitertheater im 20. Jahrhundert. *„Wir wünschen dem Künstler ein deutsches Publikum, das seinen Shakespeare kennt und liebt und dem strebsamen Manne mit wohlwollendem Interesse aufmunternd entgegenkäme, wir wünschten ihm ferner bessere Unterstützung von seinen Mitschauspielern und zuletzt gerechtere, weniger widerspruchsvolle, das Publikum nicht so irreleitende Kritiker"* [1001], schlussfolgerte die Feuilletonistin. Wenige Jahre zuvor war in der Goethe- und Schiller-Stadt Weimar die erste deutsche Shakespeare-Gesellschaft gegründet worden.

Die Rezensionen gefielen; 1875 und 1876 wurden in der „Frankfurter Zeitung und Handelsblatt" vier weitere Artikel von Jenny Marx abgedruckt, journalistische Glanzleistungen. Angesichts ihres Erfolges meinte sie zu Carl Hirsch: *„Es ist mir gar kurios, dass ich in meinen alten Tagen und als bemoostes Haupt noch literarische entrechats mache und gar in Feuilletons Pirouetten drehe."* [1002] Sie dankte Hirsch auch für seine Vermittlung: *„Als Sie Tussy mitteilten, daß die Frankfurter Redakteure nicht abgeneigt seien, hier und da kleine Beiträge von mir aufzunehmen, fiel mich plötzlich so ein Schreib-Raptus an, und auf frischer Tat schickte ich einen kleinen Artikel über die Londoner Saison ein. Zu meinem Erstaunen war der Wisch ein paar Tage nachher gedruckt und erschien im Feuilleton des 4ten April, Nummer 95, hinter dem Pariser Artikel über die Gräfin d'Agout, die ich vor 33 Jahren kannte, als sie dem jungen Herwegh nachlief und Heine sich vor ihr flüchtete."* [1003]

Neben ihrer journalistischen und politischen Tätigkeit dachte Jenny auch an alte, treue Freunde. In einer stillen Stunde im August 1876 schrieb sie in einem Brief an Johann Philipp Becker die Gedanken nieder, die ihr immer wieder durch den Kopf gingen: *„Je älter man wird und je schlimmer die Zeiten, je rascher vergehn sie und je schneller fliegen die Stunden* *dahin. Mir ist's wenigstens so. Und muß doch auch das Alter etwas für sich haben. Ist's doch schon gottsjämmerlich miserabel, nicht mehr jung und frisch und ‚gut' zu sein, das fühlt man besonders, wenn zum Alter nun auch noch die Krankheit hinzukommt, und das war in der letzten Zeit bei mir der Fall und wohl der beste Fürsprecher zu meinen Gunsten im Versäumen meiner Korrespondenzpflichten gegen einen so alten, treubewährten Freund. Ich habe seit Monaten so sehr am Kopf etc. etc. gelitten, daß ich oft ganz duselig und verdattert war und schon deshalb nicht schreiben konnte."* [1004] Eine etwas übertriebene Schlussfolgerung; immerhin hatte sie *„ein dreiwöchentlicher Aufenthalt in Brighton ... wieder etwas auf den Strumpf gebracht. Mein Mann und meine jüngste Tochter sind am verflossenen Freitag nach Karlsbad abgereist, leider beide aus Gesundheits- oder vielmehr Krankheitsrücksichten. Diese so sehr kostspielige Reise macht alle andern Ausflüge und Besuche treuer Freunde nah und fern unmöglich, und so gern mein Mann auch einmal den Montblanc und den alten Becker begrüßen möchte, so ist er doch gezwungen, sich ganz ängstlich bloß an seine Kur zu halten und alle Extratouren zu vermeiden. Ich selbst kann auch mein Ränzel dieses Jahr nicht schnüren und puste und blase mich hier heiß und kalt in der diabolischen Hitze."* [1005] Dankbar folgte sie daher einer Einladung von Engels nach Hastings. Marx wurde von dem Freund umgehend über den gesundheitlichen Zustand seiner Frau informiert: *„Vorgestern sprang dann Deine Frau hier ein, die jedenfalls bedeutend besser ist, als sie vor 6 Wochen war. Sie läuft viel herum, hat guten Appetit und scheint auch recht gut zu schlafen. Sie und Lizzie treiben sich auf den Sands herum, nachdem ich sie am Bahnhof mit einem Glas Port gestärkt und freuen sich, daß sie keine Briefe zu schreiben haben."* [1006] Die Frauen vergnügten sich gemeinsam – ein Zeichen für eine freundschaftliche Beziehung, die vor Jahrzehnten bei der sittenstrengen Frau Marx noch undenkbar gewesen wäre.

Jenny Marx' Gesundheit verschlechterte sich schleichend. Es ging ihr einmal besser, einmal schlechter, und mit der Zeit fragte sie sich, ob sie nicht unter einer ernsthaften Krankheit litt. Mit 63 Jahren fühlte sie sich nicht mehr jung. Gedanken an die eigene Endlichkeit und den Tod im Allgemeinen gingen ihr immer häufiger durch den Kopf. Vielleicht noch liebevoller als früher nahm sie Anteil an den Schicksalsschlägen ihrer Freunde in der Ferne. *„Seien Sie überzeugt, daß ich nicht verstummt aus Mangel an Teilnahme, ich schrieb nicht, weil mir förmlich der Atem ausging bei der Trauerkunde und ich an den großen Schmerz nicht herantreten wollte mit all* *den Gemeinplätzen der Teilnahme und der tröstenden Zusprache. Ich weiß nur zu gut, wie schwer es wird und wie lange es dauert, ehe man nach solchen Verlusten sein eignes Gleichgewicht wiederfindet; da kommt dann das Leben mit seinen kleinen Freuden und seinen großen Sorgen, mit all seinen kleinen tagtäglichen Plackereien und kleinlichen Quälereien zu unsrer Hülfe, und der größere Schmerz wird vom stündlichen kleinen Leid übertäubt und, ohne daß wir's merken, mildert sich das heftige Weh; nicht daß die Wunde jemals ausheilte, namentlich nicht im Mutterherzen, aber nach und nach erwacht wieder im Gemüt neue Empfänglichkeit und selbst neue Empfindlichkeit für neues Leid und neue Freude, und so lebt man weiter und weiter mit dem wunden und doch stets hoffenden Herzen, bis es zuletzt ganz stillesteht und ewiger Friede da ist"* [1007], schrieb sie an Alfons Sorge, der den Verlust zweier Kinder verkraften musste. Milde, altersweise Worte einer Frau, die wusste, dass im tiefsten Winkel des Herzens die Trauer zurückblieb und dass man dennoch nicht alle Freude am Leben verlieren durfte.

Mitte 1877 verschlechterte sich Jennys Zustand erheblich, und um ihr Linderung zu verschaffen, plante ihr besorgter Mann eine Kur in Bad Neuenahr. *„Du weißt, daß meine Frau ernsthaft an Verdauungsstörungen leidet, und da ich Tussy, die wieder starke Attacke hatte, jedenfalls mitnehme, würde meine Frau ihr Zurückbleiben sehr übelnehmen. Die bloße Hin- und Herreise für uns 3, mit Gepäck, … kommt an 70 £. Außerdem habe ich Lenchen, die sehr knackschälig, seit langem versprochen, sie nach ihrer Heimat zu fördern, wo sie nicht ganz gratis leben kann. Außerdem hat die Familie noch allerlei Anschaffung für die Reise nötig"* [1008], wurde Engels informiert, der mit einem Scheck über 100 Pfund die Kur unterstützte.

Während der Vorbereitungen erreichte Jenny die Nachricht, dass Halbbruder Ferdinand am 2. Juli 1877 im Alter von 77 Jahren verstorben war. Zeichen der Trauer liegen nicht vor, aber Jenny dürfte ein Kondolenzschreiben an seine Kinder verfasst haben. Ein Jahr zuvor, am 12. Februar 1876, hatte sie von Ferdinand zu ihrem 62. Geburtstag einen – vermutlich – letzten Gruß erhalten: *„Als kleines Angebinde überschicke ich Dir mein Bild, wie ich nun aussehe: Zurückgezogen von der Welt, aber mit denen, die mir noch blieben. … Gott schenke Dir und den Deinigen ein gesegnetes neues Jahr! Und gib bald einmal wieder Kunde von Dir Deinem treuen Bruder Ferdinand von Westphalen."* [1009]

21 Jahre lang hatte Jenny Marx Deutschland nicht mehr besucht, mit Ausnahme einer kurzen Stippvisite anlässlich ihrer Reise in die Schweiz zwei Jahre zuvor. Sie erreichte in Begleitung von Mann und Tochter Tussy Bad Neuenahr *„grade zur rechten Zeit …, bevor ihr Übel verschlimmert.“*[1010] Vier Wochen lang bekam Frau Marx unter ärztlicher Kontrolle Anwendungen und nahm Bäder und fühlte sich immer besser. Auf Empfehlung eines Arztes machte die Familie noch einen Abstecher in den Schwarzwald, um in der Bergluft zu kneipen. Dort erreichte sie die alarmierende Nachricht, dass Tochter Jennylein um das Leben ihres zweiten Kindes bangte. Erleichtertes Aufatmen, als keine Gefahr mehr bestand und man sich gemächlich auf die Rückreise machen konnte. In Koblenz statteten die drei Lina Schöler und ihrer Schwester Bertha Augusti, einer Schriftstellerin, einen Besuch ab, der allen größte Freude bereitete und in Erinnerung blieb. Ob das alte Paar auf dem Rückweg einen Abstecher in die alte Heimat Trier machte und der Tochter die Sehenswürdigkeiten der kleinen Stadt zeigte und noch einmal in Jugenderinnerungen schwelgte, ist nicht bekannt.

Zuhause in London zeigte sich, dass das Gefühl der Genesung trügerisch gewesen war; Jennys Zustand verschlechterte sich so, dass sie noch im Herbst 1877 bei Dr. Gumpert in Manchester Rat suchte. *„Glaubt … nicht, daß ich … shaky auf den Beinen bin. Kopf und Füße sind all right, nur ist das Zentrum der Maschine, der Kessel, wo gebraut wird, noch immer nicht in full working order. Ich fühlte mich die letzten Tage der Woche so wohl, daß ich glaubte, über alle Berge zu sein; die Schwalbe wollte schon heimwärts ziehen, da kam der Montag, ohne alle äußre Veranlassung, wieder ein bedeutender Rückfall, der mich sehr ängstigte. Der Doktor war aber gar nicht überrascht und sagte, er habe nichts andres erwartet, und ich müsse mich noch auf längre ups and downs gefaßt machen. Eine Belladonna-Pille hat mich heute wieder etwas restauriert, und das basin of gruel (Ihr beneidet mich nicht um den Genuß), das mir eben die Landlady brachte, hat mir wohlgetan. Meine Furcht war, daß mein Zustand dropsy werden könne. Der Doktor hatte bei den ersten Untersuchungen auch daran gedacht. Er hat mich darüber vollständig beruhigt. Es ist mehr Wind als Wasser“*[1011], beruhigte sie die Familie. Jenny litt zwar körperlich, aber geistig war sie munter wie eh und je. Noch immer spottete sie mit Freude, aber altersweise geworden, reflektierte sie über dieses Laster: *„Ist es nicht eine Schande, daß ich so lästre über einen Mann (Dr. Gumpert,*

MA), der mir so unendlich viel Güte und Liebe erzeigt?"[1012] Weniger Skrupel hatte sie, wenn ihr Objekt ein Geistlicher war. Ausführlich schilderte sie ihren Lieben: *„Am Sonntag abend ging ich mit Mr. Renshaw in die Jesuitenkirche. ... Da erschien aber ein wahrer Knote auf der Kanzel – ich hatte einen feinen Abbé erwartet – er wollte seinen brethren wissenschaftlich beweisen, daß Fasten, beten, Abkasteien nicht allein die Sünden des betenden Individuums abwaschen, daß es auch die Qualen und Leiden der brethren im Purgatory lindre. Er forderte auf zu doppelten Dosen von Fasten und Beten – eine für die hier oben und eine für die in ‚Purgatory'. Dabei pustete und keuchte der Kerl so wie ein Blasebalg und wischte sich den kahlen Schädel beständig mit dem Schnupftuch ab, er schwitzte so, als ob er selbst schon im Fegefeuer bratete. Das Schlimmste in der Kirche war das andauernde Knien, das fast 1 ½ Stunde(n) dauerte. Da keine Seele saß und alle Seelen knieten, so kniete ich alter Esel auch mit, um kein Ärgernis zu geben, namentlich nicht meinen scharf katholische(n) Nachbarn Renshaws."*[1013] Besuchte Frau Marx aus Freundlichkeit freiwillig eine Messe in einer Jesuitenkirche oder wurde sie auf ihre alten Tage trotz allen Spottes gar noch fromm?

Nicht nur Krankheit und Kuren bestimmten den Alltag des Ehepaares Marx: Die Politik stand weiterhin im Focus des Interesses, vor allem dann, wenn Attentate auf Herrscher verübt wurden, wie in Deutschland im Sommer 1878. In einem Bericht heißt es: *„In Berlin ringt am 2. Juni 1878 Deutschlands Kaiser mit dem Tod. Der Wirtschaftswissenschaftler, Dr. Karl Eduard Nobiling, hatte aus dem Fenster eines Gasthofes auf Wilhelm I. gefeuert. Die Schrotkugeln trafen ihn an Wange, Hals und Schulter. Auch die rechte Hand wurde getroffen. Die Kugeln durchschlugen den Helm und streiften die Stirn des Monarchen, der zu verbluten drohte."*[1014] Die Nachricht schockierte die breite deutsche Öffentlichkeit und erregte die Mutter der kaiserlichen Schwiegertochter, Königin Victoria von Großbritannien. Für sie war der Täter ein „grässlicher Sozialist", und sie betonte ihrer Tochter Victoria gegenüber: *„Glaube mir, wenn man keinen Respekt vor Gott hat – nicht an die Zukunft glaubt, kann man keinen Respekt vor den Höchsten im Lande haben und keine Loyalität empfinden."*[1015] In ihr Urteil schloss sie auch einen Attentäter, einen Bäckergesellen, ein, der nur einige Wochen zuvor den Versuch unternommen hatte, den deutschen Kaiser zu beseitigen. Die Queen vertrat die Auffassung: *„Eine gewisse Autorität kommt von Oben und wenn diese mit Füßen getreten wird, und wenn* *der Klerus – so engstirnig er sein mag – lächerlich gemacht und verunglimpft wird, dann geht alles zugrunde. ... Bleibt Philosophie ohne Religion, geht ein Land unter! Denk immer daran.“* [1016] Die deutsche Kronprinzessin ließ sich auf die neue Zeit ein, las beispielsweise „Das Kapital“, um das Phänomen „Kommunismus/ Sozialismus“ besser nachvollziehen zu können. Nach der Lektüre interessierte sie der berühmt-berüchtigte Dr. Marx. Sie wollte keine geschönten Informationen erhalten und bat einen Freund, Sir M. E. Grant Duff, Mitglied des englischen Parlaments, Marx zu besuchen. Dieser berichtete nach einem Zusammentreffen, der Philosoph im Londoner Exil mache auf den Besucher einen „eher gefälligen“ Eindruck, keineswegs den eines Mannes, der gewohnt sei, „Babys in ihren Wiegen aufzufressen“, was anscheinend die Meinung über ihn sei. Seine Sprache sei „die eines wohlunterrichteten, nein, vielmehr gelehrten Mannes“. Alles, was Marx gesagt habe, sei „sehr positiv“, wenn auch „leicht zynisch“ gewesen. Mit großer Achtung habe er „von Ihrer kaiserlichen Hoheit und dem Kronprinzen“ gesprochen. Duff kam zu dem Ergebnis, er würde den Mitautor des „Kommunistischen Manifestes“ gerne wieder treffen. Marx, so seine Schlussfolgerung nach der Begegnung, werde *„nicht der Mann sein, die Welt umzustülpen, ob er es wünscht oder nicht.“* [1017] Jenny Marx hätte nicht gefallen, dass man ihrem Mann die Kraft oder den Einfluss absprach „die Weltrevolution“ zu machen. Der Bemerkung hingegen, ihr Mann sei kultiviert, hätte sie zugestimmt.

Mitte des Jahres 1878 beabsichtigte Marx sich wiederum zur Kur ins noble Karlsbad zu begeben. Er bekam keine Aufenthaltsgenehmigung, wie er Sigmund Schott mitteilte, denn: *„Herr Bismarck, den es so sehr nach Kissingen drängte, will's nicht. ... (que faire?), wie die Russen sagen.“* [1018] Die Idee, sich als Begleiter seiner Frau auszugeben, der „gnädigen Ex-Baronesse von Westphalen“, die „vielleicht nicht als Kontrebande“ galt, wurde verworfen. Karl Marx sah sich aufgrund des „Neins“ als politisches Opfer, und Engels meinte die Ablehnung in der grundlegenden Kursänderung der Politik des Deutschen Reiches auszumachen. In der Tat nahm Reichskanzler Bismarck die Attentate zum Anlass, um die Fraktion der Sozialdemokraten und der fortschrittlichen Liberalen zu zerschlagen und den Reichstag auflösen zu lassen. Bei Neuwahlen im Juli erhielten die Sozialdemokraten 7,6 % der Stimmen und neun

Reichstagssitze, die Konservativen 13 % und 59 Mandate und die Nationalliberalen 27,2% und 128 Abgeordnetensitze. Die Kronprinzessin schlussfolgerte: *„Die Wahlen haben gezeigt, wie groß die ‚Sozialdemokratische' Partei ist. (Ich habe) keine Angst vor dem, was sie tun werden – nur vor den schrecklichen Fehlern, die die Regierung ständig macht"* [1019] – ungewöhnliche Worte aus dem Munde eines Mitgliedes der kaiserlichen Familie.

Das „Gesetz gegen die gemeingefährlichen Bestrebungen der Sozialdemokratie" wurde auf Bismarcks Betreiben vorbereitet, mit 221 gegen 149 Stimmen im Reichstag angenommen und am 21. Oktober 1878 rechtsgültig. Die Polizei hatte nunmehr die Befugnis, Verdächtige zu überwachen, festzunehmen und auszuweisen oder gar nicht erst ins Land zu lassen. Die deutschen Sozialdemokraten hatten zwar versichert, nur auf friedlichem Wege eine Änderung der Staats- und Gesellschaftsordnung anzustreben, aber der Reichskanzler war auf der Hut. Die Regierung ging allerdings nicht so weit, die Sozialdemokratische Partei ganz zu verbieten.

Die Kur in Karlsbad wurde gestrichen, und Jenny und Karl Marx reisten im September nach Malvern. Die Endlichkeit des Lebens wurde ihnen vor Augen geführt, als sie dort am 12. September 1878 die Nachricht erreichte, dass Lizzie Engels im Alter von 51 Jahren gestorben war. Engels hatte Friedrich Leßner telegrafiert, dass *„soeben ... meine arme Frau von ihren langen Schmerzen durch den Tod erlöst worden (ist)."* [1020] Engels sprach von „meiner Frau". Sollte das Ehepaar Marx wie gewöhnlich bei dieser Bezeichnung die Nase gerümpft haben, so zu Unrecht. *„Heute morgen halb zwei ist meine Frau, nachdem sie mir den Abend vorher gesetzlich angetraut, ruhig nach langem Leiden gestorben"* [1021], setzte Engels seinen Bruder Rudolf in Kenntnis. Friedrich Engels hatte seiner treuen, langjährigen Lebensgefährtin am Totenbett das „Ja-Wort" gegeben und damit den sehnlichsten Wunsch der irischen Katholikin erfüllt.

Jenny und Karl standen dem Freund tröstend bei; sogar Frau Marx kondolierte: *„Wie bedauere ich Sie, wie wird Ihnen Ihr ‚lass' überall fehlen. Ich selbst werde sie nie vergessen und stets in liebendem Gedenken bewahren. Wie gut, wie teilnehmend sie stets gegen mich war in all den Zeiten der Sorgen und Quälereien. ... Wie oft, wie lange war ich mit ihr an der Seaside ... We got on so well together. Wie freundlich kam sie die Treppe herunter, wenn sie meine Stimme hörte, und wie manche Freude hat sie mir bereitet. Was sie nächst ihrem gesunden* *praktischen Sinn, ihrem common sense, ihrer Intelligenz, ihrem eingeborenen Sinn für Ordnung und Reinlichkeit am meisten auszeichnete, war ihr gänzliches Freisein von Snobismus.“* [1022]

Lizzie Burns' Tod hatte Karl Marx drastisch klargemacht, dass ihm angesichts des besorgniserregenden Zustandes seiner Frau ein vergleichbarer Verlust drohte, auch wenn er den Gedanken nicht zulassen wollte. Doch seit spätestens 1879 stand endgültig fest: Eine Heilung war nicht mehr möglich; Phasen relativen Wohlbefindens würden sich mit immer gefährlicheren Attacken abwechseln. Im April 1879 bangte man um Jennys Leben, an Weihnachten ging es ihr so schlecht, dass man Schlimmstes befürchtete. Aber sie versuchte, wie Engels Liebknecht mitteilte, *„inmitten des Feiertagtrubels, der bei der Vervielfältigung der Familie Marx ... ziemliche Dimensionen annahm“* [1023], nicht die Aufmerksamkeit auf sich zu ziehen, um die Festtagsfreude nicht zu trüben.

Mitte des Jahres 1880 stand ein mehrwöchiger Aufenthalt in Ramsgate an. *„Wir sind alle hier, Marx, seine Frau, seine Töchter nebst Männern und Kindern, und der Aufenthalt tut namentlich Marx gut, ich hoffe, er wird wieder ganz frisch. Seine Frau ist leider seit längerer Zeit leidend, hält sich aber möglichst munter“* [1024], benachrichtigte Engels Becker in Genf. Jenny wollte die Krankheit ignorieren und versuchte die Zeit mit den Töchtern und Enkeln bewusst zu genießen.

Klang die Diagnose „gefährliche Leberkrankheit“ noch nicht nach Todesurteil, rechnete Karl Marx spätestens seit September 1880 mit einem „verhängnisvollen Ende“. Aber alles in ihm wehrte sich dagegen, und er suchte Rat bei Dr. Ferdinand Fleckles, der ihn zusammen mit seinem Vater Leopold Fleckles während seiner Kuren in Karlsbad gut betreut hatte. Jenny sollte einen Fragebogen ausfüllen, damit der Arzt sich ein Bild von ihrer Krankheit machen konnte. Aber sie reagierte nicht wie gewünscht, sodass Marx meinte, den Arzt auf unvollständige Informationen vorbereiten zu müssen. Er schrieb: *„Die Damen haben ihren eignen Kopf. Meine Frau wollte also nicht auf diese Seite des Schemas antworten, überhaupt nicht schematisch, sondern in eigner Manier. Da ich ihren Brief nicht gelesen, weiß ich auch nicht, ob die Antwort sachgemäß, doch der Damen Wille ist ihr Himmelreich.“* [1025] Ihr „Himmelreich“? War Marx sich seines Sprachduktus', der Doppeldeutigkeit des Begriffs bewusst? Körperliche Gebrechen konnte der Arzt versuchen zu heilen oder zu lindern, für seelischen Schmerz stand ihm kein Mittel zur Verfügung und darunter litt Jenny auch. *„Was in der neuesten Zeit meinen Zustand vielleicht verschlimmert, ist eine große Sorge, die auf uns ‚Alten' drückt. Die französische Amnestie ist nach aller Voraussicht für uns gleichbedeutend mit dem Verlust aller unserer Kinder und Kindeskinder. Und das eigne Übersiedeln nach Paris ängstigt mich in meinem jetzigen Zustand … So halte ich mich an jedem Strohhalm fest. Ich möchte noch so gerne ein bißchen länger leben, lieber, guter Doktor. Sonderbar ist's, je mehr die Geschichte zur Neige geht, je mehr hängt man an dem ‚irdischen Jammertal'"* [1026], vertraute sie dem Arzt an. Ihre Worte konnte Dr. Fleckles zur Kenntnis nehmen, konkret helfen konnte er nicht. Jenny Marx kannte den Arzt nicht persönlich, aber sie hatten bereits in Kontakt gestanden. Vermutlich auf Vermittlung ihres Mannes hatte sie für das „Allgemeine Bade-Journal Der Sprudel", dessen Herausgeber Ferdinand Fleckles war, zwei Berichte über das Londoner Theaterleben geschrieben. Ein Artikel, der nicht die hohe Qualität ihrer Rezensionen von 1875/1876 erreicht, erschien in der Mai-Ausgabe 1879 und der zweite Bericht, der eher ihrem Stil entspricht, in der Juni-Ausgabe 1879.

Jennys Befürchtung trat ein. Nach der „Kommunarden"-Amnestie vom 14. Juli 1880 kehrte Charles Longuet im Oktober nach Paris zurück, und Jennylein würde bald mit den geliebten Enkeln, ihren Sonnenscheinen, folgen. Eine Horrorvision für die verliebten Großeltern, die sogar überlegt hatten, ob sie sich auf ihre alten Tage noch jenseits des Kanals ansiedeln sollten. Der Gedanke wurde verworfen; Jenny und Karl Marx wollten das Land, das ihnen jahrzehntelang Gastfreundschaft, aber nicht die Staatsbürgerschaft gewährt hatte, nicht mehr verlassen. Seit 30 Jahren war London ihre Heimat, und sie waren dort nicht alleine. Zwei ihrer Töchter und auch Engels lebten in ihrer unmittelbaren Nähe.

Das Krankheitsbild Jennys änderte sich täglich. An einem Tage war sie wohlauf und konnte Gäste wie beispielsweise Bebel und Bernstein empfangen, und am anderen Tage glaubte sie, ihr Leben sei zu Ende. Auch ihren Mann bewegte ihr gesundheitliches Auf und Ab. Hyndman und dessen Frau ließ er wissen: *„Meine Frau wird, wie die meisten kranken Menschen, deren Leiden chronischen Charakter angenommen hat, zuweilen plötzlich unfähig, das Bett zu verlassen, und dann ist sie wieder imstande, gesell-*

schaftlichen Umgang zu pflegen.“ [1027] Für Karl Marx war nur noch Jenny wichtig. Seine Befindlichkeit rückte in den Hintergrund, obwohl auch er sich nicht bester Gesundheit erfreute. Er verzichtete auf eine dringend benötigte Kur in Karlsbad, wagte nicht mehr, auch nicht für kurze Zeit, seine Frau zu verlassen. Die nächste Krise könnte die letzte sein.

Die Töchter

Die Töchter von Jenny und Karl Marx waren hübsche und intelligente Wesen, die sich für die kommunistischen Ideen des Vaters begeisterten. Von klein auf diskutierten sie mit den Eltern über politische Themen und ihre Statements wurden ernstgenommen. Früh lernten sie auch die deutsche Dichtung kennen, wie ein Brief von Nesthäkchen Eleanor an Friedrich Engels belegt: *„You bad boy, why haven't you answered my letters? … Alberich, Der grimme gezwerg.“* [1028]

Die Umgangssprache mit den Eltern und mit Helene war Deutsch, obwohl die Töchter das Englische bevorzugten. Sie kannten die deutschen Märchen und das Heldenepos „Das Nibelungenlied“ in der Originalsprache. Auch den vom Vater erfundenen Abenteuern des „Hans Röckle“, Homers Epen, „Don Quijote“ und „Tausendundeiner Nacht“ lauschten sie in Deutsch. So lernten die Töchter die Muttersprache der Eltern verstehen, auch wenn sie sie später nicht ganz akzentfrei sprachen.

Ihr Vater, der „Mohr“, war die wichtigste Bezugsperson für die Kinder, mit ihm spielten sie Pferd und tollten stundenlang herum. Er ließ ihnen viel Freiheit und respektierte sie von klein auf als eigenständige Persönlichkeiten. Erst als sie erwachsen waren, mischte er sich in ihre Liebesangelegenheiten und Berufswünsche ein, aus Eifersucht und übertriebener Fürsorglichkeit. Mutter Jenny befürwortete den liberalen Erziehungsstil, den sie selbst in ihrem Elternhaus erfahren hatte, aber es heißt, sie sei distanzierter, nicht so hingebungsvoll und zärtlich im Umgang mit den Töchtern gewesen. Auch in Krisenzeiten konnte der Vater, wenn seine Kinder um ihn waren, alle Not vergessen und mit ihnen fröhlich sein; die Mutter hatte diese Kraft nicht.

Neben geistiger Bildung war körperliche Ertüchtigung im Hause Marx angesagt. Die Töchter besuchten Gymnastikstunden, Tussy beispielsweise eine Turnschule, wo sie „Großes“ leistete. In diesem Bereich war die Familie Marx fortschrittlich.

Das Familienleben war über lange Jahre geprägt von der miserablen finanziellen Lage. Hatte man einmal Geld, ging es heiter zu, man lachte, sang und scherzte. Hatte man kein Geld, erlebten die Töchter eine niedergeschlagene Mutter, die auf alles hysterisch reagierte, und einen Vater, der versuchte sich zurückzuziehen und die Lage zu ignorieren. Halt gab ihnen in dieser aufgeladenen Atmosphäre immer die geliebte Helene Demuth, die tröstete und für sie wie eine zweite Mutter war.

Jennylein, Laura und Tussy ersparten den Eltern schulischen Kummer; sie waren gute Schülerinnen und erhielten immer wieder Auszeichnungen. Sie standen Jenny und Karl bei und unterstützten sie, wann immer sie konnten, sei es beim Kopieren der väterlichen Manuskripte oder der Erledigung der Korrespondenz.

Laura

Am 8. April 1868 wurde ein neues Kapitel in der Marx'schen Familiengeschichte aufgeschlagen. Laura heiratete den Mediziner Paul Lafargue und folgte ihm im Herbst des Jahres nach Paris, im 6. Monat schwanger. Am 1. Januar kam Charles Etienne, in Anlehnung an Großvater Karl und Onkel Edgar benannt, gesund zur Welt. Die Schwestern reisten zur Unterstützung der jungen Mutter nach Frankreich und Tussy schickte den Eltern eine erste Beschreibung des Babys: *„Dieser kleine Pascha von einem Fouchtra lässt einem einfach keine Zeit zu anderem, selbst wenn er in seiner Wiege liegt und schläft, muß man ihn doch anschauen und bewundern. Nein wirklich, ich habe noch nie ein so schönes Kind gesehen. Er hat ein süßes Gesichtchen, wunderschöne Augen, einen hübschen Mund, auch die Nase ist nicht so schlimm, wie behauptet wird, und er hat eine riesige Stirn. Ganz wie Papa.“* [1029] Mutter Jenny überzeugte sich selbst im Mai 1869, wie es Tochter und Enkel in Paris ging. Glücklich hielt sie das erste Enkelkind in den Armen. Ob sie daran dachte, wie spöttisch sie sich als junge Frau über

Laura Marx

ihre Schwiegermutter ausgelassen hatte, als diese zu ihr eilte, um „Karells“ Kind zu sehen? Sie hingegen wurde herzlich empfangen und blieb mehr als zwei Wochen in der Stadt, die ihr einst durch ihre Eleganz so gut gefallen hatte; all' die schönen Erinnerungen lebten auf, aber auch die weniger angenehmen wie die zweimalige Ausweisung. Die Republik, das Königtum, eine Revolution hatte sie hier erlebt – und nun lernte sie das kaiserliche Paris kennen und bewundern.

Als Letzter aus der Familie durfte Großvater Karl das „herzallerliebste Kerlchen Schnaps“, den Kosenamen verdankte der Kleine seinem unmäßigen Milchdurst, in den Arm nehmen. Er hatte noch eine weitere Mission, nämlich Vater Lafargue über die berufliche Entwicklung Pauls zu informieren. Dieser hatte seinen Unmut geäußert, und Marx löste sein Versprechen ein, mit dem Schwiegersohn zu sprechen und erstattete anschließend Bericht: *„Besonders hat mich erschüttert, daß Laura doch noch sehr leidend und ihre Gesundheit sehr angegriffen ist. Ich fange damit an, weil das die scheinbare Gleichgültigkeit unseres Paul erklärt. Er hat seine Studien nicht unterbrochen, hat es jedoch versäumt, die notwendigen Maßnahmen zu treffen, um seine Examina abzulegen. Auf die Vorwürfe, die ich ihm deshalb gemacht habe, hat er mir geantwortet, und ich muß sagen, er hatte recht, so zu antworten: ‚Bevor ich an die Zukunft denken konnte, mußte ich mich um die Gegenwart kümmern. Lauras Gesundheitszustand verlangte von mir die sorgsamste Pflege. Er erlaubte mir nicht einmal, mich für etwas längere Zeit zu entfernen.‘ … Unser Enkel ist ein reizender Junge. Ich habe noch nie einen so schön geformten Kinderkopf gesehen.“* [1030] Marx signalisierte Verständnis für Pauls Verhalten, aber auch er schien willens, dem jungen Mann Druck zu machen, damit dieser seine Ausbildung zum Abschluss brachte und in einem bürgerlichen Beruf sein Geld verdiente.

Laura reiste zur Freude aller im Sommer mit ihrem Baby in die alte Heimat, auch weil sie sich nach Beistand sehnte. Ihr zahnendes Kind konnte sie beruhigt Mutter, Helene oder den Schwestern überlassen, sich entspannen – und sich auf ihre neuerliche Schwangerschaft einstellen. Zu ihrem 24. Geburtstag gratulierte ihr Vater aus Karlsbad: *„Ich bedaure, daß ich den Geburtstag meines lieben Vögelchens nicht zu Hause feiern kann, aber Old Nicks Gedanken sind bei Dir. Du bist beslózen in minem herzen. Ich war erfreut, aus Möhmchens Brief zu sehen (geschrieben in ihrer wie gewöhnlich sehr unterhaltenden Weise, sie ist ein wahrer Virtuose im Briefschreiben),* *daß es mit Deiner Gesundheit besser geht. Unserem lieben kleinen Schnappy wird es hoffentlich auch bald besser gehen.“* [1031] Aus der Ferne befahl der besorgte Großvater einen Arztbesuch: *„Ich erwarte, daß Du und Lafargue Euch in diesem Falle meiner väterlichen Autorität unterwerfen werdet, einer Sache, von der Ihr sehr wohl wißt, daß ich nicht gewohnt bin, mich auf sie zu berufen. Nichts ist schwieriger zu behandeln als ein Baby. In keinem Falle ist sofortiges Handeln so nötig und jeder Aufschub so schädlich. Ihr dürft unter keinen Umständen Eure Abreise von London beschleunigen. Es würde für das Kind wirklich gefährlich sein und Dir selbst nicht gut tun. … Meine herzlichsten Grüße an das ganze Haus und hundert Küsse für Dich und meinen lieben kleinen Schnappy.“* [1032] Alle waren vernarrt in das Baby, und natürlich wurde das „allerliebste kleine Männchen“ auch von Jenny bei Freunden wie Kugelmanns erwähnt: *„Das kleine liebe Jüngelchen leidet am Durchbruch der ersten Zähne mit allen den gewöhnlichen Symptomen. Das freundliche Gesichtchen ist so dünn und klein geworden, und die strahlenden Äuglein sehn noch einmal so groß und mächtig aus dem blassen Gesichtchen heraus. Es ist ein so heitres, sanftes Kerlchen, und wir werden das kleine Äffchen so missen.“* [1033]

Wie das Jahr 1869, so begann für Laura auch 1870. Am 1. Januar brachte sie Jeanne, die „Schnapine“, auf die Welt – Namensgeberinnen waren Großmutter, Mutter und die ältere Schwester. *„Was haben Sie zu dem zweiten Neujahrsgeschenk gesagt, das Laura uns gemacht hat? Ich hoffe, daß das rasche Tempo ein Ende nimmt; sonst könnte man ja bald singen 1, 2, 3, 4, 5–6 – – –10 little nigger-boys“* [1034], spöttelte Jenny bei Engels. Zwischen der Geburt ihrer beiden ersten Kinder hatten auch weniger als eineinhalb Jahre gelegen. Laura war zwar noch schneller, aber das musste nicht unendlichen Kindersegen bedeuten. Und doch sorgte sich Mutter Jenny mehr um die Tochter, als sie offenbarte – und die Befürchtungen traten ein. Großvater Karl musste Engels Anfang März 1870 mitteilen: *„Während der letzten Woche erhielten wir die Nachricht, daß das jüngste Kind Lafargue gestorben ist. Die außerordentliche Kälte in Paris hatte dazu beigetragen. Das Kind was stinted from the beginning.“* [1035] Obwohl Vater Karl wusste, wie schwierig es war, Trauernde zu trösten, fand er doch die richtigen Worte für die jungen Eltern: *„Ich habe selbst zu sehr unter solchen Verlusten gelitten, um nicht zutiefst mit Euch fühlen zu können. Doch weiß ich auch aus der gleichen persönlichen Erfahrung, daß alle klugen Gemeinplätze und Trostreden … echten Schmerz nur vergrößern, statt ihn zu* *lindern. Ich hoffe, Ihr werdet uns gute Nachrichten über den kleinen Schnappi mitteilen, meinen ganz großen Liebling. Der arme liebe kleine Kerl muß schwer unter der Kälte gelitten haben, die ‚la nature mélanienne' entgegengesetzt ist. … Und nun lebt wohl, meine lieben Kinder. Vergeßt nicht, den tapferen kleinen Schnappi zu küssen von seinem Old Nick.“* [1036] Von der Großmutter liegt kein schriftliches Zeugnis vor, aber sie trauerte aus der Ferne mit der Tochter um die kleine Enkelin, wissend, wie unendlich deprimierend der Verlust eines Kindes war. Als Todesursache vermutete Karl Marx neben der Schwächlichkeit des Kindes von Geburt an die winterliche Kälte, da Mischlinge kälteempfindlicher als weißhäutige Menschen seien.

Ein Jahr später lobte Karl Marx das Bemühen des jungen Ehepaares, in „Frankreich neue Verteidiger zu schaffen“. Er meinte: *„Ihr, Sie und Laura, scheint ernsthaft und erfolgreich mit dieser patriotischen Aufgabe beschäftigt zu sein. Die ganze Familie war erfreut zu hören, daß unsere liebe Laura die kritische Zeit siegreich überstanden hat, und wir hoffen, daß die weitere Entwicklung nicht weniger günstig sein wird.“* [1037] Der „neue Verteidiger“ Marc-Laurent war Ende Januar 1871 zur Welt gekommen. Seine Namensgeber waren die eigenen Eltern, von Opa Karl im Doppelpack „Laurent“ genannt. Es schien bei Lafargues wirklich wie bei den „zehn kleinen Negerlein“ Schlag auf Schlag zu gehen.

Marc-Laurent wurde in eine unruhige Zeit geboren. Die Großeltern hofften, dass wenigstens Laura mit den Kindern in Sicherheit war und sich nicht zu große Sorgen um ihren Mann machte, der sich in Paris den Aufständischen angeschlossen hatte. Vor allem Jenny wusste, wie wichtig eine Zufluchtsstätte für kleine Kinder war. 1844 war sie mit ihrer todkranken Erstgeborenen verzweifelt nach Trier zur Mutter geeilt, und dank einer Amme konnte Jennylein gerettet werden. Laura war das Schicksal nicht so gnädig, ihr Baby starb am 26. Juli 1871, erst ein halbes Jahr alt. Wieder konnte Jenny ihrer traurigen Tochter nicht beistehen, aber sie war froh, dass die Schwestern Jenny und Tussy an Lauras Seite waren.

Innerhalb von etwas mehr als einem Jahr hatte Laura zwei Kinder im Säuglingsalter verloren, hatte die Schmerzen und den Todeskampf ihrer Babys erleben müssen. Über die Todesumstände von Marc-Laurent und ihre Erlebnisse in Frankreich erstattete Jennylein der Familie Kugelmann Bericht: *„Wir haben äußerst zurückgezogen gelebt und niemanden* *außer dem Doktor gesehen, den wir leider während des ganzen Aufenthaltes nötig hatten. Es war wahrlich ein trauriger Aufenthalt, denn Lauras jüngstes Kind war während der ganzen Zeit krank und starb nach schrecklichem Leiden. ... Laura ... hat viel gelitten. Ihr ältestes Kind wurde krank, so krank, daß sie dachte, es würde sterben – es litt an der in jenem Teil Spaniens vorherrschenden Dysenterie –, und sie konnte nicht weggehen, weil die spanische und französische Polizei darauf warteten, sie zu verhaften. Dem Kind geht es jetzt etwas besser. ... Tussy und ich waren auf dem Rückweg von Bosost entdeckt, verhaftet, einige Tage in unserm Haus als Gefangene eingesperrt und dann in die Gendarmeriekaserne gebracht worden.“* [1038] Die Eltern waren froh, als Jennylein und Tussy wieder wohlbehalten in England waren, aber ihre Sorgen um Laura und den geliebten „Schnaps“ hielten an. Fast ein Jahr später schrieb Jenny an Liebknecht: *„Von Laura haben wir gestern Nachricht gehabt. Ihr kleiner Junge, jetzt 3 ½ Jahre alt, der einzige, der ihr von drei Kindern übriggeblieben, war während 9 Monaten an Dysenterie krank, ist abgezehrt, daß die armen Eltern das Kind aufgegeben hatten. ... Nun ist das Kind etwas besser.“* [1039] Sobald der Kleine die Ruhrerkrankung überstanden habe, sollte er bei den Großeltern in England wieder zu Kräften kommen. Es kam nicht mehr dazu. Während in London große Freude über die Verlobung Jennyleins mit Charles Longuet herrschte, traf der schlimmste Schicksalsschlag Laura und Paul ein drittes Mal. Anfang Juli 1872 starb Charles-Etienne, der von den Großeltern so geliebte „Schnaps“, noch nicht einmal vier Jahre alt. Alle waren untröstlich; vor allem die Großeltern konnten die Trostlosigkeit der jungen Eltern nachvollziehen. Doch das Schicksal Lauras war noch grausamer. Drei Kinder hatte sie zur Welt gebracht, alle drei überlebten die ersten Lebensjahre nicht. Paul Lafargue zog sich endgültig aus der Medizin zurück, als er seine Hilflosigkeit und Ohnmacht als Arzt erkannte und all sein Wissen den Tod seiner Kinder nicht hatte verhindern können.

Laura wollte nicht länger in Frankreich bleiben, es trieb sie in die Heimat zu den Eltern und Schwestern zurück. Der Schwiegersohn versuchte sich in London in einem anderen Metier, dem Druckgewerbe. Der Erfolg war gering und als Grund vermutete Jenny in einem Brief an Sorge im Januar 1877: *„Die Konkurrenz mit dem großen Kapital ist stets und überall im Wege. Lafargue hat wahre Niggerarbeit dagegen in die Bresche geschickt. Ebenso hat Laura wundervolle Energie, Mut und äußersten Fleiß in* *allen Branchen in und außer dem Hause gezeigt. ‚Schuster bleib bei deinem Leisten‘, könnte man auch Lafargue zurufen. Es ist ein Jammer, daß er dem alten Vater Äskulap untreu geworden. Indessen scheint sich doch in der letzten Zeit mehr Aussicht auf Erfolg zu zeigen. … Laura hat sich körperlich wieder vollständig erholt, sieht frisch und blühend und so jung aus, daß jeder sie mit ‚Miss‘ tituliert …“* [1040] Inwieweit dieses Bild Lauras seelischem Zustand entsprach, sei dahingestellt.

Paul Lafargue kehrte im April 1881 nach Frankreich zurück, seine Frau folgte ihm ein halbes Jahr nach dem Tode der Mutter im Juli 1882 nach.

In der Nacht vom 25. auf den 26. November 1911 begingen Laura und Paul Lafargue in ihrem Haus in Draveil bei Paris Selbstmord. Sie wollten niemandem zur Last fallen, schrieb Paul Lafargue in seinem Abschiedsbrief.

Jenny

Ein weiterer Franzose war mit Paul Lafargue im Frühjahr 1866 im Hause Marx erschienen: Charles Félix César Longuet, 1839 in Caen, Calvados, geboren. Nach dem Scheitern des Pariser Kommuneaufstandes, bei dem er wie Marxens Schwiegersohn Lafargue aktiv mitgekämpft hatte, floh er 1871 erneut nach England und nahm seine Besuche im Hause Marx wieder auf. Mit Jennylein zusammen betrauerte er die Niederlage Frankreichs und insbesondere die der Kommunarden. Dabei kamen sich die beiden näher, und ein Jahr später plauderte Nachbar Engels bei Laura aus dem Nähkästchen: *„Bei Euch zu Hause herrscht jetzt großer Jubel seit der Geschichte mit Longuet, und wenn zur Zeit Deiner Verlobung hier und da schlechte Witze gerissen wurden wegen casting sheep's eyes, so bist Du vollständig gerächt: Jenny leistet hierin das Mögliche. Im übrigen ist ihr die Sache sehr gut bekommen, sie ist sehr glücklich und heiter und auch körperlich viel wohler, und Longuet ist ein sehr liebenswürdiger Kamerad. Auch Tussy ist mit der Sache zufrieden und es sieht ganz aus, als ob sie should not mind to follow suit.“* [1041] Die Verlobung wurde im Frühjahr 1872 gefeiert.

Mutter Jenny war froh, dass ihre Älteste den Mann fürs Leben gefunden hatte. Zu Liebknecht: *„Sie haben also von Jennys Verlobung gehört.*

Longuet ist ein sehr begabter und sehr guter, braver, anständiger Mann, und die Übereinstimmung der Ansichten und Lebensüberzeugungen unter dem jungen Paar sichern eine Bürgschaft für ihr späteres Glück. Andrerseits kann ich doch nicht ohne bange Sorgen dieser Verbindung entgegensehen, ich hätte wirklich gewünscht, daß Jennys Wahl (for a change) auf einen Engländer, oder Deutschen, statt auf einen Franzosen gefallen wäre, der natürlich neben all den liebenswürdigen Eigenschaften seiner Nation auch nicht ohne ihre Schwächen und Unzulänglichkeiten ist. Er ist in diesem Augenblick in Oxford und gibt dort den Tutors Unterricht, hoffend, sich dadurch bessere Verbindungen anzuknüpfen. … und ich kann nicht umhin zu fürchten, daß Jennys Los als politische Frau allen den Sorgen und Qualen ausgesetzt ist, die unzertrennlich davon sind.“ [1042] Das Leben einer politischen Frau war, egal welcher Nationalität, nicht rosig, das wusste Liebknecht aus eigener trauriger Erfahrung. Was Mutter Jenny konkret gegen französische Schwiegersöhne vorzubringen hatte, wissen wir nicht, aber ihre Meinung war bei der Partnerwahl nicht gefragt.

Die junge Verlobte jedenfalls schwebte im siebten Himmel und verkündete Gertrude Kugelmann gegenüber stolz: *„Und jetzt, mein liebes Trautchen, möchte ich Dir noch eine Neuigkeit berichten. Aller Wahrscheinlichkeit nach wird die von der presse policière de Paris sooft angezeigte Heirat um Mitte Juli herum stattfinden – am 18. oder 19. In der letzten Woche hat mich der ‚Gaulois‘ zum 20sten Male verheiratet. Er hatte den berüchtigten Landeck für mich ausgesucht. Ich nehme an, diese blöden Schreiberlinge werden mich in Ruhe lassen, nachdem ich einmal in vollem Ernst verheiratet bin. Herrn Longuets Photographie kann ich Euch nicht schicken, meine lieben Freunde, denn ich habe nur ein ganz schreckliches Bild, das in den Schaufenstern ausgestellt ist, eine Karikatur, die angefertigt wurde, um bei der Bourgeoisie Gefallen zu erregen, und ihr zu zeigen, daß die Kommunarden sowohl körperlich als auch moralisch die Ungeheuer sind, für die sie sie gehalten hat.“* [1043] So berühmt war Herr Longuet, der zukünftige Ehemann, dass „in den Schaufenstern“ eine Karikatur von ihm ausgestellt wurde, und die Marx-Tochter so interessant, dass die „Schreiberlinge“ sich mit ihr beschäftigten?

Am 10. Oktober 1872 feierte Jenny Hochzeit mit Charles Longuet. Über das Fest erfahren wir keine Einzelheiten, aber im Gegensatz zu Lauras Hochzeit konnte man ohne Geldsorgen feiern. Das junge Paar siedelte nach Oxford über, kehrte aber, als sich seine beruflichen Erwar-

Karl Marx mit Tochter Jenny

tungen nicht erfüllten, wenige Wochen später in Jennychens Elternhaus nach London zurück.

Am 2. September 1873 brachte die Tochter ihr erstes Kind Charles, nach ihrem Mann und dem geliebten Vater genannt, den „Putty“, auf die Welt. Ihre Mutter brach ihre Kur in Ramsgate ab, um der Erstgebärenden beizustehen. Es war die erste Geburt eines Enkels, bei der sie anwesend sein konnte, eine wunderbare, beglückende Erfahrung für Jenny. Der Kleine bereitete seinen Großeltern größte Freude. Die Großeltern Longuet konnten die Entwicklung des Enkels nur aus der Ferne verfolgen und sich mit Geschenken in Erinnerung rufen. Für Gaben, die sie Jenny und dem kleinen Putty hatten zukommen lassen, bedankte sich Frau Marx Anfang Februar 1874 recht distanziert: *„Heute morgen ist nun die Kiste angekommen, und ich beeile mich, Ihnen sofort zu schreiben und Ihnen für die reizenden Geschenke zu danken, die Sie uns liebenswürdigerweise geschickt haben. Die Spitzen sind sehr hübsch, und ihr Muster wirkt sehr vornehm. Bei der ersten großen Gelegenheit werde ich mich mit diesem schönen Kopfputz schmücken. … Der kleine Charles hat sich mit seinem Spielzeug sofort vergnügt und wollte es nicht mehr loslassen. Wenn man pfiff, machte er ganz erstaunte Augen und konnte sich nicht erklären, woher es kam. Er wollte es nachmachen, aber vergeblich. Die kleine Kinderklapper ist gerade zur rechten Zeit gekommen, um ihn abzulenken. Seit 6 Tagen ist er nämlich sehr leidend, weil sein vierter Zahn nicht durchkommen will. Er ist sehr mager geworden und auch nicht mehr so heiter. Aber Kinder verändern sich ja so schnell.“* [1044]

Die Heiterkeit kam nicht wieder. Marx schrieb Anfang August an Alfons Sorge: *„Ein großes Unglück hat uns … betroffen, der Tod des elfmonatlichen baby von Jenny (Frau Longuet), eines allerliebsten Jüngelchen. Er fiel als Opfer einer foudroyanten Cholerine.“* [1045] Eine Epidemie, gegen die auch die fähigsten Ärzte hilflos waren, hatte den kleinen Charles am 20. Juli 1874 dahingerafft. Mutter Jenny musste hilflos die Tränen der Tochter mitansehen und konnte nur durch ihre Anwesenheit Trost geben. Die Todesursachen ihrer eigenen Kinder hatten sie auf Erbkrankheiten und ihre finanzielle Misere zurückgeführt, bei Jennylein und Laura hatten unruhige Lebensumstände und grassierende Epidemien den Tod der Kinder verursacht.

Tochter Jenny wurde vor Kummer krank. Engels schaltete sich ein und machte den Vorschlag: *„Nach allem, was Du sowohl körperlich als auch* *geistig in diesen letzten Wochen durchgemacht hast, ist es unbedingt notwendig, daß Du Luftveränderung und Wechsel der Umgebung hast, und ich bin sicher, Du brauchst den Aufenthalt an der See genausosehr, wie Mohr und Tussy Karlsbad nötig haben.“* [1046] Um ein langes Hin und Her zu vermeiden, machte er das Angebot, Jennylein solle Lizzie und ihn auf der Insel Jersey besuchen; sie nahm an, denn besser und liebevoller konnte sie nicht umsorgt und abgelenkt werden. Großvater Karl bewegte der Tod des kleinen Enkels zutiefst und er versuchte, die richtigen Worte zu finden: *„Ich klatsche Dir all dies Zeug vor, weil ich kaum wage, von dem zu sprechen, was Dich allein interessiert. Das Haus ist ausgestorben, seit der kleine Engel es nicht mehr belebt. Ich vermisse ihn auf jedem Schritt und Tritt. Mein Herz blutet, wenn ich an ihn denke, und wie kann man sich ein so süßes, tüchtiges Männchen aus dem Kopf schlagen! Doch hoffe ich, mein Kind, daß Du Deinem Alten zuliebe tapfer bist.“* [1047] Selten gab Marx seine Gefühle so offen preis, zeigte er so viel – dokumentiertes – Mitgefühl wie nach dem Tod des kleinen Enkels.

Zwei Jahre später, am 10. Mai 1876, kam mit Jennyleins zweitem Kind wieder Sonnenschein ins Haus. Marx informierte Engels: *„Er wird benamst Jean (Name von Longuets Vater) Laurent (Nickname von Laura und Paul) Frederick (zu Deiner Ehre).“* [1048] Der Namensgeber gelobte feierlich: *„Sage Jenny und Longuet meinen besten Dank für die Ehre, die sie mir angetan haben. Ich werde versuchen, mich ihrer würdig zu erweisen. Hoffentlich ist der Kleine mit den 3 Gewaltsnamen wieder wohl.“* [1049] Ob der Freund auch so freundlich reagiert hatte, als Frederick Demuth, von ihm alimentiert, seinen Vornamen erhielt? Die Würdigung zeigt, wie wichtig Friedrich Engels für die Töchter Marx war. Und auch Jenny und Karl hatten sicherlich nichts gegen die Namensgebung einzuwenden gehabt, möglicherweise hatten sie der Tochter den Gedanken suggeriert. Warum sollte man nicht an das Erbe des kinderlosen Engels' denken? Wem sollte dieser seinen Reichtum vermachen, wenn nicht den ihm Nächsten – und dazu gehörte doch vor allem die Familie Marx? Diese Berechnung ging bekanntlich auf.

Im Familienkreis wurde der Enkel Jean-Laurent-Frederick liebevoll „Johnny“ gerufen. Die junge Mutter setzte trotz Kleinkind ihre Arbeit fort und unterrichtete sechs Jahre lang an der Clement-Dun-school in London das Fach Deutsch. Jennylein musste und wollte Geld verdienen, vielleicht hatte sie das Schicksal ihrer Mutter vor Augen. Innerhalb einer Generation hatte sich eine Veränderung vollzogen, die es erlaubte,

Frederick Demuth

dass gut ausgebildete junge Frauen aus dem Bürgertum in den Bereichen Erziehung und Unterricht arbeiteten, vorausgesetzt, der Mann erlaubte es. Das nahm Jenny Longuet für sich in Anspruch. Um ihren Auftrag erfüllen zu können, war sie auch auf die Unterstützung ihrer Eltern angewiesen, die sich zusammen mit Tante Eleanor und Helene Demuth um den Kleinen kümmerten. Trotz Asthma und beständigem Husten erledigte die junge Frau gewissenhaft ihre Berufs- und Familienpflichten.

Für die Großeltern war die größte Freude, den Enkel aufwachsen zu sehen, ihn zu behüten, wenn die Mutter unterrichtete. Wie einst mit seinen Kindern spielte und sang Opa Karl mit ihm und hielt es in einem Brief an Engels Ende Mai 1877 sogar für erwähnenswert, dass der einjährige Enkel entwöhnt sei und zum Entsetzen aller die Treppe hinaufkrieche, statt im Zimmer herumzurobben. Es blieb nicht bei einem Enkel. Im Juli 1878 wurde der nach Urgroßvater Heinrich Marx benannte „Harra" Henri geboren und am 18. August 1879 brachte Jenny Longuet wieder einen Jungen, Edgar, zur Welt. Auch bei der Ältesten ging es „Kind auf Kind". „Vivat der kleine Weltbürger!" jubelte Großvater Karl seinem „Herzensjennychen" zu, und dieses Mal war nicht seine Frau gemeint; „Herzensjennychen" war nicht gleich „Herzensjenny", man beachte den Diminutiv für die Tochter. Der jungen Mutter ging es den Umständen entsprechend gut, wie Marx Engels wissen ließ: *„Jennychen hat die 9 Probetage glücklich überstanden und befindet sich ziemlich wohl, considering the circumstances. Sie stillt einstweilen ihr Kind selbst; sehr wünschenswert, daß dies auf die Dauer ausführbar bleibe."* [1050] Auch in diesem Bereich vollzog sich langsam eine Veränderung. War es für adlige und viele bürgerliche Frauen bisher verpönt gewesen, ein Kind zu stillen, setzte sich nun die Erkenntnis durch, dass es für einen Säugling keine bessere Nahrung geben konnte als Muttermilch.

Anfang April 1881 folgte Jenny Longuet hochschwanger mit den drei Kindern ihrem Mann nach Paris. Für die todkranke Großmutter war der Abschied besonders traurig, aber sie musste die Entscheidung akzeptieren. Ende des Monats brachte Jennylein ihr fünftes Kind Marcel auf die Welt. *„Meine ‚Frauen' erwarteten, dass ‚der neue Erdenbürger die bessere Hälfte' der Bevölkerung vermehren würde; ich ziehe meinerseits das ‚männliche' Geschlecht bei Kindern vor, die an diesem Wendepunkt der Geschichte geboren werden. Sie haben die revolutionärste Periode vor sich, die Menschen jemals zu*

Eleanor Marx

bestehen hatten“ [1051], verkündete Karl Marx. Er schien noch immer nicht willens, Frauen als politische, sogar revolutionäre Wesen wahrzunehmen, auch wenn er inzwischen erkannt hatte, dass ohne weibliche Unterstützung, ohne weibliches „Ferment“, eine Revolution unmöglich war.

Die Geburt der auch nach ihr benannten Enkelin 1882 erlebte Jenny Marx nicht mehr.

Ein Jahr später, am 11. Januar 1883, starb die älteste Tochter von Jenny und Karl Marx in Frankreich mit 38 Jahren an Unterleibskrebs.

Nur dank Jenny Longuet wurden die Gene von Jenny und Karl Marx vererbt. Die drei Kinder Lauras waren schon früh verstorben und Eleanor hatte wie Frederick Demuth keine Nachkommen.

„Johnny“ war der erste Enkel, der seine Großeltern überlebte und 1938 mit 66 Jahren starb. Edgar wurde 71 Jahre alt, Marcel 58 Jahre und Schwester Jenny 70 Jahre. Sie erlebten den Siegeszug des Kommunismus und wurden als direkte Nachkommen von Jenny und Karl Marx hoch geehrt.

Eleanor

Anlässlich der Verlobung Jennyleins mit Charles Longuet 1872 hatte Engels beobachtet, die 17-jährige Eleanor sei auch bereit, sich zu verlieben. Er sollte recht behalten.

Nach der Niederschlagung des Kommuneaufstandes in Paris retteten sich viele Aufständische nach England, unter ihnen auch Hippolyte Prosper Olivier Lissagaray. Der Journalist aus altem französischen Adel floh nach London und wurde von Karl Marx aufgefordert, ein Buch über die Geschichte der Pariser Kommune zu schreiben. Im Hause Marx traf Lissagaray Tochter Eleanor. Die politisch engagierte junge Frau zeigte an dem Gast größtes Interesse, und es kam zu einer Liebelei mit dem 17 Jahre älteren Mann. Der Vater zeigte sich nicht einverstanden und ließ sich auch nicht bei einem Aufenthalt im Frühjahr 1873 in Brighton umstimmen. Die Tochter fühlte sich seelisch so verletzt von seinem Nein, dass sie nicht mit nach Hause zurückkehrte, sondern eine Beschäftigung als Lehrerin in einer von den Schwestern Hall geleiteten Privatschule annahm. Diesen Schritt in die Selbständigkeit begleitete

ihre Mutter nach einem Besuch in Brighton mit geldlicher Unterstützung und klugen Ratschlägen. Sie schrieb:
„Mein liebes Tussychen,
… vor allen Dingen bleibe bei Deinem weisen Entschluß, … lieber zu ganz Fremden zu gehn. Bei Freunden nehmen business questions die gemütliche Form an, und damit ist Unabhängigkeit und Freiheit dahin. Laß Dich den Mangel an salaire nicht abschrecken; eine einzige Privatstunde ersetzt Dir das und gibt Dir eine bessere Position. … Das einzige, was mich ängstigt, ist der Gedanke, daß Deine Gesundheit nicht stark genug ist, um in der Tretmühle einer boarding-school mit ihrer steifen routine und drudgery of business Dich zu erholen. Der Mohr und die andern sind sehr froh über Deinen success und lassen Dich dringend bitten, Dich nicht zu überarbeiten. Leider ist Dein Rückenschmerz nicht so gering zu achten, um stundenlang steif dazusitzen; allein ich begreife, wie sehr Du Dich nach Arbeit und Unabhängigkeit sehnst, die 2 einzigen Dinge, die über die Leiden und Sorgen der jetzigen Gesellschaft hinüberhelfen.“ [1052] Die Mutter hoffte im Stillen, dass „Arbeit und Unabhängigkeit“ und Abstand von zu Hause ihre Jüngste aufbauten. Da Tussy nur mit Feriengarderobe an die See aufgebrochen war, musste sie als Fräulein Lehrerin entsprechend ausgestattet werden. Die Mutter versprach: *„Ich werde Dir Anfang nächster Woche ein kleines trousseau schicken. Du mußt auch ein anständiges walking costume haben. Vielleicht kannst Du das mit Hilfe von Frau Ruge ebenso gut in Brighton besorgen als hier. Schreibe mir darüber und geniere Dich nicht as to funds.“* [1053] Endlich konnte Jenny ihrer Jüngsten eine angemessene Summe für die Ausstaffierung schicken.

Lissagaray besuchte Tussy und beide verlobten sich heimlich, wie einst die Eltern. Aber man wusste im engsten Familienkreise dennoch Bescheid. Vier Monate lang testete die heimliche Braut die Freiheit, bevor sie in den Schoß der Familie zurückkehrte. Gegen den Widerstand des Vaters beharrte sie auf ihrer Verbindung und konnte mit dem Beistand der Mutter rechnen: *„Glaube mir, trotz allem Anschein des Gegentheils, begreift Niemand Deine Lage, Deinen Kampf, Deine Erbitterung besser als ich. Laß Dein junges Herz siegen …“* [1054] War dies eine Aufforderung der Mutter zur Opposition gegen den Vater? Zu einem offenen Konflikt wollte es Tussy jedoch nicht kommen lassen, sondern sie setzte auf Zeit und eine günstige Gelegenheit. Diese schien im Oktober 1873 gekommen, als die junge Frau den Vater nach Harrogate begleitete. Ob über die Liaison offen gesprochen wurde oder Tussy nur vage Andeutungen machte, ist nicht bekannt, jedenfalls blieben die Meinungen kontrovers. Die exaltierte Tussy steigerte sich so in den Konflikt, dass sie hypernervös wurde und, wie wir wissen, 1874 dringend nach Karlsbad in ärztliche Behandlung musste. Aber auch dort konnte sie den Vater nicht umstimmen.

Die Jahre vergingen ohne eine Legitimierung des Verhältnisses zu Lissagaray. Dieser kehrte nach der Amnestie für die Kommunarden 1880 nach Paris zurück, noch immer auf ein endgültiges Ja Eleanors hoffend. Aber sie zögerte, zeigte Unentschlossenheit und erkrankte. Sie wurde ein Nervenbündel. Herz und Lunge waren gesund, aber sie litt unter äußerster Niedergeschlagenheit, unter einem gefährlich überspannten Nervensystem, unter Schlaflosigkeit, nervösen Zuckungen, hysterischen Anfällen und Essstörungen. Im August 1881, während Mutter und Vater in Frankreich bei Tochter Jenny weilten, geriet sie in eine gefährliche Krise, die möglicherweise durch ein Treffen zwischen Marx und Lissagaray bei Longuets ausgelöst worden war. Die gut gemeinte Initiative von Schwester Jenny in Paris scheiterte – Marx blieb bei seinem Nein. Die Gründe für seine Entscheidung gegen Lissagaray kennen wir nicht, politisch hätte er in die Familie Marx gepasst. Vielleicht war Vater Marx eifersüchtig auf den adligen, gut aussehenden, klugen Mann. Seine Schwiegersöhne Lafargue und Longuet waren im Vergleich zu Lissagaray höchst durchschnittlich – damit konnte ein Marx leben. Aber einen vielleicht ebenbürtigen Geist an der Seite seiner Jüngsten zu akzeptieren, das war eine Herausforderung. Als Eleanor die Nachricht von dem endgültigen Nein des Vaters erhielt, brach sie zusammen. Den Grund ahnend, reiste Marx auf schnellstem Wege nach England. Eleanor Marx traf ihrerseits in diesen Tagen eine Entscheidung, die sie aber erst ein Jahr später umsetzte: Sie kündigte die Verlobung auf. Mit Bitternis hatte sie erkennen müssen, dass ihr der Mut fehlte, Widerstände von Seiten des Vaters auszuhalten. Karl Marx hätte sicherlich nachgegeben, wenn Tussy um ihr Glück gekämpft hätte, wie einst ihre Mutter. Er liebte seine Tochter, und obwohl sein Nein vermutlich nicht unbegründet und unüberlegt war, hätte er sich dem Glück seiner Jüngsten nicht in den Weg gestellt. Nach einer anderen Version soll sich Marx sogar mit der Wahl Lissagarays abgefunden haben und Eleanor sei verzweifelt gewesen, weil ein anderer Mann sie abgewiesen habe. Wie dem auch sei, die Krise in diesem Sommer machte Eleanor drastisch klar, dass ihr Leben fremdbestimmt war, sie sich anderen unterordnete, die sich stärker als sie zeigten.

Eleanor, die ihre besten Jahre Mutter und Vater geopfert hatte, wollte nach deren Tod frei und unabhängig sein. Unglücklicherweise geriet sie an den als zwielichtige Gestalt beschriebenen Edward Aveling, der sie belog und betrog. Mit dem Sozialisten, den sie ihren „Mann" nannte, lebte sie zusammen, nachdem er ihr vorgegaukelt hatte, er könne sich mit ihr nicht offiziell verbinden, da er seine sterbenskranke Frau aus moralischen Gründen nicht verlassen könne. Nach deren Tod fühlte sich Eleanor Marx endlich als rechtmäßige Ehefrau, auch ohne Trauschein; auf eine solche Legitimation konnte die nicht-bürgerlich-denkende Frau verzichten. Aveling hingegen sah ihre Verbindung keineswegs als Ehe an. Der Witwer heiratete heimlich eine andere, hielt jedoch die Liaison mit Eleanor Marx-Aveling, wie die Marx-Tochter sich inzwischen nannte, aufrecht. Nach dem Tode von Engels 1895 erbte Eleanor mehr als 3.000 Pfund, wovon Herr Aveling vermutlich profitieren wollte. Irgendwann kamen Tussy Gerüchte über das Doppelleben „ihres Mannes" zu Ohren. Diese Demütigung hätte Eleanor vielleicht noch überwunden, aber sie muss noch etwas so außergewöhnlich Belastendes über Aveling erfahren haben, manche munkelten, er sei Pädophiler gewesen, dass sie keinen anderen Ausweg sah, als ihrem Leben am 3. April 1898 mit Blausäure ein Ende zu setzen.

Das letzte Jahr

Jenny Marx versuchte seit Beginn ihrer Krankheit keine Schwäche zu zeigen, aber jeder bemerkte ihren Verfall. Weihnachten und Neujahr 1880/81 feierte sie zusammen mit ihren wichtigsten und liebsten Menschen, mit Karl, Jennylein, Laura, Tussy und den Enkeln. Mit Friedrich Engels, Schwiegersohn Lafargue und Helene saß fast ein Dutzend an der festlich gedeckten Tafel, und alle bemühten sich, vergnügt zu sein. Man rechnete damit, dass es das letzte gemeinsame Weihnachtsfest und die letzte Silvesterfeier war. *„Das Schlimmste ist, daß der Zustand meiner Frau* *täglich gefährlicher wird, obwohl ich mich an die berühmtesten Ärzte Londons gewandt habe"* [1055], schrieb Marx an Nikolai Danielson im Februar. Auch die Koryphäen konnten nur noch herumdoktern. Jennys Zustand verschlimmerte sich durch seelischen Kummer, nachdem Jennyleins Übersiedlung nach Frankreich beschlossene Sache war. Marx zu Danielson: *„Sie werden begreifen, wie schmerzvoll diese Trennung – bei dem jetzigen Zustand meiner Frau – ist. Für sie, wie für mich, waren unsere Enkelkinder, drei kleine Buben, unerschöpfliche Quellen der Lebensfreude."* [1056] Die Sonnenscheine verließen im April 1881 England und wurden vom Großvater schmerzlich vermisst. *„Seit Eurer Abreise ist's langweilig – ohne Dich und den Johnny und Harra! und den Mr.'tea'. Ich laufe manchmal ans Fenster, wenn ich Kinderstimmen höre, die denen der unsrigen ähneln, momentan nicht gewahr, daß die Männlein jenseits des Kanals!"* [1057], gestand er der Tochter in Paris. Jenny teilte die Sehnsucht, und für sie war der Gedanke besonders belastend, dass sie die drei Enkel und ihre älteste Tochter vielleicht nie mehr sehen würde. Das blieb ihrem Mann nicht verborgen, aber er verschwieg dies seiner Ältesten, um sie nicht zu sehr zu belasten und ihr Gewissensbisse einzureden, ob sie nicht mit ihrer Abreise hätte warten sollen. Ansonsten versuchte er wahrheitsgetreu über den Gesundheitszustand der Mutter zu berichten: *„Ich habe für die Mama wieder neuen Doktor, …, aber für Mamas Leiden scheint mir in der Tat one man as good … Doch zerstreut sie der change of medical advisers, und in der ersten Periode – meist nicht langwährend – ist sie voll des Lobes für den einen Äskulap."* [1058] Jeder Arzt musste letztendlich kapitulieren.

Jenny wollte sich der Krankheit nicht beugen. Wann immer es ihre Kräfte zuließen, frönte sie ihrer Leidenschaft und ging ins Theater, möglichst mehrmals in der Woche. Auch ihren Plan, die Enkel in Paris zu besuchen, verfolgte sie beharrlich und machte Druck. Aber ihr Mann wich ihrem Drängen aus, aus Gründen, die er Jennylein plausibel machen wollte: *„Was Möhmchen anbelangt, so bist Du Dir wohl im klaren daß es für die Krankheit, an der sie leidet, keine Heilung gibt, und sie wird in der Tat schwächer. Glücklicherweise sind die Schmerzen nicht derartig, wie sie in solchen Fällen zu sein pflegen, was am besten durch die Tatsache bewiesen wird, daß sie noch immer mehrmals in der Woche die Londoner Theater besucht. Sie hält sich in der Tat wunderbar, aber eine Reise nach Paris kommt gar nicht in Frage."* [1059] Marx wollte alle Hoffnungen im Keime ersticken. Er war froh, als Lina Schöler einige Wochen zu Besuch kam und Jenny ablenkte.

Da der Arzt und Engels die Reise befürworteten, hatte der Ehemann einen schweren Stand – noch blockte er ab. Was sprach eigentlich dafür, einer Todkranken ihren letzten Wunsch zu verweigern? Karl Marx fürchtete, dass seine Frau die Strapazen der Überfahrt nicht durchhielt und unterwegs ihrer Krankheit erlag. Doch seine Frau war nicht bereit, sich seinem Willen zu beugen und sich von der Krankheit zermürben zu lassen; im Gegenteil, sie nahm an allem regen Anteil und ereiferte sich im Moment über einen Heiratsantrag, der einer Nichte von Lydia Burns, „Pumps“, von einem Herrn Hartmann gemacht worden war, der schon Tussy im Visier gehabt haben soll. *„Aber der gegenwärtige Fall ist um so schlimmer, als die berühmte Perowskaja, das Opfer der russischen Bewegung, mit Hartmann in ‚freier‘ Ehe gelebt hat. Und sie ist kaum am Galgen gestorben. Von Perowskaja zu Pumps – das ist wirklich zu viel, und Mama ist davon und vom ganzen männlichen Geschlecht angewidert!“* [1060] , plauderte Friedrich Engels über „Mamas“! Reaktion. Sofja Perowskaja war an einem Attentat gegen Zar Alexander II. beteiligt gewesen, wurde zum Tode verurteilt und 1881 als erste Frau in Russland für ein politisches Verbrechen gehenkt. Verständlich, dass Jenny sich über das schnelle männliche Vergessen empörte, und gut, dass sie es noch konnte.

Jenny Marx verfolgte ihren Reiseplan stur trotz ihres bedenklichen Zustandes, den Engels Jennylein beschrieb: *„Welcher Art auch immer das Leiden sein mag, so ist doch die ständig zunehmende Abmagerung und Kräfteverfall ein sehr ernstes Anzeichen, besonders da es nicht zum Stillstand zu kommen scheint. Die meisten Ärzte sind der Ansicht, daß dies an sich noch kein gefährliches Symptom sei, wenn nicht ein gewisser Punkt überschritten wird; daß sie Fälle kannten, wo die Schwäche ganz plötzlich und die Kräfte zurückgekehrt seien.“* [1061] Mit Ausnahme von Marx plädierten alle im engeren Umfeld für die Reise. Der Ehemann sträubte sich noch immer vehement. Letztendlich wurde er zermürbt – oder einsichtig. Unter einer Bedingung gab er sein Veto auf: Jenny musste in so gutem gesundheitlichen Zustand sein, dass sie die anstrengende Fahrt ohne Risiko antreten konnte. Das leuchtete ihr ein und sie war willens, zunächst an der See zu Kräften zu kommen. Es sah nicht nach einem Aufbruch aus und Engels übernahm es, die Hoffnung Jennyleins auf ein letztes Wiedersehen zu dämpfen. *„Als ich Dir … schrieb, bestand der Arzt darauf, daß Eure Mama nach Paris gehen sollte, und sie war es, die das nicht wollte und meinte, sie fühle sich nicht kräftig genug für die Reise. Einige Tage später befand sie der Arzt tatsächlich viel schwächer, so daß er ihr nicht länger raten konnte, nach Paris zu fahren. Sie magert wirklich immer mehr ab und klagte heute sehr über zunehmende Schwäche, besonders beim Ankleiden. Sie bleibt jetzt die meiste Zeit im Bett."* [1062] Allen Widrigkeiten zum Trotz, Jenny Marx gab nicht auf. Unter größter Willensanstrengung und Mobilisierung all ihrer Kräfte reiste sie Ende Juni nach Eastbourne und regenerierte dort in drei Wochen so weit, dass ihr Mann seinen Widerstand aufgeben musste.

Die Unternehmung wurde umsichtig organisiert. Jenny ließ auf Wunsch ihrer ältesten Tochter Gummistiefel und einen Hut für die Enkel besorgen, und Vater Marx überwies Geld, damit die Tochter für alle Annehmlichkeiten sorgen konnte. Das strapazierte die Haushaltskasse über Gebühr. *„Es ist mir sehr peinlich, daß ich so hart auf Deinen Exchequer drücke, aber die Anarchie, die während der letzten 2 Jahre in dem Haushalt einriß und allerlei Rückstände verursachte, lastet seit geraumer Zeit auf mir"* [1063], begründete Marx seine Geldwünsche pro forma, denn Engels hatte ihn zuvor aufgefordert: *„Cheques habe ich bei mir; wenn Du was brauchst, genier Dich nicht und gib die Summe an, die Du ungefähr gebrauchst. Deine Frau darf und soll sich nichts abgehen lassen; was sie wünscht und wovon ihr wißt, daß es ihr Freude macht, das muß sie haben."* [1064] Es versteht sich von selbst, dass Herr Marx von dem Angebot nicht nur einmal Gebrauch machte. Alles Wichtige geklärt habend, konnten Jenny, Karl und Helene sich – fast – beruhigt auf den Weg machen, und Jenny überstand die Strapazen der Reise. Am 26. Juli 1881 schloss sie in Argenteuil ihre Tochter und die Enkel in die Arme. Zum ersten Male sah sie Marcel, den jüngsten. Sie war überglücklich, ihr Mann nicht. Karl Marx blieb in äußerster Anspannung. Hatte man insgeheim auf ein belebendes Wunder gehofft, so blieb es aus. Jenny Marx blieb sterbenskrank. Der Ehemann wich nicht von ihrer Seite, sorgte dafür, dass sie sich nicht zu viel zumutete und betrieb, kaum angekommen, hinter ihrem Rücken die Abreise. Jennys Wünsche sollten umgehend abgearbeitet werden, damit man die Heimfahrt antreten konnte. Zu Engels Anfang August: *„Wir erleben hier dieselben Wechselfälle wie in Eastbourne, nur mit dem Unterschied, daß plötzlich entsetzliche Schmerzen eintreten, wie namentlich gestern.*

Unser Doktor … griff sofort ein und wandte eins der heroischen Opiummittel an … Darauf hatte sie eine gute Nacht und fühlt sich heute so wohl, daß sie ausnahmsweis schon um 11 Uhr morgens aufstand und in der Umgebung Jennys und der Kinder sich zerstreut. (Die Diarrhöe wurde stopped am 2. Tage unsrer Ankunft. Dourlen sagte von vornherein; wenn nur ein accident, sei es nichts; aber es könne auch Symptom sein, daß die Eingeweide selbst infisziert. Dies war also glücklicherweise nicht der Fall).“ [1065] Noch war das Endstadium der Krankheit nicht erreicht. Aber Marx schrieb einige Tage später besorgt an den Freund: *„Die temporären ‚Besserungen‘ hinderten natürlich nicht den natürlichen Fortschritt des Übels, aber sie täuschen meine Frau und befestigen Jenny – trotz meiner Einsprache – in dem Glauben, daß der Aufenthalt in Argenteuil möglichst lang währen müsse. Ich weiß die Sache besser und stehe um so mehr Angst aus.“* [1066] Karl Marx lebte in größter seelischer Not. Täglich, fast stündlich rechnete er mit einer rapiden Verschlechterung von Jennys gesundheitlichem Zustand und dann sollte sie zu Hause sein. Die Zeit verrann und Marx handelte, wie er Engels berichtete: *„Wir brachten meine Frau Sonnabend nach Paris, das sie vom offenen Wagen sich entrollen sah, gefiel ihr sehr (macht auf mich Eindruck d'une foire perpétuelle), natürlich einige Unterbrechungen und sitting down before the Cafe's. Einen Augenblick bei Rückfahrt wurde sie übel; doch will sie wieder hin.“* [1067] Das wusste der Mann zu verhindern und so war es Jennys letzter Ausflug in die französische Hauptstadt, die Stadt, in der die beiden 1843 und 1848 so glückliche, hoffnungsvolle Monate verbracht hatten: als junges Ehepaar, als glückliche Eltern, im revolutionären Taumel.

Während Jenny sich recht wohl fühlte, wurde ihr Mann immer unruhiger. *„Der Zustand wie gewöhnlich, bald unerträglich, bald stundenlang besser. Gestern kleine Blutung an Hautstelle, was Doktor als Symptom von Schwäche betrachtet. Ich sagte ihm, wir müßten ernsthaft an Rückkehr denken; er sagt, man könne noch einige Tage zusehn vor definitivem Entschluß. Sie selbst hat mir den Streich gespielt, da ich ihr von Rückfahrt Ende dieser Woche sprach, Masse Wäsche fortzugeben, die vor Anfang nächster Woche nicht retourniert wird“* [1068], beschwerte sich Marx bei Engels. Die Hausfrau wusste, ohne Wäsche konnte man nicht abreisen, das musste auch ein drängelnder Mann einsehen. Eigentlich war Jennys Handeln nachvollziehbar, denn es war mit Bestimmtheit ihre letzte Reise zu ihrer ältesten Tochter und den Enkeln. War sie wieder in London, und sie freute sich sicherlich auf ein Wiedersehen mit Laura und Eleanor, blieb ihr nur noch auf den Tod zu warten.

Karl Marx täuschte sich, als er glaubte, eine todkranke Frau und eine Tochter, die unter starkem Asthma litt und auch ansonsten nicht gesund zu sein schien, seien der Belastung genug. Per Telegramm wurde er über die bereits erwähnte gefährliche Krise Eleanors informiert, und da sowohl Laura als auch Engels sich weigerten die Verantwortung zu übernehmen, reiste der besorgte Vater nach London. Dass Karl Marx seine Frau im Stich ließ, erstaunt und man fragt sich, ob Tussys Krankheit ihm gelegen kam, den Aufbruch zu beschleunigen. Jenny, so wurde Engels unterrichtet, sollte einen Tag später abreisen *„mit Helen, und zwar first class, erst nach Amiens und dort übernachten; den Tag darauf nach Boulogne und dort wenigstens einen Tag ausruhn, wenn es ihr aber gefiele, 2 oder 3 Tage; von da nach Folkestone und je nach Zustand von dort gleich nach London oder aber erst (und dies schien mir das beste) mit beliebig gewähltem späterem Zug. Es war mir natürlich peinlich, mich von ihr zu trennen; aber der real support for her is Helen, my own presence war nicht absolut nötig. Zudem zwingt meine Abreise sie, sich endlich zu entscheiden zur Trennung von Argentieul, was bei zunehmender Schwäche doch geschehen mußte."*[1069] Marx sprach selten so deutlich aus, dass Helene Demuth der wirkliche Beistand für Jenny war. Wie gut, dass Frau Marx einst nicht letzte Gewissheit erhielt, wer der Vater von Helenes Sohn war, sonst würde ihr diese Frau jetzt nicht beistehen.

Mitte August 1881 kehrte Jenny Marx von ihrer letzten Reise zurück. Am 20. August schrieb sie Tochter Jenny ihre letzten – erhaltenen – Zeilen, in denen sie auf den Zustand ihrer Jüngsten einging: Tussy habe sich durch ihre „verrückte Lebensweise" „in solchen Fieber und Schwächezustand" gebracht, dass sie „nicht besser gehen" könne als sie. Wenig später erkrankte auch Marx schwer. Eine Bronchitis oder Brustfellentzündung machte ihm zu schaffen, und er musste den größten Teil des Tages liegend zubringen. Tochter Jennylein wollte sofort nach London aufbrechen. Aber Laura appellierte an die Schwester: *„Du darfst nicht daran denken, die Kinder allein zu lassen. Es wäre purer Wahnsinn und würde Papa mehr aufregen, als Dein Hiersein ihn freuen oder ihm gut tun könnte, so sehr wir auch alle wünschten, daß du hier wärst."*[1070] Es drehte sich alles um den Vater, er stand im Mittelpunkt, beherrschte das Denken und die Gefühlswelt der Töchter. Laura riet Jennylein entschieden von einem Besuch in London mit ihren Kindern ab, mit überzeugenden Argumenten: *„Von unseren Invaliden ist Papa auf dem besten Weg der Genesung, der armen Mama geht es langsam immer schlechter. Sie kann kaum noch dünner und schwächer werden, als sie jetzt ist, aber ihre Energie und ihre Lebensgeister sind ungebrochen. Du hast unrecht, daß du so ihre Trennung von ihren Enkelkindern beklagst. Am Punkt, wo wir jetzt sind, würde es nicht mehr viel helfen, wenn sie hier in London wären. Es geht ihr leider schon zu schlecht, als daß sie sich noch an Kindergeplauder und an drolligen Kinderunarten freuen könnte, und es spricht sehr für ihre edle Natur, daß die armseligen Dienste, die ich ihr erweisen kann, sie immer noch so rühren und freuen. Es ist jetzt eine ganz andere Zuwendung nötig, um ihr Freude zu machen, als Kinder, auch die liebsten Kinder, sie ihr geben können. Und obwohl es großartig wäre, wenn sie sie hin und wieder kurz sehen könnte, bin ich sicher, daß diese Unmöglichkeit mehr als aufgewogen wird durch die Tatsache, daß sie in der Ferne die Gelegenheit hat, an sie zu denken, Pläne zu schmieden und sie sich in ihrem neuen Heim vorzustellen. Deine Briefe sind ein nie versiegender Quell der Freude. Sie hat deine ganzen Haushaltseinrichtungen im Kopf und beschäftigt ihren Geist dauernd damit, auf welche Weise und mit welchen Mitteln Du es Dir noch bequemer machen könntest.“* [1071] Laura wog ohne jede Gefühlsduselei Für und Wider eines Besuches ab und verhinderte den überstürzten Aufbruch der Schwester. Sachlich und doch mit versteckter Schuldzuweisung versuchte sie, ein anderes Problem zu lösen. Zu Jennylein: *„Es hat mich mehr betrübt, als ich sagen kann, daß ihr Brief, ihr vermutlich letzter Brief, Dich nicht erreicht hat. Sie wäre untröstlich, wenn sie es erführe. Es hatte sie solche Mühe gekostet zu schreiben, und sie hat so viel darin gesagt, worauf sie eine Antwort erwartete, daß der Verlust des Briefes nicht mehr gutzumachen ist. Er war Tussy zum Absenden anvertraut worden, in ihre Hände ist er noch ohne Umschlag gelegt worden.“* [1072] Niemand wusste, ob, und wenn ja, wie und wo das kostbare Schreiben vom 26. September 1881 abhanden gekommen war. Der letzte Brief! Laura versuchte von der Todkranken indirekt zu erfragen, was sie geschrieben habe, damit die Schwester nachträglich fingierte Antworten schicken konnte. Ein Thema sei für die Mutter die Wohnungseinrichtung gewesen und ob spezielle Hosen dem kleinen Enkel passten oder nicht. Aber das Wichtigste seien für die Mutter ihre Briefe: *„Sie ist nie zu krank, um nicht den lebhaftesten und zärtlichsten Anteil an all den kleinen Dingen, die Deinen Alltag ausmachen, zu nehmen. Das ist ihre ein-*

zige Beschäftigung, denn sie kann weder lesen noch schreiben, und ihre immer aktive Nähnadel fängt nun an zu rosten. Sie sieht niemanden außer uns Familienmitgliedern.“ [1073] Jennys Radius wurde immer eingeschränkter, wurde reduziert auf einen Raum, ein Bett und eine Couch, aber alle wichtigen Menschen – mit Ausnahme ihres Jennyleins – waren in ihrer Nähe, kümmerten sich Tag und Nacht um sie. Auch Tussy hielt die Schwester in Frankreich über das Geschehen zu Hause auf dem Laufenden: *„Ihr geht es unverändert, aber sie ist schwächer und hat seit zwei Tagen stärkere Schmerzen gehabt. Der Arzt sagt, er werde ihr wohl bald subkutane Morphiuminjektionen verschreiben müssen, in welchem Fall wir wahrscheinlich eine Pflegerin brauchen werden.“* [1074] Diese Aufgabe war Tussy angetragen worden, aber sie hatte Bedenken, auch weil nach ihrem Eindruck das Verhältnis zur Mutter getrübt war. *„Einer der größten von vielen großen Schmerzen in meinem Leben ist, daß meine Mutter starb und von mir dachte, daß ich … hart und grausam gewesen sei, und daß sie nicht einmal ahnte, daß ich die besten, frischesten Jahre meines Lebens geopfert hatte, um ihr und meinem Vater Leid zu ersparen“* [1075], klagte sie später.

Der Verbleib des letzten mütterlichen Briefes beschäftigte auch sie, denn *„wie die liebe Mama überhaupt schreiben konnte, weiß ich nicht. Sie ist jetzt so dünn und schwach, daß es ein Wunder ist. Sie ist jetzt seit vielen Wochen nicht mehr aufgestanden, doch damit sie eine kleine Abwechslung hat, sagt Dr. Donkin, daß wir sie – in ihren Leintüchern – vom Bett auf die Chaiselongue hinüberheben sollen.“*[1076] Noch war Jenny Marx geistig rege wie eh und je, nur ihr Körper verfiel. Mit Interesse verfolgte sie den erneuten Einzug Wilhelm Liebknechts in den Deutschen Reichstag und freute sich noch kurz vor ihrem Tode über einen lobenden Bericht über ihren Mann in der Dezemberausgabe 1881 des „Leaders of Modern Thought“.

Das Leben von Jenny Marx neigte sich dem Ende zu. Tussy berichtete später über das letzte Zusammensein der Eltern: *„Sie waren zusammen wieder jung – sie ein liebendes Mädchen und er ein liebender Jüngling, die zusammen ins Leben eintraten – und nicht ein von Krankheit zerrütteter alter Mann und eine sterbende alte Frau, die fürs Leben voneinander Abschied nahmen.“* [1077] Ein letztes Gespräch nach sechzig Jahren. Noch einmal hielt Karl Marx Jennys Hand am 2. Dezember 1881, einem Freitag, als sie im Alter von 67 Jahren die Augen für immer schloss. Laura und Tussy standen am Sterbebett und natürlich Helene Demuth. Nur die älteste Tochter war nicht bei ihr. Eleanor ließ sie an den letzten Minuten teilhaben: *„Bis fast zum letzten Augenblick war sie bei vollem Bewußtsein. Ihre letzten deutlich vernehmbaren Worte waren: ‚Karl, meine Kräfte sind gebrochen.' Dann drückte sie allen die Hände und versuchte, noch einmal zu lächeln."* [1078] Ein fast schönes Ende, das sich aus der Distanz verdichtete. Trotz allen Leids war Karl Marx voller Dankbarkeit. Zu Tochter Jennychen: *„Ein Trost ist mir, daß rechtzeitig ihre Kraft zusammenbrach. Dank der außerordentlich seltenen Lage des Geschwulst – so daß es beweglich, schiebbar – traten die wirklich charakteristischen unerträglichen Schmerzen erst in den allerletzten Tagen ein (und auch dann noch bändigbar durch Einspritzung von Morphin, was der Doktor absichtlich für die Katastrophe aufgespart, indem es bei längerer Anwendung auch alle Wirkung verliert). Wie Dr. Donkin mir vorhergesagt, nahm der Krankheitsverlauf den Charakter eines allmählichen Hinschwindens wie von Altersschwäche an. Auch während der letzten Stunden kein Todeskampf, allmähliches Entschlafen; ihre Augen voller, schöner, leuchtender als je!"* [1079] Ein sanfter Tod. Das Schicksal hatte Jenny Marx einen langen Todeskampf erspart. Zu seiner Beruhigung hatte auch beigetragen, *„daß zur großen Verwunderung der Ärzte kein wunder Fleck an ihr, trotz der langen Bettlägerigkeit; ich war während der letzten Krankheit schon wund, an manchen Stellen, nach nur zweiwöchentlicher Fesselung ans Bett."* [1080]

Die Schwester erhielt von Eleanor ein Andenken an die Mutter: *„Liebe, ich schicke Dir eine Locke von ihrem lieben Haar – es ist so weich und schön, als wäre es von einem Mädchen. Wenn Du nur ihr Gesicht hättest sehen können, als es zu Ende ging, der Ausdruck ihrer Augen war einfach unbeschreiblich. Er war nicht nur so klar – so klar wie sonst nur Kinderaugen sind –, sondern auch so zärtlich, wenn sie uns sah und erkannte, was sie bis zum Schluß getan hat. Das letzte Wort, das sie zu Papa sagte, war ‚gut'. Sie hat noch etwas hinzugefügt und hatte auch vorher viel gesprochen, aber wir konnten es nicht verstehen. O Jenny, sie sieht jetzt so schön aus! … Ihre Stirn war völlig glatt, als hätte eine sanfte Hand alle Linien und Falten weggestrichen, und das schöne Haar bildet eine Art Glorienschein um ihren Kopf."* [1081] Die Erinnerung an das einstmals „schönste Mädchen von Trier" kam auf.

Jennylein freute sich über das letzte Andenken an die Mutter und über die fast schönen Todesumstände. Eleanor hatte ihr versichert: *„Bis zu ihrem Tode war sie heiter und suchte durch Scherze unsere Furcht um sie zu zerstreuen. Ja sie – die so furchtbar litt – sie scherzte – sie lachte … und als sie*

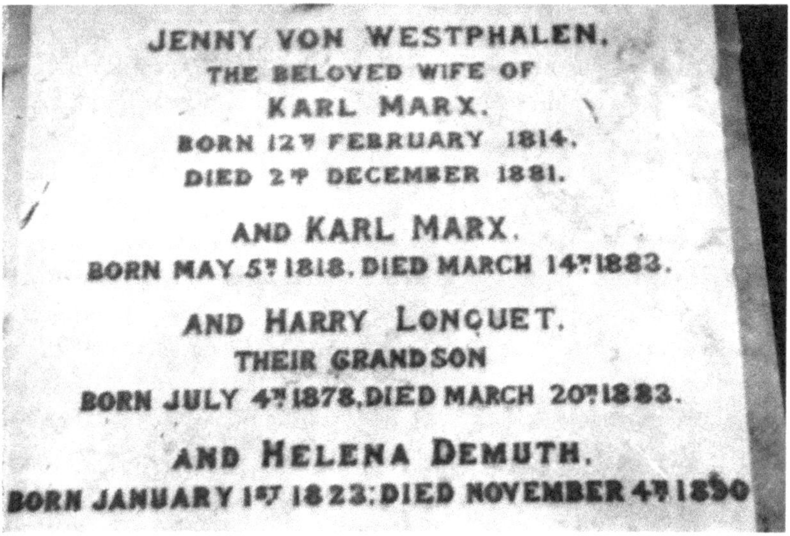
JENNY VON WESTPHALEN.
THE BELOVED WIFE OF
KARL MARX.
BORN 12TH FEBRUARY 1814.
DIED 2D DECEMBER 1881.
AND KARL MARX.
BORN MAY 5TH 1818. DIED MARCH 14TH 1883.
AND HARRY LONGUET.
THEIR GRANDSON
BORN JULY 4TH 1878. DIED MARCH 20TH 1883.
AND HELENA DEMUTH.
BORN JANUARY 1ST 1823: DIED NOVEMBER 4TH 1890

Grabstein

nicht mehr sprechen konnte – ihre letzten Worte waren an ‚Karl' gerichtet, – drückte sie uns die Hände – und versuchte zu lächeln." [1082] War Jennys letztes Wort ein beruhigendes „gut", weil sie in tiefstem Seelenfrieden Abschied nehmen konnte, oder waren die letzten Worte, übrigens in Englisch: „Karl, meine Kräfte sind gebrochen", eine Entschuldigung an ihren Mann, dass sie ihn im Stich ließ, weil sie keine Lebenskraft mehr hatte?

Drei Tage später, am 5. Dezember 1881, wurde Jenny Marx zu Grabe getragen. Tussy, Laura, Helene Demuth und Friedrich Engels machten sich zum Highgate Friedhof auf und gaben ihr das letzte Geleit. Witwer Karl konnte der liebevollen Rede des Freundes am Grabe nicht lauschen, aber sie später im „Sozialdemokrat" nachlesen. Engels hatte Frau Marx mit den Worten verabschiedet: *„Was eine solche Frau, mit so scharfem kritischem Verstand, mit solch politischem Takt, mit solcher Energie und Leidenschaft des Charakters, mit solcher Hingabe für ihre Kampfgenossen, in der Bewegung während fast 40 Jahren geleistet, das hat sich nicht an die Öffentlichkeit vorgedrängt, das steht nicht in den Annalen der zeitgenössischen Presse verzeichnet. Das muß man selbst miterlebt haben. Aber das weiß ich: wenn die Frauen der Kommuneflüchtlinge ihrer noch oft gedenken werden, so werden wir anderen noch oft genug ihren kühnen und klugen Rat vermissen – kühn ohne Prahlerei, klug, ohne der Ehre je etwas zu vergeben."* [1083] Friedrich Engels drückte aus, was die Anwesenden fühlten. Er fuhr fort: *„Von ihren persönlichen Eigenschaften brauche ich nichts zu sagen. Ihre Freunde kennen diese Eigenschaften und werden sie niemals vergessen. Wenn es jemals eine Frau gab, die ihr größtes Glück darin gesehen hat, andere glücklich zu machen, so war es diese Frau. … Und wir, die wir uns an ihrer letzten Ruhestätte versammelt haben, laßt sie uns in Erinnerung behalten und versuchen, wie sie zu sein."* [1084] Sein Appell berührte die Trauernden, sprach ihnen aus dem Herzen. Währenddessen saß Jennys langjähriger Weggefährte zu Hause und schrieb zwei Tage später an Jennylein: *„Da ich überhaupt das Krankenzimmer noch nicht verlassen, war das ärztliche Interdikt gegen meine Teilnahme an der Beerdigung unerbittlich. Auch fügte ich mich, da die teure Hingeschiedene noch einen Tag vor ihrem Tod ihrer nurse, bei Gelegenheit von Vernachlässigung von irgend etwas Zeremoniellem, sagte: ‚We are not such external people!'"* [1085] Karl Marx war hin- und hergerissen gewesen. Zum einen war er froh, seinen Schmerz und seine Tränen nicht in der Öffentlichkeit zeigen zu müssen, nicht von Kummer übermannt zu werden wie einst, als Edgars Sarg in die Grube gesenkt wurde und Liebknecht befürchtete, er wolle hinterherspringen. Zum anderen fühlte er sich zutiefst unglücklich, dass seine Frau ohne ihn beerdigt wurde. Er versuchte es mit philosophischer Dialektik: *„Gegen Gemütsleiden gibt es nur ein wirksames Antidor, und das ist körperlicher Schmerz. Setze den Weltuntergang auf die eine Seite und einen Mann mit akutem Zahnschmerz auf die andre!“* [1086] „Außerordentlich glücklich“ zeigte er sich bei Jennychen, dass er *„trotz vieler Bedenklichkeiten die Reise nach Paris gewagt! Nicht nur die Zeit selbst, welche die Unvergeßliche mit Dir und den Kindern zugebracht – ‚kaum‘ getrübt durch das Bild of a certain domestic bully et Mirabeau de la cuisine –, auch das Wiederdurchleben dieser Zeit während ihrer letzten Krankheitsperiode! Es ist ganz sicher, daß in dieser Periode Deiner und der Kinder Gegenwart sie nichts so intensiv hätte zerstreuen können, wie die ideale Beschäftigung mit Euch!“* [1087] Marx verdrängte, dass diese Reise nicht stattgefunden hätte, wenn sich nicht das engste Umfeld vehement für die Erfüllung von Jennys Wunsch eingesetzt hätte.

Jenny Marx wurde in einem von anglikanischen Verstorbenen abgetrennten Friedhofsbezirk bestattet; sie lag nicht verlassen auf dem Friedhof, wie Marx seiner Tochter mitteilte: *„ihr Ruheplatz ist ziemlich nahe bei dem des lieben ‚Charles‘.“*[1088] Das erfreute Jennylein besonders, denn jeder, der das Grab der Mutter besuchte, ging vielleicht auch an der letzten Ruhestätte ihres Sohnes vorbei.

Karl Marx vermisste Jenny, sie fehlte ihm jede Minute und überall. Noch Monate später gestand er Engels: *„Es wäre ... eine Lüge, wollte ich nicht gestehen, dass mein Denken zum großen Teil beherrscht wird von Erinnerungen an meine Frau, diesen besten Teil der besten Jahre meines Lebens.“* [1089] Immer schmerzlicher wurde ihm bewusst, dass ein Teil von ihm nicht mehr war. Freund Engels hatte die Tragweite des Verlustes in einem ersten spontanen, für die trauernden Hinterbliebenen nicht gerade feinfühligen Ausruf erfasst: „Der Mohr ist auch gestorben.“ Eleanor, fassungslos und fast verbittert über diese Reaktion, musste ihm später rechtgeben: *„Mit Mütterchens Leben ging auch Mohr's Leben. Er kämpfte hart, um sich aufrechtzuerhalten, denn er war bis ans Ende ein Kämpfer – aber er war gebrochen. Sein Allgemeinbefinden wurde schlechter und schlechter.“* [1090]

Mit wenigen Ausnahmen überließ Karl Marx die Trauerkorrespondenz den Töchtern Laura und Eleanor. Jugendfreund Edgar von Westphalen setzte er persönlich in Kenntnis, der tief bewegt antwortete: *„Ich denke bis in die Zeit der Kindheit zurück und trauere. Unvergänglich bleibt das Gedächtniß an sie in meinem Herzen. Ich versichere Dich der innigen Theilnahme meiner Verwandten an dem Trauerfalle.“* [1091] Er sprach im Namen von Schwester Franziska und der Kinder Ferdinands. Später erinnerte er sich: *„Jenny's Briefe in den letzten 2 Jahren bis Dezember 1881 waren traurig. Ich war vorbereitet, als die Kunde ihres Verscheidens kam, im innersten Wesen erschüttert. Daß Karl sie nicht überleben würde, wusste ich genau.“* [1092] Edgar von Westphalen hatte wie kein zweiter den Weg der beiden jungen Menschen zueinander miterlebt und die innige Liebe aufblühen sehen.

Das Spektrum der Anteilnahme war zu Marxens Freude weltweit. An Danielson schrieb er: *„Die Beileidsbriefe, die ich von allen Seiten erhalten habe, waren insofern eine Quelle des Trostes für mich, als in allen (abgesehen von einem einzigen russischen Brief) echtes Mitgefühl, aufrichtige Anerkennung und Würdigung der außergewöhnlichen Eigenschaften meiner lieben Frau zu spüren waren“* [1093] und an Tochter Jennychen: *„Die Kondolenzbriefe, die ich von fern und nah und von Personen so verschiedner Nationalität, Berufs, etc.etc. empfange, sind alle in Schätzung von Möhmchen von einem Geist der Wahrheit und einer tiefen Empfindung beseelt, wie das selten in solchen, meist nur konventionellen Kundtuungen. Ich erkläre das daraus, daß alles an ihr natürlich und wahr, unbefangen, nichts Gemachtes war; daher auch der Eindruck auch dritten Personen lebendig, lichtvoll; es schreibt sogar die Frau Hess: ‚in ihr hat die Natur ihr eignes Meisterstück zerstört, denn in meinem ganzen Leben ist mir keine so geist- und liebevolle Frau begegnet‘. Liebknecht schreibt, daß er ohne sie in der Exilsmisère untergegangen wäre etc. etc.“* [1094] Der Witwer freute sich über die Aufmerksamkeit, die Zuneigung und Achtung, die seine Frau genossen hatte. Friedrich Leßner blieb Jenny Marx beispielsweise in der Erinnerung als *„eine ausgezeichnete Frau …, eine große, selten schöne Frau, vornehm in der äußeren Erscheinung, dabei aber so außergewöhnlich gutmütig, liebenswürdig, geistreich und so frei von allem Stolz und jeder Steifheit, daß man sich in ihrer Umgebung wie bei seiner eignen Mutter oder Schwester behaglich zu Hause fühlte. … Sie war für die Sache der Arbeiterbewegung voller Begeisterung, und jeder, selbst der kleinste Erfolg im Kampf gegen die Bourgeoisie verursachte ihr die größte Genugtuung und Freude.“*[1095] Schwiegersohn Paul Lafargue hob hervor: „*Niemand hat je in höherem Maße das Gefühl der Gleichheit besessen als Frau Marx, und dies, obgleich sie in einer deutschen Aristokratenfamilie geboren und erzogen war. Für sie existierten keine sozialen Unterschiede und Klassifikationen. In ihrem Hause, an ihrem Tische empfing sie Arbeiter im Werktagsanzuge mit der nämlichen Höflichkeit und Zuvorkommenheit, als ob es Fürsten und Prinzen gewesen wären.*“ [1096] Stephan Born brachte Jennys Leben in einem Satz auf den Punkt: „*Frau Marx lebte in den Ideen ihres Mannes, sie ging ganz dabei in der Sorge für die Ihrigen auf und war doch himmelweit von der strumpfstrickenden, den Kochlöffel rührenden deutschen Hausfrau entfernt.*“ [1097] Tochter Jenny gedachte in einem Brief an Laura voller Zuneigung der Mutter: „*In den langen Tagen ihres entsetzlichen Leidens wurde sie immer selbstloser und dachte nur noch an die andern. Man konnte schwerlich eine solch edelmütige und treue Natur finden. Noch in der vorigen Woche erhielt ich von Mama einen Brief mit ihrer schönen präzisen Handschrift; jedes Wort sprach von ihrem klaren Verstand und ihrem guten Herzen, das sogar die furchtbare Krankheit nicht zu zerstören vermochte. Ich kann mich nicht mit dem Gedanken aussöhnen, daß diese Krankheit zum vorzeitigen Tod eines Menschen geführt hat, der sich so des Lebens zu freuen vermochte.*“ [1098] Der letzte Brief war doch noch angekommen!?

Was blieb Karl Marx außer den schönen Erinnerungen? Menschen, die ihm während der Trauerzeit zur Seite standen: Der treue Engels, der seinen Geist ablenkte, Lenchen, das ihn pflegte, Tussy, die ihn auf seinen Reisen begleitete, und Laura, die allerdings nur noch für kurze Zeit in seiner Nähe lebte. Doch die Lücke, die der Tod seiner Frau hinterlassen hatte, konnte niemand ausfüllen, er musste alleine zurechtkommen und die innere Leere aushalten, bis zu seinem Tode am 14. März 1883.

Zum ewigen Gedenken an seine Liebe ließ er in den Grabstein einmeißeln: „Jenny von Westphalen, The beloved wife of Karl Marx“.

RESÜMEE

„Jenny von Westphalen, the beloved wife of Karl Marx", war die Frau eines der größten Deutschen, eine faszinierende Persönlichkeit, deren Leben von Tradition und Revolution und höchsten Höhen und tiefsten Tiefen geprägt war.

JENNY von WESTPHALEN/MARX hatte eine kurze Phase, in der sie revolutionär handelte und dies aus rein privaten Gründen, nämlich, als sie um Karl Marx, die Liebe ihres Lebens, kämpfte. Sie gehörte somit zu den wenigen adligen Frauen, die im 19. Jahrhundert einen Bürgerlichen heirateten. Dies war revolutionär. Wer als Frau diesen Schritt wagte, musste besondere Stärken haben, um den damit verbundenen gesellschaftlichen Abstieg zu verkraften. Zu einer wegweisenden Protagonistin wurde sie allerdings nicht, da ihre „Rebellion/Revolution" individuell begründet war und nur bis zu ihrer Verehelichung anhielt. In ihrem Herzen blieb Frau Marx immer Aristokratin, die auf Etikette Wert legte und ein Leben lang „adlige" Distanz wahrte. Dennoch war sie eine Wegbereiterin für eine neue Zeit, weil sie treu an der Seite eines unbeirrbaren Visionärs stand, an den sie glaubte und dessen Wirken ihr in den Jahren des bittersten Elends das Gefühl vermittelte, wenigstens für eine große Sache zu leiden – für eine weltumfassende Revolution. Sie erlebte, dass die Klassengesellschaft ins Wanken geriet, aber den sozialen und politischen Neuerungen noch standhielt. Und doch gab sie die Hoffnung auf eine politische und gesellschaftliche Revolution nie auf.

JENNY MARX war keine revolutionäre Aktivistin, und wenn man von der „Roten Baronin" spricht, dann trifft dies nur auf ihre geistige Haltung zu. Sie dachte politisch revolutionär und handelte privat höchst traditionell. Ging es um die Verantwortung für ihre Töchter, waren Jenny und Karl Marx Eltern im klassischen bürgerlichen Sinne.

Ihre Bestimmung sah sie darin, sich Mann und Kindern zu widmen, und folglich konzentrierte sie sich auf den häuslichen Rahmen und ihr engeres Umfeld. Das war jedoch nicht gleichzusetzen mit der Rolle des Hausmütterchens, sondern sie übernahm für ihren Mann wichtige Aufgaben: Kopieren, Schreiben nach Diktat und Einarbeitung in die Materie, um mitsprechen zu können. Zudem engagierte sie sich unermüdlich für die „Partei Marx", d. h. sie empfing und kümmerte sich bei sich zu

Hause um die Gesinnungsgenossen oder korrespondierte mit ihnen. Dies beanspruchte sie über Jahrzehnte so sehr, dass sie nicht die Muße fand, ihre Gedanken zu Literatur, Theater, Politik und Gesellschaft zu dokumentieren. Nur sieben Theaterkritiken und einige weitere Artikel aus ihrer Feder sind überliefert, ferner Briefe und ihre Erinnerungen über einige Jahre. Ein dürftiges Vermächtnis für eine Frau, die versiert schreiben konnte, aber typisch für die patriarchalische Gesellschaft im 19. Jahrhundert.

Das Leben an der Seite von Karl Marx hatte einen hohen Preis. Seine unermüdliche Arbeit für die Sache des Kommunismus zahlte sich nicht aus. Daher waren ihre Lebensumstände über viele Jahre so prekär, dass nur durch einen Manchester-Kapitalisten die finale Katastrophe verhindert wurde.

JENNY MARX ist kein geeignetes Sujet für Feministinnen, es sei denn, man möchte aufzeigen, dass eine kluge Frau, die so vieles für die Frauenbewegung hätte bewirken können, diese Chance nicht ergriff, vielleicht nicht ergreifen konnte, weil sie in ihrer Liebe zu Karl Marx gefangen war. Die Befreiung der Frau sah sie nicht als eigenständiges Problem an, sondern ordnete deren Belange und Bedürfnisse der Vision der Befreiung aller Menschen unter. Sie akzeptierte die weibliche Abhängigkeit und ordnete sich nach den Spielregeln des Patriarchats dem Manne unter; denn die gebürtige Dame von Westphalen war ausschließlich Frau Marx, lebte und dachte ganz in dem Bannkreis ihres Mannes, und als höchste Auszeichnung empfand sie, dass er sie als intelligentes Wesen akzeptierte und in seine Arbeit einbezog. *„Marx hatte so hohe Achtung vor der Intelligenz und dem kritischen Sinn seiner Frau, daß er mir 1866 sagte, er habe ihr alle Manuskripte mitgeteilt, und er lege großen Wert auf ihr Urteil“* [1099], fasste Schwiegersohn Lafargue die Bedeutung seiner Schwiegermutter für das Werk von Karl Marx zusammen. Diese Wertschätzung bewahrte Jenny Marx vor dem Schicksal vieler Frauen, geistig dahinvegetieren zu müssen.

Hätte Jenny Marx doch einen Blick in die Zukunft werfen können! Mit Genugtuung hätte sie registriert, dass eine die Welt verändernde Lehre, der „Marxismus“, nach ihrem Mann benannt wurde und sich im zwanzigsten Jahrhundert Staaten „marxistisch“ und sich linke Streiter „Marxisten“ nannten – und noch nennen. Sie, die unbeirrt an den Erfolg ihres Mannes glaubte, hätte sich in ihren kühnsten Träumen nicht vorstellen können, dass der Name MARX zu einem historischen Begriff werden und sie und ihren Mann für alle Zeit aus der Masse der Menschen herausheben würde. Auch den größten Triumph, den Siegeszug des Marxismus-Kommunismus im 20. Jahrhundert in Staaten wie Russland und China, in Ländern in Afrika und Südamerika, erlebte sie nicht mehr.

QUELLEN

1 Gemkow, Edgar von Westphalen, S.405
2 Dornemann, Jenny Marx, S.19
3 Limmroth, Jenny Marx. Die Biografie, S.23 und Mohr und General, S.142 und S.327
4 Krosigk, Jenny Marx, S.16
5 Krosigk, Jenny Marx, S.16
6 Krosigk, Jenny Marx, S.17
7 Gemkow, Aus dem Leben einer rheinischen Familie, S.510
8 Gemkow, Aus dem Leben einer rheinischen Familie, S.512
9 Gemkow, Aus dem Leben einer rheinischen Familie, S.512
10 Böll, Aufsätze,Kritiken,Reden, S.90/91
11 Monz, Karl Marx, Grundlagen der Entwicklung zu Leben und Werk, S.107
12 Gemkow, Edgar von Westphalen, S.407/408
13 Gemkow, Edgar von Westphalen, S.408
14 Krosigk, Jenny Marx, S.17
15 Monz, Karl Marx. Grundlagen der Entwicklung zu Leben und Werk, S.86
16 Monz, Karl Marx. Grundlagen der Entwicklung zu Leben und Werk, S.86
17 Gemkow, Aus dem Leben einer rheinischen Familie, S.511
18 Gemkow, Aus dem Leben einer rheinischen Familie, S.511
19 Gemkow, Edgar von Westphalen, S. 405
20 Gemkow, Aus dem Leben einer rheinischen Familie, S.510
21 Gemkow, Aus dem Leben einer rheinischen Familie, S.511
22 Monz, Politische Anschauung und gesellschaftliche Stellung von Ludwig von Westphalen, S.25
23 Gemkow, Edgar von Westphalen, S.407
24 Schütrumpf, Jenny Marx, S.12
25 Gemkow, Edgar von Westphalen, S.409
26 Monz, Politische Anschauung und gesellschaftliche Stellung von Johann Ludwig von Westphalen, S.26/27
27 Monz, Politische Anschauung und gesellschaftliche Stellung von Johann Ludwig von Westphalen, S.27
28 Monz, Politische Anschauung und gesellschaftliche Stellung von Johann Ludwig von Westphalen, S.27

29 Monz, Politische Anschauung und gesellschaftliche Stellung von Johann Ludwig von Westphalen, S.28

30 Monz, Politische Anschauung und gesellschaftliche Stellung von Johann Ludwig von Westphalen, S.28

31 Monz, Politische Anschauung und gesellschaftliche Stellung von Johann Ludwig von Westphalen, S.30

32 Krosigk, Jenny Marx, S.28

33 Monz, Politische Anschauung und gesellschaftliche Stellung von Johann Ludwig von Westphalen, S.30

34 Monz, Politische Anschauung und gesellschaftliche Stellung von Johann Ludwig von Westphalen, S.31

35 Monz, Politische Anschauung und gesellschaftliche Stellung von Johann Ludwig von Westphalen, S.32

36 Monz, Politische Anschauung und gesellschaftliche Stellung von Johann Ludwig von Westphalen, S.32

37 Monz, Politische Anschauung und gesellschaftliche Stellung von Johann Ludwig von Westphalen, S.33

38 Monz, Politische Anschauung und gesellschaftliche Stellung von Johann Ludwig von Westphalen, S.33

39 Monz, Politische Anschauung und gesellschaftliche Stellung von Johann Ludwig von Westphalen, S.34

40 Monz, Politische Anschauung und gesellschaftliche Stellung von Johann Ludwig von Westphalen, S.34

41 Gemkow, Aus dem Leben einer rheinischen Familie, S.512

42 Monz, Politische Anschauung und gesellschaftliche Stellung von Johann Ludwig von Westphalen, S.35

43 Gemkow, Aus dem Leben einer rheinischen Familie, S.512

44 Schöncke, Karl und Heinrich Marx und ihre Geschwister, S.229/230

45 Monz, Karl Marx. Grundlagen der Entwicklung zu Leben und Werk, S.139

46 Monz, Karl Marx. Grundlagen der Entwicklung zu Leben und Werk, S.139

47 Schöncke, Karl und Heinrich Marx und ihre Geschwister, S.230

48 Schöncke, Karl und Heinrich Marx und ihre Geschwister, S.230/231

49 Schöncke, Karl und Heinrich Marx und ihre Geschwister, S.231

50 Monz, Karl Marx. Grundlagen der Entwicklung zu Leben und Werk, S.137

51 Monz, Karl Marx. Grundlagen der Entwicklung zu Leben und Werk, S.326

52 Gemkow, Aus dem Leben einer rheinischen Familie, S.513

53 Monz, Karl Marx. Grundlagen der Entwicklung zu Leben und Werk, S.324
54 Gemkow, Aus dem Leben einer rheinischen Familie, S.514
55 Gemkow, Aus dem Leben einer rheinischen Familie, S.514
56 Monz, Karl Marx. Grundlagen der Entwicklung zu Leben und Werk, S.332
57 Jacobs, Existenz und Untergang der alten Judengemeinde der Stadt Trier, S.23
58 Blumenberg, Karl Marx mit Selbstzeugnissen und Bilddokumenten, S.26
59 Gemkow, Aus dem Leben einer rheinischen Familie, S.514
60 Raddatz, Karl Marx, S.41
61 Gemkow, Edgar von Westphalen, S.415/416
62 MEGA III,1 Heinrich Marx an Karl Marx am 28.12.1836
63 MEGA III,1 Sophie Marx an Karl Marx am 28.12.1836, Anlage zum Brief von Heinrich Marx am 28.12.1836
64 MEGA I,1 Buch der Liebe, Erster Teil, S.487
65 MEGA I,1 Buch der Lieder, S.607
66 MEGA III,1 Heinrich Marx an Karl Marx am 2.3.1837
67 MEGA III,1 Heinrich Marx an Karl Marx am 2.3.1837
68 MEGA III,1 Heinrich Marx an Karl Marx am 2.3.1837
69 MEGA III,1 Heinrich Marx an Karl Marx am 2.3.1837
70 MEGA III,1 Heinrich Marx an Karl Marx am 2.3.1837
71 Gemkow, Aus dem Leben einer rheinischen Familie, S.517
72 Gemkow, Aus dem Leben einer rheinischen Familie, S.519
73 Gemkow, Aus dem Leben einer rheinischen Familie, S.519
74 Gemkow, Aus dem Leben einer rheinischen Familie, S.516
75 MEGA III,1 Heinrich Marx an Karl Marx am 18.11.1835
76 MEGA III,1 Heinrich Marx an Karl Marx am 19.3.1836
77 MEGA III,1 Heinrich Marx an Karl Marx am 9.12.1837
78 MEGA III,1 Heinrich Marx an Karl Marx am 12.8.1837
79 MEGA III,1 Heinrich Marx an Karl Marx am 12.8.1837
80 Gemkow, Aus dem Leben einer rheinischen Familie, S.515
81 MEGA III,1 Karl Marx an Heinrich Marx am 10.11.1837
82 MEGA III,1 Karl Marx an Heinrich Marx am 10.11.1837
83 MEGA III,1 Karl Marx an Heinrich Marx am 10.11.1837
84 MEGA III,1 Karl Marx an Heinrich Marx am 10.11.1837
85 MEGA III,1 Heinrich Marx an Karl Marx am 17.11.1837
86 MEGA III,1 Heinrich Marx an Karl Marx am 17.11.1837
87 MEGA III,1 Heinrich Marx an Karl Marx am 9.12.1837

88 MEGA III,1 Heinrich Marx an Karl Marx am 9.12..1837
89 MEGA III,1 Heinrich Marx an Karl Marx am 9.12.1837
90 MEGA III,1 Heinrich Marx an Karl Marx am 9.12.1837
91 MEGA III,1 Heinrich Marx an Karl Marx am 9.12.1837
92 MEGA III,1 Heinrich Marx an Karl Marx am 9.12.1837
93 Gemkow, Aus dem Leben einer rheinischen Familie, S.520
94 Gemkow, Aus dem Leben einer rheinischen Familie, S.520
95 Gemkow, Aus dem Leben einer rheinischen Familie, S.520
96 Gemkow, Aus dem Leben einer rheinischen Familie, S.518
97 Gemkow, Aus dem Leben einer rheinischen Familie, S.518
98 Gemkow, Aus dem Leben einer rheinischen Familie, S.518
99 MEGA III,3 Henriette Marx an Karl Marx am 22.10.1838
100 MEGA III,1 Jenny von Westphalen an Karl Marx nach dem 10.5.1838
101 MEGA III,1 Jenny von Westphalen an Karl Marx am 24.6.1838
102 MEGA III,1 Jenny von Westphalen an Karl Marx am 24.6.1838
103 MEGA III,1 Henriette Marx an Marx am 29.5.1840
104 Gemkow, Aus dem Leben einer rheinischen Familie, S.520
105 Gemkow, Aus dem Leben einer rheinischen Familie, S.520
106 Schack, Jenny von Westphalen an Caroline von Westphalen am 2.7.1838, S.59ff.
107 Schack, Jenny von Westphalen an Caroline von Westphalen am 2.7.1838, S.59ff.
108 Schack, Jenny von Westphalen an Karl Marx am 24.6.1838, S.53
109 Raddatz, Karl Marx, S.40
110 MEGA III,1 Jenny von Westphalen an Karl Marx 1839/1840
111 MEGA III,1 Jenny von Westphalen an Karl Marx 1839/1840
112 MEGA III,1 Jenny von Westphalen an Karl Marx 1839/1840
113 MEGA III,1 Jenny von Westphalen an Karl Marx am 10.8.1841
114 MEGA III,1 Jenny von Westphalen an Karl Marx 1839/1840
115 MEGA III,1 Jenny von Westphalen an Karl Marx 1839/1840
116 MEGA III,1 Jenny von Westphalen an Karl Marx 1839/1840
117 Gemkow, Heinrich, Aus dem Leben einer rheinischen Familie, S.521
118 Monz, Karl Marx. Grundlagen der Entwicklung zu Leben und Werk, S.349
119 Raddatz, Karl Marx, S.47/48
120 MEW, Ergänzungsband, Erster Teil, S.259
121 MEW, Ergänzungsband, Erster Teil, S.260
122 MEGA III,1 Jenny von Westphalen an Karl Marx am 13.9.1841
123 MEGA III,1 Jenny von Westphalen an Karl Marx am 10.8.1841

124 MEGA III,1 Jenny von Westphalen an Karl Marx am 10.8.1841
125 MEGA III,1 Jenny von Westphalen an Karl Marx am 13.9.1841
126 MEGA III,1 Jenny von Westphalen an Karl Marx am 13.9.1841
127 MEGA III,1 Jenny von Westphalen an Karl Marx am 13.9.1841
128 MEGA III,1 Jenny von Westphalen an Karl Marx am 13.9.1841
129 MEGA III,1 Jenny von Westphalen an Karl Marx am 13.9.1841
130 Schöncke, Karl und Heinrich Marx und ihre Geschwister, S.880/881
131 Elsner, Karl Marx in Kreuznach 1842/43, S.111
132 Elsner, Karl Marx in Kreuznach 1842/43, S.112
133 Elsner, Karl Marx in Kreuznach 1842/43, S.118
134 Krosigk, Jenny Marx, S.41
135 Elsner, Karl Marx in Kreuznach 1842/43, S.114
136 Schöncke, Karl und Heinrich Marx und ihre Geschwister, S.309
137 MEGA III,1 Jenny von Westphalen an Karl Marx Anfang März 1843
138 MEGA III,1 Jenny von Westphalen an Karl Marx Anfang März 1843
139 MEGA III,1 Jenny von Westphalen an Karl Marx Anfang März 1843
140 MEGA III,1 Jenny von Westphalen an Karl Marx Anfang März 1843
141 MEGA III,1 Jenny von Westphalen an Karl Marx Anfang März 1843
142 MEGA III,1 Jenny von Westphalen an Karl Marx Anfang März 1843
143 MEGA III,1 Jenny von Westphalen an Karl Marx Anfang März 1843
144 Friedenthal, Karl Marx, S.173
145 Krosigk, Jenny Marx, S.43
146 MEGA III,1 Karl Marx an Arnold Ruge am 25.1.1843
147 MEGA III,1 Karl Marx an Arnold Ruge am 25.1.1843
148 MEGA III,1 Karl Marx an Arnold Ruge am 13.3.1843
149 MEGA III,1 Karl Marx an Arnold Ruge am 13.3.1843
150 Elsner, Karl Marx in Kreuznach 1842/43, S.117
151 MEGA III, 1 Jenny von Westphalen an Karl Marx im März 1843
152 Raddatz, Karl Marx, S.57
153 Schöncke, Karl und Heinrich Marx und ihre Geschwister, S.846
154 Rudolf Stumpf schreibt in der homepage „Mein Gästebuch" am 15. Mai 2004: „Ich selbst habe das Kirchenregister der Wilhelmskirche noch eingesehen, als diese Kirche noch stand. Dort war auch die Hochzeit vermerkt."
155 Schöncke, Karl und Heinrich Marx und ihre Geschwister, S.846
156 Schöncke, Karl und Heinrich Marx und ihre Geschwister, S.847
157 MEW Bd. 30 Jenny Marx an Bertha Markheim 1863

158 MEW Bd. 30 Jenny Marx an Bertha Markheim 1863

159 Schack, Jenny Marx, S.25

160 Elsner, Karl Marx in Kreuznach 1842/43, S.118

161 Gemkow, Edgar von Westphalen, S.426

162 Gemkow, Edgar von Westphalen, S.426

163 Schack, Jenny Marx, S.229ff.

164 Schack, Jenny Marx, S.26

165 Schack, Jenny Marx, S.26

166 Schöncke, Karl und Heinrich Marx und ihre Geschwister, S.848

167 MEGA III,1 Jenny Marx an Karl Marx am 21.6.1844

168 MEGA III,1 Jenny Marx an Karl Marx am 21.6.1844

169 MEGA III,1 Jenny Marx an Karl Marx am 21.6.1844

170 MEGA III,1 Jenny Marx an Karl Marx am 21.6.1844

171 MEGA III,1 Jenny Marx an Karl Marx am 21.6.1844

172 MEGA III,1 Jenny Marx an Karl Marx am 21.6.1844

173 MEGA III,1 Jenny Marx an Karl Marx am 21.6.1844

174 MEGA III,1 Jenny Marx an Karl Marx am 21.6.1844

175 MEGA III,1 Jenny Marx an Karl Marx am 21.6.1844

176 MEGA III,1 Jenny Marx an Karl Marx am 21.6.1844

177 Schack, Jenny Marx, S.26

178 MEGA III,1 Jenny Marx an Karl Marx am 11.und 18.8.1844

179 MEGA III,1 Jenny Marx an Karl Marx am 11.und 18.8.1844

180 MEGA III,1 Jenny Marx an Karl Marx am 11.und 18.8.1844

181 MEGA III,1 Jenny Marx an Karl Marx am 11.und 18.8.1844

182 Sturm, Die Trierer Hl.Rock-Wallfahrt, S.64

183 MEGA III,1 Jenny Marx an Karl Marx am 11.und 18.8.1844

184 Sturm, Die Trierer Hl.Rock-Wallfahrt, S.68

185 Gemkow, Edgar von Westphalen, S.431

186 MEGA III,1 Jenny Marx an Karl Marx am 11.und 18.8.1844

187 MEGA III,1 Jenny Marx an Karl Marx am 11.und 18.8.1844

188 Schack, Jenny Marx, S.25

189 Naumann, „Der Klassenkampf ist vorbei“ im Tagesspiegel v. 9.12.2012

190 Naumann, „Der Klassenkampf ist vorbei“ im Tagesspiegel v. 9.12.2012

191 Blumenberg, Karl Marx mit Selbstzeugnissen und Bilddokumenten, S.42

192 Hunt, Friedrich Engels, S.82

193 Raddatz, Karl Marx, S.218

194 Raddatz, Karl Marx, S.118
195 Fenske, Geschichte der politischen Ideen, S.441/442
196 MEW Bd. 33 Friedrich Engels an Elisabeth Engels am 21.19.1871
197 MEGA III,2 Engels an Jenny Marx am 25.7.1849
198 MEGA III,2 Engels an Jenny Marx am 25.7.1849
199 Banning, S.33
200 Banning, S.32/33
201 MEGA III,2 Engels an Karl Marx am 28.12.1848
202 MEGA III,3 Marx an Engels am 23.8.1849
203 MEW Bd.28 Jenny Marx an Engels am 7.1.1852
204 MEW Bd.28 Jenny Marx an Engels am 7.1.1852
205 MEGA III,7 Jenny Marx an Engels am 28.3.1856
206 MEGA III,7 Jenny Marx an Engels am 28.3.1856
207 Raddatz, Karl Marx, S.238
208 Raddatz, Karl Marx, S.458
209 Friedenthal, Karl Marx, S.298
210 MEGA III,1 Jenny Marx an Karl Marx am 24.3.1846
211 MEW Bd. 30 Engels an Marx am 7.1.1863
212 MEW Bd. 30 Marx an Engels am 8.1.1863
213 MEW Bd. 30 Marx an Engels am 8.1.1863
214 MEW Bd. 30 Marx an Engels am 8.1.1863
215 MEW Bd. 30 Engels an Marx am 13.1.1863
216 MEW Bd. 30 Marx an Engels am 24.1.1863
217 MEW Bd. 30 Marx an Engels am 12.4.1860
218 MEW Bd. 34 Jenny Marx an Sorge am 20./21.1.1877
219 Hirsch, Friedrich Engels mit Selbstzeugnissen und Bilddokumenten, S.90/91
220 Hirsch, Friedrich Engels mit Selbstzeugnissen und Bilddokumenten, S.91
221 Hirsch, Friedrich Engels mit Selbstzeugnissen und Bilddokumenten, S.134
222 Hunt, Friedrich Engels, S.465
223 Schack, Jenny Marx, S.26
224 Radczun, Prometheus aus Trier, S.64
225 Radczun, Prometheus aus Trier, S.65
226 Schack, Jenny Marx, S.26
227 Grandjonc, Zu Marx' Aufenthalt in Paris, S.203
228 Grandjonc, Zu Marx' Aufenthalt in Paris, S.214
229 Marcuse, Heinrich Heine, S.236

230 Marcuse, Heinrich Heine, S.234
231 Schnierle/Wetzel, Heinrich Heine, S.80
232 Schnierle/Wetzel, Heinrich Heine, S.80
233 Schnierle/Wetzel, Heinrich Heine, S.81
234 MEGA III,1 Heinrich Heine an Marx am 21.9.1844
235 MEGA III,1 Marx an Heinrich Heine Ende Jan/Anfang Febr.1845
236 Schnierle/Wetzel, Heinrich Heine, S.90/91
237 Raddatz, Karl Marx, S.431
238 Raddatz, Karl Marx, S.72
239 Raddatz, Karl Marx, S.72
240 Schnierle/Wetzel, Heinrich Heine, S.135
241 Raddatz, Karl Marx, S.73
242 Schnierle/Wetzel, Heinrich Heine, S.87
243 MEGA III,7 Marx an Engels am 22.9.1856
244 Schack, Jenny Marx, S.26
245 MEW Bd.27 Marx an Leopold von Belgien am 7.3.1845
246 Raddatz, Karl Marx, S.435
247 MEW Bd.27 Marx an Görtz am 17.10.1845
248 Schöncke, Karl und Heinrich Marx und ihre Geschwister, S.841
249 MEW Bd. 27 Marx nach Trier am 10.11.1845
250 Grandjonc, Zu Marx' Aufenthalt in Paris, S.235
251 Kaiser, Gelehrte, Revolutionäre, S.181
252 MEW Bd. 27 Engels an Karl Marx am 22.–26.2.1845
253 MEW Bd. 27 Engels an Karl Marx am 22.–26.2.1845
254 Schack, Jenny Marx, S.27
255 MEGA III,5 Jenny Marx an Karl Marx am 30.5.1852
256 Schack, Jenny Marx, S.27
257 MEGA III,1 Jenny Marx an Karl Marx nach dem 24.8.1845
258 MEGA III,1 Jenny Marx an Karl Marx nach dem 24.8.1845
259 MEGA III,1 Jenny Marx an Karl Marx nach dem 24.8.1845
260 MEGA III,1 Jenny Marx an Karl Marx nach dem 24.8.1845
261 Gemkow, Edgar von Westphalen, S.442, Anmerkung 160
262 MEGA III,1 Jenny Marx an Karl Marx am 24.3.1846
263 Schack, Jenny Marx an Lina Schöler am 17.12. 1847
264 MEGA III,2 Marx an Annenkow am 9.12.1847
265 Schöncke, Karl und Heinrich Marx und ihre Geschwister, S.314

266 Radczun, Prometheus aus Trier, S.89
267 „Manifest der Kommunistischen Partei", S.5
268 Wege, Irrwege, Umwege, S.47
269 Schack, Jenny Marx, S.28
270 Schack, Jenny Marx, S.28
271 Radczun, Prometheus aus Trier, S.102
272 Schack, Jenny Marx, S.28
273 Schack, Jenny Marx, S.28
274 Schack, Jenny Marx, S.28
275 Schack, Jenny Marx, S.28
276 Raddatz, Karl Marx, S.134/135
277 Schack, Jenny Marx, S.28
278 Giroud, Trio Infernale, S.79
279 Schack, Jenny Marx, S.29
280 Schack, Jenny Marx, S.29/30
281 Krosigk, Jenny Marx, S.70
282 MEGA III,2 Jenny Marx an Weydemeyer am 17.3.1848
283 MEGA III,2 Jenny Marx an Weydemeyer am 17.3.1848
284 MEGA III,2 Jenny Marx an Weydemeyer am 17.3.1848
285 Wege, Irrwege, Umwege, S.50/51
286 Holtz/Weigert, Frei und Einig, S.75
287 Holtz/Weigert, Frei und Einig, S.75
288 Holtz/Weigert, Frei und Einig, S.75
289 Monz, Karl Marx. Grundlagen der Entwicklung zu Leben und Werk, S.202
290 Monz, Karl Marx. Grundlagen der Entwicklung zu Leben und Werk, S.202
291 Krosigk, Jenny Marx, S.71
292 Monz, Karl Marx. Grundlagen der Entwicklung zu Leben und Werk, S.208
293 Monz, Karl Marx. Grundlagen der Entwicklung zu Leben und Werk, S.209/210
294 Monz, Karl Marx. Grundlagen der Entwicklung zu Leben und Werk, S.210
295 MEGA III,2 Engels an Marx 1848
296 Gemkow, Aus dem Leben einer rheinischen Familie, S.523
297 Gemkow, Aus dem Leben einer rheinischen Familie, S.523
298 Gemkow, Aus dem Leben einer rheinischen Familie, S.523
299 Die deutsche Gedichtebibliothek.Gedichte.xbib.de/Weerth. Dez. 2013
300 Radczun, Prometheus aus Trier, S.121
301 Radczun, Prometheus aus Trier, S.121

302 Wege, Irrwege, Umwege, S.73
303 Monz, Karl Marx. Grundlagen der Entwicklung zu Leben und Werk, S.209
304 Wege, Irrwege, Umwege, S.79
305 Schöncke, Karl und Heinrich Marx und ihre Geschwister, S.851
306 Schöncke, Karl und Heinrich Marx und ihre Geschwister, S.853
307 Schöncke, Karl und Heinrich Marx und ihre Geschwister, S.851
308 Schöncke, Karl und Heinrich Marx und ihre Geschwister, S.853
309 Schöncke, Karl und Heinrich Marx und ihre Geschwister, S.851/852
310 Neue Rheinische Zeitung vom 19.Mai 1849
311 Bildatlas der Deutschen Geschichte, S.207
312 Schack, Jenny Marx, S.30
313 Schack, Jenny Marx, S.31
314 Schack, Jenny Marx, S.31
315 MEGA III,3 Jenny Marx an Lina Schöler am 29.6.1849
316 MEGA III,3 Jenny Marx an Lina Schöler am 29.6.1849
317 Schack, Jenny Marx, S.31
318 MEGA III,3 Jenny Marx an Lina Schöler am 29.6.1849
319 P.M. History, 11/2013
320 Holtz/Weigert, Frei und Einig, S.73
321 Möhrmann, Frauenemanzipation im deutschen Vormärz, S.203
322 L. Otto, Die Teilnahme der weiblichen Welt am Staatsleben, S.52
323 L. Otto, Die Teilnahme der weiblichen Welt am Staatsleben, S.55
324 L. Otto, Die Teilnahme der weiblichen Welt am Staatsleben, S.55
325 L. Otto, Die Teilnahme der weiblichen Welt am Staatsleben, S.60
326 L. Otto, Die Teilnahme der weiblichen Welt am Staatsleben, S.60
327 L. Otto, Die Teilnahme der weiblichen Welt am Staatsleben, S.60
328 Hunt, Friedrich Engels, S.411
329 Hunt, Friedrich Engels, S.411
330 Das Kommunistische Manifest, S.76
331 Nikolaevsky/ Mänchen-Helfen, Karl Marx, S.99
332 MEGA III,3 Jenny Marx an Lina Schöler am 14.7.1849
333 MEGA III,3 Marx an Weydemeyer am 13.7.1849
334 MEGA III,3 Jenny Marx an Lina Schöler am 14.7.1849
335 Schack, Jenny Marx, S.31
336 MEGA III,3 Jenny Marx an Lina Schöler am 14.7.1849
337 MEGA III,2 Engels an Jenny Marx am 25.7.1849

338 MEGA III,3 Marx an Engels am 17.8.1849

339 MEGA III,3 Mon. Ramboz/ Marx an Engels im August 1849

340 MEGA III,3 Mon. Ramboz/ Marx an Engels im August 1849

341 MEGA III,3 Freiligrath an Karl Marx am 29.7.1849

342 MEGA III,3 Marx an Engels am 23.8.1849

343 Schack, Jenny Marx, S.31

344 Schack, Jenny Marx, S.340

345 Schack, Jenny Marx, S.32

346 Schack, Jenny Marx, S.32

347 Schack, Jenny Marx, S.32

348 Schack, Jenny Marx, S.32

349 Krosigk, Jenny Marx, S.78

350 Schack, Jenny Marx, S.33

351 MEGA III,3 Jenny Marx an Weydemeyer am 20.5.1850

352 Schack, Jenny Marx, S.239ff.

353 MEGA III,3 Jenny Marx an Weydemeyer am 20.5.1850

354 MEGA III,3 Jenny Marx an Weydemeyer am 20.5.1850

355 MEGA III,3 Jenny Marx an Weydemeyer am 20.5.1850

356 MEGA III,3 Jenny Marx an Weydemeyer am 20.5.1850

357 MEGA III,3 Marx an Weydemeyer am 27.6.1850

358 MEGA III,3 Jenny Marx an Weydemeyer am 20.5.1850

359 Schack, Jenny Marx, S.32/33

360 Schack, Jenny Marx, S.33

361 MEGA III,3 Jenny Marx an Weydemeyer am 20.5.1850

362 MEGA III,3 Jenny Marx an Weydemeyer am 20.5.1850

363 MEGA III,3 Jenny Marx an Karl Marx im August 1850

364 MEGA III,3 Jenny Marx an Karl Marx im August 1850

365 MEGA III,3 Jenny Marx an Karl Marx im August 1850

366 MEGA III,3 Jenny Marx an Karl Marx im August 1850

367 MEGA III,3 Jenny Marx an Karl Marx im August 1850

368 MEGA III,3 Jenny Marx an Karl Marx im August 1850

369 Schack, Jenny Marx, S.35

370 Schack, Jenny Marx, S.35

371 MEGA III,3 Marx an Weydemeyer am 29.10.1850

372 MEGA III,3 Marx an Engels am 19.11.1850

373 MEGA III,3 Marx an Engels am 23.11.1850

374 MEGA III,3 Jenny Marx an Engels am 2.12.1850
375 MEGA III,3 Jenny Marx an Engels am 2.12.1850
376 MEGA III,3 Weydemeyer an Marx im Dez. 1850
377 Raddatz, Karl Marx, S.110
378 Peters, Die rote Jenny, S.123
379 Krosigk, Jenny Marx, S.91
380 Peters, Die rote Jenny, S.114
381 Peters, Die rote Jenny, S.114
382 Krosigk, Jenny Marx, S.91
383 MEGA III,3 Marx an Engels am 2.4.1851
384 Schack, Jenny Marx, S.36
385 MEGA III,3 Marx an Engels am 2.4.1851
386 MEGA III,3 Marx an Engels am 2.4.1851
387 Schack, Jenny Marx, S.27
388 Krosigk, Jenny Marx, S.130
389 Krosigk, Jenny Marx, S.130
390 Hirsch, Friedrich Engels, S.130
391 Hirsch, Friedrich Engels, S.72
392 Schack, Jenny Marx, S.36
393 Krosigk, Jenny Marx, S.128
394 Krosigk, Jenny Marx, S.128
395 Krosigk, Jenny Marx, S.128
396 Meier, Die Töchter von Karl Marx, S.247
397 Krosigk, Jenny Marx, S.128
398 Meier, Die Töchter von Karl Marx, S.247
399 Weissweiler, Tussy Marx, S.299
400 Meier, Die Töchter von Karl Marx, S.265
401 Meier, Die Töchter von Karl Marx, S.264
402 Gemkow, Helena Demuth, S.330
403 Weissweiler, Tussy Marx, S.280
404 Gemkow, Helena Demuth, S.330
405 Schack, Jenny Marx an Luise Weydemeyer am 11.3.1861
406 Gemkow, Helena Demuth, S.335
407 Gemkow, Helena Demuth, S.333
408 Schack, Jenny Marx, S.36
409 Schack, Jenny Marx, S.37

410 MEW Bd. 28 Engels an Jenny Marx am 14.1.1852
411 MEGA III,5 Marx an Engels am 27.2.1852
412 MEGA III,5 Marx an Engels am 14.4.1852
413 Schack, Jenny Marx, S.37
414 Schack, Jenny Marx, S.37
415 MEGA III,5 Marx an Engels am 24.4.1852
416 MEGA III,5 Marx an Cluß am 23.4.1852
417 MEGA III,5 Marx an Cluß am 23.4.1852
418 Schack, Jenny Marx, S.37
419 MEGA III,5 Freiligrath an Marx und Engels am 18.6.1852
420 MEGA III,5 Jenny Marx an Karl Marx am 4.6.1852
421 MEW Bd. 28 Jenny Marx an Engels am 7.1.1852
422 MEGA III,5 Jenny Marx an Karl Marx am 1.6.1852
423 MEGA III,5 Jenny Marx an Karl Marx am 1.6.1852
424 MEGA III,5 Jenny Marx an Karl Marx am 1.6.1852
425 MEGA III.5 Jenny Marx an Karl Marx am 4.6.1852
426 MEGA III,5 Jenny Marx an Karl Marx zwischen dem 8.und 11.6.1852
427 MEGA III,5 Jenny Marx an Karl Marx zwischen dem 8.und 11.6.1852
428 MEGA III,5 Marx an Jenny Marx am 11.6.1852
429 MEGA III,5 Jenny Marx an Karl Marx um den 19.6.1852
430 MEGA III,5 Jenny Marx an Karl Marx um den 19.6.1852
431 MEGA III,5 Jenny Marx an Karl Marx um den 19.6.1852
432 MEGA III,5 Jenny Marx an Karl Marx um den 19.6.1852
433 MEGA III,5 Jenny Marx an Karl Marx am 21./25.6.1852
434 MEGA III,5 Marx an Engels am 13.7.1852
435 MEGA III,6 Marx an Engels am 8.9.1852
436 MEGA III,6 Marx an Engels am 27.9.1852
437 MEGA III,6 Engels an Marx zwischen 28.9. und 1.10.1852
438 MEGA III,6 Marx an Engels am 8.9.1852
439 MEGA III,6 Marx an Engels am 25.10.1852
440 MEGA III,6 Marx an Engels am 25.10.1852
441 MEGA III,3 Marx an Engels am 25.10.1852
442 MEGA III,3 Marx an Engels am 25.10.1852
443 MEGA III,3 Marx an Engels am 25.10.1852
444 MEGA III,3 Daniels an Karl Marx am 1.6.1851
445 Gemkow, Edgar von Westphalen, S.484

446 Kliem, Karl Marx. Dokumente seines Lebens, S.317/318
447 Schack, Jenny Marx, S.36
448 MEGA III,6 Marx an Engels am 25.10.1852
449 Raddatz, Karl Marx, S.251
450 Kliem, Karl Marx. Dokumente seines Lebens, S.317/318
451 Wippermann, Heilige Hetzjagd, S.11
452 MEGA III,6 Jenny Marx an Cluß am 28.10.1852
453 MEGA III,6 Jenny Marx an Cluß am 28.10.1852
454 MEGA III,6 Jenny Marx an Cluß am 28.10.1852
455 MEGA III,6 Jenny Marx an Cluß am 28.10.1852
456 MEGA III,6 Jenny Marx an Cluß am 28.10.1852
457 MEGA III,6 Jenny Marx an Cluß am 28.10.1852
458 MEGA III,6 Jenny Marx an Cluß am 28.10.1852
459 MEGA III,5 Jenny Marx an Karl Marx am 30.5.1852
460 MEGA III,5 Jenny Marx an Karl Marx am 30.5.1852
461 MEGA III,7 Amalie Daniels an Karl Marx am 27.9.1855
462 MEGA III,7 Marx an Amalie Daniels am 6.9.1855
463 MEGA III,7 Marx an Amalie Daniels am 6.9.1855
464 MEGA III,7 Amalie Daniels an Karl Marx am 27.9.1855
465 MEGA III,7 Amalie Daniels an Karl Marx am 27.9.1855
466 Krosigk, Jenny Marx, S.89
467 MEGA III,6 Marx an Engels am 27.10.1852
468 MEGA III,6 Jenny Marx an Cluß am 10.3.1853
469 Engels, Ludwig Feuerbach, S.3
470 MEGA III,6 Jenny Marx an Cluß am 10.3.1853
471 Mäuer, Jenny Marx, S.114
472 Mäuer, Jenny Marx, S.114
473 MEGA III,6 Marx an Engels am 8.7.1853
474 MEGA III,7 Marx an Engels am 17.9.1853
475 Schack, Jenny Marx, S.38
476 MEGA III,7 Jenny Marx an Engels am 13.5.1854
477 MEGA III,7 Jenny Marx an Engels am 23.5.1854
478 MEGA III,7 Marx an Engels am 3.6.1854
479 MEGA III,7 Marx an Engels am 22.6.1854
480 MEGA III,7 Marx an Engels am 22.6.1854
481 MEGA III,7 Marx an Engels am 22.6.1854

482 MEGA III,7 Marx an Engels am 22.7.1854
483 MEGA III,7 Marx an Engels am 26.8.1854
484 MEGA III,7 Marx an Engels am 28.8.1854
485 MEGA III,7 Marx an Engels am 28.8.1854
486 MEGA III,7 Marx an Engels am 28.8.1854
487 MEGA III,7 Marx an Engels am 28.8.1854
488 MEGA III,7 Marx an Engels am 28.8.1854
489 Schack, Jenny Marx, S.40
490 MEGA III,7 Marx an Engels am 12.1.1855
491 MEGA III,7 Marx an Engels am 17.1.1855
492 MEGA III,7 Marx an Lassalle am 23.1.1855
493 MEGA III,7 Marx an Engels am 2.2.1855
494 MEGA III,7 Marx an Engels am 3.3.1855
495 MEGA III,7 Marx an Engels am 3.3.1855
496 MEGA III,7 Marx an Engels am 8.3.1855
497 MEGA III,7 Marx an Engels am 16.3.1855
498 MEGA III,7 Marx an Engels am 27.3.1855
499 MEGA III,7 Marx an Engels am 30.3.1855
500 MEGA III,7 Marx an Engels am 6.4.1855
501 Schack, Jenny Marx, S.35/36
502 MEGA III,7 Marx an Engels am 12.4.1855
503 MEGA III,7 Marx an Lassalle am 28.7.1855
504 Liebknecht in: Mohr und General, S.74
505 Liebknecht in: Mohr und General, S.74
506 MEGA III,7 Marx an Engels am 12.4.1855
507 MEGA III,7 Marx an Engels am 3.7.1855
508 Schack, Jenny Marx an Wilhelm von Florencourt am 10.8.1865
509 Schack, Jenny Marx an Wilhelm von Florencourt am 10.8.1855
510 Mayer, Briefwechsel Lassalle, Bd.3 Jenny Marx an Lassalle am 5.5.1861
511 Schack, Jenny Marx an Wilhelm von Florencourt am 10.8.1855
512 Schack, Jenny Marx an Wilhelm von Florencourt am 10.8.1855
513 MEGA III,7 Jenny Marx (Tochter) an Karl Marx am 28.9.1855
514 MEGA III,7 Jenny Marx (Tochter) an Karl Marx am 28.9.1855
515 Schack, Jenny Marx, S.40
516 MEGA III,8 Marx an Jenny Marx am 21.6.1856
517 MEGA III,8 Marx an Jenny Marx am 21.6.1856

518 MEGA III,8 Marx an Jenny Marx am 21.6.1856
519 MEGA III,8 Marx an Jenny Marx am 21.6.1856
520 Schröder, Jenny Marx an Ernestine Liebknecht im Juli 1856
521 Schröder, Jenny Marx an Luise Weydemeyer am 11.3.1861
522 Schöncke, Karl und Heinrich Marx und ihre Geschwister, S.856
523 Schöncke, Karl und Heinrich Marx und ihre Geschwister, S.856
524 Schöncke, Karl und Heinrich Marx und ihre Geschwister, S.889
525 Schöncke, Karl und Heinrich Marx und ihre Geschwister, S.889
526 MEGA III,8 Marx an Engels am 8.9.1856
527 MEGA III,8 Marx an Engels am 8.9.1856
528 MEGA III,8 Marx an Engels am 22.9.1856
529 MEGA III,8 Jenny Marx an Wilhelm von Florencourt am 4.10.1856
530 MEGA III,8 Jenny Marx an Wilhelm von Florencourt am 4.10.1856
531 MEGA III,8 Marx an Engels am 8.9.1856
532 Schack, Jenny Marx, S.41
533 Schack, Jenny Marx an Luise Weydemeyer am 11.3.1861
534 Schack, Jenny Marx, S.41
535 Schack, Jenny Marx, S.41
536 Schack, Jenny Marx, S.41
537 Schack, Jenny Marx, S.41
538 MEGA III,8 Marx an Engels am 2.12.1856
539 MEGA III,8 Marx an Engels im Januar 1857
540 MEGA III,8 Marx an Engels im Januar 1857
541 MEGA III,8 Marx an Engels im Januar 1857
542 MEGA III,8 Marx an Engels im Januar 1857
543 MEGA III,8 Engels an Marx am 22.1.1857
544 Schack, Jenny Marx, S.43
545 Schack, Jenny Marx, S.43
546 MEGA III,8 Jenny Marx an Wilhelm von Florencourt am 4.10.1856
547 MEGA III,8 Marx an Engels am 18.3.1857
548 MEGA III,8 Engels an Jenny Marx am 16.4.1857
549 MEGA III,8 Jenny Marx an Engels am 12.4.1857
550 MEGA III,8 Marx an Engels am 8.5.1857
551 MEGA III,8 Marx an Engels am 22.5.1857
552 MEGA III,8 Marx an Engels am 29.5.1857
553 MEGA III,8 Marx an Engels am 8.7.1857

554 MEGA III,8 Engels an Marx am 11.7.1857
555 MEGA III,8 Marx an Engels am 14.7.1857
556 Schack, Jenny Marx, S.43
557 MEGA III,8 Jenny Marx an Engels am 31.7.1857
558 MEGA III,8 Jenny Marx an Engels zwischen dem 11.und 14.8.1857
559 MEGA III,8 Engels an Marx am 15.11.1857
560 Haffner/Venohr, Preußische Profile, S.184
561 Schack, Jenny Marx an Luise Weydemeyer am 11.3.1861
562 MEGA III,8 Jenny und Karl Marx an Schramm am 8.12.1857
563 Schack, Jenny Marx, S.43
564 MEGA III.8 Marx an Engels am 22.12.1857
565 Reetz, Jenny Marx an Louise von Westphalen am 29.1.1858
566 Reetz, Jenny Marx an Louise von Westphalen am 29.1.1858
567 Reetz, Jenny Marx an Louise von Westphalen am 29.1.1858
568 Reetz, Jenny Marx an Louise von Westphalen am 29.1.1858
569 Reetz, Jenny Marx an Louise von Westphalen am 29.1.1858
570 Monz, Trierer Reminiszenzen, S.94
571 Monz, Trierer Reminiszenzen, S.93
572 MEW Bd. 29 Marx an Engels am 28.1.1858
573 MEW Bd. 29 Jenny Marx an Lassalle am 9.4.1858
574 MEW Bd. 29 Marx an Engels am 15.7.1858
575 MEW Bd. 29 Marx an Engels am 15.7.1858
576 MEW Bd. 29 Marx an Engels am 15.7.1858
577 MEW Bd. 29 Marx an Engels am 15.7.1858
578 MEW Bd. 29 Marx an Engels am 13.8.1858
579 Schack, Jenny Marx an Louise von Westphalen am 10.2.1859
580 MEW Bd. 29 Marx an Engels am 21.9.1858
581 Holtz/Weigert, Frei und Einig, S.74/75
582 MEW Bd. 29 Marx an Engels am 11.12.1858
583 Schack, Jenny Marx, S.44
584 Schack, Jenny Marx an Louise von Westphalen am 10.2.1859
585 Schack, Jenny Marx an Louise von Westphalen am 10.2.1859
586 Schack, Jenny Marx an Louise von Westphalen am 10.2.1859
587 Schack, Jenny Marx an Louise von Westphalen am 10.2.1859
588 MEW Bd. 29 Marx an Engels am 16.4.1859
589 MEW Bd. 29 Marx an Engels am 22.9.1859

590 MEW Bd. 29 Engels an Marx am 22.9.1859
591 MEW Bd. 29 Jenny Marx an Engels am 23./24.12.1859
592 Raddatz, Karl Marx, S.179ff.
593 MEW Bd. 30 Marx an Engels am 28.1.1860
594 MEW Bd. 30 Marx an Lelewel am 3.2.1860
595 Schack, Jenny Marx, S.45
596 MEW Bd. 30 Marx an Justizrat Weber am 13.2.1860
597 Raddatz, Karl Marx, S.182
598 Raddatz, Karl Marx, S.182
599 Weissweiler, Tussy Marx, S.333
600 MEW Bd. 30 Marx an Freiligrath am 29.2.1860
601 Schack, Jenny Marx an Luise Weydemeyer am 11.3.1861
602 Schack, Jenny Marx an Luise Weydemeyer am 11.3.1861
603 Mayer, Ferdinand Lassalle Bd.3 Lassalle an Jenny Marx am 2.5.1861
604 Mayer, Ferdinand Lassalle Bd.3 Jenny Marx an Lassalle am 5.5.1861
605 Mayer, Ferdinand Lassalle Bd.3 Lassalle an Jenny Marx am 2.5.1861
606 Reetz, Jenny Marx an Louise und Ferdinand von Westphalen am 4.6.1860
607 Reetz, Jenny Marx an Louise und Ferdinand von Westphalen am 4.6.1860
608 Reetz, Jenny Marx an Louise und Ferdinand von Westphalen am 4.6.1860
609 Reetz, Jenny Marx an Louise und Ferdinand von Westphalen am 4.6.1860
610 MEW Bd. 30 Marx an Engels am 23.11.1860
611 MEW Bd. 30 Marx an Engels am 23.11.1860.
612 Schack, Jenny Marx an Luise Weydemeyer am 11.3.1861
613 MEW Bd. 30 Marx an Engels am 23.11.1860
614 Schack, Jenny Marx, S.46
615 MEW Bd. 30 Marx an Engels am 28.11.1860
616 MEW Bd. 30 Marx an Engels am 28.11.1860
617 Schack, Jenny Marx an Luise Weydemeyer am 11.3.1861
618 Schack, Jenny Marx an Luise Weydemeyer am 11.3.1861
619 Mayer, Ferdinand Lassalle, Bd.3 Jenny Marx an Lassalle erste Aprilhälfte1861
620 Mayer, Ferdinand Lassalle, Bd.3 Lassalle an Jenny Marx am 2.5.1861
621 Mayer, Ferdinand Lassalle, Bd.3 Jenny Marx an Lassalle am 5.5.1861
622 Schack, Jenny Marx, S.46
623 Schack, Jenny Marx an Luise Weydemeyer am 11.3.1861
624 Schack, Jenny Marx an Luise Weydemeyer am 11.3.1861
625 Schack, Jenny Marx, S.46/47

626 MEW Bd. 30 Engels an Marx am 4.2.1861
627 Schack, Jenny Marx an Luise Weydemeyer am 11.3.1861
628 Schack, Jenny Marx an Luise Weydemeyer am 11.3.1861
629 MEW Bd. 30 Marx an Antoinette Philips am 24.3.1861
630 MEW Bd. 30 Marx an Antoinette Philips am 24.3.1861
631 MEW Bd. 30 Marx an Antoinette Philips am 13.4.1861
632 MEW Bd. 30 Marx an Antoinette Philips am 13.4.1861
633 MEW Bd. 30 Jenny Marx an Engels Anfang April 1861
634 MEW Bd. 30 Jenny Marx an Engels Anfang April 1861
635 Giroud, Trio infernale, S.133
636 MEW Bd. 30 Marx an Antoinette Philips am 13.4.1861
637 MEW Bd. 30 Marx an Lion Philips am 6.5.1861
638 MEW Bd. 30 Jenny Marx an Antoinette Philips im Mai 1861
639 MEW Bd. 30 Marx an Antoinette Philips am 17.7.1861
640 Blumenberg, Karl Marx mit Selbstzeugnissen, S.92
641 MEW Bd. 30 Marx an Antoinette Philips am 13.4. 1861
642 MEW Bd. 30 Marx an Antoinette Philips am 13.4. 1861
643 MEW Bd. 30 Marx an Engels am 10.9.1862
644 MEW Bd. 30 Marx an Kugelmann am 28.12.1862
645 Blumenberg, Ein unbekanntes Kapitel, S.97
646 MEW Bd. 30 Jenny Marx an Engels vor dem 16.3.1861
647 Schack, Jenny Marx an Luise Weydemeyer am 11.3.1861
648 Schack, Jenny Marx an Luise Weydemeyer am 11.3.1861
649 Schack, Jenny Marx an Luise Weydemeyer am 11.3.1861
650 Schack, Jenny Marx an Luise Weydemeyer am 11.3.1861
651 Schack, Jenny Marx an Luise Weydemeyer am 11.3.1861
652 Schack, Jenny Marx an Luise Weydemeyer am 11.3.1861
653 Schack, Jenny Marx an Luise Weydemeyer am 11.3.1861
654 Schack, Jenny Marx an Luise Weydemeyer am 11.3.1861
655 Mayer, Ferdinand Lassalle, Bd.3 Jenny Marx an Lassalle am 5.5.1861
656 MEW Bd. 30 Jenny Marx an Lassalle im April 1861
657 Mayer, Ferdinand Lassalle, Bd.3 Jenny Marx an Lassalle am 5.5.1861
658 Mayer, Ferdinand Lassalle, Bd.3 Jenny Marx an Lassalle am 5.5.1861
659 MEW Bd. 30 Marx an Engels am 19.6.1861
660 Schack, Jenny Marx, S.47/48
661 Schack, Jenny Marx, S.49

662 MEW Bd. 30 Marx an Engels im Sept/Okt. 1861
663 MEW Bd. 30 Marx an Engels am 9.12.1861
664 MEW Bd. 30 Marx an Engels am 27.12.1861
665 MEW Bd. 30 Marx an Engels im Februar 1862
666 MEW Bd. 30 Marx an Engels im Februar 1862
667 MEW Bd. 30 Marx an Engels am 3.3.1862
668 Schack, Jenny Marx an Marx um den 1.4.1862
669 MEW Bd. 30 Marx an Lassalle am 28.4.1862
670 MEW Bd. 30 Marx an Engels am 28.4.1862
671 MEW Bd. 30 Marx an Engels am 18.6.1862
672 Monz, Trierer Reminiszenzen, S.39
673 MEW Bd. 30 Marx an Engels am 2.8.1862
674 MEW Bd. 30 Marx an Engels am 18.6.1862
675 MEW Bd. 30 Marx an Engels am 18.6.1862
676 MEW Bd. 30 Marx an Engels am 18.6.1862
677 MEGA III,6 Lassalle an Jenny Marx am 26.6.1853
678 MEGA III,6 Lassalle an Jenny Marx am 26.6.1853
679 MEGA III,6 Lassalle an Jenny Marx am 28.8.1853
680 MEGA III,7 Marx an Engels am 7.3.1856
681 MEGA III,5 Engels an Marx am 14.4.1856
682 Killy/Vierhaus: Das große biographische Lexikon der Deutschen, s. Lassalle
683 Lange,Gert in: Süddeutsche Zeitung vom 22/23. April 2006
684 Lange,Gert in: Süddeutsche Zeitung vom 22/23. April 2006
685 Mayer, Ferdinand Lassalle, Bd.3 Lassalle an Jenny Marx am 2.5.1861
686 Mayer, Ferdinand Lassalle, Bd.3 Jenny Marx an Lassalle im April 1861
687 Mayer, Ferdinand Lassalle, Bd.3 Jenny Marx an Lassalle im April 1861
688 Mayer, Ferdinand Lassalle, Bd.3 Lassalle an Jenny Marx am 2.5.1861
689 Mayer, Ferdinand Lassalle, Bd.3 Lassalle an Jenny Marx am 2.5.1861
690 Mayer, Ferdinand Lassalle, Bd.3 Jenny Marx an Lassalle im April 1861
691 MEW, Bd. 30 Marx an Engels am 30.7.1862
692 MEW Bd. 30 Marx an Engels am 30.7.1862
693 MEW Bd. 30 Marx an Engels am 30.7.1862
694 MEW Bd. 30 Marx an Engels am 30.7.1862
695 MEW Bd. 30 Marx an Engels am 30.7.1862
696 Schack, Jenny Marx, S.52/53
697 Schack, Jenny Marx, S.52ff.

698 Schack, Jenny Marx, S.52ff.
699 MEW Bd. 30 Marx an Engels am 7.8.1862
700 MEW Bd. 30 Marx an Lassalle am 7.11.1862
701 MEW Bd. 30 Marx an Lassalle am 7.11.1862
702 Mann, Golo, Deutsche Geschichte des 19. und 20. Jahrhunderts, S.338
703 Mann, Golo, Deutsche Geschichte des 19. und 20. Jahrhunderts, S.338
704 Mann, Golo, Deutsche Geschichte des 19. und 20. Jahrhunderts, S.337
705 MEW Bd. 30 Marx an Jenny Marx am 2.9.1864
706 MEW Bd. 30 Marx an Engels am 2.9.1864
707 MEW Bd. 30 Marx an Engels am 2.9.1864
708 MEW Bd. 30 Marx an Engels am 2.9.1862
709 MEW Bd. 30 Engels an Marx am 4.9.1862
710 MEW Bd. 30 Engels an Marx am 4.9.1864
711 MEW Bd. 30 Marx an Engels am 3.6.1864
712 MEW Bd. 30 Marx an Engels am 3.6.1864
713 MEW Bd. 30 Marx an Engels am 7.9.1864
714 Schack, Jenny Marx, S.55
715 Schack, Jenny Marx, S.55
716 MEW Bd. 31 Jenny Marx an Engels am 30.3.1865
717 MEW Bd. 31 Marx an Tochter Jenny am 11.1.1865
718 Kling-Mathey, Gräfin Hatzfeldt, S.24
719 Kling-Mathey, Gräfin Hatzfeldt, S.58
720 Kling-Mathey, Gräfin Hatzfeldt, S.24
721 Kling-Mathey, Gräfin Hatzfeldt, S.236
722 MEW Bd. 31 Marx an Tochter Jenny am 11.1.1865
723 MEW Bd. 31 Marx an Sophie von Hatzfeldt am 12.09.1864
724 MEW Bd. 31 Marx an Sophie von Hatzfeldt am 16.10.1864
725 Kling-Mathey, Gräfin Hatzfeldt, S.165
726 Kling-Mathey, Gräfin Hatzfeldt, S.226
727 Kling-Mathey, Gräfin Hatzfeldt, S.226
728 MEW Bd. 30 Marx an Antoinette Philips am 24.3.1861
729 MEW Bd. 30 Marx an Antoinette Philips am 24.3.1861
730 MEW Bd. 30 Marx an Antoinette Philips am 24.3.1861
731 Kling-Mathey, Gräfin Hatzfeldt, S.243
732 Kling-Mathey, Gräfin Hatzfeldt, S.228
733 MEW Bd. 30 Engels an Marx am 9.8.1862

734 MEW Bd. 30 Marx an Engels am 20.8.1862

735 Schack, Jenny Marx, S.48

736 Schröder, Jenny Marx an Ernestine Liebknecht am 16.1.1863

737 Schack, Jenny Marx an Ernestine Liebkrecht am 16.1.1863

738 MEW Bd. 30 Marx an Engels am 24.12.1862

739 Schack, Jenny Marx, S.48/49

740 Schröder, Jenny Marx an Ernestine Liebknecht am 16.1.1863

741 Schröder, Jenny Marx an Ernestine Liebknecht am 16.1.1863

742 MEW Bd. 30 Marx an Engels am 24.12.1862

743 Pilgrim, Adieu Marx, S.155

744 Pilgrim, Adieu Marx, S.150

745 MEW Bd. 30 Engels an Marx am 26.12.1862

746 Schröder, Jenny Marx an Ernestine Liebknecht am 16.1.1863

747 Pilgrim, Adieu Marx, S.155

748 Schröder, Jenny Marx an Ernestine Liebknecht am 16.1.1863

749 MEW Bd. 30 Marx an Engels am 24.1.1863

750 MEW Bd. 30 Engels an Marx am 26.1.1863

751 MEW Bd. 30 Engels an Marx am 26.1.1863

752 MEW Bd. 30 Marx an Engels am 28.1.1863

753 MEW Bd. 30 Marx an Engels am 28.1.1863

754 MEW Bd. 30 Marx an Engels am 9.4.1863

755 MEW Bd. 30 Marx an Engels am 6.7.1863

756 MEW Bd. 30 Marx an Engels am 12.9.1863

757 MEW Bd. 30 Jenny Marx an Engels Anfang November 1863

758 Schack, Jenny Marx, S.49/50

759 MEW Bd. 30 Jenny Marx an E.und W. Liebknecht um den 24.11.1863

760 MEW Bd. 30 Jenny Marx an E. und W.Liebknecht um den 24.11.1863

761 MEW Bd. 30 Jenny Marx an E. und W.Liebknecht um den 24.11.1863

762 Schöncke, Karl und Heinrich Marx und ihre Geschwister, S.783

763 MEW Bd. 30 Marx an Engels am 30.11.1863

764 Schack, Jenny Marx, S.49/50

765 MEW Bd. 30 Marx an Jenny Marx am 15.12.1863

766 Schröder, Jenny Marx an Ernestine Liebknecht am 16.7.1864

767 MEW Bd. 30 Marx an Engels am 20.1.1864

768 Schröder, Jenny Marx an Ernestine Liebknecht am 10.12.1864

769 Schack, Jenny Marx, S.50

770 Schack, Jenny Marx, S.50
771 Schröder, Jenny Marx an Ernestine Liebknecht am 16.7.1864
772 Schröder, Jenny Marx an Ernestine Liebknecht am 16.7.1864
773 Schack, Jenny Marx, S.50/51
774 MEW Bd. 30 Marx an Jenny Marx am 9.5.1864
775 MEW Bd. 31 Engels an Weydemeyer am 24.11.1864
776 MEGA III,7 Marx an Engels am 7.9.1853
777 MEGA III,7 Jenny Marx an Engels am 9.9.1853
778 MEGA III,7 Jenny Marx an Engels am 9.9.1863
779 MEGA III,7 Marx an Engels am 14.12.1853
780 Schack, Jenny Marx, S.51
781 Schröder, Jenny Marx an Ernestine Liebknecht am 16.7.1864
782 Schröder, Jenny Marx an Ernestine Liebknecht am 16.7.1864
783 Schröder, Jenny Marx an Ernestine Liebknecht am 16.7.1864
784 Schack; Jenny Marx an Familie im Sommer 1864
785 Schack, Jenny Marx an Familie im Sommer 1864
786 Schröder, Ernestine Liebknecht an Jenny Marx am 29.7.1864
787 Schröder, Jenny Marx an Ernestine Liebknecht am 10.12.1864
788 Schack, Jenny Marx, S.51
789 Schack, Jenny Marx, S.51
790 Giroud, Trio Infernale, S.144
791 Schröder, Jenny Marx an Ernestine Liebknecht am 10.12.1864
792 Liebknecht, Karl, in: Mohr und General, S.95
793 Schröder, Ernestine, S.54
794 Schröder, Ernestine, S.54
795 MEGA III,7 Marx an Engels am 10.4.1856
796 Schröder, Jenny Marx an Ernestine Liebknecht im Juli 1856
797 Pilgrim, Adieu Marx, S.154
798 Pilgrim, Adieu Marx, S.154
799 Schack, Jenny Marx an Ernestine Liebknecht am 13.10.1863
800 Schack, Jenny Marx an Ernestine Liebknecht am 13.10.1863
801 Schack, Jenny Marx an Ernestine Liebknecht am 13.10.1863
802 Schack, Jenny Marx an Ernestine Liebknecht am 13.10.1863
803 Schack, Jenny Marx an Ernestine Liebknecht am 13.10.1863
804 Schack, Ernestine Liebknecht an Jenny Marx um d.16.10.1863
805 Schröder, Wilhelm Liebknecht an Jenny Marx um d.16.10.1863

806 Schack, Jenny Marx an Ernestine Liebknecht am 2.11.1863
807 Schack, Jenny Marx an Ernestine Liebknecht am 2.11.1863
808 Schröder, Jenny Marx an Ernestine Liebknecht am 16.7.1864
809 Schröder, Jenny Marx an Ernestine Liebknecht am 16.7.1864
810 Schröder, Jenny Marx an Ernestine Liebknecht am 16.7.1864
811 Schröder, Jenny Marx an Ernestine Liebknecht am 10.12.1864
812 Schröder, Jenny Marx an Ernestine Liebknecht am 10.12.1864
813 Kugelmann, Franziska, in: Mohr und General, S.266
814 Schröder, Jenny Marx an Ernestine Liebknecht n.d. 28.4.1866
815 Schröder, Jenny Marx an Ernestine Liebknecht n.d. 28.4.1866
816 Schröder, Jenny Marx an Ernestine Liebknecht n.d. 28.4.1866
817 Schröder, Jenny Marx an Ernestine Liebknecht n.d. 28.4.1866
818 Schröder, Jenny Marx an Ernestine Liebknecht n.d. 28.4.1866
819 Schröder, Jenny Marx an Ernestine Liebknecht n.d. 28.4.1866
820 Schröder, Jenny Marx an Ernestine Liebknecht n.d. 28.4.1866
821 Schröder, Jenny Marx an Ernestine Liebknecht n.d. 28.4.1866
822 Schröder, Jenny Marx an Ernestine Liebknecht um den 14.10.1866
823 Schröder, Ernestine Liebknecht, S.191
824 MEW Bd. 31 Wilhelm Liebknecht an Karl Marx an 25.4.1867
825 MEW Bd. 31 Karl Marx an Tochter Jenny am 5.5.1867
826 MEW Bd. 31 Wilhelm Liebknecht an Marx am 23.5.1867
827 Schröder, Ernestine Liebknecht, S.197
828 MEW Bd. 31 Engels an Laura Marx am 23.9.1867
829 Schröder, Ernestine, S.197
830 MEW Bd. 31 Karl Marx an die Familie im Januar 1865
831 Ausstellungskatalog, Museum Karl-Marx-Haus, S.57
832 Schröder, Jenny Marx an Ernestine Liebknecht um d.25.5. 1865
833 MEW Bd. 31 Engels an Marx am 5.2.1865
834 Schröder, Jenny Marx an Ernestine Liebknecht am 25.5.1865
835 MEW Bd. 31 Marx an Engels am 31.7.1865
836 MEW Bd. 31 Marx an Engels am 31.7.1865
837 MEW Bd. 31 Marx an Engels am 31.7.1865
838 MEW Bd. 31 Marx an Engels am 31.7.1865
839 MEW Bd. 31 Marx an Engels am 31.7.1865
840 MEW Bd. 31 Marx an Engels am 8.11.1865
841 Schröder, Jenny Marx an Ernestine Liebknecht am 15.4.1866

842 Gemkow, Edgar von Westphalen, S.499
843 Gemkow, Edgar von Westphalen, S.420
844 Gemkow, Edgar von Westphalen, S.421
845 Gemkow, Edgar von Westphalen, S.427
846 MEGA III,1 Jenny Marx an Karl Marx am 21.6.1844
847 Gemkow, Edgar von Westphalen, S.430
848 Schack, Jenny Marx an Lina Schöler am 17.12.1847
849 Schack, Jenny Marx an Lina Schöler am 17.12.1847
850 Schack, Jenny Marx an Lina Schöler am 17.12.1847
851 Schack, Jenny Marx an Lina Schöler am 17.12.1847
852 Schack, Jenny Marx an Lina Schöler am 17.12.1847
853 Gemkow, Edgar von Westphalen, S.432
854 Gemkow, Edgar von Westphalen, S.457
855 Gemkow, Edgar von Westphalen, S.461
856 Schack, Jenny Marx, S.52
857 Schröder, Jenny Marx an Ernestine Liebknecht am 25.5.1865
858 Schröder, Jenny Marx an Ernestine Liebknecht am 25.5.1865
859 Schröder, Jenny Marx an Ernestine Liebknecht am 25.5.1865
860 MEW Bd. 31 Marx an Engels am 20.5.1865
861 Schack, Jenny Marx, S.53
862 MEW Bd. 31 Marx an Engels am 9.8. 1865
863 Gemkow, Edgar von Westphalen, S.509
864 Gemkow, Edgar von Westphalen, S.509
865 Böll, Aufsätze, Kritiken, Reden, S.99/100
866 MEW Bd. 29 Marx an Engels am 16.4.1859
867 MEW Bd. 30 Marx an Lion Philips am 25.6.1864
868 MEW Bd. 30 Marx an Engels am 4.7.1859
869 MEW Bd. 29 Marx an Engels am 16.4.1859
870 MEW Bd. 31 Jenny Marx an Engels um den 29.11.1864
871 MEW Bd. 31 Marx an Johann Philipp Becker um den 13.1.1866
872 MEW Bd. 31 Jenny Marx an Becker am 29.1.1866
873 MEW Bd. 31 Jenny Marx an Kugelmann am 26.2.1866
874 MEW Bd. 31 Jenny Marx an Kugelmann am 26.2.1866
875 MEW Bd. 31 Marx an Engels am 10.2.1866
876 MEW Bd. 31 Marx an Kugelmann am 6.4.1866
877 MEW Bd. 31 Marx an Engels am 13.2.1866

878 MEW Bd. 31 Engels an Marx am 22.2.1866
879 MEW Bd. 31 Marx an Engels am 13.2.1866
880 MEW Bd. 31 Engels an Marx am 22.2.1866
881 MEW Bd. 31 Marx an Engels am 7.6.1866
882 MEW Bd. 31 Engels an Marx am 5.10.1866
883 MEW Bd. 31 Marx an Kugelmann am 25.10.1866
884 MEW Bd. 31 Engels an Marx am 11.11.1866
885 MEW Bd. 31 Jenny Marx an Engels am 24.12.1866
886 MEW Bd. 31 Marx an Engels am 19.1.1867
887 MEW Bd. 31 Engels an Marx am 4.4.1867
888 MEW Bd. 31 Marx an Engels am 2.4.1867
889 MEW Bd. 31 Engels an Marx am 4.4.1867
890 MEW Bd. 31 Marx an Engels am 7.5.1867
891 MEW Bd. 31 Marx an Engels am 7.5.1867
892 MEW Bd. 31 Marx an Engels am 22.6.1867
893 MEW Bd. 31 Marx an Engels am 20.7.1867
894 MEW Bd. 31 Marx an Engels am 14.8.1867
895 MEW Bd. 31 Marx an Engels am 14.8.1867
896 MEW Bd. 31 Jenny Marx an Kugelmann am 24.12.1867
897 MEW Bd. 31 Marx an Engels am 7.12.1867
898 MEW Bd. 32 Jenny Marx an Becker am 10.1.1868
899 MEW Bd. 32 Jenny Marx an Becker am 10.1.1868
900 MEW Bd. 31 Marx an Laura Marx am 20.3.1866
901 MEW Bd. 31 Marx an Engels am 7.8.1866
902 MEW Bd. 31 Marx an Lafargue am 13.8.1866
903 MEW Bd. 31 Marx an Lafargue am 13.8.1866
904 MEW Bd. 31 Marx an Lafargue am 13.8.1866
905 MEW Bd. 31 Marx an Lafargue am 13.8.1866
906 MEW Bd. 31 Marx an Laura Marx am 20.3.1866
907 Girault, Jacques, Introduktion zu Textes choisies, Paris 1970
908 MEW Bd. 31 Marx an Francois Lafargue am 12.11.1866
909 MEW Bd. 31 Marx an Engels am 23.8.1866
910 MEW Bd. 31 Marx an Engels am 23.8.1866
911 Schröder, Jenny Marx an Ernestine Liebknecht um den 14.10.1866
912 Schröder, Jenny Marx an Ernestine Liebknecht um den 14.10.1866
913 Schröder, Jenny Marx an Ernestine Liebknecht um den 14.10.1866

914 Schröder, Jenny Marx an Ernestine Liebknecht um den 14.10.1866
915 MEW Bd. 31 Marx an Lafargue am 7.12.1866
916 MEW Bd. 31 Jenny Marx an Engels am 24.12.1866
917 MEW Bd. 31 Engels an Marx am 16.12.1867
918 MEW Bd. 32 Marx an Engels am 15.2.1868
919 MEW Bd. 32 Marx an Engels am 6.3.1868
920 MEW Bd. 32 Marx an Engels am 14.3.1868
921 MEW Bd. 32 Marx an Engels am 18.3.1868
922 MEW Bd. 32 Marx an Kugelmann am 17.3.1868
923 MEW Bd. 32 Marx an Kugelmann am 17.3.1868
924 Schack, Jenny Marx an Ferdinand von Westphalen im März 1868
925 MEW Bd. 32 Marx an Engels am 30.4.1868
926 MEW Bd. 32 Engels an Marx am 1.5.1868
927 MEW Bd. 32 Marx an Engels am 20.6.1868
928 MEW Bd. 32 Marx an Engels am 20.6.1868
929 MEW Bd. 32 Marx an Engels am 11.7.1868
930 MEW Bd. 32 Marx an Engels am 11.7.1868
931 MEW Bd. 32 Marx an Engels am 26.9.1868
932 MEW Bd. 32 Engels an Marx am 13.11.1868
933 MEW Bd. 32 Engels an Marx am 13.11.1868
934 MEW Bd. 32 Marx an Engels Ende November 1868
935 MEW Bd. 32 Marx an Engels Ende November 1868
936 MEW Bd. 32 Marx an Engels Ende November 1868
937 MEW Bd. 32 Marx an Engels Ende November 1868
938 MEW Bd. 32 Engels an Marx am 1.7.1869
939 MEW Bd. 32 Marx an Eleanor Marx am 26.6.1869
940 MEW Bd. 32 Marx an Engels am 22.7.1869
941 MEW Bd. 32 Engels an Marx am 25.7.1869
942 MEW Bd. 32 Jenny Marx (Tochter) an Familie Kugelmann am 30.10.1869
943 MEW Bd. 32 Marx an Engels am 6.11.1869
944 MEW Bd. 32 Marx an Engels am 10.12.1869
945 MEW Bd. 32 Jenny Marx an Engels am 17.1.1870
946 MEW Bd. 32 Jenny Marx an Engels am 17.1.1870
947 MEW Bd. 32 Engels an Marx am 22.2.1870
948 MEW Bd. 32 Engels an Marx am 11.5.1870
949 MEW Bd. 33 Jenny Marx an Engels um den 13.9.1870

950 MEW Bd. 32 Jenny Marx (Tochter) an Familie Kugelmann am 17.7.1870
951 MEW Bd. 33 Marx an Engels am 4.8.1870
952 MEW Bd. 33 Jenny Marx an Engels am 10.8.1870
953 MEW Bd. 33 Jenny Marx an Engels am 10.8.1870.
954 MEW Bd. 33 Eleanor Marx an Lizzie Burns und Engels am 12.8.1870
955 MEW Bd. 33 Jenny Marx an Engels um den 18.8.1870
956 MEW Bd. 33 Jenny Marx an Engels um den 18.8.1870
957 MEW Bd. 33 Marx an Natalie Liebknecht am 17.12.1870
958 MEW Bd. 33 Marx an Engels am 30.8.1870
959 MEW Bd. 33 Jenny Marx an Engels um den 13.9.1870
960 MEW Bd. 33 Marx an Beesly am 19.10.1870
961 MEW Bd. 33 Marx an Natalie Liebknecht am 17.12.1870
962 MEW Bd. 33 Marx an Natalie Liebknecht am 17.12.1870
963 Limmroth, Jenny von Westphalen, S.46
964 MEW Bd. 22 S.188–199, Berlin 1972
965 MEW Bd. 33 Jenny Marx an Imandt am 13.6.1871
966 MEW Bd. 33 Jenny Marx an Imandt am 13.6.1871
967 MEW Bd. 33 Marx an Kugelmann am 18.6.1871
968 MEW Bd. 33 Marx an Jenny Marx am 25.8.1871
969 MEW Bd. 33 Marx an Jenny Marx am 25.8.1871
970 MEW Bd. 33 Engels an Elisabeth Engels am 21.10.1871
971 MEW Bd. 33 Jenny Marx(Tochter) an Familie Kugelmann am 21./22.12.1871
972 MEW Bd. 33 Jenny Marx an Wilhelm Liebknecht am 26.5.1872
973 MEW Bd. 33 Jenny Marx an Wilhelm Liebknecht am 26.5.1872
974 MEW Bd. 33 Jenny Marx an Wilhelm Liebknecht am 26.5.1872
975 MEW Bd. 33 Jenny Marx an Wilhelm Liebknecht am 26.5.1872
976 MEW Bd. 33 Marx an Kugelmann am 4.8.1874
977 MEW Bd. 33 Marx an Kugelmann am 4.8.1874
978 MEW Bd. 33 Marx an Engels am 18.9.1874
979 MEW Bd. 32 Marx an Kugelmann am 5.12.1868
980 MEW Bd. 31 Jenny Marx an Kugelmann am 24.12.1867
981 MEW Bd. 31 Jenny Marx an Kugelmann am 24.12.1867
982 MEW Bd. 32 Jenny Marx (Tochter) an Familie Kugelmann am 8.5.1870
983 MEW Bd. 32 Marx an Engels am 10.5.1870
984 Schwerbrock, Karl Marx privat, S.79
985 Schwerbrock, Karl Marx privat, S.77/78

986 Schwerbrock, Karl Marx privat, S.78
987 Schwerbrock, Karl Marx privat, S.78
988 Schwerbrock, Karl Marx privat, S.79
989 MEW Bd. 34 Engels an Bebel im März1875
990 MEW Bd. 34 Engels an Bracke am 11.10.1875
991 Schwerbrock, Karl Marx privat, S.79
992 Schwerbrock, Karl Marx privat, S.79
993 Schack, Jenny Marx an Eleanor Marx Ende August 1875
994 MEW Bd. 34 Eleanor Marx an Hirsch am 25.10.1875
995 Schack, Jenny Marx, S.305
996 Schack, Jenny Marx, S.305
997 Schack, Jenny Marx, S.305
998 Schack, Jenny Marx, S.305
999 Schack, Jenny Marx, S.305
1000 Schack, Jenny Marx, S.305
1001 Schack, Jenny Marx, S.305
1002 Schack, Jenny Marx an Carl Hirsch April/Mai 1876
1003 Schack, Jenny Marx an Carl Hirsch April/Mai 1876
1004 MEW Bd. 34 Jenny Marx an Becker um den 16./20.8.1876
1005 MEW Bd. 34 Jenny Marx an Becker um den 16./20.8.1876
1006 MEW Bd. 34 Engels an Marx am 25.8.1876
1007 MEW Bd. 34 Jenny Marx an Sorge am 20/21.1.1877
1008 MEW Bd. 34 Marx an Engels am 23.7.1877
1009 Gemkow, Aus dem Leben einer rheinischen Familie, S.493
1010 MEW Bd. 34 Marx an Engels am 17.8.1877
1011 Schack, Jenny Marx an Eleanor und Karl Marx am 28.11.1877
1012 Schack, Jenny Marx an Eleanor und Karl Marx am 28.11.1877
1013 Schack, Jenny Marx an Eleanor und Karl Marx am 28.11.1877
1014 Monumente, 11/12 Jahrgang 2004
1015 Monumente, 11/12 Jahrgang 2004
1016 Monumente, 11/12 Jahrgang 2004
1017 Monumente, 11/12 Jahrgang 2004
1018 MEW Bd. 34 Marx an Schott am 15.7.1878
1019 Monumente,11/12 Jahrgang 2004
1020 MEW Bd. 34 Engels an Leßner am 12.9.1878
1021 MEW Bd. 34 Engels an Rudolf Engels am 12.9.1878

1022 Mäuer, Jenny Marx, S.105/106

1023 MEW Bd. 34 Engels an Liebknecht am 10.1.1880

1024 MEW Bd. 34 Engels an Becker am 17.8.1880

1025 MEW Bd. 34 Marx an Fleckles am 29.9.1880

1026 Schack, Jenny Marx an Fleckles am 29.9.1880

1027 MEW Bd. 34 Marx an Hyndman am 8.12.1880

1028 MEW Bd. 32 Nachtrag von Eleanor Marx in Brief von Marx an Engels am 3.1.1868

1029 Meier, Die Töchter von Karl Marx, S.46

1030 MEW Bd. 32 Marx an Francois Lafargue am 10.7.1869

1031 MEW Bd. 32 Marx an Laura Lafargue am 25.9.1869

1032 MEW Bd. 32 Marx an Laura Lafargue am 25.9.1869

1033 MEW Bd. 32 Jenny Marx an Familie Kugelmann im September 1869

1034 MEW Bd. 32 Jenny Marx an Engels am 17.1.1870

1035 MEW Bd. 32 Marx an Engels am 5.3.1870

1036 MEW Bd. 32 Marx an Laura und Paul Lafargue am 5.3.1870

1037 MEW Bd. 33 Marx an Lafargue am 4.2.1871

1038 MEW Bd. 33 Jenny Marx (Tochter) an Kugelmann am 3.10.1871

1039 MEW Bd. 33 Jenny Marx an Liebknecht am 26.5.1872

1040 MEW Bd. 34 Jenny Marx an Sorge am 20./21.1.1877

1041 MEW Bd. 33 Engels an Laura Lafargue am 11.3.1872

1042 MEW Bd. 33 Jenny Marx an Liebknecht am 26.5.1872

1043 MEW Bd. 33 Jenny Marx (Tochter) an Gertrude Kugelmann am 27.6.1872

1044 Schack, Jenny Marx an Félicitas Longuet am 3.2.1874

1045 MEW Bd. 33 Marx an Sorge am 4.8.1874

1046 MEW Bd. 33 Engels an Jenny Longuet am 2.8.1874

1047 MEW Bd. 33 Marx an Jenny Longuet am 14.8.1874

1048 MEW Bd. 34 Marx an Engels am 25.5.1876

1049 MEW Bd. 34 Engels an Marx am 28.5.1876

1050 MEW Bd. 34 Marx an Engels am 25.8.1879

1051 MEW Bd. 34 Marx an Engels am 25.8.1879

1052 Schack, Jenny Marx an Eleanor Marx nicht vor dem 3.5.1873

1053 Schack, Jenny Marx an Eleanor Marx nicht vor dem 3.5.1873

1054 Weissweiler, Tussy Marx, S.88

1055 MEW Bd. 35 Marx an Danielson am 19.2.1881

1056 MEW Bd. 35 Marx an Danielson am 19.2.1881

1057 MEW Bd. 35 Marx an Jenny Longuet am 11.4.1881

1058 MEW Bd. 35 Marx an Jenny Longuet am 11.4.1881

1059 MEW Bd. 34 Marx an Jenny Longuet am 6.6.1881

1060 MEW Bd. 34 Engels an Jenny Longuet am 31.5.1881

1061 MEW Bd. 35 Engels an Jenny Longuet am 17.6.1881

1062 MEW Bd. 35 Engels an Jenny Longuet am 17.6.1881

1063 MEW Bd.35 Marx an Engels am 3.8.1881

1064 MEW Bd. 35 Engels an Marx am 29.7.1881

1065 MEW Bd. 35 Marx an Engels am 3.8.1881

1066 MEW Bd. 35 Marx an Engels am 9.8.1881

1067 MEW Bd. 35 Marx an Engels am 9.8.1881

1068 MEW Bd. 35 Marx an Engels am 9.8.1881

1069 MEW Bd. 35 Marx an Engels am 18.8.1881

1070 Meier, Die Töchter von Karl Marx, S.147

1071 Meier, Die Töchter von Karl Marx, S.149

1072 Meier, Die Töchter von Karl Marx, S.149

1073 Meier, Die Töchter von Karl Marx, S.149

1074 Meier, Die Töchter von Karl Marx, S.150

1075 Weissweiler, Tussy Marx, S.155

1076 Meier, Die Töchter von Karl Marx, S.150

1077 Marx, Eleanor, in: Mohr und General, S.238

1078 Krosigk, Jenny Marx, S.158

1079 MEW Bd. 35 Marx an Jenny Longuet am 7.12.1881

1080 MEW Bd. 35 Marx an Jenny Longuet am 7.12.1881

1081 Meier, Die Töchter von Karl Marx, S.153

1082 Mohr und General, S.141

1083 Schack, Jenny Marx, S.341

1084 Schack, Jenny Marx, S.341

1085 MEW Bd. 35 Marx an Jenny Longuet am 7.12.1881

1086 MEW Bd. 35 Marx an Jenny Longuet am 7.12.1881

1087 MEW Bd. 35 Marx an Jenny Longuet am 7.12.1881

1088 MEW Bd. 35 Marx an Jenny Longuet am 7.12.1881

1089 MEW Bd. 35 Marx an Engels am 1.3.1882

1090 Krosigk, Jenny Marx, S.157

1091 Gemkow, Edgar von Westphalen, S.495

1092 Gemkow, Edgar von Westphalen, S.499

1093 MEW Bd. 35 Marx an Danielson am 10.12.1881

1094 MEW Bd. 35 Marx an Jenny Longuet am 10.12.1881

1095 Leßner, in: Mohr und General, S.169

1096 Lafargue, Paul, in: Mohr und General, S.304/305

1097 Krosigk, Jenny Marx, S.65

1098 Krosigk, Jenny Marx, S.158

1099 Lafargue, Paul, in: Mohr und General, S.305

LITERATURVERZEICHNIS

Adamczak, bini, Kommunismus. kleine geschichte, wie endlich alles anders wird, Münster 2010

Andréas, Bert / Grandjonc, Jacques / Pelger, Hans, Karl Marx' Ausweisung aus Paris und die Niederlassung von Marx und Friedrich Engels in Brüssel im Frühjahr 1845, in: Schriften aus dem Karl-Marx-Haus Trier, Nr. 43, S.163–213, Trier 1990

Andréas, Bert, Briefe und Dokumente der Familie Marx aus den Jahren 1862–1873 nebst zwei unbekannten Artikeln von Friedrich Engels, in: Archiv für Sozialgeschichte, 2. Band, Hannover 1962

Banning, Wilhelm, Karl Marx. Leben, Lehre und Bedeutung, München 1966

Bakunin, Michail, Staatlichkeit und Anarchie, Frankfurt 1972

Bloch, Ernst, Karl Marx und die Menschlichkeit. Utopische Phantasie und Weltveränderung, Reinbek 1970

Blumenberg, Werner, Karl Marx mit Selbstzeugnissen und Bilddokumenten, Reinbek 1996

Blumenberg, Werner, Ein unbekanntes Kapitel aus Marx' Leben. Briefe an die holländische Verwandtschaft, in: International Review of Social History. Volume I, S.54-11, Assen Netherlands 1956

Bouvier, Beatrix, Jenny von Westphalen: Triererer Ballkönigin und Frau von Karl Marx, in: Kurtrierisches Jahrbuch 51, Trier 2011

Bouvier, Beatrix/Neu, Elisabeth, Karl Marx. Philosoph, Revolutionär in: Kaiser, Gelehrte, Revolutionäre. Persönlichkeiten und Dokumente aus 2000 Jahren europäischer Kulturgeschichte, Trier 2007

Böhm, Gabriela, Karl Marx. Revolutionär aus Trier, Trier 2008

Böll, Heinrich, Aufsätze, Kritiken, Reden, Berlin 1967

Coll, Susan, karlmarx.com, Berlin 2002

Carbon Sabine / Lucker Barbara, Ohne Schein kein Sein, Leipzig 2006

Döbler, Hannsferdinand, Kultur- und Sittengeschichte der Welt. Stadt. Technik. Verkehr. Gütersloh

Donner, Ingrid / Matthies, Birgit, Jenny Marx über das Robert-Blum-Meeting am 9. November 1852 in London, in: Beiträge zur Marx-Engels-Forschung 4, S.69–78, Berlin 1978

Dornemann, Luise, Jenny Marx. Der Lebensweg einer Sozialistin, Berlin 1975

Eckert, Georg, Jenny Marx und die Familie von Florencourt – Zufallsfunde aus Braunschweiger Archiven, in: Schriften aus dem Karl-Marx-Haus, Heft 9, S.81–131, Trier 1973

Elsner, Helmut, Karl Marx in Kreuznach 1842/43. Daten-Personen-Kreuznacher Exzerpte, in: Schriften aus dem Karl-Marx-Haus, Nr.43, Trier 1990

Engelmann Bernt, Trotz alledem. Deutsche Radikale 1777–1977, München 1977

Engels, Friedrich, Ludwig Feuerbach und der Ausgang der Klassischen Deutschen Philosophie, Berlin 1946

Fenske, Hans, Geschichte der politischen Ideen. München-Zürich 1977

Fetscher, Iring (Hrsg), Karl Marx – Friedrich Engels, Band IV, Geschichte und Politik 2, Frankfurt 1966

Fontane, Theodor, Berliner Märztage 1848, Bad Langensalza 2008

Friedenthal, Richard, Karl Marx. Sein Leben und seine Zeit, München 1990

Gemkow, Heinrich, Aus dem Leben einer rheinischen Familie. Archivalische Funde zu den Familien von Westphalen und Marx, in: Jahrbuch für westdeutsche Landesgeschichte, Jg. 34, 2008

Gemkow, Heinrich, Edgar von Westphalen. Der ungewöhnliche Lebensweg des Schwagers von Karl Marx, in: Jahrbuch für westdeutsche Landesgeschichte, Jg. 25, S.401–511, 1999

Gemkow, Heinrich, Caroline Schoeler – eine Freundin der Familie Marx und Engels, in: Marx-Engels-Jahrbuch, Bd.2, S.241–150, 1979

Gemkow, Heinrich, Helena Demuth – „eine treue Genossin", in: Marx-Engels-Jahrbuch, Bd. 11, 1988

Girault, Jacques, Introduktion zu Textes choisies, Paris 1970

Giroud, Francoise, Trio Infernale oder das Leben der Jenny Marx, Berlin 1994

Grisebach, Agnes-Marie, Frauen im Korsett, Stuttgart 1995

Gnüg Hiltrud / Möhrmann Renate, Frauen Literatur Geschichte, Stuttgart 1999

Grandjonc, Jacques, Zu Marx' Aufenthalt in Paris: 12. Oktober 1843 bis 1. Februar 1845, in: Schriften aus dem Karl-Marx-Haus, Nr.43, S.163–212, Trier 1990

Haffner, Sebastian / Venohr, Wolfgang, Friedrich Engels in: Preußische Profile, S.181–195, Frankfurt a.M. 1990

Hecker, Rolf/Limmroth Angelika, Jenny Marx. Die Briefe, Berlin 2014

Hils-Brockdorff, Evelyn (Hrsg'in), Die Paulskirche, Institut für Stadtgeschichte, Frankfurt 1998

Hirsch, Helmut, Friedrich Engels mit Selbstzeugnissen und Bilddokumenten, Reinbek 1993

Holtz / Weigert (Hrsg), Frei und Einig, Berlin 1998

Hunt, Tristram, Friedrich Engels, Berlin 2013

Jacobs, Jacques, Existenz und Untergang der alten Judengemeinde der Stadt Trier, Trier 1984

Killy, Walter / Vierhaus, Rudolf, Das große biographische Lexikon der Deutschen, München 1995

Kisch, Egon Erwin, Gesammelte Werke in Einzelausgabe, II, 2, Berlin 1980

Kliem, Manfred, Neue Presseveröffentlichungen von Jenny Marx über William Shakespeare und Henry Irving im „Sprudel" von 1879 entdeckt, in: Beiträge zur Marx-Engels-Forschung 28, S.198–216, Berlin 1989

Kliem, Manfred, Karl Marx. Dokumente seines Lebens 1818–1883, Leipzig 1970

Kling-Mathey, Gräfin Hatzfeld, Berlin 1989

Kohlhagen, Norgard, Louise Otto-Peters, in: Nicht nur dem Manne untertan, Reinbek 1981

Krosigk, Graf Lutz von Schwerin, Jenny Marx. Liebe und Leid im Schatten von Karl Marx. Wuppertal 1975

Krosigk, Konrad, Ludwig von Westphalen und seine Kinder. Bruchstücke familärer Überlieferungen, in: Schriften aus dem Karl-Marx-Haus, S.67–76, Heft 9, Trier 1973

Kugelmann, Franziska, Kleine Züge zu dem großen Charakterbild von Karl Marx, in: Mohr und General, S.252–285, Berlin 1982

Lafargue, Paul, Karl Marx. Persönliche Erinnerungen, in: Mohr und General, S.286–312, Berlin 1982

Leßner, Friedrich, Erinnerungen eines Arbeiters an Karl Marx, in: Mohr und General, S.163–176, Berlin 1982

Liebknecht, Wilhelm, Karl Marx zum Gedächtnis, in: Mohr und General, S.5–162, Berlin 1982

Limmroth, Angelika, Jenny Marx. Die Biografie. Berlin 2014

Limmroth, Angelika, Jenny von Westphalen – Die Frau von Karl Marx, Bodunger Beiträge Heft 6, Grossbodungen 2006

Löhken, Wilfried, Die Revolution 1848. Berliner Geschichte(n) Bd.2, Berlin 1991

Löwen, Walther, Jenny Marx, Hannover 1977

Longuet, Edgar, Einige Seiten des Familienlebens von Karl Marx, in: Mohr und General, S.324–337, Berlin 1982

Mann, Golo, Deutsche Geschichte des 19.und 20.Jahrhunderts, Frankfurt 1958

Marx-Aveling, Eleanor, Karl Marx. Lose Blätter, in: Mohr und General, S.242–251, Berlin 1982

Marx, Karl / Engels, Friedrich, Manifest der Kommunistischen Partei, Berlin 1970

Marx, Karl / Engels, Friedrich, Werke (MEW), hg. Vom Institut für Marxismus-Leninismus beim ZK der SED, 43 Bde, Berlin 1989

Marx, Karl / Engels, Friedrich, Gesamtausgabe (MEGA), hg. vom Institut für Marxismus-Leninismus beim ZK der KPdSU und vom Institut für Marxismus-Leninismus beim ZK der SED, seit 1990 von der Internationalen Marx-Engels-Stiftung (IMES) in Amsterdam, Berlin 1975

Mäuer, Jürgen, Jenny Marx oder: Leben wider den Zeitgeist, Berlin 2007

Mayer, Gustav (Hrsg), Ferdinand Lassalle. Nachgelassene Briefe und Schriften, Bd.3, Osnabrück 1967

Marcuse, Ludwig, Heinrich Heine,1969

Mehring, Franz, Karl Marx, Geschichte seines Lebens, Berlin 1979

Meier, Olga (Hg'in), Die Töchter von Karl Marx. Unveröffentlichte Briefe, Köln 1981

Meyer, Helmut, Franziska und der Student aus Trier, Berlin 1973

Mohr und General. Erinnerungen an Marx und Engels, Berlin 1982

Monz, Heinz, Karl Marx und Trier. Verhältnisse-Beziehungen-Einflüsse, Trier 1964

Monz, Heinz, Karl Marx. Grundlagen der Entwicklung zu Leben und Werk, Trier 1973

Monz, Heinz, Politische Anschauung und gesellschaftliche Stellung von Ludwig von Westphalen, in: Schriften aus dem Karl-Marx-Haus, Heft 9, S.3–41, Trier 1973

Monz, Heinz, Trierer Reminiszenzen, Trier, 2009

Monz, Heinz, Unbekannte Kapitel aus dem Leben der Familie Ludwig von Westphalens, in: Archiv für Sozialgeschichte, S.247–260, Trier 1968

Müller, Manfred (Hrsg), Familie Marx in Briefen. Berlin 1966

Museum Karl-Marx-Haus, Karl Marx, Leben-Werk-Wirkung bis zur Gegenwart. Katalog zur Ausstellung im Geburtshaus in Trier, Trier 2005

Negt, Oskar, Kant und Marx. Ein Epochengespräch, Göttingen 2005

Nicolaevsky Boris / Mänchen-Helfen Otto, Karl Marx. Eine Biographie, Frankfurt 1987

Omura Izumi (Hrg. u.a.), Familie Marx privat, Berlin 2005

Otto-Peters, Louise, Die Teilnahme der weiblichen Welt am Staatsleben, S.45–53 in: Möhrmann, Renate, Frauenemanzipation im deutschen Vormärz. Texte und Dokumente. Stuttgart 1978

Otto-Peters, Louise, Das Recht der Frauen auf Erwerb, Berlin 2014

Otto-Peters, Louise, Die Teilnahme der Frauen an den Interessen des Staates, S.51ff. in: Vorwärts! Volkstaschenbuch für das Jahr 1847, Hr. Robert Blum, 5.Jg., Leipzig 1848

Peters, Heinz, Die rote Jenny. Ein Leben mit Karl Marx, München 1984

Petschernikowa, Irina, Erziehung in der Familie Marx, Berlin 1978

Pilgrim, Volker, Adieu Marx, Reinbek 1990

Pusch, Luise (Hrg'in), Eleanor Marx in: Töchter berühmter Männer, S.275–348, Frankfurt 1994

Radczun, Günter, Prometheus aus Trier. Karl Marx, Berlin 1980

Raddatz, Fritz J., Heinrich Heine. Ein deutsches Märchen. Hamburg 1977

Raddatz, Fritz J., Karl Marx. Eine politische Biographie, Hamburg 1975

Raddatz, Fritz J., Mohr an General, Marx und Engels in ihren Briefen, Reinbek 1986

Reetz, Jürgen, Vier Briefe von Jenny Marx aus den Jahren 1856–1860, in: Schriften aus dem Karl-Marx-Haus, Heft 3, Trier 1970

Schack, Renate, Jenny Marx. Ein bewegtes Leben, Berlin 1989

Schieder, Wolfgang, Karl Marx als Politiker, München 1991

Schnierle, Herbert / Wetzel, Christoph, Heinrich Heine, Salzburg 1980

Schöncke, Manfred, Karl und Heinrich Marx und ihre Geschwister, Pahl-Rugenstein, 1993

Schröder, Wolfgang (Hrg.), Sie können sich denken, wie mir oft zu Muthe war, Leipzig 1989

Schröder, Wolfgang, Ernestine. Vom ungewöhnlichen Leben der ersten Frau Wilhelms Liebknechts, Leipzig, 1987

Schubert, Jutta, Adieu Marx oder Eine Komödie, Trier 1998

Schütrumpf, Jörn,(Hrg.), Jenny Marx oder: Die Suche nach dem aufrechten Gang, Berlin 2008

Schwerbrock, Wolfgang, Karl Marx privat, München 1962

Sieh-Burens, Katarina, Ein Mann und seine Wurzeln. Karl Marx, Trier und die Not der Moselwinzer in: Spurensuche, Historische Persönlichkeiten im Dreiländereck Deutschland, Frankreich, Luxemburg. Trier 2012

Siepmann-Weber, Das Trier-Buch, edition-Limosa, 2008

Sperber, Jonathan, Karl Marx. Sein Leben und sein Jahrhundert, München 2013

Stephan, Inge, „Uns Frauen fällt in allen diesen Kämpfen der schwerere, weil kleinlichere Teil zu…". Das Leben der Jenny Westphalen-Marx (1814–1881) in: Das Schicksal der begabten Frau. Im Schatten berühmter Männer, S.21–36, Stuttgart 2000

Stuke, Horst (Hrg.), Bakunin, Michail, Staatlichkeit und Anarchie, Frankfurt 1972

Sturm, Hans-Georg, Die Trierer Hl.Rock-Wallfahrt von 1844 in: Die älteste Stadt Deutschlands im Spiegel ihrer Geschichte, S.61–70, Trier 1984

Teusch, Ulrich, Jenny Marx. Die rote Baronesse, 2011

Wagner, Wilhelm J., Neuer Großer Bildatlas Der Deutschen Geschichte, Gütersloh 1999

Weerth, Georg, Weerths Werke in zwei Bänden, Berlin 1974

Weissweiler, Eva, Tussy Marx. Das Drama der Vatertochter, Köln 2002

Wippermann, Wolfgang, Heilige Hetzjagd. Eine Ideologiegeschichte des Antikommunismus, Berlin 2012

Worobjowa, Olga / Sielnikowa, Irma, Die Töchter von Karl Marx, Berlin 1963

Zimmermann, Ruth, Jenny Marx und ihre Töchter. Frauen im Schatten des Revolutionärs, Freiburg 1984
Zahn, Eberhard, Trier, Deutscher Kunstverlag, 1982

und aus Zeitungen und Zeitschriften:
Monumente, 11/12Jahrgang 2004
Süddeutsche Zeitung vom 22/23.April 2006
Tagesspiegel vom 9.12.2012

PERSONEN IM UMFELD VON JENNY UND KARL MARX

Abarbanel (gest. 1863), Bankier in Paris

Allen, George, englischer Arzt, Hausarzt der Familie Marx von 1858–1868

Annenkow, Paul Wassiljewitsch (1813–1887), russischer Gutsbesitzer und liberaler Publizist

Anrooij, Henriette Sophia van (1825–1902), geb. Philips, Ehefrau des Arztes Antoon van Anrooij, Tochter von Sophie und Lion Philips, Cousine von Karl Marx

Argyll/Campbel, schottische und englische Herzogsfamilie; die Lords of Campbel sind seit 1457 die Earls of Argyll

Arnim, Bettina von (1785–1859), geb. von Brentano, deutsche Schriftstellerin

Augusti, Bertha (1827–1886), geb. Schöler, Schwester von Caroline Schöler, deutsche Schriftstellerin

Aveling, Edward (1849–1898), englischer Soziologe, Publizist und Sozialist, seit 1884 Lebensgefährte von Eleanor Marx-„Aveling"

Bakunin, Alexandrowitsch Michail (1814–1876), russischer Revolutionär, Publizist und Anarchist

Banyga, János (1817–1868), ungarischer Journalist und Polizeiagent

Bauer, Bruno (1809–1882), deutscher Philosoph, Junghegelianer, Theologe, Bibelkritiker und Historiker, später Nationalliberaler

Bebel, August (1840–1913), deutscher Politiker, Mitbegründer der SPD, Reichstagsabgeordneter

Becker, Hermann Heinrich (1820–1885), deutscher Jurist und Publizist, Mitglied der Bundes der Kommunisten, später Nationalliberaler

Becker, Johann Philipp (1809–1886), deutscher Revolutionär 1848/49, Publizist und Herausgeber, Emigration in die Schweiz

Beesly, Edward Spencer (1831–1915), englischer Positivist und Historiker

Bernstein, Eduard (1850–1932), deutscher Theoretiker und Politiker

Bismarck, Otto von (1815–1898), deutscher Politiker und Diplomat

Blind, Karl (1826–1907), deutscher Revolutionär 1848/49, Mitglied des Bundes der Kommunisten, Journalist; später Natonalliberaler

Bochkoltz-Falconi, Anna (1820–1879), mit Jenny Marx befreundet, Sängerin

Borkheim, Sigismund Ludwig (1826–1885), deutscher Publizist, Revolutionär 1848/49

Born, Stephan (Simon Buttermilch) (1824–1898), deutscher sozialistischer Politiker, Honorar-Professor für deutsche und französische Literatur in der Schweiz

Bucher, Lothar (1817–1892), deutscher Jurist und Publizist, später Nationalliberaler und Mitarbeiter Bismarcks

Burns, Mary (1823–1863), Schwester von Lydia Burns/Engels, irische Arbeiterin und Lebensgefährtin von Friedrich Engels

Burns/Engels, Lydia/Lizzie (1827–1878), am Abend vor ihrem Tode Friedrich Engels angetraut, irische Arbeiterin

Bürgers, Heinrich (1820–1878), deutscher Journalist und Reichstagsabgeordneter der deutschen Fortschrittspartei

Camphausen, Ludolf (1803–1890), deutscher Bankier und Politiker; Mitherausgeber der „Rheinischen Zeitung"

Carlisle, Anna Bella, englische Schriftstellerin

Cherval, Julian (Joseph Crämer) (geb. 1821), preußischer Polizeiagent, Mitglied des Bundes der Kommunisten

Cluß, Adolf (1825–1905), deutscher Ingenieur und Architekt, Mitglied des Bundes der Kommunisten, Emigration in die USA

Comys, Marian, Freundin von Eleanor Marx

Conradi, Emilie (1822–1888), geb. Marx, Schwester von Karl Marx, verheiratet mit Johann Jakob Conradi

Conradi, Johann Jakob (1821–1892), verheiratet mit Emilie Conradi, Wasserbauaufseher

Cunningham, englische Familie, Bekannte der Familie Marx in London

Cunningham, Alice, Schulfreundin von Jenny und Laura Marx

Cunningham, Ellinor, verheiratete Mason, Schulfreundin von Jenny und Laura Marx

Dana, Charles Anderson (1819–1897), amerikanischer Journalist und Autor, bis 1861 Miteigentümer und Herausgeber der „New York Daily Tribune"

Daniels, Amalie (1820–1895), geb. Müller, Ehefrau von Roland Daniels

Daniels, Roland (1819–1855), verheiratet mit Amalie Daniels, deutscher Arzt, Mitglied des Bundes der Kommunisten

Danielson, Nikolai (1844–1918), russischer Ökonom und Soziologe, Übersetzer des „Kapitals"

Demuth, Helena (1820–1890), Mutter von Henri Frederick Demuth, Hausgehilfin bei der Familie von Westphalen in Trier, seit 1845 bei Jenny und Karl Marx, nach 1883 bei Friedrich Engels

Demuth (Lewis), Henri (Harry) Frederick (1851–1929), Sohn von Helena Demuth und Karl Marx

Donkin, englischer Arzt, zeitweise Hausarzt der Familie Marx in London

Dronke, Ernst (1822–1891), deutscher Schriftsteller, Publizist, Mitglied des Bundes der Kommunisten

Elsner, Karl Friedrich Moritz (1809–1894), deutscher Gymnasiallehrer, Journalist und Politiker

Engels, Friedrich (1820–1895), deutscher Kaufmann, kommunistischer Theoretiker und Politiker

Ermen, Peter Jakob Gottfried (1811–1899), Teilhaber und Chef von Ermen & Engels in Manchester

Fleckles, Ferdinand (1835–1894), Arzt in Karlsbad, Herausgeber des „Sprudel" und Autor medizinischer Schriften

Fleckles, Leopold (1802–1879), Vater von Ferdinand Fleckles, Badearzt von Karl Marx in Karlsbad, Autor und Literat

Florencourt, Wilhelm Chassot von (1803–1886), Schriftsteller

Florencourt, Wilhelm Ferdinand Chassot von (1768–1834), verheiratet mit Louise von Florencourt, Vater von Louise von Westphalen und Wilhelm von Florencourt, herzoglich-braunschweigischer Kammersekretär

Florencourt, Louise von (1769–1860), geb. Wegener, Ehefrau von Wilhelm Ferdinand Chassot von Florencourt, Mutter von Louise von Westphalen und Wilhelm von Florencourt

Flourens, Gustave (1839–1871), französischer Ethnologe und Mitglied der Pariser Kommune 1871

Freiligrath, Ferdinand (1810–1876), verheiratet mit Ida Freiligrath, deutscher Kaufmann, Dichter und Übersetzer, Mitglied des Bundes der Kommunisten

Freiligrath, Ida (1817–1899), geb. Melos, Schriftstellerin, Ehefrau von Ferdinand Freiligrath

Freyberger, Louise (1860–1950), geb. Strasser, von 1883-1889 mit Karl Kautsky verheiratet, Hausdame bei Engels ab 1890

Freund, Jonas (1808–1880), österreichischer Arzt, zeitweise Hausarzt der Familie Marx in London

Gumpert, Eduard (1834–1893), deutscher Arzt, seit 1855 in Manchester, ärztlicher Ratgeber der Familie Marx

Hatzfeldt, Sophie von (1805–1881), deutsche Sozialistin, Freundin von Ferdinand Lassalle

Heine, Heinrich (1797–1856), deutscher Dichter

Herwegh, Emma (1817–1904), geb. Siegmund, Ehefrau von Georg Herwegh, Revolutionärin und Frauenrechtlerin

Herwegh, Georg (1817–1875), verheiratet mit Emma Herwegh, deutscher Dichter des Proletariats, Publizist und Übersetzer, Mitglied der Sozialdemokratischen Arbeiterpartei

Heß, Moses (1812–1875), verheiratet mit Sybille Heß, deutscher Philosoph, Schriftsteller, Frühsozialist und Vorläufer der Zionisten, Mitglied des Bundes der Kommunisten

Heß, Sibylle (1820–1903), geb. Pesch, Ehefrau von Moses Heß

Hirsch, Carl (1841–1900), deutscher Journalist und Politiker, Mitbegründer der Sozialdemokratischen Arbeiterpartei

Hyndman, Henri Mayers (1842–1921), englischer Journalist und Politiker

Imandt, Peter (1823–1897), deutscher Journalist und Lehrer, Revolutionär 1848/49, Mitglied des Bundes der Kommunisten

Irving, Henry Sir (1838–1905), britischer Schauspieler, bedeutender Shakespeare-Darsteller

Juta, Jan Carel (1824–1886), verheiratet mit Luise Juta, niederländischer Notariatskandidat, später niederländisch- südafrikanischer Verleger und Buchhändler

Juta, Luise (1821–1893), geb. Marx, Ehefrau von Jan Carel Juta, Schwester von Karl Marx

Kautsky, Karl Johann (1854–1938), deutsch-tschechischer Philosoph, sozialistischer Theoretiker und sozialdemokratischer Politiker

Kinkel, Johann Gottfried (1815–1882), verheiratet mit Johanna Kinkel, deutscher Theologe, Politiker, Schriftsteller, Professor für Kunst- und Literaturgeschichte, Teilnehmer am badisch-pfälzischen Aufstand 1849

Kinkel, Johanna (1810–1858), geb. Mockel, Ehefrau von Gottfried Kinkel, deutsche Komponistin, Musikpädagogin und Schriftstellerin

Kosel, Esther (1786–1865), geb. Marx, Schwester von Heinrich Marx, Tante von Karl Marx

Kreutz/Creutz, Maria Anna (Marianne) (1835–1862), Halbschwester von Helena Demuth, Hausgehilfin bei Caroline von Westphalen, ab 1857 bei Jenny und Karl Marx

Krosigk, Louise/Lisette von (1800–1863), geb. von Westphalen, Halbschwester von Jenny Marx, Ehefrau von Adolph von Krosigk

Kugelmann, Franziska (1858–1939), Tochter von Gertrud und Louis Kugelmann

Kugelmann, Gertrud (1839–1920), geb. Oppenheim, Ehefrau von Ludwig Kugelmann

Kugelmann, Louis/Ludwig (1828–1902), verheiratet mit Gertrud Kugelmann, deutscher Mediziner, Revolutionär 1848/49

Lafargue, Ana Virginia (geb.1803), geb. Armaignac, Ehefrau von Francois Lafargue, Mutter von Paul Lafargue

Lafargue, Charles Etienne (1869–1872), Sohn von Laura und Paul Lafargue

Lafargue, Francois (gest.1870), verheiratet mit Ana Virginia, Vater von Paul Lafargue, Küfer, Besitzer einer Kaffeeplantage auf Kuba und Weinhändler

Lafargue, Jeanie (Januar–Ende Februar 1870), Tochter von Laura und Paul Lafargue

Lafargue, Laura (1845–1911), geb. Marx, Tochter von Jenny und Karl Marx, Ehefrau von Paul Lafargue

Lafargue, Marc-Laurent (Feb.–Juli 1871), Sohn von Laura und Paul Lafargue

Lafargue, Paul (1842–1911), verheiratet mit Laura Lafargue, französischer Arzt und Journalist, Kommunardenkämpfer 1871

Lasinsky, August Gustav (1811–1870), deutscher Maler und Zeichner

Lassalle, Ferdinand (1825–1864), deutscher sozialistischer Politiker, Philosoph und Schriftsteller, Mitbegründer des „Allgemeinen Deutschen Arbeitervereins"

Leßner, Friedrich (1825–1910), deutscher Schneider und Politiker, Revolutionär 1848/49, Mitglied des Bundes der Kommunisten

Liebknecht, Ernestine (1832–1867), geb. Landolt, erste Ehefrau von Wilhelm Liebknecht

Liebknecht, Natalie (1835–1909), geb. Reh, zweite Ehefrau von Wilhelm Liebknecht

Liebknecht, Karl (1871–1919), Sohn von Natalie und Wilhelm Liebknecht, Patensohn von Marx, Engels und Stumpf, Politiker

Liebknecht, Wilhelm (1826–1900), verheiratet mit Ernestine Liebknecht bis 1867, ab 1869 mit Natalie Liebknecht, deutscher Publizist und Politiker, Mitbegründer der Sozialdemokratischen Partei Deutschlands, Revolutionär 1848/49, Mitglied des Bundes der Kommunisten

Lissagaray, Hippolyte Prosper-Olivier (1838–1901), verlobt mit Eleanor Marx (bis 1882), französischer Journalist, Kommunardenkämpfer 1871

Longuet, Charles (1873–1874), Sohn von Jenny und Charles Longuet

Longuet, Charles Felix César (1839–1903), verheiratet mit Jenny Longuet, französischer Journalist, Politiker und Mitglied des Rates der Pariser Kommune 1871

Longuet, Edgar (1879–1950), Sohn von Jenny und Charles Longuet

Longuet, Henry (1878–1883), Sohn von Jenny und Charles Longuet

Longuet, Jean-Laurent-Fréderick (1876–1838), Sohn von Jenny und Paul Longuet

Longuet, Jenny (1844–1883), geb. Marx, Tochter von Jenny und Karl Marx, Ehefrau von Charles Longuet, Journalistin und Lehrerin

Longuet, Jenny (1882–1952), Tochter von Jenny und Charles Longuet

Longuet, Marcel (1881–1949), Sohn von Jenny und Charles Longuet

Lormier, englische Familie, befreundet mit der Familie Marx in London

Lucas, Betty (1824–1903), geb. Bloem, Freundin von Jenny Marx, Schriftstellerin

Manning, englische Familie, befreundet mit der Familie Marx in London

Markheim, Bertha (1838–1919), geb. Levy, Bekannte von Jenny Marx

Marx, Caroline (1824–1847), Tochter von Henriette und Heinrich Marx

Marx, David Mauritz (1815–1819), Sohn von Henriette und Heinrich Marx

Marx, Edgar (1847–1855), Sohn von Jenny und Karl Marx

Marx, Eduard (1826–1837), Sohn von Henriette und Heinrich Marx

Marx, auch Marx-Aveling, Eleanor (1855–1898), Tochter von Jenny und Karl Marx, Lebensgefährtin von Edward Aveling, Übersetzerin, Lehrerin und Publizistin

Marx, Franziska (1851–1852), Tochter von Jenny und Karl Marx

Marx, Heinrich Guido (1849–1850), Sohn von Jenny und Karl Marx

Marx, Heinrich (1777–1838), verheiratet mit Henriette Marx, Vater von Karl Marx, Advokat-Anwalt und Justizrat

Marx, Henriette (1788–1863), geb. Presburg, Ehefrau von Heinrich Marx, Mutter von Karl Marx

Marx, Hermann (1819–1842), Sohn von Henriette und Heinrich Marx

Marx, Jenny (1814–1881), geb. von Westphalen, Ehefrau von Karl Marx

Marx, Karl/Carl (Heinrich) (1818–1883), Sohn von Henriette und Heinrich Marx, verheiratet mit Jenny Marx, Philosoph, Ökonom, Gesellschaftstheoretiker und Journalist

Moore, Samuel (1838–1912), englischer Jurist, Übersetzer, Fabrikant

Nöbergall, Albertine (1800–1872), Cousine von Jenny Marx

Otto-Peters, Louise (1819–1895), deutsche sozialkritische Schriftstellerin und Mitbegründerin der bürgerlichen deutschen Frauenbewegung

Pannewitz, Karl von (1803–1856), preußischer Sekondeleutnant, erster Verlobter von Jenny von Westphalen

Philips, August (1823–1891), Sohn von Sophie und Lion Philips, niederländischer Rechtsanwalt und Präsident der Anwaltskammer von Amsterdam

Philips, Frederik/Fritz (1830–1900), Sohn von Sophie und Lion Philips, niederländischer Industrieller und Bankier, Mitbegründer der Firma Philips
Philips, Gerard (1858–1942), Sohn von Frederik Philips, niederländischer Industrieller, Mitbegründer der Firma Philips
Philips, Jacques (1833–1902), Sohn von Sophie und Lion Philips, niederländischer Rechtsanwalt
Philips, Jan (1828–1891), Sohn von Sophie und Lion Philips, niederländischer Kaufmann
Philips, Karel (1821–1896), Sohn von Sophie und Lion Philips, niederländischer Tabakfabrikant
Philips, Lion (1794–1866), verheiratet mit Sophie Philips, Onkel von Karl Marx, niederländischer Händler und Fabrikant
Philips, Sophie (1792–1854), geb. Presburg, Ehefrau von Lion Philips, Schwester von Henriette Marx, Tante von Karl Marx
Pieper, Wilhelm (1826–1898), deutscher Journalist und Lehrer, Revolutionär 1848/49 und Mitglied des Bundes der Kommunisten

Roodhuizen, Antoinette/Nannette (1834–1885), geb. Philips, Tochter von Sophie und Lion Philips, Ehefrau von Hendrik Roodhuizen
Rosher, Mary Ellen (Pumps) (geb. 1859), geb. Burns, Nichte von Lydia und Mary Burns
Ruge, Arnold (1802–1880), deutscher Schriftsteller, Herausgeber liberaler Schriften, später Nationalliberaler

Schapper, Karl (1812–1870), deutscher Schriftsetzer, Mitglied des Bundes der Kommunisten
Schily, Victor (1810–1875), deutscher Advokat, Teilnehmer am badisch-pfälzischen Aufstand 1849
Schleicher, Robert (1806–1846), deutscher Arzt, Hausarzt der Familie von Westphalen in Trier
Schmalhausen, Sophie (1816–1866), geb. Marx, Tochter von Henriette und Heinrich Marx, Schwester von Karl Marx, Ehefrau von Wilhelm Robert Schmalhausen
Schmalhausen, Wilhelm Robert (1817–1862), verheiratet mit Sophie Schmalhausen, niederländischer Rechtsanwalt
Schöler, Caroline (1819–1891), zeitweise Verlobte von Edgar von Westphalen, Freundin der Familie Marx, deutsche Lehrerin
Schramm, Conrad (1822–1858), deutscher Journalist, Mitglied des Bundes der Kommunisten

Seiler, Sebastian (1810–1890), deutscher Publizist, Mitglied des Bundes der Kommunisten
Siebel, Carl (1836–1868), deutscher Kaufmann, Dichter
Simons, Henriette (1820–1845), geb. Marx, Tochter von Henriette und Heinrich Marx, Schwester von Karl Marx
Sorge, Friedrich Alphons (1828–1906), deutscher Kaufmann, Lehrer und Journalist; Revolutionär 1848/49
Stieber, Wilhelm (1818–1882), deutscher Jurist, Polizeiagent und Polizeirat
Stumpf, Paul (1826–1912), deutscher Politiker und Kaufmann; Revolutionär 1848/49, Mitglied des Bundes der Kommunisten, Mitglied der Sozialdemokratischen Arbeiterpartei

Veltheim, Werner von (1817–1855), Gutsbesitzer, Cousin von Jenny Marx
Vogler, Carl Georg (geb.1820), deutscher Verleger und Buchhändler in Brüssel
Vogt, Carl (1817–1895), deutsch-schweizerischer Naturwissenschaftler und Politiker

Weerth, Georg (1822–1856), deutscher Schriftsteller, Journalist und Kaufmann, Mitglied des Bundes der Kommunisten
Westphalen, Carl von (1803–1840), Sohn von Lisette und Ludwig von Westphalen, Halbbruder von Jenny Marx, Jurist und Landgerichtsrat
Westphalen, Caroline von (1780–1856), geb. Heubel, zweite Ehefrau von Ludwig v. Westphalen, Mutter von Jenny Marx
Westphalen, Edgar von (1819–1890), Sohn von Caroline und Ludwig von Westphalen, Bruder von Jenny Marx, Jurist
Westphalen, Ferdinand von (1799–1876), Sohn von Lisette und Ludwig von Westphalen, Halbbruder von Jenny Marx, verheiratet mit Louise von Westphalen, Jurist und preußischer Innenminister (1850–1858)
Westphalen, Ferdinand von (1836–1906), Sohn von Louise und Ferdinand von Westphalen
Westphalen, Franziska von (1807–1896), Tochter von Lisette und Ludwig von Westphalen, Halbschwester von Jenny Marx
Westphalen, Heinrich Georg von (1768–1855), Bruder von Johann Ludwig von Westphalen, Onkel von Jenny Marx
Westphalen, Jane/Jeanie von (1742–1811), geb. Wishart of Pittarow, Ehefrau von Philipp von Westphalen
Westphalen, Johann Ludwig von (1770–1842), Ehemann von Lisette von Westphalen bis 1807 und ab 1812 von Caroline von Westphalen, Vater von Jenny Marx, Jurist und preußischer Beamter

Westphalen, Laura von (1817–1821), Tochter von Caroline und Johann von Westphalen, Schwester von Jenny Marx

Westphalen, Louise Mathilde von (1805–1861), geb. von Florencourt, Ehefrau von Ferdinand v. Westphalen

Westphalen, Louise/Lisette von (1778–1807), geb. Veltheim, erste Ehefrau von Johann Ludwig von Westphalen

Westphalen, Louise von (1839–1928), Tochter von Louise und Ferdinand von Westphalen

Westphalen (Westphal), Philipp Edler von (1724–1792), verheiratet mit Jane von Westphalen, Geheimsekretär und Stabschef des Herzogs Ferdinand von Braunschweig

Weydemeyer, Joseph (1818–1866), verheiratet mit Luise Weydemeyer, deutscher Journalist und Politiker, Revolutionär 1848/49, Mitglied des Bundes der Kommunisten, Emigration in die USA

Weydemeyer, Luise (1822–1868), geb. Lüning, Ehefrau von Joseph Weydemeyer, deutsch-amerikanische Schriftstellerin

Willich, August von (1810–1878), deutscher Offizier, Politiker und Journalist, Führer eines Freikorps im badisch-pfälzischen Aufstand 1849, Emigration in die USA, General der Nordstaaten

Withers, John (gest.1880), Bekannter der Familie Marx in London, englischer Bäcker

Wolff, Wilhelm (Lupus) (1809–1864), deutscher Lehrer und Publizist, Mitbegründer des Bundes der Kommunisten

KURZER LEBENSUMRISS VON JENNY VON WESTPHALEN/MARX

1814 12. Februar: Geburt von Jenny von Westphalen in Salzwedel
15. Februar: Taufe von Johanna Bertha Julie Jenny im Elternhaus in Salzwedel
1816 April/Mai: Umzug der Familie von Westphalen nach Trier in die Neustraße 83
1817 16. März: Geburt von Schwester Laura
1819 26. März: Geburt von Bruder Edgar
1821 3. April: Tod von Schwester Laura
1828 30. März: Konfirmation Jennys in der heutigen Jesuitenkirche in Trier
1831 Frühling: Verlobung von Jenny mit Karl von Pannewitz
Herbst: Entlobung des Paares
1836 Spätsommer: heimliche Verlobung von Jenny mit Karl Marx
1837 Frühjahr: Aufwartung von Karl Marx bei Ludwig von Westphalen, offizielle Verlobung
1840 8. März: Tod von Halbbruder Carl von Westphalen
1842 3. März: Tod von Vater Ludwig von Westphalen
Juni: Umzug von Caroline und Jenny von Westphalen in die Brückergasse 602 in Trier
September: Umzug von Caroline und Jenny von Westphalen nach Kreuznach
1843 19. Juni: zivile und kirchliche Trauung von Jenny von Westphalen und Karl Marx in Kreuznach
Oktober: Übersiedlung des Ehepaares Marx nach Paris
1844 1. Mai: Geburt von Tochter Jenny Caroline
10. August: „Aus dem Briefe einer deutschen Dame“ im „Vorwärts!“, Nr. 64 Paris, 1844
1845 Januar: Ausweisung von Karl Marx aus Frankreich
Februar: Übersiedlung der Familie Marx nach Brüssel
April: Helena Demuth wird Dienstmädchen bei der Familie Marx
26. September: Geburt von Tochter Jenny Laura
1847 3. Februar: Geburt von Sohn Charles Louis Henri Edgar, genannt Musch
1848 März: Verhaftung und Ausweisung von Jenny und Karl Marx aus Belgien
März: Übersiedlung nach Paris
April: Übersiedlung von Karl Marx nach Köln, Jenny mit Kindern nach Trier
Juni: Übersiedlung von Jenny mit Kindern nach Köln

1849 Juni: Ausweisung aus Köln; Übersiedlung von Karl Marx nach Paris, Jenny mit Kindern nach Trier

Juli: Übersiedlung von Jenny und Kindern nach Paris

August: Ausweisung aus Paris; Übersiedlung von Karl Marx nach London/England

September: Übersiedlung von Jenny und Kindern nach London

5. November: Geburt von Sohn Henri Edward Guy (Guido) Marx, genannt Föxchen

1850 19. November: Tod von Sohn Föxchen

Dezember: Umzug in die Dean Street 28, London

1851 28. März: Geburt von Tochter Jenny Eveline Francis (Franziska)

23. Juni: Geburt von Henri Frederick Demuth, Sohn von Helena Demuth

1852 14. April: Tod von Tochter Franziska

1. Dezember: „Zeichen der Zeit", Artikel von Jenny Marx in: Philadelphier Demokrat, Philadelphia

1855 16. Januar: Geburt von Tochter Jenny Julia Eleanor, genannt Tussy

6. April: Tod von Sohn Edgar/Musch

1856 23. Juli: Tod von Caroline von Westphalen in Trier

29. September: Umzug nach 9, Grafton Terrace in London

1857 Frühjahr: Marianne Kreutz wird Dienstmädchen bei der Familie Marx

6. Juli: Geburt und Tod des siebten Kindes (Name und Geschlecht unbekannt)

1860 November: lebensgefährliche Erkrankung von Jenny Marx an Schwarzen Pocken

1862 23. Dezember: Tod von Marianne Kreutz

1863 30. November: Tod von Henriette Marx in Trier

1864 April: Umzug nach 1, Modena Villas, Maitland Park Road

1865 „Kurze Umrisse eines bewegten Lebens", Erinnerungen von Jenny Marx

1866 2. Februar: „Aus einem Brief von Jenny Marx an Johann Philipp Becker", in: Der Vorbote, Nr.2

26. September: Verlobung von Tochter Laura mit Paul Lafargue

1868 2. April: Hochzeit von Tochter Laura mit Paul Lafargue in London

Oktober: Übersiedlung des Ehepaares Lafargue nach Frankreich

1869 1. Januar: Geburt von Enkel Charles-Étienne Lafargue in Paris

1870 1. Januar: Geburt von Enkelin Jeanne Lafargue in Paris

Februar: Tod von Enkelin Jeanne Lafargue in Paris

1871 Februar: Geburt von Enkel Marc-Laurent Lafargue in Bordeaux

15. April: „Frau Marx über Gustave Flourens" in: Der Volksstaat, Nr.31, Leipzig

26. Juli: Tod von Enkel Marc-Laurent Lafargue

1872 Juli: Tod von Enkel Charles-Étienne Lafargue in Madrid
10. Oktober: Hochzeit von Tochter Jenny mit Charles Longuet in London

1873 2. September: Geburt von Enkel Charles-Félicien Longuet in London

1874 10. Juli: Tod von Enkel Charles Félicien Longuet in London

1875 März: Umzug nach 41, Maitland Park Road, London
21. November: „Aus der Londoner Theaterwelt", (anonymer) Bericht von Jenny Marx in der „Frankfurter Zeitung und Handelsblatt", Frankfurt am Main

1876 4. April: „Londoner Saison", (anonymer) Bericht von Jenny Marx in der „Frankfurter Zeitung und Handelsblatt", Frankfurt am Main
10. Mai: Geburt von Enkel Jean Laurent Frederick Longuet in London
2. Juli: Tod von Halbbruder Ferdinand von Westphalen in Berlin

1877 3. Januar 1877: „Englische Shakespeare-Studien", (anonymer) Bericht von Jenny Marx in der „Frankfurter Zeitung und Handelsblatt", Frankfurt am Main
8. Februar: „Shakespeares' Richard III" im Londoner Lyceum-Theater, (anonymer) Bericht von Jenny Marx in der „Frankfurter Zeitung und Handelsblatt", Frankfurt am Main
25. Mai: „Vom Londoner Theater", (anonymer) Bericht von Jenny Marx in der „Frankfurter Zeitung und Handelsblatt", Frankfurt am Main

1878 4. Juli: Geburt von Enkel Henri Longuet in London

1879 18. Mai: „Die hervorragendesten Persönlichkeiten der englischen Salonwelt", Artikel von Jenny Marx in: Der Sprudel. Allgemeines deutsches Badejournal, Wien, IX. Jg., Nr.3
23. Juni: „Irving at home", Artikel von Jenny Marx in: Der Sprudel. Allgemeines deutsches Badejournal, Wien, IX. Jg., Nr.7
18. August: Geburt von Enkel Edgar Longuet in Ramsgate/England

1881 April: Übersiedlung Jenny Longuets mit Kindern nach Frankreich
April: Geburt von Enkel Marcel Longuet in Argenteuil
August: letzte Reise von Jenny Marx nach Frankreich zu Tochter und Enkeln
2. Dezember: Tod von Jenny Marx
5. Dezember: Beisetzung von Jenny Marx auf dem Highgate-Friedhof in London